오스트리아의 역사와 문화 3

Jong-Dae Lim
Österreichische Geschichte und Kultur. Österreich in der Geschichte Europas,
Europa in der Geschichte Österreichs.
Published by Euro. Seoul, Korea 2014.

오스트리아의 역사와 문화 3

유럽 역사 속의 오스트리아,
오스트리아 역사 속의 유럽

임 종 대 지음

유로

이 책은 대략 지금의 오스트리아 니더외스터라이히 연방주의 크기에 해당하는 바이에른 공국의 동쪽 변경구로 출발한 오스트마르크(마르키아 오리엔탈리스)가 공국과 대공국 시대를 거쳐 중부 유럽을 지배하는 거대 제국으로 융성하였다가, 두 차례의 세계대전에 패한 후 오늘날의 오스트리아 공화국으로 이어지는 천여 년의 역사를 기술한다.

오스트리아 역사의 원년은 바벤베르크 왕조(976-1246)의 시조인 레오폴트 1세가 신성로마제국 황제(오토 2세)에 의해 오스트마르크 변경백에 임명된 해인 976년이다. 바이에른 공국 동단의 변경지역에 불과했던 오스트리아가 공국으로 국격이 격상되어 신성로마제국 의회의 의석을 확보한 해는 1156년이다. 바벤베르크 왕조는 1246년에 멸망하고, 36년 후 합스부르크가가 바벤베르크가의 유산과 전통을 이어받아 1차 세계대전이 끝날 때까지 오스트리아를 지배한다.

합스부르크 왕가 최초의 신성로마제국 황제 루돌프 1세(재위: 1273-1291)는 남서부 독일의 백작 가문이었던 합스부르크가의 도읍을 오스트리아 땅으로 옮기기 위해 1278년 오토카르 2세 뵈멘 국왕을 제거한 후, 1246년 이후 뵈멘이 점령한 옛 바벤베르크가의 영토(오스트리아)를 회수한다. 합스부르크가의 오스트리아 역사는 1282년 루돌프 1세 황제의 장남 알브레히트가 오스트리아 공국과 슈타이어마르크 공국을 제국봉토로 수여받으면서 시작된다. 합스부르크가 출신의 초대 오스트리아 공작 알브레히트 1

세는 1298년 신성로마제국 황제로도 선출된다. 바벤베르크가의 오스트리아와 합스부르크가의 오스트리아 사이의 36년 공백기(1246-1282)는 오스트리아의 공위기라 불린다.

1246년에 중단되었다가, 1282년 재출범한 오스트리아 공국은 1453년 대공국(에르츠헤르초크툼)으로 승격된다. 신성로마제국의 마지막 황제 프란츠 2세가 오스트리아를 황제국으로 선포한 1804년까지 오스트리아는 대공국이었다. 오스트리아 제국은 왕가의 명칭에 따라 합스부르크 제국이라고도 불린다. 16세기 이후 이미 오스트리아가 합스부르크 제국이라 호칭되기 시작한 것은 1516년 합스부르크가의 대공 카를로스 1세(신성로마제국 황제 카를 5세)가 스페인 왕국의 왕권을 인수하였고, 1526년 페르디난트 1세(카를 5세의 동생) 대공이 헝가리 왕국과 뵈멘 왕국의 국왕에 즉위했기 때문이다. 합스부르크 제국은 1차 세계대전에서 패한 후 붕괴된다. 알브레히트 1세 공작의 통치로 시작된 합스부르크 제국의 역사는 1918년 카를 1세(재위: 1916-1918) 황제의 퇴위와 더불어 역사의 뒤안길로 사라지고, 오스트리아는 공화국 시대를 맞이하게 된다.

합스부르크 왕조 시대의 오스트리아의 역사는 동시에 독일의 역사이다. 여기서의 독일은 국가 개념의 독일이 아니라, 지역과 민족 개념의 독일이다. 1866년 독일전쟁(프로이센-오스트리아 전쟁) 이전의 독일의 역사는 신성로마제국의 역사와 독일연방의 역사이다. 1438년 이후 1806년까지 신성로마제국을 지배한 황제는 - 1742년부터 1745년까지의 3년을 제외하면 - 합스부르크가 출신의 공작과 대공이었고, 독일연방(1815-1866)을 지휘한 국가 역시 오스트리아였다. 프로이센 왕국이 주도권을 행사한 독일의 통일에서 오스트리아가 배제된 이유는 오스트리아가 제국 산하의 왕국과 공국(헝가리, 뵈멘, 갈리치아, 크로아티아 등)을 포기할 수 없었기 때문이다. 프로이센과 오스트리아의 결별은 그러나 길지 않았다. 1879년 독일제국과 오스트리아-헝가리 이중제국은 군사동맹을 체결했다. 그것이 세기적 악연의 출발점이 되리라고 예상한 사람은 아무도 없었다. 독오 동맹은 1차 세계대전으로 이어졌고, 독오 합병은 2차 세계대전으로 연결되었다.

독일전쟁 이전의 오스트리아 역사와 프로이센의 역사는 신성로마제국의 역사와 독일연방의 역사를 공유하는 역사이다. 독일의 역사를 알기 위해 오스트리아의 역사를 읽어야 하는 이유가 바로 여기에 있다. 독오 동맹과 1차 대전, 독오 합병과 2차 대전의 연관성을 밝히기 위해서도 독일의 역사와 오스트리아의 역사를 함께 읽어야 한다. 지금까지 독일사라는 제목으로 출판된 저서와 번역서는 현재의 독일연방공화국을 구성하고 있는 16개 주의 역사를 중심으로 독일의 역사를 다루고 있다. 프로이센 왕국을 중심으로 한 독일사에는 통일 이전 독일의 양대 구성요소였던 오스트리아의 역사가 포함되지 않거나 부분적으로만 취급되기 때문에, 온전한 독일의 역사를 파악하기에는 한계가 있을 수밖에 없다. 이 책은 양독 관계에 대한 종합적인 이해를 바탕으로 독일어권 유럽의 역사를 기술하려고 했기 때문에, 유럽의 역사를 이해하는데 도움이 될 것이다.

이 책에 등장하는 비독일어권 지역의 지명은 현재의 지명으로 바꾸어 표기했고, 출현 빈도가 높은 것은 독일어 지명과 현지어 지명을 병기하였다. 역사서에 따라 연대, 수치 등 객관적 사실이 다를 경우, 1998년 슈투트가르트에서 출판된 <독일역사사전>(수정3판)과 1906년 빈에서 발간된 <마이어 대백과사전>(6판)의 내용을 기준으로 삼았다.

오스트리아의 역사를 통사의 형식으로 펴내는데 <인문저술연구비> 지원을 결정한 <한국연구재단>에 깊은 감사의 말씀을 드린다. 방대한 초고를 일일이 읽어주신 아주대학교 이재원 교수님, 어려운 출판환경에도 불구하고 <오스트리아의 역사와 문화>를 기꺼이 3권의 책으로 엮어주신 <유로 출판사>의 배정민 사장님, 그리고 심재진 편집장님께 진심으로 감사드린다.

2013년 9월
임종대

※ 이 저서는 2007년도 정부재원(교육부)으로 한국연구재단의 지원을 받아 수행된 연구임 (NRF-2077-812-A00243).

| 책 머리에 | · 5

| 제 7 장 | 신절대주의 시대(1849-1866/1867) · 21

1. 3월 흠정헌법(1849)과 신절대주의 시대의 도래 · 23

2. '독일 문제' – 오스트리아와 프로이센의 주도권 경쟁 · 30

3. 오스트리아의 동맹정책과 크림 전쟁(1854-1856) · 43

4. 오스트리아와 이탈리아의 전쟁(1859) · 51

5. 10월 헌법(1860)과 2월 헌법(1861) · 59

| 제 8 장 | 독일전쟁에서 제1차 세계대전까지(1866-1918) · 69

1. 독일전쟁과 독일연방 · 71
   1) 오스트리아와 프로이센의 결별 · 71
   2) 독일전쟁, 독일-독일 전쟁, 프로이센-오스트리아 전쟁 · 77
   3) 니콜스부르크 예비평화조약과 프라하 평화조약, 그리고 독일연방 해체 · 95
   4) 빈 평화조약 체결과 오스트리아-이탈리아 전쟁의 종결 · 105
   5) 오스트리아의 독일전쟁 패전 이후의 프랑스-프로이센 관계 · 109

   ▷ 헝가리의 반란사 · 117
   1) 헝가리 왕국의 분단과 통일 · 117
   2) 슈테판 보치코이의 반란(1604-1606) · 118
   3) 가브리엘 베틀렌의 반란(1619-1626) · 122
   4) 게오르크 1세 라코치의 반란(1644-1645) · 125
   5) 헝가리 귀족반란 모의(1664-1671)와 쿠루초크 반란(1672-1678) · 127
   6) 엠머리히 퇴쾰리의 반란(1678-1688) · 133
   7) 프란츠 2세 라코치의 반란(1703-1711) · 137

2. 오스트리아-헝가리 이중제국 시대(1867-1918) · 143
   1) 오스트리아-헝가리 대타협 · 143

2) 19세기 말의 민족 갈등 · 153

3) 세기전환기 오스트리아 제국의 대외관계 · 166

4) 제1차 세계대전과 프란츠 요제프 1세 · 181

5) 합스부르크 왕조 최후의 황제 카를 1세 – 패전 그리고 제국의 종말 · 197

| 제 9 장 | 공화국 시대(1918-) · 219

1. 오스트리아 제1공화국 · 221

1) 독일오스트리아 공화국 · 221

2) 제헌국민의회의 업적 · 228

3) 제1공화국의 경제위기 · 233

4) 사회민주주의노동자당과 기독교사회당의 관계 악화와 파시즘 정부의 출현 · 238

5) 7월 쿠데타와 제1공화국 최후의 수상 슈쉬니크 · 259

6) 베르히테스가덴 '협약, 그리고 오스트리아 제1공화국의 붕괴 · 265

2. 국권 상실기(1938–1945) · 273

1) 오스트리아에서 다시 오스트마르크로 · 273

2) 나치의 박해와 대량학살 · 278

3) 오스트리아의 저항 사례 · 293

4) 나치 오스트리아의 전범 사례 · 301

▷ 세기전환기의 오스트리아 문학과 예술 · 310

3. 1945년 그리고 새로운 출발 · 320

1) 제2공화국의 4대국 점령시기(1945-1955) · 320

2) 국가조약(1955)과 오스트리아의 독립 · 335

3) 국민당에서 사민당으로의 권력이동과 크라이스키 시대(1970-1983) · 344

4) 자유당의 도전과 사민당-국민당 공동정부 시대(1987-2000, 2007-) · 360

4. 오스트리아의 과거극복 · 374

1) 탈나치화 작업 · 374

2) 과거와의 '조우' - 발트하임 사건 · 380

3) 극복으로 가는 길, 그리고 끝나지 않은 도전 · 389

지도로 보는 오스트리아의 역사 · 397

오스트리아와 독일의 역대 군주 연표 · 409
  오스트리아의 역대 군주(바벤베르크 왕조, 합스부르크 왕조) · 410
  오스트리아의 역대 수상(제1공화국, 제2공화국) · 433
  오스트리아의 역대 대통령(제1공화국, 제2공화국) · 435
  역대 빈 시장(제1공화국, 국권상실기, 제2공화국) · 436
  왕정시대 독일의 역대 군주 · 437

참고문헌 · 442

인명 색인 · 451

지명 색인 · 462

오스트리아의 역사와 문화 1 ■ ■ ■ ■

| 제 1 장 | 합스부르크 왕조 이전 시대(-1281)

1. 할슈타트 문화
2. 로마 제국의 지배와 게르만 제국의 건설
  1) 프랑크 제국
  2) 오토 1세와 신성로마제국의 성립
  ▷ 오스트리아 지역 명칭의 역사
    니더외스터라이히
    오버외스터라이히
    인너외스터라이히(심부오스트리아)
    포르데르외스터라이히(전부오스트리아)
3. 오스트리아 역사의 시작 – 바벤베르크 왕조
  1) 오스트리아 역사의 시조 레오폴트 1세와 그의 후계자들
  2) 제권과 교권의 대립 그리고 레오폴트 2세
  3) 레오폴트 3세와 바벤베르크가의 융성
  4) 바이에른 공작을 겸한 레오폴트 4세
  5) 하인리히 2세 야조미르고트, 오스트리아 초대 공작
  6) 오스트리아 공국과 슈타이어마르크 공국 합병, 오스트리아 국기의 유래,
     그리고 레오폴트 5세
  ▷ 슈타이어마르크 공국 성립사
  7) 프리드리히 1세와 십자군 원정
  8) 빈을 문화의 중심지로 만든 레오폴트 6세
  9) 바벤베르크가의 마지막 군주 '호전공' 프리드리히 2세
  10) 공위기의 오스트리아(1246-1282)
  ▷ 바이에른 공국 지역분할의 역사
4. 신성로마제국 공위기의 외국인 국왕

| 제 2 장 | 합스부르크 왕조의 등장과 종교적 갈등의
          시대(1282-1648)

1. 합스부르크가의 융성기
  1) 루돌프 1세 - 합스부르크가의 첫 독일국왕
  2) 합스부르크가의 두 번째 독일국왕 알브레히트 1세

3) '미남공' 프리드리히 3세 - 루트비히 4세 황제의 대립국왕
4) 알브레히트 2세 공작과 케른텐 공국의 재합병
▷ 오스트리아의 대공 명칭에 관해
5) 루돌프 4세와 프레빌레기움 마이우스
▷ 신성로마제국 헌법 〈금인칙서〉(1356)

2. 합스부르크가 세습지 분할 시기(1379-1463)
1) 알브레히트 가계(1379-1457)
   알브레히트 3세, 알브레히트파의 시조
   알브레히트 4세 공작과 빌헬름 공작 간의 긴장관계와 홀렌부르크 계약
   합스부르크가 역대 세 번째 독일 국왕 알브레히트 5세 공작
   알브레히트파 최후의 대공 라디슬라우스 포스투무스
2) 레오폴트 가계(1379-1463)
   노이베르크 분할계약(1379)과 홀렌부르크(1395) 계약
   레오폴트파의 시조 레오폴트 3세 공작과 트리에스테 합병
   레오폴트파의 2대손 빌헬름 공작
   레오폴트 4세 공작
   심부오스트리아 공작 철인 에른스트
   티롤파의 시조 프리드리히 4세 공작
   가권분할시대를 극복한 프리드리히 5세 공작
   지크문트 공작 - 티롤파의 2대손
   레오폴트파의 마지막 대공 알브레히트 6세

3. 합스부르크가의 재통합
1) 프리드리히 3세 황제
   프리드리히 3세 황제의 제국정책
   프리드리히 3세 시대의 헝가리와 뵈멘
2) 막시밀리안 1세 황제와 그의 동맹정책

4. 카를 5세, '해가 지지 않는 제국'의 황제
1) 1519년의 황제선거와 <황제의 항복문서>
2) 1차 합스부르크-프랑스 전쟁(1521-1526)
3) 2차 합스부르크-프랑스 전쟁(1526-1529)
4) 루터의 종교개혁과 종교 갈등
5) 3차 합스부르크-프랑스 전쟁(1536-1538)
6) 종교회의

7) 4차 합스부르크-프랑스 전쟁(1542-1544)

8) 겔데른 계승분쟁(1538-1543)

9) 트리엔트 공의회(1545-1563)

10) 슈말칼덴 전쟁(1546-1547)

11) 아우크스부르크 잠정협약(1548년 5월 15일)

12) 제후모의 혹은 제후반란(1551-1552)

13) 파사우 조약(1552)과 아우크스부르크 종교평화조약(1555)

14) 카를 5세의 말년과 후손

5. 페르디난트 1세에서 마티아스 황제까지(1558-1619)

1) 페르디난트 1세 황제

    헝가리 및 뵈멘 국왕 페르디난트 1세

    뷔르템베르크 총독 페르디난트 1세

    바이에른 공작 빌헬름 4세와의 갈등과 잘펠트 동맹

    오스트리아 대공으로서의 페르디난트 1세

    페르디난트 1세 황제의 후손

2) 막시밀리안 2세 황제

    오스만 제국의 침공 - 제2차 터키전쟁(1566-1568)

    폴란드 대립국왕으로서의 막시밀리안 2세

    막시밀리안 2세와 종교양보칙령

3) 루돌프 2세

    루돌프 2세의 신교 탄압과 헝가리 민중반란

    루돌프 2세 황제와 마티아스 대공 간의 갈등

    윌리히-클레베 계승분쟁과 루돌프 2세의 개입

4) '합스부르크가 형제불화'의 주역 마티아스 황제

6. 30년 전쟁(1618-1648)

1) 뵈멘 국왕으로서의 페르디난트 2세

2) 뵈멘 봉기와 30년 전쟁의 발발

3) 레겐스부르크 선제후회의

4) 덴마크와 스웨덴의 30년 전쟁 개입

5) '겨울왕' 프리드리히 5세의 말로

6) 발렌슈타인 장군의 부침

7) 페르디난트 2세 황제와 작센 선제후 요한 게오르크 1세

8) 페르디난트 2세 황제의 동해 함대 창설 계획

9) 30년 전쟁과 프라하 평화조약(1635)

10) 발렌슈타인의 몰락과 페르디난트 2세의 만년

  11) 프랑스-스웨덴 동맹과 30년 전쟁
  12) 만토바 계승전쟁(1628-1631) 그리고 합스부르크가와 부르봉가의 대결
7. 베스트팔렌 평화조약과 30년 전쟁의 종식
  1) 오스나브뤼크 평화조약(1648년 10월 14/24일)
  2) 뮌스터 평화조약(1648년 10월 24일)
  3) 베스트팔렌 평화조약의 평가
8. 페르디난트 3세 황제와 그의 후손

| 제 3 장 | 바로크 시대(1648-1740)

1. 레오폴트 1세 황제와 대 프랑스 전쟁
  1) 재산양도전쟁(1667-1668)
  2) 네덜란드 전쟁(1672-1678)
     네덜란드 전쟁과 님베겐 평화조약(1678/1679)
  3) 팔츠 계승전쟁(1688-1697)
     팔츠 계승전쟁의 배경
     팔츠 계승전쟁의 진행과정
     레이스베이크 평화조약(1697년 9월 20일)
   ▷ 신성로마제국의 군제
2. 오스트리아-오스만 제국 전쟁(터키전쟁)
  1) 제1차 터키전쟁(1526-1555)
  2) 제2차 터키전쟁(1566-1568)
     쉴레이만 1세의 시게트바르 요새 공성
  3) 제3차 터키전쟁(1593-1615)
  4) 제4차 터키전쟁(1663-1664)
  5) 제5차 터키전쟁(1683-1699)
     오스만 제국의 제2차 빈 공성과 오이겐 공의 등장
     칼렌베르크 전투(1683년 9월 12일)
     오스트리아군의 부다페스트 탈환(1686년 9월 2일)
     5차 터키전쟁과 오스트리아의 발칸 반도 개입
     카를로비츠 평화조약(1699년 1월 16일)
  6) 제6차 터키전쟁(1716-1718)
     파사로비츠 평화조약(1718년 7월 21일)

7) 제7차 터키전쟁(1736-1739)

　베오그라드 평화조약(1739년 9월 18일)

8) 제8차 터키전쟁(1787-1791)

3. 합스부르크가의 스페인 지배시대(1516-1700)의 종식

　그리고 스페인 계승전쟁(1701-1714)

1) 위트레흐트 평화조약(1713-1715)

2) 라슈타트 평화조약(1714년 3월 6일)과 바덴 평화조약(1714년 9월 7일)

▷ 프로이센 왕국의 성립사

4. 오스트리아와 프랑스의 폴란드 왕위계승전쟁 개입

1) 빈 예비평화조약(1735)과 빈 평화조약(1738)

5. 바로크 시대 합스부르크가의 황제들

1) 레오폴트 1세

2) 카를 6세

| 제 4 장 | 오스트리아 계몽주의 시대(1740-1790)

1. 마리아 테레지아의 집권과 전쟁 발발
2. 오스트리아 계승전쟁과 1, 2차 슐레지엔 전쟁
 1) 오스트리아 계승전쟁(1740-1748)의 배경과 원인
 2) 1차 슐레지엔 전쟁(1740-1742)
  1차 슐레지엔 전쟁의 원인
  1차 슐레지엔 전쟁의 진행과정
  브레슬라우 예비평화조약과 베를린 평화조약 그리고 1차 슐레지엔 전쟁의 종식
 3) 오스트리아 계승전쟁. 전반부(1740-1744)
 4) 2차 슐레지엔 전쟁(1744-1745)
  드레스덴 평화조약
 5) 오스트리아 계승전쟁. 후반부(1745-1748)
  아헨 평화조약과 그 결과
3. 7년 전쟁 또는 3차 슐레지엔 전쟁(1756-1763)
 1) 아헨 평화조약 이후 유럽의 정세와 3차 슐레지엔 전쟁의 배경
 2) 3차 슐레지엔 전쟁. 전반부(1756-1759)
  프랑스군의 하노버 점령
  러시아의 7년 전쟁 개입과 오스트리아-러시아 동맹군의 활약
 3) 3차 슐레지엔 전쟁. 후반부(1760-1763)
  러시아의 동맹 이탈
  후베르투스부르크 평화조약 체결과 3차 슐레지엔 전쟁의 종식
 4) 영국-프랑스 7년 전쟁의 결과
 5) 7년 전쟁의 예술적 수용
4. 바이에른 계승전쟁(1778-1779)과 오스트리아의 영토 확대 시도
 1) 테셴 평화조약
 2) 오스트리아령 네덜란드와 바이에른의 영토 교환 계획
5. 폴란드 분할
 1) 18세기 폴란드의 국내 사정
 2) 폴란드 1차 분할(1772)
 3) 1차 분할 이후의 폴란드
 4) 폴란드 2차 분할(1793)
 5) 코시치우슈코 반란(1794)과 폴란드 3차 분할(1795)

6. 계몽절대군주 마리아 테레지아

1) 마리아 테레지아의 개혁

2) 마리아 테레지아 시대의 교육, 종교 및 주민 정책

3) 마리아 테레지아의 외교정책

4) 마리아 테레지아의 혼인정책

5) 영원한 '국모' 마리아 테레지아

7. 요제프주의 – 절대계몽주의 개혁의 완성

| 제 5 장 | 나폴레옹 전쟁(1792–1815)과 신성로마제국의
　　　　　　　해체(1806)

1. 레오폴트 2세 황제

1) 토스카나 대공으로서의 레오폴트 2세와 오스트리아의 토스카나 지배시대

2. 신성로마제국 최후의 황제 프란츠 2세 – 초대 오스트리아 황제 프란츠 1세

3. 대 프랑스 동맹전쟁

1) 1차 동맹전쟁(1792-1797)과 캄포포르미오 평화조약

2) 2차 동맹전쟁(1798-1802)과 뤼네빌 평화조약

3) 독일제국의회대표자회의결의(1803)

4) 3차 동맹전쟁(1805)

　　쇤브룬 조약과 파리 조약

5) 4차 동맹전쟁(1806-1807)

　　틸지트 평화조약

4. 라인 동맹(1806)

5. 5차 동맹전쟁(1809)

1) 티롤 해방전쟁(1809)과 오스트리아의 민족영웅 안드레아스 호퍼

　　안드레아스 호퍼의 예술적 수용

2) 오스트리아-프랑스 전쟁 또는 5차 동맹전쟁

3) 5차 동맹전쟁과 오스트리아의 바르샤바 원정

4) 5차 동맹전쟁과 독일의 무장봉기

6. 나폴레옹의 러시아 원정(1812년 6월 24일-12월 16일)

1) 프랑스-러시아 전쟁의 배경과 원인

2) 메멜(네만) 강에서 모스크바까지

3) 스몰렌스크 전투(1812년 8월 17/18일)

4) 보로디노 전투(1812년 9월 7일)

5) 모스크바 점령

6) 모스크바에서 메멜(네만) 강까지

7. 해방전쟁(1813-1815)

1) 6차 동맹의 결성과 확대 - 타우로겐 협정(1812년 12월 30일)에서
라이헨바흐 협약(1813년 6월 14-27일)까지

2) 오스트리아의 해방전쟁 개입과 6차 동맹 주도

3) 독일 해방전쟁에서 프랑스 침공전쟁으로

4) 나폴레옹의 재기와 몰락

| 제 6 장 | 빈 체제와 3월 혁명 그리고 비더마이어 문화

1. 빈 회의(1814/1815)

2. 독일연방

1) 독일연방규약

2) 독일연방 군대의 편제와 운용

3. 신성동맹과 메테르니히 체제

4. 부르셴샤프트(대학생조합)와 카를스바트 결의

5. 메테르니히와 페르디난트 1세 황제 치하의 오스트리아

6. 오스트리아의 크라카우(크라쿠프) 재합병

7. 합스부르크 제국의 3월 혁명과 프랑크푸르트 국민의회

1) 3월 혁명의 배경

2) 오스트리아의 혁명 발발과 진행

3) 오스트리아의 헌법제정 소사

4) 뵈멘 혁명

5) 헝가리 혁명

6) 이탈리아(롬바르디아-베네치아 왕국) 혁명

7) 프랑크푸르트 국민의회

8. 농민해방과 오스트리아의 산업화

9. 비더마이어 문화

1) 비더마이어 문학

2) 비더마이어 시대의 회화와 음악

3) 비더마이어 문화로서의 살롱문화

| 제 7 장 |

신절대주의 시대(1849-1866/1867)

신절대주의 시대(1849-1866/1867)

□ 1
3월 흠정헌법(1849)과 신절대주의 시대의 도래

1848년 12월 2일, 혁명을 피해 파천한 오스트리아 제국 임시 수도 올뮈츠(올로모우츠)에서 통치 불능의 페르디난트 1세의 뒤를 이어 그의 장조카인 당시 18세의 프란츠 요제프 1세가 황제 자리에 등극했다. 청년황제의 권력 기반은 국내외의 제국의 적들을 제거한 군대였다. 북이탈리아 주둔 오스트리아군 사령관 요제프 벤첼 라데츠키(1766-1858) 원수는 사르데냐-피에몬테 왕국의 도전을 제압하는데 성공했고, 프라한 주둔 황제군 사령관 빈디쉬그레츠 원수와 크로아티아 태수 옐라치치 원수는 빈의 혁명세력을 진압했다. "짐 프란츠 요제프"로 시작하는 프란츠 요제프 1세 황제의 칙서의 첫 단어 짐(Wir)은 위 세 장군의 이름의 첫 알파벳 즉 빈디쉬그레츠의 W, 옐라치치의 J, 그리고 라데츠키의 R을 합성한 단어(WJR)라고 제국의 신민들이 우스갯말을 할 정도로 집권초기의 프란츠 요제프 1세 황제는 군부에 의지했다.

1849년 8월 13일 헝가리 혁명군이 러시아의 지원을 받은 오스트리아 정부군(사령관: 율리우스 폰 하이나우)에 항복함으로써 1848년 3월 13일 빈에서 시작되어 합스부르크 제국의 전 지역으로 확산된 혁명은 최종적으로 진압되었다. 1849년 3월 4일 <3월 흠정헌법>이 공포된 이후, 혹은 <질베스터 헌법>이

제정된 1851년 12월 31일 이후부터 1867년 12월 21일 <12월 헌법>이 제정
될 때까지의 오스트리아 제국의 정부 형태를 가리켜 역사학자들은 <신절
대주의> 정부라 칭한다. 12월 헌법은 오스트리아-헝가리 이중제국이 1867
년 6월 8일 출범하고 나서 제정된 오스트리아 제국의 마지막 헌법이었다.
18세기의 계몽절대주의를 지향한 신절대주의 시대는 그러나 진정한 의미에
서는 헌법과 의회가 존재하지 않은 시기였다. 1849년 3월에 제정된 이른바
3월 흠정헌법은 혁명 진행과정에서 정부가 약속한 자유화 조치를 실천적으
로, 1851년의 질베스터 헌법은 그것을 법률적으로 파기한 헌법이었다.

　앞에서 설명했지만, 페르디난트 1세 황제는 3월 혁명 발발 직후 몇 가
지 정치적 양보를 한 후, 절대왕정을 입헌군주제로 전환하기 위한 흠정헌
법(필러스도르프 헌법)을 서둘러 제정하도록 조치했다. 그런데도 혁명은 오스트
리아 제국의 모든 지역으로 확산되었다. 북이탈리아(롬바르디아)의 밀라노 민
중봉기는 1차 이탈리아 독립전쟁(오스트리아-사르데냐 전쟁)으로 발전했고, 뵈멘
왕국에서는 프라하 성령강림절 반란(1848년 6월)이 발생했다. 그리고 이미
1848년 3월 부다페스트에서 시작된 헝가리 혁명은 헝가리 왕국 전체로
번졌다. 페르디난트 1세 황제는 자유화 조치의 단계를 한층 더 높여야 했
다. 검열 폐지가 3월 혁명의 소산이었다면, 농민해방 및 세습농노제의 폐
지 및 의회헌법(크렘지어 헌법) 제정 등의 약속은 5월 혁명의 결실이었다.

　그러나 1848년 10월 세 번째 혁명 혹은 반란이 빈에서 발생한 후, 페
르디난트 1세 황제는 피난지 올뮈츠에서 조카 프란츠 요제프 1세에게
양위하고 하야해야 했으며, 프랑크푸르트 국민의회 소속 오스트리아 제
국 출신 의원들은 전원 본국으로 소환되었다. 10월 혁명 혹은 반란을
피해 빈에서 메렌의 크렘지어(체코의 크로메르지슈)로 피난한 오스트리아 제헌
제국의회는 1849년 3월 7일 프란츠 요제프 1세 황제와 총리 슈바르첸베
르크 후작에 의해 무력으로 해산되고, 의원들은 반혁명군(황제군)에 의해
체포되었다. 그 후 헝가리 혁명군은 오스트리아를 지원한 러시아 군대에
의해 진압되었다. 1849년 3월 4일 프란츠 요제프 1세가 제정한 제국헌

법(3월 흠정헌법)은 '크렘지어 헌법'의 정신을 부분적으로 살린 점이 없지 않았지만, 양원제 의회를 부활시키고, 언론자유를 철폐했으며, 제국의회를 황제의 자문기구로 전락시켜 버렸다. 1849년 3월 흠정헌법은 공포되긴 했지만, 발효되지는 않았다. 왜냐하면 절차적으로 3월 흠정헌법을 인준해야 할 제국의회가 그 해 3월 7일 강제해산 되었기 때문이었다. 그러나 3월 헌법이 공식적으로 효력을 잃은 것은 1851년 12월 31일 <질베스터 헌법>이 제정된 후였다. <질베스터 헌법> 공포와 더불어 오스트리아 황제는 다시 절대군주로 회귀했다. 언론의 자유와 공개적인 소송 절차와 크론란트의 자치권은 폐지되었다. 신절대주의가 도래한 것이었다.

새로운 절대주의 체제는 군대와 관료와 교회의 힘에 의해 유지되었다. 1867년 신절대주의 통치가 끝난 후에도, 이 3대 조직은 프란츠 요제프 1세 황제의 버팀목이었다. 그 중에서도 제국이 와해될 때까지 프란츠 요제프 1세가 신뢰한 집단은 오스트리아 제국 군대이었다. 헝가리와 대타협 조약(1867년 6월 8일)을 체결한 이후, 즉 오스트리아-헝가리 이중제국이 수립된 이후에도 오스트리아 제국이라는 다민족 국가와 독일어라는 통치언어를 하나로 묶어준 끈으로 작용한 것은 군대의 힘이었다. 오스트리아 제국은 2년제 일반병역의무 제도를 실시하였다. 1807년 4차 동맹전쟁에서 나폴레옹 군대에 패한 후, 프로이센 왕국이 단행한 포괄적 국방개혁의 일환으로 1813년에 도입된 일반병역의무 제도를 모방한 제도였다. 오스트리아 제국 소속의 서로 다른 민족국가 출신의 신병들은 군사교육 기간에 독일어를 습득할 기회를 가졌지만, 또 이 기간 동안 독일어를 증오하게 된 사람들의 수도 적지 않았다. 제국 내 장교 집단의 통합에 기여한 부분이 적지 않았음에도 불구하고 군대는 민족 억압의 장소이며 민족 간의 반목을 조장한 장소이기도 했다. 일반병사들과는 달리 장교들은 제국 군대의 상징이며 표징이었다. 장교단도 다민족 출신으로 구성되었지만, 신분에 대한 자부심에서 형성된 동류의식을 통해 단일민족 군대보다 더 강력하게 결합되어 있었다. 고위 지휘계통의 장교들은 대부분 귀족 출신이었던데 반해, 일반 장교들의 귀족 비율은 높지 않았다. 소시민계급 출신 장교들의 승진이 어려운 일은 아니었지만, 지휘체계의 정상에 도달하는 것은 거의 불가능했다.

황실과 군대와 귀족계급 외에 19세기 후반의 민족주의라는 원심세력을 견제하여 다민족 제국의 지주 역할을 한 또 하나의 집단은 관료계층이었다. 합스부르크 제국의 관료들은 황실과 제국에 대해 충성했다. 이 독특한 다민족 제국 구조의 국가에 살고 있는 일반 주민들은 자신들을 점점 더 독일인, 체코인, 이탈리아인, 슬로베니아인, 폴란드인 등으로 생각하고 있었던 반면에, 관료층 내부에는 통합국가 사상 같은 것이 존재했다. 다시 말해 관료층에게는 단순히 합스부르크 제국을 구성한 여러 민족 중의 한 민족이 아니라, 하나의 통합국가로서의 합스부르크 제국과 자기 자신을 동일시하는 분위기가 존재했다. 그러나 관료층에서도 물론 이러한 이상상과는 반대 현상으로서 민족적 대립 의식이 존재하지 않은 것은 아니었다. 이러한 대립은 개별적인 위기가 닥칠 때마다 - 예컨대 1859년의 <이탈리아 전쟁>(2차 오스트리아-사르데냐 전쟁 혹은 2차 이탈리아 독립전쟁)나 1866년의 <독일전쟁>(오스트리아-프로이센 전쟁) 등 - 표출되었으며, 급기야 오스트리아-헝가리 이중제국이라는 인위적 국가구조가 출현하지 않을 수 없게 만들었다.

1848년 혁명 이전 시기의 절대왕정 정부 시스템에서도 의존한 바 있었던 국권과 교권의 결합은 신절대주의 시대에 들어와서도 1855년 교황령과 종교협약(1855년 8월 18일)이 체결된 이후 고착화되었다. 황제 편에 서서 교황령과 협상을 진행시킨 사람은 프란츠 요제프 1세의 옛 스승으로서 황제의 각별한 신임을 누린 빈 교구 대주교 오트마르 폰 라우셔(1797-1875) 추기경이었다. 오스트리아와 교황령 간의 종교협약 체결로 가톨릭교회는 합스부르크 제국 내에서 지배적인 지위를 보장받게 되었다. 학교의 모든 교과목은 가톨릭 교리에 종속되었고, 가톨릭 의식에 따르지 않은 결혼은 죄악시되었다. 정치적 반대세력인 자유주의자들에게 1855년의 종교협약은 신절대주의의 상징으로 비쳐졌다.

신절대주의의 배경에는 런던 망명을 끝내고 1851년 귀국한 메테르니히가 움직이고 있었지만, 정권은 이미 새로운 정치집단의 수중에 들어가 있었다. 그 정점에는 프란츠 요제프 1세 황제가 자신을 도와줄 수 있는 강력한 정치가의 유형으로 여겼던 슈바르첸베르크 총리가 버티고 있었다. 슈바르첸베르크 총리는 1849년 이후 정치적 영향력을 상실한 빈디쉬그레츠 원수의 - 슈바르첸베르크의 다섯 살 위 맏누이인 엘레오노레가 빈디쉬그레츠의 아내 - 처남이기도 했다. 그러나 프란츠 요제프 1세가 숙부인 페르디난트 1세로부터 양위 받을 수 있는 환경을 조성해 주었던 슈바르첸베르크 총리는 1852년 52세를 일기로 돌연히 사망했다. 슈바르첸베르크 총리를 마지막으로 1848년 신설된 국무총리제도는 폐지되고 수석장관인 외무장관이 각의를 주관했다. 국무총리제도가 부활한 것은 1867년 오스트리아 제국이 오스트리아-헝가리 이중제국으로 국체가 변경된 이후이었다. 슈바르첸베르크 총리가 사망한 후 프란츠 요제프 1세는 황제로서는 젊은 나이에도 불구하고 - 모후 조피(막시밀리안 1세 바이에른 초대국왕의 딸)의 영향을 크게 받긴 했지만 - 친정체제를 확립해야 했다. 1848년 혁명의 위기에서 황실의 존립을 지켜낸 조피는 합스부르크-로트링엔 가문에 남아 있는 유일한 남자라는 말을 들을 정도로 강인한 여성이었다.

　혁명정국을 안정시킨 후의 오스트리아 제국이 당면한 가장 큰 문제는 혁명이 가장 과격했던 헝가리 문제였다. 헝가리 왕국의 총리를 비롯하여 혁명주동자들을 극형에 처한 후, 오스트리아 정부는 헝가리가 지금까지 누렸던 모든 특권과 권리를 박탈했다. 헝가리인들에게 가장 고통스러운 첫 조치는 낮은 차원의 자치를 의미했던 코미타트 헌법이 폐기되고 군정이 도입된 것이었다. 헝가리 주둔 황제군 사령관 겸 총독으로 임명된 하이나우 장군은 혁명주동자들을 재판의 적법한 절차도 밟지 않은 채 처형하고, 부녀자들에게도 공개적으로 폭력을 행사했다. 코마타트('메제'의 독일어식 표현)는 - 크론란트가 합스부르크 제국의 최대 행정단위이었듯이 - 헝가리 왕국의 최대 행정단위(우리나라의 도에 해당)였다. 현재의 헝가리 공화국은 19개 코미타트와 독립시인 수도 부다페스트로 구성되어 있다.

신절대주의 시대의 합스부르크 제국의 경제는 최고의 융성기를 구가했다. 농민해방과 이 시기에 착공된 빈의 도심순환도로 건설의 효과가 경제에 활력을 불어넣었다. 그 결과 자유주의의 지배시대가 도래하기 이전 시기에 이미 빈은 경제호황기를 맞이할 준비를 했다. 1857년 12월 20일 프란츠 요제프 황제의 칙명에 의해 빈의 도심을 에워싼 방어시설들이 철거되었다. 이 방어시설들은 두 차례에 걸친 오스만 제국군의 빈 점령을 막아 준 역사를 가지고 있었다. 1차 터키전쟁 시 1529년 9월 27일부터 10월 14일까지, 그리고 5차 터키전쟁 때인 1683년 7월 14일부터 9월 12일까지 빈 요새를 공성한 오스만 제국 군대의 공격을 막아준 방벽이 350여년 만에 철거되고, 그 자리에 도심순환도로가 건설된 것이었다. 도심순환도로 건설과 더불어 일기 시작한 건축 붐이 오스트리아 제국의 경기를 선도했다. 1865년에 개통된 폭 57미터, 길이 4킬로미터에 이르는 이 도심순환도로는 이후 예술사적, 문화사적인 중요성을 가진 빈의 중심지역으로 변모했다. 네오르네상스 양식의 국립오페라를 비롯하여 고대 아티카 양식의 국회의사당, 고딕 양식의 빈 시청, 신바로크 양식의 부르크테아터(궁정극장), 르네상스 양식의 호프부르크 본관(노이에 호프부르크), 현재의 빈 대학 건물, 그리고 그 옆에 세워진 봉헌교회(보티프키르헤) 등이 도심순환도로 연변에 들어선 대표적 건축물들이다.

1861년에 시작되어 1869년에 완공된 빈 국립오페라는 오스트리아 건축가 아우구스트 지카르트 폰 지카르츠부르크(1813-1868)와 에두아르트 반 데어 뉠(1812-1868)에 의해 설계된 신절대주의 시대를 상징하는 첫 기념비적 건축물이었다. 1883년 12월 4일에 개원한 - 덴마크 출신의 오스트리아 건축가 테오필 폰 한젠(1813-1891)에 의해 설계된 - 오스트리아 제국의회 의사당 건물은 민주주의의 실현을 상징화하기 위해 고대 아테네 건축양식이 적용된 건축물이었다. 1872년에 착공되어 1883년에 완공된 빈 시청(라트하우스)은 당대의 거장 프리드리히 폰 슈미트(1825-1891)에 의해, 1874년과

1888년 사이에 완공된 궁정극장(호프부르크테아터 혹은 부르크테아터)은 오스트리아 건축가 카를 폰 하제나우어(1833-1894) 및 함부르크 출신 건축가 고트프리트 젬퍼(1803-1879)에 의해 건축되었다. 1883년에 완공된 현재의 빈 대학 건물과 1856년에 착공되어 23년 만에 봉헌식을 가진 봉헌교회는 오스트리아 건축가 하인리히 폰 페르스텔(1828-1883)에 의해 설계되었다. 첨탑의 높이가 99미터인 봉헌교회는 슈테판 교회 다음의 두 번째 크기와 높이를 자랑한다. 1881년 시작되어 1894년에 건축이 끝난 호프부르크(왕궁)의 본관건물은 궁정극장을 설계한 하제나우어의 작품이며, 오스트리아 국립도서관과 알베르티나 미술관이 이 건축물에 입주해 있다. 호프부르크 건너편 순환도로 변에는 마리아 테레지아 광장이 조성되었고, 그곳에 마주 서있는 쌍둥이 건축물인 자연사박물관과 예술사박물관은 1889년과 1891년에 각각 완공되었으며, 궁정극장을 건축한 하제나우어와 젬퍼에 의해 설계되었다. 도심순환도로는 프란츠 요제프 1세 황제와 엘리자베트 황비의 결혼 25주년 및 1908년 프란츠 요제프 1세 황제 즉위 60주년 기념식이 거행된 장소였고, 1938년 오스트리아를 합병한 아돌프 히틀러의 군대가 호프부르크 광장에 진입하기 위해 경유한 오욕의 역사도 체험했다.

1848년 3월 혁명 이전의 구절대주의 체제에 비해 큰 개선이 있었음에도 불구하고 주민들에게는 신절대주의 시스템에 대한 불만이 남아 있었다. 특히 부르주아 계층, 다시 말해 유산시민계급의 불만이 컸다. 그들의 수준에서 볼 때는 개선이 전혀 이루어지지 않았으며, 오히려 검열과 정치적 감시가 더욱 강화되었다. 프란츠 요제프 1세 황제의 통치방식에 대한 많은 이들의 무기력한 분노는 1853년 2월 18일에 발생한 리베니의 황제 테러 사건에서 상징적으로 표출되었다. 재단사 도제였던 헝가리 청년 야노슈 리베니(†1853)란 자가 프란츠 요제프 1세 황제의 암살을 시도하여 그에게 경상을 입힌 사건이었다. 황제의 동생이며 후일 멕시코의 국왕으로서 타지에서 비극적인 최후를 맞이한 막시밀리안 1세(1832-1867, 재위: 1864-1867)는 황제의 암살모면을 기념하기 위해 봉헌교회의 건축을 주도했다. 이를 위해 약 3십만 명이 참여한 대규모의 기부금 모금운동이 전개되어 순환도로 가까운 장소에 1879년 4월 24일 교회가 건립되었는데, 착공 23년 만에 완공된 이 교회가 바로 빈에서 유일하게 교구에 소속되지 않은 보티프키르헤이다.

□ 2
'독일 문제' – 오스트리아와 프로이센의 주도권 경쟁

19세기의 오스트리아 제국이 당면했던 양대 외교문제는 이탈리아 문제와 독일 문제였으며, 이는 신절대주의 정책과 긴밀한 연관을 맺고 있었다. 빈 회의 직후부터 시작되어 통일이 달성된 1870년까지 지속된 이탈리아의 리소르지멘토(통일운동)뿐 아니라, 프로이센 주도의 통일노력에 가장 큰 걸림돌은 합스부르크 제국이었다. 프로이센의 독일통일정책의 결실로 간주되는 1867년의 북독일연방이 창립되기 이전에 이미 세 번에 걸쳐 프로이센은 그들의 소독일주의를 관철시키려 시도했다. 그 첫 번째 시도가 프랑크푸르트 국민의회가 1849년에 제정한 헌법이었고, 두 번째 시도는 1850년의 프로이센 정부의 <연합정책>이었다. 당시 프로이센은 프랑크푸르트 국민의회 헌법과 유사한 내용의 헌법을 1850년 <에르푸르트 연합의회>를 통해 통과시키려 했지만, 프로이센 왕국 내의 좌우파의 대립과 남독일 국가들의 연합정책 거부 및 오스트리아의 개입으로 좌초되었다. 세 번째 시도는 프로이센의 계획대로 전쟁(1866년 독일전쟁)을 통해 관철되어 1867년 북독일연방이 창립되었다.

오스트리아 의원들의 반대에도 불구하고 1849년 3월 27일에 가결되어 다음 날 공포된, 총 197개 조항으로 구성된 프랑크푸르트 국민의회 헌법은 - 국민의회의 의사당으로 사용된 장소의 이름을 따서 '파울교회

헌법' 또는 '프랑크푸르트 헌법'이라고도 불렸다 - 오스트리아 제국의 이해관계와 상충되는 내용이었다. 1조 1항("독일제국은 종래의 독일연방 지역으로 구성된다.")은 독일제국에 오스트리아를 포함시키되, 합스부르크 제국의 비독일계 지역의 제외를 명문화했고, 2항("비독일계 국가와 동일한 국가원수를 가진 독일국가는 비독일계 국가와 분리된 헌법, 정부 및 행정을 소유해야 한다.")은 독일제국에 참여할 경우의 다민족 제국 오스트리아의 헌법, 정부 및 행정의 성격을 미리 규정했다. 그리고 오스트리아가 미래의 독일제국에 참여하지 않을 경우를 상정한 87항("독일계 오스트리아 국가들이 독일제국에 참여하지 않을 경우, 다음 국가들의 의석수를 늘린다.")은 - 총 192석 중 - 오스트리아에 배정되는 상원 의석 38석을 바이에른 왕국을 위시한 특정 독일국가들에게 추가 배분토록 규정했다. 프랑크푸르트 국민의회 헌법은 결국 프로이센 국왕의 황제 추대 거부로 시행되지 않았고, 소독일주의를 지향한 독일의 통일도 일단 무산되었다. 프랑크푸르트 국민의회가 1849년 5월 31일 해산된 후, 슈투트가르트로 회의장소를 옮긴 의원들도 있었지만(슈투트가르트 '몸통의회'), 프랑크푸르트 국민의회 헌법을 통과시키는데 주도적 역할을 했던 '세습황제파'를 - 프랑크푸르트 국민의회(재적인원 809명)의 여러 정파 중 세습황제제도를 주장한 정파(제1대 선출의장 하인리히 폰 가게른 중심의 중도 자유주의자 그룹)는 세습황제파라 불렸다. - 중심으로 한 중도 자유주의자 의원들(총 148명)은 1849년 6월 26일부터 9월 28일까지 튀링엔의 고타에서 후속회의를 개최했다. 프랑크푸르트 국민의회에 의해 제정된 헌법을 그대로 살려서 독일의 통일을 관철시키는 것이 목표였던 <고타 후속의회> 참가자들이 바로 <에르푸르트 연합의회>를 주도한 정치인들이었다. 그렇게 보면 프랑크푸르트 국민의회의 후속 회의체가 이른바 고타 의회였고, <고타 후속의회>의 후속의회가 <에르푸르트 연합의회>였던 셈이다.

1848/1849년 3월 혁명 진행과정에서 <독일연방>의 기능이 중지됨에 따라 독일연방의회의 권한은 프랑크푸르트 국민의회에 의해 인수되었지만, 혁명이 진압되면서 혁명의회인 국민의회도 해체되었다. 프로이센은

독일연방의회 의장국으로서 오스트리아가 향유했던 독일연방 내에서의 헤게모니를 밀어내고, 양국(오스트리아와 프로이센)이 주도권을 동등하게 행사하는 새로운 의회를 구성하여 프로이센이 원하는 방향으로 헌법을 제정하려고 시도했다. 프로이센의 계획은 독일연방의 기능을 1848년 이전의 그것으로 복원시키려한 오스트리아의 계획에 반한 시도였다. 프로이센 왕국이 하노버 왕국 및 작센 왕국과 우선 <3왕 동맹>(1849년 5월 26일)을 체결한 다음에 3왕 동맹을 확대한 연방이라는 이름의 정체 대신 '연합'을 결성하고, 이 새로운 '연합'에 비독일계 국가들을 제외한 오스트리아도 포함시킨다는 것이 프로이센의 이른바 <연합정책>(우니온스폴리티크)의 핵심내용이었다. 이 정책을 실현시키기 위해 프로이센은 <3왕 동맹>과 제휴하여 <연합의회>(우니온스파를라멘트)를 에르푸르트에 소집했다. '연방'(분트)의 개념 대신 '연합'(우니온)의 개념을 사용한 것은 에르푸르트에 소집한 프로이센 왕국 주도의 새로운 독일 의회(에르푸르트 연합의회)를 독일연방의회(프랑크푸르트 연방의회)와 차별화하기 위함이었다. 물론 오스트리아는 에르푸르트 연합의회에 참여하지 않았고, 바이에른 왕국과 뷔르템베르크 왕국도 프로이센 왕국을 견제하여 불참했다.

프로이센의 연합정책을 무산시키기 위해 오스트리아는 바이에른 왕국과 뷔르템베르크 왕국을 동원하여 <3왕 동맹>에 이미 가입한 작센 왕국 및 하노버 왕국과 <4왕 동맹>(1850년 2월 27일)을 결성하게 한 후, 4왕 동맹을 앞세워 독일연방 개혁안을 관철시킴으로써 '독일연합'을 들고 나온 프로이센의 독일정책을 무산시키려 했다. 슈바르첸베르크 오스트리아 제국 총리는 1850년 5월 16일 독일연방의회를 프랑크푸르트에 다시 소집함으로써 1848년 3월 혁명 발발 이후 그 기능이 정지된 독일연방과 독일연방의회의 복원을 알렸다. 4왕 동맹을 통해 오스트리아가 독일연방의회에 제시한 독일연방의 개혁안은 합스부르크 제국 전체를 독일연방에 포함시킨 후, 7개 독일연방 회원국 대표로 구성되는 감독위원회를 신설하여 4왕 동맹 국가를 이 7인 감독위원회에 소속시킴으로써, 이들 4국을 - 지금까지 오스트리아가 단독으로 행사해 온 - 독일연방의 주도권 행사에 제한적으로 참여시킨다는 내용이었다. 오스트리아가 제시한 독일 연방 개혁안은 그밖에도 공사회의 성격의 기존 독일연방의회는 상원으로 존치시키고, 개별 연방회원국 의회 대표자들로 하원을 구성하여 종래의 단원제를 양원제로 전환시키는 계획을 포함했다. 오스트리아는 7인 감독 위원회에 바이에른, 뷔르템베르크, 작센, 하노버를 포함시킴으로써 중견국가들의 이해관계를 배려하고, 동시에 오스트리아의 헤게모니를 보장받으려 했다. 오스트리아와 프로이센 간의 긴장이 고조될 수밖에 없었다. 그러나 1850년 11월 29일 러시아(니콜라이 1세)의 중재 하에 오스트리아와 프로이센 간에 <올뮈츠 조약>(올뮈츠 가협약)이 체결되어 프로이센이 연합정책의 포기를 선언한 후, 독일연방의회가 혁명 이전 상태로 복원되었기 때문에, 4왕 동맹조약은 올뮈츠 조약 한 달 후 개막된 <드레스덴 회의>(1850년 12월 23일-1851년 5월 15일) 이후 효력을 잃었고, 전체 합스부르크 제국의 독일연방 가입, 7인 감독위원회 신설, 양원제 도입 등을 포함한 독일연방 개혁안은 원인무효가 되어 버렸다. 러시아가 오스트리아의 편을 들고 나섬으로써 일단 좌초했지만, 프로이센의 연합정책은 북독일 제후국들의 광범한 지지를 받은, 환언하면 절반의 성공은 거둔 프로이센의 독일통일 방안이었다.

프로이센 국왕 프리드리히 빌헬름 4세(재위: 1840-1861)와 그의 수석장관 요제프 마리아 폰 라도비츠(1797-1853)는 오스트리아와 프로이센을 공동 의장국으로 하는 새로운 의회(에르푸르트 연합의회)의 창설을 제안하고, 이 계획을 실현시키기 위해 1850년 3월 20일부터 1850년 4월 29일까지 41일 간의 회기로 독일연방 회원국 전체군주회의를 에르푸르트에 소집했다. 그러나 남독일 국가인 뷔르템베르크 왕국과 바이에른 왕국, 그리고 오스트리아가 프로이센의 회의 소집에 불응했다. 바이에른과 뷔르템베르크가 <에르푸르트 연합의회>에 대표를 보내지 않자, <3왕 동맹>(프로이센·작센·하노버 동맹)을 통해 프로이센을 지지했던 작센과 하노버도 그들의 지지를 거두어들였다. 프로이센 왕국에게 대등한 지위를 내줄 생각이 전혀 없었던 오스트리아는 혁명으로 인해 기능이 정지된 독일연방과 독일연방의회의 복원을 선언함으로써 프로이센의 에르푸르트 연합의회 창립 계획에 타격을 가했다.

<에르푸르트 연합의회>는 각국 정부 및 의회를 대표하는 상원과 프로이센 왕국의 '3등급 선거법'에 의해 선출된 하원으로 구성되었는데, 약 100여 명의 전 프랑크푸르트 국민의회의 자유주의 파 의원(세습황제파)들이 하원의 다수 의석을 장악했다. 라도비츠가 구상한 연합정책을 지지하여 에르푸르트 연합의회에 참가한 프랑크푸르트 국민의회 출신의 세습황제파 의원들 중에는 프랑크푸르트 국민의회 제2대 의장(선출의장으로서는 초대의장)을 역임한 하인리히 폰 가게른과 3대 의장(2대 선출의장)을 지낸 에두아르트 지몬을 비롯해서 바덴 대공국 출신의 자유주의자 프리드리히 다니엘 바서만(1811-1855), 프로이센 왕국의 종신 상원의원을 지낸 오토 폰 캄프하우젠(1812-1896), <17인 위원회> 멤버로서 프랑크푸르트 헌법의 초안 완성에 기여한 프리드리히 크리스토프 달만(1785-1860)과 하인리히 폰 가게른의 동생 막시밀리안 폰 가게른(1810-1889), 바덴 대공국의 총리가 된 카를 마티(1807-1868) 등의 거물급 정치인들이 포함되어 있었다. 프랑크푸르트 국민의회 시절부터 공화주의 대통령제 아니면, 적어도 선출황제 제도를 주장한 급진민주주의자들은 에르푸르트 연합의회를 거부했기 때문에, 중도 자유주의자들로 구성된 세습황제파는 우파에 맞선 좌파의 역할을 맡게 되었다.

세습황제파와 맞선 우파는 에르푸르트 연합의회의 소수파로서 당시 프랑크푸르트 연방의회에 상주한 프로이센 공사 오토 폰 비스마르크(1815-1898), 프리드리히 율리우스 슈탈(1802-1861, 종신 프로이센 상원의원), 에른스트 루트비히 게를라흐(1795-1877, 프로이센 상원의원), 한스 후고 폰 클라이스트-레초(1814-1892, 에르푸르트 연합의회 상원의원), 아우구스트 라이헨스페르거(1808-1895, 프로이센 하원의원)와 페터 라이헨스페르거(1810-1892, 프랑크푸르트 예비의회 및 에르푸르트 연합의회 의

원) 형제, 요제프 폰 부스(1803-1878, 프랑크푸르트 예비의회 및 국민의회 의원) 등 약 40명으로서 세습황제파의 절반에도 미치지 못하는 수였다. 다소간의 입장 차이에도 불구하고 이들 우파들은 프로이센의 민족주의와 입헌제에 대한 반대 입장을 견지했지만, 프로이센 주도의 통일정책과 통일독일에서 오스트리아를 제외시키는 정책과 관련해서는 출신 제후국에 따라 입장을 달리했다. 예컨대 바이에른 왕국 출신의 프리드리히 율리우스 슈탈, 바덴 대공국 출신의 프라이부르크 대학 교수인 요제프 폰 부스 등은 오스트리아를 제외하는 소독일주의 통일정책에 반대한 보수파들이었다. 비스마르크 역시 라도비츠와 프리드리히 빌헬름 4세의 연합정책(소독일 통일정책)을 비현실적이라 하여 배척했지만, 에르푸르트 연합의회에서 기록담당 의원 역할을 수행했으며, 올뮈츠 조약이 체결된 후에는 프로이센 왕국 의회에서 올뮈츠 조약을 옹호하는 어려운 임무를 수행해야 했다. 에르푸르트 연합의회에 제출된 라도비츠 장관의 연합헌법 초안은 그 내용이 프랑크푸르트 국민의회 헌법과 유사했으며, 자유주의자들은 이를 일괄하여 통과시키려 한 반면에, 우파는 프로이센 왕국의 왕정 원칙에 반하며 프로이센의 왕권을 침해하는 것으로 판단하여 라도비츠의 연합헌법 초안을 거부했다. 결국 왕정의 원칙에 부합하는 방향으로 수정된 헌법초안이 연합의회의 양원에 의해 통과되었다. 그러나 연합헌법은 올뮈츠 조약 체결로 인해 실행에 옮겨지지 못했다.

에르푸르트 연합의회가 개최된 지 약 5개월 만에 헤센 선제후국(수도: 카셀)에서 헌법분쟁이 발생했다. 프로이센 왕국의 헤센 선제후국 내정개입을 저지하기 위해 프란츠 요제프 1세 오스트리아 황제는 1850년 10월 12일 오스트리아의 브레겐츠에서 바이에른 국왕 막시밀리안 2세(막시밀리안 요제프, 재위: 1848-1864) 및 빌헬름 1세(재위: 1816-1864) 뷔르템베르크 국왕과 공수동맹을 체결했다. <브레겐츠 조약>에서 오스트리아 황제와 바이에른 국왕과 뷔르템베르크 국왕은 에르푸르트 연합의회의 힘을 빌려 - <독일연방>을 무력화시키고 - <독일연합>을 설립하려는 프로이센의 계획을 무산시키고, 독일연방의 기능을 원상회복시킨 후, 독일연방 의회를 통해 헤센의 국내문제 해결을 위한 연방집행권 발동을 결의하기로 합의했다. 이는 프로이센의 헤센 내정개입을 저지하기 위함이었다. 브레겐츠 조약을 근거로 하여 오스트리아가 헤센 문제에 공식적으로 개입함으로써 오스트리아와 프로이센 간의 충돌은 불가피하게 되었다. 오스트리아의 헤센 문제 개입의 궁극적인 목표는 독일연방을 무력화시키고, 독일연합을 창립하여 독일의 주도권을 노리고 있는 프로이센의 계획을 무산시키고, 독일연방을 복원하는 데 있었다.

헤센 선제후국 의회가 - 1831년의 헌법에 의거 - 정부의 예산안 승인을 거부하자, 프리드리히 빌헬름 1세(1802-1875, 재위: 1847-1866) 선제후는 세입 확보를 위해 긴급조치를 발동했다. 헤센 최고법원(카셀 소재 고등법원)은 프리드리히 빌헬름 1세의 긴급조치를 위헌으로 간주했고, 군부도 의회와 법원의 판결에 동조하여 실력행사에 들어갔다. 헤센 선제후는 1850년 9월 7일 계엄령을 선포하고, 5일 후 독일연방의회에 연방의 개입을 요청했다. 이에 독일연방의회는 프로이센이 동의하지 않은 가운데 연방집행권 발동을 결의했고, 오스트리아는 연방개입을 논의하기 위해 바이에른 국왕 및 뷔르템베르크 국왕과 브레겐츠 조약을 체결한 것이었다. 브레겐츠 조약 체결 직후인 1850년 10월 16일 독일연방 의회는 헤센 선제후국의 법질서 회복을 지원하기 위해 독일연방 군대의 투입을 의결했다.

헤센-카셀(헤센 선제후국)의 헌법분쟁을 계기로 삼아 슈바르첸베르크 오스트리아 총리는 프리드리히 빌헬름 4세를 압박하여, 프로이센 왕국을 고립시키려 했다. 브레겐츠 조약(오스트리아·바이에른·뷔르템베르크 동맹)에 필적할만한 힘이 없었던 프로이센은 오스트리아를 지원하고 나선 러시아에 굴복하지 않을 수 없었다. '바르샤바 합의'(1850년 10월 28일)에서 프리드리히 빌헬름 4세 프로이센 국왕은 프로이센 왕국의 헤센 문제 불개입과 프로이센 군대의 철수를 니콜라이 1세 러시아 황제에게 약속하고, 헤센 선제후국의 법질서 회복을 위해 독일연방이 연방감독관을 헤센의 수도 카셀에 파견하는데 동의했다. 그러나 브레겐츠 조약 서명국들이 1850년 11월 1일 헤센의 헌법위기를 종식시킨다는 명목으로 25,000명의 바이에른 군대를 독일연방군의 이름으로 헤센의 하나우에 진주시켰을 때, 군대 철수를 약속한 프로이센도 1850년 11월 2일 2개 사단을 북부 헤센으로 출동시켜 브레겐츠 동맹(오스트리아·바이에른·뷔르템베르크)에 대응했다. 프로이센군의 헤센 침공은 '바르샤바 합의' 위반이었기 때문에, 오스트리아는 프로이센의 즉각적인 철수를 요구했다.

1850년 11월 8일 풀다 인근의 브론첼에서 독일연방군(바이에른군)과 프로이센군 간 소규모 접전이 벌어졌다. 확전을 우려한 프리드리히 빌헬름 4세 프로이센 국왕은 프로이센군의 철수를 결정했다. 1850년 11월 29일 올뮈츠(올로모우츠) 조약이 체결됨으로써 프로이센군은 독일연방군의 헤센 진주에 대한 저항을 포기하고, 헤센에서 철수함과 동시에 슐레스비히와 홀슈타인 문제에서도 오스트리아와 공동으로 대응할 것임을 약속했다. 그리고 프로이센은 올뮈츠 조약에서 에르푸르트 연합의회를 통해 달성하려 한 연합정책의 포기를 결정했다. 연방집행군으로 투입된 바이에른군은 헤센 선제후 프리드리히 빌헬름 1세의 반대세력을 제거하기 위해 헤센의 주요 도시를 점령하였다.

독일연방의회 대신 독일연합의회를 대안으로 하여 독일의 주도권을 쟁취하려 한 프로이센의 시도는 - 프로이센의 세력확대를 견제하기 위한 - 러시아의 개입(올뮈츠 조약)으로 중단되어야 했다. 독일연방의회의 개혁을 통해 해결하려고 한 독일 문제는 오스트리아의 주도로 드레스덴에서 개최된 독일연방 외무장관회의에서 최종적으로 조정되었다. 올뮈츠 조약에 의거하여 1850년 12월 23일부터 1851년 5월 15일까지 약 5개월 간 작센 왕국의 수도에서 개최된 <드레스덴 회의>는 3월 혁명 이후 기능이 중지된 독일연방의 개혁을 논의하기 위해 독일연방 소속 모든 회원국들의 수석장관들이 참가한 회의였다. 프로이센은 국내적으로는 보수우파의 압력, 국제적으로는 오스트리아와 공조한 러시아의 압력으로 그들의 연합정책을 최종적으로 포기하고, 독일연방의 복원과 오스트리아의 독일연방 주도권을 재확인해야 했다. 프로이센의 양보에 부응하여 오스트리아 역시 <4왕 동맹>(작센, 하노버, 뷔르템베르크 및 바이에른 왕국)에서 결의한 전체 합스부르크 제국의 독일연방 가입 계획을 포기했다. 독일연방의 '개혁'이 의제였던 드레스덴 회의는 결과적으로 1848년 이전의 독일연방의 부활을 결의한 회의로 끝나 버렸다.

올뮈츠 조약은 독일연방 내에서의 오스트리아의 헤게모니를 제고시킨 반면, 프로이센의 그것을 훼손시킴으로써 양대 강국 간의 대립을 첨예화시켰다. 프로이센의 민족주의자들은 '올뮈츠의 굴욕'에 대해 정부를 신랄하게 비판했고, 비스마르크는 처음부터 라도비츠 총리의 연합정책에 찬성하지 않았지만, 프로이센 의회에서 정부가 취한 조치(올뮈츠 조약 체결)의 당위성을 옹호해야 하는 난처한 과제를 떠안게 되었다. 원래 소독일주의를 비현실적 통일방안이라고 생각했던 비스마르크가 프로이센의 독일정책에서 오스트리아를 제외시키는 소독일 통일정책을 구체화시키는 작업에 전념하기 시작한 것은 오스트리아와 프로이센과 러시아에 의해 올뮈츠 조약이 체결된 이후의 일이었다.

독일의 주도권을 장악하기 위한 오스트리아와 프로이센의 대립과 갈등이 독일 문제의 해결을 어렵게 만든 만큼 독일 문제의 해결을 앞당겼다는 이중가치적인 주장은 부정할 수 없는 진실이었다. 메테르니히 시대와는 반대로 3월 혁명 이후 시대의 오스트리아와 프로이센은 혁명세력에 대응하는 과정에서 얻은 학습효과로 권력의지가 괄목할 만큼 성장하였다. 이에 따라 양강 갈등은 점점 더 첨예화하였고, 급기야 혁명 이전 상황으로 회귀하려 한 연방의회의 실제적인 과제를 불가능하게 만들었다. 오스트리아는 연방의회 내에서의 주도권 행사를 혁명 이전 시기처럼 당연시했고, 프로이센은 현 상황 타개를 소독일 제국 건설을 위해 거쳐야 할 일차 관문으로 생각했다. 메테르니히가 더 이상 연방의회의 의장이 아닌 현실에서 혁명 이전과 같은 오스트리아와 프로이센의 밀월관계는 기대할 수 없게 되었다.

독일연방 내에서 조성된 양국 간의 첫 번째 긴장관계는 이미 1849년
초 오스트리아 총리 슈바르첸베르크 후작의 중부유럽제국 건설 선언에
서 조성되었다. 오스트리아 다민족 제국 전체와 독일연방을 포괄하는 국
가연합과 프로이센이 에르푸르트 연합의회를 통해 달성하려한 통일정책
사이에는 오스트리아와 프로이센 양국에 의해 극복될 수 있는 공통점이
존재하지 않았다. 프로이센의 보수우파 정치인들이 찬성하였고, 오스트
리아의 민족주의자들이 화답한 대독일주의는 장래의 독일제국에 합스부
르크 제국의 비독일어권 국가(헝가리, 뵈멘, 갈리치아 따위)를 제외시키는, 다시
말해 오스트리아만 참여시키는 통일정책이었고, 소독일주의는 합스부르
크 제국 내의 독일어권 국가(오스트리아)도 제외시키는 통일정책이었기 때문
이었다. 특히 슈바르첸베르크 총리가 독일연방의회에서 오스트리아와 헝
가리를 <독일관세동맹>에 가입시키려 시도하면서 양국(오스트리아와 프로이센)
간 긴장은 절정에 도달했다. 통상장관 카를 루트비히 폰 브루크(1798-1860)
의 경제정책에 의지한 슈바르첸베르크 총리는 프로이센이 독일관세동맹
이라는 수단을 가지고 독일연방 내에서 행사하고 있는 경제정책의 주도
권을 무너뜨림으로써 프로이센이 바이에른, 뷔르템베르크 등 친 오스트
리아 성향의 남독일 국가들에게 행사할 수 있는 가장 강력한 무기를 빼
앗으려고 시도했다.

오스트리아와 헝가리의 독일관세동맹 동시가입으로 기대할 수 있는
경제적 국익과 독일관세동맹 내에서의 프로이센의 우월적 지위에 대한
공포 사이에서 처음에는 갈등을 느낀 남독일 국가들이 연방의회 표결
시에는 결국 오스트리아와 헝가리의 독일관세동맹 동반가입에 부표를
던지고, 현재 상태로, 다시 말해 '소독일' 관세동맹 체제를 계속해서 유
지하는 쪽으로 의견을 모았다. 당시 프로이센의 대표로 독일연방의회에
참석한 비스마르크의 외교적 노력으로 얻은 프로이센의 승리(오스트리아와 헝
가리의 관세동맹 동반가입 저지)는 독일연방의 제2의 강국 프로이센을 정치적 위

기에서 구출했을 뿐 아니라, 독일관세동맹 회원국들의 경제적 이익을 지켜준 준 역사적 사건이었다. 비스마르크의 승리는 프랑크푸르트 국민의회의 다수 안이었던 대독일주의의 통일방향, 즉 프랑크푸르트 국민의회에 참여한 독일의 모든 국가를 하나의 단일민족국가로 통일하자는 독일통일의 정책방향에 수정을 가해, 소독일주의 통일을 기정사실화한 역사적 사건으로 평가되었다. 1849년 프랑크푸르트 국민의회의 대독일주의와 1850년 프로이센의 연합정책(에르푸르트 연합의회)의 대독일주의는 오스트리아를 포함시키는 통일안이었지만, 오스트리아(슈바르첸베르크)가 추구한 - 합스부르크 제국 전체와 독일연방을 통합하는 - 중부유럽제국 설립안과는 둘 다 거리가 멀었다.

재론하지만, 프랑크푸르트 국민의회에서 처음으로 등장한 대독일주의, 다시 말해 오스트리아 제국의 독일어권 지역만 선택적으로 단일민족국가로 통일될 미래의 독일제국 포함하는 독일통일 방안은 슈바르첸베르크 오스트리아 총리에 의해 묵살되었다. 그는 헝가리를 포함하는 합스부르크 제국 전체를 통일독일의 국가연합에 포함시켜야한다는, 이른바 중부유럽 국가연합(중부유럽제국)을 주장했기 때문이었다. 슈바르첸베르크의 중부유럽제국 건설 계획은 프로이센의 입장에서 볼 때, '대독일주의'가 아니라, '대오스트리아주의'였다.

슈바르첸베르크 총리 내각의 오스트리아 통상장관 브루크는 재임기간(1848-1851)에 프로이센 왕국 통상장관 루돌프 폰 델브뤼크(1817-1903)와 가진 오스트리아-프로이센 통상회담에서 합스부르크 제국의 관세 및 조세 시스템을 독일관세동맹에 동화시켜 중부유럽 관세 및 경제 연합을 달성하려 했다. 이는 슈바르첸베르크 총리의 중부유럽국가연합 계획과 궤를 같이하는 경제통합정책이었다. 프로이센은 정치적으로는 오스트리아가 반대할 수밖에 없는 대독일주의 통일(오스트리아 제국 전체와 독일연방의 통일이 아닌, 오스트리아와 독일연방의 통일)을 주장함으로써 실제로는 오스트리아를 제외시키는, 프로이센 주도의 소독일 통일을 위한 명분을 축적했다. 이러한 정치적 목표에 부합하는 경제정책을 유지하기 위해, 직설적으로 표현해 오스트리아를 제외시킨 독일관세동맹을 독일통일의 기반으로 삼기 위해, 프로이센은 시종일관 오스트리아 제국의 독일관세동맹 가입 시도를 저지한 것이었다.

　남독일 국가들은 정치적으로는 친 오스트리아 노선을 유지했지만, 경제적으로는 프로이센 주도의 독일관세동맹에 가입하는 정경분리 정책을 고수했다. 독일관세동맹이 창립되기 이전 1820년대부터 존재한 남독일관세동맹(바이에른-뷔르템베르크 관세동맹) 가입국들은 1834년 1월 1일 독일관세동맹이 출범할 때부터 프로이센의 경제통합정책에 참여했다. 프로이센은 1853년 12월 31일자로 1차 조약기간이 만료되는 독일관세동맹 조약을 갱신하여 경제적인 우위를 확실하게 유지함으로써 에르푸르트 연합의회(연합정책)의 실패를 통해 실추된 정치적 위상을 회복하려 했다. 그리고 1851년 9월 비밀협상 끝에 하노버 왕국을 독일관세동맹에 가입시킴으로써 프로이센 왕국은 하노버 왕국을 사이에 두고 동서로 분리된 국토의 서반부와도 경제적 연결장치를 만들게 되었다. 하노버 왕국 말고도 프로이센 왕국 영토 사이에 끼어 있던 헤센 선제후국(수도: 카셀)과 헤센 대공국(수도: 다름슈타트)은 이미 1834년부터 독일관세동맹에 가입한 국가들이었다.

　오스트리아-프로이센 통상조약(1853) 체결에 앞서 1850년 우편동맹 및 전신동맹 조약이 먼저 체결되었다. 오스트리아, 프로이센, 바이에른 및 작센 간에 체결된 전신동맹은 뷔르템베르크 및 하노버 왕국(1851), 바덴 대공국(1854)이 추가로 가입하면서 가입국들이 확대되었다. 프로이센에 의해 오스트리아의 독일관세동맹 가입이 저지된 후, 양국 간 쌍무조약으로서 오스트리아-프로이센 통상조약이 1853년 2월 19일 체결되었고, 프로이센 이외의 독일관세동맹 가입국들은 오스트리아-프로이센 통상조약에 추가로 가입하는 형식을 빌려 오스트리아-프로이센 통상조약과 독일관세동맹이 간접적으로 연결되었다. 유효기간 12년(1865년 만료)의 오스트리아-프로이센 통상조약에서 프로이센이 오스트리아에 약속한 것은 오스트리아가 요구하는 독일관세동맹과 오스트리아 간의 관세통일은 1860년 이후 새로운 협상을 통해 실현시킨다는 모호한 규정뿐이었다. 그와는 반대로 1834년 1월 1일 20년 기한으로 체결되어 만기가 된 기존 독일관세동맹은 오스트리아-프로이센 통상조약이 체결된 직후 독일연방의 정치적 주도국인 오스트리아를 제외한 채 갱신되었다.

오스트리아-프로이센 통상조약은 특히 오스트리아의 직조산업 및 제철사업에 긍정적인 영향을 끼쳤다. 1862년에 체결된 최혜국약관을 포함하는 프랑스-프로이센 통상조약이 독일관세동맹에 연결됨으로써 독일관세동맹과의 통상에서 오스트리아가 누린 특수지위(최혜국대우)는 거의 완전히 소멸되었음에도 불구하고, 오스트리아-프로이센 통상조약은 1865년 갱신되었다. 1860년 이후 개최하기로 한 오스트리아의 독일관세동맹 가입에 관한 회담은 물론 열리지 않았으며, 오스트리아와 프로이센의 관계는 해를 거듭할수록 악화되었다. 비스마르크 정부는 독일관세동맹을 독일의 헤게모니 투쟁의 도구로 삼았기 때문에, 오스트리아는 관세정책과 관련한 한 사실상 독일연방 내에서 완전히 고립된 국가였다. 오스트리아와 헝가리의 독일관세동맹 동반가입 안건이 비스마르크의 로비로 프랑크푸르트의 독일연방의회에서 부결된 후, 프로이센의 주도로 새로이 뭉친 독일관세동맹은 독일어권을 뛰어넘어 프랑스와 영국과도 관세조약을 체결하였다. 프로이센 왕국을 위시한 독일연방 회원국들의 경제는 이제 서유럽시장으로의 진출은 물론이고, 세계시장으로 이어지는 교두보를 확보하게 되었다. 하노버가 독일관세동맹에 가입한 1854년의 독일관세동맹의 영토는 1867년 창립된 북독일연방의 영토보다도 그 규모가 컸다.

오스트리아와 헝가리의 독일관세동맹 동반가입을 적극적으로 저지함으로써 거둔 실익으로 프로이센은 올뮈츠 조약 체결 이후의 정치적 위기상황을 헤쳐 나가는데 필요한 국가적 위신을 제고시키고, 독일연방의 정치적 주도권을 고집하는 오스트리아와 맞서서 경제적 주도권을 확실하게 장악할 수 있었다. 프로이센의 강국으로서의 재도약에 일조를 하게 된 사건이 때마침 터졌으니, 그것은 1852년 4월 5일, 중부유럽제국 건설을 주장한 슈바르첸베르크 총리의 갑작스런 죽음이었다. 합스부르크 제국 산하의 비독일계 민족까지 포함한 전체 오스트리아 제국이 통일독일의 핵심 요소가 되어야 한다고 주장해 온 슈바르첸베르크는 대독일주의자들에게 - 프로이센 왕국 내의 대독일주의 통일론 역시 오스트리아가 원한 통일방향이 아니었지만 - 소독일주의를 설득할 수 있는 구실만 제공한 후 사망한 것이었다.

❏ 3
오스트리아의 동맹정책과 크림 전쟁(1854-1856)

1815년 빈 회의 이후 1848년 3월 혁명이 터질 때까지 체제유지를 위해 유지했던 오스트리아와 프로이센의 동맹관계가 1850년(올뮈츠 조약) 이후 혁명 전의 관계를 회복할 수 없었듯이, 유럽의 맹방 공동체 역시 혁명 이전의 우호관계로 회귀하지 못했다. 러시아와 오스트리아와 프로이센이 주도한 신성동맹의 역할이 그 수명을 다했기 때문이었다. 프랑스에서는 1848년 12월 10일 실시된 대선에서 압도적 지지로 4년 단임제의 제2공화정 대통령에 선출된 루이 나폴레옹 보나파르트(1808-1873)가 1851년 12월 2일 자신의 임기 연장을 위한 헌법 개정에 반대한 의회를 해산시키고, 국민투표를 실시해 10년 임기의 독재체제를 수립했다. 그리고 자신을 나폴레옹 3세 황제라 칭하고 국가의 모든 권력을 황제에게 위임하는 헌법을 제정했다. 국민투표에 의해 황제로 추대되었기 때문에, 정통성 문제에 대한 논의를 잠재우기 위해서라도 그는 끊임없이 국가적 성공사례를 만들어내야 했다. 계층 간의 대립을 극복하기 위해 나폴레옹 3세는 현대식 산업경제를 부흥시켜 시민계급의 환심을 샀으며, 농업의 개선을 통해 농민들의 마음을 얻었고, 노동계층을 자신의 체제에 통합시키기 위해 사회 복지를 확대했다. 그뿐 아니라, 교회와 긴밀히 접촉하여 종교인들과 교인들을 정치적 지지자로 만들려고 노력했다. 성공을 거둔 경우도 없지 않았다. 교통망의 확충, 도시의 현대화가 진행되었고, 재위기간에 오늘날의 모습을 얻은 파리를 유럽 문화의 구심점으로 만든 것 등을 그의 치적으로 꼽을 수가 있을 것이다.

나폴레옹 3세는 특히 대외정책의 성공적인 수행을 통해 국내의 지지를 확보하는데 더 큰 비중을 두었던 것 같다. 그러한 노력의 일환으로 그는 유럽 각국에서 대두되고 있는 민족주의 운동을 프랑스의 국익 도모에 적절히 이용했다. 그것은 1815년 이후 프랑스가 처한 외교적 고립을 벗어날 수 있는 길이기도 했다. 나폴레옹 3세의 대외정책은 단일국가로 독립하려고 하는 유럽 제국(諸國)의 민족주의자들로부터는 크게 환영받았지만, 정통주의에 기초한 다민족 국가들에게는 불안과 불신을 야기시키는 계기를 조성했다. 러시아나 오스트리아 같은 정통주의 정부들은 나폴레옹 3세의 제2제정을 나폴레옹 1세의 제1제정과 똑같이 취급하여 원칙적인 거부감을 표시했다. 프랑스가 <크림 전쟁>(1854-1856)에서 오스만 제국을 지원한 것도, <이탈리아 독립전쟁>(1859)에서 사르데냐·피에몬테 왕국과 동맹을 체결한 것도 모두 나폴레옹 3세의 민족주의 지원이라는 외교전략에서 비롯된 것이었다.

유럽 강대국들의 협력관계에서 결정적인 역할을 하려는 프랑스의 욕구를 장기적으로는 결코 차단할 수 없을 것이라는 사실을 제일 먼저 간파한 유럽의 정치가는 오토 폰 비스마르크(프로이센 총리: 1862-1866, 북독일연방 수상: 1867-1871, 독일제국 수상: 1871-1890)였다. 정통성을 문제로 삼아 나폴레옹 3세의 프랑스를 고립시키려고 하는 유럽 열강들의 외교정책을 그는 지지하지 않았다. 비스마르크는 독일 문제와 무관한 분야에 대한 프랑스의 대외정책 평가는 유보했으며, 국제협력 관계에서 프랑스를 제외시켜서는 안 된다는 입장을 견지했다. 프랑스를 유럽의 협조체제에서 고립시키지 않으면서도 러시아를 자극하지 않기 위해 비스마르크는 크림 전쟁에서 영국-프랑스-오스만 제국 동맹과 러시아 사이에서 중립을 고수함으로써 전쟁이 끝난 후 대 러시아 외교에서 유리한 위치를 확보할 수 있었다.

유럽의 국가 중에서 아마도 가장 보수적인 시스템의 지배자이며 정통주의의 실질적 수호자라고 할 수 있는 군주는 러시아 황제 니콜라이 1세(1796-1855, 재위: 1825-1855)였다. 군사원조를 통해 그간 중부 유럽과 남부 유럽의 혁명진압에 결정적인 기여를 한 러시아 황제는 이제 발칸 반도에 대한 러시아의 영향력을 확대하고, 흑해 함대의 지중해 진출을 계획했다. 두 가지 목표를 달성하기 위해서는 우선 오스만 제국이 지배하고 있는 보스포루스 해협이라는 1차 관문을 통과해야 했다. 오스만 제국은 1683년 합스부르크 제국의 수도 빈을 포위 공격하면서 그 세력이 절정에 달했으나, 1699년 카를로비츠 평화조약 체결 이후 패전을 거듭하다가, 1850년대에 와서는 제국의 와해를 눈앞에 두고 있는 실정이었다. 한때 유럽 대륙을 전쟁의 도가니 속으로 몰아넣었던 공포의 술탄은 이제 - 당시의 언론이 논평했듯이 - '보스포루스 해협의 환자'가 되어 있었다.

러시아가 해상루트를 이용해 서유럽에 영향력을 행사하려면 반드시 지중해를 거쳐야 했다. 러시아 선단이 흑해에서 출발하여 지중해에 도달하려면, 우선 보스포루스 해협을 통과하여 마르마라 해에 도달한 후, 다시 다르다넬스 해협을 통과해야만 지중해와 연결된 에게해에 도달할 수 있다. 러시아의 지중해 진출을 염려하는 영국과 프랑스의 해군이 반대로 흑해까지 도달하려면, 러시아의 지중해 진출코스의 역방향으로, 다시 말해 지중해, 에게 해, 다르다넬스 해협, 마르마라 해, 그리고 마지막으로 보스포루스 해협을 통과해야 했다. 러시아 선단이 지중해로 진출하건, 영국 또는 프랑스 해군이 흑해로 침투하건 간에, 반드시 통과해야할 보스포루스 해협과 다르다넬스 해협은 오스만 제국 관할이었기 때문에, 지중해의 제해권을 노리고 있는 영국과 러시아, 프랑스와 러시아 또는 영국-프랑스 동맹과 러시아 간에 - 러시아가 오스만 제국을 침공한 1853년 영국과 프랑스는 오스만 제국을 지원했다 - 전쟁이 발생할 경우, 오스만 제국이 어느 쪽과 동맹관계를 유지하느냐가 승패의 관건이 될 수 있었다. 역사적으로 오스만 제국은 영국이나 프랑스와 국가 대 국가로 전쟁을 벌인 적은 한 차례도 없었다. 오스만 제국이 가장 오랜 기간 동안 전쟁을 벌인 국가는 러시아이었다. 크림 전쟁의 원인을 제공한 1853년의 러시아-오스만 제국 전쟁은 양국 간의 열 번째 전쟁이었다. 러시아 함대가 보스포루스 해협을 통과하기 위해서는 보스포루스 해협의 양안에 걸쳐 도시가 형성되어 있는 오스만 제국의 수도 콘스탄티노플(1876년 이후 이스탄불)을 먼저 장악해야 했다.

니콜라이 1세는 오스만 제국의 현상황이 콘스탄티노플을 수중에 넣어 지중해로 진출할 수 있는 절호의 기회라고 판단했다. 오스만 제국에 거주하는 러시아 정교 신자들에 대한 보호권을 러시아에 넘기라는 최후통첩을 오스만 제국 정부가 거절하자, 러시아는 1853년 7월 3일 오스만 제국령 몰도바와 왈라키아를 전격 점령했고, 이에 반발한 압뒬메시드 1세(1823-1861, 재위: 1839-1861) 술탄은 1853년 10월 16일 러시아에 전쟁을 선포했다. 11월 30일 러시아의 흑해 함대는 시노페 항구 앞바다에서 벌어진 해전(시노페 해전)에 오스만 제국 함대를 괴멸시켰다. 영국과 프랑스가 러시아를 견제하기 위해 오스만 제국 지원을 결정한 것은 시노페 해전에서 오스만 제국 해군이 참패한 후였다. 1853년에 발발한 러시아와 오스만 제국 간의 전쟁은 1854년 3월 프랑스와 영국이 러시아에 선전포고한 후 크림 전쟁이라 명명되었다. 10차 러시아-터키 전쟁이 먼저 시작되었지만, 1854년 영국과 프랑스, 1855년 프랑스의 동맹국 사르데냐-피에몬테 왕국이 영국-프랑스 동맹에 가세한 후 확전되었기 때문에, 제10차 러시아-터키 전쟁(1853-1856)은 크림 전쟁(1854-1856)의 일부로 간주된다.

오스트리아는 한편으로는 발칸 반도에서의 자국의 이해관계 때문에 발칸 제국(諸國)이 러시아의 보호 하에 독립하게 되는 상황을 두려워했고, 또 다른 한편으로는 나폴레옹 3세의 단일민족국가 정책이 합스부르크 제국 내의 비독일계 민족의 독립운동에 끼칠 영향을 염려했다. 그리하여 오스트리아는 크림 전쟁 기간에 한정하여 프로이센과 방어동맹(1854년 4월 20일)을 체결했다. 서유럽의 열강들과 협력하면서도 이탈리아의 독립운동에 대한 프랑스의 영향력 행사를 저지하기 위해 오스트리아는 프랑스와 비밀협정을 체결하여 이탈리아의 현상태 유지를 보장받은 후, 발칸 반도 남쪽 해상에 함대를 파견해 무력시위를 벌임으로써 크림 반도에서의 러시아의 전쟁수행 의지를 약화시키려 시도했다. 오스트리아의 압력으로 1854년 7월 몰도바와 왈라키아에서 러시아군이 철수하자, 오스트리아가 이 지역을 점령했다. 1850년 올뮈츠 조약을 체결할 때까지만해도 프로이센을 견제하고, 오스트리아의 입장을 대변했던 러시아를 적으로 돌린 것은 오스트리아의 되돌릴 수 없는 패착이 되고 말았다. 오스트리아와는 달리 크림 전쟁에서 시종일관 중립을 견지한 프로이센은 그후 러시아와 우호적인 관계를 수립하게 되었다. 비스마르크의 독일통일정책은 러시아의 암묵적인 배후지원이 없었더라면 결실을 맺지 못했거나, 그 실현이 크게 지연되었을지도 모른다. 크림 전쟁에서 조성된 오스트리아와 러시아 간의 긴장관계는 지속되었고, 1866년 오스트리아가 프로이센과 전쟁(1866년의 독일전쟁)을 했을 때, 러시아는 오스트리아의 일방적인 패배를 방관했다.

프랑스와 영국과 오스트리아의 크림 전쟁 개입으로 유럽의 기존 국제협력 관계는 완전히 다른 양상을 띠게 되었다. 크림 전쟁 발발로 인해신성동맹을 - 영국과 오스만 제국과 교황령은 애초부터 이 동맹체에 가입하지 않았다 - 통해 지금까지 어느 정도는 유지되던 유럽제국(諸國)간의 협력관계가 마침내 깨어졌다. 인도로 가는 해상통로를 확보해야 했던 영국은, 러시아가 유럽의 균형을 심각하게 훼손시킬지 모른다는 우려로 인해 오스만 제국의 현 상태 유지를 보장해야 할 당위성을 느꼈고, 나폴레옹 3세는 영국과 러시아 간에 조성되고 있는 갈등관계를 역이용하여 프랑스를 국제적 고립으로부터 구해내고, 유럽의 헤게모니를 다시 장악할 수 있는 기회를 찾으려 시도했다. 이해관계가 일치한 영국과 프랑스는 동맹을 체결하여 1854년 3월 27일과 28일에 각각 러시아에 전쟁을 선포한 후, 그 해 9월 14일 크림 반도에 군대를 상륙시켰다. 크림 전쟁은 이렇게 프랑스-영국 동맹과 오스만 제국이 한 편이 되어 러시아와 시작한 전쟁이었다. 사르데냐-피에몬테 왕국은 1855년 프랑스-영국 동맹에 가세했다

영국과 프랑스의 동맹체결은 오스트리아의 동맹관계에 일대 전환을 야기하여, 오스트리아와 러시아를 상호적대국가로 만들었다. 왜냐하면 오스트리아의 주도로 오스트리아, 영국 및 프랑스가 1854년 12월 2일 빈에서 <12월 동맹>을 체결했기 때문이었다. 12월 동맹은 러시아의 발칸 반도 진출을 저지하고, 마지막 남은 이탈리아의 합스부르크 제국 영토 베네치아 왕국의 현상유지에 대한 프랑스의 동의를 이끌어내기 위한 오스트리아의 외교적 노력의 결실이었지만, 오스트리아는 크림 전쟁을 종식시킨 <파리 평화조약>(1856년 3월 30일)에서부터 그 대가를 치러야 했다. 크림 전쟁이 한창 진행 중이었을 때, 오스트리아는 프랑스와 체결한 비밀협정(1854년 12월 2일)을 통해 오스트리아의 이탈리아 내 영토(베네치아 왕국)에 대한 영유권을 보장 받았었다. 그러나 프랑스와 함께 1855년 크림 전쟁에 참전한 프랑스의 동맹국 사르데냐-피에몬테 왕국의 전권대표 카부르 외무장관이 파리 평화회담 석상에서 이탈리아 문제를 의제에 포함시킴으로써 오스트리아는 궁지에 몰리게 되었다. 카부르는 주지하듯이 이탈리아 통일운동(리소르지멘토)의 기수였고, 나폴레옹 3세는 민족주의를 선동하여 합스부르크 제국의 북이탈리아 지배를 종식시키려했다. 나폴레옹 3세의 리소르지멘토 지원은 결국 3년 후 오스트리아와 이탈리아 간의 전쟁(이탈리아 전쟁)으로 이어졌다.

파리 평화조약(1856)은 1815년 메테르니히의 주도로 만들어진 인위적인 체제(신성동맹)를 최종적으로 붕괴시켰고, 발칸 반도에서의 대립으로 야기된 오스트리아와 러시아의 반목관계는 1차 대전 때까지 지속되었다. 프로이

센은 오스트리아와 방어동맹(1854)을 체결했음에도 불구하고 12월 동맹조약(오스트리아-영국-프랑스 동맹) 가입을 거부했다. 친로파와 반로파의 갈등으로 프리드리히 빌헬름 4세 국왕 자신이 결단을 내리지 못해, 크림 전쟁에서 중립을 지킨 대가로 프로이센은 러시아 황제(니콜라이 1세)의 호감을 사게 되었다. 크림 전쟁에서 형성된 프로이센과 러시아 간의 우호관계가 후일 독일의 통일에 직접적 기여를 할 줄이야 비스마르크 자신도 아마 예측하지 못했을 것이다. 독일연방 의회 의장국 오스트리아가 연방의회의 결의를 통해 독일연방군을 크림 전쟁에 동원하려한 시도를 저지한 장본인도 비스마르크였다. 비스마르크는 1851년부터 1856년까지 독일연방 의회에 파견된 프로이센 공사였다.

영국-프랑스 동맹의 개입으로 크림 전쟁에서 패한 러시아는 프랑스의 주재로 열린 파리 평화회담에서 서유럽 열강들에게 고개를 숙여야 하는 수모를 당했다. 몰도바와 왈라키아는 러시아의 패전 덕분으로 1858년에 우선 두 제후국이 합병된 후, 1861년 루마니아에 흡수되었다. 1856년 파리 평화조약의 유보조항이었던 이른바 <폰토스 약관>(흑해 조항)에 따라 - 폰토스는 흑해 연안 소아시아의 고대왕국 이름이다 - 러시아는 흑해의 중립화와 비무장화 조치를 감수해야 했다. 러시아는 흑해 함대를 철수시켜야 했고, 오스만 제국의 선박 수를 초과하지 않는, 제한된 수의 소형 전함들은 흑해에 배치할 수 있게 되었지만, 무기고 및 요새시설은 유지할 수 없게 되었다. 러시아가 폰토스 약관 파기를 일방적으로 선언한 것은 1870년 10월 31일 독일과 프랑스가 전쟁을 벌이고 있을 때였다. 비스마르크는 러시아를 프로이센 편으로 끌어드리기 위해 파리 평화조약(1856) 서명국들이 모두 참가한, 1871년 3월 13일자 <런던 회의>에서 흑해의 중립화 및 비무장화 조항의 파기를 공식적으로 이끌어 내어 러시아의 기대에 부응했다. 프로이센의 호의적인 대 러시아 정책 덕분으로 러시아는 대규모 흑해 함대 창설에 착수할 수 있게 되었다. 1856년 파리 평화조약의 폰토스 약관은 1871년 런던 회의에서 15년 만에 해지되었다. 러시아는 흑해 함대 창설에 착수했지만, 지중해로 이어지는 해협은 계속하여 봉쇄되었고, 외국 선박의 해협 통과는 오스만 제국의 허가를 받아야 했다.

오스트리아는 멀게는 7차 터키전쟁(1736-1739)과 8차 터키전쟁(1788-1791)에서 동맹국 러시아를 지원하여 오스만 제국군과 전쟁을 벌였고, 가깝게는 1849년의 헝가리 혁명 진압과정과 1850년의 올뮈츠 조약 체결, 그리고 독일연방 복원 과정에서 러시아의 지원을 받았다. 특히 1815년 이후의 유럽의 복고체제(빈 체제 혹은 메테르니히 체제)는 오스트리아와 러시아가 주도적으로 참여한 신성동맹의 개입이 없었더라면, 1848년 혁명 이전에 이미 붕괴되었을 것이다. 이와 같은 역사적인 러시아와 오스트리아의 동맹관계는 크림 전쟁을 전환점으로 하여 깨어지고, 러시아와 오스트리아는 서로 적으로 갈라서게 되었다. 러시아의 남진정책과 오스트리아의 동진정책이 발칸 반도에서 충돌함으로써 대두된 오스트리아-러시아의 대립관계는 크림 전쟁의 발발과 더불어 시작되어, 1918년 합스부르크 제국이 와해될 때까지 유럽의 갈등의 한 원인으로 작용했다. 동시에 오스트리아는 크림 전쟁에서 보인 우유부단한 태도로 인해 서유럽 열강들로부터도 따돌림을 당하게 되었고, 더욱이 발칸 반도에 대한 자국의 이익을 실현시키기 위해 독일연방을 활용하려다 실패함으로써 독일연방 소속의 중소규모 국가들의 대 프로이센 의존도를 강화시키는 결과를 낳았다. 크림 전쟁의 실질적 승전국인 영국은 오스만 제국을 러시아의 손아귀에서 구했을 뿐 아니라, 지중해에서의 우위권을 확보하게 되었다. 때는 바야흐로 수에즈 운하의 건설이 목전에 다가온 시기여서 지중해 재해권의 중요성이 그 어느 때보다도 강조되던 시기였다. 그밖에도 러시아에 승리함으로써 영국은 인도, 아프가니스탄, 페르시아, 중국 등의 해외 식민지에서 영국의 위상을 강화시킬 수 있었다.

1815년 빈 회의에서 재편된 유럽의 판도에 대해 이의를 제기할 동맹국을 확보하기 위한 투쟁의 일환으로 나폴레옹 3세의 프랑스는 이제 민족주의를 유럽대륙 곳곳에 확산시키는 정책을 공공연히 밀고나갔다. 크림 전쟁 개입으로 톡톡히 재미를 본 프랑스에게 크림 반도의 분쟁이 조정된 지 3년 만에 두 번째의 기회가 왔다. 그것은 유럽의 열강들을 또다시 불안 속으로 몰아넣은 이탈리아의 독립전쟁이었다. 1848/1849년의 독일의 민족주의 운동(독일의 통일)이 결실을 거두지 못했던 것처럼, 카부르가 앞장섰던 이탈리아의 통일운동(1차 이탈리아 독립전쟁 혹은 오스트리아-사르데냐 전쟁)도 실패로 끝났었다. 1850년 이후 리소르지멘토의 기수로 알려진 카부르는 1852년 사르데냐·피에몬테 왕국의 비토리오 엠마누엘레(빅토르 엠마누엘) 2세에 국왕에 의해 외무장관 겸 총리로 임명된 후, 일련의 법률과 교회법을 개혁함으로써 사르데냐·피에몬테 왕국을 민주적인 제후국으로 발전시킨 정치가였다. 이탈리아를 통일하기 위해 그는 외국의 원조를 끌어들이고, 특히 오스트리아의 지배에서 벗어나기 위해 모든 애국세력을 집결시켜 1857년 '이탈리아 민족협회'를 발족시켰다. 크림 전쟁이 한창이던 1854년 12월 오스트리아가 몰도바와 왈라키아를 점령하자, 종전 후 이탈리아 문제가 전승국들의 이해관계에 따라 처리될 것을 염려한 카부르 총리는 1855년 1월 뒤늦게 동맹국 프랑스를 지원하기 위해 사르데냐·피에몬테 군대를 크림 전쟁에 파병했다. 이로써 사르데냐·피에몬테 왕국은 이탈리아의 통일을 위한 전쟁(이탈리아 전쟁, 1859)에 프랑스의 지원을 예약해 둔 셈이 되었다.

❏ 4
오스트리아와 이탈리아의 전쟁(1859)

독일사에서는 <이탈리아 전쟁> 혹은 2차 <오스트리아-사르데냐 전쟁>이라 부르고, 이탈리아에서는 1848/1849년의 <1차 이탈리아 독립전

쟁>(1차 오스트리아-사르데냐 전쟁)에 이어 <2차 이탈리아 독립전쟁>이라고 부르는 1859년의 오스트리아-이탈리아 전쟁은 프란츠 요제프 1세 황제 치하의 오스트리아와 - 프랑스와 동맹을 체결한 - 사르데냐-피에몬테 왕국 간의 전쟁이었으며, 오스트리아의 패배로 이탈리아를 통일의 길로 인도한 전쟁이었다.

1차 독립전쟁에서 오스트리아에 패한 사르디니아-피에몬테 왕국은 카부르 장관의 주도 하에 군대, 사법제도, 재정시스템, 관료기구 등을 개혁하고 산업발전을 촉진시켜 공장과 철도를 광범위하게 건설함으로써 사르데냐-피에몬테 왕국을 유럽에서 가장 현대적인 국가로 발전시켰다. 1852년 총리에 임명된 카부르는 크림 전쟁이 발발하자, 사르데냐-피에몬테 왕국의 국제적 입지를 강화시킬 기회가 온 것으로 판단하여 1855년 1월 영국과 프랑스의 동맹국 자격으로 크림 반도에 군대를 파병했고, 그 대가로 이탈리아의 미래를 국제회의에서 논의하겠다는 두 동맹국의 약속을 받아낼 수 있었다. 실제로 카부르는 크림 전쟁이 끝난 후 개최된 1856년 3월의 파리 평화회의를 오스트리아의 북이탈리아 영토(롬바르디아-베네치아 왕국) 점령을 탄핵하는 기회로 이용했다.

카부르가 사르데냐-피에몬테 왕국의 총리에 임명된 해에 황제에 즉위한 나폴레옹 3세는 카부르의 이탈리아 통일정책을 적극적으로 지지하였다. 1858년 7월 21일 나폴레옹 3세와 카부르는 로트링엔(로렌)의 휴양지 플롱비에르 레벵에서 회동하여, 사르데냐-피에몬테 왕국이 오스트리아의 침공을 받을 경우 프랑스 군대의 자동개입을 규정한 비밀조약을 체결했다. 이탈리아 통일의 첫 단계로 합스부르크 제국 지배 하의 롬바르디아 왕국과 베네치아 왕국을 사르데냐-피에몬테 왕국에 합병시키는 것이 일차적인 목표였던 카부르는 전후 창건될 통일 이탈리아의 국체의 형식으로 - 프랑스와 교황령 간의 관계를 고려하여 - 연방국을 제안한 나폴레옹의 구상에 동의했다. 프랑스의 지원에 대한 반대급부로 사르데냐-피에몬테 왕국은 왕국의 핵심지역인 사부아 공국 및 니스(백작령)를 프랑스에 할양하는데 합의했다. 사르데냐·피에몬테 왕국과 프랑스 간의 동맹을 결혼동맹으로 강화시키기 위해 사르데냐·피에몬테 왕국의 비토리오 엠마누엘레 2세 국왕의 장녀 클로틸다 마리아(1843-1911)와 나폴레옹 3세 황제의 사촌동생 나폴레옹 조제프 샤를 폴 보나파르트(1822-1891, 나폴레옹 1세의 동생 제롬 보나파르트의 아들)의 결혼이 1858년의 비밀회동에서 결정되었다. 1년 뒤 비토리오 클로틸다와 실제로 결혼한 조제프 샤를 폴 보나파르트는 1859년 <이탈리아 전쟁>에서 프랑스군 제5군단을 지휘하여 장인의 나라 사르데냐·피에몬테 왕국을 위해 싸웠다.

나폴레옹 3세는 1859년 1월 1일 파리 주재 외교단 초청 신년하례식 석상에서 행한 신년사를 통해 오스트리아 제국을 자극했고, 비토리오 엠마누엘레 2세 사르데냐·피에몬테 국왕도 약속이라도 한 듯이 유사한 연설을 통해 오스트리아에 도전하자, 오스트리아는 전쟁준비에 착수했다. 오스트리아의 군비 증강은 사르데냐·피에몬테를 오스트리아의 공격으로부터 보호한다는 구실을 프랑스에게 제공했다. 카부르 총리의 정책은 오스트리아의 선제공격을 유도하는 쪽으로 진행되었다. 전쟁을 미연에 방지하기 위해 1859년 3월 빈 주재 영국 공사 헨리 카울리(1804-1884) 경이 평화회담을 주선하려 했지만, 실패했다. 러시아의 평화회의 소집 요구는 오스트리아에 의해 수용은 되었지만, 평화회의 개최로 이어지지는 않았다. 오스트리아가 사르데냐·피에몬테 왕국의 군비축소를 일방적으로 요구하고, 평화회의에 사르데냐·피에몬테는 제외시켜야 한다는, 프랑스와 사르데냐·피에몬테가 수용할 수 없는 전제조건을 달았기 때문이었다.

긴장조성의 원흉이 프랑스의 군비증강을 합리화하려는 나폴레옹 3세라고 생각한 오스트리아 정부는 신속한 타격을 통해 기선을 제압하려는 시도를 하였다. 1859년 4월 19일 - 3일 이내에 무장해제를 하지 않으면 공격을 개시하겠다는 - 최후통첩을 사르데냐·피에몬테 왕국에 전달함으로써 오스트리아는 오히려 카부르의 책략에 말려들었다. 사르데냐·피에몬테 왕국이 오스트리아의 최후통첩에 대한 응답을 거부하자, 오스트리아군 220,000명은 프란츠 요제프 폰 줄로이(1798-1868) 백작을 사령관으로 하여 1859년 4월 29일 사르데냐·피에몬테 왕국으로 진공했다. 친위대 포함 5개 군단을 동원하여 사르데냐·피에몬테 왕국 군대를 지원한 프랑스군의 최고지휘관은 나폴레옹 3세 자신이었고, 사르데냐·피에몬테 왕국군(70,000명)의 사령관은 비토리오 엠마누엘레 2세 국왕과 - 후일 이탈리아 왕국의 총리를 역임한 - 알폰소 라 마르모라(1804-1878) 장군이었다. 오스트리아는 독일연방군을 동원하여 프랑스 본토를 공격할 계획도 세웠지만, 프로이센의 유보적인 태도로 인해 연방군 동원을 승인해야 할 연방의회는 소집되지 않았다. 결국 북이탈리아가 <이탈리아 전쟁>의 주무대가 되었다.

<이탈리아 전쟁>에서 오스트리아를 지원하는 문제에 유보적인 입장을 보였던 프로이센 왕국이 뒤늦게 독일연방군의 이름으로 35만 명의 병력을 동원하기로 결정했다는 정보가 입수된 데다가, <마젠타 전투>(1859년 6월 4일)와 <솔페리노 전투>(1859년 6월 24일)의 승전에도 불구하고 막대한 인적, 물적 피해를 입은 나폴레옹 3세는 빌라프란카(베로나 남쪽 20km)에서 오스트리아와 예비평화조약을 체결하여 전쟁에서 발을 빼기로 결정했다. <이탈리아 전쟁>의 10여 차례 전투 중에서 양대 격전으로 역사에 기록된 롬바르디아의 마젠타 전투와 솔페리노 전투에서 프랑스와 사르데냐·피에몬테 동맹군의 인명 손실은 전사, 실종, 포로 및 전상자를 모두 합쳐서 약 22,000명 이상이었고, 오스트리아의 인명손실은 그보다 큰 32,000여 명이었다. 나폴레옹 3세가 합스부르크 제국이 자랑한 북이탈리아의 4각 요새로 불린 만토바, 페스키에라 델 가르다, 레냐고 및 베로나를 4각형으로 연결하는 방진요새를 점령하려고 시도했더라면, 프랑스와 사르데냐 피에몬테 왕국의 인명손실은 그보다 훨씬 컸을 것이었다. <솔페리노 전투>는 국제 적십자사 창건의 동기를 제공한 전투이기도 했다. 당시 여행 중 우연히 솔페리노 전투의 현장을 목격한 스위스 사업가 앙리 뒤낭(1828-1910)은 전쟁이 끝난 후 전상자 구호를 위한 중립적 민

간국제기구 창설의 필요성을 역설한 <솔페리노의 회상>(1862)을 자비로 출간하여 전 유럽의 여론 주도층에 배포한 것이 국제적십자 연맹(1863)이 창립되는 동기가 되었다.

프랑스와 오스트리아는 1859년 7월 8일 프랑스의 제의로 정전협정을 체결했고, 3일 후인 7월 11일 양국 황제가 북이탈리아의 빌라프란카에서 직접 회동하여 예비평화조약 체결에 전격 합의했다. 나폴레옹 3세가 비토리오 엠마누엘레 2세 사르데냐-피에몬테 국왕을 배제한 채, 조기에 오스트리아와 정전협정과 예비평화조약을 3일 간격으로 연이어 체결한 것은 더 이상의 확전을 피하기 위해서였다. 프로이센 군대가 실제로 라인강 상류지역에 집결하여 프랑스 본토를 공격할 준비를 끝낸 것으로 보고되었을 뿐 아니라, 전쟁이 지속되어 사르데냐-피에몬테 왕국이 오스트리아령 이탈리아 영토(롬바르디아와 베네치아)를 모두 탈환하여 갑자기 강대국으로 성장하는 것도 견제해야 했기 때문이었다. <빌라프란카 예비평화조약>에서 프란츠 요제프 1세 황제는 1815년 합스부르크 제국에 의해 설립된 롬바르디아-베네치아 왕국의 절반에 해당하는 오스트리아령 롬바르디아를 - 단 만토바와 페스키에라 요새는 제외하고 - 프랑스에 할양하고, 프랑스는 이 지역을 다시 사르데냐-피에몬테 왕국에 양도한다는데 합의해야 했다. 두 황제는 교황 주도 하의 '이탈리아 연방'을 통일 이탈리아의 국체로 결정했다. 이탈리아 연방이 창설될 경우 오스트리아 황제는 베네치아의 국왕 자격으로 이탈리아 연방에 가입할 수 있게 된 것이었다. 민족주의 세력에 의해 폐위된 토스카나 대공과 모데나 공작, 그리고 파르마 공작을 복위시키고, 교황령을 개혁한다는 조항이 빌라프란카 예비평화조약에 명문화되었다. 그리고 <이탈리아 전쟁>에 연루되어 유죄판결을 받은 인사들에 대한 사면도 합의되었다.

정전협정은 물론이고, 예비평화조약 체결 과정에서도 사르데냐-피에몬테 국왕의 역할은 없었다. 전쟁이 조금만 더 오래 진행되었어도 수복할 수 있는 베네치아의 오스트리아 보유를 계속해서 인정하고, 사르데냐-피에몬테 왕국 군대에 의해 점령된 토스카나 대공국과 파르마 공국과 모데나 공국을 합스부르크 왕가 출신 원소유주에게 반환한다는 빌라프란카 예비평화조약의 타협안에 대해 비토리오 엠마누엘레 2세 국왕과 카부르 총리는 동의하지 않았다. 그러나 나폴레옹 3세의 종용으로 그들은 빌라프란카 예비평화조약의 규정들을 모두 수용해야 했다. 빌라프란카 예비평화조약은 부분적으로 수정되어 4개월 후 취리히에서 체결된 최종 평화조약인 취리히 평화조약으로 대체되었다.

<취리히 평화조약>(1859년 11월 10일)은 빌라프란카 예비평화조약에 근거하여 오스트리아와 프랑스(22개 조항과 1개 추가조항), 프랑스와 사르데냐·피에몬테(5개 조항), 그리고 프랑스, 오스트리아 및 사르데냐·피에몬테(23개 조항) 간에 체결된 3개 평화조약으로 구성된 국제조약이었다. 취리히 평화조약 체결과 더불어 1859년의 <이탈리아 전쟁>은 공식적으로 종료되었다. 취리히 평화조약에서 오스트리아는 - 롬바르디아와 베네치아 사이의 경계 하천인 민치오 강변에 위치한 페스키에라 델 가르다 요새와 만토바 요새는 제외하고 - 롬바르디아에 대한 영유권을 프랑스에 양여했다. 나폴레옹 3세는 프랑스와 사르데냐·피에몬테 간에 체결된 평화조약에서 롬바르디아를 다시 비토리오 엠마누엘레 2세에게 양도했다. 사르데냐·피에몬테 왕국이 롬바르디아의 양도에 대한 반대급부로 오스트리아에게 지불해야 할 보상금의 지불의무는 프랑스가 떠안았다. 이로써 1815년 빈 회의에 의해 오스트리아에 귀속된 롬바르디아·베네치아 왕국의 영토 중 롬바르디아는 1859년 취리히 평화조약에서 프랑스를 거쳐 사르데냐·피에몬테에 양도되었지만, 베네치아 왕국은 1866년까지 오스트리아의 지배를 받았다. 페스키에라 델 가르다·만토바·레냐고·베로나를 연결하는 방진요새 역시 1866년까지 오스트리아군이 장악했다. 레냐고와 베로나는 행정 편제상 베네치아에, 페스키에라 델 가르다와 만토바는 롬바르디아에 속했지만, 취리히 조약에서 나폴레옹 3세가 페스키에라와 만토바 요새에 대한 오스트리아의 소유권을 별도로 보장한 것은 사르데냐·피에몬테 왕

국의 강국화를 견제하기 위한 조치의 일환이었던 것으로 해석된다.

빌라프란카 예비평화조약에서 가장 중요한 항목(제1조)으로 다루어졌던 '이탈리아 연방' 창설 조항은 사르데냐·피에몬테 왕국의 반대로 취리히 평화조약에서는 삭제되었다. 폐위된 3명의 합스부르크 왕가 출신 군주들의 복위 문제도 프랑스와 오스트리아 간에 체결된 취리히 평화조약에 포함되지 않았다. 토스카나 대공 페르디난트 4세(1835-1908, 재위: 1859-1860. 마리아 테레지아의 여제의 고손자)와 모데나 공작 프란츠 5세(1819-1875, 마리아 테레지아의 증손자)는 모두 합스부르크-로트링엔 왕가 출신으로서 1859년 각각 복위되었지만, 토스카나 대공국 및 모데나 공국은 1860년 사르데냐·피에몬테 왕국에 합병되었다. 1859년 축출된 레오폴트 2세(1797-1870, 마리아 테레지아 여제의 증손자) 토스카나 대공은 취리히 평화조약에 의해 복위되었으나, 장남 페르디난트 4세에게 선위하고, 은퇴했다. 파르마 공국 역시 1860년 사르데냐·피에몬테 왕국에 편입되었다. 부르봉 왕가 출신의 파르마 공작 로베르트 1세(1848-1907, 재위: 1854-1860)는 외증조모가 레오폴트 2세(마리아 테레지아의 아들) 황제의 딸 마리아 클레멘티네(1777-1801) 대공녀였다.

<이탈리아 전쟁>에 패한 후 합스부르크가의 지배구조는 롬바르디아(수도: 밀라노)뿐 아니라, 모데나 공국과 토스카나 대공국에서도 와해되었다. 모데나와 토스카나는 1860년 일단 사르데냐·피에몬테 왕국에 합병된 후, 1861년 창건된 <이탈리아 왕국>(1861-1946)에 편입되었다. 1859년의 <이탈리아 전쟁> 패배는 프란츠 요제프 1세 오스트리아 황제의 신절대주의 정책에 회복이 어려운 타격을 가해 1860년의 <10월 헌법>과 1861년의 <2월 헌법>을 제정하는 원인이 되었다.

프랑스는 1856년 크림 전쟁 직후 개최된 파리 평화회의에서 사르데냐·피에몬테 왕국 총리 카부르와 합의한 약속을 어기고, 오스트리아가 롬바르디아를 포기한데 대한 반대급부로 오스트리아의 베네치아 점유를 용인했다. 합스부르크 제국령 북이탈리아 전체를 회복하려 한 카부르의 계획은 1866년까지 연기되어야 했다. 합스부르크가의 소유였던 토스카나

대공국과 모데나 공국, 부르봉가의 소유였던 파르마 공국, 그리고 교황령에 속했던 볼로냐에서 주민투표가 실시되었다. 압도적 다수의 주민이 사르데냐-피에몬테 왕국과의 합병을 지지함으로써 비토리오 엠마누엘레 2세 주도의 이탈리아 통일은 이제 급물살을 타게 되었다. 이탈리아의 독립투사 주세페 가리발디(1807-1882)는 그의 유명한 '홍의(紅衣)의 의용단'을 지휘하여 1860년 5월 나폴리-시칠리아 왕국을 점령했고, 사르데냐-피에몬테 왕국 군대는 교황령에 속한 움브리아 주와 마르켄 주를 점령했다. 교황령에 속하는 가에타 요새와 시비텔라 델 트론토 요새가 사르데냐-피에몬테 왕국 군대에 의해 함락된 후 실시된 주민투표에서도 움브리아 주와 마르켄 주, 그리고 나폴리-시칠리아 왕국의 주민들은 사르데냐-피에몬테 왕국 주도의 이탈리아 통일을 지지했다. 1861년 3월 - 합스부르크 제국령 베네치아 왕국과 로마를 제외한 - 이탈리아 반도 전역이 <이탈리아 왕국>의 이름으로 통일되고, 비토리오 엠마누엘레 2세 사르데냐-피에몬테 국왕이 초대 이탈리아 국왕에 즉위했다. 이탈리아 통일의 꿈이 실현되었을 때, 카부르는 뇌졸중으로 급서했다. 사르데냐-피에몬테 왕국 총리에서 이탈리아 왕국의 총리에 임명된 지 2개월 밖에 되지 않은 시점이었다. 1805년부터 1814년까지 프랑스의 위성국으로 존재한 <이탈리아 왕국>의 영토범위는 - 참고로 - 롬바르디아(수도: 밀라노)와 에밀리아-로마냐(수도: 볼로냐) 정도를 포함하는 지역이었다(1차 동맹전쟁 참조).

나폴레옹 3세는 취리히 평화조약 체결 1년 후 비토리오 엠마누엘레 2세와 체결한 <토리노 조약>(1860)에서 오스트리아로부터 할양받은 롬바르디아를 사르데냐-피에몬테 왕국에 넘기는 조건으로 니스(백작령)와 사부아(공작령)를 차지했다. 베네치아는 이탈리아 전쟁이 종식된 후 7년을 더 오스트리아의 지배를 받은 후에야 비로소 이탈리아 왕국에 반환되었다. 로마는 이탈리아 왕국에 흡수되지 않고, 1870년까지 교황령으로 머물렀다. 나폴레옹 3세가 국내 가톨릭 성직자들의 눈치를 보지 않을 수 없었기 때문이었다. 비토리오 엠마누엘레 2세는 1861년부터 1864년까지 토리노

(사르데냐·피에몬테 왕국 수도)를 이탈리아 왕국의 수도로 삼았다가, 1864년 토스카나의 피렌체로 천도했다. 로마는 1870년 9월 2일 <세당 전투>(독일·프랑스 전쟁)에서 나폴레옹 3세가 프로이센군의 포로가 된 후, 프랑스 수비군이 교황청 수비를 포기한 1870년 9월 20일 이탈리아 왕국에 편입되었다. 이로써 이탈리아의 통일이 '완성' 단계에 - 오스트리아가 점유한 트리에스테 항구와 트렌티노(남티롤) 지역은 1918년 1차 대전 후 이탈리아에 반환되었다 - 접어들었고, 로마는 1871년부터 1946년까지 이탈리아 왕국의 수도(1946년 이후는 이탈리아 공화국의 수도)가 되었다. 교황령(756-1870)의 이탈리아 합병으로 유발된 가톨릭교회와 이탈리아 정부 간의 갈등은 1929년 2월 11일 체결된 라테란 조약에서 해소되어, 바티칸이 시국(도시국가)으로서 구 교황국가의 전통을 잇게 되었다.

❏ 5
10월 헌법(1860)과 2월 헌법(1861)

절대주의적 통치 스타일이 황제 개인의 정치적 성향과도 완벽하게 부합했지만, 마젠타 전투(1859년 6월 4일)와 솔페리노 전투(1859년 6월 24일)에서 오스트리아군이 프랑스와 이탈리아(사르데냐·피에몬테) 동맹군에 참패한 대가로 북이탈리아의 오스트리아 제국 영토를 절반이상 사르데냐·피에몬테 왕국에 할양해야 했기 때문에, 프란츠 요제프 1세는 정치적 위기에 봉착하지 않을 수 없었다. 롬바르디아의 상실을 초래한 합스부르크 제국의 <이탈리아 전쟁> 패배는 오스트리아의 국내 정치에 큰 후유증을 남겼다. 절대왕권을 행사한 황제의 권위가 심대한 타격을 입었고, 그와 더불어 신절대주의 체제 전반의 권위가 크게 훼손되었다. 프란츠 요제프 1세 황제는 이제 1849년 이후 고수해온 절대왕정의 방향을 수정하지 않을 수 없게 되었다. 그럼에도 불구하고 그는 대범한 조치를 통해 내정을 개혁하여 위기를 타개하기보다, 기존 상황에서 피할 수 없는 것으로 비치는 문제에서만 정치적 양보를 하는 식의 미봉책으로 난관을 극복하려고 시도했다.

그러나 프란츠 요제프 1세는 강력한 중앙집권제 의회정치의 도입을 요구하는 자유주의 노선의 오스트리아 민족주의자들과 3월 혁명 실패이후 절치부심 기회를 엿보아 온 헝가리를 위시한 비독일계 민족지도자들의 연방제 요구 사이에서 어느 한 쪽도 완전히 외면할 수 없는 현실을 만나게 되었다. 특히 1849년 혁명이 진압된 후 자치권을 박탈당한 헝가리의 보수파 토지귀족들이 끊임없이 주장한 독립 요구는 - 특히 오스트리아가 사르데냐·피에몬테 왕국과의 전쟁에 패한 후 - 오스트리아 중앙정부의 입장에서 볼 때 위험수위를 넘고 있었다. 거기에다가 막대한 액수의 전쟁비용 지출로 합스부르크 제국의 재정위기가 혁명 이전 시기의 불안한 상황을 다시 보였기 때문에, 프란츠 요제프 1세는 국정참여를 원하는 시민계급에게 정치적 양보를 하지 않을 수 없었다. 고갈된 국가 재정을 회복시키려면 영국으로부터 제공된 차관만으로는 해결이 불가능했기 때문이었다. 그래서 시민계급의 존재와 혁명 진행과정에서 강력하게 표출된 자유주의라는 그들의 정신적 자산을 더 이상 무시하는 것은 이제 어렵게 되었다. 특히 헝가리 귀족들의 재정적인 지원이 절실했던 황제에게는 적어도 가시적인 입헌제로의 회귀가 불가피했다. 1860년의 <10월 헌법>(옥토버디플롬)과 1861년의 <2월 헌법>(페브루아르파텐트)은 헝가리의 지도자들이 주장한 연방주의와 독일계 자유주의자들이 요구한 중앙집권주의의 정신을 모두 살리면서도 절대왕정의 원칙을 가능한 한 고수하려한 프란츠 요제프 1세 황제의 고육지책이었다.

국가조직 개편 및 재편을 명령한 <질베스터 헌법>(1851년 12월 31일)보다는 진일보했지만, 1860년 10월 20일 공포된 4개 항의 <10월 헌법> 역시 신절대주의 시스템을 법률적으로 유지해 준 질베스터 헌법과 마찬가지로 간단한 문서 형식의 칙서였다. 질베스터 헌법에 포함되지 않은 입법권만을 배타적으로 다루었기 때문에, 형식논리상 질베스터 헌법의 시행세칙으로 선포되어야 했던 10월 헌법은 중앙의회, 즉 제국의회(라이히스라트)와 지역의회(크론란트 의회)의 역할을 명시적으로 구분한 것이 특징이었다. 1860년 10월 헌법에 의해 설립된 제국의회는 1848년 7월 22일 개원한 후, 6개월도 채 지나지 않은 1849년 3월 7일에 이미 강제 해산된 오스트리아 최초의 제국의회(크렘지어 피난제국의회) 이후 두 번째 제국의회였다. 그러나 1860년의 제국의회는 1848년의 혁명제국의회와는 달리 직접선거에 의해 선출되지 않고, 크론란트 의회(지역의회)에서 파견된 의원들로 구성된 의회이었다.

칙령 형식의 10월 헌법 제1항은 황제, 크론란트 의회에서 파견된 의원들로 구성된 제국의회(중앙의회), 그리고 크론란트 의회(지역의회) 등 3개 헌법기관이 입법권을 행사한다는 내용이었고, 제2항은 제국의회의 입법 대상을, 제3항은 크론란트 의회의 입법 대상을 구분했다. 그에 따라 오스트리아 제국의 공통적인 권리행사 및 외교정책과 관련된 입법권 및 재정과 군사 부문에 관한 입법권은 제국의회의 소관으로 규정되었고, 크론란트 의회는 제국의회의 입법권을 침해하지 않는 분야에 관한 입법권만 부여받았다. 제4항은 10월 헌법의 기록보존소 보관 및 비독일계 지역의 경우 해당 지역 언어로의 즉각적인 번역을 명령한 내용이었다. 참고로 합스부르크 제국에서 사용된 공용어는 독일어였으며, 독일어 이외의 지역 언어는 헝가리어, 체코어, 폴란드어, 크로아티아어, 슬로바키아어, 세르비아어, 슬로베니아어, 루마니아어, 우크라이나어, 이탈리아어 등이었다.

헝가리 귀족들과 독일계 시민계급 출신의 자유주의자들에게 정치참여의 기회를 제공하기 위해 라이히스라트(제국의회)의 문호가 확대 개방되었다. 소수의 황제에 의해 임명된 의원들로 구성된 황제의 자문기구라는 인식을 불식시키기 위해 제국의회의 의원의 수가 1860년 10월 헌법에서 세 자리 수(100명)로 - 100명의 의원 수는 4개월 후 고시된 양원제의 <2월 헌법>(1861)에서 343명의 하원 의원으로 확대된다 - 확정되었다. 제국의 공통 업무에 속한 입법권은 빈의 제국의회에, 기타 업무의 입법권은 크론란트 의회에 귀속시킴으로써 10월 헌법은 연방제적 체제를 가미한 흔적을 발견할 수 있는 헌법이었다. 입법권의 대상이 10월 헌법에서 명시적으로 구분되었음에도 불구하고 규정과 실제 사이에는 괴리가 있었다. 제국의회는 재정정책과 경제정책의 영역에서는 황제의 자문기구에 불과했고, 입법권의 범위도 황제에 의해 제한되었다. 그리고 외교정책과 국방정책의 결정권은 여전히 황제의 고유권한이었다. 10월 헌법은 독일계 주민들의 중앙집권제 요구와 마자르 민족을 위시한 기타 민족들의 연방제 요구 사이의 절충이었다. 제국의회의 존재에도 불구하고 크론란트 의회에 광범위한 자율권이 허용된 이 절충헌법은 독일계 자유주의자들은 물론, 헝가리인들도 만족시키지 못했다. 오스트리아의 자유주의자들은 그들이 요구한 중앙집권제의 정신이 훼손된 결과에 대해 불만을 표시했고, 헝가리 귀족들은 그들의 권리와 의무에 대한 결정권이 크론란트 의회(헝가리의 경우 헝가리 의회)에 부여되지 않은 점에 반발했다. 헝가리에서는 납세거부운동이 전개되기 시작했다. 양대 진영의 공통된 불만은 결국 4개월 후 공포된 <2월 헌법>에서 <10월 헌법>의 수정을 야기했다.

1859년 내무장관에 임명된 갈리치아 출신의 아게노르 골루호프스키(1812-1875)에 - 그는 1849년부터 내무장관에 임명되기 전까지 황제를 대리한 갈리치아의 총독이었다 - 의해 입안된 10월 헌법(옥토버디플롬)은 중앙집권주의를 주장한 독일계 자유주의자들의 반대는 물론이고, 지역분권주의를 지향한 마자르인과 슬라브인들 사이에서도 불만이 표출되었기 때문에, 골루호프스키는 10월 헌법이 공포된 지 두 달도 안 되어, 1860년 12월에 사퇴해야 했다. 이제 프란츠 요제프 1세 황제에게는 중도 성향의 자유주의자들에게 정부의 권한을 넘겨주는 방법 외에 다른 선택이 남아 있지 않았다. 골루호프스키의 후임으로 1860년 12월 13일 내무장관에 임명된 후 각의의 의장으로서 - 국무총리 제도는 1848년 혁명이후 1852년까지 한시적으로 존치된 제도였다 - 사실상 총리의 역할을 한 안톤 폰 슈메를링(1805-1893)은 1848년 3월 혁명 당시 혁명세력에 동조했던 정치가였고, 프랑크푸르트 국민의회 의원으로 활약한 오스트리아 제국 출신 의원들 중의 한 사람이었다. 그는 프랑크푸르트 국민의회에서 오스트리아의 정치적 입장을 관철시킬 수 없었기 때문에, 1848년 12월 프랑크푸르트 국민의회 의원직을 사임한 후, 1849년부터 1851년까지 슈바르첸베르크 총리 정부의 법무장관을 역임했다. 슈메를링은 <질베스터 헌법> 제정과 더불어 오스트리아가 혁명 이전의 절대주의 체제로 되돌아갔을 때, 장관직을 사임한 신절대주의 시대의 오스트리아의 대표적 자유주의자였다. 1851년의 헌법은 질베스터(섣달 그믐날)에 제정되었다고해서 질베스터 헌법이라 명명된 헌법이었다.

슈메를링 내각에 의해 공포된 <2월 헌법>(페브루아르파텐트)은 종전 헌법(10월 헌법)의 단원제 제국의회를 양원제로 바꾼 것이 가장 큰 특징이었다. 오스트리아 제국의회는 이제 상원에 해당하는 귀족원과 크론란트 의회에 의해 간접적으로 선출된 하원으로 나누어진 양원제의 구조를 가지게 되었다. 귀족원(상원)의 구성원은 4종류의 카테고리에서 황제에 의해 임명되었다. 첫째, 성년에 이른 합스부르크가의 대공, 둘째, 대주교와 제후주교의 신분을 가진 성직자, 셋째, 황제에 의해 세습귀족원 의원의 지위를 부여받은 국내 귀족가문의 대표, 넷째, 국가와 가톨릭교회, 학문과 예술에 기여한 공로를 인정받아 종신귀족원 의원에 임명된 오스트리아 시민계급 출신 등이었다. 귀족원은 하원과 마찬가지로 1861년 4월 29일 개원했으며, 현재의 오스트리아 국회의사당 건물이 완공되기 전까지는 수도 빈에 소재한 니더외스터라이히 대공국 의회 의사당에서 회의를 가졌다.

오스트리아 제국의회의 하원에 그 구성원을 공급한 크론란트(합스부르크 제국의 최대행정단위)는 1849년 3월 4일 프란츠 요제프 1세의 <3월 흠정헌법>

이 공포된 이후 제도로 정착된 편제였다. 크론란트는 - 연방과 연방주 간의 권력분점 구조는 다르지만, 오늘날의 오스트리아 연방공화국과 독일연방공화국, 그리고 미합중국의 연방주와 유사하다 - 2월 헌법이 제정되기 전까지는 오스트리아 제국의 정책 결정에 참여할 수 있는 헌법적 권리가 없었다. 3월 흠정헌법(1849), 2월 헌법(1861), 12월 헌법(1867) 등에서 행정구역이 개편될 때마다 크론란트의 수와 그 관할지역은 유동적이었다. 1861년 당시의 오스트리아 제국의 크론란트는 대공국 오버외스터라이히(1), 대공국 니더외스터라이히(2), 공국 잘츠부르크(3), 공국 슈타이어마르크(4), 공국 케른텐(5), 공국 크라인(6), 백작국 괴르츠(고리치아)와 그라디스카(7), 변경백국 이스트리아(8), 자유시 트리에스테(9), 백작국 티롤(10), 포르아를베르크(1861년 티롤에서 분리되어 크론란트로 승격)(11), 뵈멘 왕국(12), 변경백국 메렌(모라비아)(13), 오스트리아령 슐레지엔 공국(14), 갈리치아-로도메리아 왕국(15), 부코비나 공국(16), 달마티아 왕국(17)(이상 17개 크론란트는 1867년 오스트리아-헝가리 이중제국 출범 후 오스트리아 제국의회 의석 점유지역임), 헝가리 왕국(18), 크로아티아-슬라보니아 왕국(19), 자유시 피우메(크로아티아의 리예카)(19), 지벤뷔르겐(트란실바니아) 대공국(20)(이상 4개 크론란트는 1867년 이후 헝가리 제국의회 의석 점유지역임), 그리고 롬바르디아-베네치아 왕국(21)이 1861년 당시의 오스트리아 제국의 크론란트들이었다. 롬바르디아가 1859년 이탈리아(사르데냐-피에몬테 왕국)에 반환된 후에도, 베네치아는 크론란트의 명칭으로서는 여전히 롬바르디아-베네치아라 불렸다.

1867년 오스트리아-헝가리 대타협 조약 체결 후 제정된 <12월 헌법>에 의거 빈의 오스트리아 제국의회에 의석을 점유한 지역, 다시 말해 황제직접통치 지역인 라이타 강 서쪽 지역(치스라이타니엔)의 크론란트의 수는 17개로 확정되었다. 1867년 이후 크로아티아-슬라보니아 왕국, 피우메(리예카) 자유시 및 지벤뷔르겐(트란실바니아) 대공국은 헝가리 국왕 통치지역에 소속되었다. 롬바르디아는 1859년, 베네치아는 1866년 이탈리아에 반환되었다. 오스트리아-헝가리 이중제국 출범 후 황제직할통치지역이 치스라이타니엔(라이타 강 서쪽 지역)이라 불린 것처럼, 라이타 강 동쪽의 오스트리아 제국의 절반, 즉 헝가리 국왕 통치지역은 트란스라이타니엔(라이타 강 동쪽 지역)이라 불렸다. 행정편제상 오스트리아 황제의 권한과 헝가리 국왕의 권한이 구분되었지만, 1867년 이후에도 오스트리아 제국의 황제가 헝가리의 국왕을 겸한 사실에는 변함이 없었다.

크론란트 의회(지역의회)에 의해 선출되어 제국의회(중앙의회)에 파견된 총 343명의 하원 의원 중 헝가리 국왕 통치지역 출신이 - 예컨대 헝가리 왕국 85석, 지벤뷔르겐 대공국 26석 등 - 제국의회 의석의 삼분의 일 이상을 차지했고, 뵈멘 왕국이 54석, 롬바르디아-베네치아 왕국이 20석, 갈리치아-로도메리아 왕국이 38석을 파견했으며, 니더외스터라이히 및 오버외스터라이히 대공국에 각각 할당된 제국의회 의석수는 18석과 10석이었다. 헝가리 국왕의 통치지역인 헝가리와 크로아티아, 지벤뷔르겐과 슬라보니아 지역을 제국의회에 포함시킨 <2월 헌법>이 발효된 지 5년 만에 사실상 효력이 정지된 이유는 헝가리가 독립적인 헌법의 제정과 자치국가로서의 독립을 요구하면서 제국의회의 참여를 거부했기 때문이었다.

1861년의 <2월 헌법> 발효 후 안톤 폰 슈메를링 내무장관은 보통직접선거를 통해 하원을 구성하려고 시도했지만, 이 시도 역시 헝가리와 이탈리아(베네치아), 그리고 뵈멘(체코) 출신 의원들의 의사진행 방해로 성공을 거두지 못했다. 슈메를링이 입안하여 완성된 2월 헌법에 저항한 세력은 특히 헝가리의 수구세력들이었다. 헝가리 사람들의 불만의 핵심은 1848/1849년 혁명에 참여한 죄로 모든 기득권을 박탈당한데 있었다. 1865년 7월 슈메를링은 사임하고, 단기간이지만 - 1865년 7월 27일부터 1867년 2월 7일까지 - 보수주의자들이 다시 정부의 권력을 잡았다. 각의 의장에 임명된 롬바르디아 출신의 리하르트 벨크레디(1823-1902)의 내각은 1865년 9월 17일 헌법(2월 헌법)을 정지시켜 어렵게 출발한 입헌군주제를 1861년 이전 상태로 되돌려 놓았다. 헝가리와 이탈리아, 그리고 뵈멘 출신 의원들이 제국의회 등원을 거부했기 때문에, 4할 이상의 의원이 빠져 나간 절름발이 제국의회는 보수파들에 의해 조롱조로 '슈메를링 극장'이 라 불린 외곽지역의 임시 목조건물(빈 제18구의 베링어슈트라세)을 의사당으로 사 용하면서 명맥을 유지했다.

참고로 오스트리아 제국의 총리(미니스터프레지덴트) 직은 전장에서도 설명 했듯이, 1848년 3월 혁명 발발 직후 한시적으로 존치된 제도였다. 1848 년 3월 20일 임명된 콜로브라트-리프슈타인스키가 오스트리아 제국의 첫 총리였고, 1848년 11월 21일까지 8개월 동안 다섯 명의 총리가 교체되 었다. 여섯 번째로 임명된 슈바르첸베르크 후작이 오스트리아의 제국의 마지막 총리였다. 1848년 11월 21일부터 1852년 4월 5일까지 총리를 지 낸 슈바르첸베르크 후작이 사망한 후, 오스트리아는 완전히 신절대주의 왕정으로 회귀했다. 슈메를링과 벨크레디는 제도상의 총리는 아니었지만, 총리의 역할을 수행한 수석장관으로서 각의 의장 역할을 수행했다. 총리 직이 제도적으로 부활한 것은 1867년 오스트리아 제국이 오스트리아-헝 가리 이중제국으로 개편된 후의 일이었다. 1867년부터 1918년까지 오스 트리아 제국과 헝가리 제국은 독립적인 의회와 총리 제도를 운영했다.

1848년 혁명의 와중에서 오스트리아 역사상 최초의 직접선거에 의해 구성된 오스트리아 제국의회의 명칭은 '라이히스타크'였다. 그러나 1860 년 <10월 헌법>에 의해 구성된 의회부터 오스트리아 제국의회의 명칭 이 '라이히스라트'로 변경된 데는 이유가 있었다. 역사적으로 관찰하면 신성로마제국의회(754-1806), 독일연방의회(1815-1866), 북독일연방의회(1867-1871), 독일제국의회(1871-1918), 바이마르공화국의회(1919-1933), 그리고 심지어 나치독 일제국의회(1933-1945)까지 모두 가치중립적인 개념인 '라이히스타크'라는 명 칭이 사용되었지만, 유독 오스트리아 제국의회만이 - 1848년 7월 22일부 터 1849년 3월 7일까지 존재한 제헌제국의회(크렘지어 제국의회)의 명칭만 제 외하고 - '라이히스라트'라 불렸다. 명칭 변경의 이유는 오스트리아의 자 유화 노선을 달가워하지 않은 프란츠 요제프 1세 황제가 제국의회의 기능을 황제의 자문회의(라트)로 만들려고 했기 때문이었다. 그것은 절대왕정의 원칙을 계속해서 유지하려 한 프란츠 요제프 1세의 의지의 표현이었을 것이다. 실제로 1851년 <질베스터 헌법>에서 의회의 명칭으로 처음 사용된 라이히스라트는 1860년 <10월 헌법>이 공포되기 전까지는 문자 그대로 소수의 황제 자문회의였다. 1860년의 10월 헌법에서 100명으로 의석이 확대된 제국의회(라이히스라트)의 의석은 1861년 <2월 헌법>에서 343석으로 대폭 확대되었지만, 의회의 명칭은 여전히 라이히스라트로 불렸다. 1918년 왕정이 붕괴된 이후 현재에 이르기까지의 오스트리아 공화국 의회의 명칭은 분데스라트(상원)와 나치오날라트(하원)이다.

<2월 헌법>(1861)의 효력은 1865년에 사실상 정지되었지만, 1867년 헝가리와의 대타협 조약 체결 후 설립된 오스트리아-헝가리 이중제국의 헌법(12월 헌법)의 기초가 되었다. 1867년의 입헌군주제는 1918년까지 계속되었으며, 이 시기의 오스트리아 제국의회도 라이히스라트라는 명칭을 고수했다.

안톤 폰 슈메를링의 내각은 오스트리아 최초의 자유주의 내각이었다. 1865년 슈메를링이 사임한 후 자유주의자들이 재집권한 해는 이중제국이 출범한 1867년이었다. 1867년은 <독일자유당>(오스트리아 자유주의자들의 정당)이 재집권한 해이기도 했다. 오스트리아의 독일자유당(도이치리버랄레 파르타이)은 - 여기서의 '독일'은 국가 개념의 독일이 아닌, 민족 개념의 독일을 가리킨다 - 1871년 선거에서 의석의 30%를 점해 독일제국의회의 제1당으로 부상한 <민족자유당>(나치오날리버랄레 파르타이)과 유사한 성격의 정당이었다. 독일제국이 창건되기 4년 전인 1867년에 창당된 독일의 민족자유당은 1918년까지 존속했고, 3월 혁명 직후 혁명에 참여했거나 혁명과정에서 부각된 자유주의자들의 정치결사체로 출발한 오스트리아의 독일자유당은 오스트리아-헝가리 이중제국이 출발한 1867년부터 13년간 오스트리아 제국의회의 제1당 역할을 했다. 그러나 양당(오스트리아의 독일자유당과 독일제국의 민족자유당)의 정치적 지향점은 차이가 있었다. 독일의 민족자유당은

왕정의 원칙과 개인의 자유 간의 조화를 추구함으로써 개인의 자유와 국가 중 어느 쪽이 우위냐의 문제를 두고 내부 투쟁과 분열을 겪어야 했던 반면, 오스트리아의 독일자유당은 독일민족(독일계 오스트리아인)이 지배하는 강력한 중앙집권주의를 지향함으로써 제국 내 타민족, 특히 슬라브 민족과의 갈등을 끊임없이 유발시켰다. 이러한 차이점은 독일제국은 - 독일제국 역시 민족문제로부터 완전히 자유롭지는 않았지만 - 합스부르크 제국과 비교하면 상대적으로 단일민족국가에 가까웠던데 반해, 합스부르크 다민족 제국의 경우 지배민족은 독일민족(오스트리아인)이었지만, 독일민족은 다민족 제국 내의 상대적 소수민족이었다는 사실에서 설명되어야 할 것이다. <독일자유당>은 오스트리아의 자유주의자들의, <민족자유당>은 독일제국의 자유주의자들의 정치적 집단이었다. 독일자유당(오스트리아 정당)의 '독일'은 민족자유당(독일 정당)의 '민족'과 사실상 동일한 개념으로 파악해야 할 것이다. 왜냐하면 다민족 제국의 독일계 오스트리아인들을 독일민족의 일부로서 통일독일국가에 포함시켜야 한다는 독일통일 이전의 오스트리아 자유주의자들(독일민족주의자들)의 요구가 '독일자유당'의 명칭에 반영된 것이라고 할 수 있기 때문이다.

| 제 8 장 |

독일전쟁에서
제1차 세계대전까지(1866-1918)

독일전쟁에서 1차 세계대전까지(1866-1918)

☐ 1
독일전쟁과 독일연방

1) 오스트리아와 프로이센의 결별

1860년까지는 - 프랑크푸르트 국민의회 시기를 예외로 한다면 - 독일의 통일문제가 구 독일제국, 즉 신성로마제국의 전체영역을 포괄하는 통일, 다시 말해 대독일주의 쪽으로 가닥을 잡고 있었다면, 1861년 이후의 통일노선에는 극적인 변화가 일어났다. 프로이센 왕국 총리 오토 폰 비스마르크와 프로이센군 최고지휘관 헬무트 폰 몰트케(1800-1891)는 합스부르크 제국을 완전히 제외하는, 신교를 신봉하는 호엔촐레른 왕가 주도 하의 독일통일, 즉 소독일주의를 공개적으로 주창하고 나섰다. 비스마르크는 1862년부터 1890년까지 프로이센 왕국 총리, 1867년부터 1871년까지 북독일연방 수상, 그리고 1871년 이후 1890년 사임할 때까지 독일제국 수상이었다. 독일의 통일은 이제 비스마르크가 제창한 '철혈정책'을 통해서 이루어지게 되었다. 프로이센 왕국을 정점으로 하는 소독일 통일은 물론이고, 오스트리아와 뵈멘의 독일어권을 포함시키는 대독일 통일정책 역시 이미 프랑크푸르트 국민의회와 에르푸르트 연합의회에서 오스트리아의 반대에 부딪혀 무산되었기 때문에, 비스마르크는 오스트리아와의 합의를 전제로 하는 통일방안을 포기하는 수순을 밟기 시작했다. 물리력을 동원하지 않고서는 독일의 통일이 요원할 것이라는 인식에 도달한 비스마르크는 총리에 임명된 지 일주일 만에 프로이센 왕국 하원에서 행한 예의 연설에서 정부가 요청한 국방예산의 통과를 헛되이 촉구했다. "시대의 큰 문제들(독일의 통일)은 연설과 다수결이 아니라, 철(경제력)과 피(국방력)에 의해 결정된다"는 - 무력통일을 노골적으로 암시한 - 그의 1862년 9월 30일자 '철혈' 연설과 의회가 동의하지 않은 국방예산의 강제집행은 의회와의 전쟁을 야기했다. <프로이센 헌법분쟁>이라 역사에 기록된 - 비스마르크 총리의 정부와 의회 간의 이 '전쟁'은 - 4년간 지속되었다. 군비증강과 더불어 무력통일의 빌미를 찾고 있던 비스마르크에게 1863년과 1864년 연이어 두 차례의 절호의 기회가 찾아왔다. 그 첫 번째 기회는 1863년 프란츠 요제프 1세 황제가 오스트리아에 유리한 독일연방 개혁안을 논의하기 위해 프랑크푸르트에 소집한 독일연방 군주회의였고, 두 번째 기회는 슐레스비히와 홀슈타인의 영유권을 둘러싸고 이해관계가 합치한 프로이센과 오스트리아가 군사동맹을 결성하여 덴마크를 상대로 벌인 1864년의 두 번째 독일-덴마크 전쟁(1864년 2월 1일-10월 30일)이었다.

1862년 프로이센 왕국의 총리에 임명된 비스마르크는 오스트리아 주도의 독일연방 개혁 시도를 무산시키기 위해 빌헬름 1세(1797-1888, 프로이센 국왕: 1861-1888, 독일제국 황제: 1871-1888)의 <프랑크푸르트 군주회의>(1863년 8월 17일-9월 1일) 참가를 처음부터 막았다. 오스트리아가 제출한 독일연방 개혁안은 독일연방의회 의장국으로서의 오스트리아의 지위를 강화시키는 내용이었다. 17개 독일연방 회원국 및 회원국집단으로 - 더 정확하게 말하면 11개 단독투표권 행사 국가 및 6개 공동투표권 행사 국가집단으로 - 구성되는 독일연방의회 '특별위원회'(독일연방규약 참조)의 구조를 부분적으로 변경하고, 5개국으로 구성되는 '독일연방이사국'(퓌르스텐디렉토리움)을 새로운 독일연방 집행기구로 신설하며, 공사회의 성격의 기존 독일연방의회를 개별 독일연방 회원국 의회에서 파견되는 300명의 대표자 회의로 회의체의 구조를 변경하는 것이 오스트리아가 <프랑크푸르트 군주회의>에 제안한 독일연방 개혁안의 골자였다. 신설되는 독일연방이사국은 오스트리아, 프로이센 및 바이에른을 상임이사국으로 하고, 나머지 2개국은 연방 회원국들에 의해 주기적으로 선출되도록 했다. 5개국 독일연방이사국 회의에서 오스트리아와 프로이센은 동수(3표)의 표결권을 행사토록 한 반면, 나머지 3개 이사국은 각 1표의 표결권을 행사하도록 하였고, 독일연방이사국과 독일연방의회의 의장직은 모두 오스트리아가 수행하게 했다.

오스트리아의 독일연방 개혁안에 대해 프로이센은 우선 입장 표명을 유보했다. 프랑크푸르트 군주회의에 상정된 오스트리아의 독일연방 개혁안은 다민족 국가 오스트리아의 입지를 강화시키고, 독일연방 내의 주권국가로 남으려 한 개별회원국 정부의 요구는 충족시켰지만, 정치(독일연방의회) 참여를 꾸준히 주장해 온 자유주의 세력의 입장은 전혀 고려되지 않은 제안이었다. 특히 독일연방이사국 신설안은 독일연방 내의 중견국가(4개 왕국: 바이에른, 뷔르템베르크, 작센, 하노버)의 기대치에 부합하는 제안이었다. 프로이센 주도의 <에르푸르트 연합의회>와 <연합정책>이 실패했던 가장 큰 원인 중의 하나는 바로 주권침해를 우려한 바이에른과 뷔르템베르크, 그리고 작센과 하노버 왕국(4왕 동맹 참조)이 프로이센이 주도한 소독일 연방국가 창립계획에 반대했기 때문이었다.

프로에센의 국왕이 불참한 프랑크푸르트 군주회의에서 오스트리아가 제안한 독일연방 개혁안에 맞불을 놓기 위해 제출한 비스마르크 프로이센 총리의 역제안이 실제로는 진정한 의미의 개혁안이었다. 연방의회 의장직은 오스트리아와 프로이센이 교대로 맡아야 한다, 선전포고 시 프로이센과 오스트리아의 거부권이 인정되어야 한다, 독일연방의회는 직접선거에 의한 대의기구로 교체되어야 한다, 프로이센 왕국의 영향권과 오스트리아 제국의 그것 간의 경계선을 마인 강 선(마인선)으로 확정하자, 등이 프로이센이 역제안한 연방개혁안의 골자이었다. 오스트리아의 개혁안은 프로이센이 수용할 수 없는 개혁안이었고, 프로이센의 개혁안은 오스트리아가 받아들일 수 없는 개혁안이었다. 더욱이 1862년 이후 지속된 헌법분쟁으로 인해 대내외적으로 명예가 실추된 비스마르크 프로이센 총리의 제안은 반향을 불러일으키지 못했다. 오스트리아가 프로이센의 제안을 거부함으로써 사실상 독일연방에 대한 마지막 개혁 시도는 수포로 돌아갔다. 독일연방의 개혁을 통해 서로 상반된 목적을 달성하려한 두 독일 강국은 이제 결별의 수순을 밟는 것 외에 남은 수단이 없어 보였다.

2차 독일-덴마크 전쟁(2차 슐레스비히-홀슈타인 전쟁)에서 승리한 프로이센과 오스트리아는 슐레스비히와 홀슈타인, 그리고 라우엔부르크 공국에 대한 공동 통치권을 획득했다(빈 평화조약, 1864년 10월 30일). 덴마크는 이들 3개 공국과 3개 공국 소유의 권리 일체를 프로이센과 오스트리아에 일괄 양도했다. 그 과정에서 유틀란트 반도의 고립영토, 즉 슐레스비히 공국 내의 덴마크 영토는 슐레스비히 공국에 통합되었고, 그 대신 덴마크와 슐레스비히의 경계선에 위치한 리펜(덴마크의 리베)과 그 주변지역은 덴마크에 귀속되었다. 그러나 공동 통치권을 덴마크로부터 인수한 후, 3개 공국의 미래에 대한 프로이센과 오스트리아의 처방은 서로 달랐다. 오스트리아는 이들 3개 공국에게 독일연방의 회원국 자격과 독립성을 보장함으로써 연방의장국으로서의 오스트리아의 기득권을 행사하려 시도했고, 지정학적으로 볼 때 오스트리아보다 유리한 위치에 있던 프로이센은 이들 3개 공국을 프로이센의 행정주의 하나로 자국의 행정체계에 편입시킬 은밀한 계획을 숨기고 있었다.

오스트리아와 프로이센 간의 갈등을 해소하기 위해 1865년 8월 14일 잘츠부르크 인근의 온천휴양지 가슈타인에서 오토 폰 비스마르크 프로이센 총리와 뮌헨 주재 오스트리아 전권공사 구스타브 폰 블로메(1829-1906) 사이에 협정이 체결되었다. <가슈타인 협약>에서 슐레스비히와 홀슈타인, 그리고 라우엔부르크에 대한 공동 통치권의 내용이 조정되었다. 오스트리아와 프로이센은 슐레스비히와 홀슈타인에 대한 공동통치를 포기하고, 프로이센은 슐레스비히 공국의 관리권을, 오스트리아는 홀슈타인 공국의 관리권을 획득하기로 합의했다. 그리고 오스트리아는 라우엔부르크 공국에 대한 공동관리권을 2,500,000탈러(덴마크 탈러)를 받고 프로이센 왕국에 양도하는 형식으로 라우엔부르크에 대한 통치권을 포기했다. 육로를 이용할 경우 홀슈타인을 통과하지 않고서는 슐레스비히에 도달할 수 없기 때문에, 프로이센은 2개 군사도로를 이용하여 슐레스비히에 도달할 수 있는 홀슈타인 공국 통과권을 오스트리아로부터 확보했다. 군사도로 이용권 이외에 홀슈타인을 통과하는 운하와 전신선 건설권이 프로이센에게 허용되었다. 독일연방 직할 함대를 창설하고, 홀슈타인 공국의 항구도시 킬을 프로이센 관리 하의 독일연방 직할 항구로 확장하는 문제에도 양국은 합의를 보았다. 그 결과 1865년 프로이센의 동해(발트해) 해군기지가 단치히(폴란드의 그다인스크)에서 킬로 이전되었다. 독일연방과 덴마크 간의 국경을 확실하게 지키기 위해 슐레스비히와 홀슈타인 사이의 경계 지역인 렌츠부르크에 독일연방 직할 요새를 건설하는 문제에 대한 합의도 가슈타인 협정에 포함되었다. 그러나 가슈타인 협정은 이행되지 않았다. 가슈타인 협정 체결 1년 후 프로이센과 오스트리아 간에 전쟁(독일전쟁)이 발발했기 때문이었다.

가슈타인 협정은 프로이센 왕국에게 일방적으로 유리한 조약이었기 때문에, 양국 간의 긴장은 한 층 더 심화될 것임이 분명했다. 프로이센 주도의 소독일 통일의 길을 모색하기 위해 합법적으로 오스트리아를 통일독일에서 제거할 구실을 찾고 있던 비스마르크에게 오스트리아 관할의 홀슈타인 공국은 이미 예약된 것이나 다름없는 프로이센 왕국의 영토였다. 오스트리아 정부가 빈에서 1,300km 이상 멀리 위치한 홀슈타인을 - 프로이센의 팽창주의를 적절히 견제하면서 - 역외영토로 관리한다는 것은 장기적인 안목에서 볼 때, 사실상 불가능한 일이었다. 더구나 라우엔부르크에 대한 공동소유권을 프로이센에 양도함으로써 홀슈타인은 이제 프로이센의 영토 사이에 - 즉 북쪽의 슐레스비히와 남쪽의 라우엔부르크 사이에 - 끼게 되었다. 가슈타인 협정에서 프로이센이 홀슈타인 북쪽의 슐레스비히의 관리권을 획득한 것과 라우엔부르크를 매입한 것은 홀슈타인의 점령을 전제로 한 비스마르크의 치밀한 전략적 계산의 결과였다. 프로이센은 슐레스비히를 택함으로써 홀슈타인을 획득하고, 덴마크와 독일의 국경을 슐레스비히와 덴마크의 경계선으로 확장하는 일석이조의 효과를 얻을 수 있었다. 가슈타인 협약 체결 후 오스트리아를 무력으로, 그것도 이탈리아의 지원을 받아 제압할 수 있는 절호의 기회가 비스마르크에게 다시 한 번 찾아왔다. 지정학적인 위치 때문에 영토 관리가 어려운 홀슈타인을 프로이센에 양도하는 대신, 베네치아의 지속적인 보유를 프로이센으로부터 보장받으려는 협상을 오스트리아가 제의했기 때문이었다.

가슈타인 협정은 반작용을 야기했다. 북해와 북유럽에서의 이해관계가 침해되었다고 생각한 유럽의 양대 해양강국(영국과 프랑스)의 반발이 특히 강했다. 그러나 러시아의 태도는 달랐다. 프로이센의 세력 신장을 오스트리아 제국을 견제할 훌륭한 균형추로 간주한 러시아는 프로이센의 영토 확장정책에 호의적인 반응을 나타냈다. 크림 전쟁이 끝난 이후 오스트리아와 러시아의 관계가 악화된 것이 러시아의 프로이센 편들기의 원인으로 작용한 것이었다. 가슈타인 협정은 '독일 문제'를 해결하려 한 오스트리아와 프로이센 간의 마지막 시도였다. 슐레스비히-홀슈타인 문제에 관한 최종적인 결정을 프랑크푸르트 연방의회에 위임한 1866년 초의 오스트리아의 조치를 비스마르크는 가슈타인 협정의 위반이며, 적대 행위로 간주했다. 1866년 6월 9일 프로이센 군대는 슐레스비히의 경계선을 넘어 홀슈타인으로 남침을 강행했다. 프로이센과 오스트리아 간의 전쟁(독일전쟁)은 이제 피할 수가 없게 되었다.

2) 독일전쟁, 독일-독일 전쟁, 프로이센-오스트리아 전쟁

<독일전쟁> 발발 2개월 전인 1866년 4월 8일 비스마르크 프로이센 총리는 이탈리아 왕국(비토리오 엠마누엘레 2세)의 전권대표 주세페 고보네 (1825-1872) 장군과 베를린에서 3개월 기한의 비밀공수동맹조약을 체결했다. 전쟁에 승리하면 베네치아 왕국을 이탈리아에 할양한다는 구속력 있는 비스마르크의 약속에 화답하여 이탈리아 정부는 향후 3개월 이내에 프로이센이 제의한 독일연방 개혁안이 부결되고, 프로이센과 오스트리아 간에 전쟁이 발발할 경우 오스트리아에 전쟁을 선포하며, 프로이센의 동의 없는 일체의 정전협정 또는 평화조약을 오스트리아 측과 단독으로는 체결할 수 없다는 규정에 합의했다. <고보네 조약>이라 명명된 프로이센-이탈리아 비밀공수동맹조약을 통해 비스마르크는 이탈리아의 민족주의를 프로이센과 오스트리아 간의 전쟁(독일전쟁)에 이용하는데 성공하였다. 프로이센 왕국이 이탈리아 왕국과 체결한 공수동맹조약(고보네 조약)은 - 독일연방 회원국은 독일연방 또는 개별 연방회원국의 안전을 해치는 조약을 외국과 체결해서는 아니 된다는 - 독일연방헌법 11조 3항의 명백한 위반이었다.

전쟁이 불가피해졌을 때, 오스트리아와 프로이센 양국은 경쟁적으로 나폴레옹 3세 프랑스 황제를 자기편에 끌어드리려고 시도했다. 비스마르크는 이미 전쟁 발발 9개월 전인 1865년 9월 3일 프랑스 최남단의 대서양 항구도시 비아리츠에서 비밀리에 나폴레옹 3세와 회동했다. 벨기에 남부의 프랑스어 사용지역인 왈롱(왈로니아)과 룩셈부르크에 대한 영유권 획득을 오래전부터 시도해 온 나폴레옹 3세의 야심을 외교적으로 역이용한 비스마르크는 프로이센과 오스트리아 사이에 전쟁이 발발할 경우 중립을 지킬 것이라는 프랑스의 약속을 얻어내는데 성공했다.

1866년 6일 12일 뒤늦게 - 프로이센 군대에 의해 홀슈타인이 점령된 후 - 나폴레옹 3세에게 접근한 알렉산더 폰 멘스도르프-푸이(1813-1871) 오스트리아 외무장관은 - 그는 패전에 대한 책임을 지고 1866년 11월 사임했다 - 파리 주재 오스트리아 대사 리하르트 클레멘스 폰 메테르니히 (1829-1895, 재임: 1859-1870)를 통해 프랑스와 비밀조약을 체결했다. 오스트리아는 프랑스와 체결한 비밀조약에 따라 오스트리아와 프로이센 간의 전쟁에서 프랑스가 오스트리아에 우호적인 중립을 취할 경우, 그것에 대한 반대급부로 베네치아를 이탈리아 왕국에 반환하고, 오스트리아와 이탈리아 간의 전쟁에서 오스트리아가 승리할 경우에도 베네치아의 처분을 나폴레옹에게 위임하는데 동의했다. 오스트리아의 헤게모니가 유럽의 균형을 저해하지 않는 한, 프랑스는 독일연방 내의 판도 변경과 오스트리아의 영토 확대에는 큰 관심이 없었다. 구두로 합의한 별도의 보충조항에서 오스트리아는 독일전쟁에서 프로이센에 승리할 경우 프랑스의 전통적 우방국들인 뷔르템베르크 왕국과 바이에른 왕국에게 영토적 이익을 제공할 것임을 약속하고, 프랑스를 위해서도 라인 강 하류 지역에 - 니더라인 지역은 프로이센 왕국의 역외영토가 산재한 지역이었다 - 별도의 친프랑스 제후국을 설립하겠다는 약속을 했다. 비밀조약의 내용에 명문화된 것은 아니었지만, 오스트리아의 이 구두합의는 라인 강을 자연국경선으로 확보하려고 끊임없이 노력해 온 프랑스의 역사적 영토정책을 지지하는 결과를 가져왔다. 1866년의 오스트리아-프랑스 비밀조약은 오스트리아 외교의 불확실성과 허약성을 드러낸 결과였으며, 동시에 독일연방 의장국으로서의 오스트리아의 역할을 의심케 하는 결과를 초래했기 때문에, 훗날 오스트리아 제국 내에서조차도 독일민족주의 세력(대독일주의자, 후일의 독일-오스트리아 합병파)의 비판을 피하지 못했다. 프로이센이 이탈리아와 체결한 1865년의 <고보네 조약>과 마찬가지로 오스트리아가 프랑스와 체결한 1866년의 비밀조약도 독일연방의회의 동의를 구하는 절차를 거치지 않았기 때문에, 독일연방헌법(독일연방규약 11조 3항)을 위반한 조약이었다.

헌법분쟁을 감수하면서까지 1862년 이후 군비증강과 강군 건설에 주력해 온 비스마르크 총리는 독일연방의 양강 구도에 종지부를 찍는 계획을 실천에 옮기기 위한 만반의 준비를 마친 상태에 있었다. 프로이센 왕국의 인구는 합스부르크 다민족 제국 인구의 절반에 불과했음에도 불구하고 일반병역의무 제도를 통해 불리한 여건을 상쇄할 수 있었기 때문에, 1866년의 전쟁에서 승리할 수 있는 가능성은 오스트리아보다는 프로이센 쪽에 무게의 중심이 놓여 있었다. 더욱이 오스트리아는 당시 극심한 재정위기를 겪고 있었고, 크림 전쟁 이후 관계가 악화된 러시아로부터 더 이상 지원을 기대할 수 없는 입장에 놓여 있었다. 당시 오스트리아가 처한 재정위기는 2차 독일-덴마크 전쟁(1864)에서 획득한 라우엔부르크 공국의 공동소유권을 가슈타인 협정에서 프로이센 왕국에 매도한 사실에서도 입증될 수 있었다.

러시아 황실은 독일전쟁에서 오스트리아의 동맹국이었던 헤센 대공국 (헤센-다름슈타트) 및 뷔르템베르크 왕국과 인척관계를 맺고 있었음에도 불구하고, 러시아가 오스트리아에게 군사원조를 제공할 가능성은 전무했다. 이탈리아와 비밀공수동맹을 체결하고 나폴레옹 3세로부터 중립 약속을 받아내기 3년 전에, 이미 비스마르크 총리는 빌헬름 1세 프로이센 국왕으로 하여금 군사지원을 통해 크림 전쟁 이후 오스트리아에 대해 배신감을 느끼고 있는 알렉산드르 2세(1818-1881, 재위: 1855-1881. 니콜라이 1세의 아들) 러시아 황제를 프로이센의 확실한 우군으로 확보하도록 유도했다. <알벤스레벤 협정>은 1863년 1월에 발생한 폴란드 반란 진압을 상호지원하기 위해 1863년 2월 8일 러시아의 수도 상트페테르부르크에서 빌헬름 1세 프로이센 국왕의 부관 구스타브 폰 알벤스레벤(1803-1881) 중장과 러시아 부수상 알렉산드르 미하일로비치 고르차코프(1798-1883) 사이에 체결된 군사조약이었다. 알벤스레벤 협정 체결을 통해 프로이센은 러시아 황제의 신임을 이끌어 낸데 반해, 오스트리아는 러시아의 폭력적인 폴란드 반란 진압을 공개적으로 비판했기 때문에, 크림 전쟁 이후 악화된 오스트리아-러시아 관계는 바야흐로 상호 적대관계로 발전했다. 그 결과는 독일전쟁(프로이센-오스트리아 전쟁)이 발발하면서 오스트리아에게는 치명적인 악재로 작용했다.

오스트리아는 <엘베 공국>(슐레스비히 공국과 홀슈타인 공국)을 둘러싼 프로이센과의 분쟁을 독일연방규약(독일연방헌법)의 기저 위에서 해결하기 위해 1866년 6월 1일 홀슈타인의 미래에 대한 결정을 독일연방의회에 일임했다. 독일연방 회원국인 홀슈타인 공국은 - 슐레스비히 공국은 1864년까지 덴마크 영토였던데 반해, 홀슈타인 공국은 덴마크와 군합국으로서 1815년 이후 독일연방 소속이었다 - 가슈타인 협정에 따라 오스트리아의 관리 하에 있었지만, 오스트리아는 프로이센을 궁지에 내몰기 위해 양 공국(슐레스비히와 홀슈타인)의 분리독립을 시도한 프리드리히 8세(1829-1880) 공작의 슐레스비히-홀슈타인 공동통치를 묵인했다. 참고로 프리드리히 8세는 덴마크와 노르웨이 국왕 가문인 올덴부르크 가의 아우구스텐부르크파 시조인 크리스티안 아우구스트(1798-1869) 공작의 아들이었고, 아우구스텐부르크 파는 덴마크 왕국이 지배한 슐레스비히와 홀슈타인 공국의 분리 독립을 위해 투쟁한 가문이었다. 프리드리히 8세를 이용하여 슐레스비히와 홀슈타인 문제에서 오스트리아가 주도권을 확보하려 하자, 프로이센은 1866년 6월 9일 기습적으로 군대를 홀슈타인에 진주시켰고, 오스트리아는 프로이센 군대의 홀슈타인 침공을 독일연방규약의 위반으로 간주하여 프로이센을 독일연방 의회에 제소했다. 11개 단독투표권과 6개 공동투표권을 합하여 총 17표로 구성된 독일연방 의회의 <특별위원회>는 9대 6의 압도적 다수로 오스트리아가 제출한 연방집행권의 발동을 결의하여 오스트리아와 프로이센과의 전쟁을 공식적인 연방전쟁으로 몰아갔다. 신성로마제국, 즉 구 독일제국 시기의 제국전쟁과 마찬가지로 연방전쟁의 목표는 원래 외국군대의 침략을 저지하기 위한 독일연방 차원의 전면 전쟁이었다. 그러나 독일전쟁은 오스트리아가 주도한 독일연방과 프로이센과 프로이센을 지지한 연방회원국 간의 전쟁으로 변질되었다. 독일연방 회원국들 사이의 전쟁, 그것도 독일연방의 양강 간의 전쟁에 독일연방군이 동원되는 기묘한 사태가 연출된 전쟁이 독일전쟁이었다. 다시 말해 오스트리아는 프로이센과의 전쟁을 독일연방과 프로이센 간의 전쟁으로 몰고 가려 한 것이었다. 전쟁이 끝나면, 전쟁의 결과와 상관없이 독일연방은 공중분해 될 것임이 분명해졌다. 1866년 6월 14일 프로이센은 독일연방의회의 결의를 독일연방규약 위반이자, 선전포고로 간주하고 독일연방 탈퇴와 독일연방의 해체를 일방적으로 선언해 버렸다. 1866년 6월 1일부터 14일까지 2주 사이에 오스트리아와 프로이센이 취한 일련의 조치는 양국 간의 무력충돌을 더 이상 피할 수 없게 만들었다.

독일전쟁은 프로이센 군대의 홀슈타인 점령과 더불어 시작되었다. 프로이센의 홀슈타인 침공을 저지하기 위해 오스트리아에 의해 독일연방의회에 상정된 연방집행권 발동 안에 찬성표를 던진 회원국은 이어 벌어진 독일전쟁에서 오스트리아의 동맹국이 되었고, 반대표를 행사한 회원국은 프로이센의 동맹국으로서 독일전쟁에 가세했다. 독일연방 의회의 특별위원회(총 17표)에서 단독투표권을 가진 11개 국가 중 8개국이 오스트리아가 제출한 프로이센 제재안에 찬성했다. 그들은 오스트리아를 위시해서 바이에른, 작센, 하노버, 뷔르템베르크(이상 왕국), 바덴 대공국, 헤센 대공국(헤센-다름슈타트), 헤센 선제후국(헤센-카셀)등 8개국이었다. 독일연방 회원국 중 4개 왕국 전체와 특별위원회 소속 3개 대공국 중 2개 대공국 및 1개 선제후국이 오스트리아 편에 섬으로써 총 11개 단독투표권 행사국 중 8개국이 오스트리아의 동맹국이 된 것이었다. 작센 왕국, 바이에른 왕국 및 하노버 왕국은 자국군대를 직접 대프로이센 전쟁에 동원했고, 뷔르템베르크 왕국, 헤센 대공국, 바덴 대공국, 헤센 선제후국은 그들의 군대를 독일연방군에 통합시켰다. 이들 8개국 외에 작센-마이닝엔 공국, 나사우 공국, 샤움부르크-리페 후작국, 로이스(구파) 후작국 및 프랑크푸르트 자유시가 오스트리아 편에 섰다. 제후국 수자로 계산하면 독일전쟁에서 오스트리아와 동맹을 체결한 제후국은 총 13개국이었다. 전통적인 친 오스트리아 후작국인 리히텐슈타인, 1839년 독일연방에 합류한 - 네덜란드 국왕의 통치를 받은 - 림부르크 공국 및 룩셈부르크 대공국은 오스트리아를 지지했지만, 전쟁에서는 중립을 고수했다.

프로이센 왕국의 최대 동맹국은 이탈리아 왕국이었다. 독일연방 내에서 프로이센을 지지한 국가는 북독일의 소규모 제후국들뿐이었다. 독일연방 의회 특별위원회 소속의 11개 단독투표권 행사 국가(오스트리아 제국, 프로이센 왕국, 바이에른 왕국, 작센 왕국, 하노버 왕국, 뷔르템베르크 왕국, 바덴 대공국, 헤센 선제후국, 헤센 대공국, 홀슈타인 공국, 룩셈부르크 대공국) 중 - 프로이센을 제외하면 - 프로이센을 지지한 국가는 없었다. 11개 특별위원회 소속 국가 중에서 오스트리아를 지지한 국가가 8개국, 프로이센을 지지한 국가가 1개국이었고, 나머지 2개국 중 프로이센 군대에 의해 이미 점령된 홀슈타인 공국(덴마크의 군합국)은 투표권이 자동으로 소멸되었고, 룩셈부르크 대공국(네덜란드의 군합국)은 중립을 지킨 단독투표권 행사국이었다.

독일전쟁에서 프로이센과 동맹을 체결한 독일연방 소속 17개 소규모 제후국 중 독일전쟁 발발과 더불어 적극적으로 프로이센 왕국을 지원한 제후국은 올덴부르크 대공국, 3개 한자 도시국가(함부르크, 브레멘, 뤼베크), 브라운슈바이크 공국, 작센-알텐부르크 공국, 안할트 공국, 작센-코부르크-고타 공국, 리페 후작국, 발데크-퓌르몬트 후작국 등이었다. 멕클렌부르크-슈베린 대공국과 멕클렌부르크-슈트렐리츠 대공국도 어쩔 수 없이 프로이센을 지지했지만, 동원령을 늦게 발동했기 때문에, 군대를 지원하지는 못했다. 작센-바이마르-아이제나흐 대공국, 그리고 슈바르츠부르크-루돌슈타트 후작국과 슈바르츠부르크-존더하우젠 후작국은 오스트리아의 프로이센 제재안에 반대한 제후국들이었지만, 전쟁이 발발한 후 처음에는 중립을 지키다가, 뒤늦게 프로이센 편에 가세한 제후국들이었다. 작센-바이마르-아이제나흐는 1866년 7월 5일, 로이스(신파) 후작국은 1866년 6월 26일 프로이센과 동맹을 체결했고, 양 슈바르츠부르크 후작국(슈바르츠부르크-루돌슈타트와 슈바르츠부르크-존더하우젠)과 샤움부르크-리페 후작국은 독일전쟁이 사실상 종료된 후인 1866년 8월 18일 프로이센 편에 섰다. 독일연방 회원국 수로 보면 오스트리아를 지지한 13개 제후국보다 프로이센과 동맹을 체결한 제후국의 수가 4개국이 더 많았지만, 오스트리아의 13개 동맹국들은 - 5개 소형 제후국들을 제외하면 - 4개 왕국을 포함한 독일연방 회원국 중 규모가 큰 제후국들이었다.

독일전쟁은 크게 나누어 북이탈리아(남부전선), 중남부 독일(서부전선)과 뵈멘(동부전선) 등 3개 지역에서 전장이 형성되었다. 오스트리아 군대는 2개 군(남군과 북군)으로 편성되어, 남군은 롬바르디아 전선에서 프로이센의 동맹국 이탈리아와의 전쟁을, 북군은 뵈멘에서 프로이센군과 맞서 독일전쟁(오스트리아-프로이센 전쟁)을 수행했다. 프로이센 군대는 4개 군으로 편성되었다. 제1군과 2군 및 엘베 군은 뵈멘 공격에 참가했고, 마인 군은 <랑엔잘차 전투>(1866년 6월 7일)에서 하노버를 항복시킨 후, 바이에른을 최종 목표로 남진하는 과정에서 오스트리아와 동맹을 체결한 남독일 제후국, 특히 바이에른군과 여러 차례의 소규모 전투를 치렀는데, 이 일련의 전투를 역사는 프로이센군의 <마인 원정>이라 명명했다.

하노버 왕국과 헤센 선제후국과 작센 왕국이 프로이센이 요구한 중립을 거부했을 때, 프로이센은 1866년 6월 15일 이들 3개국에게 최후통첩을 전달했다. 프로이센은 최후통첩이 거부되자, 선전포고를 발함과 동시에 하노버 왕국에 군대를 진주시켰다. 남부전선과 서부전선에서 발생한 독일전쟁의 첫 전투는 1866년 6월 24일 오스트리아군과 이탈리아 왕국 군대가 벌인 북이탈리아의 <쿠스토차 전투>(1866년 6월 23일)와 1866년 6월 27일 프로이센군과 오스트리아의 동맹국 하노버 왕국 군대 간에 벌어진 <랑엔잘차 전투>였다.

알폰소 라 마르모라(1804-1878, 당시 이탈리아 왕국의 외무장관) 장군 휘하의 이탈리아군 120,000명은 베로나-페스키에라-만토바-레냐고를 연결하는 오스트리아 제국의 철벽 4각 요새를 피해 합스부르크 제국의 본토를 공격하라는 프로이센군 참모부의 권고를 무시한 채, 1866년 6월 23일 베로나 요새를 점령하기 위해 민치오 강을 건넜다. 베로나 요새로부터 출격한 알브레히트 대공(오스트리아 황제 프란츠 요제프 1세의 숙부) 휘하의 80,000명의 오스트리아 군대는 가르다 호수와 아디제 강 사이의 산악지대에 진을 치고, 1866년 6월 24일 이탈리아 군대를 정면 공격했다. 전투는 베로나 인근 쿠스토차 마을에서 집중적으로 발생했다. 쿠스토차는 전투가 진행되는 동안 양측에 의해 여러 차례 번갈아가면서 점령되었다가, 마침내 저녁녘에 오스트리아 군대에 의해 최종적으로 접수되었다. 라 마르모라 장군은 전투를 중단하고 민치오 강을 건너 퇴각했다. 이탈리아 군대의 인명손실은 약 8,100명에 달했고, 오스트리아 군대의 전사자 역시 7,900명에 달했다. <쿠스토차 전투>는 1866년 8월 12일 오스트리아군과 이탈리아 군 간에 정전협정(코르몬스 정전협정)이 체결되기 전, 남부전선(북이탈리아)에서 벌어진 마지막 대규모 육상전투였다. 수량이 풍부한 민치오 강은 천혜의 방어선을 만들어 주었기 때문에, 오스트리아는 이 지역에 유명한 베로나-페스키에라-만토바-레냐고를 연결하는 방진요새를 건설하여 과거에도 이미 여러 차례 - 1848년의 고이토 전투(5월 30일)와 쿠스토차 전투(7월 25일), 1859년 6월 24일 동시 발생한 솔페리노 전투 및 산 마르티노 전투 등 - 이탈리아 군에 승리를 거둔 적이 있었다. 특히 민치오 강을 통해 서로 연결된 페스키에라 요새와 만토바 요새의 중요성은 "독일(오스트리아)은 민치오 강에서 지킨다"라는 암호를 오스트리아군이 사용한 사실에서도 드러났다.

베네치아를 점령하려 한 이탈리아군의 시도는 쿠스토차 전투에서 패함으로써 무위로 끝났다. <리사 해전>(1866년 7월 20일)에서도 이탈리아 해군은 오스트리아 해군에 패했다. 1866년 독일전쟁에서 프로이센을 지원하여 오스트리아와 벌인 전투에서 이탈리아군이 유일하게 승리한 전투는 주세페 가리발디(1807-1882)가 지휘한 가르다 호수 북쪽의 <베체카 전투>(1866년 7월 21일)였다. 이탈리아군과 벌인 대부분의 전투에서 거둔 승리에도 불구하고 독일전쟁이 끝난 후, 오스트리아는 베네치아 왕국을 프랑스에 양도해야 했고, 프랑스는 이를 다시 이탈리아에 넘겨주었다. 이탈리아의 동맹국 프로이센이 <쾨니히그레츠 전투>(1866년 7월 3일)에서 오스트리아군을 완전히 제압하여 전쟁의 향방을 이미 결정지었기 때문이었다. 독일전쟁에서 프랑스는 이탈리아에 우호적인 중재자 역할을 했다. 이탈리아는 전쟁에 패하고도, 전승국의 입장에서 오스트리아 제국과 평화조약을 체결할 수 있었다.

서부전선의 <랑엔잘차 전투>(1866년 6월 27일)는 독일연방 역내에서 벌어진 독일전쟁의 첫 전투로서 알렉산더 폰 아렌트쉴트(1806-1881) 사령관이 지휘한 하노버 왕국 군대가 프로이센의 마인 군 사령관 에두아르트 포겔 폰 팔켄슈타인(1797-1885) 휘하의 프로이센군에 승리하고도, 항복한 전투였다. 승리한 하노버군의 사상자 규모가 오히려 컸고(프로이센군 전사자: 850명, 하노버군 전사자: 1,430명), 식량과 탄약의 보급이 중단된 데다가, 그 사이에 프로이센군이 증강되어 그 규모가 하노버 군대를 크게 앞질렀기 때문에, 1866년 6월 29일 하노버는 랑엔잘차 전투에서 승리한 후 이틀 만에 항복을 선언했다. 그 후 하노버 왕국 군대는 해체되었고, 하노버 왕국은 프로이센군의 군정을 거쳐 프로이센에 합병되어버렸다.

폐위된 게오르크 5세(1819-1878, 재위: 1851-1866) 하노버 국왕과 그의 장남 에른스트 아우구스트(1845-1923)에게는 오스트리아로의 망명이 허용되었다. 독일전쟁에서 오스트리아와 동맹을 체결한 대가로 하노버 왕국 최후의 국왕이 되어버린 게오르크 5세는 끝까지 하노버 왕국에 대한 권리를 포기하지 않고, 프로이센의 하노버 합병을 인정하지 않았다. 젊은 시절에 실명한 비운의 게오르크 5세는 1878년 6월 12일 마지막 망명지 파리에서 사망했다. 프란츠 요제프 1세 오스트리아 황제에 의해 오스트리아군 대령에 임명된 게오르크 5세의 장남 에른스트 아우구스트도 프로이센 왕국과의 화해를 거부하고, 하노버 왕국에 대한 권리를 끝까지 주장했다. 대영제국 및 아일랜드 왕자, 하노버 왕자, 브라운슈바이크-뤼네부르크 공작 및 컴벌랜드 공작의 칭호를 사용한 에른스트 아우구스트는 그문덴(트라운제 호수를 끼고 있는 오버외스터라이히의 휴양도시)의 컴벌랜드 성에서 1886년부터 1923년까지 은거했다. 컴벌랜드 성은 하노버 출신의 건축가 페르디난트 쇼르바흐에 의해 1882년 6월 15일에 착공되어 1886년 9월 15일에 완공을 본 튜더 양식의 네오고딕 건물이다. 게오르크 5세는 하노버 국왕을 겸한 영국 국왕 조지 3세(1738-1820. 영국 국왕: 1760-1820, 하노버 국왕: 1814-1820)의 손자였고, 에른스트 아우구스트는 조지 3세의 증손자였다.

독일전쟁에서 프로이센군의 첫 공격 목표가 홀슈타인이 될 것이라는 사실을 오스트리아가 예상치 못한 것은 아니었을 것이다. 그럼에도 불구하고 홀슈타인 주둔 오스트리아군은 소규모 수비대 병력에 불과했다. 1865년 슐레스비히 총독에 임명된 프로이센군 원수 에트빈 폰 만토이펠(1809-1885) 남작은 1866년 6월 9일 함부르크 자유시에 주둔한 프로이센 군대를 동원하여, 홀슈타인 총독 루트비히 카를 빌헬름 폰 가블렌츠(1814-1874) 중장이 인접한 하노버 왕국으로부터 병력지원을 요청하기 전에, 홀슈타인을 기습 점령했다. 오스트리아군의 방어전략에서 홀슈타인의 방어는 베네치아의 그것만큼 중요하지 않았다는 사실이 홀슈타인에 주둔한 오스트리아군의 규모에서 이미 사실로 드러난 것이었다. 실제로 오스트리아는 프로이센과 가슈타인 협정(1865년 8월 15일)을 체결한 후, 베네치아 왕국의 지속적인 보유를 보장받기 위해 홀슈타인을 포기할 수 있다는 입장을 프로이센 측에 밝힌 적이 있었고, 그것이 이탈리아를 자극한 것은 분명했다. 이탈리아가 프로이센과 공수동맹조약(고보네 조약)을 체결한 일차적 목적은 1797년 이후 오스트리아 제국이 점령한 베네치아의 수복에 있었다. 고보네 조약 체결의 당사자인 주세페 고보네 장군이 비스마르크 총리와 1차 회담을 한 날짜는 1866년 3월 14일이었고, 프로이센-이탈리아 공수동맹조약이 체결된 것은 4월 8일, 비준서가 교환된 것은 그 일주일 후였다. 6개 조항의 공수동맹 조약 제 5조는 조약 체결 3개월 내에 프로이센이 오스트리아에 선전포고하지 않을 경우 조약은 자동으로 폐기된다는 내용이었다. 프로이센군이 홀슈타인을 점령한 것은 고보네 조약이 체결되고 정확히 2개월이 지난 시점이었다.

독일전쟁에서 오스트리아군의 적극적인 방어지역은 남군(사령관: 알브레히트 대공)이 활약한 북이탈리아와 북군(사령관: 루트비히 폰 베네데크)의 작전지역인 뵈멘이었다. 마리아 테레지아 시대에 발생한 3차에 걸친 슐레지엔 전쟁에서 슐레지엔의 대부분을 프로이센에 빼앗긴 아픈 과거를 교훈으로 삼고 있던 합스부르크 황실은 마지막 남은 오스트리아 령 슐레지엔(수도: 트로파우/체코의 오파바)의 수호를 위해서도 오스트리아의 주력군인 북군을 뵈멘에 집중적으로 투입해야 했을 것이다. 독일전쟁에서 오스트리아는 북이탈리아(남군 작전지역)와 뵈멘(북군 작전지역)에 주력군을 투입했기 때문에, 홀슈타인은 경우에 따라 프로이센에 넘겨줄 준비가 되어 있었던 셈이다. 홀슈타인에서 철수한 루트비히 카를 빌헬름 폰 가블렌츠(홀슈타인 총독) 중장도 뵈멘 전선에 투입되어 오스트리아군 제10군단을 지휘했다. 홀슈타인을 점령한 프로이센군 원수 만토이펠 남작이 하노버 왕국을 침공했을 때에도, 오스트리아는 동맹국 하노버의 방어에 전혀 기여하지 못했을 뿐 아니라, 프로이센군의 이른바 <마인 원정>의 방어 역시 전적으로 남독일 국가들에게 맡겨던 것은, 2개 군(남군과 북군)으로 편성된 오스트리아의 주력은 동부전선(뵈멘)과 남부전선(이탈리아)에 투입되었기 때문이었다. 중남부독일, 즉 서부전선에서 벌어진 독일전쟁, 즉 프로이센군의 <마인 원정>의 방어는 전적으로 동맹국 군대로 편성된 독일연방군의 몫이었고, 오스트리아군은 독일연방군에 소속되었다. 서부전선에 동원된 동맹국 군대는 독일연방군 제7군단과 8군단이었다. 연방군 제7군단은 바이에른 왕국의 독립군단이었고, 8군단은 뷔르템베르크 왕국, 바덴 대공국, 헤센-카셀(헤센 선제후국), 헤센-다름슈타트(헤센 대공국), 나사우 공국 및 오스트리아 병력으로 편성된 혼성군단이었다.

홀슈타인을 점령한 후 만토이펠 남작은 북쪽 함부르크로부터, 아우구스트 카를 폰 괴벤(1816-1880) 장군은 하노버 서쪽 민덴으로부터 동시에 하노버를 공격했다. 함부르크는 1867년 <북독일연방>에 가입하기 전까지 독일연방 소속의 독립도시국가였지만, 독일전쟁 당시 프로이센군이 주둔했으며, 프로이센 왕국의 베스트팔렌 주와 하노버 왕국의 국경지대에 위치한 민덴은 이미 1800년 이전부터 프로이센 영토였다. 만토이펠은 홀슈타인 점령에 성공했지만, 마인 원정군 사령관에 임명된 장군은 브레슬라우(슐레지엔의 수도/폴란드의 브로추아프) 출신의 에두아르트 포겔 폰 팔켄슈타인(1797-1885)이었으며, 만토이펠은 후자가 - 프로이센군에 의해 점령된 - 뵈멘의 임시총독으로 임명되어 뵈멘으로 전출된 후, 독일전쟁이 거의 끝나갈 무렵에 그의 후임으로 마인 원정군 사령관에 임명되었다. 만토이펠이 마인 원정군 사령관에 임명된 후 지휘한 첫 전투는 1866년 7월 24일 독일연방군 제8군단(뷔르템베르크·바덴·오스트리아·나사우·헤센 대공국 군대)과 벌여 승리한 <타우버비쇼프스하임 전투>였다. 1866년 7월 1일부터 7월 26일 사이 중남부독일(서부전선)에서 수행된 프로이센군의 <마인 원정>은 프로이센과 프로이센의 동맹국 군대가 오스트리아를 위해 독일연방군의 이름으로 독일전쟁에 참전한 남독일 제후국 군대(연방군 제8군단)와 바이에른 군대(연방군 제7군단)를 상대로 벌인 일련의 전투이며, 그 첫 전투는 1866년 7월 4일 프로이센군과 바이에른군 간에 발생한 <데름바흐 전투>였다.

독일전쟁의 향방은 1866년 7월 3일 뵈멘의 <쾨니히그레츠 전투>에서 오스트리아·작센 동맹군이 프로이센군에 참패한 후 이미 결정되었기 때문에, 프로이센군의 <마인 원정>이라 불리는 중남부독일에서 전개된 독일전쟁(데름바흐 전투 이후 상황)은 뵈멘(동부전선)에서 진행된 프로이센군과 오스트리아·작센 동맹군 간의 독일전쟁을 기술한 이후에 다루도록 하겠다.

4개 군(1군, 2군, 엘베 군, 마인 군)으로 편성된 프로이센군 중 마인 군은 서부전선(중남부독일)에 투입되었고, 나머지 3개 군은 모두 동부전선(뵈멘)에 집중적으로 투입되어 오스트리아·작센 동맹군과 대결했다. 1866년 6월 23일 작센 왕국에 무혈 입성한 프로이센군 제1군(사령관: 빌헬름 1세 국왕의 동생 프리드리히 카를, 1828-1885)은 치타우(작센 남동쪽 체코와 폴란드 국경)와 자이덴베르크(폴란드의 자비두프)를 경유하여 뵈멘으로, 엘베 군(사령관: 헤르바르트 폰 비텐펠트 장군,

1796-1884)은 작센 왕국의 수도 드레스덴을 점령한 후, 발터스도르프(치타우 남서쪽 11km)와 슐루케나우(체코의 슐루크노프)를 경유하여 뵈멘 왕국으로 진격했다. 휘너바서(쿠리보디) 전투, 시크로프 전투, 포돌리 전투, 나호트 전투 및 트라우테나우(트루트노프) 전투 등이 1866년 6월 26과 28일 사이 동부전선(뵈멘)에서 벌어진 프로이센군과 오스트리아군 간의 첫 전투들이었다.

프로이센군 제1군과 엘베 군이 작센을 점령한 후 하가 지난 1866년 6월 24일 프로이센 왕국의 태자 프리드리히 빌헬름(1831-1888)이 - 빌헬름 1세(재위: 1861-1888) 초대 독일제국 황제의 장자이며 빌헬름 2세(재위: 1888-1918) 황제의 부친인 그는 후일 프리드리히 3세로서 1888년 3월 9일부터 6월 15일까지 99일 간 재위한 비운의 독일제국 황제였다 - 지휘한 프로이센군 제2군은 슐레지엔(오스트리아가 1742년 프로이센에 빼앗긴 지역)을 출발하여 리젠게비르게 산맥(체코 최고봉 크르크노세 산맥)을 넘어 뵈멘으로 진공했으며, 그 과정에서 나호트 전투(1866년 6월 27일)와 트라우테나우(트루트노프) 전투(6월 27/28일)가 벌어졌다. <트라우테나우 전투>는 오스트리아가 독일전쟁에서 프로이센군에 승리한 유일한 전투였다. 6월 28일 오스트리아군은 스칼리츠(슬로바키아의 스칼리차) 전투와 조르(슬로바키아의 즈디아르) 전투, 그리고 뮌헨그레츠(체코의 므니호보 흐라디스테) 전투에서 프로이센군에 연달아 패배했다. 프로이센군과 오스트리아-작센 동맹군 간에 벌어진 프라하 북동쪽 85km 지점의 기친(이친) 전투, 그리고 프로이센군과 오스트리아군 간에 벌어진 쾨니긴호프(드부르크 랄로베나트라벰, '엘베 강변의 여왕궁전'이란 뜻) 전투와 슈바인셰델(나호트 인근 스비니스타니) 전투는 모두 같은 날(1866년 6월 29일) 발생한 전투였다. 기친(이친) 전투를 마지막으로 중단된 오스트리아군과 작센군 간의 연합작전은 독일전쟁의 향방을 일찌감치 결정지어 버린, 1866년 7월 3일 쾨니히그레츠(흐라데치 크랄로베)에서 벌어진 전투에서 재개되었다.

프로이센군이 오스트리아군에 결정적인 승리를 거둔 <쾨니히그레츠 전투>는 빌헬름 1세 프로이센 국왕과 프로이센 육군 참모총장 헬무트 폰 몰트케 원수가 진두지휘한 전투였다. 6월 한 달 동안 연전연패를 거듭하면서 전력이 크게 약화된 오스트리아군은 수적으로도 우세하고, 보유한 병기 역시 오스트리아군에 비해 월등한 프로이센군을 상대하는 데는 한계가 있었다. 프란츠 요제프 1세 황제는 1859년 북이탈리아의 솔페리노 전투(1859년 6월 24일)에서 프랑스와 사르데냐·피에몬테 동맹군에 패한 오스트리아군을 구출해내는데 크게 기여한 이력이 있는 루트비히 폰 베네데크(1804-1881) 원수에게 마지막 희망을 걸었다. 그러나 이탈리아 근무경력만 가진 - 베네데크 원수의 직전 직책은 1860년 이후 베네치아 주둔 오스트리아군 사령관이었다 - 베네데크 사령관은 뵈멘의 지형에 대한 지식이 없었을 뿐 아니라, 쾨니히그레츠에 당도했을 때, 오스트리아군은 이미 앞선 전투에서 프로이센군이 사용한 후장총의 사격속도를 당해내지 못해 병력의 삼분의 이 이상을 잃은 상태에 있었다. 오스트리아군이 사용한 전장총은 병기를 세운 상태에서 탄약을 장전해야 했기 때문에, 탄약을 재기 위해 사수는 앉거나 선 자세를 취해야 했지만, 격침발사총인 후장총은 발사속도가 빠를 뿐 아니라, 엎드린 자세에서도 장전이 가능했기 때문에, 사수의 노출이 제한적이었다. 현대전에 비교하여 말한다면, 후장총 대 전장총의 대결은 연발총과 단발총의 대결이나 마찬가지였다. 군비 소홀이 독일전쟁에서 오스트리아가 프로이센에 패한 근본적인 원인이긴 했지만, 전투 직전 베네데크 장군의 참모장 알프레트 폰 헨니크슈타인(1810-1882) 중장이 교체된 것과 하급 지휘관의 수가 부족했다는 점이 쾨니히그레츠 전투에서 오스트리아군이 프로이센군에 패한 결정적인 요인이었다.

쾨니히그레츠 전투는 유럽전쟁사의 전환점이 된 전투였다. 프로이센군 참모총장 몰트케는 철도의 수송력과 현대식 통신망(전신)을 이용해 병력을 적시에 신속히 이동, 배치, 투입할 수 있는 길을 열었기 때문에, 특정 지점에 전투력을 사전에 집중시키는 전통적인 전술 대신, 특정한 시점과 지점을 예정하여 일단 분산 배치된 전력을 동시에 투입하는, 이른바 '각개진격 후 연합공격'의 전술을 처음으로 실전에 응용할 수 있었다. 기병이 보유한 것보다 훨씬 빠른 기동력을 보병이 장악하게 됨으로써 몰트케의 철저하게 준비된 공격계획이 쾨니히그레츠 전투에서 빛을 발한 것이었다. 프로이센군의 신속한 진격에 당황한 베네데크 오스트리아군 사령관은 결정적인 순간 전력을 집중시키지 못한 실수를 범했다. 더욱이 프로이센의 태자 프리드리히 빌헬름이 지휘한 프로이센군 제2군의 뵈멘 진입을 사전에 저지하지 못했고, 방어선 구축에서 실수를 범한 것이 패배의 직접적인 원인으로 작용했다. 오스트리아군은 엘베 강을 등지고 프로이센군의 공격을 받았기 때문에, 전투에 패할 경우 최대의 위험에 봉착하지 않을 수 없는 위치를 선정한 것이었다. 섬멸되다시피 프로이센군에 유린당한 후, 베네데크는 잔존병력을 일단 올뮈츠(올로모우츠) 방향으로 철수시켰다.

쾨니히그레츠 전투에서 참패한 후, 오스트리아는 휴전협상을 제의했지만 거부당했다. 오스트리아군의 주력인 북군에게 회복 불가능한 공격을 가한 프로이센군은 빈 진격을 목전에 두고 휴식에 들어갔다. 쾨니히그레츠 전투 승리 5일 후인 7월 8일 프로이센군의 엘베 군(사령관: 헤르바르트 비텐펠트)은 뵈멘의 수도 프라하를 점령했고, 제1군(사령관: 프리드리히 카를 니콜라우스 빌헬름 1세의 조카)은 오스트리아의 수도를 점령하기 위해 브륀(브르노)으로, 제2군(사령관: 프리드리히 빌헬름 태자)은 오스트리아의 북군(사령관: 베네데크)을 추격하여 올뮈츠(올로모우츠)로 진격했다. 오스트리아군은 동맹군인 작센군과 함께 올뮈츠를 거쳐 빈으로 철수했다. 이탈리아와 전투를 벌였던 오스트리아의 남군도 철수 명령을 받았다. 북군과 남군 모두 빈으로 철수 명령을 받은 것은 예상되는 프로이센군의 침공으로부터 수도를 방어하기 위한 조치였다. 프로이센군의 전초부대가 오스트리아 국경을 넘어 니더외스터라이히의 마르히펠트에 도달한 것은 1866년 7월 20일이었다. 7월 22일 에두아르트 폰 프란제키(1807-1890) 휘하의 프로이센군 제1군 예하 4군단이 빈으로 가는 길목인 프레스부르크(브라티슬라바)로 진격하여 블루메나우(현재 브라티슬라바 4구에 속한 라마치)에서 오스트리아군과 소규모 전투를 벌였다. <블루

메나우 전투>는 독일전쟁에서 프로이센군과 오스트리아군이 벌인 마지막 전투이며, 프로이센이 승리한 전투였다. 오스트리아 제국의 수도 빈은 프레스부르크로부터 철로로 불과 69km 거리에 있었다. 몰트케의 명령이 떨어지면, 빈은 2시간 이내에 프로이센군에 의해 점령될 수 있었다.

풍전등화의 위기에 봉착한 오스트리아 제국의 운명은 프로이센군 수뇌부의 정치적 결정에 달려 있었다. 독일연방 창립 이래 50여 년 동안 지속된 오스트리아의 헤게모니 행사로 인해 국력에 비해 합당한 대우를 받지 못했다고 생각한 호엔촐레른 왕가와 프로이센 왕국의 국내 여론은 승리에 도취한 나머지 여세를 몰아 오스트리아의 수도를 점령할 것을 요구했다. 그러나 위기의 순간에 빈은 화를 면할 수 있었다. 빌헬름 1세 프로이센 국왕이 프로이센군의 빈 공격을 중단시킨 것이었다. 이 결정은 프로이센 국왕의 패전국에 대한 배려에서 나온 결과만은 아니었다. 통일 독일의 수상으로 임명될 것이 분명한 비스마르크 총리가 빈 침공을 포기하도록 빌헬름 1세 국왕에게 압력을 행사했기 때문이었다. 비스마르크는 수도가 점령될 지도 모른다는 불안으로부터 오스트리아 정부와 국민을 자유롭게 만들어 준다면, 프로이센은 향후 필요시 오스트리아를 프로이센의 동맹국으로 확보할 수 있을 것이라고 생각했다. 그의 선견지명은 적중했다. 1870년 프로이센과 프랑스가 전쟁을 벌였을 때, 오스트리아는 두 나라 사이에서 중립을 견지했을 뿐 아니라, 독일제국이 창건된 후에는 독일제국과 동맹조약(2국 동맹, 1879년 10월 7일)을 체결했다. 1866년 7월 26일 독일전쟁을 종식시키기 위해 양국은 니콜스부르크(체코의 미쿨로프)에서 정전협정 겸 예비평화조약을 체결했고, 이 조약은 1866년 8월 23일 조인된 <프라하 평화조약>에서 공식적으로 확인되었다.

여기서 다시 프로이센의 마인 원정군이 독일연방군 제7군단 및 8군단과 격돌한 서부전선(중남부독일)의 독일전쟁 현장으로 되돌아간다. 설명했듯이, 1866년의 독일전쟁은 이탈리아(남부전선)와 중남부독일(서부전선)과 뵈멘 왕국(동부전선), 세 곳에서 전장이 형성되었다. 오스트리아의 남군과 이탈리아군이 벌인 독일전쟁은 쿠스토차 전투(1866년 6월 26일)에서 오스트리아군이 승리한 후 소강상태에 돌입했고, 동부전선, 다시 말해 뵈멘에서 진행된 독일전쟁은 쾨니히그레츠(1866년 7월 3일)에서 오스트리아군 북군이 프로이센군에 참패한 후 이미 끝난 것이나 마찬가지였다. 그러나 서부전선의 프로이센군(마인 원정군)은 오스트리아와 오스트리아를 지원한 독일연방군(연방군 제7군단 및 8군단)을 상대로 1866년 7월 26일까지 전투를 멈추지 않았다.

　　1866년 6월 29일 하노버 왕국을 점령한 프로이센군의 마인 군(사령관: 팔켄슈타인, 만토이펠)이 남진하면서 독일연방군 제7군단 및 제8군단과 서부전선(중남부독일)에서 벌인 일련의 전투를 프로이센의 역사는 - 앞에서도 언급했듯이 - 프로이센군의 <마인 원정>이라 기록했다. <랑엔잘차 전투>(6월 27일)를 제외하면, 프로이센군과 바이에른군(연방군 7군단) 간에 벌어진 1866년 7월 4일의 <데름바흐 전투>가 마인 원정의 첫 전투였고, 마지막 전투는 같은 해 7월 26일 프로이센군과 독일연방군 8군단 간에 발생한 <위팅엔 전투>였다. 프로이센군의 마인 원정, 다시 말해 서부전선에서 진행된 독일전쟁의 특징은 프로이센군이 전승을 거두었다는 점과 독일전쟁의 판세가 이미 결정된 이후, 다시 말해 동부전선(뵈멘)에서 프로이센군이 오스트리아군을 완전히 제압한 1866년 7월 3일의 쾨니히그레츠 전투 이후 시작되어, 오스트리아와 프로이센 간에 <니콜스부르크 예비평화조약>이 체결되었을 때 비로소 끝났다는 사실에 있었다. 동부전선(뵈멘)에서의 프로이센의 전쟁 상대는 오스트리아 제국과 작센 왕국이었지만, 서부전선(중남부독일)에서의 프로이센의 전쟁 상대는 한편으로는 바이에른 군대(연방군 제7군단)였고, 다른 한편으로는 남독일 제후국 군대로 구성된 독일연방군 제8군단이었다. 독일연방군 제8군단에는 프로이센의 홀슈타인 침공 제재안에 찬표를 던진 친 오스트리아 노선의 뷔르템베르크 왕국, 바덴 대공국, 헤센 대공국, 나사우 공국 군대 등이 소속되어 있었다. 2개 군으로 편성된 오스트리아 군대 가운데 제1군에 해당하는 북군은 뵈멘(동부전선)에

서 프로이센군과, 제2군인 남군은 남부전선(북이탈리아)에서 이탈리아와 전쟁
을 주체적으로 수행했지만, 서부전선(이른바 프로이센의 마인 원정)에 투입된 오스
트리아군은 남독일 동맹군(제8군단)과 프로이센군 간의 전투를 지원하는 형
식을 취했다.

독일연방군(연방군 제7군단 및 제8군단)의 명령권은 개별 파병국가의 지휘관이
사실상 행사했기 때문에, 처음부터 연방군은 통일적인 전략과 공동작전
에 대한 합의가 불가능했다. 바이에른 군단(7군단)과 8군단(뷔르템베르크, 바덴, 헤
센, 나사우, 오스트리아 동맹군)의 전략은 서로 달랐고, 5개국 병력으로 구성된 8
군단은 또 다시 여러 진영으로 나뉘어, 뷔르템베르크 왕국과 바덴 대공
국 군대는 각기 자국의 국경방어에만 신경을 썼다. 헤센 선제후국 군대
의 주력은 개전 초기에 이미 마인츠 연방요새 방어에 투입되었기 때문
에, 8군단의 전투에는 참여하지 않았다. 7군단과 8군단 간, 그리고 8군단
소속 동맹군 내의 일사불란한 지휘체계의 결여는 결국 중남부독일(서부전선)
에서 벌어진 독일전쟁에서 독일연방군이 전패를 자초한 근본적인 원인
이었다. 7군단과 8군단은 협력체계를 갖추지 못했고, 8군단 소속 동맹군
은 각각 자국의 이익을 위해 각개작전을 벌였기 때문에, 그들은 프로이
센군(마인 군)의 적수가 되지 못했다.

오스트리아를 지원하기 위해 독일전쟁(오스트리아·프로이센 전쟁)에 개입한 남
독일의 제후국들은 프로이센 군대와 전투를 치러보기도 전에 이미 전쟁
(독일전쟁)은 1866년 7월 3일 동부전선(쾨니히그레츠 전투)에서 결판이 나버렸기
때문에, 전쟁의 동기부여가 모호했음에도 불구하고 7월 26일까지 전투를
계속하지 않을 수 없었다. 전후의 통일정책을 유리한 국면으로 유도하기
위해서는 전통적인 친 오스트리아 남독일 국가들을 이 기회에 확실하게
제압해야 할 필요성이 있었던 프로이센은 오스트리아의 휴전제의를 거
부한 채, 작정하고 전쟁을 끝까지 밀어붙였다. 프로이센군의 마인 원정
의 전략적 목표는 점령전쟁이었다. 남독일 국가들이 연전연패에도 불구
하고 자국영토 방어전을 포기할 수 없었던 이유가 거기에 있었다. 7월

10일 잘레 강(바이에른의 오버프랑켄에서 발원하여 엘베 강으로 유입되는 강) 계곡(키싱엔, 가리츠, 함멜부르크)에서 바이에른 군단과 벌인 전투, 그리고 7월 14일 오스트리아와 헤센(선제후국 헤센 및 대공국 헤센) 동맹군(사령관: 에르빈 나이페르크 오스트리아군 중장, 1813-1897)과 치른 <아샤펜부르크 전투>에서 모두 승리한 후, 프로이센군은 독일연방군 제7군단과 제8군단 간의 합류를 저지하려고 시도했다. 그 과정에서 프로이센군은 7월 23일과 7월 24일 훈트하임과 타우버비쇼프스하임에서 이들과 접전을 벌였다. 루트비히 1세(1786-1868, 막시밀리안 1세의 장남) 바이에른 국왕의 동생 카를(1795-1875)이 지휘한 독일연방군 제7군단(바이에른군)은 뷔르츠부르크 방향으로 후퇴하면서 타우버 강과 마인 강 사이의 고원지대를 점령했지만, 추격해온 프로이센군과의 전투(노이브룬 전투, 헬름슈타트 전투, 게르스하임 전투 및 메델호펜 전투, 1866년 7월 25-26일)에서 단 한 차례도 승리하지 못하고, 모두 패했다. 헬름슈타트 전투에서 후일의 바이에른 최후의 국왕 루트비히 3세(1845-1921, 재위: 1913-1918. 루트비히 1세의 손자)가 전상을 입었다. 프로이센군의 포병대가 뷔르츠부르크 북쪽의 바이에른 왕국 요새 마리엔베르크를 포격하던 바로 그날(1866년 7월 26일) 오스트리아와 프로이센 간에 <니콜스부르크 예비평화조약>이 체결됨으로써 전쟁은 중지되었다.

3) 니콜스부르크 예비평화조약과 프라하 평화조약, 그리고 독일연방 해체

1866년 7월 3일 <쾨니히그레츠 전투>에서 오스트리아군에 대승을 거둔 프로이센군이 빈을 향해 진군하고 있었을 때, 비스마르크는 유럽 열강들의 개입을 가능한 한 저지하기 위해 서둘러 평화조약 체결을 촉구했다. 베네치아를 이탈리아에 양도하기로 결정한 오스트리아의 요청으로 이미 7월 5일 나폴레옹 3세가 프로이센과 오스트리아 간의 중재를 자임하고 나섰다. 한편으로는 파리에서 나폴레옹 3세 황제와 파리 주재 프로이센 왕국 대사 로베르트 폰 데어 골츠(1817-1869) 사이에, 그리고 또 다른 한편으로는 프로이센군 사령부가 소재한 니콜스부르크(체코의 미쿨로브)에서 프로이센 총리 비스마르크와 베를린 주재 프랑스 대사 뱅상 베네데티 (1817-1900) 사이에 평화조약의 전제조건을 충족시키기 위한 정치적 타협이 모색되었다. 프랑스와 프로이센 간에 도출된 합의에 의해 평화조약의 조건들이 결정되었다. <독일연방>의 해체, 오스트리아를 배제한 프로이센 왕국 주도 하의 독일의 신질서 창조, <북독일연방> 결성 등은 프로이센 왕국이 평화조약 체결의 전제조건으로 제시한 요구사항들이었다. 프랑스는 <남독일연방>을 결성할 수 있는 권리를 남독일 국가들에게 부여할 것을 주장한 것 외에도, 프로이센 왕국의 슐레스비히-홀슈타인 합병을 인정하되, 덴마크와의 접경지역(북 슐레스비히)의 경우 주민투표를 통한 국적 선택권이 인정되어야 한다고 주장했다. 덴마크에게 북 슐레스비히 지역의 재통합 가능성을 열어주고, 북독일연방에 대한 대항마 성격의 남독일연방 설립을 프랑스가 평화조약 체결을 위한 중재 조건으로 요구한 배경에는 프로이센의 팽창주의를 견제하려는 프랑스의 외교적 전략이 숨겨져 있었다. 평화조약이 체결되기 전까지는 프로이센 왕국 내부에서도 국왕(빌헬름 1세)과 총리(비스마르크) 간의 견해가 일치하지 않았다. 빌헬름 1세 프로이센 국왕은 북독일연방 결성 대신에, 독일전쟁의 양대 패전국인 오스트리아 제국과 작센 왕국으로부터 전쟁 배상조로 영토 할양을 요구한데 반해, 비스마르크는 - 베네치아만은 예외로 하고 - 오스트리아와 작센의 영토주권을 그대로 인정함으로써 독일통일의 걸림돌을 사전에 제거함과 동시에 오스트리아를 미래의 우방국으로 확보해 두려 했다.

미래의 독일의 재편을 둘러싼 정치적인 힘겨루기로 인해 니콜스부르크 예비평화회담은 매우 복잡한 양상으로 진행되었다. 1866년 7월 22일 12시를 기해 5일 간의 휴전이 시작된 한편, 남부 메렌의 도시 니콜스부르크(체코의 미쿨로브)에서는 예비평화조약 체결에 관한 협상이 시작되었다. 예비평화조약 체결을 위한 실무회담은 프로이센의 총리 오토 폰 비스마르크와 2인의 오스트리아 전권대표 - 베를린 주재 오스트리아 대사 올로요슈 카로이(1825-1889) 백작과 뮌헨과 아테네 대사를 역임한 아돌프 폰 브렌너-펠자흐(1814-1883) 남작 - 간에 진행되었다. 평화회담이 진행된 니콜스부르크(미쿨로브) 성은 독일전쟁 기간 동안 빌헬름 1세 국왕과 비스마르크 총리, 그리고 프로이센군 총사령관(헬무트 폰 몰트케)을 위한 숙소 겸 독일전쟁 지휘본부였다. 평화협상에서 미래의 동맹국으로서의 오스트리아를 잃지 않기 위해 베네치아를 초과하는 영토할양을 오스트리아로부터 요구할 의사가 없었던 비스마르크는 그 때문에 빌헬름 1세 국왕과 군부의 저항에 직면하기도 했다. 오랫동안 오스트리아 황제와의 갈등을 자제해 왔던 빌헬름 1세는 쾨니히그레츠의 승리자로서 패전국 오스트리아의 수도를 점령하려 했다. 빌헬름 1세의 빈 공격을 만류하기 위해 총리직 사퇴로 맞섰던 비스마르크 총리는 프리드리히 빌헬름 태자를 자기편으로 끌어들여 자신의 계획을 관철시킬 수 있었다. 빌헬름 1세의 외아들인 프리드리히 빌헬름은 앞에서도 언급되었지만, 빌헬름 1세가 사망한 1888년 3월 9일부터 그 해 6월 15일까지 99일간 재위한 프리드리히 3세 황제이었다. 쾨니히그레츠 전투의 승리로 독일전쟁을 사실상 승리로 장식했음에도 불구하고 프로이센군으로 하여금 지구전을 수행케 하여 평화협상의 유리한 고지를 점령한 비스마르크는 홀슈타인 공국과 하노버 왕국을 비롯해 헤센 선제후국, 나사우 공국 및 자유시 프랑크푸르트를 프로이센 왕국에 합병시켰다. 다시 말해 빈을 점령하여 전쟁을 조기에 종시시키는 대신, 비스마르크는 니콜스부르크 예비평화조약을 체결하기 위한 전제조건들이 충족될 때까지 서부전선(중남부독일)의 상황을 유지시켰고, 마인 강 이북 지역에서의 프로이센의 세력확대를 위한 선결요건들을 니콜스부르크 회담에서 관철시키는데 성공했다. 오스트리아를 제외한 독일 통일에 대한 오스트리아의 동의를 얻어낸 것이 그것이었다. 지금까지 독일연방 의장국이었던 오스트리아는 독일연방에서 축출됨과 동시에 독일연방 해체에 동의해야 했다.

비스마르크의 탁월한 외교는 프랑스의 보상 요구도 물리칠 수 있었다. 나폴레옹 3세는 프로이센과 오스트리아가 전쟁을 벌인 기간에 프로이센에 우호적 중립을 견지한데 대한 - 달리 말해 오스트리아를 지원하지 않은데 대한 - 반대급부로, 그리고 또 평화회담을 중재한 대가로 룩셈부르크와 벨기에, 그리고 라인 강 좌안의 독일 땅을 합병하려는 복안을 가지고 있었다. 그러나 니콜스부르크 예비평화조약이 나폴레옹 3세의 예상을 뛰어넘어 초스피드로 체결되자, 당황한 그는 최종평화조약(프라하 평화조약)이 체결되기 전에 프랑스의 역할에 대한 최소한의 보상이라도 챙기기 위해 1814년으로 소급하여 당시 프랑스 영토였던 란다우와 자르브뤼켄의 양도를 요구했다. 니콜스부르크 예비평화조약이 얼마나 신속하게, 문자 그대로 전격적으로 체결되었는가는 이 조약이 오스트리아군과 프로이센군 간의 마지막 전투(블루메나우 전투, 1866년 7월 22일)가 있은 지 불과 4일 후에 체결되었고, 남독일 전선에서는 평화조약이 체결된 당일에도 독일연방 제7군단(바이에른 단독군단)과 프로이센군 간의 전투(헬름슈타트 전투)와 오스트리아군이 포함된 제8군단(5개국 혼성군단)과 프로이센 군 간의 전투(위팅엔 전투)가 벌어졌다는 사실에서도 알 수 있다.

프랑스가 요구한 란다우와 자르브뤼켄은 프랑스에 할양되지 않았다. 란다우는 - 1648년 베스트팔렌 평화조약 이후 여러 차례 영유권이 바뀐 후, 오스트리아의 임시군정기간을 거쳐, 1816년 바이에른에 최종적으로 편입되었고, 1797년의 캄포포르미오 평화조약(1차 동맹전쟁을 종식시킨 프랑스와 오스트리아 간의 평화조약)과 1801년의 뤼네빌 평화조약(2차 동맹전쟁을 종식시킨 프랑스와 오스트리아 간의 평화조약)에서 프랑스에 합병되었던 자르브뤼켄은 빈 회의(1815) 후 프로이센 왕국에 귀속된 도시였다. 비스마르크가 프랑스의 요구를 거부할 수 있었던 이유는 프로이센이 보유한 막강한 군사력에 대한 신뢰 때문이었다. 바이에른 영토였던 란다우를 프랑스에 넘기지 않은 프로이센과 독일전쟁 발발 직전 나폴레옹 3세와 체결한 비밀조약에서 프랑스의 중립을 이끌어내기 위한 유인책으로 프로이센 영토가 산재한 라인 강

하류지역(니더라인)에 프랑스의 위성국 설립을 약속한 오스트리아의 태도를 비교하면 독일의 통일 이후를 내다보는 프로이센과 오스트리아의 입장이 판이하게 달랐음을 알 수 있다.

1866년 독일전쟁 종군을 마친 후, 니콜스부르크(체코의 미쿨로브)의 프로이센군 전쟁지휘본부를 떠나 베를린의 임지로 귀환한 벵상 베네데티 베를린 주재 프랑스 대사는 본국(나폴레옹 3세 황제)의 훈령에 따라 프랑스의 영토 할양 요구를 프로이센이 용인한다는 내용의 조약 초안을 일방적으로 만들었다. 니콜스부르크 예비평화조약에 미처 반영되지 못한 프랑스의 영토보상 요구를 별도조약을 체결하여 관철시키기 위함이었다. 그 내용은 프로이센 측은 1814/1815년 해방전쟁에서 획득한 라인 강 좌안지역을 프랑스에 반환한다, 그리고 바이에른 왕국과 헤센 대공국으로 하여금 그들의 라인 강 좌안 영토를 프랑스에 할양하도록 노력한다, 등이었다. 비스마르크는 물론 이 요구를 묵살했고, 이른바 '베네데티 조약초안'(1866년 8월 5일)은 폐기되었다. 그러자 양국 간 일촉즉발의 긴장이 발생했다. 비스마르크는 니콜스부르크 예비평화조약을 취소하고 오스트리아와의 전쟁 재개 가능성을 거론하거나, 억지를 쓰는 프랑스에 대한 공격 가능성을 암시하면, 나폴레옹 3세가 자신의 무리한 요구를 거둬들일 것을 이미 예상하고 있었다. 실제로 나폴레옹 3세는 8월 11일 '베네데티 조약초안' 은 자신의 의도와는 무관하게 작성되었음을 천명함으로써 위기는 수습되었다.

'베네데티 조약초안'은 나폴레옹 3세의 부인으로 일단 해프닝으로 끝났지만, 룩셈부르크_문제는 1년 후 다시 유럽의 정치적 현안으로 부상했다. 룩셈부르크 공국은 벨기에와 더불어 스페인 계승전쟁이 끝난 1714년 이후부터 1795년 프랑스에 강제 병합될 때까지 <오스트리아령 네덜란드>의 핵심지역이었다. 1815년 빈 회의에서 나폴레옹의 지배로부터 해방된 벨기에는 1830년 주권국가로 독립할 때까지, 네덜란드에 편입되었고, 프랑스의 지배에서 벗어나 공국에서 1815년 대공국으로 격상된 룩셈부르크는 네덜란드와 군합국 동맹을 체결한 후, 독일연방에 가입함으로써 네덜란드 국왕은 룩셈부르크 대공 자격으로 독일연방 회원국 군주가 되었다. 그럼에도 불구하고 프랑스는 룩셈부르크에 대한 미련을 버리지 못했다. 1867년 프랑스는 비스마르크의 동의를 얻어 룩셈부르크 대공국을 네덜란드 왕국으로부터 매입을 통해 양도받으려 했고, 베를린 주재 프랑스 대사 베네데티는 이번에도 프랑스 정부의 시도에 깊이 관여했다. 당시의 네덜란드 국왕은 룩셈부르크 대공을 겸한 빌렘(빌헬름) 3세(1817-1890, 재위: 1849-1890)였다. 나폴레옹 3세의 룩셈부르크 대공국 매입 계획이 사전에 이미 세간에 알려졌기 때문에, 독일전쟁이 끝난 지 1년도 지나지 않은 시점에, 유럽에 다시 전쟁의 위기가 조성되었다. 역사적으로 신성로마제국(구 독일제국)의 주요 영방국이었으며, 1815년 이후 1866년까지 독일연방 회원국이었던 룩셈부르크는 14세기 초부터 15세기 초에 이르기까지 4명의 신성로마제국 황제(하인리히 7세, 카를 4세, 벤첼 및 지기스문트)를 배출한 전통에 대한 자부심을 가진 국가였기 때문에, 프랑스의 룩셈부르크 매입 시도가 알려졌을 때, 룩셈부르크 대공국은 반 프랑스 여론으로 들끓었다. 독일 민족주의 진영은 물론이고, 북독일연방과 프로이센 왕국 내에서도 - 룩셈부르크는 1867년 프로이센 주도로 창립된 <북독일연방> 가입국은 아니었다 - 프랑스의 영토확대 시도로 반 프랑스 정서가 비등했다. 하마터면 1870년에 발발한 보불전쟁(프로이센-프랑스 전쟁)이 3년 앞당겨 발생할 수도 있었을 정도로 상황은 최악의 위기로 치달았다. 또 한 차례의 유럽전쟁이 발생할 수도 있는 절체절명의 위기를 극복하기 위해 영국의 주선으로 - 위기를 조성한 당사국들인 프랑스와 프로이센은 제외하고 - 영국, 이탈리아, 벨기에 및 네덜란드로 구성된 4국 회의가 1867년 5월 7일부터 11일까지 5일 동안 런던에서 개최되었다. 이탈리아가 <런던 회의>에 초청된 것은 독일전쟁의 동맹국으로서 프로이센의 입장을 대변하도록 하기 위한 영국의 배려에서였다. 런던 회의가 절충한 타협안의 내용은 룩셈부르크 대공국의 - 네덜란드로부터의 - 독립과 영구중립 선언, 룩셈부르크 내 독일연방 요새 철거와 요새 주둔 프로이센 수비대의 철수 등이었다. 그러나 룩셈부르크의 독일관세동맹 회원국 자격은 종전과 같이 유지되었다. 프랑스의 룩셈부르크 합병 시도는 비스마르크의 거부로 무산되었지만, 비스마르크의 수중에 들어간 1866년의 '베네데티 조약초안'은 프로이센-프랑스 전쟁(보불전쟁, 1870년 7월 19일-1871년 5월 10일) 발발 일주일 후인 1870년 7월 25일 런던 타임즈에 기사화되었다. 이 기사는 프랑스가 독일제국에 전쟁을 선포한 지 일주일도 안 된 시점에 보도되었기 때문에, 전쟁이 시작되기 전에 이미 프랑스는 외교적으로 치명적인 타격을 입었다. 그런가 하면 프로이센은 프랑스와 첫 전투(8월 4일의 비상부르 전투)를 치르기도 전에 이미 파리까지 점령할 대의적 명분을 얻게 되었다.

자국과 국경을 공유한 동맹국 프로이센 왕국의 영토가 지나치게 확대되는 것을 우려하여 <북독일연방> 결성을 저지하려고 헛되이 시도한 러시아는 독일의 문제를 유럽의 문제로 격상한 평화회담 소집 계획을 구상했지만, 결국 알렉산드르 2세 황제는 독일의 재편(북독일 연방 창립)을 승인하지 않을 수 없었다. 1866년 나라 전체가 프로이센 왕국에 병합된 선제후국 헤센(카셀이 수도인 헤센)과는 달리, 헤센 대공국(다름슈타트가 수도인 헤센)은 영토의 일부만을 프로이센에 할양하는 것으로 프로이센에 의한 병합을 면할 수 있었다. 그것은 루트비히 3세(1806-1877, 재위: 1848-1877) 헤센 대공의 매제인 러시아 황제(알렉산드르 2세)가 중간에 개입해 준 덕분이었다. 알렉산드르 2세의 황비 마리아 알렉산드로브나는 루트비히 3세 헤센 대공의 막내여동생 마리(1824-1880)였다. 영국은 프로이센이 주도한 독일의 재편을 처음부터 환영했다. 영국은 유럽의 균형이 깨어진다면, 그것은 프로이센이 지배하는 독일이 아니라, 프랑스와 러시아 때문일 것이라는 견해를 대변함으로써 영국과 러시아를 동시에 견제했다.

9개 조항으로 이루어진 <니콜스부르크 예비평화조약>은 - 조약의 원본은 현재 빈 국립 기록보존소에 소장되어 있다 - 오스트리아 국방장관 아우구스트 폰 데겐펠트-숀부르크(1798-1876) 원수와 프로이센군 참모총장 헬무트 폰 몰트케에 의해 1866년 7월 26일 조인되었다. 양측(프로이센과 오스트리아)이 가장 먼저 합의한 것은 점령지역으로부터의 철군과 베네치아의 반환이었다. 오스트리아는 독일연방의 해체와 오스트리아가 참여하지 않는 북독일연방의 창건을 인정해야 했다. 독일-덴마크 전쟁이 끝난 후 체결된 빈 평화조약(1864년 10월 30일)에서 프로이센과 오스트리아가 공동으로 획득했었던 슐레스비히 공국, 홀슈타인 공국 및 라우엔부르크 공국에 대한 권리는 프로이센에 최종적으로 일괄 양도되었다. 오스트리아는 4천만 탈러의 전쟁배상금을 프로이센에 지불하는데 동의했다. 어려운 협상 끝에 오스트리아 측은 프로이센에 의한 작센 왕국의 합병을 막는 데는 성공했다. 오스트리아는 제국의 북쪽 국경을 지키기 위해 작센 왕국을 완충국으로 확보해 두어야 했기 때문에, 프로이센이 작센을 점령할 경우 전쟁을 재개할 수밖에 없다고 프로이센을 위협했다. 그 대신 오스트리아 황제는 프로이센에게 국토를 점령당한 후 빈으로 망명한 하노버 국왕 게오르크 5세(재위: 1852-1866)와 헤센 선제후 프리드리히 빌헬름(1802-1875, 재위: 1847-1866), 그리고 나사우 공작 아돌프 1세(1817-1905, 재위: 1839-1866, 룩셈부르크 대공: 1890-1905)의 폐위를 확인하고, 이들 3개 제후국(하노버 왕국, 헤센 선제후국, 나사우 공국)의 합병과 자유시 프랑크푸르트의 점령을 승인할 것임을 프로이센에 약속했다. 1866년 7월 22일부터 7월 27일까지로 한정된 5일간의 휴전기간은 8월 2일까지 연장되었고, 그 후 휴전협정으로 대체되었다. 니콜스부르크 예비평화조약이 체결된 지 약 한 달 후 최종평화조약으로 체결된 <프라하 평화조약>은 1866년 8월 23일 뵈멘의 수도에서 조인되어, 예비평화조약에서 합의한 내용들이 최종적으로 확인되었다.

니콜스부르크 예비평화조약과 프라하 평화조약 사이에, 다시 말해 1866년 7월 26일과 8월 23일 사이에 프로이센은 독일전쟁에서 오스트리아와 동맹관계에 있던 남독일의 주요 3국(바이에른 왕국과 뷔르템베르크 왕국과 바덴 대공국)과 먼저 별도의 평화조약 겸 공수동맹조약을 체결했다. 그 후 오스트리아와 체결한 프라하 평화조약으로 독일전쟁은 공식적으로 종식되었다. 프랑스가 요구한 <남독일연방>의 창립 문제도 프라하 평화조약에서 확인되었다. 그러나 나폴레옹 3세가 영향력을 행사하려고 시도한 남독일 연방 창립 문제는 프로이센이 남독일 국가들과 개별적으로 체결한 평화조약 겸 공수동맹조약을 통해 자동적으로 극복되었다. 평화회담을 중재한데 대한 반대급부로 나폴레옹 3세가 제기한 라인 강 좌안의 영토할양 요구는 단호히 거부한 대신, 남독일연방 결성 요구에 비스마르크가 선뜻 응한 것은 남독일 국가들과의 공수동맹을 염두에 두었기 때문이었다.

비스마르크가 존재하는 한 프로이센 왕국은 유럽의 최강자였다. 비스마르크 수상은 빌헬름 1세가 타계한지 2년 만인 1890년 3월 20일 빌헬름 2세(1859-1941, 재위: 1888-1918)에 의해 해임되고, 레오 폰 카프리(1831-1899, 재임: 1890-1894)가 수상에 임명되었다. 빌헬름 2세는 빌헬름 1세의 장손(프리드리히 빌헬름, 즉 프리드리히 3세 황제의 장남)이었다. 빌헬름 1세의 장남 프리드리히 빌헬름은 99일 간 재위한 후 1888년 6월 15일 타계한 프리드리히 3세 황제였다. 비스마르크가 실각한 후, 비스마르크가 추구한 외교정책과 동맹정책은 계승되지 않았다. 1887년 비스마르크 정부가 러시아와 체결한 3년 기한의 <재보장조약>(1887-1890)은 1890년 러시아의 갱신 요청에도 불구하고 연장되지 않았다. 러시아가 내민 손을 뿌리침으로써 러시아는 프로이센의 적국인 프랑스에 접근했다. 러시아는 프로이센이 1879년 오스트리아-헝가리 이중제국과 체결한 군사동맹(이국 동맹)에 대항해 1894년 프랑스와 군사동맹(이국 연합)을 체결했다. <재보장조약>의 갱신을 프로이센 정부가 거부한 것은 포스트비스마르크 시대의 프로이센이 범한 가장 큰 외교적 실수였다. <이국 연합>(프랑스-러시아)과 <이국 동맹>(프로이센-오스트리아)의 대결구도는 그 후 1차 대전은 물론, 2차 대전이 끝날 때까지 지속되었다.

나폴레옹 3세의 개입으로 삽입된 프라하 평화조약 제5조는 친 덴마크적인 북 슐레스비히 주민들에게 주민투표의 기회를 열어줌으로써 그들의 국적선택권을 보장한 조항이었다. 그러나 프로이센과 오스트리아는

1878년 <베를린 회의>에서 - 1878년 6월 13일부터 한 달 동안 베를린에서 개최된 독일제국, 오스트리아-헝가리 이중제국, 프랑스, 영국, 이탈리아, 러시아 및 오스만 제국 등 7개국 회의 - 이 조항(프라하 평화조약 제 5조)의 철회에 합의했다. 독일연방의 해체와 4천만탈러에 해당하는 오스트리아의 전쟁배상의무에 관한 조항들은 프라하 평화조약에서 재확인되었다.

이미 큰 밑그림이 완성된 독일의 통일작업에서 오스트리아가 제외된 것은 오스트리아 제국의 내부 구조에 엄청난 반작용을 초래했다. 이는 1년 뒤 체결된 오스트리아-헝가리 대타협조약(오스트리아-헝가리 이중제국)을 통해서 부분적으로 완화될 수 있었다. 전쟁배상금 외의 일체의 영토 할양을 패전국으로부터 요구하지 않은 프라하 평화조약은 - 비스마르크가 기대했듯이 - 후일 독일제국이 오스트리아-헝가리 이중제국에 신속히 재접근할 수 있는 계기를 제공했다. 1866년의 프로이센의 대 오스트리아 정책의 목표는 패전국 오스트리아와의 전략적 화해였다. 비스마르크의 외교적 배려는 우선 프로이센 왕국의 남쪽 경계선(프로이센-오스트리아 국경의 슐레지엔)을 지키기 위한 수단이었지만, 1870/1871년의 프로이센-프랑스 전쟁과 1879년 러시아를 견제하기 위해 독일제국과 오스트리아-헝가리 이중제국 간에 체결된 이국 동맹(1879)에서 위력을 발휘했다. 프로이센-프랑스 전쟁에서 오스트리아는 프로이센에 우호적 중립을 견지했고, 이국 동맹은 그 후 독일제국의 동맹정책의 근간이 되었다.

프로이센과 오스트리아의 전쟁(독일전쟁)은 프라하 평화조약을 통해 종료되었고, 오스트리아의 동맹국으로서 참전한 남독일 국가들과 프로이센 간의 독일전쟁(프로이센의 마인 원정)은 프로이센이 이들 국가들과 쌍무적으로 체결한 평화조약 겸 공수동맹조약을 통해 종식되었다. 비스마르크는 나폴레옹 3세의 남독일연방 창립 요구를 고려하여 <마인선>(마인 강)을 프로이센의 영향력이 미치는 남방한계선으로, 다시 말해 북독일연방의 남쪽 경계선으로 설정했었다. 그러나 마인선은 1866년 여름에 이미 무너졌다. 프로이센이 남독일 3국(1866년 8월 13일 뷔르템베르크 왕국, 8월 17일 바덴 대공국, 8월 22일 바이에른 왕국) 및 헤센 대공국(1866년 9월 3일)과 각각 공수동맹을 체결함으로서 유사시 남독일 국가 및 헤센 대공국 군대의 최고지휘권이 프로이센의 국왕에게 양도되도록 합의했기 때문이었다. 1867년 창립된 북독일연방의 남쪽 경계선을 마인선으로 결정했던 것은 대외적으로는 북독일연방의 확대를 염려하여 남독일연방 창립을 강력하게 요구하고 나선 나폴레옹 3세에 대한 일종의 유화책이었고, 대내적으로는 여전히 반 프로이센 정서가 강한 남독일 국가들의 분립주의에 대한 고려 때문이었다. 그러나 마인선은 경제 분야에서는 관세동맹의 개혁을 통해, 군사적으로는 공수동맹을 통해 극복되었다. 프랑스가 프라하 평화조약에서 요구한 프랑스 주도의 남독일 국가의 통합, 이른바 남독일연방은 바덴 대공국과 뷔르템베르크 왕국 정부의 동의와 지지를 얻어내는데 실패했다. 그들(뷔르템베르크 왕국과 바덴 대공국)이 남독일연방의 결성에 반대한 이유는 바이에른 왕국의 헤게모니 행사를 우려한 때문이었다. 그러나 1866년에 새로 임명된 바이에른 총리 클로트비히 추 호엔로에-쉴링스퓌르스트(1819-1901)는 - 그는 1871년 독일제국이 창건된 후 비스마르크(1871-1890)와 레오 폰 카프리비(1890-1894)에 이어 제3대 독일제국 수상(1894-1900)을 역임했다 - 프로이센 주도의 독일통일을 지지한 소독일주의자로서 남독일의 패권 장악을 시도한 적이 없었기 때문에, 나폴레옹 3세의 남독일연방 창립 구상은 남독일 국가들의 지지조차 확보하지 못한 채, 나폴레옹 자신의 영토적 야욕만 다시 한 번 드러내고 의미를 잃어버렸다.

4) 빈 평화조약 체결과 오스트리아-이탈리아 전쟁의 종결

동부전선(뵈멘) 전투에서 프로이센군에 연전연패의 수모를 당했던 것과는 달리 오스트리아는 프로이센의 동맹국 이탈리아를 상대로 한 남부전선의 전투에서는 육전과 해전에서 모두 빛나는 승리를 거두었다. 알브레히트(1817-1895, 프란츠 요제프 1세 황제의 숙부) 대공이 진두지휘한 <쿠스토차 전투>(1866년 6월 24일)에서 오스트리아군은 이탈리아 군대를 완전히 제압했고, 빌헬름 폰 테게트호프(1827-1871) 제독이 이끈 오스트리아 해군은 <리사 해전>(1866년 7월 20일)에서 수적 우위의 이탈리아 함대를 섬멸하였다. 테게트호프 제독은 1864년 독일-덴마크 전쟁에도 참전한 유능한 전략가로서 당시 오스트리아와 프로이센의 연합함대를 지휘하여 <헬골란트 해전>(1864년 5월 9일)에서 승리함으로써 덴마크군의 엘베 강 어구 봉쇄를 저지한 전공을 세운 바 있었다. 그러나 유감스럽게도 알브레히트 대공과 테게트호프 제독이 북이탈리아에서 거둔 승리는 빛을 발하지 못했다. 이탈리아의 동맹국인 프로이센과의 전투에서 패한 대가로 오스트리아는 이탈리아에게도 배상을 해야 했다. 오스트리아는 베네치아를 이탈리아에 반환함으로써 북이탈리아에서의 헤게모니를 영원히 내려놓게 되었다.

쾨니히그레츠 전투에서 프로이센군에 회복 불가능한 패배를 당한 바로 다음 날인 1866년 7월 4일 프란츠 요제프 1세 오스트리아 황제는 평화협상을 원만하게 진행시키기 위해 베네치아 반환 결정을 프로이센에 통보한 후, 수도 빈을 구하기 위해 남부전선(이탈리아 전선)에 투입된 오스트리아의 남군에게 트리에스테 항구 방어를 위해 일부 병력만 이손초 강(트리에스테 북쪽) 전선에 잔류시킨 후, 전원 철수하라는 명령을 내렸다.

이탈리아는 육전(쿠스토차 전투)과 해전(리사 해전)에서 모두 오스트리아 육군(알브레히트 대공)과 해군(테게트호프 제독)에 패했지만, 오스트리아와 프로이센 간에 체결된 니콜스부르크 예비평화조약(1866년 7월 26일)에 동의하지 않았다. 이탈리아가 프로이센과 오스트리아 간의 평화조약 체결을 반대한 것은 이 기회를 이용하여 이탈리아의 통일을 완성시키려 했기 때문이었다. 육전과 해전에서 모두 패한 이탈리아가 '승전국'의 지위에서 오스트리아와 평화회담 테이블에 마주앉은 것은 니콜스부르크 예비평화조약이 체결되고도 열흘이 더 지나서였다. 8월 5일 이후 지루한 협상이 이어진 끝에 1866년 8월 12일 괴르츠(고리치아) 서쪽의 오스트리아 령 코르몬스에서 4주

간의 정전협정이 오스트리아와 이탈리아 사이에 체결되었다. 코르몬스 정전협정의 유효기간이 만료된 1866년 8월 30일부터 오스트리아 제국의 수도 빈에서 양국 간 평화회담이 시작되었다. 여기서 이탈리아 측은 이미 양도받기로 약속된 베네치아 왕국 뿐 아니라, 주세페 가리발디가 지휘한 의용단에 의해 점령된 남티롤과 아드리아 해 연안지역(고리치아, 그라디스카 및 트리에스테를 포함한 지역)까지도 반환할 것을 오스트리아 측에 요구했다. 이에 대응하여 오스트리아 측은 1859년 솔페리노 전투에서 프랑스군에 패한 후 프랑스 및 사르데냐-피에몬테 왕국과 체결한 취리히 평화조약(1859년 11월 10일)에서 롬바르디아를 이탈리아에 반환한 후에도 여전히 보유, 운용해 온 만토바와 페스키에라, 그리고 레냐고와 베로나 등 4개 요새의 양도에 따른 배상을 이탈리아 측에 요구함과 동시에 베네치아 왕국에 누적된 국가채무를 이탈리아 측이 변제할 것을 요구함으로써 이탈리아의 요구에 맞불을 놓았다. 이탈리아와 오스트리아의 서로 다른 주장으로 인해 평화협상이 천연되자, 베로나와 키오자에서 오스트리아군과 이탈리아 군 사이에 소규모 시가전까지 발생했다. 비스마르크와 나폴레옹 3세가 나서서 베네치아의 양도를 초과하는 이탈리아의 영토반환 요구에 동의하지 않음으로써 이탈리아는 더 이상 영토상의 이득을 기할 수 없었지만, 오스트리아 측이 요구한 베네치아의 채무변제 요구의 수준을 낮출 수는 있었다.

1866년 10월 3일 조인된 <빈 평화조약>에서 오스트리아는 롬바르디아-베네치아 왕국과 이탈리아 왕국의 - 오스트리아는 1859년 롬바르디아를 사르데냐-피에몬테 왕국(이탈리아 왕국의 전신)에 양도한 후에도 베네치아 왕국을 롬바르디아-베네치아 왕국이라 불렀다 - 통일에 동의하고, 이탈리아는 베네치아의 양도에 대한 반대급부로 3,500만 굴덴을 오스트리아에 분할 지불하는 의무를 지게 되었다. 전쟁 중 탁월한 대량수송 수단으로 입증된 철도를 건설하기 위해 오스트리아와 이탈리아 양국은 상호 노력하기로 합의하고, 오스트리아는 브렌너 구간의 건설을 약속했다. 그 결과 인스부르크와 남티롤의 보첸(이탈리아의 볼차노)을 연결하는 구간이 1867년 개통되었다. 현재 운용중인 브렌너 철도는 티롤의 쿠프슈타인과 이탈리아의 베로나를 연결한다. 그 외에도 나폴레옹 3세가 제안한 국적선택에 관한 주민투표가 실시되어 베네치아 주민의 압도적인 다수가 이탈리아 국적을 택했다. 1866년 10월 3일 빈에서 체결된 빈 평화조약은 그해 10월 12일 비준되었다. 빈 평화조약이 비준된 직후, 오스트리아는 4개 요새(만토바, 페스키에라, 레냐고 및 베로나)에서 수비대를 영구히 철수시켰다. 트리에스테와 고리치아를 포함하는 아드리아 해 연안의 오스트리아 제국 영토와 남티롤(수도: 보첸/볼차노)은 1차 대전이 종료된 후에야 비로소 이탈리아에 반환되었다. 7십만 명에 달하는 이탈리아인들이 1918년까지 오스트리아 제국의 지배를 더 받아야 했다. 1382년 이후 합스부르크가가 지배한 트리에스테도 오스트리아가 1차 대전 패배한 후, 이탈리아에 반환되었다. 1918년과 더불어 오스트리아는 아드리아 해를 거쳐 지중해로 진출할 수 있는 항구도시를 영원히 상실했고, 그 후 유럽의 중원을 지배했던 대제국은 유럽 대륙의 오지(奧地)로 변해 버렸다. 1차 대전 후의 오스트리아를 한자문화권에는 '오지리'라고 부르는 이유가 거기에 있다.

1866년 6월 20일 프로이센의 동맹국으로서 오스트리아에 선전포고를 하면서 시작된 오스트리아-이탈리아 전쟁은 - 이탈리아는 이 전쟁을 3차 독립전쟁이라 명명했다 - 1866년 6월 24일의 쿠스토차 전투 이후 더 이상 큰 전투가 발생하지 않았으며, 이탈리아 정규군이 오스트리아군에 승리한 전투도 없었다. 그럼에도 불구하고 오스트리아로 하여금 2개의 전선(오스트리아-프로이센 전쟁과 오스트리아-이탈리아 전쟁)을 유지케 만듦으로써 프로이센의 독일전쟁 승리에 기여한 이탈리아의 공로는 과소평가 될 수 없었다. 오스트리아와 프로이센 간에 니콜스부르크 예비평화조약(1866년 7월 26일)과 프라하 평화조약(1866년 8월 23일)이 체결되어 독일전쟁이 공식적으로 종결되었지만, 그 후 40여 일이 지나서야 비로소 오스트리아와 이탈리아 간의 평화조약이 체결된 이유는 이탈리아가 프로이센의 승리에 기여한 공로를 이용해 - 프로이센과 프랑스의 유보적인 태도로 인해 베네치아의 반환을 초과하는 영토상의 이득을 꾀하진 못했지만 - 이탈리아 왕국의 통일을 가능한 한 '완성'하려고 시도했기 때문이었다. 쾨니히그레츠 전투에서 완승을 거둔 후, 미래의 동맹국을 궁지에 몰아넣어서는 안 된다는 판단을 한 비스마르크가 빌헬름 1세와 군부의 의견을 거슬러가면서까지 빈 점령 작전에 동의하지 않았을 뿐 아니라, 패전국 오스트리아 제국 영토의 부분 병합을 일체 시도하지 않고, 프라하 평화조약 비준과 더불어 프라하에서 점령군을 철수시켰던 것처럼, 베네치아를 초과하는 이탈리아의 영토요구에 비스마르크는 부정적인 입장을 취했다. 이는 오스트리아의 미래의 활용 가치를 노린 비스마르크의 고도의 외교적 전략이었다.

5) 오스트리아의 독일전쟁 패전 이후의 프랑스-프로이센 관계

프라하 평화조약 조인에 앞서 평화조약의 전제조건으로 프로이센이 오스트리아에 제기한 정치적 요구는 독일연방 의장국으로서의 공식적인 <독일연방> 해체 선언과 <북독일연방>의 승인이었다. 1866년 8월 23일자 프라하 평화조약은 제4조에서 독일연방의 해체를 공식 확인했다. 그리고 프라하 평화조약 조인 하루 뒤인 1866년 8월 24일 프로이센 왕국에 이미 합병된 프랑크푸르트에서 바이에른 왕국의 아우크스부르크로 장소를 옮겨 개최된 독일연방 의회는 그 마지막 회의에서 독일연방의 해체를 유일한 안건으로 상정하여 만장일치로 가결했다. 이로써 1815년 빈 회의의 산물로서 탄생한 독일연방은 반세기 이상 지속된 두 독일 간의 다툼의 역사를 뒤로 하고 영구히 소멸되었다.

독일전쟁 전후의 영토 재편 과정에서 오스트리아는 베네치아 왕국을 나폴레옹 3세를 통해 이탈리아에 양도한 것만 제외하면 영토상의 손실은 입지 않았다. 그것은 오스트리아의 북독일연방 승인에 대한 프로이센의 배려의 결과였다. 그러나 독일전쟁에서 오스트리아 제국을 위해 프로이센과 싸운 오스트리아의 동맹국들은 전쟁이 끝난 후 영토가 통째로 프로이센 왕국에 병합되거나, 영토의 일부를 프로이센에 할양해야 했다. 하노버 왕국은 <랑엔잘차 전투> 이틀 후인 1866년 6월 29일 프로이센에 항복함으로써 프로이센에 의해 점령된 후, 1866년 9월 26일 공식적으로 프로이센 왕국 영토에 편입되었다. 나라를 잃은 하노버의 마지막 국왕 게오르크 5세는 폐위되어 빈으로 망명해야 했다. 슐레스비히 공국과 홀슈타인 공국을 위시해 나사우 공국, 선제후국 헤센(헤센-카셀), 자유시 프랑크푸르트도 프로이센 왕국의 영토가 되어버렸다. 헤센 대공국(헤센-다름슈타트)은 헤센의 배후지역, 즉 마인 강 이북의 오버헤센(서쪽의 프로이센의 베스트팔렌 주, 동쪽의 헤센 선제후국, 남서쪽의 나사우 공국으로 둘러싸인 헤센 대공국의 북쪽 영토)과 백작령 헤센-홈부르크를 일단 프로이센에 할양해야 했고, 바이에른 왕국은 게르스펠트를 프로이센에 떼어 주어야 했다. 그 후 선제후국 헤센과 오버헤센, 나사우 공국, 프랑크푸르트 자유시 및 게르스펠트는 프로이센 왕국의 '헤센-나사우 주'(주도: 카셀)로서 프로이센 왕국의 행정체계에 통합되었다. 이로써 지금까지 프로이센의 일종의 고립영토였던 '라인 주'(주도: 코블렌츠)와 '베스트팔렌 주'(주도: 뮌스터)가 - 중간에 끊어지지 않고 - 엘베 강 동쪽의 프로이센 왕국의 핵심지역인 브란덴부르크와 동서로 연결되었다. 프로이센 왕국은 라인 강 양안 지역으로부터 동프로이센에 이르기까지 거의 전체 북독일을 포괄하는 광대 지역을 지배하게 됨으로써 이제 독일에서의 프로이센 왕국의 주도권은 논란의 여지가 없는 현실이 되었다. 프로이센 왕국과 북독일연방을 제외한 독일 땅은 남독일의 몇몇 제후국(바이에른과 뷔르템베르크 왕국, 바덴 대공국)과 오스트리아뿐이었다.

독일연방 해체를 제4조에서 확인한 프라하 평화조약이 체결되기 5일 전에 이미 북독일연방의 전신인 북독일 군사동맹이 1866년 8월 18일 결성되어, 독일에서의 프로이센 왕국의 헤게모니를 합법화했다. 북독일연방 헌법 제정(1867년 4월 16일)을 거쳐 1867년 7월 1일 프로이센 왕국을 의

장국으로 하는 북독일연방의 출범이 공식적으로 선포됨으로써 마인선(마인강) 이북 지역은 프로이센 왕국 주도 하의 연방국가 체제로 통일되었다. 마인선 이남의 헤센 대공국과 남독일 3국(바이에른, 뷔르템베르크, 바덴)까지 참여하는 이른바 소독일 통일의 결정체인 독일제국의 창건은 북독일연방의 창립을 통해 이제 초읽기에 들어갔다. 독일의 완전한 통일을 위해 프로이센은 뷔르템베르크 왕국(1866년 8월 13일), 바덴 대공국(1866년 8월 17일), 바이에른 왕국(1866년 8월 22일) 및 헤센 대공국(1867년 4월 11일)과 공수동맹을 각각 체결하여 이들 3국을 독일제국 창건 이전에 이미 군사적으로 프로이센 왕국에 종속시켰고, 동시에 경제적으로는 독일관세동맹의 체제 안에 묶어두었다. 결과적으로 공수동맹과 관세동맹은 프랑스가 노린 '남독일연방'의 결성을 무산시켰을 뿐 아니라, 마인선 이남의 남독일 국가들과 마인선 이북의 북독일 국가들 간 통합의 연결고리 역할을 했다고 볼 수 있을 것이다. 북독일연방 설립과 더불어 프로이센의 팽창주의는 이미 절반의 목표를 달성한 셈이었다.

마인강 이북의 제후국으로 구성된 북독일연방의 가입국은 - 프로이센, 작센(이상 왕국), 멕클렌부르크-슈베린, 멕클렌부르크-슈트렐리츠, 올덴부르크, 작센-바이마르-아이제나흐(이상 4개 대공국) 및 헤센 대공국의 일부지역(오버헤센과 헤센-홈부르크), 브라운슈바이크, 안할트, 작센-마이닝엔, 작센-알텐부르크, 작센-코부르크-고타(이상 5개 공국), 로이스 신파, 로이스 구파, 리페, 발데크-퓌르몬트, 샤움부르크-리페, 슈바르츠부르크-루돌슈타트, 슈바르츠부르크-존더하우젠(이상 7개 후작국)과 3개 자유시(브레멘, 뤼베크, 함부르크) 등 - 총 22개 북독일 제후국이었다. 독일의 통일방법에 대한 개입이 원천적으로 봉쇄된 오스트리아의 눈치를 이제 더 이상 볼 필요가 없게 된 마인선 이남의 남독일 제후국들(바이에른 왕국, 뷔르템베르크 왕국, 바덴 대공국 및 헤센 대공국)은 당분간은 북독일연방의 영향을 받지 않았지만, 프로이센과 체결한 공수동맹으로 인해 그들의 군사주권은 이미 프로이센에 이양되었기 때문에, 프로이센 왕국과의 통합은 시간문제에 불과했다. 북독일연방의 승인과 프로이센의 북독일 주도권 인정을 강요받은 오스트리아로서는 이제 남독일 국가들까지 포함하는 미래의 독일국가연합(독일제국)을 수용하지 않을 수 없기 때문이었다.

헤센 대공국이 영토의 일부(마인선 이북의 오버헤센과 헤센-홈부르크)를 프로이센 왕국에 할양하는 조건으로 프로이센에 편입되는 것을 피할 수 있었던 것은 - 앞에서도 설명했듯이 - 루트비히 3세(1806-1877, 재위: 1848-1877) 헤센 대공의 매제인 러시아의 황제 알렉산드르 2세가 프로이센에 영향력을 행사했기 때문이었다. 헤센 대공국이 프로이센에 할양한 오버헤센과 헤센-홈부르크는 형식상 헤센 대공국의 이름으로 북독일 연방에 통합되었지만, 실제로는 프로이센 왕국에 병합된 영토였다.

프라하 평화조약에 규정된, 마인 강에서부터 보덴 호에 이르는 남독일 지역에 '남독일연방'을 세우려한 나폴레옹 3세의 꿈은 실현되지 않았다. 비스마르크가 방해공작을 한데다가, 바이에른을 제외한 남독일 국가들이 - 남독일 연방이 창립될 경우 - 바이에른의 지배적 위상을 받아들일 수 없었기 때문이었다. 비스마르크는 독일전쟁의 승리와 북독일연방의 주도권을 한손에 거머쥠으로써 독일의 통일에 한 걸음 다가서는 정치적, 외교적 업적을 남겼고, 이에 환호하는 국내 여론에 힘입어 프로이센의 국내정치에서도 큰 성공을 거두었다. 특히 비스마르크는 <사후승인법>(인뎀니테츠게제츠)을 통과시켜 1862년 이후의 국가재정 지출에 대한 의회의 사후 승인을 얻어내는데 성공했다. 비스마르크 총리가 프로이센 왕국의 군제개혁과 군비확충을 달성하기 위해 의회의 승인 없이 예산을 집행한 후, 의회와 정부 간에 발생한 헌법분쟁은 거의 5년 만에 사후승인법 통과로 종식되었다. 의회의 승인 없는 예산집행을 앞장서서 반대했던 진보당은 1866년 7월 총선거에서 크게 패해, 1864년의 141석이던 의석수가 83석으로 추락했다. 법리적 입장보다는 정책의 일관성을 중요시한 압도적 다수 의원들에 의해 비스마르크 정부가 상정한 기집행된 예산에 대한 사후승인 안이 통과되어, 1862년 이후 비스마르크 정부의 발목을 잡아 온 <프로이센의 헌법분쟁>이 마침내 막을 내렸다. 독일전쟁에서의 승리가 비스마르크의 대외정책의 승리였다면, 헌법분쟁의 해결은 그의 국내정치의 승리였다.

독일전쟁에 동원된 오스트리아와 오스트리아의 동맹국의 전력은 프로이센과 그 동맹국들의 그것에 비해 수적으로 우세했고, 합스부르크 제국의 인구도 프로이센 왕국의 그것에 비해 두 배에 달했기 때문에, 외형적인 동원 전력의 크기와 동원의 잠재력만 두고 평가했을 때, 양 진영 간 전쟁이 발발할 경우 승리의 가능성은 오스트리아 쪽으로 기울었었다. 전쟁을 앞둔 시점의 프란츠 요제프 1세 황제와 나폴레옹 3세의 예상도 이와 같은 일반적인 평가와 크게 다르지 않았던 것 같다. 앞에서 이미 지적했듯이, 전쟁을 앞둔 시점에 프로이센과 오스트리아는 경쟁적으로 프랑스를 중립적 우군으로 확보하기 위해 나폴레옹 3세와 접촉을 시도했다. 1865년 9월 3일 비스마르크가, 1866년 6월 12일 오스트리아가 나폴레옹 3세와 회동하여 독일전쟁에서의 우호적 중립을 요청했다. 비스마르크와 나폴레옹 3세 간의 회담과는 달리 파리 주재 오스트리아 대사 메테르니히와 프랑스 황제의 만남은 - 리하르트 클레멘스 폰 메테르니히 대사는 1806년부터 1809년 초순까지 파리 대사를 역임한 적이 있는 오스트리아 수상 클레멘스 벤첼 로타르 폰 메테르니히의 아들이었다 - 비밀조약으로 문서화되어 후세에 보존되었다. 파리 비밀회합에서 나폴레옹 3세는 프랑스의 중립에 대한 대가로 베네치아의 포기 뿐 아니라, 라인강 좌안지역에 프랑스가 영향력을 행사할 수 있는 새로운 제후국을 세우겠다는 오스트리아 황제의 약속을 받았다. 오스트리아가 독일연방 의장국 자격으로 나폴레옹 3세에게 약속한 친 프랑스 제후국이 설립될 지역은 프로이센의 영토였고, 프란츠 요제프 1세의 약속은 오스트리아의 승리를 전제로 한 약속이었다. 이탈리아와 벌인 전쟁(남부전선)에서는 완승을 거두고도, 서부전선(중남부 독일)과 북부전선(뵈멘)에서 거의 전패한 오스트리아 측은 그러나 결국 개전 한 달 만에 독일전쟁에서 손을 들고 말았다.

프로이센의 승리로 독일전쟁이 끝남으로써, 패전국 오스트리아는 물
론이고, 프란츠 요제프 1세 황제로부터 문서로 약속받은 라인 강 좌안
지역에서의 영향력 확보를 통해 라인 강을 프랑스의 동쪽 국경선으로
삼으려 했던 나폴레옹 3세의 노력도 물거품이 되어버렸다. 1866년 6월
독일전쟁이 발발할 때까지만 해도 우호적이었던 프랑스와 프로이센의
관계는 프로이센이 전쟁에서 승리한 후 지속적으로 악화되었다. 나폴레
옹 3세는 독일전쟁을 중재하는 대가로 라인 강 좌안의 영토를 보상받는
다는 계획을 세웠지만, 전쟁이 예상외로 조기에 종료된 데다가, 프랑스
와 러시아의 개입을 사전에 피하기 위해 비스마르크가 프로이센의 국왕
을 설득하여 오스트리아와 평화조약을 서둘러 체결했기 때문에, 영토요
구를 제기할 시점을 놓쳐버린 것이 양국 간 관계악화의 원인으로 작용
한 것이었다.

독일전쟁 발발 1년 전인 1865년 9월 3일 비아리츠에서 비스마르크를
만났을 때, 비스마르크가 요구한 프랑스의 중립 약속에 대한 대가로 나
폴레옹 3세는 벨기에와 룩셈부르크에 대한 영토적 야욕을 드러냈었다.
당시 비스마르크는 공개적으로 이의를 제기하지 않았기 때문에, 나폴레
옹 3세는 비스마르크의 외교적인 제스처를 묵시적인 동의로 착각했었다.
특히 룩셈부르크에 대한 미련을 버리지 못한 프랑스는 1867년 이 도시
국가를 이번에는 매입을 통해 합병하려고 하였고, 이 사실이 비스마르크
와 북독일 연방의회를 통해 독일 전역에 알려짐으로써, 나폴레옹 3세는
룩셈부르크 합병 계획을 결국 포기해야 했다. 룩셈부르크 합병 계획이
무산된 것은 나폴레옹에게는 외교적 패배였고, 프랑스는 실망했다. 룩셈
부르크 합병 실패의 원인을 프랑스의 여론과 정치권은 독일전쟁을 이용
한 프로이센의 배신에서 찾으려 했다. 프랑스에서는 "사도바에 대한 복
수"라는 구호가 여론을 압도했다. 사도바는 쾨니히그레츠(체코의 흐라데츠크랄로
베)의 도심 북서쪽 15km에 위치한 쾨니히그레츠 전투 현장(사도바, 마슬로예디,

홀름) 중의 한 곳이었으며, 프랑스에서는 쾨니히그레츠 전투를 '사도바 전투'라 불렀다. 프로이센과 마찬가지로 나폴레옹 3세 역시 영토확대를 주요 외교정책으로 삼았기 때문에, "사도바에 대한 복수"의 외침은 독일전쟁을 통해 영토확대의 야망이 물거품이 된 데 대한 프랑스 여론의 실망의 표현이었다.

동족전쟁 이후의 일반적인 현상인 분열 대신 프로이센 왕국이 주도하는 강력한 연방국가(북독일연방)가 탄생했을 때, 이를 프랑스에 대한 위협으로 받아들인 프랑스인들은 '사도바 전투'(쾨니히그레츠 전투)가 프랑스에 대한 프로이센의 승리라고 생각했다. 라인 강을 자연국경선으로 확보하려고 시도한 프랑스와 독일연방 간에 조성된, 이른바 1840년의 '라인 위기' 때처럼 프랑스 국내에서는 프로이센령 라인 강 좌안 지역을 무력을 사용해서라도 점령해야 한다는 노골적인 요구들이 터져 나왔다. 참고로 1840년의 위기는 나폴레옹 전쟁 때 프랑스 영토였던 라인 강 좌안 지역을 - 1800년을 전후하여 프랑스군에 의해 점령된 라인 강 좌안지역은 1815년 빈 회의에서 프로이센 영토(프로이센의 라인 주)로 인정된 지역이었다. - 돌려달라는 요구로 인해 발생한 후, 프랑스 외무장관 아돌프 티에르(1797-1877, 외무장관: 1836-1840)의 사퇴로 일단락된 외교적 위기이었다. 프라하 평화조약(1866년 8월 23일)이 체결된 후의 프랑스의 불만은 국경을 공유한 거대왕국 프로이센이 유럽대륙의 새로운 강자로 부상한데 대한 경계심과 조바심의 표현이었다. 1870/1871년의 프로이센-프랑스 전쟁(보불 전쟁)은 1866년 프로이센-오스트리아 전쟁(보오 전쟁)이 프로이센의 승리로 끝난 직후부터 이미 다음 순서를 기다리고 있었다.

독일전쟁 패배는 프란츠 요제프 1세 오스트리아 황제의 위상을 국내외적으로 추락시켰다. 반세기 이상 독일연방의 의장국이었던 오스트리아는 독일 문제에서 이제 완전히 손을 떼게 되었고, 프로이센이 마침내 독일의 주도국이 됨으로써 중부 유럽의 세력판도는 새로운 강대국 프로이센을 중심으로 한 재편이 불가피해졌다. 오스트리아에게 1866년은 군사적 패배 이상의 것을 함의한 해였다. 1866년은 합스부르크 제국의 몰락의 시작을 알린 해였다. 그것은 3월 혁명 후 신절대주의의 이름으로 부활한 새로운 절대왕정체제가 종말을 고한 해였다. 메테르니히가 구상했던 국가시스템은 오스트리아가 최소한 러시아와 프로이센과 동등한 정치적 위상을 유지한다는 전제 하에 가능했었다. 이제 오스트리아는 크림 전쟁 개입으로 러시아라는 우방을 잃었고, 1866년의 전쟁으로 그간의 우여곡절에도 불구하고 - 적어도 나폴레옹 전쟁과 같은 외침에 직면했을 때는 - 신성로마제국 시절부터 지속되어 온 전통적 우방국인, 또 하나의 독일 프로이센을 잃었다. 여기에 더해 오스트리아는 이탈리아에서의 패권적 지위도 이제 완전히 내려놓게 되었다. 발칸 반도에서는 러시아의 견제와 위협이 호시탐탐 오스트리아의 입지를 위협했다. 합스부르크 제국의 면적을 가장 많이 차지하고 있는 헝가리에서 발생한 혁명은 1849년 러시아의 도움을 얻어 진압되었지만, 저항의 불씨가 꺼진 것은 아니었다. 현시점에서는 가능한 한 빨리 헝가리 문제의 현명한 해결을 위한 묘안을 찾는 것이 전후의 위기를 최소화하고, 제국의 안정을 확보하는 길이었다.

1867년의 오스트리아-헝가리 대타협조약 체결과 오스트리아-헝가리 이중제국의 출범을 다루기 전에 1526년 헝가리 왕국이 합스부르크 왕가에 상속된 이후 1711년까지 지속된 헝가리의 반 합스부르크 반란의 역사를 먼저 개관해 보기로 한다.

헝가리의 반란사

1) 헝가리 왕국의 분단과 통일

1526년은 헝가리 왕국의 운명을 바꾸어 놓은 해였다. 1526년 8월 29일 헝가리 군대는 모하치 전투에서 쉴레이만 1세(재위: 1520-1566) 술탄이 지휘한 오스만 제국군에 의해 치명적인 패배를 당했다. 루트비히(로요슈) 2세(1506-1526) 헝가리 국왕 겸 뵈멘 국왕이 이 전투에서 목숨을 잃었으며, 그가 사망한 후 하루 만에 왕비 마리아(페르디난트 1세 헝가리 국왕 겸 후일의 신성로마제국 황제의 여동생)와 헝가리 왕실은 오펜(부다)에서 프레스부르크(브라티슬라바)로 파천했다. 루트비히 2세는 야기에우오 왕조 출신의 마지막 헝가리 및 뵈멘 국왕이었다. 그가 사망함으로써 야기에우오 왕가와 합스부르크 왕가 간에 체결된 상호상속조약에 의거 헝가리 왕국과 뵈멘 왕국은 합법적으로 합스부르크 제국에 편입되었다. 그러나 합스부르크 제국에 상속되기 약 한 세기 전(1440년대)부터 이미 헝가리는 오스만 제국의 침략을 받았으며, 쉴레이만 1세 시기에 지금의 헝가리의 국토는 대부분 오스만 제국의 영토가 되어 버렸다. 예컨대 페스트는 1526년, 오펜은 – 오펜은 부다의 독일식 표현임 – 1541년 쉴레이만 1세에 의해 점령되어, 1686년 오스트리아군에 의해 탈환될 때까지 145년 동안 오스만 제국령 헝가리의 수도의 수도였다. 1543년 대주교구 그란(에스테르곰)을 점령함으로써 처음으로 합스부르크 제국령 슬로바키아와의 경계선까지 진출한 오스만 제국은 최동단 국경을 오스트리아 제국과 공유하게 되었다.

오늘날의 슬로바키아, 오늘날의 북동 헝가리의 일부, 부르겐란트, 서크로아티아 등을 포함한 합스부르크 제국령 헝가리는 – 즉 헝가리 왕국은 – 마자르족이 아닌, 독일인 및 슬라브 족 거주 지역이었다. 다시 말해 오스만 제국에 의해 점령되지 않은 헝가리가 합스부르크령 헝가리(헝가리 왕국)였으며, 수도는 1536년부터 1784년까지 프레스부르크(브라티슬라바)였다. 지벤뷔르겐(트란실바니아)은 헝가리에서 분리된 자치제후국으로서 오스만 제국의 보호를 받았다. 1686년 9월 2일 수도 오펜(부다)이 오스트리아군에 의해 탈환되었지만, 1563년부터 1830년까지 헝가리 국왕의 즉위식은 모두 프레스부르크에서 거행되었고, 헝가리 왕국 의회 역시 – 몇 차례의 예외를 제외하면 – 1542년 이후 1848년까지 이곳에서 개최되었다. 헝가리 왕국이 분단을 극복하고 합스부르크 왕가의 지배하에 완전히 재통일된 것은 5차 터키전쟁을 끝낸 카를로비츠 평화조약(1699년 1월 26일)을 통해서였고, 6차 터키전쟁을 종식시킨 파사로비츠 평화조약(1718년 7월 21일)이 체결되었을 때, 구 헝가리 왕국(1526년 이전)의 영토였던 바나트(수도: 테메슈바르)도 오스트리아 제국에 편입되어 황제직할령이 되었다(5차 및 6차 터키전쟁 참조). 바나트가 헝가리 왕국에 다시 귀속된 것은 1867년 오스트리아–헝가리 이중제국이 출범하면서 부터였다.

일련의 헝가리 귀족반란의 출발점이 된 보치코이의 반란은 1604년에 발생했지만, 16세기에도 – 1526년부터 1570년까지 45년 동안 – 합스부르크 제국령 헝가리(헝가리 왕국)는 2명의 자포요(지벤뷔르겐 제후 가문)가 출신 헝가리 국왕(자포요 1세 및 그의 아들 자포요 2세)의 출현으로 1527년부터 1538년까지 자포요가(자포요 1세)와 합스부르크가(페르디난트 1세)는 내전을 치러야 했으며, 그 이후에도 오스만 제국의 사주를 받은 자포요 2세와 합스부르크가 출신 국왕(페르디난트 1세와 막시밀리안 2세) 간의 긴장의 끊이지 않았다(1차 및 2차 터키전쟁 참조).

2) 슈테판 보치코이의 반란(1604–1606)

슈테판(이슈트반) 보치코이(1557–1606)가 반란을 일으킨 1604년부터 프란츠 2세 라코치(1676–1735)의 반란이 종식된 1711년까지 헝가리 왕국에서는 한 세기 이상 지속적으로 반 합스부르크 반란이 발생했다. 프란츠 2세 라코치의 반란(1703–1711)을 제외하면 모두 터키전쟁 시기와 일치했거나, 오스만 제국의 지원을 받은 것이 헝가리 반란의 공통적인 특징이었다. 또 다른 공통점은 반란의 수장들은 모두 헝가리 귀족 출신의 지벤뷔르겐의 제후이며, 신교도였다는 점이다. 그들은 오스만 제국과 합스부르크 제국의 패권 사이에서 국가(지벤뷔르겐)의 존립을 보전하기 위해 전자의 힘을 빌렸지만, 그들의 궁극적인 목표는 헝가리를 술탄과 합스부르크 제국의 지배로부터 독립시키고, 지벤뷔르겐을 헝가리 왕국 내의 자치제후국으로 만드는 것이었다. 1680년대 중반까지 합스부르크 제국과 국경을 공유한 오스만 제국은 헝가리 귀족들의 반 합스부르크 반란 지원을 통해 합스부르크 제국을 견제함으로써 오스만 제국의 최동단 국경을 수호함과 동시에 지벤뷔르겐을 교두보로 삼아 중부유럽으로 진출하려고 시도했다.

3차 터키전쟁은 1593년 발발해 1606년까지 계속되었다. 북헝가리에서 발발한 슈테판 보치코이의 무장반란은 시기적으로 3차 터키전쟁(1593-1606)의 마지막 3년과 중복되었다. 보치코이의 반란은 1604년과 1711년 사이에 발생한 일련의 반 합스부르크 무장 반란의 첫 반란이었다. 보치코이는 술탄이 3차 터키전쟁에서 합스부르크 제국에 빼앗긴 지역들을 탈환하는 것(예컨대 1604년 페스트, 1605년 에스테르곰)을 도왔다. 반 합스부르크 반란은 오스만 제국의 지원을 받았다는 사실 이외에도 합스부르크가가 헝가리 왕국에서 추진한 반종교개혁과 빈의 중앙집권주의에 반발한 헝가리의 민중항쟁이었다는 공통적인 특징을 보였다. 보치코이는 1604년 가을 동슬로바키아를 점령했고, 1605년 2월 22일 지벤뷔르겐의 제후로 선출되었다. 오스만 제국 황제 아흐메드 1세(재위: 1603-1617)는 보치코이에게 지벤뷔르겐과 헝가리 왕국(합스부르크 제국령 헝가리)을 봉토로 수여했으나, 그는 술탄이 제공한 헝가리 국왕 즉위 제의는 – 당시의 헝가리 국왕은 루돌프 1세 신성로마제국 황제였다 – 수용하지 않았다. 반란을 진압하기 위해 동원된 오스트리아군은 헝가리 왕국의 수도 프레스부르크(브라티슬라바)까지 철수해야 했다. 1605년 10월까지 프레스부르크를 제외한 슬로바키아 전체가 보치코이에 의해 점령되었기 때문이었다. 슈테판 보치코이는 1605년 11월 11일 페스트 근교의 오스만 제국군 본영에서 지벤뷔르겐의 제후로서 오스만 제국 대재상에게 충성맹세를 했다.

보치코이의 반란은 1605년 여름 절정에 도달했다. 그는 심지어 뵈멘 왕국령 메렌(모라비아)을 점령한 후, 오스트리아 침공을 시도했다. 반란이 뵈멘 왕국과 오스트리아로 확산되는 것을 막기 위해 루돌프 2세 황제를 대신해 황제의 동생 마티아스 대공은 1606년 6월 23일 빈에서 반란세력과 평화조약을 체결하여 보치코이에게 광범위한 양보를 했다. 보치코이는 신성로마제국 황제의 보호를 받는 지벤뷔르겐 제후로 승인받고, 헝가리 북동부의 3개 코미타트(베레그, 우고차 및 소트마르)를 - 코미타트(헝가리어로는 메제)는 헝가리의 최대행정단위 - 세습영지로 획득했다. 그 외에도 〈빈 평화조약〉에서 보치코이는 헝가리 의회의 권한을 강화시키고 외국인, 특히 독일인을 - 여기서의 독일은 민족 개념임 - 정치권력으로부터 배제시키는데 대한 합의를 이끌어냈으며, 팔라틴(궁중백)의 직위를 부활시키는데도 성공했다. 팔라틴은 의회가 선출권을 가지는 부재 군주의 대리직으로서 헝가리 귀족들의 정치참여를 제한하기 위해 1562년에 폐지된 제도였다. 터키전쟁을 종식시키기 위한 회담에 황제가 의무적으로 참석하도록 하여, 실제로 보치코이의 중재로 3차 터키전쟁을 끝낸 〈지트보토록 평화조약〉(1606년 11월 11일)이 수개월 후 오스트리아와 오스만 제국 사이에 체결되었다. 보치코이의 사망 직전 아흐메드 1세 오스만 제국 황제와 루돌프 2세 신성로마제국 황제 간에 체결되어, 3차 터키전쟁을 끝낸 지트보토록 평화조약에서 보치코이는 지벤뷔르겐의 제후로 공식적으로 확인되었고, 헝가리는 종교의 자유를 얻었다.

그러나 지트보토록 평화조약에서 헝가리가 얻은 종교의 자유는 얼마 가지 않아 끝나버렸다. 반종교개혁이 이 지역에서 성공적으로 수행되었기 때문이었다. 1611년 그란(에스테르곰) 대주교 프란츠(프란티세크) 포르가치(재위: 1607-1616)에 의해 튀르나우(트르나바)에서 개최된 슬로바키아의 가톨릭 주교회의는 빈 중앙정부의 위임을 받아 강력한 반종교개혁 조치를 통과시켰고, 예수회 신부 페터 파즈마니(1570-1637, 대주교: 1616-1637)가 포르가치의 후임 대주교에 임명됨으로써 슬로바키아의 종교개혁은 종말을 맞았다. 그란(에스테르곰) 대주교관구가 1543년 오스만 제국군에 점령된 후, 헝가리 대주교관구는 튀르나우로 옮겨갔으며, 1683년 그란이 오스트리아군에 의해 수복된 후에도 대주교관구는 1820년까지 튀르나우에 소재했다. 튀르나우는 헝가리 왕국의 가톨릭교회의 중심지였고, 헝가리 왕국 내 반종교개혁의 심장부 역할을 했다. 그 결과 19세기 이후 슬로바키아는 다시 흔들림 없는 가톨릭 국가가 되었다.

보치코이는 〈빈 평화조약〉과 〈지트보토록 평화조약〉을 성사시킨 그 해 12월 29일 사망했다. 오스만 제국이 합스부르크 제국을 견제하기 위해 보치코이의 역할을 얼마나 중요시 했는지는 오스만 제국의 술탄이 콘스탄티노플(현재의 이스탄불)에서 제작하여 보치코이의 지벤뷔르겐 제후 즉위식에 보낸 왕관이 말해 준다. 이 왕관이 보치코이가 술탄의 제의를 수용하여 루돌프 2세의 대립국왕에 즉위할 경우를 대비해 제작된 것인지에 대해서는 기록이 남아 있지 않다. 정교회 성직자가 사용하는 두건 모양을 한 왕관과 왕관 케이스는 홍옥, 첨정석, 취옥, 터키옥, 진주, 비단 등의 소재로 제작된 화려한 황금세공품으로서, 현재 빈의 국보박물관(샤츠캄머)에 소장되어 있다. 스위스 제네바의 종교개혁 기념비에는 헝가리 왕국과 지벤뷔르겐의 칼뱅 파 및 루터 파 신교도들에게 신앙의 자유를 허용한 빈 평화조약(1606년)의 첫 문장이 인각되어 있다. 요한네스 칼뱅(1509-1564) 탄생 400주년을 맞은 1909년에 건립된 제네바 종교개혁 기념비에 빈 평화조약의 문구가 새겨진 것은 종교개혁 이후 최초로 헝가리 왕국과 지벤뷔르겐의 신교도에게 신앙의 자유를 쟁취해 낸 보치코이의 공적을 기리기 위함이었다.

3) 가브리엘 베틀렌의 반란(1619-1626)

슈테판 보치코이(1604-1606), 지기스문트 라코치(1607-1608) 및 가브리엘(가보르) 바토리(1608-1613)를 거쳐 1613년부터 1629년까지 지벤뷔르겐의 제후를 역임한 가브리엘(가보르) 베틀렌(1580-1629)은 오스트리아가 〈뵈멘 봉기〉(1618-1620) 진압에 군사력을 집중시킨 틈을 이용해 1619년 보치코이에 이어 두 번째로 반 합스부르크 무장반란을 일으켰다. 빈 평화조약(1606)에서 헝가리 왕국과 지벤뷔르겐의 신교도들에게 허용된 신앙의 자유가 말살될 위기에 처한 시기에 반란의 선봉을 맡은 베틀렌은 반란 첫 해인 1619년 헝가리 왕국(합스부르크 제국령 헝가리)의 핵심영토인 슬로바키아를 집중적으로 공격했다. 베틀렌은 - 자신의 차차기 후임으로 지벤뷔르겐의 제후가 된 - 게오르크 1세 라코치를 선봉장으로 앞세워 1619년 반란을 일으키자마자, 그 해 8월 슬로바키아 제2의 도시 카샤우(코시체)를 점령한 후, 여세를 몰아 가을에는 당시 헝가리 왕국의 수도 프레스부르크를 포함하여 헝가리 왕국(합스부르크령 헝가리) 전체를 점령했다.

베틀렌은 프레스부르크에서 헝가리 왕국의 궁중백(팔라틴/국왕대리) 지기스문트 포르가치(1565-1621, 팔라틴: 1618-1621)로부터 - 팔라틴 제도는 보치코이의 반란 덕분으로 부활한 직책이었다 - 헝가리의 왕관을 헌정받아 스스로 페르디난트 2세(헝가리 국왕: 1618-1625, 독일제국 황제: 1619-1637)의 대립국왕에 즉위한 후, 1619년 가을 프레스부르크에서 하인리히 마티아스 폰 투른(1567-1640) 백작이 지휘한 뵈멘 반란군과 동맹을 체결했다. 그는 투른 백작을 지원하여 오스트리아 제국의 수도를 위협했지만, 빈을 점령하지는 못했다. 30년 전쟁의 발단이 된 〈뵈멘 봉기〉의 지휘자 중의 한 사람이었던 투른 백작은 프로테스탄트 반군을 지휘하여 1619년 6월 5일과 9월 26일 두 차례 빈 외곽까지 침입했다. 연대장으로 참전한 1620년의 빌라호라(백산) 전투에서 뵈멘 반군이 오스트리아군에 패한 후, 페르디난트 2세 뵈멘 국왕 겸 신성로마제국 황제에 의해 추방된 투른 백작은 지벤뷔르겐의 베틀렌에게 도피했다가, 오스만 제국으로 피신했다.

1619년 베틀렌에 의해 프레스부르크에 소집된 헝가리 왕국 의회에서 종교의 전면적 자유가 선포되었고, 프레스부르크가 오스트리아군에 탈환된 후, 1620년 8월 25일 노이졸(슬로바키아의 반스카비스트리차)에 소집된 헝가리 의회에서 오스만 제국의 승인 하에 헝가리 국왕에 공식적으로 선출된 베틀렌은 1621년 12월 31일까지 페르디난트 2세의 대립국왕 신분으로 합스부르크가와 전쟁을 벌였다. 1620년 10월 베틀렌은 뵈멘 반란군에게 지원군을 보냈지만, 빌라호라(백산) 전투는 이미 뵈멘-팔츠 신교 동맹군의 패배로 끝이 난 후였다. 빌라호라 전투에서 뵈멘 반군을 제압한 오스트리아군은 1621년 베틀렌과의 전투에서도 승리하여, 베틀렌에 의해 점령된 헝가리 왕국의 수도(프레스부르크)와 노이트라(니트라)를 포함하여 북헝가리(슬로바키아)를 모두 회복했다. 베틀렌은 결국 오스트리아가 요구한 평화조약 체결에 응하지 않을 수 없었다. 그는 〈니콜스부르크 평화조약〉(1621년 12월 31일. 니콜스부르크는 체코의 미쿨로브)에서 점령지역 전체와 헝가리 국왕 칭호를 포기했다. 그 대가로 그는 페르디난트 2세 헝가리 국왕 겸 독일제국 황제로부터 북헝가리의 7개 코미타트(주에 해당. 헝가리어로는 메제)를 개인 영지로 하사받았을 뿐 아니라, 생전에 한해 - 독일제국 소속의 - 슐레지엔의 두 공국 오펠른(폴란드의 오폴레)과 라티보르(폴란드의 라치부시)에 대한 봉토권도 획득함으로써 독일제국 제후 자격을 획득했다. 조건부 공작(오펠른-라티보르 공작)이 된 베틀렌은 독일제국으로부터 전비 지원을 받아 오스만 제국과의 전쟁에 동참해야 했다. 베틀렌의 터키전쟁 참전에 대한 보상으로 페르디난트 2세 황제는 1606년 보치코이와 체결한 빈 평화조약의 양보안(종교의 자유 포함)을 지키고, 반란 가담자들에게 사면을 약속했다.

그러나 강요된 〈니콜스부르크 평화조약〉에 만족하지 못한 베틀렌은 1623년 다시 군사를 일으켜 슬로바키아(북헝가리) 전체를 다시 점령했다. 1624년 5월 초까지 계속된 베틀렌의 두 번째 슬로바키아 및 메렌 출정은 1624년 5월 8일 빈에서 체결된 평화조약으로 끝났다. 두 번째 〈빈 평화조약〉(1624)은 1621년의 〈니콜스부르크 평화조약〉의 갱신이나 다름없었다. 베틀렌은 빈 평화조약에서 니콜스부르크 평화조약을 재확인해야 했고, 오펠른 공국과 라티보르 공국은 포기해야 했다.

30년 전쟁 초 반 합스부르크 헝가리 반군세력은 반종교개혁에 저항한 독일제국 내 신교 동맹군에게 중요한 지원군이었음은 분명했다. 그러나 기습공격 후 신속한 후퇴에 초점을 맞춘 베틀렌의 기병연대는 중화기(대포)를 동원한 황제군에게 큰 위협은 되지 않았기 때문에, 실전에서는 승리를 챙기지 못했다. 빈 평화조약(1624)을 체결한 지 2년 만인 1626년 베틀렌은 마지막으로 다시 한 번 반 합스부르크 전쟁에 몸을 던졌다. 이번에 베틀렌은 30년 전쟁 초 명성이 자자했던 용병 대장 에른스트 폰 만스펠트(1580-1626) 백작이 지휘한 신교 동맹군의 슐레지엔 침공 작전에 합류했다. 베틀렌은 오스트리아와 빈 평화조약을 체결할 때, 합스부르크 왕가와의 관계를 개선하기 위해 페르디난트 2세 황제의 딸 중 한 명과의 결혼을 희망했으나, 거절당한 후 1626년 브란덴부르크 선제후 게오르크 빌헬름(1595-1640, 재위: 1619-1640)의 여동생 카타리나(1602-1644)와 결혼했는데, 이것이 베틀렌이 신교 동맹군에 합류한 이유 중의 하나였다. 호엔촐레른가의 카타리나 역시 베틀렌과 마찬가지로 철저한 칼뱅교 신자였기 때문이었다.

베틀렌은 또 다시 슬로바키아 전체를 점령했지만, 30년 전쟁의 영웅 발렌슈타인 오스트리아군 사령관의 공격을 받아 남쪽 지역(중부 슬로바키아)으로 후퇴해야 했다. 발렌슈타인은 슬로바키아의 남동 지역의 튀르나우(트르나바), 노이트라(니트라) 및 노이호이젤(노베잠키)을 차례로 점령했다. 1626년 10월 베틀렌은 아이펠(이폴리) 강 유역에서 발렌슈타인과 다시 한 번 조우했지만, 양 군은 전투 없이 철수했다. 베틀렌은 신교 동맹군과 더 이상 연합할 수 없었기 때문에, 페르디난트 2세 황제에게 종전을 요청했다. 1626년 12월 20일 포조니에서 체결된 〈프레스부르크 평화조약〉은 - 헝가리 왕국의 수도 프레스부르크(슬로바키아의 수도 브라티슬라바)의 헝가리어 명칭이 포조니였다 - 베틀렌이 오스트리아와 체결한 세 번째 평화조약으로서 그 내용은 이전 체결된 두 조약(니콜스부르크 평화조약 및 빈 평화조약)의 확인이었다.

4) 게오르크 1세 라코치의 반란(1644-1645)

두 번째 헝가리 반란(1619-1626)을 지휘한 가브리엘(가보르) 베틀렌은 1629년 11월 15일 후사를 두지 못한 채 사망했다. 그의 동생 슈테판 베틀렌(1582-1648)이 형의 뒤를 이어 지벤뷔르겐 제후가 되었지만, 그는 재위 60일(1630년 9월 28일-11월 26일) 만에 퇴진하고, 가브리엘(가보르) 바토리(지벤뷔르겐 제후: 1608-1613)의 딸이며 바토리가를 상속한 소피아 바토리(1629-1680)와 결혼한 게오르크 1세 라코치(1593-1648, 재위: 1630-1648)가 지벤뷔르겐 제후에 선출되었다. 게오르크 1세 라코치는 자신의 장인이며 지벤뷔르겐의 제후인 가브리엘 베틀렌이 1619년 반 합스부르크 반란을 일으켰을 때, 20대의 청년으로서 반란군을 지휘한 인물이었다. 게오르크 1세 라코치가 반란을 일으킨 1644년의 오스트리아는 30년 전쟁(1618-1648)의 폐해로 인해 정치적, 사회적 혼란에 처해 있었고, 게오르크 1세 라코치는 당시의 오스트리아의 위기를 이용하여 헝가리 왕국(합스부르크령 헝가리)을 침공했다.

30년 전쟁에 개입한 프랑스-스웨덴 동맹이 1642년 이후 위력을 발휘하기 시작하여, 그해 10월 라이프치히 외곽에서 벌어진 브라이텐펠트 전투(1642년 10월 23일)에서 레오폴트(페르디난트 3세 황제의 동생) 대공과 - 발렌슈타인이 1634년 살해된 이후 오스트리아군 최고사령관에 임명된 - 옥타비오 피콜로미니(1599-1656) 장군이 지휘한 황제군이 레나르트 토르스텐손(1603-1651) 휘하의 스웨덴군에 패함으로써 오스트리아는 1643년 스웨덴과 정전협정을 체결하지 않을 수 없는 상황에 봉착했다. 뮌스터와 오스나브뤼크에서는 30년 전쟁을 끝내기 위한 평화협상이 이미 시작되었지만, 전쟁은 계속되었다. 1644년부터 베스트팔렌 평화조약(1648년)이 체결될 때까지 4년 동안 벌어진 전투로 인해 독일은 지난 26년 동안의 전쟁에서보다 훨씬 더 황폐화되었다. 30년 전쟁을 총지휘한 오스트리아의 국력은 완전히 소진되었고, 국민과 군대는 전쟁의 피로감에 지쳐 있었다.

반란을 일으키기 1년 전인 1643년 오스만 제국의 술탄 이브라힘(재위: 1640-1648)으로부터 합스부르크 제국 침공 승인을 얻어낸 게오르크 1세 라코치는 30년 전쟁에 뛰어든 스웨덴 군대와 메렌에서 합류하기 위해 1644년 3월까지 북헝가리(슬로바키아) 전체를 점령했지만, 4월에 흘로호베츠(슬로바키아)에서 벌어진 전투에서 오스트리아 군대에 제압되었다. 그 후 슬로바키아와 남메렌에서 벌인 숱한 전투 끝에, 1645년 12월 13일 오버외스터라이히 대공국의 수도 린츠에서 페르디난트 3세 독일제국 황제와 게오르크 1세 라코치 사이에 평화조약이 체결되었다.

지벤뷔르겐의 제후인 게오르크 1세 라코치와 헝가리 국왕 자격의 페르디난트 3세 황제 사이에 체결된 〈린츠 평화조약〉(1645년 12월 13일)에서 게오르크 1세 라코치는 1643년 지벤뷔르겐이 스웨덴 및 프랑스와 체결한 동맹조약을 모두 파기하고, 점령지역 일체를 반환해야 했다. 그 대가로 그는 슬로바키아와 오늘날의 북동부 헝가리의 7개 주의 통치권을 — 그 중 2개 주는 세습지로, 5개 주는 생전에 국한하여 — 황제로부터 할양받았다. 이 7개 코미타트(메제)는 1620년대 초 당시의 지벤뷔르겐의 제후 가브리엘 베틀렌에 의해 점령된 지역이었으며, 1629년 베틀렌이 사망한 후 다시 합스부르크가에 반환되었지만, 그 후에도 소유권을 두고 합스부르크가와 베틀렌의 후계자인 게오르크 1세 라코치 사이에 다툼이 끊이지 않은 지역이었다. 헝가리 북동쪽 슬로바키아 국경 인근의 소도시 샤로슈포토크를 중심으로 한 게오르크 1세 라코치의 개인 영지가 언급한 7개 코미타트에 인접해 있었기 때문이었다.

린츠 평화조약 체결로 30년 전쟁의 와중에서 합스부르크 제국의 동쪽에서 발생한 또 하나의 전쟁을 조기에 종식시킴으로써 페르디난트 3세 황제는 이중전선 유지의 부담에서 해방됨과 동시에 스웨덴과 지벤뷔르겐의 합동공격의 위협에서 벗어나, 수도 빈을 효과적으로 방어할 수 있게 되었다. 페르디난트 3세 황제는 헝가리 왕국 내의 – 가톨릭 지주들에게 고용된 농부들을 포함하여 – 신교도들에게 신앙의 자유를 허용했고, 그들로부터 압류한 교회(400개 중 90개 교회)는 반환되었다. 이는 슈테판 보치코이가 빈 평화조약(1606년)에서, 가브리엘 베틀렌이 프레스부르크 평화조약(1626년)에서 각각 얻어낸 오스트리아의 양보를 게오르크 1세 라코치가 린츠 조약(1645년)에서 다시 한 번 관철시켰음을 의미했다. 린츠 평화조약의 규정은 1647년 프레스부르크에서 열린 헝가리 왕국 의회에서 비준되었다.

게오르크 1세 라코치는 1648년에 사망했지만, 지벤뷔르겐 제후직은 1642년 그의 생전에 이미 제후에 선출된 아들 게오르크 2세 라코치(1621-1660, 재위: 1648-57)에 의해 승계되었다. 모계 쪽으로 – 1575년부터 1586년까지 폴란드 국왕을 역임한 – 슈테판 바토리의 먼 외손인 게오르크 2세 라코치는 〈제2차 북방전쟁〉(스웨덴-폴란드 전쟁, 1655-1661)에 편승하여 스웨덴과 동맹을 체결한 후, 폴란드의 왕위를 노리다가 실패한 후, 1657년 지벤뷔르겐 제후 직에서도 쫓겨났다.

5) 헝가리 귀족반란 모의(1664-1671)와 쿠루초크 반란 (1672-1678)

1663년 여름 오스만 제국군의 침공으로 시작된 4차 터키전쟁(1663-1664)에서 피해를 입은 지역은 합스부르크 제국령 헝가리(헝가리 왕국)였다. 오스만 제국군은 빈을 공격하기 위한 교두보를 확보하기 위해 남슬로바키아에 소재한 오스트리아 제국 요새 노이호이젤(노베잠키)의 점령을 일차목표로 삼았다. 39일 간의 공성 끝에 1663년 9월 노이호이젤을 점령한 오스만 제국군은 네오그라드(헝가리의 노그라드) 요새와 그로스바르다인(현 루마니아의 오라데아) 요새를 차례로 함락시켰다. 이 세 요새도시는 1685년, 1690년과 1692년에 각각 오스트리아군에 의해 탈환될 때까지 오스만 제국령 헝가리의 행정구역에 편입되었고, 특히 노이호이젤은 이제 오스만 제국 영토가 된 남슬로바키아의 수도로 선포되었다. 오스만 제국이 5차 터키전쟁(1683-1699)을 일으키자마자 단숨에 국경을 넘어 1683년 7월 14일부터 2개월 동안이나 빈을 포위공격할 수 있었던 것은 노이 호이젤 요새를 20년 전에 이미 확보했기 때문이었다. 남슬로바키아뿐 아니라, 서슬로바키아와 메렌과 슐레지엔의 광대한 지역들도 4차 터키전쟁에서 터키-타타르 연합군의 약탈과 방화로 초토화되었다.

남슬로바키아가 오스만 제국에 의해 점령되었다는 소식이 전해진 후, 유럽은 공포에 사로 잡혔다. 1657년 4월 2일 페르디난트 3세 황제가 사망한 후, 1년 3개월 이상의 긴 공위 기간을 거친 후, 1658년 7월 18일 독일제국 황제에 선출되어, 그 해 8월 1일 대관식을 가진 레오폴트 1세 황제는 즉위 후 처음으로 맞닥뜨린 터키전쟁을 승리로 이끌기 위해 합스부르크 제국은 물론이고, 독일제국(신성로마제국), 스페인 왕국 및 교황국가로부터 지원을 얻어야 했다. 레오폴트 1세의 황제 선출을 방해했던 프랑스의 루이 14세(1638-1715, 재위: 1643-1715)도 오스만 제국의 서진을 일단 동유럽 전선에서 차단하기 위해 〈라인 동맹〉의 회원국 자격으로 레오폴트 1세를 지원할 동맹군에 자국 병력을 제공해야 했다. 3개 성직 선제후국(마인츠 대주교구, 쾰른 대주교구 및 트리어 대주교구)과 브란덴부르크 선제후국을 위시해 27개 독일제국 소속 제후국과 프랑스를 가입국으로 하여 1658년에 결성된 〈라인 동맹〉(라이니셰 알리안츠)은 - 1806년의 〈라인 동맹〉의 독일어 명칭은 〈라인분트〉이다 - 원래 레오폴트 1세 황제와 오스트리아 제국을 견제하기 위해 결성된 군사동맹이었지만, 4차 터키 전쟁이 서유럽으로 확산되는 것을 막기 위해 라인 동맹의 기치 하에 1개 군단 병력(6,000명)이 오스트리아의 대터키 전선에 파병되었다.

1664년 5월 라뒤 드 주세(1609-1683) 원수가 - 그는 스웨덴을 거쳐 레오폴트 대공 휘하의 오스트리아군에 합류하여 가톨릭으로 개종한 프랑스 신교귀족 출신이었다 – 지휘한 오스트리아 군대는 오스만 제국군에 의해 점령된 서슬로바키아의 노이트라를 탈환하고, 7월에는 레벤츠(레비체) 전투에서 오스만 제국 군대를 제압했다. 이어서 1664년 8월 1일 모거스도르프(오스트리아의 부르겐란트 연방주) 전투에서 라이몬도 몬테쿠콜리(1609-1680) 백작이 지휘한 오스트리아 군대는 프랑스 군대도 포함된 라인 동맹의 지원을 받아, 빈을 공격하기 위해 침입한 오스만 제국 대재상 쾨프륄뤼 파질 아흐메드(1635-1676) 휘하의 오스만 제국군에 대승을 거두었다. 공격군(오스만 제국군)의 전력(12만-13만 명)은 방어군의 그것(25,000명)보다 수적으로 5배가 넘었지만, 〈모거스도르프 전투〉(1664년 8월 1일)는 공격군의 인명손실(1만 명 이상의 전사자)이 방어군의 인명손실(포로/전사자 2000여 명과 탈주병/낙오병 약 2000명)의 2배 이상에 달한, 오스만 제국군의 굴욕적인 참패로 끝난 전투였다. 모거스도르프 전투는 모거스도르프(오스트리아의 부르겐란트) 마을과 장크트 고트하르트(헝가리의 센트고트하르드) 마을 사이에서 발생했기 때문에, 〈장크트 고트하르트 전투〉라고도 불린다.

모거스도르프 전투 9일 후인 1664년 8월 10일 20년 기한의 평화조약이 장크트 고트하르트(센트고트하르드)에서 멀지 않은 헝가리의 소도시 보스바르(독일어 명칭: 아이젠부르크)에서 체결되었지만, 이 평화조약은 헝가리 귀족들의 강력한 저항을 야기했다. 그럴 것이 〈보스바르 평화조약〉이 패전국 오스만 제국의 점령지역을 모두 인정함으로써 그 지역(오스만 제국 점령지)에 영지를 소유한 헝가리 귀족들은 그들의 재산을 모두 잃게 되었고, 그로 인해 헝가리 왕국 내에서 자신들의 영향력이 크게 축소되었기 때문이었다. 베셀레니가, 즈린스키가, 프랑코판가 등의 크로아티아 및 헝가리의 전통적인 귀족가문들은 반 합스부르크 반란모의를 통해 보스바르 평화조약에 저항했다. 그들은 황제에 대항하기 위해 심지어 프랑스와 오스만 제국 등으로부터의 지원도 모색했다. 보스바르 평화조약(1664년 8월 10일)의 내용이 알려진 후, 헝가리의 최고귀족이며 궁중백(팔라틴)인 프란츠(페렌츠) 베셀레니(1605-1667), 그리고 크로아티아 귀족 프란츠 크리스토프(프란 크르스토) 프랑코판(1643-1671)과 즈린스키 형제 니콜라우스(니콜라) 즈린스키(1620-1664)와 페터(페타르) 즈린스키(1621-1671) 등이 주도한 반황제 반란모의가 1671년까지 진행되었고, 그 결과 1672년 발생한 무장반란은 1678년까지 지속되었다. 헝가리 귀족반란 모의는 자국 귀족의 이름을 붙여 헝가리에서는 '베셀레니 반란모의', 슬로바키아에서는 '베셀레니 반란모의' 혹은 '베셀레니-즈리니 반란모의'라 명명되었고, 크로아티아에서는 '즈린스키-프랑코판 반란모의'라고도 불렸다.

귀족들에게 불리하게 작용한 보스바르 평화조약은 헝가리 왕국 전역에서 분노를 유발하였고, 헝가리 귀족 반란모의의 가장 큰 동기로 작용했다. 슬로바키아에서는 특히 프란츠 1세 라코치(1645-1676, 게오르크 1세 라코치의 손자)와 1690년부터 1년 간 지벤뷔르겐 제후를 역임한 엠머리히(임레) 퇴쾰리(1657-1705)의 부친 슈테판 퇴쾰리(†1670)가 반란모의에 가담했다. 이들의 모의는 1664년 4차 터키전쟁이 끝난 직후, 다시 말해 헝가리 왕국의 귀족들이 치욕의 조약이라 간주했던 보스바르 평화조약이 체결된 직후부터 시작되었지만, 오스트리아는 충분한 증거를 수집한 연후, 1670년에 비로소 군대를 슬로바키아와 크로아티아에 투입시켰다. 오스트리아 군대는 1670년 7월 동슬로바키아를 점령하고, 1670년 12월 북슬로바키아에 소재한 퇴쾰리가 소유의 아르바(오라바) 성을 점령했다. 그 과정에서 슈테판 퇴쾰리는 사망했지만, 후일 퇴쾰리의 반란으로 유명해진 그의 아들 엠머리히 퇴쾰리는 지벤뷔르겐으로 피신하는데 성공했다.

헝가리 귀족반란모의 진압은 참혹한 결과를 초래했다. 1666년 7월 28일 프란츠(페렌츠) 3세 나도지(1622-1671)는 - 그의 조부 페렌츠 2세 나도지(1555-1604, 슬로바키아에서는 프란티셰크 나도지라 부름)는 3차 터키전쟁 때인 1601년 헝가리 왕국의 지휘관으로서 합스부르크가를 위해 오스만 제국군과 싸웠다 - 팔라틴(궁중백)의 지위를 얻기 위한 목적으로 귀족반란모의에 가담한 후, 1667년 비밀모의결사의 주동자가 되었다. 6년의 모의 끝에 1670년 나도지의 지휘 하에 무장반란이 일어났지만, 반란모의에 대한 정보를 미리 꿰뚫고 있던 빈의 중앙정부에 의해 신속히 진압되었다. 대법원판사 요한 파울 호허(1616-1683)가 주재한 프레스부르크 특별재판소에서 사형을 선고받은 나도지는 레오폴트 1세 헝가리 국왕 겸 독일제국 황제에 대한 반역죄가 적용되어 1671년 4월 30일 빈에서 참수형을 당했다. 페타르 즈린스키와 프랑코판은 비너노이슈타트 감옥에서 처형되었다. 프로테스탄트 성직자들을 포함하여 모의에 가담한 혐의가 있는 귀족 200명 이상이 빈의 특별재판소에 소환되었고, 수많은 귀족들이 지벤뷔르겐으로 집단 피신했으며, 그들의 소유지(나도지가, 즈린스키가, 퇴푈리가, 베셀레니가 등의 영지)는 빈의 중앙정부에 의해 몰수되었다. 헝가리 귀족반란모의 사건이 일단락된 후, 1671년부터 10년 동안의 기간은 오스트리아가 밀어붙인 헝가리 왕국의 재구교화 정책, 즉 강력한 반종교개혁 정책의 절정기에 해당했다. 신교 교회를 압류조치하기 위해 군대가 투입되었고, 이것이 또 이 시기에 계속된 소요와 반란의 빌미를 제공하는 악순환의 고리로 작용했다.

그 결과 1672년 봄에서 늦은 가을까지 합스부르크 왕가의 탄압에 저항한 무장반란이 발생했고, 이 반란은 '쿠루초크 반란' 혹은 '쿠루초크 전쟁'이라 불렸다. '쿠루초크'는 합스부르크 제국령 헝가리(헝가리 왕국)의 북동지역(슬로바키아)에서 봉기한 반 합스부르크 반란군 집단의 명칭이었다. 원래 반란을 일으킨 십자군 원정 참가자라는 단어에서 유래한 '쿠루초크'라는 명칭은 17세기(특히 1672년부터 1711년까지)에 들어와 헝가리 왕국 내에서 활동한 반 합스부르크 무장반란 가담자를 가리키는 용어로 전용되었다. 유럽 전역에 종교개혁의 이념이 확산되던 시기 이슬람 정벌을 지시한 교황 레오 10세(재위: 1513-1521)의 명령을 수행하기 위해 1513년 그란(헝가리의 에스테르곰) 대주교 토마스 보코치(1442-1521, 재위: 1498-1521)는 십자군 원정부대 편성과 지휘를 지벤뷔르겐 출신의 게오르크 도조(1470경-1514)에게 위임했다. 1만 명에 달한 십자군 지원자 대부분은 지주들의 압제와 가난으로부터 탈출을 시도한 농민들이었기 때문에, 노동력의 상실을 우려한 지주들은 십자군 모집에 저항했다. 노동력의 상실은 물론이고, 농민들의 무장에서 위기를 느낀 대지주 귀족들은 잔류 농민들을 가혹하게 억압했고, 십자군 지원자들에게 생필품 제공을 거절했기 때문에, 그들은 귀족들에 대항해 반란을 일으켰다. 역사는 이 사건을 〈도조의 반란〉이라 명명했고, 후일 반 합스부르크 반란에 가담한 농민들도 〈쿠루초크〉(단수: 쿠르츠)라 불렸다. 오늘날 농민해방에 기여한 인물로 헝가리 국민의 추앙을 받고 있는 게오르크 도조는 - 국민시인 산도르 페퇴피(1823-1849) 및 전설적 혁명가 라요슈 코슈트(1802-1894)와 더불어 - 가장 존경받는 헝가리의 민족영웅 중 한명이다.

1514년 게오르크 도조의 농민반란 이후 1604년부터 1645년까지 슈테판 보치코이를 필두로 하여 가브리엘 베틀렌과 게오르크 1세 라코치 등이 오스만 제국의 지원을 받아 북헝가리 혹은 지벤뷔르겐에서 반란을 일으켰으며, 이 반란은 모두 합스부르크 제국과의 평화조약 체결로 끝이 났다. 1672년 시작된 쿠루초크 무장반란은 1678년까지 게릴라전 형식으로 슬로바키아에서 지속되었다. 그 과정에서 반 합스부르크 무장반군(쿠루초크)의 수는 계속해서 증가했고, 동슬로바키아는 이들이 벌인 유격전으로 황폐화되었다. 그들은 지벤뷔르겐의 지원을 받았고, 1677년 이후부터 프랑스의 지원도 받았다. 1673년 이후 오스트리아는 스페인령 네덜란드(스페인 계승전쟁 이후 오스트리아령 네덜란드)를 침공한 프랑스와 전쟁(네덜란드 전쟁, 1672-1678) 중이었고, 프랑스는 쿠루초크 반란을 지원함으로써 합스부르크 제국의 전력을 동부전선(헝가리)에 붙잡아 두려고 했었다.

헝가리 귀족반란모의의 또 하나의 결과는 - 쿠루초크 반란을 초래한 것 이외에도 - 헝가리 왕국에 합스부르크가의 독재가 시작된 것(1673년의 의회폐쇄 및 헌법폐기)과 신교도 박해(반종교개혁)가 뒤따른 것이었다. 합스부르크 제국은 반란을 진압한 후 반란가담자들에게 가혹한 보복을 가했다. 1673년부터 1674년까지 1년 동안 프레스부르크(브라티슬라바) 특별법원에서 그란(에스테르곰) 대주교 게오르크 셀레프체니

(재위: 1667-1686)와 헝가리 왕실재산관리청장이며 후일 그란 대주교가 된 레오폴트 카를 폰 콜로니치(재위: 1695-1707)의 주재로 열린 재판에서 프로테스탄트에 대한 사상 최대의 보복이 가해졌다. 수백 명의 프로테스탄트가 그들의 가족과 함께 헝가리 왕국에서 추방되었고, 30여 명은 종신형을 선고받았으며, 60여 명은 이탈리아의 갤리선 노예로 팔려갔다.

6) 엠머리히 퇴쾰리의 반란(1678-1688)

프랑스, 지벤뷔르겐 및 오스만 제국의 지원을 받은 헝가리 반란군의 슬로바키아 원정은 1678년 우크라이나 서쪽 무카체베에서 시작되었다. 1538년부터 17세기 말까지 지벤뷔르겐과 헝가리 왕국에 의해 번갈아가며 점령되었던 무카체베는 1918년까지 오스트리아 제국령이었다. 반란군의 지휘자는 슬로바키아 귀족 엠머리히(임레) 퇴쾰리(1657-1705, 지벤뷔르겐 제후: 1690-1691)였다. 그의 부친은 헝가리 국왕 겸 신성로마제국 황제 레오폴트 1세에 대한 반란모의에 참가했던 슈테판 퇴쾰리였다. 아버지 퇴쾰리가 1670년 11월 23일 황제군의 공격으로부터 아르바 성(슬로바키아의 오라바에 소재한 퇴쾰리가 소유의 성)을 방어하다가 전사한 후, 아들 퇴쾰리는 같은 해 12월 지벤뷔르겐(지금은 루마니아 땅)으로 망명하였었다.

1673년 레오폴트 1세 황제는 헝가리 왕국 헌법을 폐기하고, 독일기사단 총단장 요한 카스파르 폰 암프링엔(1619-1684, 재위: 1664-1684)을 – 암프링엔은 요절한 카를 요제프(1649-1664, 재위: 1662-1664, 레오폴트 1세 황제의 동생) 대공의 뒤를 이어 1664년 독일기사단 총단장을 역임했다 – 헝가리 왕국 총독에 임명하여, 그를 통해 부재 군주를 대리하는 국왕 다음의 헝가리 왕국 최고직인 팔라틴(궁중백) 제도를 폐지하고, 의회의 기능을 정지시켰다. 반 합스부르크 세력들의 불만은 절정에 달했으며, 프랑스(루이 14세)의 지원 약속에 고무된 반란군은 "자유와 정의를 위해"라는 모토 하에 봉기하여 약관 21세의 청년 퇴쾰리를 반란군의 지휘자에 선출하였다. 1678년의 퇴쾰리의 반란은 그렇게 시작되었다.

1678년 이후 북헝가리 지역 거의 전체가 반란군의 통제 하에 들어가게 되었다. 1681년 헝가리의 고도 외덴부르크(쇼프론)에서 개최된 헝가리 의회에서 헝가리의 국왕이기도 한 레오폴트 1세 독일제국 황제는 1673년에 취소한 헝가리의 자치권을 다시 허용해야 했다. 그러나 그것으로 만족하지 못한 퇴쾰리는 오스만 제국의 지원 하에 1682년 스스로 헝가리 국왕(레오폴트 1세의 대립국왕)임을 선포하고, 충성맹세를 강요했다. 퇴쾰리가 반어적으로 '슬로바키아의 왕' 혹은 '쿠루초크의 왕'이라 불린 이유가 나변에 있는지 알 수 있는 대목이라 하겠다.

같은 시기 제2차 빈 공성(1683년 7월 14일-9월 12일)에 실패한 후, 16세기 중엽 이후 동유럽에서 행사해 온 오스만 제국의 헤게모니가 붕괴되기 시작하면서, 엠머리히 퇴쾰리의 위세도 꺾이기 시작했다. 1683년 11월 오스트리아 군대는 서슬로바키아와 중부 슬로바키아의 광대한 지역들을 반군으로부터 다시 회복했다. 1685년 8월 에네아스 질비우스 카프라라(1631-1701) 원수가 그 때까지만 해도 오스만 제국군이 점령하고 있던 남슬로바키아의 노이호이젤(노베잠키) 요새를 되찾음으로써 오스만 제국은 슬로바키아 내의 마지막 점령지역을 오스트리아군에 넘겨주었다. 1545년 오스만 제국의 침공에 대비해 건설된 합스부르크 제국 요새 노이호이젤은 제4차 터키전쟁(1663-1664) 때, 열 차례의 공성 끝에 오스만 제국군이 점령한 헝가리의 군사 요충지로서 1685년 오스트리아군이 탈환할 때까지 오스만 제국의 중부유럽 진출을 위한 교두보 역할을 한 요새였다.

노이호이젤 요새를 탈환한 후부터 합스부르크 제국 군대는 슬로바키아의 다른 지역들을 매우 빠른 속도로 무장반군으로부터 해방시킬 수 있었다. 1685년 가을 퇴쾰리는 오스만 제국군에 의해 체포되었다. 1683년 빈 전투(칼렌베르크 전투, 1683년 9월 12일)에서 오스트리아군에 패한 책임을 물어 카라 무스타파 대재상을 처형한 술탄(메흐메드 4세, 1642-1693, 재위: 1648-1687)이 퇴퀼리를 5차 터키전쟁의 원인 제공자로 간주했기 때문이었다. 카샤우(코시체)에 주둔한 무장반군은 1685년 10월에 항복을 했고, 그 후 반 합스부르크 무장반란은 동력을 상실하기 시작했다. 헝가리 의회는 레오폴트 1세 황제 생존 시인 1687년 합스부르크 왕가에 대한 저항을 포기하고, 이제 겨우 9세에 불과한 황제(레오폴트 1세)의 장남 요제프 대공(후일의 요제프 1세 황제)을 헝가리 역사상 처음으로 헝가리의 세습국왕으로 인정했다. 요제프 1세(재위: 1705-1711) 황제 이후의 합스부르크가 출신의 독일제국 황제는 모두 선출제가 아닌, 세습제 헝가리 국왕이었다. 1687년 12월 9일 프레스부르크에서 거행된 요제프 대공의 헝가리 세습국왕 즉위식은 오스트리아-뵈멘 국가연합과 헝가리의 관계를 밀착시켰고, 이는 향후 오스트리아 제국이 유럽의 대국으로 부상하는 단초가 되었다.

1685년 체포되어 2년 이상 오스만 제국의 포로 신분으로 아드리아노펠(터키의 에디르네)의 감옥에 수감되었다가 석방된 퇴퀼리는 1688년 술탄(쉴레이만 2세, 재위: 1687-1691)에 의해 지벤뷔르겐의 제후에 임명되었다. 1689년 퇴퀼리는 쉴레이만 2세가 지원한 오스만 제국군 부대를 지휘하여 도나트 요한 하이슬러 폰 하이터스하임(1648-1696) 원수가 지휘한 오스트리아군을 지벤뷔르겐의 체르네스트(현재 루마니아 자르네스티) 전투에서 격파하고, 후자를 포로로 잡았다. 그러나 〈체르네스트 전투〉(1689년 8월 21일) 승리에도 불구하고 그는 오스트리아군을 지속적으로 압박하는 데는 성공하지 못했다. 왜냐하면 145년 동안 오스만 제국이 점령했던 헝가리의 수도 오펜(부다)이 1686년 합스부르크 제국 군대에 의해 수복되었고, 지벤뷔르겐도 1699년 오스만 제국과의 봉신 관계를 완전히 청산하고, 합스부르크 제국의 통치권에 예속되었기 때문이었다.

1630년부터 1660년까지 지속된 라코치(게오르크 1세 라코치와 게오르크 2세 라코치)가의 지벤뷔르겐 통치시대가 끝난 후, 1661년부터 1699년까

지 지벤뷔르겐은 오스트리아의 지지를 받은 지벤뷔르겐 귀족 아파
피가(미하엘 1세 아파피와 미하엘 2세 아파피 부자)에 의해 통치되었다. 미하엘 1
세 아파피(1632-1690, 재위: 1661-1690)가 1690년 4월 15일 사망한 후, 그
의 생전에 이미 지벤뷔르겐 의회에 의해 후계자로 선출된 그의 아
들 미하엘 2세 아파피(1676-1713, 재위: 1690-1699)와 쉴레이만 2세 오스만
제국 황제에 의해 1688년 지벤뷔르겐 제후에 임명된 엠머리히 퇴
쾰리가 지벤뷔르겐의 통치권을 둘러싸고 대립했다. 퇴쾰리는 1690
년 말 무력을 동원하여 지벤뷔르겐의 헤르만슈타트(루마니아의 시비우)에
소집된 의회를 압박하여 - 합스부르크가의 지원을 받는 - 미하엘
2세 아파피의 대립군주에 정식으로 선출되어, 후자를 지벤뷔르겐에
서 추방하는 데는 성공했지만, 합스부르크 왕가에 대항하여 그의
지벤뷔르겐의 제후 직을 지속적으로 유지하기는 어려웠다. 퇴쾰리
는 1692년 1월 초 오스트리아군에 의해 지벤뷔르겐에서 축출되었
다. 1692년 1월 10일 지벤뷔르겐 제후에 즉위한 미하엘 2세 아파피
는 성년이 될 때까지 헝가리 국왕 자격의 레오폴트 1세 황제의 후
견을 받았다. 5차 터키전쟁을 종식시킨 〈카를로비츠 평화조약〉이
1699년 지벤뷔르겐의 카를로비츠(세르비아의 스렘스키 카를로프치)에서 체결된
후, 지벤뷔르겐은 헝가리 왕국에 통합되었다. 미하엘 2세 아파피는
제후직을 합스부르크가에 반납한 후 퇴위했고, 지벤뷔르겐은 그 후
합스부르크 왕가의 세습제국국이 되었다. 미하엘 2세 아파피는
1713년 빈에서 사망했다. 체르네스트 전투에서 퇴쾰리의 포로로 잡
힌 오스트리아군 사령관 하이슬러는 황제군이 포로로 잡고 있던 퇴
쾰리의 부인 엘레나(일로나) 즈린스키(1643-1703)와 1692년 맞교환되었다.
하이슬러 원수는 자유의 몸이 되자마자, 퇴쾰리가 점령한 그로스바
르다인(루마니아의 오라데아)을 해방시키는 전과를 올렸다.

오스만 제국은 1683년 빈 공성에 실패한 후에도 퇴쾰리를 원격
조정하여 끊임없이 합스부르크 제국을 견제하려 했다. 쉴레이만 2
의 제후에 임명한 것도 같은 맥락에서 이해될 수 있을 것이다. 지
벤뷔르겐 제후에 임명된 후, 퇴쾰리는 술탄에게 보답하기 위해 오

스트리아군의 추격으로 계속해서 남쪽으로 후퇴 중인 오스만 제국군에 배속되어 오스트리아군에 저항했다. 예컨대 그는 1691년 슬랑카멘(베오그라드 북서쪽 60km)에서 벌어진 전투와 1697년 첸타(세르비아의 센타)에서 발생한 전투에서 오스만 제국군 지휘관으로서 출전하여 오스트리아군과 싸웠다. 〈슬랑카멘 전투〉(1691년 8월 19일)와 〈첸타 전투〉(1697년 9월 11일)는 오스트리아군이 오스만 제국군에 대승을 거둔 전투이었다. 5차 터키전쟁(1683-1699)을 끝낸 카를로비츠 평화조약에서 헝가리 반란가담자들에게 내려진 사면조치는 퇴쾰리에게는 적용되지 않았고, 퇴쾰리는 오스만 제국군을 따라 콘스탄티노플로 망명했다. 오스만 제국 황제(무스타파 2세, 1664-1704, 재위: 1695-1703)로부터 광대한 영지와 백작의 칭호를 수여받은 퇴쾰리는 부인(일로나 즈린스키)과 함께 콘스탄티노플(이스탄불) 인근에서 살다가, 1705년 니코메디아(터키의 이즈미트)에서 사망했다. 현재 부다페스트 영웅광장에 세워져 있는 임레(엠머리히) 퇴쾰리의 입상은 유네스코에 등록된 세계문화유산에 속한다. 퇴쾰리의 부인 옐레나(일로나) 즈린스키는 크로아티아 태수이며 귀족반란모의에 참여한 죄로 1671년 비너노이슈타트에서 처형당한 페타르 즈린스키의 딸이자, 지벤뷔르겐 왕자 프란츠 1세 라코치(게오르크 1세 라코치의 손자)의 미망인이었다. 헝가리의 반 합스부르크 제국 저항운동은 18세기에 들어서서도 퇴쾰리의 의붓아들 프란츠 2세 라코치에 의해 계속되었다.

7) 프란츠 2세 라코치의 반란(1703-1711)

프란츠 2세 라코치(1676-1735)는 라코치가의 전통을 이어받아 반 합스부르크가 투쟁에 뛰어들게 된 인물이라 할 수 있다. 그의 증조부 게오르크 1세 라코치는 1630년부터 1648년까지 지벤뷔르겐의 제후였으며, 1644년부터 1645년까지 반 합스부르크 반란을 지휘했다. 1648년부터 1660년까지 지벤뷔르겐의 제후를 역임한 그의 조부 게오르크 2세 라코치는 폴란드 왕위를 노리느라 반 합스

부르크 투쟁에 뛰어들 여유가 없었지만, 부친 프란츠 1세 라코치
(1645-1675)는 헝가리 귀족 반란모의(1664-1671)에 연루되었고, 모친 옐
레나(일로나) 즈린스키는 1671년의 귀족반란모의 주동자 중의 한 사
람이었던 페타르 즈린스키의 딸로서 무카체베(서우크라이나)의 팔라노
크 산성 방어전(1685-1688)에 참가한 죄로 오스트리아군에 체포되어
수감되었다가, 체르네스트 전투(1689년 8월 21일)에서 엠머리히 퇴쾰리
의 포로가 된 오스트리아군 사령관 하이슬러와 교환 형식으로 석
방된 전력을 가지고 있었다. 옐레나는 첫 남편 프란츠 1세 라코치
(1645-1676)가 1676년 사망한 후, 엠머리히 퇴쾰리와 재혼함으로써,
퇴쾰리는 프란츠 2세 라코치의 계부가 되었다. 조부만 제외하고
증조부, 부친, 모친 및 계부가 모두 합스부르크가에 대항하여 투
쟁한 라코치가는 헝가리 독립투사 가문을 대표하는 귀족가문이었
다.

　프란츠 2세 라코치가 반란을 일으킨 동기는 오스만 제국이 헝
가리에서 철수한 후 발생한 여러 가지 문제점들과 관련되어 있었
다. 1683년 2차 빈 공성에 실패한 오스만 제국군이 오스트리아군의
추격을 받아, 1541년 이후 점령 통치해온 헝가리에서 철수한 후,
오스만 제국이 점령했던 지역의 토지 소유권 문제가 발생했고, 이
를 조정하기 위해 1688년 특별위원회가 빈에 설립되었다. 그러나
오스만 제국 점령 이전 시기의 소유권을 증명할 수 있는 근거가 부
족한 토지는 국가에 귀속되었고, 국가는 다시 그 토지를 오스트리
아의 귀족, 군부, 관료 및 전시 물자 공급자 등 터키전쟁에 기여한
제3자에게 증여 혹은 매도했기 때문에, 해당 지역의 토지를 소유했
던 헝가리 귀족들의 불만이 증폭되기 시작했다. 이것이 반란의 첫
번째 근본동기였다. 반란의 두 번째 이유는 과도한 세금징수에 있
었다. 1526년부터 1699년까지 5차에 걸쳐 도합 61년 동안 계속된
터키전쟁은 인구의 감소, 도시의 파괴 등, 헝가리에 막대한 인적,
물적 피해를 남겼다. 매년 소요된 약 3백만 굴덴의 전비 중 헝가리
주민들이 부담한 전비 총액은 40만 굴덴이었다. 오스만 제국이 헝

가리에서 철수한 후 1685년과 1686년 2년 동안 헝가리는 점령국 오스만 제국에 과거 100년 동안 바친 것보다 더 많은 세금을 합스부르크 제국에 납부해야 했다. 1689년에 신규 도입된 전시특별세는 오스트리아 군부에 의해 강제로 징수되었다. 세 번째로 오스만 제국군 추격 과정에서 자행된 황제군의 범법행위도 헝가리 반란의 동기 중의 하나였다고 할 수 있을 것이다. 황제군은 집단병영생활이 아니라, 농가나 민가에 분산되어 숙영해야 했기 때문에, 범법행위를 저지를 수 있는 기회가 그들에게 항상 열려 있었다. 반란군도 잔혹행위를 저질렀지만, 그들은 황제군을 위장했기 때문에, 그들의 범행은 모두 황제군의 그것으로 전가되었다. 그 외에도 반종교개혁의 일환으로 추진된 재구교화 정책 및 이에 따른 신교 탄압은 슈테판 보치코이의 반란(1604-1606) 이후 여러 차례 체결된 평화조약에도 불구하고 헝가리의 신교도들에게는 여전히 해결되지 않은 불만 요소였다. 1701년 이후부터는 〈스페인 계승전쟁〉(1701-1714)에 동원하기 위해 헝가리 농부들이 합스부르크 제국 군대에 강제 징집된 것도 반란의 동기로 작용했다.

1701년 스페인 계승전쟁이 발발했을 때, 봉기를 계획한 프란츠 2세 라코치는 프랑스의 루이 14세에게 지원을 요청하는 서신을 인편으로 전하려다가, 도중에 발각되어 1701년 5월 빈 외곽 도시 비너노이슈타트의 감옥에 수감되었다. 그곳은 1671년 그의 외조부 페타르 즈린스키가 귀족반란모의 주동자로 처형을 기다렸던 곳이기도 했다. 라코치는 감시 장교 고트프리트 폰 렌스펠트(1664-1701)란 이름의 한 하급 장교를 매수하여 탈옥에 성공한 후, 폴란드로 망명했다. 1703년 빈에서 열린 궐석재판에서 사형을 선고받은 라코치에게 현상금이 걸렸고, 그의 재산은 몰수되었다. 2만 굴덴의 거금에 매수된 렌스펠트는 1701년 12월 24일 빈에서 처형되었다.

1703년 6월 16일 프란츠 2세 라코치는 서헝가리의 카르파티아-우크라이나(현재 루마니아, 헝가리, 슬로바키아 및 폴란드와 국경을 공유하고 있는 우크라이나의 극서지역)에서 발생한 소규모 반란의 지휘를 맡았는데, 이 반란이 북헝가리로 번지면서 규모가 확대되었다. 1703년 12월까지 프란츠 2세 라코치 휘하의 반군은 프레스부르크(브라티슬라바)와 코시체 등의 대도시를 제외한 북헝가리 전 지역을 점령했다. 1704년 반란군은 메렌의 여러 지역을 공격했고, 1705년 슬로바키아와 오늘날의 북헝 가리 전체가 반란군에 의해 점령되었다. 1703년 12월 이후 빈 외곽 의 니더외스터라이히의 일부지역과 오늘날의 부르겐란트 주 및 동 슈타이어마르크가 반군의 습격을 받아 황폐화되었다. 이 과정에서 반군에 의해 1703년 점령된 쉬메그(헝가리 서부 베스프렘 주) 산성은 1709 년에 가서야 황제군에 의해 탈환되었다. 오스만 제국군과 헝가리 반군의 공격으로부터 합스부르크 제국의 수도 빈을 지키기 위한 방 어선을 구축하기 위해 레오폴트 1세 황제의 명령에 의해 현재의 빈 의 외곽순환도로(귀르텔슈트라세) 자리에 1704년 방어벽 건설이 시작되었 고, 노이지들러 호(오스트리아의 부르겐란트 연방주와 서헝가리에 걸쳐 있는 초원지대의 호수)에서 도나우 강에 이르는 구간에 보루가 구축되었다. 지벤뷔르 겐은 카를로비츠 평화회담이 체결된 1699년 합스부르크가의 세습 제후국이 되어 독립을 상실했음에도 불구하고, 라코치는 1704년 지 벤뷔르겐 및 헝가리 귀족들에 의해 지벤뷔르겐의 제후에 선출되어 레오폴트 1세에게 대항했다.

합스부르크가에 대한 프란츠 2세 라코치의 도전은 계속되었다. 1705년 북헝가리의 소도시 세체니(이폴리 강변의 슬로바키아 접경지역 도시)에 소집된 의회에서 스스로 헝가리 국왕에 선출된 프란츠 2세 라코치 는 종교의 자유를 선포했다. 점령지역에서 열린 첫 의회에서 프란 츠 2세 라코치가 국왕의 이름으로 공포한 반란의 목표는 헝가리 왕 국의 신분제헌법을 회복하고, 자유선거에 의해 헝가리 국왕을 선출 하여, 독립 헝가리 왕국을 창건한 후, 지벤뷔르겐을 헝가리 왕국 내의 자치국으로 독립시키는 것이었다. 그는 군 지휘관 출신이 아 니었지만, 1705년 10만 명 이상의 병력을 장악하여 전체 슬로바키 아와 오늘날의 북헝가리를 단 시간 내에 점령할 수 있었다. 1707년 오노드에 소집된 의회에서 그는 - 1687년 프레스부르크 의회가 헝가리의 세습국왕으로 인정한 - 요제프 1세(헝가리 국왕 겸 독일제국 황제)의 폐위를 선언했다. 반란 초기에 프란츠 2세 라코치가 전과를 올릴 수 있었던 근본적인 요인은 황제군 소속이었던 알렉산더(산도르) 카로이(1668-1743) 백작을 반란군에 끌어드림으로써 프란츠 2세 라코치가 오스트리아 제국군의 전쟁수행 방법을 터득할 수 있었던 데 있었다.

상승세를 타던 반란군에게 제동이 걸린 결정적인 전기는 1708년에 찾아왔다. 지금까지 서부전선에서 프랑스와의 전쟁(스페인 계승전쟁)에 전력을 경주했던 합스부르크 제국은 프란츠 2세 라코치의 반란을 방치하고서는 프랑스와의 전쟁을 성공적으로 수행할 수 없다고 판단했기 때문이었다. 1708년 8월 3일 지크베르트 하이스터(1646-1715) 원수 휘하의 오스트리아군이 무장반군을 트렌친(서부 슬로바키아의 도시) 전투에서 제압한 후부터 프란츠 2세 라코치는 궁지에 몰리게 되었다. 1708년 10월까지 오스트리아군은 중부 슬로바키아의 - 반스카스티아브니차를 비롯한 - 광산 도시들로까지 진격했고, 1711년 4월 마지막 남은 반군 요새이며 프레스부르크(브라티슬라바) 다음으로 큰 슬로바키아의 제2의 도시 카샤우(코시체)를 프란츠 2세 라코치의 수중에서 탈환한 후, 라코치의 반란은 끝이 났다. 라코치는 다시 폴란드로 피신했고, 1711년 4월 29일 헝가리의 소트마르(현 루마니아의 사투마레)에서 프란츠 2세 라코치를 대리한 반란군 사령관 산도르 카로이 백작과 - 오스트리아 정부가 전술적인 고려에서 하이스터 원수 대신 오스트리아군 사령관에 임명한 - 헝가리 출신의 요한 팔피(1663-1750) 백작 간에 평화조약이 체결되었다. 〈소트마르 평화조약〉(1711년 4월 29일)에 따라 헝가리 귀족들은 전통적인 자유와 특권을 회복했고, 합스부르크가의 후예들이 다시 헝가리의 세습국왕으로 인정되었다. 라코치의 반란을 종식시킨 소트마르 평화조약으로 헝가리 귀족들은 - 소수의 예외를 제외하고 - 완전한 일반사면, 신앙의 자유, 신분제헌법의 존중 등의 양보안을 오스트리아 정부로부터 얻어냈지만, 헝가리의 독립은 더욱더 요원해졌다. 1712년 프레스부르크에서 개최된 헝가리 왕국 의회는 프란츠 2세 라코치의 국외추방을 결의했다. 그는 폴란드, 프랑스 및 오스만 제국에서 망명 생활을 이어가야 했다.

빈 중앙정부의 중앙집권적 절대주의에 대항한 헝가리 저항사의 상징적 인물로 추앙받고 있는 페렌츠(프란츠) 2세 라코치는 유럽연합 가입 전 통용된 구 헝가리 화폐(500 포린트 화 지폐)의 전면에 헝가리 민족영웅으로 등장했다. 쿠루초크(무장반란군)의 진군 트럼펫 나팔소리에서 모티브를 얻은 멜로디로 알려진 – 페렌츠 2세 라코치의 부관에 의해 작곡된 것으로 알려진 – 〈라코치 행진곡〉은 후일 헝가리 작곡가 프란츠 리스트(헝가리 랩소디 15번)와 프랑스 작곡가 엑토르 베를리오즈(오페라 〈파우스트의 겁벌〉 제1부)에 의해 새로운 버전으로 재수용되었다. 라코치 행진곡은 1848년 3월 혁명이 발발한 후, 로요슈 코슈트에 의해 헝가리 혁명군을 위한 찬가로 사용되었다.

오스트리아–헝가리 이중제국시대(1867–1918)

1) 오스트리아–헝가리 대타협

프로이센과 이탈리아를 상대로 이중의 전쟁을 벌인 <독일전쟁>에서 패한 오스트리아는 국제적 고립을 자초하게 되었다. 전쟁 상대국이었던 프로이센과 이탈리아는 물론이고, 이탈리아를 지원한 프랑스와의 관계도 소원해졌다. 크림 전쟁 이후 관계가 악화된 러시아는 독일전쟁이 진행되고 있는 동안 프로이센 왕국에 대해 우호적 중립을 견지했다. 이들 국가 중 프랑스를 제외하면 프로이센과 이탈리아와 러시아는 오스트리아 제국과 국경을 공유한 국가들이었다. 그리고 합스부르크 제국 산하 헝가리 왕국과 국경을 나누고 있는 발칸 반도는 러시아와 오스트리아의 이해관계가 충돌하는 지역이었다. 오스트리아 제국에게 남은 미래의 우방이 있다면, 역설적이게도 패자에게 손을 내밀고 있는 어제의 적국 프로이센이 유일했다.

작금의 위기를 극복하기 위해 오스트리아는 합스부르크 제국 내의 민족문제를 우선 해결해야 했다. 오스트리아의 고립이 초래한 오스트리아 독일인들의 무력감과는 달리 합스부르크 제국 동쪽의 수적으로 우세한 비독일계 민족들은 현재의 상황을 그들이 요구해 온 자치와 독립을 달성할 기회로 생각하고 있었다. 다민족 제국의 존립을 위태롭게 만드는 요인들을 제거하기 위해 합스부르크 왕가는 특히 헝가리의 지배계층과의 긴장관계를 해소시킬 필요가 있었다. 1848/1849년의 헝가리 혁명과 독립운동을 진압한 후 취해진 헝가리의 자치권 제한 조치(의회폐쇄 및 헌법정지)로서는 이제 더 이상 마자르인들의 민족주의 운동을 막을 수 없게 되었다. 오스트리아는 다민족 제국의 민족 문제를 해결하지 않고서는 독일전쟁 패전의 결과로 초래된 1866년의 위기를 수습하기 어렵다는 결론에 도달했다.

프란츠 요제프 1세 황제는 합스부르크 제국의 장래를 위해 마자르족에게 완전한 민족적 독립을 허용하지 않는 대신 헝가리와 오스트리아가 정치적 균형을 이루는 방안에 합의하여, 별개의 정부와 별개의 의회를 인정하는 국가연합의 형태로 제국을 운영해 나가는 방안을 제시했다. 다민족 제국이 여러 민족국가로 분리되는 최악의 경우를 미연에 방지하기 위해, 특히 제국 내 슬라브인들의 민족주의 운동을 방지하기 위해 오스트리아 정부는 헝가리의 협조가 필요했다. 합스부르크 제국의 재편과 관련한 논의에서 헝가리 측을 대표한 정치인은 1848년 당시 헝가리 혁명정부의 법무장관을 역임한 중도파로서 1855년 이후 헝가리 학술원장을 맡고 있던 페렌츠 데아크(1803-1876)였다. 오스트리아 측을 대표한 프리드리히 페르디난트 폰 보이스트(1809-1886) 총리는 의회 내 다수파인 자유주의자들의 동의를 얻어 이원정부를 구성하기로 결정한 후, 데아크 측과의 협상에서 오스트리아와 헝가리 간 대타협의 큰 조건들에 합의했다. 인구분포를 고려하여 라이타 강을 기준으로 하여 독일인들의 수가 우세한 제국의 서반부(치스라이타니엔)와 마자르인들이 우세한 제국의 동반부(트란스라이타니엔)로 합스부르크 제국을 이중제국의 형태로 구분하기로 결정한 것이었다.

1867년 2월 17일 율리우스 온드라시(1823-1890) 백작이 프란츠 요제프 1세 황제에 의해 헝가리 왕국의 초대총리에 임명되었다. 페르디난트 1세 황제의 칙령에 의해 1848년 10월 3일 자로 그 기능이 정지된 헝가리 왕국 의회(란트타크)가 1867년 2월 27일 - 오스트리아 제국의회(라이히스라트)와 동등한 - 제국의회(라이히스타크)라는 명칭으로 부활했다. 온드라시가 헝가리 총리에 임명되고 하루가 지난 1867년 2월 18일 3월 혁명 당시 잠정적으로 허용되었던 헝가리 헌법이 - 경미한 수정이 가해진 후 - 복원되었다. 지벤뷔르겐과 바나트(카르파티아 산맥과 타이스 강 사이의 지역으로서 현재의 루마니아와 세르비아와 헝가리에 걸쳐 있던 역사적인 지명)는 다시 헝가리 왕국에 편입되었다. 지벤뷔르겐은 1849년 3월에 공포된 이른바 3월 흠정헌법에 의거 헝가리 왕국에서 분리되어 합스부르크 제국의 독립 크론란트(황실직할지)로 승격되었으며, 오스만 제국이 점령하고 있던 옛 헝가리 왕국 영토 바나트는 1718년 파사로비츠 평화조약(1718년 7월 21일 체결된 6차 터키전쟁을 끝낸 평화조약)을 통해 환수된 후 황실직할지로 관리된 지역이었다. 1867년 3월 15일 온드라시 총리와 그의 내각이 오펜(부다)에서 헝가리 국왕(프란츠 요제프 1세 황제)에게 충성 서약을 함과 동시에 오스트리아-헝가리 대타협 조약은 효력을 발생했다. 오스트리아-헝가리 이중제국은 1867년부터 1918년까지 지속되었다. 그것은 두 개의 동등한 권리를 가진 국가연합의 형태로서, 오스트리아를 중심으로 오스트리아 제국의회에 의석을 보유한 국가들이 이중제국의 한 축(오스트리아 제국)이었고, 헝가리 국왕의 통치권에 포함된 지역이 이중제국의 또 다른 한 축(헝가리 제국)이었다. 다시 말해 이중제국의 한 쪽은 오스트리아 황제의 직할지역이었고, 다른 한 쪽은 헝가리 국왕의 직할지역이었다.

오스트리아-헝가리 이중제국의 오스트리아 황제 관할지역은 - 헝가리 쪽에서 볼 때 - 북쪽(부코비나와 갈리치아-로도메리아)과 서쪽(메렌, 니더외스터라이히, 슈타이어마르크), 그리고 남서쪽(크라인, 달마티아)에서 헝가리 국왕 관할지역과 경계를 이루었다. 이중제국의 양 핵심 국가인 오스트리아와 헝가리 사이에 - 니더외스터라이히에서 부르겐란트를 거쳐 헝가리에서 도나우 강과 합류하는 - 라이타 강이 흐르기 때문에, 빈에서 바라볼 때는 라이타 강의 차안 지역은 오스트리아 관할지역이었고, 라이타 강의 피안 지역은 헝가리 관할지역이었다. 그래서 이중제국의 오스트리아 관할지역을 치스라이타니엔(라이타 강 차안 지역), 헝가리 관할지역을 트란스라이타니엔(라이타 강 피안 지역)이라 명명하기도 했다. 다시 말해 황제가 직접 통치한 지역은 오스트리아와 뵈멘과 갈리치아-로도메리아 등을 포함하는 라이타 강 서쪽 지역(치스라이타니엔)이었고, 공식 언어로 독일어가 사용된 지역이었다. 트란스라이타니엔으로 불린 헝가리 왕국 관할지역의 공식 언어는 헝가리어였다. 헝가리 왕국은 슬라브계가 우세한 크로아티아와 슬로베니아를 포함했다. 오스트리아-헝가리 국가연합의 한국어 번역명칭으로는 이중제국이라는 편이 이중왕국이라는 표현보다 실체에 더 접근한 표현으로 판단된다. 이중제국의 한쪽은 황제(카이저)가, 다른 한쪽은 국왕(쾨니히)이 국가원수였지만, 실제로 황제와 국왕은 동일 인물이었고, 헝가리 제국의 의회도 1867년 이후 란트타크(국회)에서 라이히스타크(제국의회)로 그 명칭이 변경되었으며, 헝가리 역시 다민족 국가(마자르족의 헝가리 및 슬라브족의 크로아티아와 슬라보니아)였기 때문이다.

오스트리아-헝가리 이중제국은 군합국 형식의 국가연합으로서, 프란츠 요제프 1세는 오스트리아 제국의 황제이면서 헝가리 제국의 국왕이었다. 그러나 외교, 국방 및 재정 등 이중제국 공동의 이해와 목적을 위한 분야에서는 양국이 정합국의 형식을 취했다. 헝가리 왕국은 헝가리 제국 내에서의 독립은 허용되지만, 대외적으로는 오스트리아 제국에 종속된 국가였다. 오스트리아-헝가리 이중제국의 3대 공동행정부(외무부, 국방부, 재정부)를 견제하는 입법부는 각각 양원으로 구성된 오스트리아 제국의회(라이히스라트)와 헝가리 제국의회(라이히스타크)에서 파견된 의원들로 구성되는 별도의 위원회였고, 이 위원회는 '제국의회대표단'이라 불렸다. 오스트리아 제국 헌법과 헝가리 제국헌법에 의해 권한을 부여받은 제국의회대표단의 규모는 각각 60명이었지만, 회의는 분리되어 개최되었다. 각각의 제국의회 대표단 내에서 법안이 다수결로 채택되었을 때만, 공동결의가 이루어졌다. 양 제국의회대표단 중 어느 한 쪽의 다수 의견으로 결의된 의안이 다른 쪽 대표단에서 부결된 경우는 입법에서 제외되었다. 오스트리아 제국이 오스트리아-헝가리 이중제국이라는 국가연합의 형태로 그 국가형식을 전환한 1867년 이후의 입법부는 매우 복잡한 구조로 운영되었다. 양 제국의회를 대표하는 60인 대표로 구성된 제국의회대표단 회의는 1년에 두 차례 빈과 부다페스트에서 장소를 옮겨가면서 개최되어야 했다. 그러나 60인 대표단이 실제로는 양국의 수도를 옮겨 다니면서 공동회의를 개최한 적은 없었고, 서면으로 의견교환이 이루어졌다.

3개 공동행정부(외교부, 국방부 및 재정부)의 운영에 필요한 경상비는 양 제국의 경제구조의 차이와 세수능력을 감안하여 재정조달 액수가 양 측에 할당되었다. 오스트리아-헝가리 이중제국 전체 재정의 30퍼센트는 헝가리 제국이, 나머지 70퍼센트는 오스트리아 제국이 공급했다. 이 비율은 매 10년마다 개최되는 협상에서 조정되었다. 그리하여 1888년부터는 31.4 퍼센트, 1907년부터는 36.4 퍼센트로 헝가리 측의 부담액이 상향 조정되었다.

이중제국 탄생의 헝가리 측의 산파역이었던 페렌츠 데아크는 본인의 원에 따라 내각에도 참여하지 않고, 정당에도 관여하지 않았다. 그러나 그의 이름을 따 명명된 <데아크 당>이라 불린 자유주의자들로 구성된 정당이 압도적 다수의석을 점한 헝가리 제국의회는 1868년 이중제국 병역법을 공동정부안대로 수용하였다. 그 결과 헝가리 제국의 상비군 뿐 아니라, 예비군도 이중제국 국방부의 명령체계에 종속되었다. 요제프 아우구스트(1872-1962, 프란츠 요제프 1세 황제의 재재종형) 대공을 최고지휘관으로 하여 조직된 헝가리 국방군(혼베드)은 오스트리아-헝가리 이중제국의 4대 전력 중의 하나였다. 나머지 3개 전력은 헝가리의 혼베드에 상응하는 오스트리아의 예비군과 이중제국의 공동육군 및 공동해군이었다. 특이한 점은 헝가리와 오스트리아의 예비군도 이중제국 공동국방부의 명령체계에 통합되었다는 점이었다. 오스트리아-헝가리 이중제국의 국가연합으로서의 존립을 보장한 제도적 기관이 교회와 군대와 관료와 경찰력이었기 때문이었다. <데아크 당>의 전통은 1875년 창당된 <자유당>에 의해 계승되었으며, 데아크 당과 헝가리 자유당은 1905년까지 총리와 장관들을 배타적으로 배출한 헝가리 제국의회의 제1당이었다.

1867년 이후 오스트리아 제국의 황제와 헝가리 제국의 국왕을 칭하는 '카이저'(황제)와 '쾨니히'(국왕)라는 부가어가 공식적으로 이중제국의 명칭 앞에 사용되었다. '카이저'와 '쾨니히'라는 부가어를 사용함에 있어, 오스트리아와 헝가리 이중제국 전체를 표현할 때는 두 단어의 동일한 이니셜 '카'(케이)를 대등접속사 '운트'로 연결하여, <카 운트 카>(k. u. k.)라는 부가어가 사용되었고, 헝가리 제국을 제외한 이중제국의 절반(치스라이타니엔)을 나타낼 때, 즉 오스트리아 제국을 지칭할 때는 접속사 없이 이음표를 사용하여 <카-카>(k.-k.)라는 부가어가 사용되었다. 오스트리아 작가 로베르트 무질(1880-1942)은 1차 대전 직전의 빈을 배경으로 다룬 그의 대표작 <특징 없는 남자>에서 '카-카'의 약어에서 유래한 신조어인 '카카니엔'이라는 명칭으로 오스트리아 중심의 이중제국의 절반, 즉 오스트리아 제국을 희화화했다. 헝가리 제국만을 나타낼 때에는 '쾨니히'의 이니셜 '카', 또는 '운가른'(헝가리)의 독일어 이니셜 '우'(u)를 합쳐서 <카우>라는 약어를 부가어로 사용했다. 그래서 오스트리아-헝가리 이중제국의 공동육군이나 공동해군을 공식적으로 표기할 때에는 육군과 해군이라는 단어 앞에 <카 운트 카>(k. u. k.)라는 부가어를 사용한 반면, 오스트리아 예비군 앞에는 '카-카', 헝가리 국방군을 의미하는 혼베드라는 단어 앞에는 '카' 또는 '카우'라는 부가어를 사용하여 관할을 구분했다.

오스트리아-헝가리 이중제국의 양대 지배민족은 독일 민족(오스트리아인)과 헝가리 민족(마자르인)이었다. 남티롤(1918년 이후 이탈리아 영토)을 포함한 1867년 현재의 오스트리아 영토(1921년 오스트리아에 편입된 부르겐란트 주는 제외), 뵈멘과 메렌(체코), 오스트리아령 슐레지엔(현재는 체코 및 폴란드 땅), 갈리치아-로도메리아(로도메리아와 동갈리치아는 우크라이나, 서갈리치아는 폴란드 영토), 부코비나(우크라이나), 이스트리아 반도(크로아티아와 슬로베니아 영토), 크라인(슬로베니아), 트리에스테(이탈리아), 괴르츠(이탈리아의 고리치아)와 그라디스카(이탈리아), 그리고 달마티아(크로아티아) 등으로 구성된 오스트리아-헝가리 이중제국의 서반부(치스라이타니엔, 오스트리아 제국)는 수도를 빈에 둔 오스트리아 제국 황제 직할지역으로서 총인구수는 - 1913년 통계를 따르면 - 약 29,000,000명이었다. 그 중에서 독일계 오스트리아인들이 10,200,000명으로 가장 많았고, 체코인이 7,000,000명, 폴란드인이 5,000,000명. 크로아티아인이 700,000명, 우크라이나인이 3,700,000

명, 루마니아인이 300,000명, 슬로베니아인이 1,300,000명, 이탈리아인이 800,000명 등이었다. 오스트리아-헝가리 이중제국의 동반부(트란스라이타니엔)인 헝가리 제국 직할지역은 헝가리 왕국을 비롯하여, 피우메(리예카)를 포함한 크로아티아, 슬라보니아(사바 강과 드라바 강 사이의 역사적 지명으로서 지금은 크로아티아 땅이며 가장 큰 도시는 오시에크), 보이보디나(현재 세르비아의 주), 바나트(루마니아와 세르비아와 헝가리에 분포된 지역)와 지벤뷔르겐(루마니아의 일부)과 슬로바키아 등을 포함하였으며, 총인구수는 약 21,000,000명으로서 주민 수에 있어서도 오스트리아-헝가리 이중제국을 사실상 지배한 오스트리아 제국에 뒤졌다. 21,000,000명 중에서 마자르인이 9,700,000명으로서 가장 많았고, 루마니아인 3,000,000명, 독일인(오스트리아인) 2,300,000명, 슬로바키아인 2,200,000명, 크로아티아인 2,000,000명, 세르비아인 1,100,000명, 루테니아인(우크라이나인) 500,000명, 이탈리아인 200,000명의 순이었다. 오스트리아-헝가리 이중제국의 주민 수를 모두 합치면 50,000,000명을 상회했다. 이중제국의 두 수도의 인구수를 비교하면, 오스트리아 제국의 수도 빈의 인구는 2,000,000명 이상이었고, 부다페스트는 880,000여 명이었다.

오스트리아-헝가리 이중제국의 서쪽은 독일민족(오스트리아인), 동쪽은 마자르족(헝가리인)의 집단거주 지역이었고, 북쪽과 남동쪽은 슬라브족, 남쪽은 이탈리아인들의 집단거주 지역이었다. 그리고 이중제국의 극동 쪽에는 루마니아인들 외에도 산재해 거주한 여타 소수민족들이 상당수 존재했다. 수세기 동안의 전통을 유지하면서 소규모 집단거주 형태로 민족들이 서로 섞여 거주하는 지역도 많았다. 예를 들어 이탈리아인들은 트리엔트(트렌토)와 트리에스트(트리에스테)에만 국한되지 않고, 오랜 세월 동안 달마티아의 해안지역에서도 거주했다. 그래서 오스트리아인들의 가문을 거슬러 올라가 보면, 조상들 중에 두 세 민족의 피가 서로 섞여 있는 경우를 쉽게 찾아 볼 수 있다. 오늘날 오스트리아와 오스트리아 사람들의 개방성이 상대적으로 부각되는 것은 과거 수세기의 역사를 거치면서 비로소 가능했던 민족들 간의 융합과 소통에서 그 한 가지 원인을 찾을 수 있을 것이다. 오스트리아인들(독일민족)과 헝가리인들(마자르민족) 사이에는 민족적 대립의식이 존재했고, 뵈멘 왕국의 체코인들은 뵈멘 왕국의 소수 민족인 오스트리아 인들에 의해 억압을 받아왔다고 생각했다. 그뿐 아니라 세르비아인, 크로아티아인, 슬로베니아인, 루마니아 인들은 다시 헝가리인들(마자르족)이 그들을 탄압하는 압제자로 생각했다. 오스트리아-헝가리 다민족 제국은 이렇듯이 민족들 간에 상존하는 알력과 긴장이 그칠 날이 없었다.

민족문제의 조정은 빈 정부와 부다페스트 정부에 각각 위임되었다. 합스부르크 제국 자체가 다민족 제국이었지만, 1867년 이중제국 출범 이후의 오스트리아 제국과 헝가리 제국도 다민족 국가이기는 마찬가지였다. 민족문제 조정이 양 정부의 책임에 맡겨진 후, 헝가리는 특히 슬라브족과의 역사적인 긴장관계를 더욱 악화시켰다. 오스트리아 제국 역내에도 슬라브족이 있었지만, 오스트리아와 헝가리 정부는 자국 관할지역에 거주하는 슬라브족과 관련해 완전히 다른 정책을 펼쳤다. 치스라이타니엔(이중제국 서반부/오스트리아 제국)의 지배국가인 황제국 오스트리아는 공식적으로 다민족 국가임을 표방한데 반해, 트란스라이타니엔(이중제국 동반부/헝가리 제국)의 지배국가 헝가리 왕국은 강압적 수단을 동원하여 헝가리 제국 인구의 절반 이상에 달하는 비 마자르민족의 마자르민족화를 강제하려고 시도했다. 헝가리의 마자르 민족주의는 특히 크로아티아 거주 슬라브족과의 분쟁을 자초했다. 오스트리아-헝가리 이중제국의 오스트리아 제국 쪽에서도 민족 간 갈등과 불만의 표출이 없었던 것은 아니지만, 어느 한 민족의 타 민족 박해 같은 조직적인 갈등은 발생하지 않았고, 점차 민주주의적 사회질서의 정착이 가시화되고 있었다. 이에 반해 헝가리 제국 쪽에서는 마자르인들의 배타적 애국주의가 기승을 부렸다.

1848/1849년 혁명 당시 합스부르크가에 충성했던 크로아티아는 1867년 오스트리아와 헝가리가 대타협을 통해 이중제국을 출범시켰을 때, 크로아티아와 헝가리 간의 대타협 조약을 별도로 체결한다는 약속을 받았

다. 헝가리와 크로아티아 간의 대타협 조약은 오스트리아-헝가리 대타협 조약 체결 1년 후인 1868년 9월 20일에 체결되었다. 그러나 크로아티아의 기대는 충족되지 않았다. 크로아티아는 헝가리 제국 내에서의 이원체제를 달성하는 데는 성공했지만, 조세와 군사 부문 등 모든 중요한 국정 업무에 있어서는 부다페스트 정부에 종속되었다. 크로아티아의 태수(반)도 크로아티아 의회(사보르)에 의해 선출되지 못하고, 헝가리 정부에 의해 임명되었다. 민주주의의 흔적은 찾을 길이 없었고, 부다페스트 정부는 중앙집권적 강권정치로 일관했다. 크로아티아 민족(슬라브족)은 헝가리인들(마자르족)의 폭압적 지배구조 하에서 극도의 민족주의적 불만을 표출하였다. 그들은 빈의 황제에게 도움을 요청했지만, 황제는 - 헝가리 국왕으로서 헝가리 제국의 헌법을 준수해야 했기 때문에 - 크로아티아 사람들의 요구를 충족시킬 수가 없었다. 거기에다가 크로아티아의 내부문제도 심각했다. 그럴 것이 크로아티아인들은 역내에 거주한 세르비아인들과 사회적 접촉이 없었다. 가톨릭을 신봉하는 크로아티아의 수도 자그레브에서는 그리스 정교를 신봉하는 베오그라드(세르비아의 수도)를 경멸했다. 자그레브 사람들은 베오그라드 사람들을 무지한 민족집단으로 치부했다. 헝가리 왕국과 오스트리아 제국 간의 정치적 타협의 소산인 오스트리아-헝가리 이중제국은 현대적 의미의 국가연합 형태로 나아가는 첫걸음이 될 수가 있었을 터인데도 불구하고 후속적 발전은 이루어지지 못했다. 이는 민족 간 갈등을 해소할 수 있는 정책이 수반되지 않았기 때문이었다.

헝가리와 오스트리아의 대타협은 두 국가 간의 조약이라기보다는 기득권을 지키려는 헝가리 귀족계급과 오스트리아 황제 사이의 조약이었다. 이중제국의 공동관리 비용과 관련하여 상황에 맞게 매 10년마다 조약의 내용을 수정할 수 있었지만, 오스트리아 측 입장에서 볼 때, 헝가리 정부는 이중제국의 한 축을 담당하는 정직한 파트너가 아니었다. 헝가리는 자국의 이익에 부합된다고 판단될 때는 주저하지 않고 이중제국의 외교정책과 재정정책에 반발했다. 마자르인들이 헝가리 왕국의 통치를 받고 있는 타민족들에게 취한 무자비한 정치적 박해는 이들(비마자르 민족)의 빈의 중앙정부와 황제에 대한 불신과 반감을 증폭시켰고, 그 결과가 1918년 1차 대전 종전과 동시에 합스부르크 제국을 붕괴하게 만든 여러 이유 중의 하나라고 역사가들은 지적하고 있다.

헝가리와의 화해 혹은 타협이 합스부르크 제국이 안고 있는 다민족 제국의 문제점들을 해결할 수 있는 근본적 처방은 결코 아니었다. 오히려 오스트리아와 헝가리의 배타적 화해는 오스트리아 다민족 제국과 헝가리 왕국의 통치영역(트란스라이타니엔/헝가리 제국) 내에 거주하는 슬라브족들의 적대감을 증폭시키는 촉진제가 되었다. 더욱이 두 지배민족, 다시 말해 오스트리아 제국을 지배한 독일 민족과 헝가리 제국을 지배한 헝가리 민족을 합한 수가 오스트리아-헝가리 이중제국의 전체인구의 40퍼센트에도 미치지 못했다. 1867년 두 지배민족의 타협을 바탕으로 하여 오스트리아-헝가리 이중제국이 일종의 국가연합의 전 단계의 형식으로 재편됨으로써 오스트리아-헝가리는 외견상으로는 유럽에서 러시아 다음으로 광대한 영토를, 그리고 러시아와 독일제국 다음으로 많은 인구를 보유한 열강의 모습을 띄게 되었다. 그러나 유럽대륙의 권력판도는 달라졌다. 수세기 동안 누려온 유럽에서의 주도권을 상실한 오스트리아는 이제 국호를 오스트리아-헝가리 이중제국으로 바꾸었지만, 승승장구중인 북쪽의 독일제국과 통일의 여세를 몰아 유럽의 열강으로 발돋움하려는 남쪽의 이탈리아(1870년 교황령 합병) 사이에 끼어 운신의 여지가 줄어들었음을 인정하지 않을 수 없게 되어 버렸다.

합스부르크 다민족 제국을 구성하고 있는 국가 중 헝가리 왕국이 차지한 비중은 매우 컸다. 1848년 프랑크푸르트 혁명의회(국민의회)에서 독일 통일의 방식과 관련하여 대두된 소독일주의와 대독일주의 통일방안이 모두 오스트리아 제국에 의해 배척된 것도 두 방식이 똑같이 오스트리아 제국이 아닌, 오스트리아를 통일독일에 포함시키느냐, 아니면 제외하느냐의 문제에만 초점을 맞추고 있었기 때문이었다. 대독일주의를 지지한 오스트리아 다민족 제국 내의 독일민족주의자들이 탄압을 받은 것은 그것이 1713년의 <국본조칙>에서 공개적으로 선언된 다민족 제국의 존립근거(합스부르크 제국의 '불분리성'과 '불분할성')에 위해를 가할 수 있는 주장이었기 때문이었다. 소독일주의는 물론이고, 대독일주의 역시 통일독일에서 합스부르크 제국의 비독일어권 지역을 제외시키는 방안이었으며, 오스트리아 제국은 - 독일연방에도 포함되지 않았던 - 헝가리 왕국을 통일독일에 포함시키는 방안을, 다시 말해 '대오스트리아주의'를 통일독일의 모델로 삼고 있었다. 따라서 합스부르크 제국이 헝가리의 민족주의를 위험시 한 것만큼 독일민족주의(독일·오스트리아 합병파)를 경계한 이유가 같은 이유에서 설명될 수 있었다. 그럴 것이 양 민족주의(독일 민족주의와 헝가리 민족주의)의 공통점은 제국의 불분리성과 불분할성을 존중하지 않는, 다시 말해 다민족 제국의 근본을 파괴하는 주장이었다. 이런 맥락에서 1871년의 독일통일은 오스트리아가 통일독일에서 인위적으로 제외된 것이라는 단순한 결론으로 끝낼 문제는 아니었다.

2) 19세기 말의 민족 갈등

프란츠 요제프 1세 황제(재위: 1848-1916)의 통치시대의 말기를 압박한 문제는 단연 다민족 국가의 민족문제였다. 합스부르크 제국이라는 다민족 국가를 구성하고 있는 민족 간의 분쟁에 대한 평가는 동시대는 물론, 후세의 사가들 사이에서도 일치하지 않았다. 합스부르크 다민족 국가의 상황을 오스트리아의 세계화의 산실이었다고 평가하면 지나치게 환상적으로 들릴 것이며, 오히려 그 반대편에서는 오스트리아 제국이 민족들의 감옥이었다는 진단을 내놓을 수도 있을 것이다. 프란츠 요제프 시대에 대두된 민족주의를 분석할 때 중요한 점은 국가라는 개념이 주관적으로 형성되지 않고, 객관적인 요인들에서 결정되었다는 사실이었다. 예컨대 소속 민족 혹은 인종과 무관하게 국가에 대한 개인의 지지, 즉 국적을 통해서 국가의 정체성을 확인하는 미합중국의 경우와는 달리 합스부르크 제국의 민족 갈등은 객관적인 요인, 즉 언어와 문화, 영토와 종교, 그리고 또 19세기의 특징적 현상이었던 인종 문제에서 야기되었다. 이렇게 생성된 민족 간 갈등을 봉합하기에는 합스부르크 제국이라는 통합국가의 이념은 그 기반이 매우 허약했다. 황실의 구성원과 군대와 관료계층만이 합스부르크 제국이라는 통합국가 이념과의 연계성을 느꼈을 따름이며, 그와 같은 감정에 결정적인 역할을 한 것은 물론 그들 집단의 합스부르크가에 대한 충성심이었다. 사회민주주의자들은 민족투쟁은 변형된 권력투쟁이라는 그들 나름의 해석을 내놓았지만, 그들의 투쟁방법 역시 성공을 거두지 못했다. 그들이 민족 간 갈등을 다른 차원으로 전이시키려 시도한 것은 국제성을 얻으려는 노력으로 이해해야 할 것이다. 사회적 발전이 선행된 민족이 그렇지 못한 민족을 억압한다는 것이 사회민주주의자들의 견해였다. 사회민주주의의 이념은 그래서 탈민족주의와 탈국가주의였다.

합스부르크 제국의 개별 민족 내부에서 민족주의가 대두되기 시작한 것은 1848년 3월 혁명 이전 시기부터였다. 절대주의 통치를 통해 민족주의를 극복하려는 정책은 독일전쟁(1866) 패전 이후 더 이상 유지되기 어려웠다. 1866년 이전까지 제국 내의 지배민족 집단에게만 진입이 허용되었던 지배계층의 기반이 확대되지 않을 수 없었다. 1867년 헝가리와의 대타협을 통한 오스트리아-헝가리 이중제국의 출범으로 합스부르크 제국의 지배계층의 기반은 이제 독일 민족에서 독일 민족(오스트리아인)과 헝가리 민족(마자르인)의 양대 축으로 확대되었다. 오스트리아-헝가리 이중제국 서반부(오스트리아 제국)에서의 독일민족의 지배적 지위는 자유주의자들에 의해 대표되었다. 귀족국가의 옛 권리를 되찾은 마자르족(헝가리 민족)은 오스트리아-헝가리 대타협을 통해 이중제국의 동반부(헝가리제국)에서 확고한 지위를 획득했다. 이중제국 출범과 더불어 헝가리 민족에게 중요한 권리들이 허용되었지만, 그들은 이 권리를 헝가리 제국 내의 여타 민족들과 공유하려고 하지 않았다. 정도의 차이는 있었지만, 그것은 이중제국의 서반부(치스라이타니엔)를 지배한 독일민족(오스트리아인)이 그들의 지배적 권리를 역내의 타민족과, 예컨대 뵈멘 왕국과 갈리치아-로도메리아 왕국의 슬라브족과 동등하게 나누어 가지려고 하지 않았던 것과 같은 이치였다. 이와 같이 헝가리 왕국 주도의 이중제국의 동반부는 과격한 민족주의로 기울었고, 이중제국 출범 후 헝가리 제국은 역내 타민족(슬라브족)의 마자르화 정책의 수위를 오히려 더욱 높였다. 1866년 독일전쟁에 패한 후, 오스트리아는 이중제국으로의 전환을 통해 다민족 제국의 민족갈등을 안정화시키려 했지만, 민족갈등은 오히려 증폭되었다. 이중제국이 출범한 해에 제정된 <12월 헌법>을 통해 오스트리아 제국이 역내 타민족(슬라브족)을 장악하려 했을 때, 가장 큰 걸림돌로 작용한 것이 이중제국 출범과 함께 오스트리아 제국과 동등한 지위를 획득한 헝가리의 존재였다. 합스부르크 다민족 제국 내에서 헝가리 민족만이 유일하게 독점적 권리를 쟁취했기 때문이었다. 헝가리는 그들이 얻은 특권을 역내 비마자르 민족과 공유하려하지 않았을 뿐 아니라, 합스부르크 제국의 일각에서 대두된 이중제국의 재재 개편 논의, 즉 뵈멘(체코)을 동참시켜 이중제국을 삼중제국으로 확대 개편하자는 주장에 대해서도 오스트리아보다 더 극렬하게 반대함으로써 다민족 제국의 민족문제의 해결을 위기로 몰아갔다.

오스트리아-헝가리 이중제국의 서반부(오스트리아 제국)에서 민족의 권리를 찾기 위한 가장 강력한 투쟁은 뵈멘 왕국에서 일어났다. 1867년 오스트리아-헝가리 이중제국의 출범에 대한 뵈멘 왕국 내 체코인들의 실망은 컸다. 왜냐하면 체코인들은 중세와 근대 초기의 여러 지방 규정들을 포함시킨 뵈멘의 헌법이 1867년의 대타협에서 황제의 승인을 이끌어 낸 헝가리의 헌법과 다를 바 없다고 생각했기 때문이었다. 그래서 체코인들은 헝가리와의 대타협을 사후 승인한 오스트리아 제국의 <12월 헌법>도 뵈멘 왕국의 동의가 없었기 때문에 무효라고 간주했다. 그들은 헝가리가 1867년에 달성한 것과 동일한 수준의 권리를 쟁취하기 위해 제국의회 등원거부 정책으로 빈의 중앙정부에 대항했다. 뵈멘 왕국의 선거구에서 선출된 체코 출신 제국의회 의원들은 제국의회 등원을 비롯해 빈 중앙정부의 모든 정책을 거부했다.

오스트리아-헝가리 이중제국 출범 이후 뵈멘 왕국 내의 지배민족인 체코인들 사이에 범슬라브주의와 러시아에 대한 관심이 폭발적으로 증가했다. 이는 오스트리아 제국(치스라이타니엔)의 지배민족인 독일인(오스트리아인)들에게는 반역으로 해석되었다. 체코인들의 요구는 뵈멘 왕국의 국권을 인정하고, 뵈멘의 통일(뵈멘과 메렌과 슐레지엔의 통합)을 보장하라는 것이었다. 뵈멘 왕국(수도: 프라하)과 메렌(수도: 브륀/브르노) 변경백령과 슐레지엔(오스티랑령 슐레지엔, 수도: 트로파우/오파바) 공국은 오스트리아 제국의 행정편제상 동등한 지위를 가진 독립 크론란트들이었다. 체코인들의 불만은 헝가리 왕국과 더불어 합스부르크 제국의 3대 축의 하나인 뵈멘 왕국이 뵈멘 국왕의 역사적 관할지역인 메렌(현 체코의 이호모라프스키 주와 세베로모라프스키 주에 해당)이나 슐레지엔(오스트리아 령 슐레지엔, 현재 폴란드 영토)과 똑같이 오스트리아 제국을 구성하는 15개(1867년 기준) 크론란트(미국의 연방주에 해당) 중의 하나로 취급되는데서 출발했다. 1867년 이중제국의 출범과 더불어 헝가리 왕국이 오스트리아 제국의 크론란트에서 제외됨과 동시에 이중제국의 절반(트란스라이타니엔/헝가리 제국)에 대한 자치권을 황제로부터 위임받은 것은 - 궁극적으로는 - 독립을 염원하는 뵈멘 왕국 내 체코인들의 민족주의에 불을 붙인 사건이 되었다. 뵈멘 왕국의 지배계층으로서 빈 중앙정부의 중앙집권주의에 익숙한 뵈멘 왕국 거주 독일민족과 체코민족 간의 갈등은 오스트리아-헝가리 이중제국 출범 후 한층 더 고조되었다.

여기서 다시 한 번 오스트리아 제국의 범위를 지적하고 싶다. 1867년 이전의 오스트리아 제국은 합스부르크 제국 혹은 도나우 제국과 동일한 개념이었으며, 1867년 기준의 - 이중제국 출범 후의 - 오스트리아 제국은 헝가리(수도: 부다페스트)와 크로아티아-슬라보니아(수도: 아그람/자그레브)와 지벤뷔르겐(수도: 카를스부르크/알바률리아)과 바나트(수도: 테메슈바르/티모쇼아라) 등 4개 크론란트가 제외된 지역(15개 크론란트)으로 구성되었다. 1908년에 공식적으로 오스트리아 제국에 합병된 보스니아-헤르체고비나는 헝가리 제국에 소속되지 않고 오스트리아-헝가리 공동정부에 의해 관리되었다.

체코인들은 프란츠 요제프 1세 황제가 직접 프라하로 행차하여서 뵈멘 왕국의 헌법과 뵈멘 왕국의 상징인 '벤첼 왕관'(룩셈부르크 왕가 출신의 두 번째 신성로마제국 황제 카를 4세가 1347년 뵈멘 국왕 즉위식에서 처음으로 사용한 왕관으로 프라하 성의 블라디슬라프 홀에 그 복제본이 전시되고 있음)을 쓰고, 즉위식을 가질 것을 요구했다. 그것은 헝가리와 동등한 대우, 즉 뵈멘 왕국의 자치권도 인정하라는 체코인들의 요구였다. 프라하에서 마지막(1836년 9월 7일)으로 대관식을 가진 오스트리아 황제는 - 1848년 조카 프란츠 요제프 1세에게 양위하고, 프라하 성에 은거한 - 페르디난트 1세(재위: 1835-1848)였다. 프란츠 요제프 1세 황제가 프라하에서의 즉위식을 거부한 이유는 오스트리아 제국의 일각에서도, 특히 황태자 프란츠 페르디난트(1863-1914) 대공의 주변에서 일고 있는 연방제국가(오스트리아-헝가리-뵈멘 삼중제국) 건설 움직임과 무관하지 않았다. 현재의 이중제국을 뵈멘을 포함시키는 삼중제국으로 발전시켜야 한다는 체코인들의 요구에 걸림돌이 된 것은 중앙집권주의 정책을 고수한 오스트리아 제국 내의 독일계 자유주의자들만은 아니었다. 오스트리아-헝가리 이중제국 내의 어느 다른 민족에게도 헝가리에게 허용된 것과 같은 특권이 더 이상 허용되어서는 안 된다는 헝가리 민족의 주장이 더 큰 방해 요인이었다. 이 점에서만은 이중제국의 양대 지배민족인 독일 민족과 헝가리 민족이 한 목소리를 낸 것이었다.

1870년 뵈멘 왕국 내 독일계 체코인들과 슬라브계 체코인들 간의 민족 대립이 심화되었을 때, <시민의 내각>이라 불린 빈의 자유주의 정부(1867년 12월 30일-1870년 4월 12일)는 오스트리아 제국의 중앙집권주의에 저항하는 뵈멘 왕국 의회의 해산을 프란츠 요제프 1세 황제에게 건의했지만, 묵살되었다. 이에 대한 정치적 책임을 지고 시민의 내각의 마지막 총리하스너 폰 아르타(1818-1891)는 사임하고, 폴란드 귀족 출신의 보수적 자유주의자 알프레트 포토츠키(1817-1889)가 국방장관 겸 총리에 임명되었다. 그러나 그는 1870년 4월 12일 총리에 임명된 지 10개월 만인 1871년 2월 6일에 사임했다. 제국의회에서 뵈멘 출신 의원들과 타협을 시도했지만, 절충점을 찾지 못했기 때문이었다. 체코 민족주의에 상대적으로 호의적인 노선을 지향한 신임 총리 지크문트 호엔바르트(1824-1899) 정부는 독일계 체코 의원들이 불참한 가운데 슬라브계 체코 의원들만의 찬성으로 통과된 뵈멘 왕국 의회의 이른바 <기본조항>(푼다멘탈아르티켈, 1871년 10월 10일)을 수용하여 뵈멘 왕국과 일종의 대타협을 시도했다. 오스트리아 제국의 헌법(1867년 12월 헌법)을 연방제 헌법으로 전환하여, 헝가리 왕국과 동등한 권리를 뵈멘 왕국에게도 부여할 것을 규정한 - 독일계 체코 의원들의 반대에도 불구하고 슬라브계 체코 의원들에 의해 통과된 - 뵈멘 왕국의 헌법제정 요구가 기본조항의 핵심내용이었다. 헝가리 왕국에 준하는 뵈멘 왕국의 자치권을 요구한 기본조항은 뵈멘 왕국 의회의 슬라브계 의원 81명이 1868년 8월 22일 공동 서명한 <뵈멘 선언>에 기초한 내용이었다. 오스트리아-헝가리 이중제국이 출범한 지 1년 만에 나온 뵈멘 선언의 요점은 합스부르크 제국을 연방제로 재편하고, 뵈멘의 헌법을 승인하라는 요구였다. 그러니까 1871년의 기본조항은 1868년의 뵈멘 선언의 재확인이었다.

<기본조항>(1871)은 극심한 저항을 만났다. 마자르족과 뵈멘 왕국 내의 독일계 민족은 물론이고, 뵈멘 왕국을 제외한 오스트리아 제국의 여타 크론란트(예: 티롤)도 헝가리와 동등한 권리를 뵈멘 왕국에게 허용하라는 체코인들의 요구에 대해 반발했다. 오스트리아 제국 내의 슬로베니아인들과 루테니아(우크라이나)인들은 같은 슬라브계 민족이면서도 체코인들에게만 주어지는 배타적 지위를 인정하려 하지 않았다. 오스트리아-헝가리 이중제국의 출범과 12월 헌법(1867년 12월 22일 제정된 오스트리아 제국헌법) 제정에 주도적 역할을 했으며, 이중제국 초대 외무장관 겸 오스트리아 제국 초

대총리(1867)를 역임한 프리드리히 페르디난트 폰 보이스트(1809-1886)와 헝가리 제국 초대총리를 지낸 지울로(율리우스) 온드라시(1823-1890) 같은 영향력과 지명도를 가진 정치가들의 격렬한 반대에 부딪혀, 프란츠 요제프 1세 황제는 결국 20일 전에 뵈멘 왕국 의회가 통과시킨 <기본조항>에 거부권을 행사했다. 1871년 2월 6일 포토츠키 내각을 승계한 호엔바르트 총리 내각은 황제의 거부권 행사로 뵈멘 왕국과의 대타협 시도가 불발로 끝난 1871년 10월 30일 해산되고, 오스트리아 제국의 중앙집권주의 정책은 계속되었다. 기본조항이 황제에 의해 거부된 후, 오스트리아 제국 내 독일 민족과 체코 민족 간의 대립은 해를 거듭 할수록 심화되었다. 오스트리아의 자유주의자들 뿐 아니라 - 1879년 집권세력으로 등장한 - 독일 민족주의자들(독일-오스트리아 합병파)에게도 기본조항의 수용은 그들이 추구해 온 오스트리아 제국 내 독일 민족의 헤게모니에 종지부를 찍는 정치적 사건이었다. 자치국가의 희망이 좌절된 뵈멘 왕국 내 체코인들은 중앙정부에 대한 철저한 보이코트 정책으로 대응하면서 제국의회 뿐 아니라, 등원거부를 뵈멘 왕국 의회로까지 확대했다. 그러나 그들의 등원거부 정책은 뵈멘 왕국 내에서도 비판의 대상이 되었다. 체코 의원들의 등원거부 정책은 중앙정부와의 타협(오스트리아-체코 대타협)을 모색한 <구체코당>(스타로체시: 1860-1890. 프란티셰크 팔라츠키와 그의 사위 프란티셰크 라디슬라우스 리게르(1818-1903)의 주도로 창당된 가톨릭과 상류층의 지지를 받은 정당) 소속 정치인들에 의해서도 실패한 정책으로 간주되었다. 스타로체시(구체코당)의 수동적인 저항과 오스트리아-체코 대타협 시도에 비판적인 - <구체코>, 즉 <노장 체코>에 빗대어 <청년 독일>과 <청년 이탈리아>처럼 <청년 체코>라고도 불린 - <신체코>(믈라도체시)라는 새로운 정당이 1874년 대안정당으로 결성되었다. 1871년 이후 등원을 거부한 슬라브계 체코 의원들이 1879년 의회로 복귀한 후, 이번에는 독일계 체코 의원들이 의회를 보이코트하기 시작했다.

독일계 체코 의원들의 등원거부는 1868년에 이어 1879년 재집권한 에두아르트 타페(1833-1895. 총리: 1868-1870, 1879-1893) 총리 정부가 <시민의 내

각>(1867-1870) 총리 시절과는 달리 뵈멘 의회에 대해 유화적인 정책을 폈기 때문이었다. 타페 총리 정부가 취한 첫 번째 정책은 - 뵈멘 의회의 다수파인 독일계 체코 의원들의 반대에도 불구하고 - 심지어는 독일인 밀집거주 지역에도 독일어와 함께 체코어를 공용어로 인정한 언어정책이었다. 1882년에는 체코인들에게 유리한 방향으로 선거법도 개정되었다. 세금납부 실적에 따라 선거권을 인정하는 차등선거제도가 1861년에 도입된 후 최저 10굴덴 이상 세금납부자에게만 부여된 선거권이 1882년의 선거법 개정을 통해 최저납부액 기준이 그 절반으로 낮추어진 것이었다. 독일계 주민보다 소득수준이 상대적으로 낮은 체코인들에게 더 많은 기회가 허용됨으로써 슬라브계 체코 의원들이 사상 처음으로 뵈멘 의회의 다수 의석을 점하게 되었다. 기득권을 지키려는 독일계 주민들은 체코인들에게 더 많은 정치적 기회를 제공한 선거법 개정에 강하게 저항했다. 1884년 선거에서 슬라브계 체코 의원들이 다수 의석을 확보한데다, 1880년 이후 공용어로 채택된 체코어 문제 때문에, 뵈멘 의회에서는 독일계 체코 의원과 슬라브계 체코 의원 사이에 민족적 긴장이 첨예화되었다. 그리하여 1886년 독일계 뵈멘 의원들이 의회에서 철수해 버렸다. 그들 독일계 뵈멘 의원들은 과격한 신체코당(믈라도체시/청년체코)이 1889년 뵈멘 의회 선거에서 원내 제1당으로 부상하자, 10년 전 슬라브계 체코 의원들이 등원거부 운동을 벌였던 것처럼 - 뵈멘 의회 뿐 아니라 - 제국의회 철수 카드로 빈의 중앙정부에 저항했다. 타페 총리의 중재로 1889년 1월 4일부터 19일까지 2주 동안 빈에서 슬라브게 체코 의원과 독일계 체코 의원들이 타협안을 만들기 위해 협상테이블에 마주 앉았다. 11개 항목의 의제 중 2개 항목, 즉 교육위원 및 문화위원 배분 문제와 프라하 고등법원에 독일인으로 구성되는 합의재판부를 별도 설립하는 문제는 합의에 도달했다. 그러나 다른 의제들은 - 특히 민족별 구역(주거구역) 획정 문제는 - 신체코당의 원칙적인 반대 때문에 합의에 이르지 못했다. 독일계 의원들의 반대로 빈에서 부분적이나마 합의를 본 <뵈멘 대타협>의 이행은 1892년 3월 뵈멘 의회에 의해 연기됨으로써 사실상 폐기되었다.

뵈멘 문제는 날이 갈수록 복잡해졌고, 뵈멘의 자치국가 달성을 위한 대타협의 가능성은 날이 갈수록 불투명해졌다. 독일인들이 비타협적인 자세를 취할수록, 체코인들은 자치국가로서의 독립이 불가능하다고 생각했다. 1893년 프라하에서 민족주의자들에 의한 폭력사태가 발생했을 때, 의회는 폐쇄되고, 프란츠 폰 툰 운트 호엔슈타인(1847-1916) 총독에 - 그는 1898년부터 1899년까지 오스트리아 제국 총리를 역임 했다 - 의해 비상사태가 선포되었다. 뵈멘 왕국 의회가 황제의 칙령에 의해 해산된 것은 1913년 7월 16일이었다. 체코슬로바키아 공화국은 오스트리아 제국이 붕괴된 이후 설립되었고, 초대 대통령은 신체코당 출신의 오스트리아 제국의회 상원 의원 토마슈 가리구에 마사리크(1850-1937)였다. 오스트리아 제국 중앙정부를 상대로 하여 자치국가 독립운동을 벌인 체코인들과는 달리 슬로바키아인들은 헝가리 제국의 지배하에 있었다. 슬로바키아 사람들의 민족주의는 체코인들의 그것과 병행하여 전개되었으며, 그들은 1918년 체코인들과 동맹에 합의하여 그들과 함께 체코슬로바키아 공화국을 수립했다.

체코인의 자치국가 설립 요구와 더불어 합스부르크 다민족 국가의 두 번째 큰 민족문제는 남슬라브민족 문제였다. 1830년대부터 크로아티아 시인이며 정치가 류데비트 가이(1809-1872)가 중심이 되어 고대 일리리아 왕국 재건운동으로 시작된 크로아티아의 지식인 집단의 남슬라브민족 통합운동은 처음에는 크로아티아 지역에만 국한되었다. 그러나 슬로베니아 지식인들도 동참한 남슬라브민족 통합 움직임은 후일 합스부르크 제국에 속하지 않은 독립왕국 세르비아까지 포함하는 유고슬라비즘 운동으로 발전하였다. 남슬라브 통합운동의 실현을 위해서는 원칙적으로 두 가지 서로 다른 방안이 존재했다. 크로아티아와 슬로베니아가 합쳐서 합스부르크 제국 내의 자치령이 되거나, 독립왕국 세르비아와 합병하는 방안이 그것이었다. 후자는 - 합스부르크 제국과 세르비아 왕국 간의 전쟁이 전제되지 않고서는 - 실현이 원천적으로 불가능한 방안이었다.

남슬라브 지역 내부의 사정도 서로 매우 달랐다. 슬로베니아의 목표
는 합스부르크 제국 내에서의 슬라브인들의 통합이었다. 그들의 이른바
<오스트리아 슬라브주의>의 목표는 합스부르크 제국 내에서 슬라브족
크론란트의 설립을 실현하는 일이었다. 이를 위해 슈타이어마르크나 케
른텐과 같이 슬라브 민족과 독일 민족(오스트리아인)이 혼재해 살고 있는 크
론란트는 독일인(오스트리아인) 거주 지역과 슬라브족 거주 지역을 서로 분리
하고, 크라인(수도: 류블랴나), 괴르츠(고리치아), 이스트리아, 트리에스테는 새로
설립될 슬라브족 크론란트에 편입시키는 것이 그들이 지향한 목표였다.
그들은 라이바흐(류블랴나)를 미래의 슬라브족 크론란트의 수도 후보지로
결정하고, 슬로베니아 대학을 그곳에 설립한다는 구체적인 구상도 가지
고 있었지만, 목표를 달성할 수 있는 수단이 그들에게는 결여되어 있었
다. 슬라브족 집단거주지는 합스부르크 제국 내에서 사회적 발전이 가장
미진한 지역이었다. 슬로베니아에는 귀족계급도, 시민계급도, 지식인 계
층도 존재하지 않았다. 슬로베니아 사람들은 주로 농민들이었다. 가톨릭
교가 우세한 크로아티아인들은 - 헝가리와는 반대로 - 합스부르크 제국
에 충성하였는데 반해, 정교회 신봉자가 다수인 세르비아인들은 1878년
<베를린 회의>를 통해 그들의 꿈(독립 세르비아 왕국 설립)을 성취한 이후, 합
스부르크 제국 밖에서 민족정체성의 모델을 찾았다. 세르비아 왕국과 오
스트리아 제국 간의 긴장은 자연히 증대되었고, 그 와중에서 후일 1차
대전의 원인으로 작용한 사건이 1914년 사라예보에서 발생했다. 발칸 반
도의 슬라브 민족에게 남슬라브 민족의 통합은 - 합스부르크 제국이 존
립하는 한 - 성취될 수 없는 이상에 불과했다. 그들의 꿈이 실현된 것은
1918년 합스부르크 제국이 해체된 후의 일이었다. 슬로베니아-크로아티
아-세르비아 왕국(1918-1928)과 유고슬라비아 왕국(1929-1941), 그리고 유고슬라
비아 연방공화국(1946-1991/1992) 시대를 거치면서 고대 일리리아 재건운동은
적어도 외형상으로는 성공을 거둔 듯 했다. 그러나 남슬라브 민족국가의
이념은 유고 연방의 해체와 더불어 영원히 좌초되었다. 20세기의 마지막

10년의 발칸 반도를 피로 물들인 남슬라브 민족 간의 내전과 전쟁이 그것을 증명해 주었다.

합스부르크 제국의 신민이면서 자신들의 정체성을 확인할 국가를 제국의 울타리 밖에서 찾아야 했던 합스부르크 제국 거주 이탈리아인들의 상황도 유사했다. 1859년 롬바르디아를 이탈리아에 양도하고, 1866년 베네치아마저 이탈리아에 반환한 후에도 합스부르크 제국 내에는 이탈리아어 사용지역이 아직 두 군데(달마티아를 포함하는 아드리아 해 연안지역과 남티롤) 남아 있었다. 트리에스트(트리에스테)는 1382년 이후, 트리엔트(트렌토)는 1803년 이후 합스부르크 제국 영토였다. 트리에스테를 포함한 아드리아 해 연안지역과 남티롤은 1918년 11월 3일 이후 이탈리아군에 점령되었지만, 이 지역이 공식적으로 이탈리아에 반환된 것은 <생제르맹 평화조약>이 체결된 1919년이었다. 이 두 지역은 19세기 이탈리아 민족주의자들의 미수복지 회복운동(이레덴타)의 목표지역이었다. 이와 반대로 주민 대부분이 크로아티아인이었던 달마티아에서는 처음부터 이탈리아인들이 큰 영향력을 행사했다. 소수민족이면서 중산층 시민계급을 형성했고, 달마티아 의회에서도 다수를 차지한 쪽이 이탈리아인들이었기 때문이었다.

폴란드의 일부가 합스부르크가의 통치지역에 포함된 것은 비교적 늦은 시기의 일이었다. 1772년 폴란드 1차 분할 당시 렘베르크(우크라이나의 리비우)가 수도인 갈리치아-로도메리아 왕국은 요제프 2세 황제 재위기에 합스부르크 제국에 합병되었다. 이 지역의 주민들은 주로 폴란드인과 루테니아인(우크라이나인)들로 구성되어 있었다. 폴란드 귀족과 시민계급이 이 지역의 지배계층을 형성했고, 주로 농민들로 구성된 우크라이나인들은 - 헝가리 제국 역내의 슬라브족(크로아티아인)이 마자르족에 의해 억압당했듯이 - 폴란드인들의 박해를 받았다. 그러니까 폴란드인들 자신이 합스부르크 제국의 통치를 받으면서 역내 타민족을 억압한 것이었다. 폴란드인과 루테니아인 사이의 관계는 합스부르크 다민족 제국이 안고 있던 민족문제의 복합적인 성격을 전형적으로 보여주는 하나의 실례일 뿐이었다. 오스트리아-헝가리 이중제국 출범 이후 오스트리아 제국의 지배민족(독일민족)과 헝가리 제국의 지배민족(마자르족)을 이중제국의 양대 중심축으로 판단하여, 독일민족(오스트리아인)과 마자르민족(헝가리인)이 이중제국 역내 슬라브 민족을 억압했다는 식으로 합스부르크 제국의 민족문제를 단순화시킬 경우, 다민족 제국의 민족 간 대립관계를 실물 크기로 노정시키는 데 한계가 있다. 양대 지배민족과 무관하게 제국 내 어느 한 민족이 다른 민족에게 불이익을 주고 박해를 가한 예가 적지 않았기 때문이다. 모두가 모두의 적이었다. 어느 한 민족이 다른 민족에게 미미한 이익이라도 허락한 예를 찾기가 어려울 정도였다.

뵈멘 왕국의 체코인들과는 반대로 갈리치아-로도메리아 왕국의 폴란드인들은 처음부터 거부감 없이 오스트리아 제국 중앙정부에 협조하고, 제국의회에 참여하였다. 빈 중앙정부의 요직을 차지한 폴란드인들의 수도 적지 않았다. 예컨대 아버지 아게노르 골루호프스키(1812-1875)는 갈리치아 총독, 오스트리아 제국 내무장관 및 제국의회 상원(귀족원) 의원이었고, 아들 아게노르 골루호프스키(1849-1921)는 1895년부터 1906년까지 오스트리아-헝가리 이중제국의 외무장관을, 카지미르 바데니(1846-1909)는 1895년부터 1897년까지 오스트리아 제국의 총리를 역임했다. 그리고 또 중앙정부 내에 갈리치아-로도메리아 왕국 몫으로 할당된 장관 자리에 폴란드인 정치가가 고정적으로 기용되었다. 체코인들과 달리 폴란드인들은 갈리치아의 자치와 독립을 위해 오스트리아-헝가리 대타협과 같은 수준의 요구를 제기하지 않았다. 체코인들처럼 제국의회 등원거부 운동을 펼친 적이 없는 폴란드인들은 빈의 중앙정부에 협력한 대가를 톡톡히 챙길 수 있었다. 갈리치아는 1873년 이후 오스트리아 제국 중앙정부로부터 완벽한 자율권을 인정받았고, 공용어도 독일어가 아닌, 폴란드어를 사용했다. 1871년 세 번째로 갈리치아 총독에 임명된 아게노르 골루호프스키는 갈리치아의 폴란드화에 박차를 가할 수 있었고, 폴란드 귀족들은 크론란트 내에서의 행동의 자유를 중앙정부로부터 보장받았다. 갈리치아-로도메리아 왕국 의회(크론란트 의회)는 폴란드 민족 출신 의원이 압도적 다수 의석을 점유했다. 주민 수가 폴란드인과 비슷했지만, 루테니아, 즉 우크라이나 사람들은 전체 의석의 15% 이상을 차지하지 못했다. 러시아령 폴란드와 프로이센령 폴란드에서와는 달리, 그리고 합스부르크 제국 내에서도 형가리 왕국이나 뵈멘 왕국과는 달리, 오스트리아령 폴란드(갈리치아-로도메리아 왕국)에서는 1848/1849년 혁명의 해도 무사히 지나갔다. 1846년 2월에 발생한 <크라카우 반란>은 오히려 오스트리아에게 전화위복으로 작용한 측면이 컸다. 1795년 3차 폴란드 분할에서 오스트리아 영토에 편입된 크라카우(크라쿠프)는 나폴레옹 전쟁 당시 1809년부터 1815년까지 바르샤바 공국에 편입되었다가, <빈 회의>의 결과로 1815년부터 크라카우 반란이 일어난 1846년까지 오스트리아, 러시아 및 프로이센 3국 공동관리 체제 하에 있었다. 1846년 2월 26일 크라카우 반란이 오스트리아군에 의해 진압된 후, 크라카우는 3국 공동점령통치 시대를 끝내고, 다시 오스트리아 제국 영토에 편입되었다. 갈리치아는 - 폴란드인과 우크라이나인 간의 민족적 대립을 극복하지 못한 채 - 1918년 합스부르크 제국이 붕괴될 때까지, 여타 크론라트(예: 뵈멘 왕국)에 비하면 오스트리아 제국에 충성을 바친 크론란트였다.

합스부르크 제국 붕괴 직전까지 수십 년 간 지속된 민족 간의 긴장관계는 삶의 여러 영역에 영향을 끼쳤고, 일련의 위기를 야기했다. 민족 문제를 합스부르크 제국의 국법을 벗어나서 해결하려는 시도들과 민족 상호간의 불화 증대는 제국이 곧 개별 민족국가로 분리될 것임을 예고하는 징후였다. 합스부르크 다민족 제국은 1차 대전이 발생하지 않았더라도 제국 내부의 민족적, 사회적 갈등에 부딪혀 와해되었을지도 모르지만, 1차 대전이 제국의 해체를 앞당긴 것은 확실해 보였다. 그러나 제국 해체 이후에도 이 지역의 민족 문제들이 모두 제거된 것은 아니었다. 그것은 제국의 후계국가들 역시 규모만 작은 다민족 국가였기 때문이다. 남슬라브 민족 문제는 20세기 후반에 들어와서도 여전히 발칸 반도의 화약고라는 오명을 털어내지 못했음을 우리는 이 지역에서 발생한 내전에서 실제로 경험했다.

3) 세기전환기 오스트리아 제국의 대외관계

1848년 3월 혁명의 와중에서 백부(페르디난트 1세)의 양위로 18세의 나이에 오스트리아 제국 황제에 즉위한 프란츠 요제프 1세는 1차 대전의 포성이 진동하던 1916년 11월 21일 - 두 명의 황태자를 앞세우고 - 68년이나 통치한 오스트리아 제국과 영원한 이별을 고했다. 합스부르크 제국의 붕괴를 전제로 독립을 준비하기 위해 <체코 민족회의>가 파리에 발족된 지 열흘 만의 일이었다. 프란츠 요제프 1세는 오스트리아 제국의 최장수 황제였다. 2년을 더 생존해 천년 사직이 허무하게 무너지는 역사적인 순간을 재위기에 직접 체험했더라면, 프란츠 요제프 황제와 합스부르크 제국의 신화에 대한 후세의 해석은 달라졌을 것이다. 왕정의 철저한 반대자인 사회민주주의자조차도 프란츠 요제프 황제에게 충성했고, 그를 제국의 상징으로 숭앙했다. 지금도 오스트리아 사람들의 기억 속의 합스부르크 제국의 신화는 특히 만년의 프란츠 요제프 황제와 밀접히 연결되어 있다. 세기전환기의 오스트리아 제국의 역사는 프란츠 요제프 1세 개인의 전기적 내용과 불가분의 관계를 맺고 있으며, 그것도 황제의 개인사적 비극과 밀접한 관련이 있었다. 오스트리아-헝가리 이중제국의 황태자였던 프란츠 요제프 1세의 독자 루돌프(1858-1889)와 루돌프가 사망한 후 황제의 후계자로 지명된 황제의 장조카 프란츠 페르디난트(1863-1914)가 1889년과 1914년 연달아 불행한 최후를 맞은 사건이 이미 합스부르크 제국의 몰락을 예언한 흉보였는지도 모른다. 황태자 시절의 루돌프는 오스트리아 제국의 외교정책을 둘러싸고 황제와 견해를 달리했고, 프란츠 페르디난트는 제국이 지향해야 할 미래의 정체(政體)를 두고 정치권 뿐 아니라, 군부와도 극심한 대립관계에 있었다. 그러나 프란츠 요제프 1세의 가족사적 비극은 그 보다 훨씬 일찍 그의 두 살 아래 동생 페르디난트 막시밀리안(1832-1867) 대공이 1864년 멕시코 황제에 즉위했을 때, 이미 시작되었다.

프란츠 요제프 1세의 3명의 동생 중 첫째 동생인 막시밀리안 대공은 다재다능한 자유주의자로서 공명심이 유달리 강한 유형의 인물이었지만, 두 살 위의 형님(프란츠 요제프 1세 황제)과 조카(황태자 루돌프)의 그늘에 가려 오스트리아 제국 내에서는 더 이상의 신분상승을 기대할 수 없는 환경에 대해 고뇌했던 것으로 알려져 있다. 1863년 제의가 들어온 멕시코 황제 자리는 그를 미혹시켰다. 막시밀리안 대공이 접견한 멕시코 사절단은 당지에 주둔한 프랑스 군대의 지원을 받는 멕시코 내의 소수 정파인 왕정 지지 세력이었다. 영국과 스페인을 따돌리고 멕시코를 프랑스의 영향권에 묶어 두기 위해 나폴레옹 3세가 멕시코에 친 프랑스 왕정을 회복시키려 시도하던 중 멕시코 황제 자리에 가장 적합한 유럽의 왕족을 물색한 끝에 적임자로 낙점한 사람이 2년간 롬바르디아-베네치아 왕국 총독을 역임함으로써 국가운영의 경험이 있다고 판단한 합스부르크가의 막시밀리안 대공이었다. 나폴레옹 3세의 허수아비 정권에 불과한 멕시코 황제 직을 막시밀리안 대공이 망설임 없이 수락한 것은 잘못된 결정이었다. 그의 실수는 멕시코 사절단에 의해 전언된 왕정 지지 보수파의 멕시코 내의 위상을 과대평가한 반면, 멕시코의 정정 불안을 과소평가했다는 사실과 더불어 나폴레옹 3세의 지원 약속을 액면 그대로 수용했다는 점이었다.

멕시코는 1821년부터 1853년까지 무려 30차례 이상 정부가 바뀌는 혼란을 겪었으며, 1864년 막시밀리안 대공이 도착했을 때, 멕시코는 1833년 이후 1855년까지 7차례나 대통령직을 유지한 독재자 안토니오 로페스 데 산타아나(1794-1876)가 축출된 후 선출된 민선 대통령 베니토 후아레스(1806-1872)를 지지하는 개혁파와 왕정회복을 시도한 수구파 간에 치열한 내전이 전개되고 있었다. 막시밀리안 대공은 - 벨기에 국왕 레오폴트 1세(1790-1865, 재위: 1831-1865)의 외딸인 - 아내 샤를로테(1840-1927)와 함께 오스트리아 해군 함정 편으로 멕시코로 건너갔다. 멕시코 국민의 지지와 정통성을 담보받기 위한 방편으로 전 황제 아구스틴 데 이투르비데 (1783-1824, 재위: 1822-1823)의 손자를 차기황제 후계자로 지명하고, 축출된 독재자 산타아나 전 대통령을 멕시코군 총사령관에 임명하는 등, 멕시코 내에서의 권력 기반을 다지기 위한 노력을 기울였지만, 그것은 막시밀리안이 멕시코의 정정과 멕시코의 민심을 파악하지 못하고 취한 조치들이었다. 멕시코에 도착한 직후부터 직면하게 된 멕시코 국민의 외국인 황제에 대한 저항은 수그러들 기세를 보이지 않았다. 설상가상으로 멕시코 황제에 즉위한 지 2년 후 막시밀리안의 유일한 지주였던 프랑스 군대가 1866년 미국의 압력으로 철수해 버렸다. 그는 이역만리 이국땅에서 문자 그대로 고립무원의 처지가 되어 버렸다. 베니토 후아레스 대통령의 개혁적인 합법정부와 수구적 황제지지파 간의 내전은 프랑스 군대가 떠난 후 막시밀리안에게 치명적인 결과를 가져오면서 끝났다. 막시밀리안 황제는 공화주의자들에 의해 체포되어, 멕시코 공화국 군사법정에서 사형을 언도받고, 1867년 6월 19일 후아레스 대통령이 입회한 가운데 산티아고 데 케레타로에서 공개 처형되었다. 그의 시신은 <리사 해전>(1866년 7월 20일)의 영웅 빌헬름 폰 테게트호프 제독에 의해 노바라 호 편으로 본국으로 봉환되었다. 1857년부터 1859년까지 세계 일주 항해를 하여 국제적 명성을 얻은 이 함선(노바라 호)은 - 라데츠키 장군이 <노바라 전투>(1849년 3월 23일)에서 이탈리아(사르데냐·피에몬테 왕국군대) 군대에게 거둔 승리를 기념하여 명명된 이 프리깃함은 1년 전 리사 해전에서 혁혁한 전공을 세운 바 있다 - 막시밀리안이 트리에스테 항을 떠나 멕시코로 갈 때도 이용한 오스트리아 해군의 최정예 함정이었다.

1854년 오스트리아 해군 사령관에 임명되었다가, 라데츠키 총독 (1848-1857)이 퇴임한 후, 그의 뒤를 이어 1857년부터 1859년까지 롬바르디아-베네치아 왕국의 총독을 역임한 막시밀리안 대공은 자신의 자유주의적 성향 때문에 대공 시절에도 프란츠 요제프 1세 황제와 자주 충돌했었다. 롬바르디아는 1859년 사르데냐·피에몬테 왕국에 양도되었고, 총독직에서 물러난 막시밀리안은 그를 위해 건축된 트리에스테 근교의 미라마레 성에 은거했었다. 막시밀리안이 멕시코 사절단을 접견한 장소가 바로 미라마레 성이었다. 형님(프란츠 요제프 1세 황제)의 만류에도 불구하고 막시밀리안 대공이 성급하게 - 오스트리아 황제계승권 및 상속권 일체를 포기한 후 - 멕시코 행을 선택한 이유는 막시밀리안의 타고난 성향과 당시 그가 처한 오스트리아 제국 내의 상황으로 미루어 추측이 가능할 것이다. 나폴레옹 3세의 유혹이 주효할 수 있었던 것도 같은 이유 때문이었을 것이다. 내전의 화를 피해 멕시코를 떠나 오스트리아로 귀환한 샤를로테는 직접, 그러나 헛되이 나폴레옹 3세에게 남편의 구명운동을 시도했었다. 멕시코 행을 택하지 않았더라면, 1889년 사고사 한 루돌프 황태자(프란츠 요제프 1세의 독자)의 뒤를 이어 그녀의 남편 막시밀리안 대공이 프란츠 요제프 1세의 후계자가 되었을 것이고, 사라예보의 비극은 일어나지 않았을 것이며, 1차 세계대전 역시 발발하지 않았을지도 모른다.

동생을 잃은 프란츠 요제프 1세 황제에게 일어난 두 번째 가족사적 비극은 1889년 프란츠 요제프 1세의 외아들이며 후계자인 루돌프(1858-1889)가 스스로 목숨을 끊어 버린 사건이었다. 황실의 불행은 이미 루돌프의 출생과 더불어 예고된 것이나 다름없었다. 1858년생인 프란츠 요제프 1세의 외동아들 루돌프는 부계의 특징은 닮지 않고, 모계의 유전인자를 그대로 물려받은 것으로 알려졌다. 이성적인 성격의 프란츠 요제프 황제와 감성적인 엘리자베트(엘리자베트 아말리에 오이게니, 1837-1898) 황비의 부부관계는 그녀가 현직 바이에른 국왕 가문이 아닌, 비텔스바흐가의 방계 출신이었다는 이유가 더해져서, 처음부터 순탄한 출발을 하지 못했다. 건강상의 이유로 엘리자베트는 황실을 비우고, 유럽의 여러 나라로 요양 여행을 떠난 기간이 빈에 체류한 기간보다 길었다. 루돌프 황태자는 제국의 후

계자답지 않게 자유주의 사상에 심취한 감성적인 성격의 소유자로서 친
프로이센 파 아버지와는 반대로 친 프랑스 파로 알려져 있었다. 선임황
제인 백부 페르디난트 1세와는 정반대로 제권의 위임을 허용하지 않는
다는 통치철학에 충실했던 프란츠 요제프 1세는 자신의 외아들이고 후
계자였지만, 루돌프를 국정운영에 일절 동참시키지 않았다. 무력감으로
절망한 황태자는 자유사상가들과 어울리는 횟수가 늘어났고, 이는 다시
황제의 불신을 증폭시키는 악순환을 가져왔다. 심지어 오스트리아-헝가
리 이중제국의 외교정책을 비판함으로써 국가의 존립과 관련된 문제에
서 황제와 황태자는 이견을 보였다.

　발칸 반도의 패권을 둘러싼 러시아와 오스트리아 간의 대립과 반목이
크림 전쟁(1854-1856) 이후 점증한 사실은 살펴본 바 있다. 러시아가 오스트
리아-헝가리 이중제국을 공격할 경우와 보불 전쟁(프로이센-프랑스 전쟁, 1870-1871)
이후 프로이센에 대한 적개심을 품고 있는 프랑스가 독일제국을 위협할
경우를 상정하여 오스트리아-헝가리 이중제국 황제와 독일제국 황제는
상호방어조약을 체결했다. 그러나 프란츠 요제프 1세 황제가 빌헬름 2세
독일제국 황제와 체결한 <이국 동맹>(1879년 10월 7일)을 루돌프 황태자는
잘못된 조약으로 받아들였다. 1882년 이탈리아가 가세하여 <삼국 동맹>
으로 확대된 <이국 동맹>은 1890년까지는 순수한 방어동맹을 지향했으
나, 결국 1차 대전의 동맹관계로 발전하게 되었다. 비스마르크 수상이
물러난 1890년 비스마르크의 후임 독일제국 수상(레오 폰 카프리비, 재임:
1890-1894)과 빌헬름 2세 독일제국 황제는 3년 전 러시아와 체결한 <재보
장조약>(1887-1890)의 갱신을 거부했고, 유럽의 새로운 동맹을 찾아 나선 러
시아는 프로이센의 숙적과 손을 마주잡았다. <이국 연합>(1894, 프랑스-러시아
동맹)과 더불어 1차 대전의 대결 구도는 대전 발발 20년 전에 이미 고착
되었다.

　프랑스가 프로이센으로부터 버림받은 러시아와 동맹(이국 연합)을 체결한
것은 이국 동맹(독일-오스트리아 동맹)을 견제하기 위함이었다. 러시아와 프랑스

가 이국 동맹의 대항동맹으로 이국 연합을 체결한 것은 역사적 필연이었다. 크림 전쟁 이후 발칸 반도를 둘러싼 러시아와 오스트리아의 패권 경쟁으로 양국관계가 급냉함으로써 1887년 <삼제 동맹>(1873-1887: 프랑스와의 전쟁에서 승리한 후 양도받은 알자스·로렌을 지키기 위해 비스마르크 수상이 발칸 반도에서 상호 충돌중인 러시아와 오스트리아를 끌어드려 삼국 황제의 이름으로 체결한 조약)이 붕괴되었다. 어렵게 체결한 삼제 동맹이 깨어지자, 비스마르크는 러시아와 프랑스의 접근 가능성을 사전에 차단하기 위해 러시아와 비밀조약의 형식을 빌려 <재보장조약>을 체결했다. 1887년 6월 18일 독일제국 황제(빌헬름 1세, 재위: 1861-1888)와 러시아 황제(알렉산드르 3세, 재위:1881-1894) 사이에 조인된 <재보장조약>은 오스트리아가 제외된 삼제 동맹의 연장동맹의 성격을 띤 조약이었다. 그런데 비스마르크(수상: 1871-1890)가 수상에서 물러난 직후의 독일제국(빌헬름 2세, 재위: 1888-1918)이 재보장조약의 갱신을 거부한 예기치 않은 사건이 발생했다. 오스트리아·헝가리 이중 제국과 경쟁하고 있던 러시아는 발칸 반도에서 고립될 수 있다는 우려를 하지 않을 수 없게 되었다. 그럴 것이 독일·러시아 동맹(재보장조약)은 러시아가 유럽의 열강과 체결한 유일한 동맹조약이었다. 나폴레옹 3세까지도 포로가 되었던, 프로이센 왕국과의 전쟁(보불전쟁)에서 패한 후 유럽의 외교에서 고립되었던 프랑스가 재보장조약의 만료를 방관할 리가 없었다. 삼제 동맹 붕괴 이후 1890년까지 독일제국은 러시아에게 유일한 동맹국이었기 때문에, 재보장조약의 만료는 러시아의 국방에 위협적인 요소로 등장했다. 치열한 유럽의 패권 경쟁에서 살아남기 위해 동맹의 존재는 필수적이었고, 러시아 역시 예외는 아니었다. <이국 연합>(프랑스·러시아 연합)의 체결로 - 다시 말해 독일제국의 재보장조약 갱신 거부로 - 독일제국은 비스마르크가 염려했던, 제국의 동(러시아)과 서(프랑스) 양쪽에서 이중전선이 형성될 수 있는 위기를 자초한 반면, 러시아를 동맹으로 확보한 프랑스는 외교적 고립에서 벗어남과 동시에 유사시 프로이센을 동서 양쪽에서 압박할 수 있게 되었다. 이국 연합은 - 이국 동맹이 <삼국 동맹>(독일·오스트리아·이탈리아 동맹)으로 확대되었듯이 - 1907년 <삼국 연합>(영국·프랑스·러시아 연합)으로 확대되었다.

중부 유럽의 독일제국과 오스트리아·헝가리 이중제국이 동쪽의 러시아와 서쪽의 프랑스를 미래의 적국으로 간주하여 이국 동맹(이국 동맹은 중부 유럽 동맹 또는 중구제(諸)국 동맹이라고도 번역됨)을 체결함으로써 1차 대전의 독오 동맹은 대전이 발발하기 삼십여 년 전부터 이렇게 역사적으로 고착화되었다. 이렇게 볼 때 이국 동맹을 이미 그 시대에 비판적으로 수용할 수 있었던 오스트리아·헝가리 이중제국 황태자 루돌프는 선각자적 시대정신의 소유자였다고 평가할 수 있을 것이다. 자유사상가 및 반교회 지식인과 어울려 일탈행위로 세월을 보냈다는 소문은 해석자에 따라 황태자에게 유리하거나 불리하게 가공되었다. 루돌프의 자유분방한 생활은 널리 알려진 사실이었지만, 그는 일반 국민들로부터는 절대적인 동정과 지지를 받았다. 청년의 성급함과 부자관계에서 비롯된 실망감과 소외감에도 불구하고 그는 인간적인 매력의 소유자로 평가받았기 때문에, 비극적인 그의 죽음은 오스트리아 제국을 충격에 빠뜨렸다. 1889년 1월 30일 루돌프는 마리 폰 베체라(1871-1889)라는 18세의 연인과 함께 빈 근교 마이얼링 소재 황실전용 사냥별장에서 동반 자살로 추정되는 의문의 주검으로 발견되었다. 어머니(엘리자베트 아말리에 오이게니)의 반대에도 불구하고 아버지(프란츠 요제프 1세)의 강권에 의해 성립된 - 벨기에 국왕 레오폴트 2세(1835-1909, 재위: 1865-1909)의 차녀 - 슈테파니 공주(1864-1945)와 루돌프의 결혼은 결국 루돌프의 사망으로 8년 만에 불행하게 끝나버렸다.

이국 동맹과 이국 연합의 대결구도가 프로이센·오스트리아 동맹과 프랑스·러시아 연합 사이에 고착된 것이야말로 1866년 독일전쟁(프로이센·오스트리아 전쟁) 이후 유럽의 정치무대에서 발생한 가장 큰 변화였다. 1870년 9월 2일 <세당 전투>에서 프랑스를 제압한 후, 파리를 점령한 프로이센은 베르사유 궁전에서 독일제국의 창립을 선포하고, 빌헬름 1세가 프로이센 국왕의 칭호를 유지한 채, 새로 탄생한 독일제국의 황제로 추대되었다. 빌헬름 1세(재위: 1861-1888)는 1861년 프로이센의 국왕에 즉위했지만,

선왕인 프리드리히 빌헬름 4세(재위: 1840-1861) 국왕의 지병 악화로 이미 1857년부터 후자를 대리해 국정을 주도했었다. 빌헬름 1세는 즉위하자마자 자유주의자들이 다수를 점한 프로이센 의회와 갈등을 빚었다. 앞에서도 설명했지만, 그는 1862년 총리에 임명된 비스마르크를 앞세워 프로이센의 군제 개혁에 착수한 후, 의회의 동의도 없이 4년 동안 예산을 탈법적으로 집행했다. 독일어권 유럽의 맹주 자리를 놓고 경쟁한 프로이센은 오스트리아를 군사적으로 제압하고, 자국 주도의 독일통일을 달성하기 위해서 1815년 이후 현상 유지되어 온 징병 인원을 확대하고 복무연한을 연장시키는 등의 개혁에 필요한 국방비의 증액이 불가피했기 때문이었다. 빌헬름 1세 황제 치하의 비스마르크 정부가 프로이센의 군사개혁과 군비확충을 위해 1862년부터 1866년까지 하원의 승인 없이 예산을 집행했기 때문에 야기된 의회와 정부 간의 충돌이 <프로이센 헌법분쟁>이었다.

독일전쟁에서 오스트리아에 승리를 거둔 프로이센이 북독일의 주도권을 쟁취함으로써 독일통일의 시기를 앞당긴 쾌거를 이루자, 이에 환호하는 국내 여론에 힘입어 비스마르크는 전대미문의 사후승인법(9월 14일 상원 통과)이라는 법안을 통과시켜 1862년 이후의 국가재정 지출에 대한 하원의 사후 승인을 얻어내는데 성공했다. 1866년 7월 3일 - 프로이센군이 쾨니히그레츠 결전에서 승리한 바로 그 날 - 치러진 제9대 총선에서 예산집행에 반대했던 진보당은 크게 패해 141석이던 의석수가 83석으로 추락했다. 진보당은 1861년 12월 6일 실시된 8대 총선 이후 하원의 제1당을 줄곧 유지해 온 정당이었다. 이 선거에서 친 비스마르크 보수정당이 제1당으로 부상했다. 정책의 일관성을 중요시 여긴 다수의 진보당 의원들까지 보수당에 가세함으로써 4년 동안 탈법적으로 집행된 예산에 대한 사후승인안 통과되어 프로이센의 헌법분쟁이 마침내 종식될 수 있었던 것이다.

프로이센의 주도로 결성된 <북독일연방>은 마인 강 이북의 22개 중소 독일 제후국들과 자유시를 포함한, 연면적 415,000km에 인구 3천만 명을 포함하는 거대 연방국으로서 통일될 독일제국의 직전 단계였다. 북독일연방 통치권자는 물론 프로이센의 국왕이었고, 북독일연방 수상도 프로이센의 총리가 겸임했다. 북독일연방 수상(1867-1871)과 초대 독일제국 수상(1871-1890)은 1862년 프로이센 왕국의 총리에 임명된 비스마르크였다. 연방형식의 통일국가로 출발했지만, 1871년의 독일제국은 출범과 더불어 중앙집권적으로 통치됨으로써 독일제국의 전신이라 할 북독일연방(1866-1871)은 물론이고, 과거의 독일연방(1815-1866)과 신성로마제국(962-1806)보다도 강력한 민족국가로 변신했다.

보불 전쟁(1870/1871년의 프로이센-프랑스 전쟁) 이후 유럽의 권력이동은 11차 러시아-오스만 제국 전쟁(1877-1878)이 후자의 패배로 끝난 후 개최된 <베를린 회의>(1878년 6월 13일-7월 13일)에서 여실히 확인되었다. 발칸 반도의 위기를 해소하고, 이 지역에 평화질서를 정착시키기 위해서라는 거창한 구호를 내세웠지만, 베를린 회의의 실제 목표는 패전국 오스만 제국과 체결한 평화조약을 통해 러시아의 위상이 지나치게 강화되는 것을 우려한 서유럽의 열강들이 <산스테파노 평화조약>(러시아-오스만 제국 조약, 1878년 3월 3일)의 - 산스테파노는 콘스탄티노플(이스탄불) 근교의 예실쾨이(현재 아타튀르크 국제공항 소재지)이다 - 합의사항을 원점으로 되돌리고, 러시아의 남진정책(발칸반도 진출)을 저지시키는 것이었다. 오스트리아-헝가리 이중제국의 제의로 소집된 베를린 회의는 외견상 영국 수상 벤저민 디즈레일리(1804-1881)가 주도한 것처럼 보였지만, 배후 조종자는 독일제국 수상 비스마르크였다. 1878년 6월 13일부터 7월 13일까지 한 달간 지속된 베를린 회의는 영국, 러시아, 독일제국, 오스트리아-헝가리 이중제국, 프랑스, 이탈리아, 오스만 제국 등 7개국이 발칸 반도를 둘러싸고 격화된 열강 간 이해관계의 대립을 조정했다. 오스만 제국의 영향권에서 발칸 제국(諸國)을 독립시켜야 한다는 러시아의 주장이 베를린 회의에서 수용되었다. 불가리아의 자치와 세르비아와 루마니아의 독립이 승인되었다. 오스트리아-헝가리 이중제국은 베를린 회의를 통해 보스니아와 헤르체고비나와 노비파 자르(1908년 터키에 반환, 현재 세르비아 영토)에 대한 점령권을 획득했다. 보스니아 와 헤르체고비나를 획득함으로써 오스트리아-헝가리 이중제국의 인구는 2백만 명 정도가 늘어나게 되었다. 1908년 오스트리아-헝가리 이중제국 은 30년간 점령 통치해온 보스니아-헤르체고비나를 정식으로 합병하여 오스트리아 제국의 행정체계에 통합시켰다. 같은 슬라브 민족국가인 세 르비아 왕국은 오스트리아-헝가리 이중제국의 보스니아-헤르체고비나 합 병에 대해 강력하게 저항했다. 독일제국이 오스트리아-헝가리를 지지하 고, 러시아와 프랑스와 영국이 세르비아를 두둔하고 나섬에 따라 유럽은 일촉즉발의 위기(보스니아 위기)를 만나게 되었다. 국내적으로도 보스니아-헤 르체고비나의 합병은 안 그래도 복잡한 오스트리아-헝가리 이중제국의 민족문제를 더욱 꼬이게 만들었다. 오스트리아가 보스니아-헤르체고비나 를 합병한 것은 명백한 자충수였다. 오스트리아의 황태자가 보스니아 출 신의 슬라브 민족주의자에 의해 암살되고, 그것이 도화선이 되어 세계대 전이 발발했다. 1차 대전은 <보스니아 위기>가 조성된 후 만 10년 만 에 발생한 유럽의 비극이었다.

베를린 회의가 개최된 다음 해인 1879년 체결된 이국 동맹의 목표는 언급한 바처럼 프랑스의 프로이센 침공과 러시아의 오스트리아 침공에 대비한 양국(프로이센과 오스트리아-헝가리 이중제국)의 공동방어였다. 발칸 반도에서 세력을 확대하고 있는 러시아의 혁명적 범슬라브주의를 빈은 이미 오래 전부터 예의주시하고 있었다. 1882년 이탈리아의 가입으로 이국 동맹은 삼국 동맹으로 발전했지만, 이탈리아는 조건을 내세웠다. 삼국 동맹이 영국과 적대적 관계를 형성하게 될 경우, 이탈리아는 삼국 동맹의 규정 을 준수하지 않는다는 유보조건이 이탈리아가 삼국 동맹에 가입할 때 전제한 조건이었다. 중부유럽 동맹(이국 동맹)으로 독일제국은 발칸 반도에 서 분쟁이 발생할 경우 오스트리아-헝가리를 지원할 의무를 지녔지만, 오스트리아-헝가리 이중제국 역시 프랑스나 러시아가 독일제국에 위협이 될 때, 독일제국을 지원해야 했다. 그러나 이 정도의 상호지원 치고는 양국이 지불해야 할 대가는 너무나 컸다. 왜냐하면 이국 동맹은 러시아와 프랑스가 손을 잡을 수 있는 구실을 제공했기 때문이었다. 1918년까지 전개된 유럽의 국제관계로 볼 때, 독일전쟁의 패전이 오스트리아-헝가리 이중제국의 멸망의 시작이었다면, 이국 동맹의 체결은 이중제국의 미래의 운명의 확인이었다고도 볼 수 있었다.

알자스-로렌의 영유권을 둘러싸고 발생한 프랑스와 독일 간의 역사적 갈등, 그리고 러시아와 프랑스의 접근으로 야기된 러시아-프랑스와 독일 제국 간의 마찰, 발칸 반도에서의 주도권 싸움과 러시아의 선동적인 범슬라브주의 등에서 비롯된 러시아와 오스트리아-헝가리 이중제국 간 마찰 때문에, 이국 동맹의 피할 수 없는 숙명적 결과는 이국 연합과의 유럽 전쟁일 수밖에 없었다. 만약 이 전쟁에서 오스트리아-헝가리 이중제국이 패자의 편에 서게 된다면, 그것은 합스부르크 제국의 몰락을 담보하는 일에 다름 아니었다. 20세기에 진입하여 첫 10년을 넘기기도 전에 이미 유럽 대륙에서 조만간 대규모 전쟁이 발발하고야말 것이라는 확신이 지배적이었다. 남은 문제는 다만 언제, 어디서 이 전쟁이 터질 것인가 하는 것뿐이었다.

프란츠 요제프 1세 황제가 맞닥뜨린 세 번째 가족사적 비극은 1차 대전의 원인이 된 프란츠 페르디난트 황태자의 죽음이었다. 황제의 외아들 루돌프 황태자가 1889년 사망한 후, 프란츠 요제프 1세 황제의 1순위 계승후보자는 황제의 둘째 동생 카를 루트비히(1833-1896)였지만, 1896년 카를 루트비히가 사망함으로써 계승권은 다시 그(카를 루트비히)의 장남이며 황제의 장조카인 프란츠 페르디난트(1863-1914)에게로 이양되었다. 루돌프의 비극 이후 7년이 지난 1896년 부친의 사망으로 인해 백부(프란츠 요제프 1세)의 후계자가 된 프란츠 페르디난트 대공 역시 오스트리아-헝가리 이중제국의 정책 결정에 참여할 수 있는 기회를 황제로부터 전혀 위임받지 못했다. 프란츠 페르디난트는 제위계승자에게 의무적인 군사교육을 이수한 후, 1898년 명목상 황제 다음 서열의 황실구성원에게 부여되는 오스트리아 육해군 최고지휘관 대리에 임명되어 1899년 기병장군(중장에 해당), 1913년 참모총장 다음 서열의 전군(육해군) 감찰감에 임명되어, 오스트리아 군의 현대화 계획을 주도하였다. 그러나 국정 논의에서 완전히 소외된 프란츠 페르디난트 대공은 황제계승자의 집무실이 마련된 빈의 벨베데레 궁에서 오늘날의 예비내각(섀도 캐비닛)과 유사한 조언자 그룹에 둘러싸여 있었다.

신분이 드러난 예비내각의 대표적인 면면을 살펴보면, 그라츠 태생의 오스트리아 육군 대령 카를 폰 발도프(1865-1953: 프란츠 페르디난트의 부관으로서 사라예보 피격현장 목격자이며 1, 2차 대전에 모두 참전한 장군)와 테메슈바르(바나트의 수도/루마니아의 티미쇼아라) 출신의 알렉산더 브로쉬 폰 아레나우(1870-1914: 육해군 정책 및 대외정책 조언자 아레나우는 프란츠 페르디난트의 즉위 이후 시대를 준비한 예비 내각의 군사사무국 책임자로서 당시 국방부에 근무한 공병대위 겸 황태자의 시종무관)를 위시해, 오스트리아군 참모총장 프란츠 콘라트 폰 회첸도르프(1852-1925)와 오스트리아-헝가리 이중제국 국방장관 모리츠 아우펜베르크 폰 코마로프(1852-1928), 빈 대학 교수 출신의 제국의회 상원의원이며 프란츠 페르디난트의 법률자문역 하인리히 라마쉬(1853-1920: 1918년 10월 27일부터 11월 11일까지 오스트리아 제국 최후의 총리), 1893년 기독교사회당을 창립한 제국의회 의원 카를 루에거(1884-1910, 빈 시장: 1897-1910)와 오버외스터라이히 주지사 알프레트 에벤호흐(1855-1912), 1892년 가톨릭 국민당(현 슬로베니아 국민당의 전신)을 창립한 슬로베니아 출신의 오스트리아 제국의회 의원 안톤 코로셰츠(1872-1940, 1918년 10월 29일부터 11월 30일까지 존재한 슬로베니아-크로아티아-세르비아 왕국 의회 의장), 기독교사회당 기관지 <라이히스포스트>의 책임편집인 프리드리히 푼더(1872-1959, 이중제국의 재편 계획에 깊이 관여한 황태자의 측근), 크로아티아 출신의 언론인 레오폴트 흘루메츠키(1873-1940, 제국의회 의원 요한 폰 흘루메츠키(1834-1924)의 아들) 등이 황태자를 보좌한 이른바 '벨베데레 모임' 소속이었다. 현재의 이중제국(오스트리아-헝가리)을 미래의 삼중제국(오스트리아-헝가리-남슬라브 제국)으로 재편하여 다민족 제국의 민족갈등을 완화시키려 시도한 프란츠 페르디난트 대공의 원대한 계획에 참여한 사람들 중에는 헝가리 제국의회 의원도 있었다. 요제프 크리스토피(1857-1928)와 아우렐 콘스탄틴 포포비치(1863-1917)가 그들이었는데, 두 사람은 슬라브족 출신이었다. 포포비치는 <대오스트리아 합중국>(1906)이라는 저서를 통해 프란츠 페르디난트 대공에게 삼중제국의 이론적 근거를 제공한 사람이었다.

프란츠 페르디난트 대공의 조언자 그룹의 공통적인 특징은 헝가리 제국에 종속된 크로아티아와 슬로베니아의 슬라브계 정치인들과 기독교사회당 출신의 오스트리아 정치인들이 주류를 형성했다는 점이었다. 한 가지 흥미로운 사실은 이미 1887년 유태인배척주의를 공개 지지한 - 히틀러가 후일 그의 <나의 투쟁>에서 가장 존경했다고 토로한 바 있는 - 카를 루에거가 프란츠 페르디난트 대공의 조언자였다는 사실이다. 프란츠 페르디난트 대공과 안티세미티즘과의 관계가 궁금증을 낳는 이유에서다. 왜냐하면 루에거는 1893년 기독교사회당(현재의 오스트리아 국민당의 전신)을 창당한 주역이었고, 기도교사회당은 유태인배척주의 노선의 정당이었기 때문이다.

1906년부터 1911년까지, 그리고 1912년부터 1917년 2월까지 오스트리아군 참모총장을 역임한 회첸도르프 원수는 - 그가 1911년 12월에 해임된 이유는 당시 오스트리아-헝가리 이중제국 외무장관 알로이스 렉사 폰 애렌탈(1854-1912)과의 알력 때문이었지만, 후자가 1912년 2월에 사망한 후 참모총장에 복귀함과 동시에 프란츠 페르디난트 대공의 조언자 그룹에 다시 합류했다 - 프란츠 페르디난트 대공과 마찬가지로 오스트리아-헝가리 이중제국 출범 후 헝가리가 누리고 있는 특권을 인정하려고 하지 않은 인물이었다. 합스부르크 제국 내에 남슬라브 왕국을 설립하여 현재의 이중제국을 삼중제국으로 대체하면, 합스부르크 제국이 당면한 제국 내 슬라브 민족주의와의 대립을 극복하는 길이라 생각한 점에 있어서는 프란츠 페르디난트 대공과 참모총장 회첸도르프의 의견은 일치했다. 그러나 회첸도르프의 공격적인 합병정책으로 인해 프란츠 페르디난트 대공은 회첸도르프와 일정한 거리를 유지했다. 회첸도르프는 1867 년 이후 - 다시 말해 오스트리아-헝가리 이중제국 출범 후 - 심화되고 있는 합스부르크 제국 내 슬라브 민족주의를 극복하기 위해서는 민족 간의 타협(오스트리아=체코 대타협)을 구하는 정책보다는 시야를 제국 밖으로 넓혀 발칸 반도에서 돌파구를 찾으려 했다. 오스만 제국을 발칸 반도에서 구축하고, 오스만 제국이 점령한 발칸 반도 영토를 나누어 가지기 위해 1912년 결성된 <발칸 동맹>(세르비아, 불가리아, 몬테네그로, 그리스)을 오스트리아-헝가리 이중제국에 종속시키기 위해 회첸도르프는 세르비아 왕국과의 예방전쟁을 주장했지만, 그의 주장은 수용되지 않았다. 심지어 그는 러시아와 세르비아와 이탈리아를 오스트리아-헝가리 이중제국의 잠재적인 적으로 상정하여, 세부적인 작전계획을 개발했다. 회첸도르프는 - 사라예보 비극이 발생했을 때 - 즉각적인 선전포고를 주장한 강경파의 중심인물이었다.

프란츠 페르디난트 대공은 황제의 신임을 얻는 데는 실패했지만, 회첸도르프의 세르비아 선제공격(예방전쟁)을 거부한 점에서는 황제와 견해를 공유했다. 황제와 황태자 간 의견대립이 극명히 드러난 것은 오스트리아 제국 내의 슬라브 민족주의와 관련한 정책이었다. 프란츠 페르디난트가 구상한 국가연합(삼중제국)은 재정, 외교, 국방을 제외한 기타 영역에서는 각 민족(독일민족, 마자르족, 슬라브족)의 자치권과 동등권을 보장하는 분권주의적 국가공동체였다. 그의 연방국가안은 뵈멘과 메렌, 그리고 오스트리아 제국의 남부지역에 집단적으로 거주한 슬라브족 주민에게도 동등한 권리를 부여하여, 그들의 민족주의적 요구를 수용하고, 헝가리 제국의 소수 민족으로 전락한 크로아티아와 슬로베니아의 슬라브족들도 헝가리 민족(마자르족)으로부터 자치권을 획득하게 하는 것이었다. 오스트리아-헝가리 이중제국을 삼중제국(오스트리아-헝가리-남슬라브 제국)으로 변경하는 '대 오스트리아 합중국'안은 헝가리 제국은 물론이고, 오스트리아 제국의 정치지도자들로부터도 격렬한 저항을 야기했다. 크로아티아와 보스니아와 달마티아를 묶어 남슬라브 국가를 신설한다는 페르디난트의 제국 개편 구상은 오스트리아 제국 안에서는 슬라브 민족을 보유한 뵈멘 왕국의 반발을 야기했고, 제국 밖에서는 보스니아와 헤르체고비나가 오스트리아 제국에 합병됨으로써 이미 반 오스트리아 정서가 절정에 달한 세르비아 왕국의 극한 저항을 초래했다. 84세의 노황제 프란츠 요제프 1세를 대리하여 보스니아 주둔 오스트리아 제국군 기동훈련부대를 사열하기 위해 사라예보를 예방한 프란츠 페르디난트 대공 부처는 1914년 6월 28일 보스니아 출신의 세르비아 민족주의자의 저격을 받아 현장에서 사망했다. 1914년 7월 23일 오스트리아-헝가리 이중제국은 세르비아 왕국에 최후통첩을 전달했다. 그것은 세계 대전의 예고였다. 사라예보 비극과 1차 대전이 발생하지 않았다면, 그리하여 국내외적 반발에도 불구하고 프란츠 페르디난트의 삼중제국 구상안이 실현되었더라면, 유럽 역사에서 그 유례를 찾을 수 없는 이상주의적 국가연합이 탄생할 수도 있었을 것이다.

프란츠 페르디난트 대공은 육해군, 특히 해군의 구조개혁과 장비현대화에 기여한 공로에도 불구하고, 그리고 삼중제국의 구상에서 보인 정치적인 능력에도 불구하고, 대중적 정치인으로서 갖추어야 할 덕목과 외양에서 약점을 지닌, 정치가로서는 결코 유리하다고 할 수 없는 이미지의 소유자였다고 전해지고 있다. 우선 그의 행동은 공격적이었고, 사람들의 마음을 끄는 인간적인 매력을 소유한 인물은 아니었다고 한다. 그는 자신의 긍정적인 면을 다른 사람들에게 보이려는 노력은 없이 상대방으로부터 약점만 생각해내는 경향이 있었다고 전해진다. 이러한 그의 행동은 대공의 신분에 합당치 않은 결혼과도 관계가 있었다. 프란츠 페르디난트는 황실의 반대를 무릅쓰고 프라하의 무도회에서 우연히 만난 뵈멘의 지방귀족(백작가문) 출신 외교관의 딸 조피 호테크(1868-1914)와의 결혼을 결행함으로써 황실의 대소사에서 알게 모르게 소외되었다. 조피와의 결혼을 성사시키기 위해 외로운 투쟁을 한 프란츠 페르디난트는 이 결혼에서 태어난 자식들에게 왕위계승권이 인정되지 않는다는 조건하에 혼인을

허락받았다. 조피는 대공의 아내였지만, 대공녀의 작위는 일생동안 부여
받지 못했다. 황제는 자부에게 처음에는 후작의 작위를 내렸다가, 공작
으로 승격시켰을 뿐이었다. 조피는 개인적으로 흠잡을 데 없는 훌륭한
아내이고, 어머니였지만, 냉엄한 황실의 법도를 뛰어넘는 데는 성공하지
못한 비운의 여인이었다. 프란츠 페르디난트는 백부(황제)를 대신해서 죽
음을 맞이했고, 그의 자녀들에게는 상속권이 인정되지 않았기 때문에,
그가 사망한 후 프란츠 요제프 1세 황제의 후계자가 된 대공은 그의 조
카 카를(프란츠 페르디난트의 동생 오토의 장남)이었다. 프란츠 요제프 1세 황제는
페르디난트 1세 황제의 조카이었고, 프란츠 페르디난트 대공은 프란츠
요제프 1세의 조카이었으며, 프란츠 요제프 1세를 승계한 오스트리아 제
국 황제는 프란츠 페르디난트 대공의 조카이었다.

4) 제1차 세계대전과 프란츠 요제프 1세

1866년 독일전쟁(프로이센-오스트리아 전쟁)에서 프로이센이 오스트리아를 일
방적으로 제압한 후, 비스마르크는 다음 수를 노렸기 때문에, 패전국 영
토의 일부를 합병할 할 수 있는 절호의 기회를 의도적으로 포기했었다.
비스마르크의 다음 수는 <베를린 회의> 1년 후 체결된 독일제국과 오
스트리아-헝가리 이중제국 간 군사동맹(이국 동맹)이었다. 1879년 체결된
<이국 동맹>은 그 후 양국이 체결한 모든 동맹의 출발점이 되었다. 이
국 동맹은 1882년 독일제국의 제의에 의해 이탈리아가 가입하여 <삼국
동맹>으로, 1883년 호엔촐레른 왕가 출신의 카를 1세(재위: 1881-1914)가 국왕
인 루마니아가 추가로 가입함으로써 <사국 동맹>으로 확대되었다. 그러
나 이국 동맹에 가세한 두 국가(이탈리아와 루마니아)와 오스트리아-헝가리 이
중제국 간에는 민족적 갈등이 있어왔기 때문에, 이탈리아와 오스트리아-
헝가리, 루마니아와 오스트리아-헝가리 간의 협력에는 한계가 있었다. 트

리에스테와 남티롤에 여전히 7십만 명의 이탈리아인들이 살고 있었고, 이탈리아는 이 지역을 수복하려는 노력을 멈추지 않았기 때문에, 오스트리아와 이탈리아 간의 갈등은 베네치아 왕국이 이탈리아에 반환(1866)된 이후에도 수그러들지 않았다. 오스트리아-헝가리 이중제국과 루마니아 간에도 유사한 갈등이 있었다. 헝가리 제국과 부코비나 공국에 약 4백만 명에 육박하는 루마니아인들이 오스트리아-헝가리 이중제국의 지배하에 살고 있었기 때문이었다. 역사적으로 친 프랑스 국가인 이탈리아와 루마니아는 1차 대전이 발발한 후, 연합국 편에 서버렸다. 중부유럽 동맹(이국 동맹)은 결국 프랑스와 영국과 러시아로 구성된 대항동맹(삼국 연합)의 결성을 초래했다. 1894년 프랑스와 러시아, 1904년 프랑스와 영국, 1907년에는 마침내 영국과 러시아가 동맹을 체결함으로써 이국 동맹의 확대 동맹인 삼국 동맹에 대항하여 삼국 연합(프랑스-영국-러시아 동맹)이 결성되었다. 1차 대전의 대결 진영이 이미 1907년에 결정된 셈이었다.

오스트리아-헝가리 이중제국은 베를린 회의(1878) 이후 30년 동안 점령권을 행사해 온 보스니아와 헤르체고비나를 1908년 10월 5일 자국 영토에 편입시킨다는 사실을 공식적으로 선언했다. 이 사건은 발칸 반도를 위기로 몰아넣었다. 1908년은 유럽의 국제관계가 대립과 반목으로 치닫고 있던 시기였다. 그 때는 <청년터키당>이 오스만 제국에서 혁명을 일으켜 왕정(압뒬하미드 2세)을 붕괴시키고, 입헌제를 선포한 후, 러시아를 등에 업고 보스니아와 헤르체고비나에 대한 영유권을 다시 주장하고 나선지 3개월이 채 지나지 않은 시점이었다. 1908년은 독일과 영국, 독일과 프랑스의 관계도 악화일로로 치닫던 시기였다. 1년 전 프랑스가 모로코를 점령하여 영향력을 확대시켰을 때, 독일제국은 우려를 표명했지만, 영국은 프랑스 지지를 선언했다. 러시아가 프랑스-영국 동맹과 군사동맹을 체결한 해도 1907년의 일이었다. 이 시점에 오스트리아-헝가리 이중제국이 1878년 이후 점령하고 있지만, 국제법적으로는 여전히 오스만 제국 영토인 보스니아와 헤르체고비나를 - 오스만 제국이 정정 불안을 극복한 후 행동으로 나서기 전에 - 합병해 버린 것이었다. 오스트리아가 보스니아-헤르체고비나의 합병을 선언하자, 이번에는 러시아와 오스트리아 간의 반목이 노골화되었다. 이로 인해 독일제국과 오스트리아-헝가리 이 중제국의 상호의존도가 확대되었고, 1878년 베를린 회의 이후 악화된 양국(독일과 오스트리아)의 대러시아 관계는 이제 돌아올 수 없는 길을 향하고 있었다.

크림 전쟁 이후 지속적으로 나빠진 러시아-오스트리아 관계가 보스니아와 헤르체고비나 문제로 인해 파국 직전 단계(보스니아 위기)로까지 발전한 데는 러시아의 책임이 없지 않았다. 오스트리아-헝가리 이중제국 외무장관 알로이스 렉사 폰 에렌탈(1854-1912)이 보스니아-헤르체고비나를 합병하기 20일 전인 1908년 9월 16일 뵈멘의 스투파바 인근 고성 부흘로프에서 러시아 외무장관 알렉산드르 페트로비치 이즈볼스키(1856-1919)와 가진 회담에서 보스니아와 헤르체고비나의 합병에 대한 러시아의 사전 양해를 이미 구했음에도 불구하고, 합병 선언 직후 러시아가 갑자기 오스트리아 외무장관과의 합의를 거두어들였다. 러시아 외무장관이 오스트리아 외무장관과의 회담에서 보스니아와 헤르체고비나의 합병을 묵인한 것은 자국 함대의 보스포루스 해협 및 다르다넬스 해협 통과권을 반대급부로 챙겼기 때문이었다. 그러나 세르비아가 자국의 남슬라브지역 통합정책을 해치는 오스트리아의 보스니아-헤르체고비나 합병에 강력 반발하자, 러시아는 뒤늦게 오스트리아의 합병 선언을 비난하는 한편, 위기(이른바 보스니아 위기)를 해결한다는 구실을 앞세워 - 오스트리아의 보스니아-헤르체고비나 점령을 승인한 - 30년 전의 베를린 회의(1878) 참가국(독일, 오스트리아, 영국, 프랑스, 러시아, 이탈리아, 터키) 회의를 다시 소집할 것을 요구했다. 그러나 1878년 당시 베를린 회의를 주도한 독일제국은 베를린 회의의 모든 결정은 이미 러시아와의 합의하에 취해진 결과임을 들어 러시아의 제안을 거부했다. 결국 러시아는 보스니아-헤르체고비나 합병에 대한 이의 제기를 중단할 것을 세르비아에게 요청했다. 러시아로서는 최악의 경우 오스트리아-헝가리 이중제국과 독일제국을 상대로 한 전쟁을 전제하지 않고서는 세르비아의 반발을 해결할 방법이 없었기 때문이었다. 러시아의 양대 동맹국 중 프랑스는 유사시 러시아를 지원할 만한 국력을 축적하지 못한 상태에 있었고, 영국은 중재 역할을 자임하고 나섰다. 러시아는 1905년 스시마 해전(1905년 5월 27/28일) 해전에서 일본 해군에 완패한 후 국력이 소진된 상태에 있었고, 혁명(1905년부터 1907년까지 이어진 1차 러시아 혁명)의 여파로 국내정정이 매우 불안했기 때문에, 독일제국과 오스트리아-헝가리 이중제국과의 전쟁을 무릅쓰고 세르비아를 지원할 입장이 아니었다. 이로써 <보스니아 위기>는 일단 봉합되었고, 오스트리아는 독일제국의 지원으로 목표를 달성했지만, 이중제국의 승리는 훗날 값비싼 대가를 치러야 했다. 슬라브 민족의 맹주로 자처한 러시아는 보스니아-헤르체고비나 문제로 인해 입은 외교적 패배를 만회하기 위해 한편으로는 오스트리아-헝가리 이중제국의 외교정책에 대한 불신을 국제적으로 조장하고, 다른 한편으로는 영국-프랑스-러시아 동맹(삼국 연합)을 더욱 강화시켰다.

1908년의 보스니아 위기는 발칸 반도에 전운을 드리웠지만, 프란츠 요제프 1세는 원칙적인 평화정책 신봉자였다. 오스트리아-헝가리 이중제국 내의 민족적 갈등을 해소하는 방안을 국외에서 찾아야 한다고 주장한 일부 정치가와 군부지도자는 세르비아에 대한 선제공격을 주장하기도 했다. 심지어 삼국 동맹의 당사국인 이탈리아의 실지회복운동(이레덴타)을 저지하기 위한 예방전쟁을 주장한 이들도 있었다. 이들 중의 한 사람이 오스트리아군 참모총장 회첸도르프였다. 평화적인 합병이었지만, 보스니아와 헤르체고비나의 합병은 오스트리아 제국의 국익에 부합한 정책은 결코 아니었다. 그것은 그렇지 않아도 오스트리아-헝가리 이중제국 내에서 일고 있는 슬라브인들의 민족주의와, 러시아와 세르비아를 구심점으로 한 범슬라브주의의 불길에 기름을 끼얹은 정책이었기 때문이었다. 이처럼 무리하게 합병을 강행한 것은 아마도 선대에 획득한 롬바르디아(1714)와 베네치아(1797)를 자신의 재위기(1859년과 1866년)에 상실한 데 대한 보상심리가 노황제에게 작용했기 때문이었을 것이다.

중부유럽 동맹(이국 동맹)이 발칸 반도에서 외교적, 군사적 성공을 거두고, 프랑스가 모로코를 점령한 후, 이탈리아도 16세기 중엽 이래 오스만 제국의 지배를 받은 트리폴리스를 회복했다. 이탈리아-오스만 제국 전쟁(1911/1912)은 이탈리아의 승리로 끝나면서 오스만 제국 문제가 새삼스럽게 다시 부각되었다. 1912년 상반기에 동맹(발칸 동맹)을 체결한 세르비아, 불가리아, 그리스, 몬테네그로 등 발칸 4국은 대 이탈리아 전쟁의 패배로 궁지에 몰린 오스만 제국을 차제에 유럽 대륙에서 완전히 몰아내어, 장구한 세월동안 받아온 오스만 제국의 지배로부터 해방되기 위해 오스만 제국에 선전포고를 했다. 1912년 10월 8일 몬테네그로의 대 오스만 제국 선전포고, 10월 16일 오스만 제국의 대 불가리아 선전포고, 그리고 10월 17일 세르비아와 불가리아와 그리스가 공동으로 오스만 제국에 전쟁을 선포함으로써 시작된 <제1차 발칸 전쟁>은 1913년 5월 말까지 지속되었고, 이 전쟁에서 오스만 제국 군대는 연전연패했다.

1차 발칸 전쟁(1912/1913) 직후 발칸 반도의 이해관계가 복잡하게 얽혀 국제적 긴장이 전 유럽에 확산되었다. 영국, 프랑스, 독일, 러시아, 오스트리아-헝가리 이중제국 및 이탈리아의 중재 하에 1913년 5월 30일 <발칸 동맹>과 오스만 제국 간에 체결된 <런던 평화조약>에서 알바니아는 오스트리아와 이탈리아의 지지를 얻어 독립을 승인받았다. 그러나 알바니아의 독립을 지지한 양국의 속내는 그러나 서로 달랐다. 오스트리아는 세르비아의 아드리아 해 접근을 저지하기 위함이었고, 이탈리아는 아드리아 해의 제해권을 장악하기 위해 이탈리아 반도의 건너편 바다를 신생 소국 알바니아의 영해로 인정한 것이었다. 러시아의 지원을 업은 세르비아의 아드리아 해 진출 시도는 오스트리아와 이탈리아의 개입으로 좌절되었고, 이제 이탈리아는 알바니아를 넘보면서 삼국 동맹의 연장을 독일과 오스트리아에 공식적으로 요청하고 나섰다. 러시아는 발칸 동맹 소속 국가들과의 우호관계를 지속시키고, 양대 해협 - 보스포루스 해협과 다르다넬스 해협 - 진출정책을 추진하기 위해 세르비아와 오스만 제국에 가해지고 있는 이해 당사국들의 압력을 우려했다. 런던 평화조약(1913년 5월 30일) 체결로 제1차 발칸 전쟁은 종식되었고, 오스만 제국은 발칸 반도의 점령지를 발칸 반도 국가들에게 반환해야 했다.

오스만 제국이 반환한 발칸 반도상의 점령지역(마케도니아)을 분배하는 과정에서 불만을 품은 불가리아는 자국의 국력을 과신한 나머지, 지금까지 함께 힘을 합쳐 오스만 제국을 상대로 전쟁을 벌인 어제의 동맹국 세르비아와 그리스를 1913년 6월 29일 선전포고 없이 무력 침공했다. 런던 평화조약이 체결된 지 한 달밖에 지나지 않은 시점에 발칸 동맹국가 간의 불화로 일어난 전쟁이 바로 <제2차 발칸 전쟁>이었다. 루마니아와 그리스와 몬테네그로, 심지어 오스만 제국까지 가세하여 세르비아를 지원함으로써 제2차 발칸 전쟁은 혼전 양상을 보였다. 세르비아의 아드리아 해 진출을 원치 않은 오스트리아-헝가리 이중제국은 불가리아를 지원하려 했다. 그 때문에 오스트리아와 루마니아의 관계가 냉각되었다. 그러나 세르비아의 팽창을 무력으로라도 저지할 목적으로 계획된 오스트리아의 불가리아 지원은 삼국 동맹 회원국인 독일과 이탈리아의 반대로 실행에 옮겨지지는 않았다. 제2차 발칸 전쟁을 마무리 짓기 위해 체결된 <부쿠레슈티 평화조약>(1913년 8월 10일)을 통해 패전국 불가리아는 마케도니아뿐만 아니라, 도나우 강과 흑해 사이에 위치한 도브루자의 북부지역을 잃었다. 그리스가 크레타 섬을 최종적으로 획득한 것도 이때의 일이며, 알바니아를 독립시킨 것도 세르비아의 아드리아 해 접근을 차단하기 위한 오스트리아-헝가리 이중제국의 고육지책이었다. 오스만 제국은 불가리아와 별도의 평화조약(콘스탄티노플 평화조약, 1913년 9월 29일)을 체결하여 1차 발칸 전쟁에서 불가리아에 양도한 아드리아노펠(에디르네)을 되찾았다.

두 차례에 걸쳐 일어난 발칸 전쟁으로 이 지역에서는 전통적인 우방국과 동맹국의 개념이 모호해지고, 발칸 반도는 <유럽의 화약고>라는 별명을 얻게 되었다. 크림 전쟁(1854-1856) 이후 러시아-오스만 제국 전쟁

(1877/1878), 불가리아의 독립(1879), 오스트리아의 보스니아-헤르체고비나 합병(1908), 이탈리아-오스만 제국 전쟁(1911/1912), 그리고 두 번의 발칸 전쟁(1912/1913)으로 이어지면서 남동부 유럽에서는 분쟁이 그치지 않았다. 특히 이탈리아의 통일(1870)과 더불어 거세게 유럽을 휩쓴 민족주의의 불길은 발칸 반도에 살고 있는, 언어와 종교가 서로 다른 여러 민족 집단의 독립 노력에도 직접적인 영향을 끼쳤다. 오스만 제국의 술탄 통치로부터의 독립을 시도한 이들 민족 집단 간의 분규에 유럽의 열강들이 자국의 이권을 확보하기 위해 직간접적으로 개입함으로써 발칸 반도의 분쟁은 1차 세계대전이 발발할 때까지 계속되었다. 제2차 발칸 전쟁을 끝낸 부쿠레슈티 평화조약은 1913년 8월 10일 조인되었지만, '유럽의 화약고'는 1년 후 세계 대전에 폭발의 시점이 맞추어진 시한폭탄이었다.

<2차 발칸 전쟁>(1913년 6월 29일-8월 10일)은 오스트리아-헝가리 이중제국의 지원을 확신한 불가리아가 오스만 제국과 루마니아가 지원한 세르비아와 그리스를 공격함으로써 일어난 전쟁이었다. 러시아의 개입을 염려한 독일제국이 오스트리아-헝가리 이중제국의 불가리아 지원을 제지함으로써 이중제국의 지원으로 발칸 반도의 헤게모니를 장악하려던 불가리아의 계획은 산산조각 났다. 이 과정에서 노정된 오스트리아-헝가리 이중제국의 외교적 패배와 세르비아를 영토 확장의 교두보로 여긴 러시아와 세르비아 동맹의 상대적 승리는 러시아와 세르비아가 주도한 범슬라브주의 운동에 새로운 동력을 제공한 결과를 낳았을 뿐 아니라, 러시아의 남진정책의 전초기지 역할을 한 세르비아와 오스트리아 간의 갈등을 더욱 증폭시켰다. 세르비아의 수도 베오그라드는 극렬한 쇼비니즘으로 충만해 있었다. 세르비아 왕국과 오스트리아-헝가리 이중제국 간에 전쟁이 발발할 경우, 러시아의 지원을 의심하는 세르비아인은 한 사람도 없었다. 그것은 마치 오스트리아-헝가리 이중제국이 독일제국의 지원을 확신하고 있는 것과 다름없었다. 그런데 공교롭게도 세르비아를 자극하려는 의도는 추호도 없이 인접한 보스니아에서 당지 주둔 오스트리아군의

1914년 하계 기동훈련이 실시되었다. 그것은 불행을 예고한 우연이었다.

보스니아까지 행차하기에는 나이가 너무 많은 황제(프란츠 요제프 1세)를 대신해서 황태자인 프란츠 페르디난트 대공이 기동훈련 부대를 사열하기 위해 보스니아의 수도 사라예보를 공식 방문하도록 예정되어 있었다. 남슬라브 왕국 설립을 통해 현재의 오스트리아-헝가리 이중제국을 집권 후 삼중제국으로 재편하는 계획을 구상 중에 있던 프란츠 페르디난트 대공은 범슬라브주의와 세르비아 민족주의의 제1의 공적이었다. 1914년 6월 28일 열병식이 거행될 사라예보에는 여러 비밀테러단체 소속의 암살자들이 기회를 엿보고 있었다. 수차례 반복된 경고에도 불구하고 - 심지어는 세르비아 측에서도 테러 가능성을 시사했었다고 한다. - 사라예보의 보안조처는 미흡하기 짝이 없었다. 프란츠 페르디난트 오스트리아 대공은 아내 조피를 대동하고 사라예보의 거리를 무개차를 타고 지나가고 있었다. 행렬이 사라예보 시청을 향해 가고 있을 때, 폭탄 한 개가 투척되었지만, 빗나가 호위차량 밑에서 폭발했다. 이 사건으로 대공 부처가 탄 차량이 급히 방향을 전환했을 때, 근접거리에서 발사된 흉탄이 대공 부처를 동시에 쓰러뜨렸다.

저격범은 세르비아의 비밀조직 '검은 손' 소속의 가브릴로 프린치프(1894-1918)라는 20세의 청년이었다. 6년 전 오스트리아 제국에 합병된 보스니아 출신의 프린치프는 암살단의 일원으로 선발되어, 세르비아 왕국의 수도 베오그라드에서 훈련을 받은 대학생 신분이었다. 이 암살단체는 세르비아군 출신 장교들에 의해 운영된 맹목적 애국주의로 무장된 과격테러단체 중의 하나였다. 보스니아와 헤르체고비나를 세르비아 왕국에 통합시켜 '대 세르비아제국'의 재건을 지향하는 세르비아 민족주의와 프란츠 페르디난트 대공의 삼중제국 구상안은 정면충돌을 피할 수 없는, 양 방향에서 동시에 달려오는 기관차들이었다. 프란츠 페르디난트의 삼중제국 건설이 실현될 경우 범슬라브주의를 표방한 세르비아 민족주의는 그 지향점을 잃을 것이고, 대 세르비아제국 건설을 꿈꾸는 세르비아인들의 희망은 깨어지게 될 것은 명백한 이치였다. 이렇게 볼 때 프란츠 페르디난트 대공 부처의 사라예보 방문은 예고된 불행으로의 여행이었다고 할 수 있었다. 유럽 대륙 전체를 대전의 불바다 속으로 몰고 간 이 운명적인 사건이 발생한 1914년 6월 28일(율리우스력의 6월 15일)은 우연찮게도 아득한 옛날 발칸 반도를 침공한 오스만 제국 술탄 무라드 1세(†1389)를 <암젤펠트 전투>에서(암젤펠트는 현재의 코소보) 제거한 후, 전사한 라자르 흐레벨야노비치(1329경-1389) 세르비아 대공의 순교일과 겹치는 날이었다.

대공 부처의 시신은 열차 편으로 달마티아로 운구 된 후, 그곳에서 오스트리아-헝가리 이중제국 해군에 의해 트리에스테로 옮겨졌다. 거기까지는 고인들에게 합당한 예우가 갖추어졌다. 트리에스테에서부터 빈까지는 철도편이 이용되었다. 두 사람의 시신이 빈에 안착한 후의 장례절차는 다시 황실의 법도를 따라야 했다. 합스부르크가의 가훈에 위배된 결혼으로 인해 황실로부터 합당한 대접을 받지 못했던 그들은 고인이 되어서도 같은 대우를 받아야 했다. 대공에게는 국장의 예우가 제공되었지만, 동등한 신분의 가문 출신이 아닌 조피의 장례식은 별도로 거행되어야 했다. 조피가 황실묘지에 안장되지 못할 것임을 알고 있던 프란츠 페르디난트는 생전에 작성해 놓은 유언장에 도나우 강변에 위치한 니더외스터라이히 주의 아르트슈테텐 성 부속교회(성 야코부스 교회) 묘지를 대공 자신과 아내 조피의 유택으로 이미 지정해 놓았었다. 그곳은 대공의 개인영지에 속한 땅이었다. 프란츠 페르디난트가 피격당한 무개차는 현재 빈 군사(軍史)박물관에 전시되어 있다.

오스트리아 정부는 국제여론의 지원에 힘입어 프란츠 페르디난트 대공의 피격 사건을 발칸 반도의 러시아 전초기지 세르비아 왕국을 제거하기 위한 기회로 이용했다. 빌헬름 2세(재위: 1888-1918) 독일제국 황제도 오스트리아의 세르비아 응징에 즉각적인 동의를 표시하고, 빈 주재 자국 대사 하인리히 폰 치르쉬키(1858-1916)를 통해 독일제국은 동맹의 의무를 충실히 이행할 것이라는 독일제국 황제의 백지위임장을 프란츠 요제프 1

세에게 전달했다. 1년 전의 2차 발칸 전쟁 시 불가리아를 지원하는 척
하면서, 실제로는 세르비아를 유럽의 지도에서 지워버리려 한 오스트리
아의 계획을 무산시킨 전력을 가진 독일제국으로서는 이제 마지막 남은
동맹국을 자기편에 붙들어두는 것이 급선무였다. 오스트리아-헝가리 이
중제국의 허약한 정치적, 경제적 구조로는 현대적 전면전을 벌일 능력이
없으며, 프랑스와 러시아도 여건상 오스트리아와 세르비아의 전쟁에 개
입할 준비가 되어 있지 않은 것으로 판단했기 때문에, 독일제국은 오스
트리아와 세르비아 간의 전쟁은 결국 국지전으로 끝날 수밖에 없을 것
이라는 계산을 했던 것이었다.

　　프란츠 페르디난트 대공이 암살된 지 4주째가 된 1914년 7월 23일
오스트리아는 세르비아 측에 적대적 선전선동 행위를 즉각 중단하고, 이
국제적 음모의 조사에 오스트리아의 참여를 요구하는 최후통첩에 48시
간 내에 응답할 것을 요구했다. 피격사건이 발생한 직후 1889년에 사망
한 루돌프 황태자의 사생아가 범인이라든가, 프란츠 페르디난트의 삼중
제국 구상안에 반대하는 헝가리 제국 총리 이슈트반 티소(1861-1918)가 - 그
는 1903년부터 1905년, 그리고 1913년부터 1917년까지 두 차례 헝가리
제국 총리를 역임했다. - 배후인물이라든가 하는 각종 음모론이 세르비
아 측에서부터 제기되었다. 예상과는 달리 세르비아 정부는 오스트리아
의 요구에 전체적으로는 부응해 오면서도, 논란의 여지가 있는 사항들은
헤이그 국제사법재판소에 회부하든가, 아니면 유럽 열강회의에서 조정하
자는 역제의를 했다. 시간을 끌면서 세르비아 정부는 내부적으로는 국민
동원령을 내렸다. 그러나 이미 전쟁을 결정한 오스트리아는 사건발생 1
개월 후이며, 최후통첩을 보낸 지 5일 만인 1914년 7월 28일 베오그라
드 정부에 전쟁을 선포했다. 빌헬름 2세는 오스트리아의 최후통첩에 대
한 세르비아 측의 답변 과정에서 오스트리아의 명예회복과 전쟁을 피해
갈 수 있는 가능성을 읽었었다. 그러나 그는 오스트리아와 세르비아의
문제를 유럽의 열강 회의에 부치자는 영국의 제의는 거부하고, 오스트리

아와 러시아 간의 즉각적인 담판을 촉구했다. 전쟁을 국지화하기 위한 독일과 영국의 노력은 그러나 수포로 돌아갔다. 오스트리아의 선전포고 이틀만인 1914년 7월 30일 러시아가 세르비아를 지원하기 위해 국민총동원령을 발동한 것이었다. 이국 동맹(독일제국과 오스트리아-헝가리 이중제국)을 겨냥한 동원령을 12시간 이내에 철회할 것을 요구한 독일제국의 최후통첩에 대해 러시아 측이 묵묵부답으로 일관하자, 독일정부는 8월 1일 러시아에 전쟁을 선포했다. 오스트리아-헝가리 이중제국의 대 세르비아 선전포고와 독일제국의 대 러시아 선전포고는 동시에 삼국 연합(프랑스-영국-러시아 동맹)에 대한 선전포고이기도 했다.

독일제국이 프랑스와 러시아를 상대로 동시전쟁을 벌일 경우에 대비해 독일군 참모총장 알프레트 폰 슐리펜(1833-1913) 백작의 주도로 1905년에 완성된 전시작전계획인 <슐리펜 작전계획>의 목표는 러시아군이 전시 편제로 전환하기 전에, 먼저 프랑스를 침몰시키는 것이었다. 슐리펜 작전계획에 따라 독일제국은 러시아에 선전포고하자마자, 프랑스 침공작전을 준비했다. 독일과 러시아 간의 전쟁이 발발할 경우 중립 견지 여부를 묻는 베를린 정부의 타전에 파리 정부가 즉답을 회피하자, 이틀 후인 1914년 8월 3일 독일은 프랑스에게도 전쟁을 선포했다. 삼국 연합의 일원인 영국은 처음에는 유보적인 태도를 보였다. 그러나 8월 3일 독일이 슐리펜 작전계획에 따라 방어시설이 완벽한 프랑스의 동부전선의 경계를 우회하여 북서쪽으로부터 프랑스 군대를 포위공격하기 위해 중립국 벨기에로 침공해 들어가자, 영국 내각의 매파는 국내 여론과 내각을 움직여 동맹국 프랑스와 체결한 군사동맹(삼국 연합)의 약속을 이행하도록 유도했다. 영국은 1914년 8월 4일 독일제국에 개전을 선언했고, 오스트리아-헝가리 이중제국은 8월 6일 러시아에 선전포고했다. 영국이 오스트리아-헝가리 이중제국에 선전포고한 날짜는 8월 13일이었다.

중구제국(독일제국과 오스트리아-헝가리 이중제국) 편에 선 국가는 오스만 제국(1914년 참전)과 불가리아(1915년 참전) 뿐이었다. 1차 발칸 전쟁(1912/1913)에서 얻은 영토를 2차 발칸 전쟁(1913)에서 - 그것도 발칸 동맹 소속 국가들에게 - 모두 잃은 불가리아에게 세르비아와 세르비아의 맹방 러시아는 적국이었다. 2차 발칸 전쟁의 결과로 인해 러시아와 세르비아의 압력으로 발칸 반도의 영토를 모두 빼앗긴 오스만 제국과 발칸 반도에서 고립된 불가리아만 이국 동맹 편에 선 것이었다. 반대로 프랑스-영국-러시아 삼국 연합을 지지하여 1차 대전에 참전한 국가는 1914년 세르비아와 벨기에, 1915년 이탈리아, 1916년 루마니아 등이었다. 유럽대륙을 벗어난 국가들 중에서는 일본이 1914년, 미합중국이 1917년에 각각 중구제국에 전쟁을 선포했다. 이탈리아는 1882년 이국 동맹(독일제국과 오스트리아-헝가리 이중제국)에 가입하여 이국 동맹을 삼국 동맹으로 확대시켰고, 루마니아는 1883년 삼국 동맹(독일제국과 오스트리아-헝가리 이중제국과 이탈리아)에 가입하여 삼국 동맹을 사국 동맹으로 확대시킨 당사국들이었지만, 1차 세계대전이 실제로 발발한 후 두 나라는 중구제국과의 동맹을 파기한 국가들이었다.

1차 대전 개전 초 중립을 견지했던 이탈리아는 오스트리아-헝가리 이중제국 영토인 아드리아 해의 양안지역(트리에스테와 달마티아)을 회복하여 리소르지멘토(통일운동)를 종결짓기 위해 1915년 삼국 동맹(독일-오스트리아-이탈리아 동맹) 탈퇴를 선언하고, 삼국 연합(프랑스-영국-러시아 연합) 측으로 돌아서 버렸다. 참고로 트리에스트(트리에스테)는 1382년 이래, 달마티아는 1797년 이후 오스트리아 제국 영토이었다. 삼국 동맹을 배신한 이탈리아가 중구제국(이국 동맹)에 전쟁을 선포한 것은 1915년의 <런던 조약>(1915년 4월 26일)에 대한 화답이었다. 런던 조약에서 삼국 연합 측이 삼국 동맹 탈퇴에 대한 보답으로 남티롤, 트리에스테와 이스트리아와 고리치아와 달마티아, 그리고 아드리아 해의 도서지역 등의 오스트리아-헝가리 이중제국 영토와 오스만 제국의 접경지역의 일부분에 대한 영유권을 이탈리아에게 약속했기 때문이었다. 이국 동맹의 파트너였던 이탈리아의 변절을 오스트리아의 등에 비수를 꽂는 행위에 비유한 오스트리아-헝가리 이중제국 국민들은 1차 대전의 개전을 열렬히 환영했고, 이중제국의 언론매체는 일제히 이를 대서특필하여 전쟁분위기를 조성했다.

전쟁에 개입한 열강들 중 영토 확장을 전쟁의 최종 목표로 삼지 않은 국가는 오스트리아-헝가리 이중제국이 유일했다. 오스트리아-헝가리의 전쟁목표는 - 삼중제국의 전제조건이었던 남슬라브 왕국 건설 구상은 프란츠 페르디난트 대공의 죽음과 더불어 이미 용도 폐기되었기 때문에 - 세르비아에 대한 응징이었으며, 그것은 일종의 자기보존권의 발동이었다. 그러나 오스트리아-헝가리 이중제국은 이 전쟁에서 모든 것을 잃어야 했다. 합스부르크 제국의 마지막 황제 카를 1세의 단독평화조약 체결 노력이 좌절된 후, 오스트리아는 직접적인 갈등관계도 아닌 프랑스와 영국, 마침내는 미국과의 전쟁에도 연루되지 않을 수 없었다. 오스트리아-헝가리 이중제국과는 반대로 러시아의 1차 대전 참전 목표는 분명했다. 발칸 반도의 헤게모니 장악을 위한 토대를 구축하기 위해 우선 오스만 제국의 수도 콘스탄티노플을 점령하는 것이 러시아의 일차 목표였다. 세르비아는 범슬라브제국 건설을 꿈꾸고 있었고, 오스트리아-헝가리 이중제국 편에 섰다가, 삼국 연합 쪽으로 진영을 바꾼 루마니아는 루마니아대로 뚜렷한 참전목표가 있었으니, 그것은 오스트리아-헝가리 이중제국령 지벤뷔르겐을 자국 영토에 편입시키는 것이었다.

1차 대전이 발발한 후 수개월 동안의 전황은 오스트리아-헝가리 이중제국에 불리하게 전개되었다. 오스트리아 육군은 동원 가능한 모든 병력을 동부전선에 투입해야 했다. 독일군이 프랑스를 제압한 후 남은 병력을 대 러시아 전투에 투입할 수 있을 때까지, 러시아 육군의 공격을 저지하는 임무를 오스트리아-헝가리 이중제국군이 단독으로 수행해야 했기 때문이었다. 그 결과 오스트리아-헝가리 군대는 수적으로 우세한 러시아군을 상대로 한 갈리치아 전선에서 고전을 면치 못했다. 회첸도르프 오스트리아-헝가리 이중제국군 사령관은 공격적인 방어전을 시도했다. 크라스니크(1914년 8월 23일)와 코마로프(8월 26일-9월 2일)에서 벌어진 두 차례의 참혹한 전투에서 오스트리아-헝가리 군대는 큰 희생을 치르면서 승리를 거두었다. 그러나 러시아군의 대대적인 역공으로 카르파티아 산맥까지 후퇴해야 했던 오스트리아-헝가리군은 막대한 병력 손실을 감내해야 했다. 한편 파리 침공을 목전에 둔 서부전선의 독일군은 센 강의 지류인 마른 강변에서 프랑스-영국 연합군에 의해 저지당했다. 프랑스 전체를 신속히 점령하려던 독일군의 계획은 무산되었다. 이후 독일군은 - 서부전선의 전투를 특징지은 - 참호전에 돌입함과 동시에 병력을 동부전선으로 이동 투입시키지 않을 수 없었다. 1914/1915년 겨울의 격전에서 러시아군의 공격력은 둔화되었고, 독일과 오스트리아-헝가리 군대의 대대적 공세는 러시아의 방어벽을 허물고, 러시아령 폴란드를 점령하였다.

세르비아로 진격한 오스트리아-헝가리 군대는 침공 초기 승전을 거듭하여 수도 베오그라드를 점령하기도 했다. 1915년 가을 오스트리아-헝가리 이중제국의 대공세는 불가리아의 지원의 힘이 컸다. 불가리아와 오스트리아-헝가리 이중제국 동맹군은 수주일 내에 세르비아의 주력부대를 섬멸했다. 살아남은 세르비아의 병력은 알바니아를 경유하여 프랑스-영국 연합군 해군에 의해 구출되었다. 1916년 1월 세르비아와 군사동맹을 체결한 산악국가 몬테네그로와 알바니아도 오스트리아-헝가리 이중제국 군대에 의해 점령되었다. 그러나 오스트리아-헝가리 군대는 삼국 연합측에 가세한 이탈리아를 응징할 여력이 없었다. 아드리아 해안에서 케른텐의 알프스 산맥에 이르는 이손초 강 전선에만 정규군이 투입되었을 뿐이었다. 남티롤과 트리엔트(트렌토)를 중심으로 한 산악전선 방어는 16-18세의 소년병과 42세 이상의 장년병으로 구성된 지역수비대가 떠맡아야 했다. 열 두 차례에 걸친 이손초 강 전투와 산악전은 수많은 사상자를 냈지만, 1916년 8월에 가서야 비로소 이탈리아군은 1500년 이후 합스부르크 제국 영토였던 괴르츠(고리치야)를 점령할 수 있었다. 그러나 이탈리아는 그들의 최종 목표였던 트리에스테를 점령하는 데는 성공하지 못했다.

발칸 반도 전선과는 달리 동부전선의 전황은 오스트리아에 매우 불리하게 전개되었다. 알렉세이 브루실로프(1853-1926) 장군이 지휘한 러시아 군대는 지휘관의 이름을 딴 <브루실로프 대공세작전>을 갈리치아(오스트리아령 폴란드)와 부코비나(수도: 체르노비츠/체르니브치)와 볼리니아(우크라니아의 북서부지역)에서 성공적으로 전개하여, 오스트리아-헝가리 군대에 심각한 타격을 가했다. 1916년 6월 4일부터 9월 20일까지 3개월 이상 계속된 전투에서 오스트리아-헝가리 이중제국군은 511,000명이라는 - 그 중 러시아군의 포로가 378,000명이었다 - 막대한 인명손실을 기록했다. 독일군도 85,000명이 러시아군과의 전투에서 희생되었다. 그러나 승리한 러시아군의 인명손실(1,200,000명)은 이국 동맹군이 입은 피해를 합친 것보다 갑절이나 되었다. 회첸도르프 원수는 폴란드 땅에서 잃은 병력을 보충하기 위해 천 수백 킬로미터 이상 떨어진, 이탈리아 전선에 배치된 병력을 동부전선으로 이동 투입시켜야 했다. 그러나 1916년 말 대 러시아 전선(동부전선)의 전황이 다시 회복되었다. 1916년 8월 23일 루마니아가 삼국 연합에 가세한 후, 이국 동맹군(독일군과 오스트리아-헝가리 이중제국군)은 지벤뷔르겐과 불가리아로부터 루마니아를 공격했다. 격전 끝에 12월 6일 부쿠레슈티가 함락되었다. 루마니아는 이제 시레트 강과 프루트 강 사이의 협소한 지역만 남기고, 이국 동맹 군대에 의해 완전히 점령되었다.

이탈리아에서 폴란드(갈리치아)에 이르는 광대한 지역에 형성된 전선은 오스트리아-헝가리이중제국 같은 다민족 국가에게는 승패를 떠나서 이미 그 자체가 큰 문제점을 안고 있었다. 더욱이 러시아의 지원을 업은 합스부르크 제국 내의 슬라브주의 운동은 전쟁 중에도 상당한 진전을 보였으며, 특히 슬라브계 체코인들과 루테니아(우크라이나)인들의 민족주의는 위험수위에 이른 것으로 판단되었다. 이탈리아 군대를 상대로 싸운 남부전선의 경우 오스트리아 제국령 이탈리아의 주민들이 주로 전투에 동원되었기 때문에, 이 지역에서 벌어진 오스트리아-헝가리 이중제국군과 이탈리아군 간의 전투는 이탈리아인들에게는 사실상 동족간의 전쟁을 의미했다. 오스트리아-헝가리 다민족 국가가 안고 있는 근본적인 문제점이 전쟁을 치르면서 최악의 상황으로 노정된 것은 비단 이탈리아 전선만은 아니었다. 루마니아를 상대로 한 전투는 오스트리아-헝가리 이중제국 거주 루마니아인들로 구성된 부대가, 러시아와의 전투는 주로 체코와 우크라이나 출신 병사들로 구성된 슬라브계 병력 위주의 부대가 수행해야 했다. 오스트리아-헝가리는 이러한 상황이 발생할 수 있는 가능성을 최대한 피해나가야 했지만, 전쟁이 발발한 후 일이년 동안은 미처 거기까지는 생각을 하지 못했던 것이다. 전쟁이 격화되면서 현지인들로 구성된 부대에서는 탈주병이 속출했다. 반대의 경우도 물론 있었다. 러시아에 망명한 오스트리아-헝가리 이중제국 출신의 체코인과 슬로바키아인들로 조직된 용병부대는 러시아군을 지원하여 오스트리아-헝가리 군대와 싸워야 했다. 러시아와 프랑스와 이탈리아로 망명 이주한 체코와 슬로바키아 사람들로 구성된 비밀조직은 모두 토마슈 가리구에 마사리크(1850-1937, 체코슬로바키아 공화국 초대 대통령)와 에드바르드 베네슈(1884-1948, 마사리크의 후임 대통령) 등이 지휘했으며, 그들의 궁극적인 목표는 체코와 슬로바키아의 독립이었다.

러시아군 소속 체코슬로바키아 용병대와는 반대로 요제프 피우수트스키(1867-1935, 폴란드 공화국 초대 대통령) 장군 휘하에 창설된 폴란드 용병여단은 갈리치아와 카르파티아에 주둔하면서 오스트리아-헝가리 군대를 도와 러시아군과 싸웠다. 러시아령 폴란드(리투아니아의 빌뉴스) 출신인 그가 오스트리아-헝가리 이중제국을 위해 참전한 것은 러시아로부터 독립을 쟁취하기 위한 전략이었다. 독일제국과 오스트리아-헝가리 이중제국 동맹군은 러시아령 폴란드를 1915년 6월 점령한 후, 이 지역에 폴란드 왕국 체제를 부활시켜 양국 감시 하의 공동관리지역으로 유지하려 했으나, 종전 후 폴란드는 3국 점령시대(1772-1918)를 완전히 청산하고 공화국으로 독립했다. 약 25,000명에 달했던 폴란드 용병대는 1916년 11월 잠시 독일제국군에 예속되었다가 해체되었지만, 폴란드가 공화국으로 독립한 후 창설된 폴란드 군대의 중추역할을 담당할 수 있었다. 체코와 슬로바키아의 용병대와 폴란드 용병대는 결과적으로 오스트리아-헝가리 이중제국의 북동부전선에서 상호 적대관계에 있었던 것으로 보이지만, 동일한 전투에서 양군이 조우했거나, 회전한 기록은 남아 있지 않다. 그들은 조국의 독립이라는 동일한 목표를 위해 서로 다른 선택을 했던 것이다.

이탈리아 전선에 투입된 슬라브족 연대들은 오스트리아-헝가리 이중 제국을 위해 혁혁한 전공을 세웠다. 1차 세계대전에 참전하여 오스트리아 제국을 위해 싸운 크로아티아인들의 용맹성과 희생정신은 오스트리아 전사에 상세히 기록되었다. 1867년 이전에도 헝가리 왕국의 배타적 지배를 받은 크로아티아는 마자르족의 영향권에서 벗어나기 위해 직접 빈의 중앙정부와 협력관계를 유지하려고 노력했었다. 이러한 크로아티아 슬라브인들의 노력은 합스부르크 왕가에 대한 충성으로 발로되었다. 1차 대전 이전의 역사를 되돌아보더라도 1566년 합스부르크 제국의 동단 크로아티아의 시게트바르(현재 헝가리 남부국경) 요새 전투에서 오스만 제국군의 침공을 저지하다 전사한 니콜라 수비츠 즈린스키 수비대장과 1849년 헝가리 혁명군 진압작전을 지휘한 옐라치치 원수는 슬라브족을 대표하는 친 합스부르크 크로아티아인들이었다.

5) 합스부르크 왕조 최후의 황제 카를 1세 – 패전 그리고 제국의 종말

동부전선(갈리치아)과 남부전선(이탈리아)의 전황이 오스트리아-헝가리 이중 제국에 유리하게 전개되고 있던 1916년 11월 20일 밤 향년 86세의 프란츠 요제프 1세 황제는 새벽 3시 반에 깨워줄 것을 명령하고, 평소보다 이른 시간에 잠자리에 든 후, 다음 날 새벽 86세를 일기로 타계했다. 수일 전부터 고열에 감기를 앓고 있었기 때문에, 폐렴이 염려되었지만, 의무감이 강한 황제는 입원치료를 거부했다고 한다. 노황제의 서거에도 불구하고 제국과 왕조는 존립을 멈추지 않았고, 전쟁은 계속되었다. 1713년 확정된 합스부르크가의 가헌(국본조칙)에 따라 프란츠 요제프 1세를 승계한 29세의 카를 1세(헝가리 국왕으로서는 카로이 4세)는 고인의 종손(從孫)이었다. 1순위 계승후보자였던 프란츠 요제프 1세의 독자 루돌프는 1889년 사망했고, 2순위 상속권은 황제의 세 살 아래의 둘째 동생 - 첫째 동생 막시밀리안 대공(멕시코 황제: 1864-1867)은 1867년 멕시코에서 사망했기 때문에 - 카를 루트비히(1833-1896)에게 귀속되었으나, 그는 1896년 사망했다. 그래서 원래 3순위 계승 후보자였던 카를 루트비히 대공의 장남 프란츠 페르디난트가 황태자가 되었으나, 그는 1914년 사라예보에서 피살되었다. 프란츠 페르디난트가 사망하기 전인 1906년에 이미 그의 동생 오토 대공(1865-1906)도 사망했고, 프란츠 페르디난트의 자녀들에게는 상속권이 인정되지 않았기 때문에, 오토 대공의 장남(프란츠 페르디난트의 장조카) 카를 1세가 백조부 프란츠 요제프 1세를 승계하게 된 것이었다. 카를 1세(1887-1922, 재위: 1916-1918)는 1차 대전에 참전하여 남티롤 전선과 러시아 전선에서 부대를 지휘하는 등, 약간의 군사 경험은 있었지만, 정치 경험은 없었다. 그가 세자로 책봉된 것은 프란츠 페르디난트 대공이 암살된 직후인 1914년 7월이었다. 그러니까 즉위하기까지 국사에 관여할 수 있는 기간이 이론적으로는 2년 정도 되었지만, 사라예보 사건 이후 격동기였던 1914년부터 1916년까지 프란츠 요제프 1세 황제는 제국의 중요한 정치적 결정에 카를 1세의 참여를 허용하지 않았다. 1차 세계대전 선전포고 일시를 결정할 때도 황제는 세자인 종손과 협의하지 않았다.

카를 1세가 즉위한 후 가장 먼저 시도한 정책은 가장 유리한 조건에서 전쟁을 종결시키는 일이었다. 소심한 정치문외한이었고, 대리정치를 허용했다는 후세의 비판을 받긴 했지만, 그는 오스트리아 제국이 봉착한 위중한 입장을 실제로 파악하고 있는 몇 안 되는 사람 중의 한 사람이었다. 즉위 직후 단행한 개각에서 카를 1세 황제는 개인적으로 신뢰할 수 있는 정치인들을 중용했는데, 그들은 대부분 프란츠 페르디난트 대공 생전의 조언자 그룹에 속한 인사들이었다. 그는 오스트리아-헝가리 이중 제국 외무장관 슈테판(이슈트반) 부리안(1852-1922)과 헝가리 총리 이슈트반 티소(1861-1918)를 해임하여, 오스트리아-헝가리 이중제국의 외교정책에서 헝가리 제국이 차지한 비중을 억제했다. 그 대신 신임 이중제국 외무장관에 뵈멘 출신의 오토카르 체르닌(1872-1932, 제국의회 상원의원)을, 헝가리 제국 총리에 친 합스부르크 헝가리 귀족가문 출신의 모리츠 에스터하지(1881-1960) 백작을, 오스트리아 제국 총리에 빈 출신의 하인리히 클람-마르티니츠 (1863-1932, 뵈멘 의회 의원 겸 제국의회 상원의원)를 임명함으로써 합스부르크가에 충성한 정치가들에게 국정을 맡겼다. 체르닌 이중제국 외무장관과 클람-마르티니츠 오스트리아 제국 총리는 프란츠 페르디난트 대공 생존 시 그의 측근들이었으며, 체르닌을 이중제국 외무장관에 임명한 이유는 그가 즉각적인 종전과 평화조약 체결의 필요성을 카를 1세 황제와 공유했기 때문이었다. 이중제국의 외무장관과 헝가리 제국 및 오스트리아 제국 총리를 교체한 후, 카를 1세는 1917년 3월 1일 - 독일제국에서처럼 정치가 군부에 의해 좌지우지되는 사태를 방지하기 위해 - 오스트리아 군부의 실력자인 참모총장 회첸도르프를 아르투르 아르츠 폰 슈트라우센부르크 (1857-1935) 남작으로 교체했다. 회첸도르프는 1917년 2월 27일 참모총장직에서 물러났지만, 7월까지 황제의 강권에 의해 이탈리아 전선을 지휘했다. 참모총장 교체에도 불구하고 오스트리아-헝가리 이중제국의 군사적 결정권은 카를 1세 즉위 전부터 이미 독일제국군 최고지휘부에 위임되어 있었다.

카를 1세는 전쟁을 즉각 중단시키지 않을 경우 오스트리아-헝가리는 패전국이 될 것임을 익히 알고 있었다. 합스부르크가의 전통으로 보나, 다민족 제국이 처한 작금의 정치적 입장으로 보나, 독일민족주의(독일-오스트리아 합병주의)가 오스트리아-헝가리 이중제국의 최대의 적이라는 사실을 그는 인지하고 있었다. 카를 1세는 독일제국에 통보하지 않은 채, 비밀리에 삼국 연합(프랑스-영국-러시아 동맹)의 주도국인 프랑스와 평화협상을 시도했다. 그리고 그는 독일해군이 무제한적으로 전개하고 있는 잠수함 전쟁을 유보하고, 민간 목표물의 폭격을 금지할 것을 독일제국에 요청했다. 황제가 교체된 후, 오스트리아-헝가리 이중제국과 독일제국 간의 견해 차이는 점점 확대되었다. 그뿐 아니라 독일제국에 동조하는 오스트리아-헝가리 이중제국 내의 독일민족주의 세력과 신임황제 간의 견해 차이도 점점 더 크게 벌어졌다. 카를 1세는 대전 초기부터 이미 독일에서 대두된 독일제국 주도의 중부유럽제국 건설 계획, 즉 독일제국 주도 하의 독일-오스트리아 합병 시도는 오스트리아-헝가리 이중제국의 위상을 바이에른과 동일한 수준으로 격하시킬 뿐 아니라, 삼국 연합 측과의 평화협상을 원천적으로 불가능하게 만들 것이라 염려했다. 이에 따라 그는 그보다 한 단계 낮은 독일제국과의 경제통합에도 반대했다. 카를 1세는 독일제국의 1차 대전 승리가 오스트리아-헝가리 이중제국의 자주독립을 위협할 것을 우려했다. 독일제국과 오스트리아-헝가리 이중제국 간의 관계가 카를 1세의 즉위와 때를 같이하여 긴장관계로 바뀌게 된 것이었다.

카를 1세는 다민족 제국 오스트리아-헝가리의 모든 민족이 동등권과 자율권을 획득할 때만이 제국의 장래가 보장될 수 있을 것이라는 사실을 확신하고 있었다. 이는 프란츠 페르디난트 대공이 생전에 자신이 집권할 경우의 이중제국의 구조 개혁에 관한 정보를 조카에게 제공했을 것으로 추정되는 대목이다. 그 이유는 카를 1세의 부친 오토 대공이 1906년 사망한 후부터 1914년까지 백부 프란츠 페르디난트 대공이 카를의 후견인이었기 때문이다. 그러나 카를 1세 황제의 결단을 가로막고 있는 것은 독일민족주의 세력과 헝가리 민족이었다. 이중제국 구조를 계속해서 유지할 경우 슬라브계 민족들의 분리주의 경향이 더욱더 과격해질 것은 명약관화한 이치였다. 러시아가 중심이 된 범슬라브주의의 선전선동은 전쟁이 장기화되면서 하루가 다르게 심화되고 있었다. 특히 미국이 1차 대전 참전을 선언한 후, 종전 협상을 위한 최소한의 전제조건으로 부각된 현안이 오스트리아-헝가리 이중제국을 민주주의적 연방국가로 전환시키는 일이었다. 그래서 카를 1세 황제는 1차 대전이 발발하기 전인 1914년 3월 16일에 폐쇄된 이후 그간 단 한 차례도 열리지 않은 제국의회를 1917년 5월 30일 빈에 소집했다. 1차 대전의 와중에서도 제국의회는 그 후 여러 차례 개최되어 민생과 관련된 일련의 사회보장정책 법안을 입법했다. 오늘날까지도 존속되고 있는 세입자보호법, 상해보험법, 사회복지부 및 국민보건부 설립법 등은 1차 대전의 와중에서 통과된 법률들이었다. 제국법률공보에 실린 마지막 법률은 1918년 8월 26일 결의된 초등학교 및 실업학교 교사들을 위한 물가수당 지급에 관한 규정이었다. 그러나 이중제국의 구조 변경에 관한 정치적 의제는 한 걸음도 진척을 보지 못했다.

카를 1세 황제의 제국의회 소집 목표는 의회주의와 민주주의의 실현에 있었지만, 제국의회는 다민족 제국의 민족 독립투쟁의 공개적인 무대로 변해 버렸다. 민주연방국가 수립 가능성을 찾기 위해 1914년 이후한 번도 열리지 않은 제국의회를 소집했지만, 민족주의 경쟁 무대로 바뀐 제국의회의 모습에 젊은 황제는 낙담하지 않을 수 없었다. 뵈멘 의원들을 만족시킬 개혁정책을 실행에 옮기기 위해서 독일민족주의자들의 지지가 불가피한 현실이 황제를 정치적 딜레마에 빠지게 만들었다. 그러나 제국의회의 재소집은 오스트리아 제국이 자체 개혁을 통해 독일제국과 결별할 수 있을 것이란 일말의 희망을 연합국 측에 일깨워 주는 데는 도움이 되었다. 카를 1세 치하에서 17개 월 남짓 존속한 오스트리아 제국의회는 민생과 관련된 법률 외에도 1911년 총선(제국의회의 마지막 총선)에서 선출된 제국의회 의원의 임기연장에 관한 법률(1918년 12월 31일까지)과 전시경제수권법(전권위임법)을 통과시켰다. 그러나 의회의 통제권이 수권법에 포함되지 않았기 때문에, 이 법률은 - 후일 엥엘베르트 돌푸스(재임: 1932-1934)에 의해 악용되어 - 의회를 폐쇄하고, 일당독재국가를 수립하는 빌미를 제공했다.

1917년 초 카를 1세 황제는 비밀리에 프랑스와 단독평화조약을 체결하여 1차 대전에서 발을 빼려는 시도에 착수했다. 황제는 루이 14세(재위: 1643-1715) 프랑스 국왕의 먼 후손으로서 벨기에군 현역장교이고, 파르마 공국의 왕자(로베르토 1세(1848-1907, 재위: 1854-1860) 파르마 공작의 아들)이며 자신의 손위처남인 식스투스 페르디난트(1886-1934)를 비밀협상의 중재자로 선택했다. 식스투스는 1911년 카를 1세와 결혼한 - 동맹국에서 적국으로 바뀐 이탈리아(파르마 공국) 출신인 데다, 국정에 개입한다는 이유로 환영을 받지 못한 - 치타(1892-1989)의 친오빠이었다. 카를 1세는 보불전쟁(프로이센-프랑스 전쟁, 1870-1871)에서 패한 후, 전쟁배상조로 1871년 프랑스가 독일에 양도한 알자스-로렌의 반환을 주선하겠다는 약속을 평화조약 체결의 전제조건으로 제시하여 프랑스와 평화협상을 추진하려 했다. 오스트리아-헝가리 이중제국 황제의 처남(식스투스)을 통해 프랑스 대통령에게 전달된 두 통의 협상용 비밀서한에서 - 빌헬름 2세 독일황제와는 협의도 거치지 않은 채 - 카를 1세가 직접 나서서 프랑스의 이익을 대변하겠다는 의사를 표명한 것이었다. 알자스-로렌의 반환에 대한 중재 역할을 자임하고 나선 것 이외에도, 카를 1세는 아드리아 해 진출을 염원해온 세르비아에게도 그간 오스트리아-헝가리 이중제국이 취해 온 불용 입장을 철회할 용의가 있음을 밝혔다. 그러나 이탈리아가 반환을 요구한 남티롤에 대해서는 기존의 입장을 바꾸지 않았다. 카를 1세의 목표는 프랑스와 단독평화조약을 체결하여 하루라도 빨리 전쟁에서 발을 빼는 것이었다.

당시의 전황은 이국 동맹 측에 매우 유리하게 전개되고 있었다. 러시아에서는 1917년 3월 혁명(율리우스력으로는 2월 혁명)이 발생하여 니콜라이 2세가 하야하는 사건이 발생했다. 러시아의 정정 불안을 이용하여 독일과 오스트리아-헝가리 군대는 러시아군에 맹공을 가했다. 세르비아는 완전히 점령되었고, 마케도니아와 접경한 그리스의 살로니카를 교두보로 이용해 발칸 반도 전역을 점령하려던 연합국(삼국 연합)의 시도는 이국 동맹(독일제국과 오스트리아-헝가리)의 저항에 부딪혀 수포로 돌아갔다. 이탈리아에서도 독일제국 엘리트 부대의 지원을 받은 오스트리아-헝가리 군대가 대공세를 펼쳐 이탈리아군의 완전항복이 목전에 도달한 듯 했다. 이탈리아군의 후퇴는 이탈리아 동북지방의 피아베 강에서 일단 정지되었다. 영국-프랑스 연합군이 이탈리아 전선을 안정시킨 결과였다. 오스트리아-헝가리 이 중제국 군대는 베네치아 함락을 위협했다. 프랑스와 단독평화회담을 성사시키기 위해 카를 1세가 꺼내든 카드는 겉으로 보기에는 오스트리아-헝가리 측에 불리하게 작용하는 것 같지 않았다. 그러나 실제에 있어서는 그 반대였다.

앞에서 이미 지적한 것처럼 이탈리아는 1915년 4월 26일 삼국 연합(러시아·영국·프랑스) 측과 런던에서 비밀협약(런던 조약)을 체결했을 때, 미수복지역의 회복을 1차 대전 참전을 위한 전제조건으로 내걸었고, 이에 화답하여 삼국 연합 측은 남티롤을 이탈리아 영토로 인정함과 동시에, 이를 기준으로 한 양국(오스트리아와 이탈리아)간의 새로운 국경선을 전쟁이 끝나기도 전에 사전 승인했다. 그 뿐 아니라 연합 삼국 측은 삼국 동맹(독일·오스트리아·이탈리아)의 한 축을 완전히 무너뜨리기 위해 아드리아 해 연안의 오스트리아령 달마티아와 크레타 섬 북쪽의 12개의 그리스 령 도서로 구성된 도데카네소스 제도도 이탈리아의 영토로 인정했다. 경우에 따라서 트리엔트(트렌토) 정도는 이탈리아에게 양도할 용의를 가졌던 오스트리아에게 남티롤의 양도 요구는 억지주장으로 여겨졌다. 그럴 것이 1363년 이후 오스트리아 영토인 남티롤의 공용어와 일상어는 둘 다 독일어였으며, 주민의 압도적 다수가 오스트리아인이기 때문이었다.

프랑스와 평화조약을 체결하기 위해 1917년 2월부터 4월 초 사이에 회담장소를 옮겨가며 빈과 스위스에서 프랑스와 오스트리아 간에 몇 차례 비공식 협상이 실제로 진행되었다. 실수였는지, 의도적이었는지는 밝혀지지 않았지만, 이중제국 외무장관 체르닌 백작은 1918년 4월 2일자 발언에서 프랑스 측에서 먼저 평화협상 제의를 한 것 같은 암시를 하는 실수를 범했다. 이 소식에 격앙된 프랑스 수상 조르즈 클레망소(1841-1929)는 식스투스를 통해 레몽 푸엥카레(1860-1934, 재임: 1913-1920) 프랑스 대통령에게 전달된 카를 1세의 비밀서한 한 통을 1918년 4월 14일자 언론에 공개해 버렸다. 이중제국 외무장관 체르닌은 카를 1세 황제로 하여금 클레망소가 공개한 알자스-로렌의 반환과 관련된 오스트리아 황제의 편지내용은 원본이 변조된 것이라는 거짓 해명을 하게 만들었다. 프랑스와 오스트리아 간의 비밀협상은 결렬되었고, 전쟁은 계속되었다. 이탈리아는 남티롤의 반환을 공개적으로 요구했고, 1917년 4월 6일 미국이 1차 대전 참전을 선언한 후, 대전의 승리에 대한 프랑스의 기대치가 상승했다. 군사적 승리를 확신하는 군부세력이 득세한 독일제국에서는 애초부터 평화협상 따위는 의제에 포함되어 있지 않았다.

세반 상황이 복합적으로 작용하였기 때문에, 카를 1세의 평화조약 체결 시도는 체르닌의 실언이 없었더라도 제동이 걸렸을 것이다. <식스투스 사건>은 비밀리에 추진한 평화협상의 노출 가능성과 프랑스와 프랑스의 동맹국 이탈리아의 반응을 잘못 계산한 황제의 충동적 행동에서 비롯되었다는 비난을 야기했다. 카를 1세는 빌헬름 2세 독일황제에게 사전 동의도 구하지 않은 채, 1871년 이후 독일제국 영토인 알자스-로렌에 대한 프랑스의 영유권을 인정한 반면, 오스트리아가 점유 중인 이탈리아 영토(예: 트리에스테)는 이탈리아에 양보하려고 하지 않은 행위는 - 이탈리아의 입장에서 보면 - 이율배반적이었다. 체르닌은 카를 1세의 서신이 공개된 날, 이중제국 외무장관 직에서 해임되었다.

사실과 다른 카를 1세 황제의 해명과 체르닌 외무장관의 실언은 결과적으로 오스트리아-헝가리 이중제국 황제의 위신을 추락시켰고, 연방국가로의 국가구조 전환을 시도하려한 황제의 개혁 의지에도 찬물을 끼얹는 결과를 초래했다. 카를 1세 황제의 단독평화조약 체결 시도는 경거망동한 행동으로 낙인찍혔고, 오스트리아-헝가리 이중제국의 외교적 자유재량권은 독일제국에 의해 더욱 제한되었다. 카를 1세의 단독평화조약 체결 계획을 지지했던 체르닌 전 외무장관은 외무장관 직에서 해임된 후, 독일제국 편에 서버렸다. 황제가 흉금을 털어놓고 국정을 의논할 수 있는 유일한 대상은 이제 아내 치타뿐이었다. 식스투스 사건 이후 국내외 언론은 카를 1세는 '공처가'이고, 치타는 '이탈리아의 배신녀'라는 인신공격성 비난까지 서슴지 않았다. 오스트리아 황제(카를 1세)는 독일 황제 (빌헬름 2세)에게 사죄하기 위해 벨기에의 스파(1918년 3월부터 11월까지 독일군 최고사령부 소재지)로 굴욕적인 여행을 해야 했고, 그 사건으로 오스트리아-헝가리 이중제국은 점점 더 독일제국에 종속되었다. 교황 그레고리우스 7세에 의해 파문당한 신성로마제국 황제 하인리히 4세는 1076/1077년 겨울 교황이 머물고 있는 이탈리아의 카노사로 속죄여행을 떠났었다. 하인리히 4세의 '카노사의 굴욕'이 841년 만에 카를 1세의 '스파의 굴욕'으로 재현된 형국이었다.

1917년 한 해 동안 러시아에서는 3월에 이어 11월 6일과 7일 두 번째 혁명이 연달아 일어났다. 3월의 혁명(율리우스력의 2월 혁명)이 농민들에 의한 자연발생적인 혁명이었다면, 11월에 발생한 혁명(율리우스력의 10월 혁명)은 블라디미르 일리치 레닌(1870-1924)의 지휘 하에 볼셰비키 당원들에 의해 철저히 계산된 혁명이었다. 1917년 4월 스위스 망명지에서부터 독일군 사령부가 제공한 납으로 봉인된 화차를 타고, 극비리에 러시아로 밀입국한 레닌에 의해 준비된 혁명이 11월 혁명(10월 혁명)이었다. 레닌을 이용한 것은 물론 삼국 연합의 일원인 러시아의 전력을 분산시켜 보려는 독일제국군 수뇌부의 군사작전의 일환이었다. 실제로 동부전선의 전투는 그 후 소강상태에 들어갔다. 혁명의 와중에서 더 이상 전쟁을 수행할 수 있는 능력과 명분을 상실한 것으로 판단한 러시아 정부는 전쟁을 포기하기로 결정하고, 1917년 12월 15일부터 중부유럽동맹(이국 동맹)과 평화조약 체결을 위한 협상에 착수했다. 백러시아(현재의 벨라루스)의 브레스트-리토프스크에서 진행된 평화협상은 1918년 3월 3일 평화조약 조인으로 이어졌다. 러시아와 중구제국(독일과 오스트리아-헝가리) 간 체결된 <브레스트-리토프스크 평화조약>은 1차 대전을 종식시킨 일련의 평화조약 중, 그 첫 번째 평화조약이었다. 브레스트-리토프스크 평화조약은 러시아 측이 전쟁을 포기함으로써 체결된 평화조약이었지만, 패전국에게 부과되는 것과 유사한 의무규정이 러시아 측에 부과되었다. 브레스트-리토프스크 평화조약은 1

차 대전이 완전히 끝난 1918년 11월 서방연합국과 소비에트 정부에 의해 무효로 선언되었지만, 1,420,000㎢에 이르는 영토를 독일제국과 오스트리아-헝가리 이중제국에 할양해야 한다는 의무조항을 포함했다. 이 지역은 6천만 명 이상의 인구와 러시아 철강공업의 75%를 차지하고 있는 지역이었다. 여기에다가 러시아는 - 물론 이행되진 않았지만 - 금화로 60억 마르크의 현금을 독일제국과 오스트리아-헝가리 이중제국에 배상해야 했다. 브레스트-리토프스크 평화조약의 체결로 오스트리아-헝가리 이중제국은 러시아로부터 식량공급의 확대를 기대했지만, 혁명의 여파로 지속된 러시아의 내전으로 인해 오스트리아 제국이 기대했던 만큼의 식량공급은 이루어지지 않았다. 러시아와 이국 동맹 간의 평화조약이 체결된 후, 러시아 전선에서 이탈리아 전선으로 이동한 오스트리아-헝가리 이중제국 군단들은 큰 피해를 입었다. 러시아가 1차 대전에서 하차한 후, <부쿠레슈티 평화조약>(1918년 5월 7일) 체결로 루마니아도 중구제국과의 전쟁에서 발을 빼게 되었지만, 오스트리아-헝가리는 실질적인 이익을 얻지 못했다. 1918년 11월 11일 연합국이 이국 동맹과 휴전협정을 체결할 때, 연합국은 휴전의 전제조건으로 부쿠레슈티 평화조약의 파기를 요구했다.

미국의 참전을 부른 결정적인 이유는 독일제국이 1917년 초부터 - 카를 1세 오스트리아-헝가리 이중제국 황제도 반대한 - 무제한의 잠수함 전쟁을 전개하여, 민간선박에까지 피해를 입혔기 때문이었다. 1917년 4월 4일 미국이 삼국 연합을 지원하기 위해 1차 대전에 참전한 후 - 특히 1918년 초부터 - 전세는 독일과 오스트리아-헝가리에 점점 불리하게 전개되었다. 1918년 6월 프랑스 땅에서 벌어진 독일군의 대공세는 수적 우위의 프랑스, 영국 및 미국 군대와 그들이 보유한 우월한 무기를 만나 혈전 끝에 참패로 끝났다. 이탈리아 전선을 담당한 오스트리아-헝가리 군대도 피아베 강 전투에서 - 프랑스군과 영국군이 제공한 포병지원으로 - 이탈리아군에게 고전을 면치 못했다.

중구제국이 결정적인 패배를 당한 것은 그러나 서부전선(프랑스 전선)도 남부전선(이탈리아 전선)도 아닌, '유럽의 화약고' 발칸 반도에서였다. 발칸 반도를 점령하기 위해 그리스의 살로니카에서 작전을 벌인 연합군은 불가리아 전선을 돌파하는데 성공했다. 1918년 9월 말 연합군의 대공세에 밀린 중구제국의 동맹국 불가리아는 마침내 휴전을 제의했다. 이제 불가리아의 모든 항구와 철도는 연합군의 수중에 들어가게 되었다. 불가리아가 항복하고 1개월 후인 10월 30일 오스만 제국도 연합군에 손을 들었다. 이리하여 오스트리아-헝가리 이중제국의 남동쪽 경계는 구멍이 뚫렸고, 연합군이 헝가리를 향하여 빠르게 침공해 들어왔다. 불가리아 전선이 무너지고, 발칸 반도가 연합군의 수중에 떨어지자, 부다페스트 정부는 불가리아와 세르비아로부터 진격해 오는 막강한 연합국 군대의 침공을 방어하기 위해 카를 1세 황제의 재가도 받지 않고, 이탈리아 전선에 투입된 헝가리 군대를 철수시켰다. 1918년 10월 28일 프라하에서 별도의 모임을 가진 뵈멘(체코) 출신의 오스트리아 제국의회 의원들은 체코슬로바키아 공화국 수립을 선포했다. 그보다 먼저 갈리치아의 폴란드 출신 제국의회 의원들은 1918년 10월 24일 '바르샤바 민족위원회'와 공동으로 채택한 선언문에서 오스트리아 제국의회 탈퇴를 선언했다. 그것은 오스트리아 제국의 와해를 알리는 첫 신호음들이었다.

서부전선의 전황도 날로 악화되었기 때문에, 독일군 수뇌부는 빌헬름 2세 황제에게 휴전제의를 건의했다. 1918년 10월 3일 취임한 신임 독일 제국 수상 막시밀리안 폰 바덴(1867-1929)에 - 1917년 6월부터 1918년 11월 종전 시까지 4명의 제국수상이 교체되었는데, 막시밀리안(재임: 1918년 10월 3일-11월 9일)이 그 네 번째 수상이었다 - 의해 같은 날 미국 측에 전달된 휴전 제의는 빌헬름 2세 치하에서는 독일제국의 민주화의 실현가능성이 없다고 판단한 윌슨 대통령에 의해 거부되었다. 11월 7일 바이에른에 인민공화국이 설립되었을 때, 볼셰비키 혁명의 영향력이 독일 전역으로 확산될 것을 우려한 막시밀리안 수상은 휴전을 성사시키기 위해 11월 9일

독단적으로 빌헬름 2세의 퇴위를 발표함과 동시에 사회민주주의당 소속 정치가로서는 처음으로 내각에 기용된 필립 샤이데만(1865-1939, 바이마르 공화국 초대총리) 무임소 장관으로 하여금 독일공화국(바이마르 공화국)의 설립을 선포하게 했다. 바덴 대공국의 마지막 계승자인 막시밀리안 수상은 이와 같이 1차 대전 종전을 위한 준비 작업을 신속히 마무리 지은 후, 자신의 정치적 운명을 빌헬름 2세 황제와 공유했다. 막시밀리안 폰 바덴은 독일제국의 휴전 제의서가 미국 대통령에게 전달된 1918년 10월 3일부터 빌헬름 2세 황제가 물러난 11월 9일까지 - 37일 간 - 재임한 독일제국의 마지막 수상이었다.

오스트리아-헝가리 이중제국 붕괴의 외적 요인과 내적 요인을 한 가지씩만 거론한다면, 그것은 1차 대전에서의 패전과 다민족 제국의 민족주의였다. 카를 1세는 뒤늦게나마 오스트리아-헝가리 이중제국을 구성하고 있는 모든 민족에게 호소한 1918년 10월 16일 자 이른바 '10월 선언'을 통해 즉위 직후부터 구상한 연방국가안을 실행에 옮겨, 오스트리아-헝가리 이중제국 중 오스트리아 제국만이라도 구해내기 위한 마지막 시도를 했다. 카를 1세가 10월 선언을 발표하기 이틀 전인 1918년 10월 14일 에드바르드 베네슈(체코슬로바키아 공화국 제2대 대통령)는 2백만 명의 체코 및 슬로바키아 이주동포들을 대표하여 기존의 <체코 민족회의>(1916)를 토마슈 가리구에 마사리크(1850-1937, 체코슬로바키아 공화국 초대 대통령)를 수반으로 하는 체코슬로바키아 임시정부로 전환시켰고, 프랑스는 기다렸다는 듯이 체코슬로바키아 임정을 연합국의 일원으로 승인했다. 이틀 후 마사리크는 - 1918년 5월 31일 체코와 슬로바키아 망명자 대표 간 체결된 미래의 단일국가 창설의 원칙(피츠버그 협정)을 토대로 한 - 이른바 <워싱턴 선언>에서 체코슬로바키아 공화국의 출범을 확인했다. 체코슬로바키아 공화국 독립선언문은 워싱턴 선언 5개월 후인 1918년 10월 28일 프라하에서 발표되었다.

1917년 6월부터 8월까지 불과 36일 동안 헝가리 제국 총리로 재임한

36세의 모리츠 에스터하지(1881-1960)의 뒤를 이어 카로이 4세 국왕(카를 1세 황제)에 의해 - 1892-1895년에 이어 두 번째로 - 헝가리 제국 총리에 임명된 헝가리 최초의 평민 출신 총리 산도르 베케를레(1848-1921, 재임: 1917년 8월 -1918년 10월)는 1918년 10월 31일 오스트리아-헝가리 이중제국 체제로부터 독립을 선언했다. 그러나 그는 공화국 수립을 선포한 체코슬로바키아와는 달리 헝가리의 왕정체제는 포기하지 않았다. 산도르 베케를레 헝가리 제국 총리는 카를 1세의 '10월 선언'에 대한 응답으로 처음에는 군합국 형태 이상의 이중제국의 구조 개혁에는 동의하지 않다가, 이탈리아 전선으로부터 자국 군대를 철수시킨 후, 1918년 10월 말 이중제국 탈퇴를 선언했다. 카를 1세의 10월 선언은 황제의 의도와는 반대로 오히려 제민족 독립선언의 기폭제로 작용했다. 프라하 선언과 부다페스트 선언에 이어 오스트리아령 폴란드(갈리치아)에서도 탈 오스트리아 제국 움직임이 구체화되었다. 크로아티아의 자그레브에서도 1918년 10월 29일 헝가리 제국의 지배로부터 독립이 선포됨과 동시에 슬로베니아와 크로아티아와 세르비아를 하나의 국가로 묶는 '남슬라브왕국' 독립선언문이 발표되었다. 갈리치아의 폴란드 민족독립운동은 카를 1세 황제와 빈 중앙정부가 묵인 내지는 조장한 측면이 강했다. 1917년 전황이 오스트리아를 위시한 중구제국에 유리하게 전개되었을 때, 카를 1세는 식스투스를 통해 프랑스 대통령에 전달된 비밀서한에서 필요할 경우 갈리치아를 포기할 용의가 있음을 밝힌 바 있었다. 독일이 알자스-로렌을 프랑스에 양도할 경우, 오스트리아는 독일제국의 용단에 대한 반대급부로 갈리치아를 독일에 양도할 계획을 했었기 때문이었다. 폴란드는 점령 3국(러시아, 독일, 오스트리아)이 모두 1차 대전에서 패한 후 - 러시아는 브레스트-리토프스크 조약(1918년 3월 3일)에서 이미 러시아령 폴란드에 대한 영유권을 포기했다 - 1918년 11월 11일 오스트리아 다민족 제국의 구성 민족 중 가장 늦게 공화국으로 독립했다.

오스트리아 제국의 독일어 사용지역도 단일국가(국호: 독일오스트리아)로의 통합과 독립을 선언했다. 오스트리아 제국의 독일어사용지역 선거구 출신의 제국의회의 의원들은 1918년 10월 21일 빈의 니더외스터라이히 의회 의사당에서 별도의 회의를 개최하여 <독일오스트리아 임시국민의회>를 출범시킨 후, 1918년 10월 30일 초대 정부 명단을 발표하였다. 이로써 1차 대전이 끝나기도 전에, 이미 오스트리아-헝가리 다민족 제국은 여러 단일민족국가로 사실상 분리 독립해버렸다. 오스트리아-헝가리 이중제국은 이미 황제의 통치권이 무너진 국가였다. 이 절체절명의 위기의 순간에 카를 1세 황제의 긴급요청으로 이탈리아를 포함한 연합국 측과 오스트리아-헝가리 이중제국 간에 휴전조약이 체결되었다. 그러나 1918년 11월 3일 파도바 인근 빌라주스티에서 조인된 휴전협정은 그 발효시점에 대한 해석을 두고 쌍방 간 이견이 발생했다. 이탈리아군은 휴전협정 조인과 더불어 이미 무기를 내려놓은 오스트리아-헝가리 이중제국 군대에 대대적 공격을 가했다. 이탈리아 국민이 이탈리아의 통일을 앞당긴 전투로 기념하고 있는 이 역사적인 <비토리오 베네토 전투>는 10월 24일에 시작되어 휴전협정이 조인된 다음 날인 11월 4일까지 지속되었다. 영국군이 이탈리아군을 지원한 비토리오 베네토 전투에서 특히 오스트리아군이 큰 피해를 입은 이유는 그 해 10월 말 헝가리군이 전투 중 본국으로 철수했기 때문이었다. 남티롤과 아드리아 해 연안 지역은 이탈리아군에 의해 점령되었다. 오스트리아군은 트리에스테에서 철도편으로 철수를 시도했지만, 마지막 열차를 놓친 수십 만 명에 달하는 병사들이 이탈리아군에 생포되는 수모를 면치 못했다.

오스트리아의 국내 상황도 1차 대전의 패배와 제국의 붕괴에 일조했다. 카를 1세가 1917년 5월 30일자로 3년 만에 재소집할 때까지, 오스트리아 제국의회는 폐쇄되어 있었다. 1차 대전 선전포고도 의회가 폐쇄된 상태에서 강경파 정치가들과 군부지도자들에 의해 - 카를 1세도 물론 배제된 채 - 일방적으로 결정되었다. 프란츠 요제프 1세 황제의 주변은 강경파 일색이었다. 참모총장 회첸도르프는 물론이고, 오스트리아-헝가리 이중제국의 당시 실권자들 모두가 1차 대전 발발에 대한 책임자들이었다. 이중제국 외무장관 레오폴트 베르히톨트(1912-1917), 이중제국 재무장관 레온 빌린스키(1912-1915), 이중제국 국방장관 알렉산더 폰 크로바틴(1912-1915), 그리고 오스트리아 제국 총리 카를 슈튀르크(1859-1916) 등이 대표적인 주전론자들이었다. 오스트리아의 여론도 세르비아에 대한 응징을 광적으로 지지했기 때문에, 대 세르비아 왕국 선전포고는 당시 분위기에서는 피할 수 없는 선택이었다. 프란츠 페르디난트 황태자의 피격에 분노한 제국 신민들의 감정적 애국주의가 언론의 개입으로 확대 재생산되어 온 나라가 이성을 잃고 있었을 때, 제동을 걸 수 있는 유일한 헌법기관인 제국의회는 잠을 자고 있었던 것이다. 제국의회는 이미 1914년 이전에도 특히 체코 의원들의 의사진행 방해로 회의가 개최되지 못할 때가 빈번했기 때문에, 헌법(1867년 12월 헌법)의 긴급조치 조항(14조)에 의거 정부가 의회의 역할을 대행하다가, 슈튀르크 총리의 요청에 의해 1914년 3월 16일자로 폐쇄되었다. 1차 대전이 터진 후 군부독재가 시작되어 경제도 군부에 의해 통제되었다. 노조의 활동이 전면적으로 금지되고, 언론검열이 도입되었으며, 산업종사자들은 시간외 무임금노동을 강요당했다. 이와 같은 체제에 대한 항의로 사회민주주의노동자당 당원 프리드리히 아들러(1879-1960)에 의해 1916년 10월 21일 슈튀르크 총리가 공개적인 장소에서 피살되었다. 그것은 재판과정을 통해 오스트리아 제국의 독재를 고발하기 위해 의도적으로 저질러진 범행이었다. 아들러는 오스트리아 사회민주주의노동자당 창립자이며 독일오스트리아 공화국 초대 외무장관을 역임한 빅토르 아들러(1852-1918)의 아들로서 나치 지배 시기 사회민주주의 망명조직을 실무적으로 주도한 인물이었다. 1차 대전 기간 내내 오스트리아는, 특히 수도 빈은 낮은 임금과 생필품 가격의 상승에 항의하는 노동자의 파업과 정부의 무력진압으로 점철된 혼란의 연속이었다. 1917년 11월에 발생한 러시아 혁명은 평화와 빵을 갈망하는 노동자들을 선동했다. 빈에도 노동자 혁명위원회가 결성되어 정부의 민주화와 왕조의 퇴진을 선동했다.

다민족 군대의 특성상, 혼란스럽기는 군대 내부도 마찬가지여서 집단 탈영과 반란이 끊이지 않았다. 그 규모와 영향력에서 가장 유명했던 사건은 1918년 2월 아드리아 해의 카타로 만(몬테네그로 영토)에 주둔한 오스트리아-헝가리 이중제국 해군의 반란이었다. 볼셰비키 혁명(11월 혁명, 러시아에서는 10월 혁명)의 영향을 직접적으로 받은 카타로의 반란은 엄청난 정치적 파괴력을 보였다. 그것은 이국 동맹(독일과 오스트리아-헝가리 동맹)의 와해의 신호탄이었다. 1918년 2월 1일 적기 게양으로 시작된 오스트리아-헝가리 해군 반란에 가담한 약 6천 명의 수병들은 장교들을 무장 해제시키고 혁명위원회를 구성했다. 그러나 반란은 무자비하게 진압되었고, 주동자들은 1918년 2월 11일 새벽에 즉결 처형되었다. 이 사건으로 인해 군대 내의 민족 간 긴장이 고조되었고, 탈주병이 줄을 이어, 급기야 대전이 끝나기도 전에 군이 사실상 해체되는 결과를 가져왔다. 의사 출신의 독일 극작가 프리드리히 볼프(1888-1953)의 희곡 <카타로의 수병들>(1930)을 통해 이 사건은 전후 세간에 널리 알려졌다.

독일제국 황제(빌헬름 2세)가 미국 대통령(윌슨)에게 휴전을 제의했다는 정보가 입수된 후, 오스트리아의 정치권은 공화정을 시작할 준비를 했다. 1911년 실시된 오스트리아 제국의 마지막 총선에서 선출된 제국의회 의원들로 구성된 <독일오스트리아 공화국 임시국민의회>는 카를 1세 황제의 퇴진을 압박했다. 제국의회 의원들로 구성된 임시국민의회는 1920년 10월 17일자 총선에서 선출된 국회의원(나치오날라트)들이 원을 구성할 때(1920년 11월 10일)까지 존치되었다. 1919년 2월 16일 공화국 출범 후 실시된 첫 총선에서 구성된 제헌의회의 명칭은 여전히 국민의회(제헌국민의회)였고, 제헌국민의회가 제정한 연방헌법에 의거한 첫 총선은 1920년 11월 10일 실시되었다. 1920년 이후 오스트리아 의회의 명칭은 오늘날에 이르기까지 나치오날라트(국회)이다. 국민의회의 명칭은 과도기 혁명의회(예: 1789년의 파리 국민의회와 1848년의 프랑크푸르트 국민의회)의 명칭을 그대로 답습한 결과였다.

임시국민의회는 1918년 10월 30일 3명의 의장과 20명의 위원으로 구성되는 국가회의(슈타츠라트)를 임시국민의회의 집행기구로 선출하여, 이 기구에 정부선임권을 위임했다. 3인의 국가회의 의장은 3대 정당의 대표들이었다. 대독일당을 대표한 프란츠 딩호퍼(1873-1956: 1919년 대독일연합, 1920년 대독일국민당 창당), 기독교사회당의 요도크 핑크(1853-1929), 사회민주주의노동자당의 카를 자이츠(1869-1950)가 그들이었다. 슈타츠라트(국가회의)는 사회민주주의노동자당의 카를 렌너(1870-1950)를 수상(슈타츠칸츨러)으로 하는 독일오스트리아 공화국의 첫 정부를 선임했다. <오스트리아 공화국>이라는 국명이 공식적으로 채택된 것은 <독일오스트리아 공화국>이라는 국명의 사용을 금지한 <생제르맹 평화조약>이 1919년 10월 21일 비준된 후였지만, 통상적으로 1918년 이후부터 1938년까지를 오스트리아의 제1공화국이라 부른다. 임시국민의회의 정부의 수상은 다수당이 아닌 제3당(사회민주주의노동자당)에서 선임되었지만, 카를 렌너의 제1기 정부는 사회민주주의노동자당, 기독교사회당 및 대독일당 출신 장관들이 골고루 기용된 거국정부(집중정부)였다. 카를 렌너가 소속된 사회민주주의노동자당(1889년 창당)이 원내 제1당이 된 것은 1919년 총선(제헌국민의회의원선거) 때이었다.

공식적으로는 제정이 공화정으로 전환되지 않았음에도 불구하고, 카를 렌너 정부는 카를 1세 황제의 정부를 인수하기 위해 설립되었기 때문에, 1918년 10월 30일은 오스트리아 공화정의 역사가 실제로 시작된 날이었다. 제1기 렌너 정부의 선서식은 1918년 10월 31일 제국의회 의사당의 예산심의실에서 카를 자이츠(사회민주주의노동자당) 의장과 프란츠 딩호퍼(대독일당) 의장이 입회한 가운데 약식으로 거행되었다. 1918년 10월 30일 국가회의에 의해 선임된 렌너 정부는 카를 1세 황제와 오스트리아 제국의 마지막 정부(총리: 하인리히 라마쉬)의 퇴진을 압박했다. 1918년 10월 30일부터 11월 11일까지 빈에는 두 개의 정부, 즉 독일오스트리아 공화국 정부와 오스트리아 제국 정부가 존재했다. 카를 1세는 퇴위를 거부했지만, 양 정부의 대표가 공동작성한 오스트리아 제국 포기 선언문에 서명하지 않을 수 없었다. 헝가리 군대의 이탈리아 전선 무단이탈(10월 31일), 항복조약이나 다름없는 파도바 휴전조약 체결과 이탈리아군의 남티롤 및 트리에스테 점령(11월 3일), 제민족(체코슬로바키아, 헝가리 및 폴란드) 독립선언에 기인한 오스트리아 제국의 내적 해체, 빌헬름 2세 독일제국 황제의 퇴위와 독일 공화국 선포(11월 9일) 등 일련의 수습 불가능한 사건들이 카를 1세를 막다른 골목으로 내몰았기 때문이었다. 카를 1세가 제국포기각서에 서명한 다음 날인 1918년 11월 12일 제국의회 의사당에서 독일오스트리아 공화국 임시국민의회는 공화국 출범을 공식적으로 선포했다. 합스부르크 왕조의 장구한 지배체제는 이 날 이후 역사가 되어버렸다. 합스부르크가는 1438년부터 1806년까지 신성로마제국 황제, 1804년부터 1867년까지 오스트리아 제국 황제, 1867년부터 1918년까지 오스트리아-헝가리 이중제국 황제를 지속적으로 배출한 왕가였다.

카를 1세가 물러나고 하루가 지난 후 소집된 독일오스트리아 공화국 임시국민의회 전체회의에서 프란츠 딩호퍼 의장은 1918년 10월 30일자 정부(1기 렌너 내각) 선임에 관한 사후보고를 했다. 11월 12일은 오스트리아 역사에서 공화정이 공식적으로 출범한 날이었다. 1919년 3월 3일자로 임기가 끝난 1기 렌너 정부는 3월 15일 - 2월 16일 실시된 총선에서 구성된 - 제헌국민의회로부터 재신임을 받았다. 1919년 2월 16일 총선은 오스트리아 역사상 여성에게 처음으로 선거권이 부여된 완벽한 일반평등 선거였으며, 구 제국의회 의원들로 구성된 <임시국민의회>는 이제 독일 오스트리아 공화국의 첫 총선에서 구성된 <제헌국민의회>로 그 명칭이 바뀌게 되었다. 제헌국민의회는 <합스부르크 법> 제정(1919년 4월 3일)과 <생제르맹 평화조약> 비준(1919년 10월 21일), 그리고 1920년 10월 1일 오스트리아 연방헌법을 통과시키는 등, 자유 독립 민주국가로서의 오스트리아 공화국의 초석을 놓았다.

재신임을 받은 렌너의 2기 정부는 제헌국민의회에 의해 제정된 연방 헌법이 발효될 때까지 재집권하게 되었다. 1기 내각이 거국내각이었다면,

2기 렌너 정부는 사회민주주의노동자당(SDAP)과 기독교사회당(CSP)의 대연정이었다. 카를 렌너 수상은 제헌국민의회로부터 전권을 위임받아 1차 대전 전승국과 오스트리아 간의 평화조약(생제르맹 조약)에 서명했다. 1919년 10월 17일 <생제르맹 평화조약> 발효와 동시에 <독일오스트리아 공화국>이라는 국호는 <오스트리아 공화국>으로 변경되었고, 렌너의 2기 내각은 제헌국민의회의 재신임을 받았다. 3기 렌너 정부는 1920년 7월 7일 미하엘 마이르(1864-1922, 재임: 1920-1921) 수상에게 인계되었다. 미하엘 마이르는 1920년 11월 10일 발효된 오스트리아 연방헌법에 의해 오스트리아의 초대 연방수상이 되었다. 연방헌법이 발효된 후 수상의 명칭은 국가수상(슈타츠칸츨러)에서 연방수상(분데스칸츨러)으로, 장관은 국가장관(슈타츠제크레테르)에서 연방장관(분데스미니스터)으로, 정부의 명칭도 국가정부(슈타츠레기룽)에서 연방정부(분데스레기룽)로 변경되었다. 마이르 수상의 직명도 1920년 7월 7일부터 11월 9일까지는 연방수상이 아닌 국가수상이었다. 국민의회가 존속한 1918년 10월 21일부터 1920년 11월 9일까지 - 다시 말해 1920년 11월 10일 제헌국민의회가 오늘날의 오스트리아 국회 명칭인 나치오날라트로 바뀔 때까지 - 국민의회에 의해 선임된 정부, 수상, 장관 명칭 앞에 슈타트(국가)라는 부가어가 붙었다.

카를 1세는 1918년 11월 11일 오스트리아 제국 포기각서에 서명한 후 쇤브룬 왕궁을 비우고, 가족과 함께 니더외스터라이히의 에카르차우 성으로 거소를 옮겨야 했다. 1918년 11월 13일 그는 그곳에서 헝가리 제국 인수대표단이 제시한 헝가리 제국포기문서에 카로이 4세의 이름으로 서명할 것을 강요받았다. 빈 동쪽 도나우 강 좌안의 마르히펠트(현재 빈 시와 니더외스터라이히 연방주에 걸친 평원)에 자리 잡고 있는 에카르차우 성은 1760년 마리아 테레지아 여제의 부군(신성로마제국 황제 프란츠 1세)이 구입하여 아내 마리아 테레지아에게 선물한 합스부르크 왕가의 사유재산이었다. 합스부르크가의 기금을 포함한 합스부르크가의 사유재산은 1919년 4월 3일 제헌국민의회에 의해 입법된 <합스부르크 법>에 의거하여 모두 국유화되었다. 카를 1세가 약 4개월 간 체재한 에카르차우 성은 공교롭게도 루돌프 1세(재위: 1273-1291, 합스부르크 왕조 최초의 신성로마제국 황제)가 뵈멘 국왕 오토카르 2세가 점령한 옛 바벤베르크 왕조의 세습지(오스트리아)를 확보하기 위해 오토카르 2세를 제압한 옛 격전지(뒤른크루트 전투 참조)에서 불과 수 킬로미터도 떨어지지 않은 곳에 위치했다. 남서독일의 일개 백작가문에 지나지 않던 합스부르크가가 독일제국을 지배한 유럽 제1의 왕가로 발돋움 할 수 있었던 것은 빈으로 도읍을 옮긴 루돌프 1세 덕분이었다. 영욕의 과거를 역사 속에 묻고 망명길을 떠나야 하는 합스부르크가 최후의 황제는 아픈 기억을 떠올리면서 회한에 잠겼을 것이다.

카를 1세는 영국 국왕 조지 5세(1865-1936, 재위: 1910-1936)의 배려로 에드워드 리슬 스트루트(1874-1948)라는 영국군 대령의 호위를 받아 1919년 3월 24일 가족과 함께 스위스로 무사히 망명했다. 조지 5세는 오스트리아-헝가리 이중제국의 마지막 황제가 볼셰비키 혁명세력에 의해 1918년 무참히 살해된 러시아 제국의 마지막 황제 니콜라이 2세(1868-1918, 재위: 1894-1917)와 같은 운명으로 전락하는 것을 방치하고 싶지 않았을 것이다. 조지 5세의 조모(빅토리아 여왕. 1819-1901, 재위: 1837-1901)의 동갑내기 4촌인 하노버 왕국의 마지막 국왕 게오르크 5세(1819-1878)는 독일전쟁(1866)에서 오스트리아를 위해 싸우다 프로이센에게 나라를 빼앗긴 후, 빈을 경유하여 파리로 망명했었다. 게오르크 5세는 빈 체재 시 쇤브룬 왕궁에서 멀지않은 곳에 오스트리아 황제(카를 1세 황제의 종조부 프란츠 요제프 1세)가 마련해 준 거소(빈13구 히칭 소재 '휘겔 빌라')에 머물면서 프란츠 요제프 1세의 극진한 보살핌을 받았으며, 그의 가족들도 프란츠 요제프 1세의 도움으로 1년 후 게오르크 5세와 합류할 수 있었다. 조지 5세의 고조부이며, 게오르크 5세의 조부인 조지 3세(1738-1820)도 오스트리아 황제(프란츠 1세, 신성로마제국 황제로서는 프란츠 2세)와 깊은 인연을 가진 영국 국왕 겸 하노버 국왕이었다. 조지 3세는 1792년부터 1805년까지 오스트리아와 동맹을 체결하여 나폴레옹과 전쟁을 벌였으며, 1815년 빈 회의의 결의를 통해 영국과 군합국인 선제후국 하노버가 왕국으로 승격된 것은 동맹국 오스트리아의 지지에 힘입은 결과였다.

카를 1세와 치타 부처가 망명길에 대동한 자녀들은 5명(4남 1녀)이나 되었고, 그들은 모두 유아기의 자녀들이었다. 장남 오토가 당시 만 6세, 가장 어린 4남 카를 루트비히(1918-2007)는 1918년 3월 10일에 출생한 젖먹이였다. 합스부르크 왕가 최후의 법적 상속자 오토 대공(1912-2011)은 후일 유럽의회 의장을 역임하는 등, 유럽 차원에서 활발한 정치활동을 전개했다. 망명지에서 카를 1세 부부 사이에 3명의 자녀가 더 태어났다. 스위스 체류 시, 카를 1세는 1921년 3월과 10월 두 번에 걸쳐 헝가리를 되찾으려는 시도를 했지만, 뜻을 이루지 못했다. 그가 복위를 시도했을 당시의 헝가리는, 러시아 포로생활을 청산하고 귀국한 공산주의자 벨로 쿤(1886-1939)이 설립한 인민공화국이 잔혹한 테러정권이라는 악명만 남긴 채 무너진 후, 미클로슈 호르티(1868-1957) 섭정 체제 하의 왕국이었다. 호르티는 1920년부터 1944년까지 섭정의 신분으로 헝가리를 통치했으며, 이 기간의 헝가리는 국왕이 존재하지 않은 섭정 체제 하의 왕국이었다. 카를 1세가 헝가리에서 복위를 시도한 것은 친 합스부르크 성향의 호르티로부터 - 1909년부터 1914년까지 해군장교로서 프란츠 요제프 1세 황제의 부관을 역임한 호르티는 오스트리아-헝가리 이중제국 해군의 마지막 함대사령관을 역임했다 - 헝가리의 통치권을 이양 받을 수 있다고 생각했기 때문이었다. 두 번째 복위 시도 과정에서 구체제의 회복을 노린 카를 1세의 지지세력과 헝가리 정부군이 부다페스트 교외에서 벌인 소규모 전투(1921년 10월 23일)로 19명이 목숨을 잃는 사건이 발생했다. 카를 1세의 복위 시도는 내전으로 - 그것도 그의 패배로 - 끝날 것이 분명해졌다. 서방 연합국 측도, 헝가리 정부도 그의 복위 시도를 용인하지 않았다.

1920년 6월 4일 연합국과 헝가리 간에 체결된 <트리아농 평화조약>에 의해 - 헝가리 왕국으로부터 양도받은 영토가 국토의 주요 부분을 차지한 - 체코슬로바키아와 루마니아와 유고슬라비아는 합스부르크가의 왕정회복 시도를 국가의 존립에 대한 위협으로 간주하여 무력행사도 불사할 태도를 취했다. 헝가리에서 체포된 카를 1세는 서 헝가리의 티호니 수도원(발라톤 호수 인근)에 감금되었다가, 1921년 11월 1일 부인 치타와 함께 도나우 항로를 경유하여 흑해로 이송된 후, 영국 해군의 순양함 편으로 11월 19일 최종 망명지인 포르투갈의 마데이라 섬으로 유배되었다. 부인 치타와 자녀들은 1922년 2월 2일 카를 1세와 합류했다. 마데이라가 최종 유배지로 결정된 것은 당시 유럽의 국가들 중 카를 1세 황제 부처에게 망명을 허용한 유일한 국가가 포르투갈이었기 때문이었다. 합스부르크 왕가의 마지막 황제는 헝가리를 떠난 지 5개월 만인 1922년 4월 1일 35세를 일기로 푼샬(마데이라 제도의 주도)에서 세상과 하직했다. 유행성 감기가 폐렴으로 발전한 것이 사망의 원인이었다. 그의 유해는 1970년대 초 포르투갈의 마데이라에서 스위스의 아르가우 주의 무리 수도원 부속교회(로레토 교회)로 이장되었다. 로레토 교회는 그 후 귀국이 금지된 카를 1세의 가족묘지 역할을 맡게 되었다. 카를 1세의 마지막 삶은 1815년 3월 엘바 섬을 탈출하여 재기를 기도했지만, 워털루 결전에서 패해 다시 동맹군의 포로가 된 후, 아프리카와 남아메리카 사이의 외딴섬 세인트헬레나로 유배되어 그곳에서 최후를 맞이한 나폴레옹 1세의 말로를 연상시켰다. 합스부르크가 최후의 황제 카를 1세가 영면하고 있는 스위스의 아르가우는 오스트리아 땅으로 도읍을 옮기기 전의 합스부르크가의 발상지였다.

| 제 9 장 |

공화국 시대(1918-)

‖ 제9장 ‖

공화국 시대(1918-)

❏ 1
오스트리아 제1공화국

1) 독일오스트리아 공화국

1918년에 시작된 오스트리아 공화정의 역사는 1938년 오스트리아가 독일제국에 강제 합병됨으로써 발생한 7년간의 국권상실기를 거친 후, 1945년에 복원되었다. 그러나 주권국가로서의 엄밀한 의미에서의 완전한 독립은 2차 세계대전 전승국들의 10년 점령기간이 만료된 1955년에 가서야 비로소 가능했다. 1945년 나치 독일제국으로부터, 1955년은 4대국 군정으로부터 독립한 해이었다. 역사는 1918년부터 1938년까지를 제1공화국, 1945년 이후 시대를 제2공화국으로 구분한다. 카를 렌너 수상의 초대정부(독일오스트리아 공화국 임시국민의회 정부)가 출범한 1918년 10월 30일부터 <생제르맹 평화조약>(1919년 9월 10일 조인)이 임시국민의회에서 비준된 1919년 10월 21일까지 존속한 <독일오스트리아 공화국>과 더불어 시작된 민주공화국의 역사는 1934년에 출현한 파시즘 정부의 독재시대를 극복하지 못하고, 4년 후 나치 독일에 강제 합병됨으로써 중단되어 버렸다.

1918년 10월 21일 독일오스트리아 공화국 임시국민의회 출범, 1919년 2월 16일 제헌국민의회 의원 선거, 1920년 10월 1일 연방헌법 제정, 1920년 10월 17일 연방헌법에 의거한 제1대 총선을 거쳐 현재의 오스트리아 의회(나치오날라트)가 탄생하기 전(1918-1920)까지의 초창기 제1공화국 정부는 국민의회(임시국민의회 및 제헌국민의회)에 의해 선임되었다.

'독일오스트리아'는 원래 지역개념으로서 오스트리아-헝가리 이중제국의 서반부(치스라이타니엔), 즉 오스트리아 제국의 독일어사용지역(남티롤 및 뵈멘 왕국의 독일어사용지역)을 가리키는 비공식 명칭이었다. 공화정의 국호 논의과정에서 특히 사회민주주의노동자당과 대독일당은 '독일오스트리아'에 포함된 '오스트리아'의 명칭에서 '오스트리아 제국'의 냄새가 난다 하여 공화국 국명에서 '오스트리아'를 배제할 것을 주장했지만, 기독교사회당에 의해 독일오스트리아라는 국명이 최종적으로 관철되었다. 독일오스트리아 공화국 임시국민의회(1918년 10월 21일-1919년 2월 15일)의 업적은 임시국민의회 의장단 및 집행기구(국가회의/슈타츠라트) 선출과 3대 정당(사회민주주의노동자당, 기독교사회당, 대독일당)이 참여한 거국정부(집중정부)를 선임한 것 외에도 제헌국민의회를 탄생시키고, '독일오스트리아'(오스트리아 제국의 독일어사용지역)에 대한 영유권을 제기한 것 등이었다.

기독교사회당의 집권(1920년 7월 7일, 수상: 미하엘 마이르)과 더불어 기존의 사회민주주의노동자당과 기독교사회당의 연정(수상: 카를 렌너)은 3대 정당이 모두 참여한 과도기적 비례배분제 정부로 전환되었고, 3개월 후(1920년 10월 17일) 실시된 제1대 나치오날라트 선거(국회의원 선거)에서 제1당의 자리를 기독교사회당에 빼앗긴 사회민주주의노동자당 출신 장관들은 그 후 전원 정부직에서 물러났다. 그 후 사회민주주의노동자당은 1934년까지 단 한 차례도 기독교사회당이 주도한 정부에 참여할 기회를 가지지 못했을 뿐 아니라, 1934년 2월의 무력충돌(2월 반란)에 이를 때까지 기독교사회당 정부와 극도의 긴장관계를 유지해야 했다.

독일오스트리아 공화국의 임시국민의회가 영토주권을 제기한 구 오스트리아 제국의 독일어사용지역은 니더외스터라이히(남메렌의 츠나임/츠노이모 포함), 오버외스터라이히(부트바이스/부데요비체, 크루마우/크룸로프(현 체코의 이호체스키주) 포함), 슈타이어마르크(마르부르크/마리보르 포함), 케른텐(타르비스를 중심으로 한 독일어, 슬로베니아어 및 이탈리아어 혼용지역 카날/카날레 협곡과 슬로베니아인 집단거주지역 남케른텐 포함), 티롤(남티롤 포함), 포르아를베르크 및 잘츠부르크 등이었다. 그러나 독일오스트리아 공화국이 영유권을 제기한 뵈멘의 독일어사용지역(에거/헤프 및 카를스바트/카를로비바리 포함)과 주데텐 지방, 즉 주데텐란트(뵈멘과 메렌의 북부지역 및 오스트리아령 슐레지엔)는 오스트리아의 국경과 연결되지 않은 완전한 고립지역이었다. <독일오스트리아 공화국>의 '독일오스트리아'(오스트리아 제국의 독일어사용지역)에 대한 영유권 주장이 비현실적이었던 것은 생제르맹 평화조약 체결 이전에 이미 노정되었다. 뵈멘과 메렌의 독일어권 지역과 남티롤은 1차 대전이 공식적으로 종료되기 전에 이미 체코슬로바키아와 이탈리아에 합병되었고, 우드로 윌슨 미국 대통령이 제안한 민족자결주의는 승전국을 위한 잣대였지, 패전국에게는 적용되지 않은 원칙이었다. 예컨대 독일어를 공용어와 일상어로 사용한 남티롤 주민들에게는 주민자결권이 인정되지 않았기 때문에, 국적선택을 결정하는 주민투표 자체가 실시될 수 없었다. 이탈리아는 연합국의 일원이었고, 오스트리아는 1차 대전의 패전국이었다.

슬로베니아 주민(슬라브족)이 집단적으로 거주한 케른텐의 사정은 그러나 남티롤의 경우와는 달랐다. 케른텐의 수도 클라겐푸르트는 1919년 4월 영유권을 주장한 슬로베니아 군대에 의해 점령되기도 했다. 그 후 케른텐에서는 윌슨 대통령이 주창한 14개조 평화원칙이 예외적으로 적용되어, 주민투표가 실시되었다. 1920년 10월 10일 슬로베니아인들이 집단적으로 거주 한 클라겐푸르트 이남지역(슬로베니아 국경지역)에서 실시된 1차 주민투표의 결과, 슬로베니아 주민의 60%가 오스트리아 국적을 선택했다. 병역의무가 없어진 오스트리아를 선택한 여자들의 찬성표가 투표결과에 영향을 미쳤던 것으로 간주되었다. 1차 주민투표의 결과로 슬로베니아계 주민이 소수인 클라겐푸르트 이북 지역의 주민투표는 불필요하게 되었다.

헝가리 영토였던 부르겐란트 연방주는 1919년 생제르맹 평화조약(오스트리아와 연합국 간 평화조약)과 1920년 트리아농 평화조약(헝가리와 연합국 간 평화조약)에서 오스트리아 영토로 확정된 후, 1921년 가을에 공식적으로 합병된 후 오스트리아의 여덟 번째 연방주가 되었다. 아홉 번째 연방주는 1922년 1월 1일 이후 니더외스터라이히 주에서 분리된 빈(수도 겸 연방주)이다. 부르겐란트의 원래 수도 외덴부르크(헝가리의 쇼프론)는 1921년 12월 14일 실시된 주민투표의 결과에 의거하여 헝가리 영토로 남았다. 오스트리아에 편입된 부르겐란트의 새 수도는 아이젠슈타트로 결정되었다. 트리아농 평화조약에서 헝가리는 오스트리아-헝가리 이중제국 시기의 영토 삼분의 이와 인구 오분의 삼을 오스트리아를 비롯해 이탈리아, 체코슬로바키아, 크로아티아, 루마니아 등에 양도해야 했다. 참고로 부르겐란트주는 오스트리아의 9개 연방주 중에서 비독일계 소수민족(크로아티아인과 마자르인)의 구성비가 가장 높은 주이다.

동서고금의 국제정치사는 영토문제에 관한 한 국익에 반한 어떤 도덕적, 논리적 가치도 인정하지 않았다. 포르아를베르크 주의 운명을 결정할 때의 오스트리아의 논증방식에서도 철저한 국가이기주의를 읽을 수 있었다. 주로 알레만(스위스에 정주한 고대 게르만족의 일족)족 거주 지역이었던 포르아를베르크 연방주는 경제적으로나, 문화적으로나 스위스적 특징을 가진 지역이었다. 1919년 5월 자체적으로 실시된 주민투표에서 주민의 절대다수가 스위스에 합병되기를 원했다. 그러나 개신교 칸톤(연방주)과 구교 칸톤 간의 균형을 중시한 국내정치적 이유에서 스위스는 포르아를베르크 주민투표 결과에 대해 신중한 입장을 취했으며, 오스트리아 정부의 공식승인을 요구했다. 다른 때에는 주민자결권을 강조했던 오스트리아 정부는 경제적 이유에서 포르아를베르크의 주민투표 결과를 인정하지 않았고, 포르아를베르크는 오스트리아의 최동단 연방주로 남게 되었다.

제1공화국의 첫 의회인 구 제국의회 의원들로 구성된 독일오스트리아 공화국 임시국민의회의 의석은 총 208석이었지만, 그 중 체코슬로바키아 (오스트리아 제국 소속 체코와 헝가리 제국 소속 슬로바키아)와 북이탈리아(남티롤)의 독일계 주민 선거구를 대표하는 85개 의석은 독일오스트리아 공화국이 이 지역에 대한 영유권을 제기하기 전에 이미 소멸된 선거구이었다. 그래서 1919년 2월 16일 실시된 독일오스트리아 공화국의 첫 번째 총선(제헌국민의회의원 선거)에서 이 지역의 선거구민들에게는 선거 자체가 불가능했다. 체코슬로바키아 공화국과 이탈리아 공화국이 자국 내 구오스트리아 제국령 거주 주민들의 선거 참여를 법으로 금지했기 때문이었다. 제헌국민의회 선거는 독일오스트리아 공화국의 실효적 통치지역 내에서만 실시될 수 있었다.

제헌국민의회 총의석 170석 중 11석은 선거에 참여하지 못한 운터슈타이어마르크(마르부르크/마리보르 등을 포함한 슬로베니아의 오스트리아 국경지역)와 남티롤 선거구 몫으로 - 리엔츠의 투표결과를 비례배분제로 계산하여 - 할당된 의석이었지만, 지역대표성이 없는 의석이었다. 남티롤과 마찬가지로 뵈멘과 메렌의 의석(11석)도 제헌국민의회 선거에서 원천적으로 제외된 선거구 몫이었다. 사회민주주의노동자당은 운터슈타이어마르크(슬로베니아 영토)와 남티롤(이탈리아 영토) 선거구의 의석은 살리고, 뵈멘과 메렌은 애초부터 선거에서 제외하는 이중정책에 반대하였지만, 그들의 주장은 수용되지 않았다. 1919년 9월 10일 생제르맹 평화조약 체결과 더불어 운터슈타이어마르크는 세르비아-크로아티아-슬로베니아 왕국(유고슬라비아)에, 남티롤은 이탈리아에, 그리고 뵈멘과 메렌의 11개 독일어권지역은 모두 체코슬로바키아에 공식적으로 편입되었다. 오스트리아가 유독 남티롤과 운터슈타이어마르크에 대한 영토주권을 포기하지 않으려 한 것은 이 지역에 대한 영유권을 지속적으로 주장하기 위한 오스트리아의 정치적, 외교적 포석이었다고도 볼 수 있지만, 달리 평가하면 그것은 오스트리아 제국의 '독일오스트리아'에 대한 영유권 주장이 자기모순을 드러낸 데 대한 방증이

기도 했다.

독일오스트리아 공화국 제헌국민의회는 오스트리아 역사에서 처음으로 여성이 참여한 자유 평등선거를 통해 구성된 의회였다. 제헌국민의회 선거에 참여한 정당의 수는 20여 개에 육박했지만, 사회민주주의노동자당(SDAP)과 기독교사회당(CSP)이 유효표의 75퍼센트 이상을 나눠가졌다. 카를 자이츠(1869-1950)와 카를 렌너(1879-1950)와 오토 바우어(1881-1938)가 지휘한 사회민주주의노동자당이 제1당(72석)이 됨으로써 카를 렌너 정부에 힘이 실리게 되었고, 사회민주주의노동자당보다 2석이 부족한 69석을 획득한 기독교사회당은 원내 제2당이 되었다. 여성에게도 피선거권이 허용된 선거였지만 - 170석 중 운터슈타이어마르크와 남티롤 선거구 몫으로 남겨둔 11석을 제외하고 - 실제로 실시된 선거에서 선출된 159석 중 여성이 차지한 의석은 8석(사회민주주의노동자당 7석, 기독교사회당 1석)에 불과했다. 리엔츠(티롤주와 슬로베니아 사이의 오스트리아 도시)의 투표결과를 정당 비례배분제로 계산하여 남티롤 선거구 지분으로 11석을 추가로 당선시킴으로써 제헌의회의 의석은 외형적으로는 170석이 되었다. 제헌국민의회는 1919년 3월 5일 사회민주주의노동자당의 카를 자이츠를 제1의장, 기독교사회당의 요한 네포무크 하우저(1866-1927)를 제2의장, 대독일당의 프란츠 딩호퍼를 제3의장에 선출했다. 미하엘 하이니쉬(1858-1940, 대통령: 1920-1928)가 - 1920년 10월 1일 통과, 11월 10일 발효된 연방헌법에 의거 - 오스트리아 공화국 초대 연방대통령에 선출된 1920년 12월 9일까지 카를 자이츠 제1의장이 오스트리아의 국가원수 역할을 대행했다.

카를 렌너 수상이 전승국들이 강요한 강제 조약이라고 혹평한 생제르맹 평화조약의 규정들은 대부분 오스트리아 제국의 해체를 국제법적으로 확인하는 내용이었다. 1919년 10월 21일 제헌국민의회에 의해 생제르맹 평화조약이 비준됨과 동시에 오스트리아는 <독일오스트리아 공화국>에서 <오스트리아 공화국>으로 국호를 변경해야 했다. 독일과 오스트리아의 '합병금지'는 오스트리아와 연합국 간 체결된 생제르맹 평화조약(88조)뿐 아니라, 생제르맹 평화조약 체결 4개월 전 연합국과 독일제국 간에 체결된 <베르사유 평화조약>(80조)에서 이미 가장 중요한 조항으로 확정되었다. 독일연방(1815-1866) 붕괴 이후 갈라진 두 독일(오스트리아와 프로이센)의 재결합 가능성은 이제 원천적으로 차단되었다. 전승국들은 새로이 등장할지도 모르는 보다 강력한 '독일'을 국제조약을 통해 막으려 했지만, 19년 후 그들의 바람은 결국 수포로 돌아갔다.

1920년 10월 1일 제헌국민의회에 의해 제정된 연방헌법에 의거 그 해 10월 17일 실시된 초대 나치오날라트(현재의 국회) 의원 선거에서 기독교사회당(183석 중 85석)이 사회민주주의노동자당(69석)을 제치고 원내 제1당을 차지했다. 1920년 10월에 실시된 주민투표 때문에 케른텐에서의 총선은 1921년 6월에 실시되었고, 부르겐란트는 1921년 11월에 가서야 비로소 오스트리아 영토에 편입되었기 때문에, 이 지역의 총선은 1922년 6월에 추가로 실시되어야 했다. 1919년의 제헌국민의회 선거에서도 부르겐란트는 배제되었다. 기독교사회당과 사회민주주의노동자당 간의 대연정은 원을 구성하자마자 깨어지고, 기독교사회당은 대독일국민당과 소연정을 구성했다. 사회민주주의노동자당은 야당의 길을 걷게 되었고, 기독교사회당과 조국전선(기독교사회당의 후신)의 독주시대가 1938년까지 지속되었다.

이 시기의 가장 중요한 역할을 한 오스트리아의 정치인은 1922년부터 1924년까지, 그리고 1926년부터 1929년까지 두 차례 수상을 역임한 이그나츠 자이펠(1876-1932)이었다. 기독교사회당은 절대다수 의석을 차지하지 못했으나, 사회민주주의노동자당과의 협력을 원치 않았기 때문에, 군소 정당과의 연정이 불가피했다. 자이펠 수상의 급선무는 완전히 영락한 국가를 일으켜 세우기 위해 우선 인플레이션의 위기로부터 오스트리아의 통화를 구출해 내고, 국내치안을 확립하는 일이었다. 오스트리아가 1920년대의 고난을 성공적으로 극복할 수 있었던 것은 모두 자이펠 수상의 공로라 해도 과언이 아니었다. 정치가이자 학자(잘츠부르크 대학 윤리신학교수)이며 주교직의 신부였던 자이펠은 외모에서나, 생활방식에 있어서나,

엄격하고 청렴한 사람이었다. 국제연맹이 1922년 6억 5천만 크로네의 차관을 오스트리아에 제공한 것은 자이펠 주교 개인의 노력 덕분이었다. 1918년 종전 이후 1936년까지 각 정당 별로 관리해 온 농민과 시민들로 구성된 시민자위대(예: 기독교사회당 산하 향토방위대와 사회민주주의노동자당 산하의 공화국방어동맹) 간에 내전이 발생하지 않은 것도 자이펠 수상의 탁월한 정치력 덕분이었다.

2) 제헌국민의회의 업적

독자적 생존능력을 의심받을 정도의 소국가 규모로 축소된 오스트리아는 당면한 경제난국과 천정부지의 인플레이션을 극복하기 위한 대책을 세우는 것이 무엇보다도 중요했다. 국민 대다수가 생존권을 위협받는 어려움 속에서도 제헌국민의회는 오스트리아 공화정의 발전을 위한 중요한 원칙들을 결정하는데 한 치의 소홀함도 보이지 않았다. 제헌국민의회는 카를 렌너 정부(사회민주주의노동자당과 기독교사회당의 연립정부)를 1920년 7월 7일까지 재신임했다. 제헌국민의회 선거에서 패한 사회민주주의노동자당 출신 각료들이 1920년 10월 22일 일제히 미하엘 마이르 수상 정부에서 퇴진했을 때, 카를 자이츠 제헌국민의회 의장은 국가원수의 자격으로 기독교사회당 정치가들을 그 자리에 임명했다.

제헌국민의회가 제정한 첫 번째 법률은 <합스부르크 법>(1919년 4월 3일)이었다. 그 동기는 스위스 망명 직전 마지막 오스트리아 국경도시 펠트키르히에서 발표한 성명서에서 카를 1세가 1918년 11월 11일 서명한 제국포기 약속을 번복했기 때문이었다. 합스부르크 법의 핵심내용은 합스부르크(-로트링엔)가와 그 방계 가문의 재산 국유화 및 특권 폐지를 규정한 것이었다. 합스부르크가의 마지막 황제(카를 1세)와 그 계승자(카를 1세의 장남 오토 대공)에게는 입국이 금지되고, 기타 합스부르크가 구성원은 기득권을 포기하고 오스트리아 공화국의 시민자격을 인정할 경우에 한해 국내체류가 허용되었다. 카를 1세가 마지막으로 체류했던 니더외스터라이히의 에카르차우 성도 합스부르크 법에 의해 국유화되었다.

생제르맹 평화조약도 제헌국민의회에 의해 조인되고, 비준되었다. 카를 렌너 수상은 제헌국민의회의 전권대표 자격으로 1919년 9월 10일 생제르맹 평화조약에 조인했다. 주테덴란트(뵈멘과 독일제국의 접경지역)와 남티롤 주민의 민족자결권이 무시되었기 때문에, 카를 렌너 오스트리아 대표는 생제르맹 조약을 강제평화조약으로 간주했지만, 패전국 수상의 항변은 반향을 불러일으키지 못했다. 카를 렌너 정부의 - 사회민주주의노동자당 출신 - 외무장관 오토 바우어는 생제르맹 평화조약(1919년 9월 10일)의 체결을 기다리지 않고, 베르사유 평화조약(1919년 6월 28일)이 체결된 지 한 달 만인 1919년 7월 26일 외무장관 직을 사임했다. 오스트리아와 연합국 간에 체결된 생제르맹 평화조약보다 먼저 독일제국과 연합국 사이에 체결된 베르사유 평화조약이 사회민주주의노동자당의 강령에 채택된 독일과 오스트리아의 합병을 명시적으로 금지했기 때문이었다. 1919년 10월 21일부터 독일오스트리아 공화국이라는 국호는 1년 만에 사용이 금지되었고, 독일제국 뿐 아니라, 오스트리아 내에서도 향후 독일과 오스트리아의 합병에 관한 논의는 국제연맹의 감시 대상이 되었다. 북이탈리아(남티롤)와 체코슬로바키아(뵈멘과 메렌)의 독일어 사용지역에 대한 독일오스트리아 공화국의 영유권 주장은 전승국들에 의해 일절 수용되지 않았다. 이탈리아와 체코슬로바키아는 전승국의 일원으로 생제르맹 조약에 서명한 국가들이었다. 유일하게 오스트리아의 주장을 수용하여 오스트리아의 영토로 인정된 지역은 서헝가리의 일부 지역(부르겐란트)뿐이었다. 헝가리 역시 베르사유 조약 및 생제르맹 조약과 유사한 내용의 평화조약(트리아농 평화조약, 1920년 6월 4일)을 전승국들과 별도로 체결한 패전국이었다.

"연합국과 그 동맹국 정부는 연합국과 그 동맹국 정부 및 국민이 오스트리아-헝가리 이중제국과 그 동맹국의 침략을 통해 그들에게 강요된 전쟁으로 인해 입은 모든 손실과 피해에 대한 책임이 오스트리아-헝가리 이중제국과 그 동맹국에 있음을 선언하며, 오스트리아-헝가리 이중제국과 그 동맹국 정부는 이를 인정한다'라는 전쟁책임 조항을 생제르맹 조약에 규정함으로써 1차 대전 배상에 대한 근거를 명확히 했다. 생제르맹 평화조약에 앞서 조인된 베르사유 평화조약의 동일조항의 동일표현은 "오스트리아-헝가리 이중제국과 그 동맹국 정부" 대신 "독일과 그 동맹국 정부"였다. 이로써 구 오스트리아-헝가리 이중제국이 이행해야 할 전쟁배상금 지불의 책임이 이제 미니공화국으로 독립한 오스트리아와 헝가리에 전적으로 놓이게 된 것이었다. 그러니까 이론적으로는 구 오스트리아 제국의 일원이었다가 독립한 신생국들(예: 체코슬로바키아)에 대한 배상의 책임도 오스트리아 공화국과 헝가리 왕국이 져야한다는 해석이 가능했기 때문에, 후일 윈스턴 처칠(1874-1965) 영국수상은 오스트리아와 헝가리에게 일방적으로 불리한 조항으로 이루어진 생제르맹 평화조약과 트리아농 평화조약의 기본정신을 비판했다.

1920년 여름 사회민주주의노동자당과 기독교사회당 간의 대연정은 양당 간 이해관계의 대립으로 더 이상의 유지가 불가능해졌다. 그럼에도 불구하고 양당은 1920년 7월 6일 제헌국민의회의 임기를 1920년 10월 31까지로 단축하는데 합의했다. 대연정 구성이 불가능할 경우 명부식 비례대표제 선거법의 적용을 규정한 '임기단축법'에 의해 카를 렌너 수상 정부(사회민주주의노동자당-기독교사회당 연정)는 물러나고, 기독교사회당과 사회민주주의노동자당 외에 대독일 국민당이 참여한 거국연립정부(미하엘 마이르의 1기 정부, 1920년 7월 7일-1920년 11월 20일)가 들어섰다. 1920년 11월 10일 연방헌법이 제헌국민의회에서 비준된 후 출범한 미하엘 마이르(1864-1922, 수상: 1920-1921)의 2기 정부(1920년 11월 20일-1921년 6월 21일)는 오스트리아 역사상 첫 연방정부로서 기독교사회당 단독정부였다. 1920년 10월 22일 사회민주주의노동자당 출신 각료들이 - 1년 전 사임한 오토 바우어 외무장관의 뒤를 이어 - 전원 사임한 것은 사회민주주의노동자당과 기독교사회당 간의 불화가 근본 원인이었지만, 오스트리아와 독일의 통합을 명시적으로 금지한 생제르맹 조약이 사회민주주의노동자당이 주도한 정부에 의해 체결된 것이 그들이 사임한 중요한 원인이었다.

원내 최고령 의원인 사회민주주의노동자당의 안톤 다비트(1849-1924)를 임시의장으로 하여 1919년 3월 4일 개원한 이래 제헌국민의회가 이룩한 가장 중요한 업적은 1920년 10월 1일 개최된 마지막 회의에서 오늘날까지 유효한 연방헌법을 통과시킨 것이었다. 제헌국민의회는 이미 그 이름이 말해주듯이 오스트리아 공화국의 헌법을 논의하여 의결하는 사명을 띠고 구성된 의회였다. 연방헌법에 의해 수도 빈은 니더외스터라이히 연방주에서 분리되어, 1922년 1월 1일 이후 독립연방주로 승격되었다. 1920년 10월 1일 제헌국민의회에 의해 제정된 - 오스트리아 공화국을 연방공화국으로 규정한 - 연방헌법은 1920년 11월 10일 발효되었다. 제헌국민의회는 연방헌법 발효일이며, 나치오날라트(현재의 오스트리아 국회)의 원이 구성된 날인 1920년 11월 10일자로 해산되었다.

연방헌법 초안은 법철학자이며 헌법학자인 빈 대학교수 한스 켈젠(1881-1973)과 수상 출신의 두 명의 정치가 카를 렌너(사회민주주의노동자당) 및 미하엘 마이르(기독교사회당)에 의해 입안되었다. 양대 정치진영의 상반된 요구가 - 사회민주주의노동자당이 관철시키려 한 중앙집권주의와 기독교사회당이 선호한 연방주의가 - 적절히 반영된 연방헌법은 연방공화국의 원칙을 토대로 국회(나치오날라트)의 위상과 연방정부의 지위를 강화한 내용이었다. 연방주보다 연방정부에 강력한 권한을 부여한 결론을 끌어내었으면서도, 연방대통령의 기능을 제한하고 의회주의를 강조한 것은 양 진영의 제정(帝政)에 대한 공동 대응이었다. 카를 렌너와 미하엘 마이르는 1920년 7월 7일 수상직을 서로 교대한 정치가였다. 1920년의 연방헌법은 그 후 여러 차례 수정 보완되었다. 1995년 오스트리아의 유럽 연합(EU) 가입을 제외하면 1929년 연방대통령 선거를 간선제에서 직선제로 전환하고, 연방대통령의 임기를 4년에서 6년으로 연장한 것이 가장 중요한 수정 내용이었다. 그러나 직선제로 연방대통령 선거가 실시된 해는 1951년이었다. 1929년의 헌법수정을 통해 정부 선임권은 의회에서 연방대통령에게 이양되었고, 연방대통령은 그 대신 의회 해산권을 가지게 되었다. 그러나 연방대통령의 권한 대부분은 연방정부의 동의를 얻어야 했고, 연방정부는 의회에 책임을 지도록 했다.

오스트리아의 연방국가적 성격은 국민직선제에 의해 선출되는 하원(나치오날라트) 외에, 연방주의회 대표들로 구성된 상원(분데스라트)도 함께 설립된 사실을 통해 드러난다. 상원에 주어진 권한은 하원의 결의에 대한 제한적 비토권이었다. 각 연방주는 - 빈, 니더외스터라이히, 오버외스터라이히, 슈타이어마르크, 케른텐, 잘츠부르크, 티롤, 포르아를베르크 그리고 부르겐란트 등 총 9개 연방주 - 포괄적인 자치권을 행사했다. 연방주의 입법권은 직접선거로 선출되는 연방주의회가 가지며, 연방주의회에 의해 연방주정부가 선임되고, 연방주정부의 수반인 연방주지사의 명칭은 - 독일의 미니스터프레지덴트에 해당하는 - 란데스하우프트만이다. 1929년 수정된 오스트리아 연방헌법은 1934년 5월 1일에 발효한 <5월 헌법>으로 효력이 정지되었다가, 1945년 이후 복원되었다.

1918년 10월 21일 독일오스트리아 공화국 임시국민의회가 구성된 후, 제헌국민의회를 거쳐 1920년 11월 10일 연방의회(나치오날라트와 분데스라트)의 원이 구성될 때까지 존속한 국민의회(임시국민회의 및 제헌국민의회) 2년은 제1공화국에서 양대 정치세력(사회민주주의노동자당과 기독교사회당)이 정부 차원에서 협력할 수 있었던 유일한 기간이었다. 중앙정치에서 배제된 사회민주주의노동자당은 그 후 빈 연방주 경영에 전력을 경주했다. 빈 연방주를 장악한 사회민주주의노동자당과 빈을 제외한 8개 연방주를 장악한 기독교사회당 간의 대립은 양당 간의 관계를 악화시켜, 1934년 조국전선(기독교사회당 후신) 독재정부가 들어서는 원인이 되었다.

3) 제1공화국의 경제위기

신생 공화국이 당면한 가장 절박한 문제는 전후의 기아에 종지부를 찍는 일이었다. 오스트리아 전체 인구의 사분의 일에 달하는 수도 빈의 허기진 배를 채워주는 일이 그 중에서도 가장 시급한 과제였다. 1차 세계대전에 참전했던 다양한 민족 출신의 퇴역 군인들이 종전과 더불어 옛 합스부르크 제국의 수도 빈으로 몰려들어온 바람에, 그렇지 않아도 절망적인 수도 빈의 식량 사정이 더욱 악화되었다. 식량난에다가 주택 부족으로 시가지 곳곳이 슬럼화 되었다. 구 오스트리아 제국군 장교 출신의 귀향자들은 달리 입을 의복이 없었기 때문에, 군복을 착용한 채 일거리를 찾아 거리를 배회했다. 그들이 착용한 제복에는 온갖 종류의 계급장이 달려 있었고, 그 중에는 칼라와 모자에 황금별이 붙어 있거나, 모표가 찢겨져 나간 군모를 쓴 사람들도 있었다. 1차 대전 후 빈의 거리를 특징지은 무리들은 퇴역군인들 외에도 쉴 새 없이 유입된 합스부르크 제국의 관리들이었다. 그들은 합스부르크 제국을 승계한 신생독립국들이 더 이상 필요로 하지 않았거나, 스스로 협력을 거부한 자들이었다. 직장을 얻기 위한 투쟁은 치열했다. 황실을 위해 충성을 바친 옛 제국관리들은 이제 기관차의 화부가 되었고, 카페에서 피아노를 치는 남작들도 생겨났으며, 식당에서 심부름을 하는 등의 단순노동직을 택한 대령 군복의 퇴역장교들도 쉽게 눈에 띄었다. 겨우 얻은 일자리도 큰 도움이 되지 못했다. 통화인플레이션이 극심했던 1921년의 경우 오전에 급료로 지급받은 화폐가 오후가 되면서 휴지조각으로 변하는 사례가 비일비재했다. 먹을 것을 구걸하면서 무리지어 돌아다니는 청소년들이 자주 목격되었고, 필요한 물건을 강탈하는 자들도 있었다. 외국, 특히 미국에서 파견된 구호기관들이 시민들이 겪고 있는 고난을 덜어주기 위해 노력했다. 얼마 전까지만 해도 황제의 거소였던 쇤브룬 왕궁은 미국 퀘이커 교도들의 구호활동 본부로 변해 있었다. 오스트리아를 연명시킨 것은 구호식량이었고, 오스트리아 사람 대부분은 하루 벌어 하루 사는 인생이었다.

1차 대전의 결과로 오스트리아 제국을 대신해 신생 소공화국이 떠안은 천문학적 액수의 전쟁배상금과 구 제국영토의 상실, 그리고 새로운 관세국경의 출현 등의 악재로 인해 오스트리아 경제는 바닥을 모르고 추락했다. 경기침체와 맞물린 고도 인플레이션은 - 1914년 대지 한 필지를 구입할 수 있는 가치가 있었던 1,000크로네로 1922년엔 겨우 식빵 한 덩이를 살 수 있었고, 특히 1919년과 1922년 사이의 3년 동안 물가가 120배나 앙등했다 - 1924년 12월 실시된 통화개혁을 통해 비로소 그 속도가 적어도 수치상으로는 어느 정도 완화될 수 있었다. 구 크로네 화폐는 1925년 초 10,000대 1의 비율로 실링화로 교환되었다. 통화개혁의 전제조건은 이그나츠 자이펠 연방수상(1876-1932, 수상: 1922-1924, 1926-1929)이 협상을 통해 국제연맹으로부터 들여온 차관(6억 5천만 크로네)으로 충족되었다. 차관공여의 반대급부로 오스트리아는 - 영국, 프랑스, 이탈리아 및 체코슬로바키아와 체결한 국가조약(제네바 의정서, 1922년 10월 4일)에서 - 생제르맹 평화조약의 독일-오스트리아 합병금지 조항 준수를 재확인하고, 오스트리아의 재정지출에 대한 국제연맹의 감독을 허용해야 했다. 화폐개혁(실링화의 도입)과 더불어 정부는 철저한 경화(硬貨)정책을 실시했지만, 통화정책만으로 위기시대의 경제를 안정시키기는 데는 한계가 있었다. 화폐개혁은 오히려 국민들의 실질소득 감소와 실업률 증가로 이어졌기 때문에, 기독교사회당 내부로부터도 화폐개혁을 입안한 자이펠 수상에 대한 비판의 목소리가 터져 나왔다.

완만하게나마 조짐이 나타나고 있던 경제성장은 세계경제공황과 맞물려 발생한 금융기관들의 파산으로 끝나버렸다. 오스트리아에서는 1926년 무리한 투자로 인해 우편저축금고의 심각한 손실이 발생한 사실이 드러난 후 이어진 경기침체가 구조적 경제위기의 원인을 제공했다. 3년 뒤 1929년 10월 초 농업은행(보덴크레디트안슈탈트)이 파산했을 때, 이 은행의 인수합병을 강요받은 오스트리아 최대은행이며, 국책 은행인 크레디트안슈탈트(CA)가 위기를 맞아 1931년 5월 8일 지불불능 상태에 빠지게 되었다. CA의 파산은 오스트리아 뿐 아니라, 중부유럽 전체의 금융위기를 확대시킨 원인도 되었다. 오스트리아의 국책은행이 파산한 국내적인 원인은 오스트리아 정부가 정치적인 이유에서 일련의 사금융기관에 반복적인 지불보증을 강요한데 있었지만, 실제로는 1929년 10월 25일 발생한 뉴욕 증권시장의 붕괴(검은 금요일)가 야기한 대공황이 더 큰 원인이었다. CA의 파산 1년 후 오스트리아는 향후 20년 동안 독일제국과의 합병금지 규정을 지킨다는 조건으로 또 한 차례 국제연맹으로부터 3억 실링의 차관을 도입하여 경제를 회생시키려 했다. 그럼에도 불구하고 1933년 오스트리아 노동력의 약 삼분의 일은 실업자였다. 여기에 더해 쿠르트 폰 슈쉬니크(1897-1977, 수상: 1934-1938) 연방수상이 이끈 오스트리아 파시즘 정권에서 1936년 또 다시 오스트리아 최대의 보험회사 피닉스가 모라토리엄을 선언하는 사건이 발생했다. 이는 결국 히틀러 정권과 <7월 협정>을 체결하게 된 원인으로 작용했고, 오스트리아는 나치 독일의 정치적, 경제적 예속을 피할 수 없게 되었다.

절망적인 상황을 조기에 극복하고 오스트리아가 살아남으려면 세 가지 대안 밖에 없는 것처럼 생각되었다. 첫째 도나우 연합, 둘째 독일과의 합병, 셋째 합스부르크 제국의 재건이 그것이었다. 그러나 세 번째 가능성은 현실적으로 실현이 불가능했고, 첫 번째 대안, 즉 도나우 강 공유 국가들의 연합에 대해서는 논의는 무성했지만, 성사가능성은 없었다. 합스부르크 제국의 승계 국가들, 특히 체코슬로바키아와 유고슬라비아(크로아티아·슬로베니아·세르비아), 그리고 - 이 두 국가보다는 덜할지라도 - 헝가리와 루마니아의 오스트리아에 대한 불신의 벽은 높았다. 도나우 연합이란 그들 국가에게는 형식만 달리한 또 하나의 합스부르크 제국의 재건에 다름 아니었다. 유고슬라비아와 유고슬라비아에서 주민수가 가장 많은 세르비아인, 그리고 루마니아인들은 그들이 싸워 타도한 제국이 다시 부활되도록 하기 위해 그렇게 많은 피를 흘렸던 것은 아니었다. 뵈멘과 메렌이라는 명칭으로, 그리고 슬로바키아는 헝가리의 일부로서 나라 전체가 합스부르크 제국에 속해 있었던 체코슬로바키아의 사정도 크게 다르지 않았는데, 여기에는 충분한 이유가 있었다. 대전 당시 연합국 측은 망명 체코인들이 세운 임시정부를 국가로 승인했었기 때문에, 체코인들은 체코슬로바키아 공화국의 민족적 전통을 오스트리아-헝가리 이중제국과 맞서 싸운 그들의 망명정부와 체코 독립군에서 찾으려 했기 때문이었다. 오스트리아-헝가리 이중제국의 한 축이었던 헝가리 역시 패전으로 종진을 맞은 지금 합스부르크 제국을 마자르족의 민족주의적 열망을 억압하기 위한 제도였다고 선전하면서 반 오스트리아 정책의 기치를 높이 들지 않을 수 없었다. 도나우 연합을 실현시키기 위해서는 그 당시에도, 그 이후에도 존재한 적이 없는 강력한 구심점이 필요했다. 도나우 국가들이 자발적으로 결속될 수 있으려면 프라하와 부다페스트와 부쿠레슈티와 베오그라드의 치열한 민족주의가 완화되는 것이 전제가 되어야했기 때문에, 도나우 연합의 실현가능성은 사실상 기대하기가 어려웠다.

그렇다면 이제 남은 마지막 가능성은 독일과 오스트리아의 합병이라는 두 번째 대안뿐이었다. 제국이 붕괴되고, 공화정이 출범한 후에도 대독일주의를 계승한 합병찬성론자들이 오스트리아의 모든 정당에 포진되어 있었다. 심지어 사회민주주의노동자당은 독일과의 합병을 당의 강령으로 채택했다. 1918년 11월 9일 출범한 독일 공화국(바이마르 공화국) 정부가 사회민주주의노동자당의 정권이었기 - 공화국 독일(바이마르 공화국)의 초대 수상은 빌헬름 2세의 퇴위를 발표한 필립 샤이데만이었다 - 때문에, 오스트리아 사회민주주의노동자당은 오스트리아와 독일의 통합을 사회민주주의노동자당 정권 간의 통합으로 간주하고, 합병을 당연한 절차로 생각했다. 오스트리아 공화국과 독일 공화국의 통합을 주장한 오스트리아 사회민주주의노동자당 측의 대표적 인물은 오토 바우어였다. 베르사유 평화조약의 독일-오스트리아 합병금지 조항이 알려진 후, 외무장관 직에서 1919년 7월 26일 사임한 독일오스트리아 공화국의 제2대 외무장관 오토 바우어는 - 초대 외무장관은 1918년 임명된 지 11일 만에 사망한 오스트리아 사회민주주의의 대부 빅토르 아들러(1852-1918)였다 - 1918년부터 1934년까지 오스트리아 사회민주주의노동자당 공동대표를 지낸 사회주의자였다. 오스트리아 사회민주주의노동자당이 독일-오스트리아 합병 정책을 정강에서 삭제한 것은 아돌프 히틀러가 1933년 1월 30일 바이마르 공화국의 정권을 접수했을 때였다. 사회민주주의노동자당의 합병 대상은 나치 독일이 아닌, 공화국 독일이었기 때문이었다. 오스트리아의 합병주의자들은 - 사회민주주의노동자당과 대독일국민당은 물론, 기독교 사회당 역시 합병파가 주류를 형성했다 - 두 가지 가능성을 견지했었다. 하나는 바이에른의 경우처럼 자치국가의 자격으로 바이마르 공화국에 오스트리아가 합류하는 방안이었다. 이를 위해 심지어 독일오스트리아 공화국 임시국민의회는 1918년 11월 12일 공화국 출범 후 개최된 첫 회의에서 바이마르 공화국과의 합병을 의회 차원에서 결의했었다.

다른 하나의 가능성은 양국의 경제통합이었다. 패전과 제국의 붕괴, 그리고 그에 따른 총체적 참상을 체험한 오스트리아 국민들 중에는 새로운 국경선에 의한 국토의 왜소화와 그로 인한 경제적 자립의 불투명성으로 인해 오스트리아 공화국의 독자적 생존 가능성을 의심한 사람들이 많았다. 그러나 합스부르크 제국이 포용했던 이민족 국가들이 오스트리아와의 관계를 더 이상 원하지 않는 한, 도나우 지역의 경제통합을 달성하는 것이 불가능한 현실에서 오스트리아가 살아남으려면 북쪽의 옛 라이벌과 제휴하는 것 이외의 다른 방도가 없다는 것이 합병론자들과 다수 오스트리아 국민의 의견이었던 것이다. 정치권 뿐 아니라, 민간에서도 합병 논의가 무성했던 배경에는 패전과 제국의 붕괴로 야기된 오스트리아 국민들의 충격과 보상심리가 작용하고 있었기 때문이었다.

4) 사회민주주의노동자당과 기독교사회당의 관계 악화와
파시즘 정부의 출현

1918년부터 1920년까지의 국민의회 정부(수상: 카를 렌너)의 전반부(임시국민의회 정부)는 사회민주주의노동자당, 기독교사회당, 대독일국민당 및 무소속이 모두 참여한 거국연립정부였고, 후반부(제헌국민의회 정부)는 사회민주주의노동자당과 기독교사회당 간의 대연정이었다. 1920년 10월 17일 제1대 나치오날라트 선거에서 제1당의 지위를 기독교사회당에 양보한지 5일 만에 연정에서 탈퇴한 사회민주주의노동자당은 그 후 1923년과 1927년에 치러진 두 차례의 총선(제2대 및 제3대 총선)에서도 기독교사회당에 밀려 제2당에 머물렀다. 기독교사회당은 사회민주주의노동자당과의 대연정 대신 1920년 10월 22일 이후 꾸려온 대독일국민당과의 소연정을 계속해서 유지했으며, 1930년 4대 나치오날라트 선거에서 사회민주주의노동자당이 기독교사회당을 제치고 제헌국민의회 이후 다시 제1당의 위상을 회복했음에도 불구하고, 제2당인 기독교사회당이 농촌연맹과 소연정을 꾸림으로써, 기독교사회당과 농촌연맹이 수상과 부수상 자리를 나눠가졌다. 그로 인해 기독교사회당과 사회민주주의노동자당 간에 전선이 형성되기 시작했다.

결과적으로 사회민주주의노동자당은 1920년 이후 1938년까지 연방정부의 주도권을 기독교사회당과 기독교사회당의 후속정당인 조국전선에 넘겨준 대신, 빈 시의회 겸 빈 연방주의회 의석을 석권하여 1918년 이후 1934년까지 단 한 차례도 빈 시장 자리를 기독교사회당에 내어준 적이 없었다. 1918년 이후 1934년까지의 빈을 가리켜 사람들은 <붉은 빈>이라 불렀다. 사회민주주의노동자당의 엠블렘(당색)은 적색이고 기독교사회당은 흑색이었기 때문이었다. 카를 자이츠 시장이 1934년 2월 기독교사회당 독재정부(수상: 엥엘베르트 돌푸스)에 의해 강제 퇴임당한 후, 빈 시장에 임명된 리하르트 슈미츠(1885-1954)가 유일한 기독교사회당/조국전선 출신 시장이었다. 참고로, 1945년 이후 현재에 이르기까지도 빈 시장 직은 오스트리아 사회민주주의당(SPÖ) 출신 정치가들이 맡고 있다. 빈 연방주의회와 빈 연방주정부 직을 석권함으로써 사회민주주의노동자당은 보수진영의 적들을 점점 더 양산하게 되었고, 이는 다시 사회민주주의노동자당과 기독교사회당 간의 관계를 악화시키는 원인으로 작용했다.

실제로 사회민주주의노동자당은 중도 사회주의 정책을 추진했지만, 당 강령(1926년 11월 3일 채택된 린츠 강령)에 프롤레타리아 독재에 관한 문구를 오해를 불러일으킬 만큼 자주 등장시키고, 마르크시즘을 강조함으로써 보수진영의 볼셰비즘에 대한 우려를 야기시켰다. 사회민주주의노동자당은 그들이 건설한 빈 19구의 서민용 임대아파트 단지 이름을 <카를 마르크스 호프>라고 명명했으며, 1934년 2월 12일 엥엘베르트 돌푸스 (1892-1934, 수상: 1932-1934) 수상의 파시즘 정부에 대항해 봉기했을 때, <공화국방어동맹>(사회민주주의노동자당 산하 준군사조직)은 이 아파트 단지를 공격 및 방어 거점으로 삼아 민주주의를 수호한다는 명분하에 극우 독재정부(돌푸스 정권)의 연방군과 조국전선(1933년 창립된 기독교사회당 후속정당) 산하의 준군사조직인 <향토방위대>를 상대로 시가전을 벌였다.

<린츠 강령>(사회민주주의노동자당 강령, 1926)이 발표된 다음 해, 신년 벽두부터 오스트리아의 민주주의를 위협하는 일련의 사건의 시작을 예고하는 대형사고가 터졌다. 향토방위대와 공화국방어동맹 사이에는 늘 이런 저런 충돌이 있어왔지만, 대체로 소규모 충돌에 지나지 않았었다. 그러나 1927년 1월 30일 부르겐란트 연방주의 남쪽 작은 마을 샤텐도르프에서 발생한 그것은 사소한 충돌이 아니었다. 전통적인 사회민주주의노동자당 지지 지역인 - 현재의 시장도 사민당 출신이다 - 샤텐도르프에서 집회를 개최한 친정부단체(1차 대전 참전용사연맹)를 견제하기 위해 공화국방어동맹이 같은 날, 같은 장소에서 맞불집회를 가짐으로써 양 조직 간에 충돌이 발생하여 공화국방어동맹 측 노동자 한 명과 마을 어린이 한 명이 사망하고, 5명이 부상을 입은 사건이 발생한 것이었다.

1927년 7월 14일 사건발생지역 관할 지방법원은 기소된 살해 용의자들의 정당방위를 인정해 그들을 전원 무죄 석방했다. 3명의 피의자 중에서 한 명이 무죄인 것은 형식논리상 합법적이었다. 발사된 총탄이 두 발이였기 때문이다. 법원의 정당방위 인정은 정치적 판결의 결과임이 명백했다. 오스트리아 사회민주주의노동자당의 기관지 역할을 한 <노동자신문>(아르바이터차이퉁/AZ)은 - AZ는 사회민주주의노동자당 창립자인 빅토르 아들러가 1889년 빈에 창간한 일간지로서 수차례 정간되었다가, 1992년 1월에 폐간되었다 - 책임편집인 프리드리히 아우스터리츠(1862-1931)의 사설을 통해 판결에 불복할 것을 선동했다. 1927년 7월 15일 빈의 법무부 앞에 노동자가 대부분인 시위 군중들이 집결했고, 과격화한 그들의 데모는 법무부 청사 방화로 이어졌다. 연방군에 지원을 요청해야 한다는 빈 경찰총장 요한 쇼버(1874-1932)의 건의를 사회민주주의노동자당 출신 시장이 묵살했기 때문에, 쇼버는 무장경찰을 투입하여, 법무부 청사에 방화한 시위대에 발포명령을 내렸다. 독일오스트리아 공화국 임시국민의회 및 제헌국민의회 의장을 지낸 카를 자이츠는 1923년 이후 1934년까지 11년 동안 빈 시장이었고, 요한 쇼버는 이미 두 차례나 수상을 역임한 경력이 있었다. 무장경찰과 시위군중의 충돌로 공화국방어동맹 측에서는 89명의 사망자와 500명 이상의 부상자가, 향토방위대를 포함한 진압 경찰 측에서는 5명의 사망자와 600여 명의 중경상자가 발생했다. 사상자 중에는 시위에 참가하지 않은 민간인들도 포함되어 있었다. 이그나츠 자이펠 수상과 수상 출신의 빈 경찰총장 요한 쇼버가 발포명령에 대한 책임자로 규탄 받았다. 노동자신문은 자이펠 수상을 '무자비한 주교'로, 쇼버 총장을 '노동자 살해자'라고 비난했다.

법무부 방화사건이 유혈 진압된 후, 사회민주주의노동자당이 유도한 파업은 향토방위대에 의해 저지되었다. 사회민주주의노동자당 측은 적극적인 대응을 자제하여, 이 사건을 기독교사회당 정권의 타도를 위한 동력으로 이용하지는 않았다. 사회민주주의노동자당은 7월 폭동(1927년 7월 15

일의 법무부 방화사건)으로 인해 당력이 크게 약화되었고, 공권력에 의해 노동자 시위가 무자비하게 진압된 것을 사회민주주의의 패배로 받아들였다. 이에 반해 보수진영의 승리는 향토방위대 내부의 반민주적 경향을 심화시켜, 정적(사회주의자들)은 폭력으로 제거해야 한다는 의지를 불태우게 만들었다. 향토방위대는 이제 점점 더 이탈리아 파시즘의 영향권으로 빨려들게 되었고, 그들의 반 마르크스적 입장은 더욱 더 강화되었다. 베니토 무솔리니(1883-1945)는 '빨갱이' 제거를 위한 조언뿐 아니라, 자금과 무기를 오스트리아 향토방위대에 공급했다. 1차 대전 직후 참전용사들 위주의 시민자위대 형식으로 출발한 오스트리아의 향토방위대 운동은 - 연방주 차원의 공조직으로서는 - 1920년 5월 12일 기독교사회당 출신의 티롤 연방주의회 의원 리하르트 슈타이들레(1881-1940)에 의해 <티롤 향토방위대>가 처음으로 설립된 이래, 특히 1927년 법무부 방화사건 개입 후, 기독교사회당 정부와 우파 기업의 지원을 받아 최고의 융성기를 구가했다.

좌우 진영 간의 긴장은 1928년에도 수그러들 줄 몰랐다. 향토방위대는 곳곳에서, 심지어 빈 근교의 비너노이슈타트 같은 좌파 우세 도시에서도 도발적 시위를 벌여 사회민주주의노동자당원들의 시가지 장악을 저지하려고 했다. 티롤 연방주의 리하르트 슈타이들레, 슈타이어마르크 연방주의 발터 프리머(1881-1968), 그리고 빈 연방주의 에밀 파이(1886-1938)는 이 시기의 향토방위대 지역대장들로서 전국적으로 이름을 떨친 향토방위대 지휘관들이었다. 향토방위대장으로서 1930년대 오스트리아의 정치에 가장 큰 영향력을 행사한 인물은 구 오스트리아 제국 후작 출신의 에른스트 뤼디거 슈타르헴베르크(1899-1956)였다. 그는 독일제국령 오버슐레지엔의 의용병단인 '오버란트'의 일원으로서 1923년 히틀러가 일으킨 뮌헨 폭동에 가담했으며, 1930년 이후 1936년까지 7년 동안 슈타이들레의 뒤를 이어 오스트리아 향토방위대 총재로 활약한 인물이었다. 그는 오스트리아의 향토방위대를 오스트리아 파시즘의 전투조직으로 발전시켰다.

개인적으로 무솔리니를 존경했던 슈타르헴베르크는 이탈리아 파시즘과의 연대를 모색하여 이탈리아와 헝가리로부터 자금과 무기를 지원받았으며, 1934년 7월 나치의 쿠데타로 오스트리아 연방수상 엥엘베르트 돌푸스가 살해된 후, 1936까지 2년간 부수상을 역임했다.

1929년 5월 4일 이그나츠 자이펠 수상은 2년 전 발생한 7월 폭동(1927년 7월 15일의 법무부 방화사건) 유혈진압에 대한 책임을 지고 뒤늦게 사임을 하게 되었다. 그러나 자이펠은 막후에서도 계속해서 정국을 조종했다. 자이펠의 추천으로 그의 후임 수상이 된 에른스트 슈트레루비츠(1874-1952)가 1929년 5월 취임했지만, 향토방위대의 압력과 기독교사회당 내부의 지원을 받지 못해, 그 해 9월에 사임하고, 1927년 법무부 방화사건을 유혈진압한 경찰청장 출신의 요한 쇼버가 - 그는 정당에 소속되지 않은 관료출신 정치인이었다 - 수상직을 인수했다. 1921년부터 1922년 사이에 이미 두 차례 연방수상 직을 역임한 경력이 있는 요한 쇼버가 1929년 9월 26일 재차 수상에 취임한 후, 기독교사회당과 사회민주주의노동자당 간의 무력 충돌을 막기 위해 향토방위대와 공화국방어동맹의 무장해제 및 조직의 해산을 시도했다. 그러나 그의 계획은 오히려 역풍을 만나 향토방위대와 첨예한 대립을 야기했다. 쇼버 수상의 향토방위대 해산 시도에 대응하여 향토방위대는 1930년 5월 18일 전국의 지역조직을 빈 북쪽의 코르노이부르크에 집결시킨 후, 의회민주주의 철폐 등을 핵심내용으로 하는 <코르노이부르크 선서>를 채택했다. 쇼버 수상도 밀리지 않았다. 그는 오스트리아 국적이 아니면서도 오스트리아 향토방위대에서 핵심지도자로 활약 중인 베를린 출신의 발데마르 파프스트(1880-1970)에게 1930년 6월 15일자로 국외추방명령을 내렸다. 발데마르 파프스트는 빈 법무부청사 방화사건의 유혈진압으로 야기된 노조 총파업을 저지하는 데 주도적인 역할을 한 극우조직의 일원이었다. 파프스트는 오스트리아에 입국하기 전 의용단으로 조직된 베를린의 저격근위기병사단의 참모장교로 활동하면서, 1919년 1월 15일 공산주의 노선의 혁명단체 <슈파

르타쿠스단>을 조직한 독일의 좌파지도자 카를 리프크네히트(1871-1919)와 로자 룩셈부르크(1871-1919)를 제거한 인물이었다. 향토방위대와 쇼버 수상 간의 관계는 회복 불가능한 상황으로 발전했다. 향토방위대를 해체하려던 쇼버 수상이 오히려 1930년 9월 30일 정부를 떠나야 했다. 부수상 카를 보그윙(1873-1949)이 1930년 9월 26일부터 12월 4일까지 연방수상 직을 맡았다.

    <코르노이부르크 선서>는 사회민주주의노동자당의 정치투쟁에 이론적 근거를 제공한 1926년의 <린츠 강령>에 대한 대응이었다. 린츠 강령은 마르크시즘, 특히 자본주의의 사회주의로의 이행은 역사적 필연이라는 공산주의 선언의 역사결정론을 지지한 것 외에도, 사회주의 인터내셔널(SI)과 민족자결주의, 공화국 오스트리아와 공화국 독일의 합병을 지지하고, 모든 형태의 전쟁행위와 외국 대자본의 개입을 반대했다. 사회민주주의노동자당과 기독교사회당 간 정치적 대립의 결과는 이미 1927년 법무부 방화사건에서 그 구체적인 모습이 드러났다. 파시스트 혹은 왕정주의자의 반혁명에 대비해 비상시 폭력을 동원하여서라도 '공화국'을 수호해야 한다는 사회민주주의노동자당의 린츠 강령은 '반민주' 극우세력 견제에 일정 정도 영향력을 행사했지만, 코르노이부르크 선서는 향토방위운동을 강화시키는 데는 전혀 기여하지 못했다. 처음부터 이질적인 향토방위대 운동을 파시즘의 이데올로기로 뒤늦게 무장시키려한 시도는 권위적인 정치지도자의 역할 없이는 불가능했다. 코르노이부르크 선서는 정당과 언론은 물론이고, 정부와 향토방위대 내부에서조차 반향을 불러일으키지 못했기 때문에, 슈타이들레의 향토방위대 내 입지가 약화되었다. 1927년 오스트리아 향토방위대 운동이 연합하여 전국조직을 결성한 후 1930년까지 초대 연방총재직을 맡은 리하르트 슈타이들레는 결국 코르노이부르크 집회 4개월 후인 1930년 9월 총재 자리를 슈타르헴베르크에게 내어주고, 향토방위대 티롤 지역대장으로 되돌아갔다.

    1930년 9월 14일에 실시된 제5대 독일 제국의회 의원 선거에서 24.5

퍼센트의 득표율에 143석을 얻은 사회민주주의노동자당(SDAP)에 이어, 18.3 퍼센트의 득표율과 함께 107석을 획득한 히틀러의 국가사회주의독일노동자당(NSDAP)이 제2당으로 급부상했다. 사회민주주의노동자당이 153석, 국가사회주의독일노동당이 12석을 점유했던 1928년의 3대 총선의 결과와 비교하면 1930년의 나치당의 약진은 집권이 멀지 않았음을 예고했다. 오스트리아의 기독교사회당 정부는 독일제국의 총선결과가 오스트리아의 선거에 끼칠 영향력을 최소화하기 위해 조기총선을 실시해야 했다. 요한 쇼버의 뒤를 이어 선거를 치르기 위한 과도수상으로 지명된 사람은 요한 쇼버 수상 치하의 부수상이었던 기사당의 카를 보그윙이었다. 1930년 9월 30일부터 12월 4일까지 3개월가량 수상직을 수행한 보그윙의 내각에 기용되어 제4대 총선을 관장한 내무장관은 오스트리아 향토방위대 총재 슈타르헴베르크였다. 1930년 11월 9일 실시된 오스트리아의 제4대 총선 결과는 - 이 선거는 결국 오스트리아 제1공화국의 마지막 총선이 되었다 - 기독교사회당에게는 큰 실망이었다. 총의석 165석 중 기독교사회당은 기존 의석 중 7개의 의석을 잃은 66석을, 사회민주주의노동자당은 기존 의석에서 1석이 늘어난 72석을, 대독일당이 10석, 농촌연맹이 9석, 그리고 향토방위대는 총선을 겨냥해 1930년에 창당한 하이마트 블록(향토 블록)이라는 정당을 내세워 8석의 의석을 각각 차지했다.

선거관리 수상이었던 보그윙은 물러나고, 같은 당(기독교사회당)의 오토 엔더(1875-1960)가 - 오토 엔더는 포르아르베르크 연방주지사 출신으로써 1919년 5월 포르아르를베르크와 스위스의 합병을 추진한 토박이 포르아르베르크 출신 정치인이었다 - 연방수상에 오르면서 요한 쇼버가 외무장관 겸 부수상에 기용되었다. 엔더 정부는 출범과 더불어 독일제국과 관세동맹을 체결하기 위한 협상을 시작했다. 80년 전인 1850년에 이미 오스트리아는 헝가리를 동반하여 독일관세동맹 가입을 시도했지만, 프로이센 왕국의 반대로 실패한 적이 있었다. 이번에는 오스트리아와 독일의 경제통합을 방관할 리가 만무했던 프랑스가 생제르맹 평화조약의 독일-오스트리아 합병금지 조항을 근거로 하여 강한 제동을 걸고 나왔다. 헤이그 국제사법재판소로 하여금 독일과 오스트리아의 관세동맹은 패전국 오스트리아가 국제적으로 준수해야 할 의무조항에 정면으로 위배된다는 판결을 내리게 함으로써 양국 간 관세동맹 논의는 더 이상 진척되지 않았다. 오스트리아가 경제적 위기를 탈출하기 위한 수단으로 구상한 독일-오스트리아 관세동맹의 좌절은 1929년의 세계경제 대공황과 맞물려 엄청난 후폭풍을 몰고 왔다.

세계경제의 근본을 흔들어 버린 대공황의 여파가 이미 유럽대륙에 상륙하였고, 유럽국가 중에서 가장 심한 타격을 받은 나라는 오스트리아였다. 1929년 10월 25일 '검은 금요일'에 발생한 뉴욕 증시의 주가 대폭락을 신호탄으로 하여 촉발된 대공황은 세계경제 구조를 일순간에 혼돈 속으로 몰아넣었다. 대재앙을 처음으로 만난 유럽은행은 암스테르담 은행이었다. 암스테르담 은행의 와해는 1931년 5월 8일 크레디트안슈탈트(오스트리아 최대 은행)를 파산의 위기로 몰아갔다. 마치 해동기의 눈사태가 이 산 저 산을 옮겨 다니며 발생하듯이, 유럽 각국의 대도시에서 모라토리엄을 선언하는 은행들이 잇달아 나타났다. 그것은 은행들의 집단 부음이었다. 빈의 크레디트안슈탈트는 국가의 개입으로 파산 직전에서 목숨은 부지하게 되었다. 그러나 유럽의 경제사정은, 특히 오스트리아의 경제사정은 때맞추어 내려진 국제사법재판소의 오스트리아-독일 관세동맹 금지 판결과 맞물려 문자 그대로 악화일로로 치달았다. 실업학교를 졸업한 청년들은 도제의 자리를 구할 수가 없었고, 대졸자들도 직장을 찾을 길이 없었다. 농민들은 먹고살기 위해 농지와 농가를 경매에 넘겨야 했고, 식솔들을 먹여 살려야 했던 실직한 도시의 가장들이 절망하여 목숨을 버렸다는 기사가 일간지에 연일 보도되었다. 임대료 지불능력을 상실한 수많은 가정들이 셋집을 비워주고 판잣집 신세를 지게 되었다. 노동청 앞에는 일자리를 기다리는 사람들이 장사진을 쳤고, 구걸하는 부녀자들과 아동들의 행렬이 거리를 배회했다. 때로는 시가전을 방불케 하는, 경찰과 반정부 시위대 간 육박전이 비일비재했다. 이것이 1930년대 초의 오스트리아 대도시의 일상적인 풍경이었다. 총체적 난국을 수습하기 위해 강력한 통치자를 앞세운 권위적인 정부가 등장하기를 기다리는 사람들이 많았던 것은 비단 오스트리아 뿐만은 아니었다. 독재정치가 뿌리내릴 수 있는 토양은 일단 마련된 셈이었다.

1929년 5월 4일 이그나츠 자이펠 정부가 물러나고 1932년 5월 20일 엥엘베르트 돌푸스 내각이 출범하기까지 3년 동안 오스트리아 정부는 5명의 수상(에른스트 슈트레루비츠, 요한 쇼버, 카를 보그욍, 오토 엔더, 카를 부레쉬)이 바뀌면서 정국이 요동쳤다. 원내에 의석을 확보한 정당들은 서로 반목했고, 독일을 포함한 인접 국가들이 설치한 높은 관세보호벽을 넘기 위해 추진한 독일과의 관세동맹은 프랑스의 방해공작으로 무산되었다. 국립 크레디트안슈탈트 은행이 파산지경에 빠지면서 엔더 수상은 물러나고, 카를 부레쉬(1878-1936)가 대독일국민당과 농촌연맹의 지지를 얻어 수상에 취임했다. 이 와중에 1931년 9월 슈타르헴베르크의 후임으로 오스트리아 향토방위대 총재에 임명된 슈타이어마르크 연방주 향토방위대장 발터 프리머가 쿠데타를 시도했다. 오스트리아의 정치시스템을 향토방위대의 기조에 따라 재편한다는 목표 하에 프리머는 1931년 9월 카를 부레쉬 수상 정부를 타도한 후, 향토방위대를 통한 정부 인수를 계획했다. 그러나 쿠데타는 실패했고, 향토방위대 운동은 반정부 과격파와 친정부 온건파로 이분되었다. 오스트리아 정부에 적대적인 과격파는 결국 국가사회주의노동자당(나치당)과 손을 잡았고, 온건파는 1936년 조국전선(1933년 창당된 기독교사회당의 후속 정당)에 흡수되었다.

1932년에 실시된 독일제국의 총선에서 - 1932년의 독일총선은 7월과 11월 두 차례 치러졌다 - 국가사회주의노동자당이 사회민주주의노동자당을 누르고 드디어 원내 제1당으로 부상한 후, 그 후유증이 오스트리아에 그대로 반영되었다. 1932년 4월 24일 빈 연방주와 니더외스터라이히 연방주, 그리고 잘츠부르크 연방주에서 실시된 연방주의회 의원 선거에서 오스트리아의 국가사회주의노동자당이 눈에 띄게 세력을 확대한 것이었다. 이 와중에 사회민주주의노동자당이 - 1930년 제4대 총선에서 원내 제1당을 차지한 사회민주주의노동자당은 집권에는 실패했다 - 1932년 4월 28일 국회(나치오날라트) 해산 동의서를 제출했다. 정부는 조기 재총선을 방지하기 위해 부레쉬 수상이 사임했다. 빌헬름 미클라스(1872-1956, 재임: 1928-1938) 연방대통령은 카를 부레쉬의 후임으로 같은 당(기독교사회당) 출신의 엥엘베르트 돌푸스를 차기 연방수상에 지명하여, 그에게 새 정부 조각을 위임했다. 돌푸스는 사회민주주의노동자당의 협력을 요청했지만, 사회민주주의노동자당은 기독교사회당의 연정 제의를 거부했다. 대독일당도 연정 참여를 거부했다. 원내 제1당과 제3당이 기독교사회당과의 연정을 거부하자, 사회민주주의노동자당의 국회해산 시도를 막기 위해 돌푸스는 1932년 5월 20일 농촌연맹(9석) 및 하이마트 블록(8석)과 3당 연정을 구성하여 마침내 그리고 간신히 과반수 의석(기독교사회당 66석과 합치면 총 165석 중 83석) 확보에 성공했다. 돌푸스 수상은 외무장관과 농업장관을 겸임했고, 부수상에 지명된 돌푸스 내각의 제2당인 농촌연맹의 프란츠 빙클러(1890-1945)가 내무장관을 겸임했다. 하이마트 블록은 원내 의석이 8석에 불과했지만, 막강한 향토방위대를 배경으로 3석의 장관 자리를 차지했다.

1년 전 모라토리엄을 선언한 크레디트안슈탈트에 대한 국가의 지불보증으로 발생한 재정손실이 더해져 재정적자는 그 규모가 눈덩이처럼 커졌다. 재정위기를 극복하기 위해 1922년에 이어 10년 만에 다시 한 번 국제연맹으로부터 차관도입을 시도한 돌푸스 수상은 1932년 7월 15일 스위스의 로잔에서 교환한 의정서(로잔 의정서의 내용은 1922년 제네바 의정서의 반복임)를 통해 향후 20년 간 독일과의 합병을 시도하지 않는다는 조건으로 국제연맹을 통해 3억 실링의 차관 도입을 승인받았다. 로잔 의정서의 내용이 알려지자, 사회민주주의노동자당은 차관도입에 극력 반대했다. 1932년 8월 17일 차관도입 안건은 한 표 차이로 하원(나치오날라트)의 인준을 받았으나, 사회민주주의노동자당과 대독일당이 다수인 상원(분데스라트)은 유보적 비토권을 행사했다. 로잔 의정서에 가장 중요한 규정으로 명문화된 향후 20년 동안 독일과의 '합병불가' 조항이 사회민주주의노동자당의 강령에 정면으로 위배되었기 때문이었다. 결국 이 법안은 8월 23일 '지연결의'(베하룽스베슐루스 상원이 거부한 법안을 하원에서 재의결하는 행위)를 통해 82대 80의 찬성으로 통과되었다. 오스트리아 사회민주주의노동자당이 독일-오스트리아 합병 지지 당론을 철회한 것은 1933년 1월 30일 파울 폰 힌덴부르크(재임: 1919-1933) 대통령에 의해 히틀러가 수상에, 빌헬름 프리크가(1871-1946) 내무장관, 그리고 헤르만 괴링(1893-1946)이 무임소장관에 각각 임명된 지 이틀 만인 2월 1일 제국의회가 해산되고, 1933년 3월 5일 치러진 독일 제국의 마지막 자유선거에서 국가사회주의노동당이 제1당으로 부상한 후의 일이었다.

1932년 독재자 엥엘베르트 돌푸스가 부레쉬 수상의 뒤를 이어 내각을 이끌게 되었을 때, 이제 드디어 정국을 안정시켜 위기의 오스트리아를 구할 강력한 수상을 찾아냈다고 많은 사람들은 생각했다. 하이마트 블록(향토 블록)과 기독교사회당은 정치적 지향성은 공유했으나, 연정은 순탄치 않았다. 하이마트 블록이 획득한 8석의 의석은 원래 기독교사회당이 차지했던 의석이었는데, 원내에 진입한 후 하이마트 블록은 기독교사회당의 약점(의석수)을 이용해 연정을 수락하는 조건으로 과다한 정치적 요구를 관철시킴으로써 기독교사회당과 향토 블록(하이마트 블록) 간에 불화가 조성되었다. 로잔 의정서(1932년 7월 15일) 비준에 동의한 대가로 이미 3석의 장관 자리를 차지한 하이마트 블록이 장관자리를 추가로 더 요구하면서 여의치 않을 경우 연정 탈퇴 카드로 기독교사회당을 위협했다. 대독일국민당이 기독교사회당의 연정 참여 제의를 재차 거부했을 때, 돌푸스는 정국을 안정시키기 위해 빈 연방주 향토방위대장 에밀 파이(1886-1938)를 내무장관에 임명했다.

돌푸스 수상은 그의 정부가 의회주의를 실현하기 위해서는 절대다수 의석이 필요했다. 지금까지 오스트리아와 독일의 합병을 주장하던 대독일국민당 의원들은 대부분 국가사회주의 진영 쪽으로 건너가 버렸다. 더욱이 1932년에 실시된 지방선거(연방주의회 의원선거)에서 오스트리아의 나치 세력이 기독교사회당의 표까지 크게 잠식해 버렸다. 바로 이 시점에서 원내 제1당 사회민주주의노동자당이 불과 2년 전에 치른 총선거를 다시 실시하라는 요구를 하고 나선 것이었다. 부레쉬가 사임한 이유도 의회해산과 재선거를 막기 위해서였다. 1930년 선거에서 제2당으로 약진했던 독일제국의 국가사회주의노동자당(나치당)이 1932년 11월 선거에서 196석을 획득하여 사회민주주의노동자당(121석)을 누르고 드디어 제1당으로 부상함으로써 히틀러의 집권이 눈앞에 다가온 독일제국의 정치현실이 오스트리아의 1932년 지방선거에도 지대한 영향을 미쳤는데, 바로 이 시점에서 오스트리아의 사회민주주의노동자당이 요구한 재총선은 오스트리아의 정국을 더 큰 위기에 빠트릴 것임을 누구보다도 돌푸스 수상 자신이 잘 알고 있었다.

오스트리아의 1932년은 정정불안과 시가전과 경제난으로 점철된 한 해였다. 실업률은 유사 이래 최고점에 도달하여 현기증을 일으킬 지경이었다. 사회적 분위기는 1차 세계대전 종전 직후에 그랬던 것처럼 또 한 번의 총체적 파국을 만난 느낌을 불러일으키기에 충분했다. 설상가상이라고 하더니 그 영향력으로부터 벗어나기 위해 몸부림에 가까운 노력을 기울여 온 기독교사회당 정권에게 충격적인, 그러나 예견되었던 흉보가 전해진 것은 이듬해 1월말이었다. 1933년 1월 30일 바이마르 공화국 대통령 파울 폰 힌덴부르크(1847-1934) 원수가 국가사회주의노동자당 당수 아돌프 히틀러를 제국수상에 임명했다는 소식이 그것이었다. 히틀러와 국가사회주의가 집권에 성공한 후, 1933년 3월 5일 바이마르 공화국 체제 하에서 치러진 마지막 총선에서 국가사회주의노동자당(나치당)은 43.9%의 지지를 얻어 1932년 7월 총선 때보다 의석수가 58석이 늘어난 288석을 얻었지만, 히틀러는 결과에 만족하지 않았다. 18.3%와 12.3%의 지지를 각각 확보한 독일 사회민주주의노동자당과 공산당이 제2당 및 3당의 지위를 유지했기 때문에, 국민의 압도적 지지를 얻기 위해서는 근본적인 대책이 필요했다. 히틀러는 1933년 5월 공산당을, 6월에는 사회민주주의노동자당을 강제해산시키고, 기타 정당들은 자진해산 형식을 빌려 모두 정리해버렸다. 1933년 7월 14일 정당설립금지법을 제국의회에서 통과시켜 일당독재국가로 나아가기 위한 법적 토대를 마련한 후, 1933년 3월 총선을 무효화시키고, 1933년 11월 9일 재총선을 실시했다. 나치당이 단일정당으로 나선 마지막 총선에서 총유권자의 약 89.9%의 지지를 획득함으로써 히틀러는 일당독재의 기반을 확고히 다졌다. 같은 날 독일은 1926년에 가입한 국제연맹 탈퇴를 선언했다.

히틀러 집권의 후유증은 오스트리아에서도 즉각적으로 나타났다. 히틀러는 국가사회주의노동자당의 오스트리아 내 활동을 강화시키고, 심지어 오스트리아의 정부에도 나치 세력을 심으려 했다. 오스트리아 정부는 SA(나치 돌격대)와 SS(나치 친위대) 등, 국가사회주의노동자당의 전투조직의 국내 활동을 금지하는 조치를 발표했으나, 소용이 없었다. 돌푸스 정부는 1933년 3월 31일 사회민주주의노동자당 산하의 준군사조직인 공화국방어동맹의 해체를, 5월 26일에는 공산당의 해산을 명령한 후, 6월 19일 국가사회주의노동자당에도 해산 명령을 내렸다. 국가사회주의노동자당 간부들은 바이에른으로 귀환했지만, 그 추종자들은 공공건물을 나치의 구호로 도배하다시피 했고, 단신의 돌푸스를 3월 혁명전기의 독재자 메테르니히에 빗대어 '밀리메테르니히'(꼬마 메테르니히)라 조롱했다. 7월에 들어와서 나치 세력들이 일단의 기독교사회당 산하 체조협회 회원들에게 수류탄을 투척하여 한 명이 사망하고 29명의 부상자가 발생한 사건이 일어나는 등, 해산 명령에도 불구하고 그들은 활동을 멈추지 않았다. 이제 완전히 히틀러의 수중에 들어간 독일제국은 오스트리아 정부가 불허한 국가사회주의노동자당의 오스트리아 국내 활동을 공공연하게 지원하기에 이르렀다. 그들은 오스트리아를 우선 경제적으로 붕괴시키기 위해 오스트리아에 입국하는 여행자들에게 이른바 <천 마르크 소지 금지령>을 법으로 규정함으로써 독일국민들의 오스트리아 여행을 사실상 불가능하게 만들었다. 1930년대 초의 인플레이션 비율을 감안하면, 천 마르크 이상의 소지를 법으로 금지한 것은 오스트리아로의 관광을 원천적으로 봉쇄한 것이나 마찬가지였다. 당시 관광부문이 오스트리아 경제에 차지한 비중에 비추어 볼 때, 나치 독일이 정부 차원에서 내린 자국민의 오스트리아 여행 제한조처는 위기에 봉착한 오스트리아를 더 이상 회생할 수 없는 상황으로 몰고 가는 듯 했다.

총체적 위기에 직면한 돌푸스 수상에게 정국을 장악할 수 있는 천재일우의 기회가 찾아왔다. 그것은 의회가 폐쇄될 수 있는 필요조건을 의회 스스로 제공한 사건이었다. 베를린의 독일제국의회 의사당 건물이 방화로 소실된 지 5일 만인 - 나치 돌격대(SA)에 의해 자행된 계획적인 제국의회 방화는 히틀러 정권에게 공산당을 제거할 수 있는 기회를 제공한 사건이었다 - 1933년 3월 4일의 일이었다. 3월 봉급의 분할지급에 항의해 1933년 3월 1일부터 총파업에 들어간 오스트리아 철도노조를 응징하기 위해 상정된 안건 표결과정에서 원내 의석 총165석 중 83석을 차지한 여당(기독교사회당-농촌연맹-하이마트 블록 연정)과 82석의 야당(사회민주주의노동자당 72석, 대독일국민당 10석)은 유효표 한 표가 결정적인 변수가 되는 상황을 만나게 되었다. 3명의 국회의장 중 사회민주주의노동자당 소속의 카를 렌너 의장이 먼저 의장직을 사임했다. 국회의장은 투표권이 없기 때문에 의장직을 사임하여 자당(사회민주주의노동자당)에 한 표를 추가하려 한 것이었다. 그러자 제2의장이며 1924년부터 1926년까지 수상을 역임한 바 있는 기독교사회당의 루돌프 라메크(1881-1941)가 의장직을 인수해야 했다. 그렇게 되면 여당인 기독교사회당이 한 표를 잃게 되는 셈이었기 때문에, 라메크 역시 사퇴함으로써 제3의장인 대독일국민당의 제프 슈트라프너(1875-1952)에게 의사봉이 넘겨졌지만, 슈트라프너도 의장직에서 사퇴해버렸다. 3명의 의장이 모두 사퇴한 의회는 이제 문자 그대로 식물의회가 되어버렸다. 의사진행을 종결하거나 속행시킬 주체가 없어졌기 때문이었다. 당혹한 의원들은 뿔뿔이 의사당을 떠나야 했다.

농촌연맹(9석)과 하이마트 블록(향토방위대 산하 정당, 8석)의 지지를 얻어 어렵게 연정을 꾸려가고 있는 돌푸스 수상에게 그것은 다시 만나기 어려운 정치적 기회였다. 정국을 지속적으로 안정시키고, 경제적 위기를 극복하기 위해서 그는 강력한 정부를 필요로 했다. 자신의 실수를 뒤늦게 인지한 슈트라프너 의장이 3월 15일 의회 재소집을 시도했지만, 내무장관 에밀 파이는 경찰과 향토방위대를 동원하여 의원들의 등원을 저지했다. 돌푸스 수상은 1917년 1차 대전 중에 제정된 전시경제수권법(전권위임법)의 도움을 받아 의회의 간섭 없이 국가를 운영하려 한 것이었다. 에밀 파이는 향토방위대 빈 지역사령관으로서 향토방위대 연방총재인 슈타르헴베르크와 함께 돌푸스 수상 정부의 합법적 대의회 쿠데타를 지원하여 오스트리아 파시즘 정부를 출현시킨 일등공신이었다. 1933년 3월 17일 돌푸스는 이탈리아 수상(베니토 무솔리니) 및 헝가리 섭정(미클로슈 호르티)과 로마에서 3국 간 경제협력을 심화시키기 위해 <로마 의정서>를 체결하였다. 이 조약으로 오스트리아와 헝가리는 무솔리니에 의해 독립을 보장받았고, 무솔리니는 프랑스와 독일에 맞서 도나우 지역에 대한 영향력을 행사할 수 있는 권리를 얻었다. 로마의정서는 1936년 갱신되었으나, 2년 후 오스트리아와 독일이 합병됨으로써 원인무효가 되어버렸다.

의회를 폐쇄한 돌푸스 정부는 집회 및 시위금지 법령을 공포하고 언론검열제도를 재도입했다. 돌푸스 수상은 기독교사회당 출신 헌법재판소 재판관들을 모두 철수시킴으로써 헌법재판소의 기능도 마비시켜 버렸다. 기독교사회당 소속의 연방대통령 빌헬름 미클라스는 국회해산권, 국회의원 재선거 청구권, 결원이 된 헌법재판소 재판관의 임명권 등의 헌법이 보장한 권한을 행사하지 않았을 뿐 아니라, 의회 재소집을 요구한 유권자들의 청원도 무시했다. 이탈리아를 모방한 파시즘 국가로 가는 길이 돌푸스 수상에게 열린 것이었다. 의회를 폐쇄한 돌푸스는 1933년 5월 20일 기독교사회당을 <조국전선>(VF)이라는 이름의 호전적 정치조직으로 전환시켜 스스로 총재직을 맡은 후, 1933년 5월 26일 공산당, 1933년 5월 30일 사회민주주의노동자당 산하 준군사조직 공화국방어동맹, 1933년 6월 19일 국가사회주의노동자당의 오스트리아 내 조직 등을 차례로 강제해산시켰다. 그러나 그들은 지하에서 활동을 계속했다. 1930년 선거에서 제1당으로 재부상한 사회민주주의노동자당에 대한 특별조치는 아직 내려지지 않았다. 사회민주주의노동자당은 돌푸스 정권의 반민주적 행태에 대해 어떻게 대응할 것인지 결단을 내리지 못했다. 9개 연방주의회는 계속해서 기능을 유지했고, 빈 연방주의회는 사회민주주의노동자당이 장악하고 있었기 때문에, 상황은 아직 열려 있었다. 사회민주주의노동자당과 기독교사회당 간의 정면충돌은 해를 넘겨, 1934년 2월 발생했다.

돌푸스가 독재자의 모습을 대중 앞에서 공개적으로 드러낸 것은 1933년 4월과 8월 사이 세 차례 베니토 무솔리니를 만난 후였다. 오스만 제국 침략 격퇴 250주년을 맞은 1933년 9월 11일 - 오스만 제국군을 제압한 1683년의 칼렌베르크 전투는 9월 12일에 발생했다 - 빈 제2구 경마장에서 개최된 가톨릭신도대회에 참석한 돌푸스 수상은 강력한 정부를 가진 신분제국가 건설 목표를 공개적으로 천명함으로써, 오스트리아인들의 정서 속에 내재한 영광의 과거에 대한 향수를 자극했다. 1933년은 오스트리아인들에게 특별한 의미를 가지는 해였다. 오스만 제국의 2차 빈 공성(1683년 7월 14일-9월 12일)을 저지한 지 250주년이 되는 해가 바로 1933년이었다. 흥미롭게도 조국전선, 즉 기독교사회당 산하의 준군사조직인 향토방위대 총재 에른스트 뤼디거 슈타르헴베르크의 직계 조상이 바로 카라 무스타파 휘하의 오스만 제국군의 공성으로부터 빈을 수호한 에른스트 뤼디거 폰 슈타르헴베르크(1638-1701) 백작이었다. 고난의 삶을 이어 가면서도 유럽의 중원을 지배했던 오스트리아 제국의 화려한 과거를 알고 있는 오스트리아인들에게 돌푸스 수상과 슈타르헴베르크 백작은 과거의 권위와 권능으로의, 잃어버린 가치와 이상으로의 회귀를 약속해주는 존재였다.

의회민주주의를 파괴한 돌푸스는 이제 정당정치를 제거하기 위한 사

전 작업으로 <조국전선>이라는 새로운 정치조직을 만들어 기독교사회
당의 기능을 맡겼다. 사회질서를 확립하고 국가사회주의(나치즘)와의 전쟁
에서 오스트리아를 수호하기 위해서는 정부 주도의 강력한 여론형성체
가 필요하다고 생각했던 것이다. 조국전선이 출범한 1933년 5월 20일부
터 1938년 3월 12일까지 6년 가까운 세월 동안 오스트리아의 정치여론
은 유일정당 조국전선에 의해 조성되었고, 조국전선의 의장은 수상이 겸
임했다. 조국전선은 무솔리니와 돌푸스 간의 정책협약에서 출발한 후자
의 반민주적 개혁의지의 소산이었으며, 무솔리니는 오스트리아의 독립을
지원하는 전제조건으로 정당정치의 폐지와 권위적인 정부의 수립을 강
력하게 요구했다. 오스트리아의 파시즘 정부는 교황의 지지도 이끌어냈
다. 1933년 9월 11일의 가톨릭신자대회에서 행한 연설에서 돌푸스 수상
이 피우스(비오) 11세(재위: 1922-1939)가 1931년에 발표한 교서 '쿠아드라게시모
안노'의 내용(정치, 사회, 경제 문제에 대한 가톨릭교회의 역할)에 전폭적인 지지를 표명
했기 때문이었다. '쿠아드라게시모 안노'(라틴어의 '40주년')는 레오 13세(재위:
1878-1903) 교황이 1891년에 내린 교서 '레룸 노바룸'('새로운 문제'라는 뜻)의 출판
40주년을 기념하기 위해서 현직 교황이 발표한 교서였다. 노동자의 생활
을 개선하기 위해 국가의 개입의 필요성을 강조한 '레룸 노바룸'은 가톨
릭교회 최초의 사회 참여로 평가된 교서였다.

  1934년이 시작되었을 때, 조국전선과 향토방위대 중심의 우파 진영은
근거가 불확실한 낙관론에 빠져 있었던데 반해, 사회민주주의노동자당과
노동계는 심리적 위기감에 사로잡혀 있었다. 독일제국의 정치발전에 민
감하지 않을 수 없었던 오스트리아 사회민주주의노동자당은 독일사회민
주주의노동자당에 가해지고 있는 히틀러 집권 이후의 정치적 박해가 남
의 일이 아니었다. 히틀러 집권 8개월 전(1932년 7월)에 실시된 총선에서 독
일사회민주주의노동자당(133석)은 230석을 점유한 나치당(국가사회주의노동자당) 다
음으로 제2당의 위치를 유지하고 있었다. 그러나 1933년 1월 말 히틀러
가 제국수상에 임명된 후 사정이 돌변해, 독일공산당과 독일사회민주주

의노동자당은 타도의 대상이 되어 버렸다. 1934년 8월 2일 힌덴부르크 대통령의 사망으로 히틀러의 마지막 걸림돌이 제거된 후 대통령직제가 폐지되고, 수상이 독일제국의 국가수반이 되었을 때, 독일 공산당과 사회민주주의노동자당의 운명은 이미 결정되었다. 히틀러 집권초기에 강제수용소로 끌려간 인사의 절반 이상이 공산주의자와 사회민주주의 지도자들이었다. 히틀러의 승승장구는 오스트리아 노동자들에게는 불길한 조짐으로 보였다. 거기에다가 대량실업으로 인한 고통을 제일 먼저 당한 사람들도 노동자들이었다. 오스트리아 사회민주주의노동자당의 투쟁조직인 공화국방어동맹은 공식적으로는 해체된 상태에 있었지만, 당의 질서유지단 형식으로 여전히 활동하고 있었다. 경찰은 여러 곳의 공화국방어동맹의 비밀무기고를 적발해 무기를 압류했지만, 체코슬로바키아로부터 불법적으로 반입된 무기로 다시 채워지곤 했다. 사회민주주의노동자당원 중에는 히틀러에 저항할 수 있는 유일한 조직이 사회민주주의노동자당이라는 인식을 돌푸스 수상에게 심어줄 수 있기를 희망하는 사람들도 많이 있었다고 한다. 그러나 그간의 기독교사회당과 사회민주주의노동자당 간의 관계를 감안하면, 그러한 타협이 과연 가능했겠는지, 설사 그런 기회가 있었더라도 성공했을 것인가 하는 의문은 여전히 남는다.

1934년 2월 12일 공화국방어동맹과 향토방위대 간에, 더 정확히 표현하자면 사회민주주의노동자당과 돌푸스 정권 사이에 일어난 무력충돌은 내전의 양상을 보였다. 2월 폭동 혹은 반란으로 인해 드디어 공산당에 이어 사회민주주의노동자당도 불법 정당으로 낙인찍혀 폐쇄되면서 오스트리아의 정국에 일대 회오리바람이 몰아쳤다. 무력충돌이 발생하기 하루 전인 1934년 2월 11일 향토방위대 빈 지역대장이자 내무장관인 에밀 파이는 그로스엔처스도르프(빈 동쪽 18km)에서 개최된 향토방위대 집회에서 공격을 예고했다. 공화국방어동맹 지휘부는 경찰이 은닉무기를 찾아내기 위해 1934년 2월 12일 오스트리아 사회민주주의노동자당 지부가 입주해 있는 린츠의 쉬프 호텔을 수색한다는 정보를 사전 입수했다. 린츠 지부는 경찰 수색을 무력으로 저지하겠다고 중앙당에 보고했다. 오스트리아의 대표적 마르크스주의 이론가이기도 한 사회민주주의노동자당 공동당 대표 오토 바우어는 무력대응에 반대했지만, 다음날 경찰이 린츠의 당사를 급습했을 때, 공화국방어동맹은 경찰을 향해 총기를 난사했다. 전쟁이 시작된 것이었다. 때맞추어 빈의 발전소와 가스공장 노동자들이 약속된 총파업 투쟁을 벌였다. 공화국방어동맹 측에 무기가 반입되는 과정에서 시간이 많이 걸렸을 뿐 아니라, 무기 은닉처를 알고 있는 중간 연락책들이 체포됨으로써 결국 공화국방어동맹은 제대로 기능을 발휘하지 못했다. 내무장관 겸 부수상 에밀 파이는 연방군과 경찰과 향토방위대를 동시에 투입하였다. 빈과 린츠는 물론이고, 슈타이르, 레오벤, 브루크 등 노동자 밀집 공업도시에서 전투가 벌어졌다. 빈에서는 공화국방어동맹 조직원들이 피신해 들어간 건물들(빈 19구의 아파트단지 카를 마르크스 호프)이 요새 역할을 하자, 정부는 대포까지 동원했다. 사회민주주의노동자당의 무장 봉기는 3일 만에 진압되었다.

공화국방어동맹 측은 300명 이상의 사망자를 냈다. 이들은 파시즘에 대항한 유럽의 첫 희생자들이었다. 1923년 이후 빈 시장이었으며, 사회민주주의노동자당 공동대표였던 카를 자이츠는 시청에서 체포되어 연행되었다. 다른 사회민주주의노동자당 지도자들은 인접국으로 망명했다. 오토 바우어(린츠 강령의 입안자이며 제1공화국 2대 외무장관)와 율리우스 도이치(1884-1968: 공화국방어동맹 총재, 국회의원)는 <2월 폭동>이 시작된 날(2월 12일) 브륀(체코의 브르노)으로 피신하여, 그곳에 오스트리아 사회민주주의노동자당 국외사무소를 설립했다. 1,000명 이상이 체포되었고, 그중 빈의 무장반란을 지휘하다 중상을 입은 카를 뮈니히라이터(1891-1934)와 빈 21구 구대장 게오르크 바이셀(1899-1934), 슈타이어마르크 지역대장 콜로만 발리쉬(1889-1934) 등 9명의 공화국방어동맹 지휘자들은 즉결심판에 회부되어 처형되었다. 후일 베르톨트 브레히트(1898-1956)는 <콜로만 발리쉬 칸타타>라는 제목의, 합창과 낭독과 대화가 섞인 서사시를 헌정하여 민주주의를 수호하기 위해 목숨을 바친 발리쉬의 저항정신을 찬미했다. 사회민주주의노동자당과 그 하부조직은 모두 강제 해산되고 활동이 금지되었다. 사회민주주의노동자당 창립자 빅토르 아들러(1852-1918)에 의해 1889년 창당과 동시에 창간되어 당의 기관지 역할을 한 빈의 노동자신문(AZ)도 - 1945년에 복간되었음 - 강제 폐간되었다. 브륀의 사회민주주의노동자당 국외사무소는 계속해서 개량주의적 정책을 대변한 반면, 국내에 잔류한 사회주의자들은 '혁명 사회주의자'(RS)라는 저항조직을 만들어 공산주의자들과 협력하였다. 이에 따라 사회주의자들과 공산주의자들은 이념적으로 한층 긴밀해졌다. <2월 폭동>의 유혈진압으로 인해 오스트리아는 유럽의 모든 민주주의국가들로부터 비난과 따돌림을 면치 못했다. 국가의 존립을 위협한 나치즘의 준동으로부터 오스트리아를 지키려고 지금까지 애써온 돌푸스 수상의 공적은 하루아침에 물거품이 되어 버렸다. 나치와 나치즘을 공적으로 삼았다는 점은 사회민주주의노동자당과 돌푸스 정권 간의 공통점이었지만, 돌푸스 정권에게 사회민주주의노동자당은 국가사회주의노동자당이나 마찬가지로 제거의 대상이었다.

1933년 5월의 공산당 해체에 이어, 1934년 2월 사회민주주의노동자당이 해산됨으로써 돌푸스 정권의 반대세력은 모두 제거되었다. 조국전선(VF)을 제외한 모든 정당들이 폐쇄된 가운데 1934년 4월 30일 의회가 한 차례 소집되어, 그간 의회와 각의가 민주적 절차에 따라 행사했던 권한 일체를 정부에 이양하는 현대판 '흠정헌법'이 조국전선 소속 의원들에 의해 통과되었다. <5월 헌법>이라 불린 - 1920년 10월 1일 제헌국민의회에 의해 제정된 <연방헌법>을 무력화시킨 - 이 독재헌법은 통과된 지 하루 만인 1934년 5월 1일 발효되었다. 입법부를 정부에 예속시키기 위해 의회의 역할을 맡은 4개 회의체가 - 국가회의, 연방문화회의, 연방경제회의 및 연방주회의 - 구성되었다. 이 회의체에 의해 사전 심의, 결의된 법안이 의회에 상정되면, 의회는 이 법안을 만장일치로 가결하거나, 부결시키는 권한만 행사하도록 제도적으로 장치함으로써 정부가 입법권을 장악했다. 나치오날라트(하원)와 분데스라트(상원)로 구성된 종래의 양원제는 폐지되고, 그 대신 연방의회(분데스타크)라 명명된 단원제 의회는 국가회의와 연방경제회의 소속 의원 각 20명, 연방문화회의 소속 의원 10명 및 연방주회의 소속 의원 9명을 합해 총 69명의 임명제 의원으로 대체되었다. 연방주회의 소속 의원들은 9개 연방주 지사들이었다. 독재 체제의 강화를 위해 4개 회의체 중 수석회의체 격인 임기 10년의 국가 회의 소속 의원들은 연방대통령이 임명했지만, 연방수상의 부서를 의무 화함으로써 수상의 국가장악력이 헌법(5월 헌법)에 의해 보장되었다. 국가 회의를 제외한 나머지 3개 회의체(연방문화회의, 연방경제회의 및 연방주회의)는 직능 대표들로 임명되어, 신분제국가의 특징이 강조되었다. 1차 대전 중인 1917년 구 오스트리아 제국의회에 의해 제정된 전시경제수권법(전권위임법) 이 <5월 헌법>에서 되살아났고, 연방대통령과 연방수상의 비상대권이 수권법에 추가되었다. 정당이 모두 폐쇄된 이후 오스트리아의 유일한 정 치적 의사결정의 주체는 이제 <조국전선>이었다.

    <5월 헌법>이 제정된 후 수도 빈은 - 신성로마제국 시대의 제국직속 도시를 연상시키듯 - 연방직속 도시라 불렸고, 오스트리아 공화국은 이 제 이탈리아를 닮은 전체주의 신분제연방국가로 바뀌었다. 오스트리아 제국을 상징하는 쌍두 독수리가 - 제관만 벗겨진 채 - 다시 공식적인 국 가문장으로 복귀했다. 권위적인 가톨릭주의와 신분제국가의 이데올로기 를 이념적 배경으로 한 이 반민주헌법(5월 헌법)은 정당과 노조를 인정치 않음으로서, 대중들의 광범한 지지를 얻는 데는 결국 성공하지 못했다. 1934년부터 1938년까지 4년간 존립한 이 권위적 신분제국가의 공식 명 칭은 5월 헌법 제1조에 의거해 '연방국가 오스트리아'였다. 부언하면, 오 스트리아의 공식적인 국명은 1918년부터 1919년까지 1년간 독일오스트 리아 공화국, 1919년부터 1934년까지 오스트리아 공화국, 1934년부터 1938년까지 오스트리아 연방국이었고, 1945년 이후 오스트리아 연방공화 국으로 불리고 있다. 오스트리아 제1공화국의 역사를 1918년부터 1934년

까지로 볼 것인가, 아니면 1918년부터 1938년까지로 볼 것인가에 대해서는 역사학자들 사이에 의견이 분분하다. 5월 헌법에서 오스트리아가 공화국에서 신분제연방국으로 국체가 변경됨으로써 절대주의 시대의 국가의 모습으로 환원되었기 때문이다.

5) 7월 쿠데타와 제1공화국 최후의 수상 슈쉬니크

군대와 경찰과 향토방위대를 동원한 진압군, 그리고 공화국방어동맹과 노조로 구성된 반란군 간의 교전으로 생긴 탄착의 흔적이 역력한 되블링(빈 19구)의 시영아파트 건물(반란군이 요새로 이용한 '카를 마르크스 호프')만 보이지 않는다면, 1934년 봄의 오스트리아와 수도 빈의 외형적 모습은 종전 이후 그 어느 해 보다도 활기에 차 있는 듯 했다. 거리에는 다시 제국시대의 군복이 등장했다. 파시즘 정부는 오스트리아 연방군에게 구 오스트리아 제국군 제복과 깃발을 다시 사용하게 했던 것이다. 오페라 무도회도 부활되었다. 제복을 보관하고 있던 사람은 누구나 오페라 무도회 때, 그것을 입고 나왔으며, 그들이 입은 제복의 저고리와 연미복 가슴에는 온갖 종류의 훈장과 흉장이 달려있었다. 실업률도 다소 감소하고, 경제도 느리게나마 회복의 조짐을 보여서 마치 회생의 기적을 돌푸스가 이룰 수 있는 것처럼 보였다.

그러나 불법화되었음에도 불구하고 국가사회주의노동자당의 활동은 그 해 여름으로 접어들면서 날이 갈수록 공격적으로 변해갔다. 갈색 제복의 테러는 꼬리를 물었고, 독일의 외교적 압박도 강화되었다. 1934년 7월 25일 <89 나치친위연대> 소속대원들이 오스트리아 연방군 제장으로 위장하고 수상집무실로 난입하여, 그곳의 정부요인들을 인질로 잡았다. 돌푸스 수상은 몸을 피하려다, 그들에 의해 피살되었다. 같은 시각 빈의 라디오 방송국(현 오스트리아 국영방송 ORF의 전신인 RAVAG)을 점령한 나치는 사전 포섭된 슈타이어마르크 연방주지사 겸 교육부장관 안톤 린텔렌(1876-1946)을 시켜 돌푸스 수상으로부터 정권을 이양받은 것처럼 허위 발표를 내보냈다. 린텔렌의 정권인수 뉴스는 오스트리아 전역, 특히 슈타이어마르크 연방주의 반란을 유도하기 위해 사전에 합의된 신호였지만, 쿠데타는 경찰과 연방군에 의해 진압되었다. 오스트리아 파시즘 정부는 돌푸스 수상이 나치즘에 의한 최초의 희생자라는 사실을 강조함으로써 보수진영을 결집시키고, 정권의 정당성을 부각시키려 했다. 실제로 오늘날까지도 돌푸스의 죽음은 전설적으로 미화되고 있는 측면이 강하다. 린텔렌은 1935년 유죄판결을 받았지만, 1938년 2월 12일 오스트리아 연방수상과 히틀러 간에 체결된 <베르히테스가덴 협정>으로 사면되어 석방되었다.

연방대통령 빌헬름 미클라스는 돌푸스 수상이 살해되고, 5일이 지난 후에 돌푸스 내각의 법무장관 쿠르트 폰 슈쉬니크(1897-1977, 재임: 1934-1938)를 연방수상에 임명했다. 37세의 나이에 연방수상이 된 슈쉬니크는 제1공화국 역대 최연소 수상이었다. 돌푸스 수상이 겸임했던 조국전선의 총재직은 향토방위대 총재 출신의 부수상 에른스트 뤼디거 슈타르헴베르크가 승계받았고, 슈쉬니크는 수상이면서도 조국전선 부총재직을 넘겨받았다. 돌푸스 수상이 피살되기 85일 전 부수상에 임명된 슈타르헴베르크는 무솔리니의 개인적 지지를 받은 정치인이었다. 슈쉬니크가 1934년 돌푸스에 의해 임명된 부수상(슈타르헴베르크)을 경질한 것은 슈타르헴베르크와 무솔리니의 관계가 나빠진 1936년의 일이었다. 슈타르헴베르크(부수상: 1934년 5월 1일-1936년 5월 14일, 조국전선 총재: 1934년 7월 25일-1936년 5월 14일)가 실각한 후, 향토방위대는 해체되어 조국전선에 흡수되었다. 조국전선 총재직을 슈타르헴베르크로부터 회수하여 당(조국전선)과 정부를 완전히 장악했음에도 불구하고 산적한 난제를 헤치고 나가기에는 슈쉬니크는 역부족이었다. 온 나라가 내전의 위협에 직면해 있었으며, 5월 1일 발효된 새 헌법(5월 헌법)은 기능을 제대로 발휘하지 못했다. 유일한 여론형성 조직으로 기대했던 조국전선도 이제 막 출범한 터라 여러 갈래의 정치단체들이 벌이고 있는 권력 투쟁의 한 전선에 불과했다. 슈쉬니크가 의지한 유일한 원군은 무솔리니와 브렌너에 주둔하고 있는 이탈리아 군대이었다.

<7월 쿠데타>가 진압된 후, 약 4천 명의 국가사회주의 추종자들이 군법회의에 의해 유죄판결을 받았고, 돌푸스 수상을 직접 살해한 오토 플라네타(1889-1934, 체코 출신의 오스트리아 나치당원) 등 주동자 10여 명은 처형되었다. 쿠데타 가담자들은 체포를 피해 독일제국 혹은 유고슬라비아로 도피했다. 7월 쿠데타 실패로 부담을 안게 된 아돌프 히틀러는 7월 쿠데타에 대한 영향력 행사를 강력하게 부인하고, 오스트리아 국가사회주의노동자당과의 관계를 일시적으로 단절했다. 반면 무솔리니는 7월 쿠데타를 히틀러의 오스트리아 합병 시도로 의심했다. 그렇지 않아도 남티롤(1918년 오스트리아가 반환한 북이탈리아 영토)의 영유권을 주장한 독일제국이 오스트리아를 침공할 경우 오스트리아를 군사 지원할 것임을 선언한 바 있는 무솔리니는 나치의 7월 쿠데타 실패 후 이탈리아의 오스트리아 지원을 과시하기 위해 이탈리아와 오스트리아 국경(브렌너: 남티롤과 케른텐 연방주 경계지역)에 군대를 진주시켰다. 히틀러는 유사시 영국과 프랑스가 무솔리니를 지원할지 모른다고 우려했기 때문에, 무솔리니의 이탈리아에 맞서 모험을 감행할 입장에 있지 않았다. 그러나 이탈리아와 독일의 관계는 1936년 이후 급속히 회복되었다. 그것은 무솔리니가 독일을 견제하기 위해 사용한 '오스트리아 카드'를 포기했음을 의미했다.

<7월 쿠데타>(1934)를 통한 사실상의 1차 합병 시도가 수포로 돌아간 후, 히틀러는 오스트리아를 합법적으로 합병하는 방법을 강구하기 시작했다. 그러기 위해서는 우선 오스트리아의 이탈리아 의존 체제를 와해시키고, 독일과 이탈리아의 관계를 정상화해야 했다. 1935년 3월 베르사유 평화조약 159조-213조(독일제국군의 군비 제한에 관한 조항)의 무효를 일방적으로 선언한 히틀러는 그 해 6월 18일 영국과 함대 협정(해군 협정)을 체결하여 독일해군의 함정 총톤수를 일단 영국의 35% 수준으로까지 확대시키는

데 성공했다. <독일-영국 함대 협정>(1935년 6월 18일)은 독일의 베르사유 평화조약 무효선언을 영국이 승인한 결과를 초래했다. 함대 협정을 통해 영국과의 관계를 회복한 히틀러는 독일을 견제하기 위해 이탈리아가 프랑스 및 영국과 1933년 4월 북이탈리아의 스트레사에서 합의한 <스트레사 전선>(프랑스·영국·이탈리아의 대독일 공동전선)을 와해시키고, <로카르노 조약>(1925년 10월 26일)에서 문서화된 영국과 이탈리아 간의 협력시스템을 무력화시키는 부수적인 이득까지 챙길 수 있었다. 베르사유 평화조약(1919)이 확정한 독일의 서쪽 국경선을 독일이 재확인하고, 독일이 프랑스나 벨기에를 침략할 경우, 또는 거꾸로 프랑스나 벨기에가 독일을 침략할 경우 영국과 이탈리아의 자동개입을 규정한 조약이 로카르노 조약이었다.

이탈리아와 독일의 관계가 개선되기 시작한 것은 독일이 이탈리아의 에티오피아 침략전쟁(1935-1936)을 지지하면서부터였다. 아디스아바바를 점령한 이탈리아를 국제연맹에 제소한 영국과는 반대로 히틀러는 이탈리아를 두둔하고 나섰다. 영국이나 프랑스와는 달리 해외식민지 확보는 독일의 국가정책이 아니었기 때문이었다. 로마와 베를린 간의 협력은 이탈리아가 아디스아바바를 점령한 직후 발생한 스페인 내전에서 프랑코 총통의 군대를 양국(이탈리아와 독일)이 공동 지원함으로써 그 모습을 공개적으로 드러내었다. 이로써 베를린과 로마를 잇는 - 2차 대전 양대 전범국 간의 - 추축이 형성되었다. 오스트리아 파시즘 정권의 유일한 지원세력이던 무솔리니의 이탈리아가 히틀러의 독일과 손을 마주 잡음으로써 오스트리아의 운명은 이제 경각을 다투게 되었다. 도쿄까지 연장된, 베를린과 로마를 잇는 추축은 후일 이들 2차 대전 전범국을 추축국이라 부르게 했다. 로마와 베를린을 연결한 추축은 오스트리아라는 고기 덩어리를 갈색으로 - 갈색은 나치의 상징색이었다 - 구워낼 바비큐 용 꼬챙이가 된 것이었다. 앙숙지간이었던 이탈리아와 독일은 밀월관계에 돌입했고, 오스트리아는 문자 그대로 고립무원의 처지가 되어 버렸다. 에티오피아와의 전쟁과 스페인 내전 개입으로 국력을 소진시킨 이탈리아는 경제적으로도 독일에 의존하지 않을 수 없었기 때문에, 무솔리니는 오스트리아의 파시즘 정부를 지원할 여력도 없었을 뿐 아니라, 히틀러 앞에서 오스트리아 지원 의사를 공개적으로 드러낼 수도 없었다. 무솔리니의 나치 독일에 대한 의존도가 커지면 커질수록, 이탈리아의 지원으로 근근이 버텨온 오스트리아의 독립정책은 근간이 흔들리게 되었다. 활동이 금지된 사회민주주의노동자당과 국가사회주의노동자당 당원들이 지하에서 반정부 활동을 계속했기 때문에, 슈쉬니크 수상의 국내 지지기반은 점점 약화되었다. 로마와 베를린의 상호접근으로 슈쉬니크 수상은 오스트리아의 독립을 보전하기 위해 독일제국과의 관계개선을 타진하지 않으면 안 되는 자기모순에 빠지게 되었다.

오스트리아 정부의 자동붕괴를 유도하는 방향으로 전략을 수정한 후, 히틀러는 협정을 통해 합법적으로 오스트리아를 독일제국에 합병시키는 수순을 실행에 옮기기 시작했다. 1936년 빈에서 체결된 <7월 협정>에는 빈 주재 독일대사를 동원했고, 2년이 지난 1938년에 열린 <베르히테스가덴 회담>에서는 히틀러 본인이 직접 오스트리아 수상을 만나 양국의 합병을 기정사실화하려 시도했다. 1932년부터 1933년까지 바이마르 공화국의 마지막 수상, 1933년부터 1934년까지 히틀러 내각의 초대 부수상을 역임한 후 1936년부터 1938년까지 빈 주재 독일대사를 역임한 프란츠 폰 파펜(1879-1969)이 히틀러로부터 부여받은 임무는 1934년 7월 쿠데타 이후 베를린과 빈 사이에 조성된 긴장을 완화시켜, 독일과 오스트리아 간의 합병 분위기를 조성하는 것이었다. 파펜은 오스트리아가 당면하고 있는 모든 문제들을 일거에 해결할 수 있는 유일한 길은 독일제국과의 지속적인 우호협정 체결뿐이라는 확신을 오스트리아 수상에게 심어주는 데 성공했다. 1933년 5월 27일 이후 3년 동안 지속된 독일의 대 오스트리아 경제봉쇄 조치 조치가, 다시 말해 <천 마르크 소지 금지령>이 파펜 대사와 슈쉬니크 수상 간에 체결된 7월 협정으로 마침내 해제되었다.

천 마르크 소지 금지령 해제조치와 더불어 오스트리아 정부가 친독정책을 펼칠 용의를 보인다면, 히틀러는 오스트리아에서 활동 중인 국가사회주의노동자당을 해체하는데 동의할 것이라는 것이 파펜 대사가 슈쉬니크 수상을 설득하는데 사용한 무기였다. 슈쉬니크는 이 문제를 가지고 무솔리니의 의견을 타진했고, 무솔리니의 대답은 당연히 독일과의 협정 체결에 찬성하는 쪽이었다. 1936년 <7월 협정>은 그렇게 - 오스트리아의 자유와 독립을 수호하기 위해서라는 명분으로 - 체결되었다.

오스트리아는 7월 협정의 의무규정들을 충실하게 이행했다. 7월 쿠데타(1934)에 가담한 죄로 유죄판결을 받아 복역 중인 국가사회주의노동자당원 전원이 협정 체결 당일 곧바로 사면되었다. 독일 측의 요구를 수용해 에드문트 글라이제 폰 호르스테나우(1882-1946)와 구이도 슈미트(1901-1957)가 오스트리아 정부의 무임소장관과 외무차관에 각각 기용되었고, 아르투어 자이스-인크바르트(1892-1946)는 연방의회의 수석위원회의 기능을 가진 국가회의(5월 헌법 참조) 위원에 임명되었다. 이로써 나치의 핵심세력들이 오스트리아 정부의 요직을 차지하게 되었다. 그 밖에도 슈쉬니크 정부는 조국전선 산하의 대민정책 부서를 전국조직으로 신설하여야 했다. 독일은 이 전국조직을 통해 합병에 대비한 정치적 여론형성과 대민심리전을 합법적으로 전개할 수 있었다. 폐간되었던 국가사회주의 노선의 신문들이 7월 협정 이후 합법화되어 '대독일' 이념을 확산시키는데 이용되었다. 오스트리아 내 국가사회주의노동자당은 1933년 6월 19일 이후 폐쇄되었지만, 그들의 실제 활동공간은 7월 협정 체결 후 크게 확대되었다. 그러나 나치당(국가사회주의노동자당)의 공식적인 복원이 1938년 2월 12일 <베르히테스가덴 협약> 때까지 - 합병 한 달 전까지 - 허용되지 않은 것은, 슈쉬니크 정부 측의 입장에서 볼 때는 강력한 합병반대 의지의 표현이었다고 할 수 있었다. 그러나 독일제국 측이 1936년 7월 협정에서 나치당의 즉각적 원상회복을 요구하지 않은 것은 독일과 오스트리아의 합병금지 규정이 베르사유 평화조약과 생제르맹 평화조약에 명문화된 후, 감시의 눈

길을 거두지 않고 있는 국제연맹을 최후의 순간까지 기만하기 위한 히틀러의 고도의 외교적 전략이었다고도 볼 수 있을 것이다.

1937년 무솔리니가 베를린을 공식적으로 방문한 이후, 베를린과 로마의 연대가 한층 강화됨으로써 그간 오스트리아의 독립을 지원한 유럽의 마지막 국가가 사라져 버렸다. 영국과 독일 간에 함대 협정(1935년 6월 18일)이 체결된 후 독일제국에 대해 유화정책으로 일관해 온 영국정부는 공개적으로 독일과 오스트리아의 합병을 찬성했으며, 체코슬로바키아와 헝가리 같은 인접 국가들은 독일과 오스트리아의 합병보다는 오스트리아 제국의 복원을 더 두려워했기 때문에, 오스트리아는 유럽의 외톨이 신세를 면할 수 없었다. 국가가 존망의 위기에 처했지만, 오스트리아 파시즘 정부(슈쉬니크 정부)는 조국전선을 제외하면 위기 극복을 위해 의논할 정당도 없었다. 1932년 5월 파시즘 정권이 출범했을 때 보낸 지지와는 반대로 무능한 정부에 등을 돌리고, 공개적으로 독일 쪽을 곁눈질하는 오스트리아인들의 수가 점점 늘어났다. 나치 독일의 호경기에 대한 뉴스는 나치의 매체를 통해 하루가 멀다 하고 오스트리아에 유입되었지만, 독일의 경제호황이 무엇을 기반으로 하는지 아는 사람도, 알려고 하는 사람도 없었다. 나치의 선전 선동은 독일의 사정을 들여다보지 못하는 오스트리아 국민들을 두 나라의 합병만이 살길이라는 막연한 희망에 매달리게 만들었다.

6) 베르히테스가덴 '협약', 그리고 오스트리아 제1공화국의 붕괴

국가사회주의노동자당 최고지도부와 독일정부의 승인이 전제된 쿠데타 계획 문건이 1938년 초 당국에 의해 적발되었을 때, 7월 협정 체결 후 독일과의 관계개선을 시도해온 슈쉬니크 정부는 다시 위기에 봉착하게 되었다. 빈 주재 독일대사 파펜이 1938년 2월 4일 본국으로 전출되기 직전의 일이었다. 파펜 대사는 슈쉬니크 수상에게 히틀러와의 회담을 제의했다. 독일대사는 독일-오스트리아 정상회담에서 모든 현안이 논의되고 해결될 수 있을 것이라고 오스트리아 수상을 설득했다. 달리 방법이 없었던 슈쉬니크는 히틀러와의 회담에서 위기극복의 해법을 모색하기 위해 회담장소인 바이에른의 휴양지 베르히테스가덴으로 출발했다. 주권을 수호해야 한다는 비장한 각오와 결연한 의지의 여행이었다. 우호적인 분위기의 회담은 결코 아닐 것이라 예상했지만, 실제로 어떤 상황이 그를 기다리고 있을 것인지 그는 알 수 없었다.

1938년 2월 12일 베르히테스가덴의 회담장인 히틀러의 별장 베르크호프에 들어섰을 때, 오스트리아 수상이 받은 첫 번째 충격은 히틀러가 독일군 수뇌부를 모두 회담장에 대기시켜 놓았으며, 협상테이블 위에는 국가비밀인 오스트리아의 국방계획 사본이 놓여있었다는 사실이었다. 그 다음으로 슈쉬니크를 경악시킨 것은 히틀러가 신들린 사람처럼 행동했다는 사실이었다. 몇 시간 동안 히틀러가 쏟아낸 독백형식의 일방적인 요구사항은, 오스트리아 내각의 핵심 부처에 국가사회주의자가 임용되어야한다, 독일제국이 체코슬로바키아를 공격할 경우 오스트리아는 독일을 지원해야 한다, 오스트리아는 독일의 인종법(1935년의 뉘른베르크 법)과 같은 반유대인법을 제정해야 한다, 오스트리아도 국제연맹에서 탈퇴해야 한다, 양국 간 통화동맹이 체결되어야 한다, 등이었다. 이 모든 요구에 오스트리아를 획일적으로 통합하려는 히틀러의 저의가 깔려 있다는 사실을 슈쉬니크 수상이 간과했을 리는 없었다. 히틀러의 요구에 대한 반대급부로 독일제국은 오스트리아의 영토주권을 인정한다는 조항을 협약에 포함시켰지만, 이는 1936년의 <7월 협정>에도 포함된 조항으로서 - 1938년 초 적발된 나치의 쿠데타 계획 문건에서도 증명되었듯이 - 독일제국이 준수할 의지가 없었던 약속이었다. 슈쉬니크는 완강히 저항했다. 그는 모든 것이 오스트리아 연방대통령의 승인 여부에 달려 있다고 즉답을 피했고, 히틀러는 1938년 2월 15일을 답변의 시한으로 제시했다. 그것은 선전포고 직전의 최후통첩에 다름 아니었다. 빈으로 귀환한 슈쉬니크 수상은 각의를 개최하고, 미클라스 대통령과도 협의했지만, 히틀러의 요구를 거부할 방법을 찾지 못했다. 국경지역에 독일군이 집결하고 있다는 소식이 전해졌기 때문이었다. <베르히테스가덴 협약>(1938년 2월 12일)은 회담장에서 문서가 교환되어 체결된 조약이 아니라, 회담이 끝난 후 코뮈니케 형식으로 베를린과 빈에서 동시에 발표된, 오스트리아로서는 굴욕적인 강제조약이었다.

오스트리아는 히틀러의 요구에 따라 오스트리아 국가사회주의노동자당 당대표이며 7월 협정(1936) 체결 후 국가회의 의원에 임명된 자이스-인크바르트를 내무장관에, 무임소장관에 기용해야 했던 호르스테나우를 국방장관에 각각 임명하고, 오스트리아 연방군 참모총장 알프레트 얀자(1884-1963) 원수를 나치 당원인 프란츠 뵈메(1885-1947년) 소장으로 교체해야 했다. 자이스-인크바르트를 앞세워 오스트리아의 경찰력을, 호르스테나우와 뵈메를 통해 오스트리아 연방군을 장악함으로써 히틀러는 오스트리아를 합병시킬 만반의 준비를 정확히 합병 한 달 전에 완료했다. 오스트리아의 국내 나치 세력들은 베르히테스가덴 협약을 그들의 권력 장악의 신호탄으로 받아들였다. 1936년 7월 협정에서 체험했듯이, 히틀러가 오스트리아의 영토주권을 존중할 것인지 의심스러웠기 때문에, 슈쉬니크 수상은 외국의 도움을 요청했지만 결과는 절망적이었다. 오스트리아 파시즘의 대부였던 무솔리니는 오스트리아 수상을 외면했고, 1938년의 프랑스는 무정부 상태에 있었다. 독일제국의 외무장관으로 승진한 전 런던 주재 독일제국 대사 요아힘 폰 리벤트로프(1893-1946, 대사: 1936-1938)의 런던 방문을 앞두고 있던 영국정부는 오스트리아의 운명 따위에는 관심이 없었다. 리벤트로프는 소련과는 불가침조약을, 일본과는 동맹조약을 성사시킨 나치 친위대 핵심 인물로서 콘스탄틴 폰 노이라트(1873-1956, 외무: 1932-1938)의 뒤를 이어 1938년부터 1945년까지 7년간 나치 독일의 외교수장이었다.

대도시를 중심으로 오스트리아 전역에서 나치 추종자들의 시위가 발생하였지만, 경찰은 속수무책이었다. 조국전선 정부는 국가의 안위가 도마 위에 오르자, 좌파와의 접촉도 불사했다. 슈쉬니크 수상은 사회민주주의노동자당 출신 정치인 한 명을 차관으로 기용했지만, 임명되자마자 그는 과격한 사회주의자들에 의해 변절자로 낙인찍혔다. 1934년 이후 불법화된 사회민주주의노동자당은 당과 자유노조의 복원을 전제조건으로 조국전선에 협력할 의사를 전달했지만, 슈쉬니크 수상은 이를 거부했다. 1938년 2월 24일 슈쉬니크 수상은 의회에서 역사적인 연설을 했다. 그는 오스트리아의 경제회생을 부각시킴으로써 히틀러의 경제원조를 필요로 하지 않음을 간접적으로 강조했다. 그의 연설은 조국 오스트리아에 대한 지지와 단결을 요청하는 감성적인 대국민 호소였다. 의사당에서 수상 집무실이 있는 호프부르크에 이르는 순환도로 연변에는 수많은 애국시민들이 도열해, 연설을 마치고 집무실로 도보 행진한 수상 일행에게 그칠 줄 모르는 박수를 보냈다. 슈쉬니크의 연설이 국가사회주의자들에게 전하는 투쟁의 메시지였음을 오인하는 사람은 한 사람도 없었다.

한쪽에서는 국가사회주의자들이 권력인수를 위한 사전작업을 진행시키고, 또 한쪽에서는 조국전선 지지자들이 주권 수호를 위해 몸부림치는, 하루가 다르게 긴장감이 고조되는 분위기에서 슈쉬니크 수상은 국민투표를 통해 오스트리아 국민의 압도적 다수가 국가사회주의를 거부한다는 사실을 세계여론에 입증해보이려 시도했다. 1938년 3월 7일 일단의 사회주의 지도자들이 4년 전 돌푸스의 파시즘 정권 타도를 위해 정부군과 격렬한 시가전(2월 폭동: 1934년 2월 12-15일)을 벌였던 플로리즈도르프(빈 21구)에서 개최된 대규모 군중집회에서 히틀러의 위협으로부터 오스트리아의 독립을 지킬 수 있다면 조국전선 정부를 지원하겠다고 선언했다. 정적의 지원까지 확보한 슈쉬니크는 고향 인스부르크를 찾았다. 1938년 3월 9일 그곳에서 그는 그의 정치인생에서 가장 감동적인, 마지막 연설을 행했다. 그는 나폴레옹의 침입으로부터 티롤을 지킨 티롤의 수호자이며, 오스트리아의 민족영웅인 안드레아스 호퍼가 티롤 주민들의 봉기를 독려할 때 사용했던 짧은 문장으로 연설을 마쳤다. "여러분 이제 때가 되었습니다"라는 말로 그는 국민투표를 3월 13일 실시할 것임을 선언했다. 그의 연설은 오스트리아 국민의 연대감을 자극한, 나치 독일에 대한 저항의 표출이었다. 유럽이 숨을 죽였다. 히틀러는 이제 오스트리아의 국민투표 실시를 저지하지 않으면 안 되었다. 오스트리아 국내에서 활약 중인 국가사회주의자들은 그 활동의 격렬성에도 불구하고 수적으로는 아직 소수에 불과했다. 사회민주주의노동자당 지지자들과 노조가 힘을 보탠다면 슈쉬니크 정부는 최소한 삼분의 이 이상의 찬성표는 모을 수 있을 것이었다. 그 결과가 뻔히 내다보이는 국민투표를 방관할 히틀러가 아니었다.

국가사회주의자들의 반응은 처음에는 당혹감과 혼란스러움 그 자체였다. 교시를 요청하는 긴급전문에 대한 베를린의 응답은 국민투표가 연기되지 않으면 독일제국 군대가 오스트리아에 진주한다는 헤르만 괴링(1893-1946)의 최후통첩이었다. 1938년 당시의 괴링 원수는 프로이센 주정부 수상에서 독일제국군 총사령관으로 승진하여 명실 공히 나치 독일제국의 제2인자의 자리에 오른 제국항공성 장관이었다. 괴링의 최후통첩은 3월 11일 자이스-인크바르트 내무장관과 호르스테나우 국방장관을 경유하여 슈쉬니크 수상에게 전달되었다. 그 사이 이미 이른 새벽시간인데도 독일제국 군대가 오스트리아를 침공하기 위한 준비 작업에 돌입했다는 은밀한 소식이 빈 시 전역에 확산되었다. 독일군 참모부는 슈쉬니크 수상이 위기극복 용으로 합스부르크가의 마지막 황제 카를 1세의 장자 오토 대공을 복위시킬지도 모른다는 가상적 현실을 상정하여 '오토 작전'이라는 특수작전 명령을 전군에 하달함으로써 이미 오래 전부터 오스트리아 침공준비를 완료시켜 놓고 있었다. 슈쉬니크 수상은 로마와 파리와 런던으로부터의 지원 가능성을 숨 가쁘게 타진해 보았지만, 독일군의 진주를 저지할 어떤 조처도 더 이상 강구할 수 없게 되었을 때, 국민투표

연기에 동의하지 않을 수 없었다.

빈 주재 독일 대사관 파견 무관 볼프강 무프(1880-1947) 중장 뿐 아니라, 히틀러의 하수인인 오스트리아 내무장관 자이스-인크바르트와의 유선통화를 통해 빈의 사정을 소상하게 파악한 히틀러와 괴링은 오스트리아의 국민투표 연기 결정에도 불구하고 침공계획을 포기하지 않았다. 1938년 3월 11일 17시 30분까지 자이스-인크바르트에게 수상직을 양도하라는 것이 오스트리아 수상에게 전달된 괴링의 마지막 통첩이었다. 국가의 명운이 경각에 달려 있었으나, 군사적 대응은 처음부터 논의의 대상에서 제외되어 있었다. 그럴 것이 탄약을 포함하여 오스트리아 육군이 보유한 전쟁대비 물자의 비축량은 이틀분에 지나지 않았으며, 전차와 전투기 보유대수는 독일제국의 그것들과 비교하면 전무하다시피 했다. 이러한 상황에서의 군사적 저항은 유럽의 열강들이 히틀러의 침공을 외교적으로 막아준다는 가정을 전제로 할 때만이 고려될 수 있는 수단이었다. 무솔리니는 2년 전부터 이미 히틀러의 협력자로 변해 있었고, 영국과 프랑스는 무솔리니가 먼저 오스트리아를 위해 나선다면 베를린에 항의를 할 용의가 있다는 소극적인 반응을 보였을 따름이었다. 무솔리니의 지원 거부는 예상했던 대로였다. 슈쉬니크는 수상직에서 사임하지 않을 수 없게 되었다. 1938년 3월 11일 16시 정각 그는 미클라스 연방대통령에게 사의를 표명했고, 대통령은 그의 사의를 수용했다. 그러나 미클라스는 자이스-인크바르트를 포함해 국가사회주의자에게는 오스트리아 새 정부의 조각권 위임이 불가하다는 입장만은 분명히 했다.

오스트리아 정부의 일거수일투족을 베를린에서 감시한 괴링은 그가 통고한 최후통첩 시한 내에 자이스-인크바르트 내무장관의 수상 직 인수가 이루어지지 않을 경우, 독일군의 오스트리아 침공이 개시될 것임을 다시 한 번 경고하고 나왔다. 그럼에도 오스트리아 대통령의 태도는 완강했다. 오토 엔더 전임 수상을 비롯해서 대통령이 자문을 구한 사람들이 모두 자이스-인크바르트를 기피했다. 슈쉬니크는 라디오 방송을 통해

수상 직 사임을 밝히면서 유혈사태를 피하기 위해 오스트리아 연방군에
게 무력저항을 포기하라는 명령을 동시에 내렸다. 자주 인용되는 "우리
는 폭력 앞에 굴복한다. 신이여 오스트리아를 지켜주소서"라는 말이 슈
쉬니크가 수상으로서 남긴 마지막 호소였다.

자이스 인크바르트의 수상 취임을 기정사실화한 베를린의 괴링은 오
스트리아의 정정 불안을 극복하기 위해 독일군의 진주가 불가피하다는
내용의 전문을 빈 정부가 자진해서 베를린으로 보내는 형식을 취해줄
것을 자이스-인크바르트에게 지시했다. 그러나 후자는 베를린의 지시를
따를 수 없었다. 아직 정부를 인수하지 못했기 때문이었다. 베를린 당국
은 오스트리아 신임수상(자이스·인크바르트)의 독일군 진주 요청이라는 허위 전
문의 내용을 미리 언론에 퍼뜨림과 동시에 진군명령을 내렸다. 결국 미
클라스 대통령은 괴링이 최후통첩에서 제시한 시한 직전 나치 무장친위
대에 둘러싸인 채, 신임수상 임명동의서에 서명하지 않을 수 없었다. 3
월 12일 린츠에서 회동한 나치 오스트리아의 신임수상 자이스-인크바르
트와 나치 독일 수상 히틀러는 과도기 없는 즉각적인 '재통일'에 구두
합의했다. 이튿날, 1938년 3월 13일 린츠의 바인칭어 호텔에서 독일을
대표한 히틀러와 오스트리아를 대표한 자이스-인크바르트는 '통일'을 '합
법화'하는, 베를린에서 이미 작성된 문서에 서명했고, 빈에서 개최된 자
이스-인크바르트 수상 정부의 각의는 독일-오스트리아 합병을 최종적으
로 의결했다.

제1공화국의 마지막 대통령 빌헬름 미클라스는 합병문서에 서명한 대
통령으로 역사에 기록되지 않기 위해 1938년 3월 13일 사임했다. 미클
라스의 사임으로 대통령의 권한은 헌법이 정한대로 수상에게 귀속되었
다. 자이스-인크바르트는 대통령 대행과 수상의 자격으로 합병문서에 서
명했다. 3월 15일 합병을 기념하기 위해 대규모로 동원된 군중집회가 빈
왕궁(호프부르크)의 영웅광장(헬덴플라츠)에서 개최되었다. 빈의 기업체들은 집회
에 참가했다는 증거를 당국에 제출해야 했다. 이 날 영웅광장에서 연출

된 나치의 광기는 1988년 합병 50주년을 맞아 11월 4일 빈 궁정극장(부르크테아터)에서 초연된 토마스 베른하르트(1931-1989)의 3막 희곡 <영웅광장>과 12세의 나이에 그 날의 군중집회 현장에 동원되었던 에른스트 얀들(1925-2000)의 시 <영웅광장>에 잘 나타나 있다.

슈쉬니크를 비롯한 각료들과 오스트리아의 지도급 인사 대부분은 국외망명 권유도, 빈 주재 외국대사관을 통한 신분보호 요청도 거부하고 국내 잔류를 선택했다. 히틀러로서는 곤혹스러운 일이었다. 슈쉬니크는 처음에는 국사범으로 취급되어, 그 해 5월까지 자택에 연금되었다. 그 후 그는 정치범 감옥으로 사용된 빈 1구의 메트로폴 호텔에 감금되었다가, 뮌헨의 게슈타포 형무소를 거쳐 여러 곳의 나치 강제수용소를 전전한 끝에 1945년 연합군에 의해 자유의 몸이 되었다. 빌헬름 미클라스는 전쟁 중 빈에 체류했지만, 나치의 특별한 박해는 받지 않았다. 자이스-인크바르트는 전후 뉘른베르크 전범재판소에서 침략전쟁의 기획, 유발 및 수행, 전쟁범죄 및 반인륜범죄로 유죄선고를 받아 1946년 10월 16일 뉘른베르크에서 처형되었다.

히틀러에게 오스트리아의 합병은 - 이미 프랑크푸르트 국민의회(1848/1849)에서부터 논의되기 시작한 - '대독일' 제국 건설이라는 역사적 과업의 완성이었지만, 처음부터 동유럽을 침공하기 위해 필요한 교두보 확보라는 군사적 동기와 경제적 동기가 크게 작용했다. 히틀러에게 오스트리아는 유사시 독일제국이 체코슬로바키아를 공격할 경우 반드시 확보해야 할 전략적 요충지였으며, 남유럽 진출의 거점 역할을 할 수 있는 국가였다. 그리고 오스트리아는 전쟁물자 생산을 위해 필요한 천연자원을 가지고 있는 나라였다. 오스트리아의 1938년도 외환보유고(27억 실링 이상)는 - 1930년대의 일반적인 경기침체에도 불구하고 정부의 디플레이션 정책 덕분으로 - 독일제국의 그것보다 20배나 더 많았으며, 오스트리아의 훈련된 군대는 독일제국의 전력 증강에 절대적인 필요조건이기도 했다.

1) 오스트리아에서 다시 오스트마르크로

2차 대전 후 오스트리아 제2공화국과 오스트리아 국민들은 2차 대전에 대한 책임론에서 벗어나기 위해 '오스트리아 희생론'을 강조했지만, 오스트리아 제1공화국과 독일제국 간의 합병 논의는 역사적인 뿌리를 가지고 있었다. 1918년 11월 12일 - 카를 1세 황제가 쇤브룬 왕궁을 떠난 하루 뒤 - 개최된 첫 공식회의에서 독일오스트리아 임시국민의회는 1918년 10월 30일자로 공포된 임시헌법 제2조("독일오스트리아는 독일공화국의 구성요소이다.")를 재확인함으로써 오스트리아와 독일의 합병을 기정사실화하려고 했다. 그러나 1년도 안 되어 1919년 9월 10일 파리에서 조인된 생제르맹 평화조약은 독일과 오스트리아의 합병에 강한 제동을 걸었다. 생제르맹 평화조약이 조인되기 70여 일 전에 체결된 베르사유 평화조약(1919년 6월 28일)에 이미 오스트리아의 독립을 보장할 의무가 독일에 부과되자, 생제르맹 평화조약이 체결되기도 전에 오스트리아 공화국 외무장관 오토 바우어는 의회에서 행한 연설에서 합병 반대론자들을 반역자라 선언한 후, 1919년 7월 26일 자진사퇴했다. 나머지 사회민주주의노동자당 각료들은 1920년 10월 22일 - 제국이 붕괴된 후 치른 첫 번째 총선(1920년 10월 17일)에서 제1당의 자리를 기독교사회당에 내어준 후 5일 만에 - 내각에서 총사퇴했다. 오토 바우어는 사회민주주의노동자당이 정강으로 채택한 독일-오스트리아 합병정책의 기수였다. 그는 1919년 2월 27일부터 3월 2일까지 바이마르 공화국 초대 외무장관 울리히 폰 브로크도르프-란차우(1869-1928)와 비밀리에 회동하여 양국의 합병에 관한 협상을 벌였었다. 그러나 후자는 베르사유 평화조약 조인 직전 - 오토 바우어보다 먼저 - 필립 샤이데만 수상과 함께 독일의 입장이 전혀 반영되지 않은 베르사유 평화조약을 거부하고 외무장관직을 사임함으로써 양국 외무장관 간 합병에 관한 논의는 없었던 일이 되어버렸다.

오스트리아 사회민주주의노동자당이 독일-오스트리아 합병을 정강에 포함시킬 정도로 적극적이었던 이유는 민족적 입장(오스트리아인은 독일인)과 경제적 이유(오스트리아의 독자생존 가능성에 대한 회의) 외에도 이데올로기(사회민주주의)를 독일의 사회민주주의노동자당 정부(바이마르 공화국)와 공유했기 때문이었다. 오스트리아 사회민주주의노동자당이 합병 정책을 의제에서 공식적으로 삭제한 것은 국가사회주의노동자당의 아돌프 히틀러 당수가 독일제국의 수상에 임명된 1933년 1월 30일 이후의 일이었다. 오스트리아의 기독교사회당(1933년 5월 20일 이후 조국전선)과 대독일국민당의 정책은 사회민주주의노동자당의 그것과는 차이가 있었다. 독일민족주의를 지향한 대독일국민당은 국가사회주의노동자당과 협력한 정당이었고, 기독교사회당과 그 후속 정당 조국전선은 엥엘베르트 돌푸스 수상(1932-1934)이 등장한 이후 비로소 합병 주장을 완전히 청산한 정당이었다. 혁명을 통해 정권을 쟁취한 후, 공산주의 정권 간의 합병을 주장한 오스트리아 공산당까지 포함하면, 오스트리아의 모든 정당은 히틀러의 정권 장악 이전까지는 원칙적으로 독일제국과의 통합을 찬성했다. 결과론이지만 내전에 이를 정도로 사회민주주의노동자당과 기독교사회당/조국전선 간의 정치적 대립은 심각했지만, 1933년 이후 합병 절대반대의 기치를 선명히 내걸었다는 점에서 양당은 이념적 공통점을 보였다.

1938년 3월 13일 합병과 더불어 독립국가로서의 오스트리아는 유럽의 국제정치 지도에서 자취를 감추었다. 1938년 3월의 독일-오스트리아 합병은 유럽의 초강대국 독일제국의 영토 야욕과 오스트리아의 나치 협력자들과 경제적 이유에서 합병을 찬성한 다수 오스트리아 국민의 합작품이었다. 두 나라의 합병에 대한 유럽의 반응도 중립 내지는 긍정적이었다. 오스트리아와 독일의 합병을 금지한 생제르맹 평화조약(1919) 체결을 주도했고, 오스트리아와 독일의 관세동맹 체결을 방해했던 프랑스

(1930/1931), 그리고 독일과 함대 협정(1935)을 체결했던 영국은 1938년 나치 독일이 오스트리아를 합병했을 때 중립적인 태도를 견지했다. 심지어 런던 타임스는 230년 전의 스코틀랜드와 영국의 합병(1707)을 상기시키는 기사를 게재하여 양국의 합병을 두둔했다. 독일제국의 오스트리아 합병에 명시적으로 항의한 나라는 소련과 멕시코 두 나라뿐이었다. 멕시코 외무장관 에두아르도 하이(1877-1941, 재임: 1935-1940)는 강력한 항의 각서 전달과 함께 국제연맹 총회 소집을 요구했다. 소련은 영국과 프랑스 등 베르사유 평화조약과 생제르맹 평화조약에 주도적으로 참여한 서방국가에 항의서한을 전달했다. 멕시코에 감사하기 위해 1956년 6월 27일 빈 제2구(레오폴트슈타트)의 <카를 대공 광장>은 <멕시코 광장>으로 도로명이 변경되었고, 1985년 그곳에 다음과 같은 글이 새겨진 기념석이 세워졌다. "멕시코는 1938년 3월 나치 독일제국의 오스트리아 강제 합병에 대해 국제연맹에 공식적으로 항의한 유일한 국가였다. 이를 기념하기 위해 빈 시는 이 광장에 멕시코 광장이라는 이름을 부여했다." 1988년에는 멕시코시티에 유사한 내용의 기념비가 오스트리아 정부에 의해 건립되었다.

1938년 3월 13일 새로운 영토조항 등이 포함된 수정헌법이 공포되고, 압도적 합병지지 여론을 유도하기 위한 국민투표 일자가 4월 10일로 공고되었다. 관제 합병찬성 성명서에 사회적 영향력을 행사할 수 있는 저명인사들이 대거 서명했다. 빈 교구의 대주교 테오도르 인니처(1875-1955) 추기경을 비롯한 가톨릭주교단, 오스트리아 공화국 초대 수상이었던 카를 렌너(재임: 1918-1920), 오스트리아 공화국 초대 연방대통령을 역임한 미하엘 하이니쉬(1869-1950, 재임: 1920-1928), 시인 요제프 바인헤버(1892-1945), 오케스트라 지휘자 카를 뵘(1894-1981), 그리고 대중적 인기를 누린 다수의 유명 예술인들이 자의로, 혹은 강요에 의해 공개적인 찬성입장을 표명해야 했다. 주교단의 국민투표 찬성 서명으로 수십만 명의 오스트리아 가톨릭 신도들이 교회를 떠났다. 합병에 반대표를 던졌다는 혐의를 사 반체제 인사로 낙인찍히지 않기 위해서 국민투표 당일 비밀투표 대신 투표참관인들의 면전에서 기표 내용을 공개하는 쪽을 선택한 사람들도 많았다. 나치 정부에 의해 조성된 공공연한 공포분위기의 결과는 압도적인 합병 찬성이었다. 오스트리아 유권자의 약 8%는 원천적으로 투표에서 제외되었다. 약 200,000명의 유대인, 177,000여 명의 혼혈인, 그리고 정치적, 인종적 이유에서 이미 체포된 사람들에게는 투표권이 박탈되었기 때문이었다. 나치 당국의 발표에 의하면 오스트리아의 찬성률은 99.73 퍼센트, 독일제국의 그것은 99.08 퍼센트였다. 선거참여율은 오스트리아가 99.71 퍼센트, 독일이 99.60 퍼센트였다.

1938년 3월 13일 독일제국 대표 히틀러와 오스트리아 공화국을 대표한 히틀러의 심복 자이스-인크바르트 수상이 합병문서에 서명한 후, 독립국가 자격을 박탈당한 오스트리아는 독일제국의 일개 주로 전락해 버렸다. 히틀러는 합병의 정당성을 대외적으로 부각시키기 위해 3월 11일 슈쉬니크를 축출하고 수상에 임명한 자이스-인크바르트로 하여금 새로운 내각을 구성하는 절차를 밟도록 지시했다. 나치 일색의 오스트리아의 마지막 정부는 합병을 의결한 후, 조각된 지 이틀 만에 해체되었다. 합병문서 서명용으로 임명된 자이스-인크바르트 수상의 임기도 사흘 만에 끝나버렸다. 다음 순서는 오스트리아의 행정체계의 개편이었다. 자이스-인크바르트는 오스트리아가 독일제국에 흡수된 후 1939년 4월 30일까지 히틀러가 임명한 오스트리아 총독이었다. 오스트리아인들에게 1938년 3월 13일은 나라를 최종적으로 나치 독일에 빼앗긴 국치일이다. 공교롭게도 1848년 빈에서 혁명이 발발하여 메테르니히가 실각한 날도 3월 13일이었다.

오스트리아는 1938년 10월 14일 이후 히틀러의 지시에 의해 <오스트마르크>라 불려야 했다. 독립국가의 국명에서 일개 지역명칭으로 바뀐 오스트리아라는 이름은 이제 그마저 사용이 금지된 것이었다. 오스트마르크라는 명칭은 1942년까지 사용되었다. 파노니아를 - 로마 시대의 오스트리아는 서쪽의 레티아, 중앙부의 노리쿰, 그리고 동쪽의 파노니아

등 로마 제국의 3개 속주의 일부이었다(지도 참조). - 침범한 아바르 족이
카롤링 왕조의 초대 프랑크 제국 황제 카를 대제(재위: 768-814)에 의해 섬멸
된 후, 이 땅에 오스트마르크(라틴어: 마르키아 오리엔탈리스)라는 이름의 나라로
태어났던 오스트리아가 이제 다시 오스트마르크라는 이름으로 회귀하면
서 오스트리아는 국가로서의 지위를 상실하게 된 것이었다. 히틀러는 오
스트리아를 합병한 이후 그가 태어난 나라를 단 한 번도 오스트리아라
부르지 않고, 10세기 때의 명칭인 오스트마르크라 부르기를 강요했다.
그러나 그는 오스트마르크라는 명칭이 암시하는 오스트리아의 역사적
독자성마저도 완전히 말살시키기 위해 1942년 4월 이후부터는 오스트마
르크라는 국명을 지역적 특징만을 나타내는 <도나우-알프스 제국관구>
라 다시 변경했다. 그 후 오스트리아는 물론이고, 오스트마르크라는 명
칭을 사용하는 자에게는 중형이 부과되었다.

  1939년 4월 14일 입법되어 5월 1일 발효된 이른바 <오스트마르크
법>에 의해 오스트리아의 행정체계는 전면적으로 개편되었다. 오스트리
아 연방주 정부는 모두 해체되고, 자이스-인크바르트의 총독 권한은 요
제프 뷔르켈(1895-1944) 제국위원에게 이양되었다. 나치 시대의 관직인 제국
위원(라이히스라트)은 히틀러로부터 위임받은 전권을 행사한 독일제국 최고위
중앙관직이었다. 1938년 4월 23일 통일담당 제국위원에 임명된 뷔르켈의
임무는 1년 안에 오스트리아의 정치적, 경제적, 문화적 통합을 완수하는
일이었다. 1933년 엥엘베르트 돌푸스 수상 정부에 의해 해산된 국가사회
주의노동자당의 재건과 국민투표 준비 임무를 완벽하게 수행한 뷔르켈
이 제국위원에 임명된 지 1년 후, 오스트마르크 법이 제정된 것이었다.
나치 독일은 오스트마르크 법에 근거하여 오스트리아의 행정시스템을
기존 9개 연방주에서 7개 가우(관구)로 - 가우(관구)는 연방주에 해당하는 나
치 시대의 행정단위 - 축소시켰다. 가장 큰 특징은 빈의 시역을 크게 확
대한 것, 외스터라이히(오스트리아)의 명칭을 지역명칭에서 모두 배제하여,
니더외스터라이히 연방주를 니더도나우 관구, 오버외스터라이히 연방주

를 오버도나우 관구로 개칭한 것, 포르아를베르크 연방주를 티롤 관구에 편입시킨 것, 부르겐란트 연방주를 해체하여 니더도나우 관구와 티롤-포르아를베르크 관구에 흡수시킨 것 등이었다.

빈은 명칭은 그대로였지만, 니더외스터라이히 연방주의 5개 지역이 빈에 편입됨으로써 종래의 21개 구가 26개 구로 늘어났고, 면적으로는 베를린보다 큰 나치 독일의 최대도시가 되었다. 그러나 수도의 기능을 베를린에 빼앗긴 나치 시대의 빈은 독일제국의 제2의 도시에 불과했다. 오스트마르크의 명칭도 - 지적했듯이 - 오스트리아를 연상시킨다 하여, 1942년 4월부터 알프스-도나우 제국관구(라이히스가우)로 변경되었다. 오스트리아를 삼킨 나치 독일은 이제 독일제국을 '대독일제국'이라 불렀다. 이 명칭은 공식적으로는 1943년에 발행된 우표에서 처음으로 사용되었다. 이렇게 '오스트리아'는 히틀러에 의해 철저히 해체되고, 지워졌다. 나치 시대의 지역명칭이 모두 폐기되고, 오스트리아가 1938년 3월 합병 이전의 행정시스템을 회복한 것은 1945년 5월 1일이었다. 종전이 될 때까지 오스트리아 시민은 독일제국 시민이 되어, 나치 독일의 역사를 공유해야 했고, 나치 독일 군대의 일원으로 연합군과 싸워야 했다. 이 과정에서 적지 않은 수의 오스트리아인들이 나치의 침략정책과 학살정책에 참여하게 되었다.

2) 나치의 박해와 대량학살

반체제 정치인들과 유대인에 대한 박해는 합병 직후부터 시작되었다. 1938년 3월 13일 합병 후 불과 수주일 내에 60,000여 명의 유대인이 바이에른의 다하우 수용소(KZ)로 강제 이송되었다. 오스트리아 경찰은 이제 나치 친위대 및 비밀경찰 총책 하인리히 힘러(1900-1945)의 지휘 하의 독일제국 경찰에 흡수되었다. 오스트리아 파시즘 정권이 - 돌푸스 수상과 슈쉬니크 수상 정부를 가리켜 파시즘 정부라 부르지만, 정확히 말하면 <5월 헌법>이 발효된 1934년 5월 1일부터 슈쉬니크 수상이 사임한 1938년 3월 11일까지의 정부가 파시즘 정부이다 - 공산당과 사회민주주의노동자당의 주요 인사들에 대한 상세한 사찰기록을 확보해 두었기 때문에, 그들을 체포하는 일은 점령국 독일에게 어려운 일이 아니었다. 사회민주주의노동자당 공동대표였으며 제1공화국 2대 외무장관 오토 바우어, 공화국방어동맹 사령관 율리우스 도이치, 빈 연방주 재정장관 후고 브라이트너(1873-1946) 등의 사회민주주의노동자당 지도부 인사들도 유대인이었지만, 그들은 1938년 이전에 이미 오스트리아를 떠났기 때문에, 화를 면할 수 있었다. 바우어와 도이치는 1934년 2월 폭동 직후 체코슬로바키아로, 브라이트너는 합병 직전 파리를 거쳐 미국으로 망명했다. 국가사회주의자들에 의해 희생된 최대 정치집단은 그들의 정적이었던 공산당과 사회민주주의노동자당이었지만, 기독교사회당과 조국전선 관련 정치인과 왕정주의자들도 강제노동수용소에 수감되었고, 많은 수감자들이 그곳에서 목숨을 잃었다.

마우트하우젠 강제수용소 시설이 완공되기 전 - 오스트리아의 첫 강제수용소인 마우트하우젠(린츠 동쪽 15km)은 1938년 11월부터 가동되었다 - 바이에른의 다하우 강제수용소에 수감된 오스트리아 정치인 중에는 조국전선(기독교사회당의 후속정당) 소속의 레오폴트 피글(1902-1965), 리하르트 슈미츠(1885-1954) 및 알폰스 고르바흐(1898-1972) 등이 포함되어 있었다. 1930년 슈쉬니크에 의해 창립된 준군사 조직 '오스트마르크 돌격대'의 니더외스터라이히 연방주 지부장 겸 농촌연맹의 당대표였던 피글은 1938년 3월 12일 검거되어, 4월 1일 다하우 수용소에 수감되었다. 그는 1943년 일시 석방되었으나, 1944년 다시 체포되었다가, 1945년 종전과 더불어 자유의 몸이 되었다. 기독교사회당/조국전선 출신 국회의원 슈미츠는 오스트리아 파시즘 정부에 의해 임명된 - 카를 자이츠(사회민주주의노동자당) 시장의 후임 - 빈 시장(1934-1938)이었고, 고르바흐는 검거되기 전 슈타이어마르크 연방주

정부 장관이었다. 종전 후 피글과 고르바흐는 각각 제2공화국에서 - 피글은 1945년부터 1953년까지, 고르바흐는 1961년부터 1964년까지 - 연방수상을 역임했다.

사회민주주의노동자당원 중에서 체포된 저명 정치인은 로베르트 단네베르크(1885-1942)와 카를 자이츠(1869-1950), 프란츠 올라(1910-2009)와 케테 라이히터(1895-1942) 등이 있었다. 빈 연방주정부 장관(후고 브라이트너의 후임 재정장관)이었던 단네베르크는 다하우와 부헨발트를 거쳐 1942년 아우슈비츠에서 살해되었고, 1923년부터 1934년까지 빈 시장을 역임한 자이츠는 합병 직후 체포되었지만, 다하우로 이송되지는 않았다. 그가 라벤스브뤼크 수용소(브란덴부르크)에 감금된 것은 <1944년 7월 20일 사건>(히틀러 암살기도)에 연루되었을 때였다. 종전 후 제2공화국에서 오스트리아 노조총연맹 총재 및 내무장관을 역임한 올라는 1934년 사회민주주의노동자당이 해체된 후, 이 정당의 지하조직인 혁명 사회주의자(RS)의 일원으로 암약하다가, 1938년 비밀경찰에 체포되어 다하우를 거쳐 부헨발트 수용소에서 종전을 맞이했다. 올라와 함께 혁명 사회주의자 및 자유노조 활동을 한 케테 라이히터는 1938년 체포되어 빈 형무소에 수감되었다가, 1940년 브란덴부르크의 라벤스브뤼크 강제수용소로 이감된 후, 1942년 3월 작센-안할트 주의 베른부르크 집단학살수용소에서 목숨을 빼앗겼다.

나치의 이데올로기에 동조하지 않은 학자, 작가, 예술가도 박해를 받았거나, 활동의 제한을 받았다. 히틀러가 집권한 직후 1933년 5월 10일 베를린의 오페라 광장(정식 명칭은 베벨 광장)에서 시작된 이른바 '금독작가'들의 저서 분서사건을 필두로 하여 20여개 도시에서 이른바 '금독도서'가 나치에 의해 분서되었다. '금독작가'로 분류된 지식인 중에는 수많은 오스트리아 유대인 작가들과 학자들도 포함되어 있었다. 몇몇 예를 들면, 정신분석학을 학문으로 정착시킨 지크문트 프로이트(1856-1939)를 위시하여 프란츠 베르펠(1890-1945), 에곤 에르빈 키쉬(1885-1948), 아르투어 슈니츨러(1862-1931), 슈테판 츠바이크(1881-1942) 같은 작가들이 그들이었다. 그들의 작품은 모두 금독도서 목록에 올랐고, 저술활동 및 출판이 오스트리아와 독일에서는 금지되었기 때문에, 그들은 국외 망명의 길을 선택해야 했다. 그 덕분에 그들은 히틀러 군대가 오스트리아에 진주한 1938년 3월 체포되는 불행은 피할 수 있었다.

1938년 합병 직후 정치적, 이념적으로 나치의 환영을 받지 못한 유대인 혈통의 예술가들과 지식인들은 유대인이라는 이유만으로 대거 강제수용소로 추방당했다. 희극배우 파울 모르간(1886-1938)은 1938년 3월 22일 다하우 수용소로 끌려간 후, 그 해 12월 부헨발트 집단학살수용소에서 폐렴으로 인해 사망한 것으로 발표되었고, 극작가로서 1931년부터 1934년 폐간될 때까지 사회민주주의노동자당 기관지 노동자신문의 컬럼니스트로 활약한 사회주의자 유라 조이퍼(1912-1939)는 부헨발트 수용소에서 병사했고, 카바레 작가이고 연출자이며 빈 궁정극장(부르크테아터) 배우로 활약한 프리츠 그륀바움(1880-1941)은 다하우 수용소에서 스스로 목숨을 버렸으며, 작곡가 프란츠 레하르(1870-1948)의 오페레타 대본 작가로 유명했던 프리츠 뢰너-베다(1883-1942)는 다하우 수용소와 부헨발트 수용소를 거쳐 아우슈비츠 학살수용소에서 살해당했다. 그들이 강제수용소로 추방된 것은 유대인의 혈통을 이어받았기 때문이었다.

뮌헨 북서쪽에 위치한 다하우 수용소를 방문하면 전시실 곳곳에 설치된 오디오 장치를 통해 <다하우의 노래>를 들을 수 있다. 다하우의 노래는 유라 조이퍼의 시에 빈 출신의 오스트리아 유대인 작곡가 헤르베르트 치퍼(1904-1997)가 곡을 부친 리트이다. 강제노동을 미화시키기 위해 강제수용소 정문 입구의 공중 간판에 내걸린, 정형화된 나치의 구호(요한복음 8장 32절에서 표절한 문구: "노동이 너희들을 자유롭게 하리라")를 반복구(후렴)로 사용한 다하우의 노래는 나치의 폭력성을 암시하고, 강제노동공동체의 고통을 호소하는 내용이다. 치퍼는 다하우 수용소에서 부헨발트 수용소로 이감되었고, 조이퍼는 1939년 2월 16일 26세를 일기로 티푸스에 감염되어 다하우 수용소에서 병사했다. 다하우의 노래는 다하우 수용소에 수감되었던 유대인들의 구전에 의해 후세에 전해졌다. 강제노동을 미화하고 학살현장으로 끌려가는 수감자들을 안심시키기 위한 목적으로 수용소마다 소가(所歌)를 만들어 부르게 하는 것이 당시 강제수용소의 관행이었다. 그 예가 1937년부터 1941년까지 부헨발트 강제수용소의 교도 대장을 역임한 아르투어 뢰들(1898-1945)의 명령에 의해 1938년 제작된 <부헨발트 행진곡>이었다. 이 행진곡은 뢰너-베다의 가사에 빈 출신의 작곡가 헤르만 레오폴디(1888-1959)가 곡을 부친 노래이었다. 레오폴디는 먼저 미국으로 이주한 아내와 처가 부모들의 신원보증과 몸값 지불로 석방되었고, <다하우의 노래>의 작곡가 헤르베르트 치퍼는 1939년 과테말라 비자를 근거로 삼아 몸값을 지불한 후 자유의 몸이 될 수 있었다. 그들의 방면은 인도적인 차원이 아니라, 수감자의 생사를 미끼로 삼은 수용소장의 치부수단의 일환이었다.

　작가로서, 문화철학자로서, 비평가로서 20세기 초 빈의 문학과 예술 일반에 큰 영향을 끼친 에곤 프리델(1878-1938)은 1938년 3월 16일 나치 친위대요원이 그를 연행하러 왔을 때, 빈 18구의 4층 자택에서 투신해 목숨을 끊었다. 1933년 이후 출판금지 작가로 분류된 프리델의 - 프리델도 유대인이었다 - 작품은 나치의 역사관에 반한다는 이유로 그가 자살하기 1년 전인 1937년 모두 압류되었다. 그의 대표저서는 <흑사병에서 1차 대전까지 유럽정신의 위기>라는 부제의 <근대문화사>였다. 지크문트 프로이트와 알프레트 아들러(1870-1937)에게 사사하여 두 스승에 이어 3세대 빈 학파로 분류되는, 실존분석과 로고테라피(의미요법)의 창시자인 유대계 오스트리아 정신의학자 빅토르 프랑클(1905-1997)은 가족과 함께 1942년 9월 25일 빈에서 테레지엔슈타트(체코의 테레진)의 유대인수용소로 추방된 후, 아우슈비츠와 튀르크하임(바이에른) 강제수용소를 거치면서도 살아남아, 1945년 4월 27일 미군에 의해 구출되었다. 그의 부친은 테레지엔슈타트에서 병사, 모친은 아우슈비츠에서 희생되었으며, 아내는 베르겐-벨젠 수용소(니더작센)에서 병사했다. 그의 실존분석과 로고테라피는 프랑클이 두 군데의 강제수용소를 거치면서 관찰한 체험적 연구결과였다. 그는 세기 전환기 '빈 모데르네'를 대표하는 작가 아르투어 슈니츨러와 20세기 오스트리아 문학의 거장 프리드리히 토르베르크(1908-1979)가 잠든 빈 국립묘지의 유대인묘역에 묻혀있다. 이미 1933년 이후 금독작가로 분류되어 독일과 오스트리아에서의 출판이 금지된 프리드리히 토르베르크는 1938년 3월 프라하, 취리히 및 파리를 경유하여 미국으로 망명했다가 1951년에 귀국했다. 문학의 여러 장르를 골고루 섭렵한 토르베르크의 작품은 19권의 낱권으로 발행된 전집의 형식으로 뮌헨의 랑엔뮐러 출판사에 의해 1962년부터 1991년 사이에 완간되었다. 유대인이 아니면서도 오스트리아를 떠나야 했던 사람들도 있었다. 일례를 들면, 히틀러가 집권한 1933년 유대인을 포함한 상당수의 나치 반대자들을 독일에서 오스트리아로 탈출시킨, 작곡가이며 지휘자인 로베르트 슈톨츠(1880-1975)는 1938년 오스트리아가 나치 독일에 합병되자, 그들의 박해를 피해 취리히와 파리를 경유하여 미국으로 망명했다가, 1946년 빈으로 귀환했다.

　1933년 이후 본색을 완전히 드러낸 나치 독일의 유대인 탄압정책은 1935년 9월 15일 뉘른베르크에 소집된 독일제국 의회에서 만장일치로 가결된 이른바 <뉘른베르크 법>에 - 뉘른베르크 법은 <제국시민법>과 <혈통보호법>으로 구성되어 있다 - 법률적 근거를 두었다. 뉘른베르크 법이 제정된 후 많은 오스트리아 유대인들이 오스트리아를 떠났다. 1941년까지 오스트리아를 떠난 그들의 수는 전체 유대인의 약 삼분의 이에 달한 130,000여 명이었으며, 그들은 강제수용소 행을 면할 수 있었다. 1938년부터 1941년까지의 기간에는 나치 친위대 산하에 '유대인 이민처'가 설치되어, 각종 명목의 세금과 수수료를 부과하여 재산을 헌납케 만든 후, 유대인들의 국외이주가 허용되었다. 1941년 10월 이후 취해진 유대인 이민금지 조치는 <유대인 문제 최종해결>(유대인 말살 계획)이 제국정책으로 확정되었기 때문이었다. <오스트리아 역사학자위원회>(1998년부터 2003년까지 활동한 과거사진상규명위원회)가 2003년 발간한 백서에 의하면 1938년도를 기준으로 오스트리아에는 약 201,000명 내지 214,000명의 유대인이 살고 있었고, 그들 중 약 180,000명은 수도 빈에 거주했다. 합병 직후 나치 당국은 관리상의 편의를 위해 빈 이외 지역의 유대인들을 모두 빈으로 강제 이주시켰다. '아리아화'라는 미명 하에 - 나치 시대의 용어인 '아리아안'은 비유대인 백색인종을 의미했다 - 자행된 유대인 소유재산 탈취 행위가 오스트리아에서는 이미 1938년부터 자행되었다. 나치 정권에 의해 적산(敵産)으로 규정된 유대인 재산의 취득은 세금이 면제되었기 때문에, 유대인 소유의 주택과 업체, 공장 따위의 인수를 둘러싸고 치열한 경쟁이 벌어졌다. 지금까지 이웃으로 함께 살던 오스트리아인들에 의해 고발당한 유대인의 수도 상당수에 달했다. 나치 당국의 수배를 받은 유대인이나, 반체제 인사들에게 은신처를 제공하거나, 도주를 방조하는 사람들에 대한 밀고도 성행했다. 그들이 저지른 만행은 인종이데올로기와는 무관하게 순전히 개인적인 이해관계 때문이었다. 유대인이라는 표찰을 목에 걸고 시민들에 의해 구타당하며 노상에 쓰인 파시즘 정부(5월 헌법이 제정된 1934년부터 1938년까지의 정권, 즉 돌푸스 수상과 슈쉬니크 수상 정부)시대의 각종 구호를 유대인 노인들이 칫솔로 닦아내는, 1938년 봄의 사진 따위에서 흔히 볼 수 있는, 합병 직후 유대인들에게 가해진 천인공노할 반인권적 만행은 독일의 침략자들이 아닌, 나치의 사주를 받은 분별없는 오스트리아 시민들에 의해 저질러진 범죄였다.

'아리아화'를 촉진시킨, 유대인 집단 살육 사건이 합병 당년인 1938년 11월 9일 밤과 10일 새벽 사이에 오스트리아를 포함한 독일제국 전역에서 동시다발적으로 발생했다. 시민들의 자발적인 대 유대인 적대감정의 표출로 위장되었지만, 그것은 독일제국 선전장관 요제프 괴벨스(1897-1945)의 지령에 의해 철저히 사전 기획된 사건이었다. 사건의 동기는 헤르셸 그린스판(1921-1938)이라는 17세의 폴란드 유대인 소년이 1938년 11월 9일 파리 주재 독일 대사관 서기관 에른스트 폼 라트(1909-1938)를 암살한 사건이었다. 그린스판이 살인을 저지른 이유는 히틀러 정권에 의해 1938년

10월 추방된 17,000여 독일 거주 폴란드 유대인들 중에 자신의 양친이 포함된 데 대한 개인적인 원한에서 비롯되었다. 그럼에도 불구하고 히틀러와 괴벨스는 이 사건이 국제유대인조직의 배후조종에 의해 저질러진 계획적인 사건으로 둔갑시켜, 관제 테러를 유도한 후, 독일 국민들의 자발적인 유대인 응징이 일어난 것으로 사건의 성격을 조작한 것이었다. 유대인 습격에 참가한 폭도들은 조직적으로 동원된 나치당원과 나치 돌격대(SS) 요원들이었다. 1,400여 개소의 유대인 교회(시나고그)가 폭도들의 방화로 소실되고, 7,000여 유대인 상점과 29개의 백화점, 부지기수의 유대인 소유의 개인주택과 학교와 공장건물이 파괴되고, 심지어 유대인 공동체 전용 묘지까지 그들에 의해 훼손되었다. 재산을 지키기 위해 난동을 막으려한 유대인 수백 명이 상해를 입었으며, 91명이 폭도들에 의해 살해되었다. 30,000명 이상의 유대인들이 체포되어 부헨발트와 다하우와 작센하우젠의 강제수용소로 추방되었다. 이 과정에서 발생한 경제적 손실은 오스트리아 유대인을 포함한 독일제국의 유대인들이 배상해야 했으며, 라트의 사망에 대한 배상금 12억 5,000만 마르크도 유대인 교구가 떠안아야 했다. 1938년 11월의 유대인 학살이 <제국 수정의 밤>이라 역사에 기록된 이유는 폭도들에 의해 파괴된 베를린의 한 유대인 백화점 창문의 유리 파편이 불빛에 번쩍인 데서 유래했다.

오스트리아가 나치 독일에 합병된 해에 자행된 <제국 수정의 밤>(1938년 11월 9/10일)의 대학살은 체계적인 유대인 박해의 시발점이 되었다. 오스트리아에서도 이 날 밤 빈을 위시해, 클라겐푸르트, 린츠, 그라츠, 잘츠부르크, 인스부르크 등의 연방주 수도 뿐 아니라, 니더외스터라이히의 여러 도시들과 농촌지역에서도 유대인에 대한 테러가 발생했다. 농촌지역에서는 나치 돌격대가, 도시지역에서는 나치 친위대가 직접 테러에 개입했다. 살해된 유대인 91명 중 27명은 오스트리아 유대인이었다. 약 6,500명의 오스트리아 유대인들이 체포되어, 그 중 절반은 강제수용소로 - 주로 다하우로 - 추방되었다. 소규모 기도소를 포함해 130개소 이상의 시나고그(유대인교회)가 폭도들에 의해 방화로 소실되거나 파괴되었다. 빈 제1구 자이텐슈테텐가세에 위치한, 당대의 유명한 건축가 요제프 코른호이젤(1782-1860)의 설계에 따라 비더마이어 양식으로 건축된 오스트리아 최대의 시나고그 한 곳만이 불행 중 다행으로 내부는 크게 훼손되었지만, 교회의 외형은 그대로 보전되었다. 이 시나고그는 도심의 상가 밀집지역에 위치했기 때문에, 방화를 면할 수 있었던 것이다. 11월 학살(제국 수정의 밤)은 곧 진행될 나치의 유대인 대량학살(홀로코스트)의 전주곡에 불과했다. 합병 1년 후 빈에 남은 유대인은 113,000여 명이었다. 1940년 이후부터 이들 대부분은 오스트리아에서 지리적으로 가까운 - 마우트하우젠 수용소에는 유대인보다는 정치범들이 주로 수용되었다 - 테레지엔슈타트(체코의 테레진) 수용소나 독일군이 점령한 폴란드의 강제수용소로 추방되었다. 2차 대전 중 강제수용소에서 학살된 것으로 확인된 오스트리아 국적의 유대인 총수는 약 65,500명이었다.

나치 시대의 인종정책과 유대인배척운동은 1938년 '오스트마르크'(오스트리아)에서도 완벽하게 작동되었다. <뉘른베르크 법>(1935)이 오스트리아 유대인에게도 적용되었기 때문이었다. 뉘른베르크 법이 발효되면서부터 유대인들은 비유대계 시민('아리아인')과의 - '아리아인', '아리아화' 따위는 어원을 무시한 나치 시대의 용어였다 - 동등권을 상실했다. 유대계 조상을 가지지 않은 시민들은 이를 증명할 신분증('아리아인 증명서)을 보유해야 했고, 유대인의 경우는 뉘른베르크 법에 포함된 <혈통보호법>에 따라 '순혈유대인', '반유대인', '사분의일유대인' 따위로 분류되었다. 유대인인지를 결정하는 기준은 종교가 아니라 혈통이었다. 수 세대 전의 조상들이 이미 기독교로 개종한 유대인들도 뉘른베르크 법이 정한 분류도식을 따르면 '비아리아인', 즉 유대인으로 간주되었다. 뉘른베르크 법은 유대인과 비유대인, 나치용어를 사용하면 '비아리아인'과 '아리아인' 간의 결혼은 물론이고, 성적인 관계까지 금지했으며, 유대인은 모든 공직에서 배제되었다. '아리아인'이 유대인, 즉 '비아리아인'과 혼인관계에 있을 경우, 그 혼인은 조건 없이 취소될 수 있었다. 불복하는 자는 '아리아인'이라 하더라도, 뉘른베르크 법의 적용대상이 되었다.

합병 후 수개월 만에 오스트리아의 모든 기관과 제도는 뉘른베르크 법의 취지대로 '정화'되었다. 유대인 혈통을 이어받은 공무원, 교사 및 대학교수들이 직장과 학교에서 쫓겨났다. 유대인 혈통의 개업의들도 처음에는 '아리아인'의 진료만 금지되었다가, 유대인에게까지 금지 대상이 확대되었기 때문에, 결국 의원 문을 닫아야 했다. 모든 유대인은 자신의 이름 앞에 유대인임을 쉽게 식별할 수 있는 또 하나의 이름을 - 예를 들면, 요제프 도이치는 이스라엘 요제프 도이치로, 요한나 도이치는 사라 요한나 도이치 따위로 - 명기해야 했다. 그들에게는 여권 소지가 허용되지 않아서, 정상적인 국외여행이 원천적으로 불가능했다. 유대인에게는 공공기관의 출입은 물론이고, 박물관이나 영화관 같은 공공장소의 방문도 금지되고, 대중교통수단의 이용도 허용되지 않았다. 고등교육을 받을 수 있는 권리도 박탈되었다. 유대인의 재산은 체계적으로 '아리아화', 다시 말해 몰수되었다. 제2차 대전 발발 시까지 이민을 떠나지 못한 유대인들은 이제 모든 위험을 감수하지 않으면 출국이 원천적으로 어려워졌다.

<제국 수정의 밤> 사건이 발생한 후, <뉘른베르크 법>을 보완 강화하기 위한 부속법들이 속속 제정되었다. 1938년 당시 약 2십만 명이었던 오스트리아 유대인이 이와 같은 조처들에 의해 대량 희생되었다. 그러나 정확한 유대인 수는 파악이 불가능했다. 합스부르크 제국과 제1공화국 시기에는 혈통이 아닌, 소속 교구에 따라 유대인 여부가 결정되었기 때문이었다. 뉘른베르크 법의 기준을 따른 오스트리아 유대인의 수에 대한 정확한 통계는 찾을 수가 없지만, 1939년에만 해도 약 십만 여 명의 유대인들이 빈에 남아있었으며, 그 중 '순혈유대인'이 약 9만 명, '혼혈유대인'이 약 2만 명이었다고 하는데, 그들은 전쟁을 거치면서 거의 모두 희생되었다. 합병 이듬해인 1939년부터 나치의 반유대인 정책은 더

욱 강화되었다. 특히 독일군의 폴란드 점령지역 유대인들은 - 오스트리아의 경우 전국에 산재한 유대인을 빈에 집결시킨 것처럼 - 일단 게토에 강제로 격리된 후, 체포되어 학살당했다. 이와 같은 만행에 나치는 점령지의 민병대도 동원했다. 러시아 유대인 학살에는 독일군 정규군과 나치 친위대가 직접 관여했다.

유대인 대량학살이 나치 정권의 유대인 문제 해결의 목표로 굳어진 것은 나치 친위대(SS)와 정보부(SD)와 보안경찰(Sipo)을 동시에 장악한 라인하르트 하이드리히(1904-1942)가 히틀러로부터 이른바 '유럽 유대인 문제 최종해결'의 임무를 부여받고 난 후였다. 1942년 1월 20일 하이드리히의 주재로 개최된 베를린의 <반제 회의>(반제 호수 옆 인터폴 독일지부에서 하이드리히가 주재한 회의)에서 '최종해결'(대량학살을 통한 유대민족절멸정책)을 실행하기 위한 범 부처 간 협력체계가 완성되었다. '최종해결'이 정책으로 결정되기 전에 이미 5십만 명의 유대인이 - 주로 폴란드와 러시아 유대인 - 학살되었다. 반제 회의 이후 1945년 전쟁이 끝날 때까지 약 5백만 명의 유대인이 아우슈비츠, 헤움노, 벨제크, 소비부르, 트레브링카 등, 주로 폴란드에 소재한 대규모 집단학살수용소에서 나치 정권에 의해 희생되었다. 아우슈비츠를 제외한 상기 4개 집단학살수용소는 1941과 1942년 사이 하이드리히가 주도하여 애초부터 '집단학살공장'으로 건립되었고, 주로 폴란드 유대인들이 그곳에서 희생되었다. 1940년 건립된 아우슈비츠 수용소는 처음에는 강제노동수용소로 지어졌지만, 1941년 이후 집단학살수용소의 기능을 동시에 수행했다. 1941년 12월에 완공된 루블린의 마이다네크 강제노동수용소도 1942년 반제 회의 이후 집단학살수용소로서 악명을 떨쳤다. 헤움노에서 152,000명, 벨제크에서 600,000명, 소비부르에서 250,000명, 트레브링카에서 974,000명, 마이다네크에서 600,000명 내지 800,000명, 아우슈비츠에서 1,000,000명 이상의 유대인들이 학살되었다. 이들의 죽음에 책임이 있는 하이드리히는 1942년 5월 27일 영국에서 훈련받은 체코 저항세력의 폭탄공격을 받아 6월 4일 프라하에서 사망했다.

만약 그가 살았더라면, 4년 후인 1946년 뉘른베르크 전범재판에서 유죄 판결을 받았을 것이다.

오스트리아에도 강제노동수용소가 건립되었는데, 그 중에서 가장 규모가 컸던 것은 에벤제, 멜크, 구젠 등 49개의 지소를 거느린 마우트하우젠 수용소였다. 헤르만 괴링 휘하 나치 친위대가 1938년 위장 설립한 회사가 마우트하우젠의 채석장을 인수하여 그곳에 강제노동수용소를 짓고, 수감자들을 동원하여 채석작업을 강행했다. 국가사회주의의 여러 정책들이 그러했듯이 외견상으로는 린츠 시 확장공사에 사용될 화강암 채취 등의 명목을 내세운, 합법을 가장한 회사였다. 마우트하우젠 수용소의 수감자들은 유대인보다는 나치에 의해 반체제인사로 낙인찍혀 유럽 전역에서 체포된 저항지식인들의 수가 더 많았다. 가스나 독극물 주입에 의한 학살이 아니더라도 원천적으로 열악한 마우트하우젠의 생존환경과 작업조건들로 인해서 많은 수감자가 희생되었다. 그러나 49개 마우타우젠 지소 중에서 슐로스 하르트하임(린츠 서쪽 알코벤 소재) 주립병원은 - 하르트하임 성은 현존하는 오스트리아의 가장 아름다운 르네상스 양식의 건축물에 속한다 - 안락사 시술로 악명을 떨친 비밀 집단학살수용소였다. 전쟁이 말기에 접어들면서 당초에는 강제노동수용소의 목적으로 건립된 마우트하우젠도 집단학살수용소로 변모했다. 1938년 수용소 건립 시부터 종전될 때까지 - 49개 지소를 제외하고 - 마우트하우젠 수용소에서만 110,000명 이상이 학살당했다. 강제노동에 동원된 총인원이 206,000명이었으니까 절반 이상이 그곳에서 희생된 것이었다. 국가사회주의의 과거 만행을 상기시키기 위해 기념박물관으로 전환된 마우트하우젠 수용소는 1947년 이후 오스트리아 공화국의 정체성 회복에 기여하고 있다.

국가사회주의 체제하에서 가장 큰 고통을 겪고, 가장 많은 희생자를 낸 민족은 유대 민족이었지만, 다른 피박해 집단의 존재를 망각해서는 안 될 것이다. 유대 민족 다음으로 집단학살과 강제불임시술 같은 천인공노할 나치 정권의 만행에 노출된 민족은 집시 민족이었다. 나치의 인종이데올로기에 의하면 그들 역시 "독일의 혈통과 독일의 명예를 보호하기 위한 법률"(뉘른베르크 법)의 적용 대상이었다. 주로 부르겐란트 연방주에 집단으로 거주한 오스트리아의 집시 민족을 관리하기 위해 부르겐란트의 작은 마을 락켄바흐에 집시 수용소가 건립되었고, 수감된 집시는 강제노동에 동원되었다. 1941년 11월 초 5,000여 명의 집시들이 가축운반용 트럭에 실려 폴란드의 우치(우츠키에 주의 수도)의 게토로 추방되었다. 우치 게토에 수용된 집시들은 대부분은 부르겐란트 집시들이었고, 그들 중 절반 이상은 어린이들이었다. 발진티푸스가 창궐하여 수많은 집시들이 사망하고, 살아남은 자들은 1942년 1월 '학살공장'이 가동된 쿨름호프(폴란드의 헤움노) 집단학살수용소에서 모두 살해되었다. 우치 게토로 추방된 집시 중 단 한 명도 귀환하지 못했다. 그들은 모두 티푸스로 죽었거나, 헤움노에서 학살당했다. 오스트리아 집시 약 11,000명 중 70퍼센트 이상이 나치에 의해 살해되었다. 나치 정권에 의한 집시 학살은 유대인 학살에 비해 세상에 덜 알려졌을 뿐 아니라, 이들에 대해서는 전혀 배상이 이루어지지 않았다. 오스트리아에 거주하는 집시들이 정부에 의해 소수민족 집단으로 인정을 받은 것도 1993년이었다.

종교인들도 나치 정권의 요시찰 대상이었다. 전통적인 주류 종교인 가톨릭교와 개신교는 원칙적으로 박해의 대상에서 제외되었지만, 해외에서 유입된 신흥소수종교단체(여호와의 증인과 퀘이커 교도)의 경우는 그 반대였다. 그들은 병역거부자로서 유죄판결을 받았고, 그들의 자녀들은 양육권이 박탈되어 부모들로부터 격리되었다. 오스트리아의 개신교회는 처음부터 유보조건 없이 나치 독일의 오스트리아 합병을 환영했기 때문에, 나치 정권과의 마찰은 거의 없었다. 공개적으로 반체제 발언을 하거나, 저항 운동에 참여하거나, 수배자들을 은닉시킨 성직자는 위험에 노출되었고, 그들 대부분은 가톨릭 사제들이었다. 제카우(잘츠부르크 주) 교구의 페르디난트 스타니슬라우스 파블리코프스키(1877-1956) 주교는 독일제국을 통틀어 신부로서는 처음으로 국가사회주의를 거부한 죄로 1938년 3월 13일 합병 당일 체포되었다가, 바티칸의 개입으로 석방되었다. 1938년부터 1945년 종전될 때가지 총 724명의 오스트리아 신부가 체포되었고, 그 중 20명이 옥사했거나, 사형을 선고받고 처형되었다. 300명 이상이 국외로 추방되었고, 1,500명 이상은 설교 및 강론이 금지되었다. 가톨릭교회는 특히 청소년 사업에서 활동을 크게 제한받았다. 가톨릭 학교는 폐쇄되고, 청소년을 위한 목회는 금지되었다. 188개 수도원 및 수녀원, 1,400개 이상의 사립 가톨릭 학교, 기숙사 및 기타 교육기관이 폐쇄되고, 교회재산이 압류되었으며, 종교기금(요제프 2세 황제의 개혁으로 폐쇄된 수도원의 재산으로 조성된 국가기금) 제도도 폐지되었다. 빈 근교 클로스터노이부르크의 아우구스티누스파 성당참사회 종교재단은 해산되어 '아돌프 히틀러 학교'(1937년부터 1943년 사이에 세워진 나치 후계자 양성학교)가 되었다.

나치 정권의 또 다른 피박해 집단은 장애자들이었다. <뉘른베르크 법>에 규정된 '무가치한 생명의 제거'를 위한 프로그램에 의해 육체적, 정신적 장애를 가진 사람들이 - 성인 뿐 아니라, 유아를 포함한 미성년자까지도 - 체계적으로 제거되었다. 오스트리아 국내에 소재한 장애자 학살수용소는 린츠 근교 알코벤의 슐로스 하르트하임 병원과 빈 제14구의 슈피겔그룬트(나치 시대의 지명, 지금은 '바움가르트너 회에' 즉 '바움가르텐 언덕'이라 불림)에 소재한 소아전문병원이었다. 독극물 주입 등의 생물학적 실험을 자행한 슐로스 하르트하임 병원은 가스실과 화장 시설까지 갖춘, 병원으로 위장한 집단학살수용소였다. 이곳에서 살해된 장애자는 약 3십만 명의 성인이었다. 1907년 정신병원으로 문을 연 바움가르텐 병원 단지의 일부 시설을 빌려 '빈 시립 치료교육전문병원'이라는 이름으로 정체성을 위장한 '슈피겔그룬트 클리닉'은 미성년 장애자를 비밀리에 안락사 시킨 것으로 악명을 떨친 학살수용소였다.

정신병원 외에도 폐질환 전문병원과 정형외과 전문병원 등을 포함하는 빈의 '바움가르텐 종합병원'은 현재 유럽의 유수한 종합병원 중의 하나이다. 1940년부터 1945년 사이에 살해된 800명에 육박하는 어린이와 청소년의 유해가 2002년 4월 그곳에서 발견되어, 빈 국립묘지에 안장되었다. 1907년 개원한 정신병원과 그 부속교회(슈타인호프 교회)는 오토 바그너(1841-1918)에 의해 건축되었기 때문에, 바움가르텐 병원은 '오토 바그너 종합병원'이라고도 불린다. 유겐트슈틸 양식으로 설계된 슈타인호프 교회(바움가르텐 병원 부속 교회) 건물은 - 이 교회의 정식 명칭은 1485년 성인 품위에 오른 바벤베르크 왕가의 6대 군주 레오폴트 3세(재위: 1095-1136)의 이름을 딴 '성 레오폴트 교회'이다 - 1897년 요제프 마리아 올브리히(1867-1908)에 의해 건축된 빈 제4구의 분리파예술 전시관(제체시온) 다음으로 유명한 분리파예술(유겐트슈틸) 양식의 기념비적 건축물이다. 티파니 양식의 교회창문의 유리 모자이크는 <빈 공방> 창립자 중의 한 사람인 콜로만 모저(1868-1918)의 작품이다.

동성애자도 <뉘른베르크 법>의 희생자들이었다. 반사회적 인물로 간주된 동성애자들은 강제수용소로 추방되어, 그곳에서 특별 관리되었다. 그들은 유대인 수감자와 구분하기 위해 핑크색 표찰을 패용했으며, 수감자들을 감시하는 '카포'의 임무를 부여받은 경우가 많았다. 1938년 이전에는 남성 간 동성애만 처벌 대상이었던 독일과 달리, 오스트리아에서는 여성 간의 동성애도 금지했다. 이 규정은 합병 후에도 유지되어 '오스트마르크'(오스트리아)에서는 레즈비언도 강제 추방되었다.

집단학살의 비극은 돌이킬 수 없는 문화적 자산의 손실을 초래했다. 양차 대전 사이 기간의 오스트리아 문화를 관찰해 보면 정치적 좌경화의 입장을 취한 지식인과 예술가들이 특별한 역할을 했음을 확인할 수 있다. 그러나 그들은 모두 나치 정권의 공적이었기 때문에, 나치의 박해를 피해 오스트리아를 떠나야 했다. 정신분석학 창시자 지크문트 프로이트와 1934년 빈에서 <탐구의 논리>를 쓴 철학자 카를 포퍼(1902-1994)는 런던에서 돌아오지 않았고, 소설과 희곡을 주로 쓴 프란츠 베르펠은 미국 시민이 되었으며, 브라질을 최종 망명지로 택한 슈테판 츠바이크는 리우데자네이루에서 목숨을 스스로 버렸다. 작곡가 아르놀트 쇤베르크

(1874-1951)는 로스엔젤리스에서, 화가 막스 오펜하이머(1885-1954)는 뉴욕에서 활동했다. 빈 모데르네(모더니즘)를 대표하는 화가 오스카 코코쉬카(1886-1980)는 1938년 이후 영국에서, 1953년 이후 스위스에서 활동했다. 상기 언급한 망명 지식인들은 모두 오스트리아 유대인이었고, 새로운 고향에서 돌아오지 않은 공통점을 가지고 있다. 문화의 단절 현상은 치유되지 않았다. 나치의 오스트리아 지배는 7년으로 끝이 났지만, 나치의 박해를 피해 오스트리아를 떠난 이주자들과 망명자들은 귀환하지 않았다. 그들의 귀국을 지원하려는 오스트리아 정부의 의지 또한 적극적이지 않았다. 1951년 미국에서 돌아온 소설가 프리드리히 토르베르크는 몇 안 되는 귀환자 중의 한 사람이었다. 슈테판 츠바이크의 자전적 소설 <어제의 세상>(1942)과 더불어 '옛 유럽'은 20세기 후반의 오스트리아 문화 속으로 생환하지 못하고, 어제의 세상에 머물러 버렸다.

3) 오스트리아의 저항 사례

점령국 독일은 합병 이전에 이미 오스트리아 정부의 핵심 부처 장관과 - 내무장관과 국방장관 - 육군참모총장을 나치 요원으로 경질케 함으로써 오스트리아의 경찰과 군대를 먼저 장악하고 난 후 행정부를 인수했기 때문에, 파시즘 정권(돌푸스 및 슈쉬니크 수상 정부)의 감시를 받은 좌파 진영(사회민주주의노동자당과 공산당)은 물론이고, 오스트리아 파시스트들의 소재까지 신속하게 파악하여 정치적 저항의 단초를 조기에 제거할 수 있었다. 합병 직후 첫 번째 검거 선풍이 지나간 후, 공산당과 사회민주주의노동자당 계열의 저항세력은 중앙조직을 해체하고, 소규모 지역단위로 체제를 전환하여 나치의 추적을 피해갔다. 저항에 참여하여 체포된 반체제 조직 인사들과 처형된 사람들의 수로 비교해 보면, 나치 정권은 오스트리아의 파시즘 정권과는 비교할 수 없을 만큼 가혹했다. 오스트리아 저항운동기록보존소의 자료에 의하면 1938년부터 1945년까지 활약한 오스트리아 저항세력의 총수는 약 십만 명 정도였으며, 그 중 반나치 활동으로 희생되었거나, 처형된 오스트리아인의 수는 2,700여 명이었다. 처형 방법과 처형 이후의 처리 과정도 비인도적이었다. 1,184명은 단두대에서 참형을 당했고, 나머지는 빈 제22구 카그란 소재 군사격장에서 처형되었다. 빈 대학 해부학 연구소에 실험용으로 제공된 희생자의 시신과 체내기관은 종전 후에야 수습되어 빈 국립묘지에 안장될 수 있었다. 1938년 나치 독일이 오스트리아를 합병한 후 취한 첫 조치 중의 하나가 7월 쿠데타 (1934년의 돌푸스 정권 전복기도)에 연루되어 오스트리아 파시즘 정권에 의해 처형된 나치 당원 추모비를 건립한 것과 반체제 인사를 처형하기 위해 단두대 처형장을 신설한 것이었다.

정치권에서 가장 강력하게 저항한 쪽은 2천여 명이 목숨을 잃은 오스트리아 공산당이었다. 공산주의자들이 주도한 5개 대대 정도의 무장유격대가 유고슬라비아에서 나치에 저항했고, 슈타이어마르크와 케른텐 연방주에서도 빨치산 조직이 결성되었다. 사회주의자들은 유사시를 대비해 중앙조직을 해산하고 지하활동을 했다. 기독교사회당 후속 정당인 조국전선과 향토방위대 출신의 파시스트 및 왕정지지파도 저항조직을 결성했고, 가톨릭교회도 저항에 참여했다. 오스트리아 저항단체의 목표는 나치 정권의 극복과 오스트리아의 독립이었다. 유럽의 다른 국가들과는 달리 오스트리아 저항단체의 저항수단이 주로 선전전이나 저항 조직의 편성 등 정치적인 영역에 머물렀던 이유는 나치의 국내 장악력이 유럽의 여타 국가에서보다 상대적으로 강력했기 때문이었을 것이다. 무장저항단체의 수는 소수였고, 그들은 주로 1942년 이후에 활동했다. 정파와 무관하게 초당적 저항운동을 펼친 단체 중 가장 유명한 조직은 1943년 <모스크바 선언> 이후 등장한 <05>(눌륀프/제로파이브/영오)였다.

05는 오스트리아 최초의 저항단체 <오스트리아 자유운동>이 1940년 해산된 후 결성된 저항조직이었다. 숫자 영(제로)이 암시하는 알파벳 오(O)

와 다섯 번째 알파벳(E)을 가리키는 숫자 5가 결합하여 만들어진 <05>는 외스터라이히(오스트리아)의 이니셜 '외'(Ö=OE)를 가리키는 암호이기도 했다. 05는 정치적 이념을 초월한, 자유 오스트리아를 탈환하기 위한 공동투쟁의 상징이었다. 슈테판 교회는 - 슈테판 교회의 위치는 빈의 도로원표이다 - 교회 외벽에 낙서처럼 음각된 나치 시대의 오스트리아 레지스탕스가 사용한 이 암호의 흔적을 지우지 않았다. 이 단체(05)를 주도한 세력은 상류층 시민계급과 귀족계급 출신의 후예들이었다. 1944년과 1945년 사이에 활동한, 이 단체의 결성에 가장 중요한 역할을 한 인물은 오토 몰덴(1918-2002)과 프리츠 몰덴(1924-) 형제였다. <노이에 프라이에 프레세>(1848년 창간된 일간지로서 <디 프레세>지의 전신)의 책임편집인 에른스트 몰덴(1886-1953)이 그들의 부친이었고, 모친 파울라 폰 프레라도비츠(1887-1951)는 오스트리아의 국가를 작시한 시인이었다. 1944년부터 몰덴 형제는 05와 OSS(미국 전략사무국)의 베른 소재 유럽지부 간의 연락책 역할을 수행했다. 그 공로로 프리츠 몰덴은 1947년 - 2차 대전 공로자를 위해 트루먼 대통령에 의해 1945년 제정된 - 자유훈장을 수여받았다.

기독교사회당의 후속 정당인 조국전선의 선전부장을 역임한 한스 지도니우스 베커(1895-1948)도 05의 결성에 기여한 사람이었다. 그는 1934년 이후 국가사회주의(나치즘)에 저항한 정치인으로서 1938년 다하우 수용소를 거쳐 마우트하우젠으로 이송되어 1939년 그곳에서 일단 석방되었으나, 비밀경찰의 끊임없는 추적을 받아, 1945년 초 재수감 된 후 미군에 의해 마우트하우젠 수용소에서 구출되었다. 베커는 전후 브라질 총영사, 칠레 대리대사를 역임했다. 전후 외교관으로 활약한 엠마누엘 트로이(1915-1976, 1974년 이후 빈 외교아카데미 원장)도 몰덴 형제처럼 나치의 추적을 피하기 위해 스위스를 본거지로 하여, 국경을 넘나들면서 반 나치 정치투쟁을 전개했다. 스위스에서 오스트리아 대학생연합을 결성한 트로이는 05와 타 저항단체들 간의 연결고리 역할을 했다. 평화조약을 체결할 때 오스트리아가 주권국가로서의 국제법적 지위를 확보할 수 있도록 OSS의 지원을 받아 연합국 측과 협상의 물고를 튼 이가 엠마누엘 트로이였고, 실무협상을 실제로 진행시킨 주체가 프리츠 몰덴이었다. 후일 오스트리아 연방대통령이 된 사민당 정치지도자 아돌프 셰르프(1890-1965, 대통령: 1957-1965)도 05의 구성원이었다. 05는 다른 저항조직, 특히 카를 소콜(1915-2004) 소령에 의해 오스트리아 출신 장병들로 조직된 나치 군부 내의 저항세력 및 <티롤 저항운동>과 협력했다. <티롤 저항운동>은 미군 진주 직전인 1945년 5월 2일 인스부르크의 독일군 병영, 경찰서 및 방송국을 장악하여, 경찰서장과 티롤 주둔 독일군사령관을 체포한 후, 5월 3일 도시 전체를 나치의 지배로부터 해방시킨 저항단체였다. 티롤 저항운동을 지휘한 사람은 전후 첫 번째 티롤 연방주지사에 선출된 인스부르크 토박이 정치가 카를 그루버(1909-1995)이었다.

1943년 10월 30일 모스크바에서 개최된 삼상회의(미국, 영국, 소련 3국 외무장관회의)는 나치 독일의 오스트리아 합병을 무효화하고, 나치 정권의 첫 희생양이 된 오스트리아의 독립을 보장했다. 동시에 3국 외무장관은 나치 독일의 전쟁범죄에 가담한 오스트리아의 책임을 적시하고, 오스트리아의 독립을 최종 결정함에 있어 오스트리아의 자구 노력이 변수가 될 것임을 강조함으로써, 오스트리아의 저항을 촉구하고 오스트리아의 미래의 지위와 오스트리아 저항세력의 투쟁을 연계시켰다. 바로 이 대목에서 <05>와 <티롤 저항운동>이 모스크바 선언이 있은 다음 해인 1944년에 결성되어, 종전 직전 시기에 특히 활발한 투쟁을 전개한 이유가 설명될 수 있을 것이다. 05는 나치 독일이 패망한 후의 오스트리아의 국제법적 지위에 관련한 논의를 OSS 유럽지국과 활발히 진척시킴으로써 오스트리아의 주권회복에 크게 기여한 것으로 판단된다. 프리츠 몰덴이 전후 트루먼 대통령으로부터 자유훈장을 수여받고, OSS 유럽지국장 출신의 미국 CIA 초대국장 앨런 덜레스(1893-1969)의 딸(조안 덜레스)과 1948년 결혼한 사실 등이 몰덴의 전전 역할을 유추하는데 도움이 될 것이다. 희생자 수와 비교하면 오스트리아 저항세력의 실제 투쟁성과는 미미했다. 그러나 오스트리아가 훗날 점령국들(소련, 미국, 영국, 프랑스)과 체결한 <오스트리아 국가조약>(1955년 10월 26일)에서 주권국가로서의 독립을 쟁취하는데 그들의 활약이 정치적 영향력을 행사한 것은 확실했다. 그리고 전쟁책임론과 관련해서도 오스트리아의 정체성 확립에 기여한 이들 저항단체들의 공로는 과소평가되어서는 안 될 것이다. 나치의 지배에 항거한 집단적 민중봉기가 오스트리아에서 일어날 수 없었던 것은 독일의 경우도 마찬가지였다.

독일군 내부에서 발생한 반체제 저항운동 중에서 오스트리아 출신 장교들이 주도적으로 참여한 사건이 있었다. 독일국방군 정보사령부(사령관: 빌헬름 카나리스 제독) 2국장 에르빈 라호우젠(1897-1955) 대령은 히틀러의 방문이 예정된 동부전선(러시아의 스몰렌스크)에 시한폭탄을 반입시켜, 1943년 3월 13일 헤니히 폰 트레스코(1901-1944) 소장과 파비안 폰 슐라브렌도르프(1907-1981) 중령으로 하여금 히틀러가 탑승할 항공기 안에 이 폭탄을 설치케 했다. 그러나 시한장치는 작동하지 않았다. 트레스코 소장은 1944년 7월 21일, 카나리스 제독은 1945년 4월 9일 처형되었고, 슐라브렌도르프는 다하우 강제수용소에서 미군에 의해 구출되었다. 라호우젠은 사건 직후 자원하여 동부전선의 연대장으로 전출되어, 1944년 7월 19일 전투지휘소를 명중시킨 포탄에 중상을 입은 후, 제1급 철십자훈장 및 일계급 특진(소장)과 동시에 예편되었다. 전투부대를 자원하여 의심을 피할 수 있었기 때문에, 히틀러 암살미수사건을 주도한 그의 전력은 발각되지 않았다. 전후 미국군의 포로가 된 에르빈 라호우젠은 공범증인의 자격으로 뉘른베르크 전범재판정에 출두하여 독일군의 폴란드 침공, 나치 친위대 및 동부전선 후방의 특수임무부대가 자행한 유대인 학살, 소련군 포로에 자행된 독일군의 비인도적 처사, 정보사령부에 하달된 히틀러의 학살명령 등을 그가 작성한 근무일지에 의거 상세히 진술한 바 있다. 라호우젠의 증언은 독일군의 소련 침공(1941년 6월 22일)이 예방전쟁이었다는 나치의 주장을 반박한 결정적인 증거로 채택되었고, 동시에 2차 대전의 성격을 침략전쟁으로 규정하는 데 크게 기여했다. 정보사령부 2국장 라호우젠의 일지는 현재 워싱턴의 국립기록보존소에 보존되어 있다. 빈 태생의 라호우젠은 전상의 후유증으로 1955년 인스부르크에서 사망했다.

클라우스 솅크 폰 슈타우펜베르크(1907-1944) 대령이 주도한 히틀러 암살미수사건에도 - <1944년 7월 20일 사건>으로 역사에 기록된 이 사건은 <발퀴레 작전. 슈타우펜베르크 대령의 거사>라는 제목으로 2004년 영화화되어 큰 반향을 불러일으켰다 - 오스트리아 출신 장교들이 참여했는데, 인스부르크 출신의 독일국방군 참모부 소속 로베르트 베르나르디스(1908-1944) 중령, 독일군 제17 군관구(빈 관구) 참모 하인리히 코드레(1899-1977) 대령과 카를 소콜(1915-2004) 소령 등 3명이 그들이었다. 코드레와 소콜은 빈 출신이었다. 베르나르디스 중령은 1944년 8월 8일 베를린 특별재판소(폴크스게리히츠호프)에서 사형선고를 받아, 당지에서 처형되었고, 코드레 대령은 마우트하우젠 수용소에서 종전을 맞이했으며, 소콜 소령은 혐의가 드러나지 않아 화를 면했다.

1945년 4월 초 소련군이 오스트리아의 동부국경에 근접했을 무렵, 대량파괴의 참화로부터 수도 빈을 지키기 위한 목적으로 카를 소콜 소령을 중심으로 한 일단의 오스트리아 출신 장병들이 전투 없이 소련군에 도시를 인계하기 위해 소련군과의 접촉을 시도했다. 1848년 오스트리아 제국의 지배에 항거하여 롬바르디아-베네치아 왕국이 혁명을 일으켰을 때, 쿠스토차 전투(1848년 7월 25일)와 노바라 전투(1849년 3월 23일)에서 사르데냐피에몬테 왕국의 혁명지원군을 연파하고 오스트리아의 북이탈리아 헤게모니를 수호한 오스트리아의 민족영웅 요제프 벤첼 라데츠키(요한 슈트라우스의 <라데츠키 행진곡>의 주인공) 원수의 이름을 따 명명된, <라데츠키 작전>은 그러나 중도에 노출되어 버렸다. 소콜 소령을 도운 3명의 오스트리아 출신 장교들이 처형되었다. 미슈콜츠(헝가리 제3의 도시) 출신의 카를 비더만(1890-1945) 소령, 그리고 알프레트 후트(1918-1945) 대위와 루돌프 라쉬케(1923-1945) 중위는 1945년 4월 8일 플로리즈도르프(빈 21구)의 노상에서 공개 처형되었다. 생전에 건국공로 명예훈장 및 빈 명예시민증을 수여받은 소콜 소령은 2004년 8월 25일 출생지 빈에서 사망했다. 오스트리아 정부는 최고의 예우를 갖추어 고인의 공적을 후세에 남겼다. 오스트리아 국방부의 안마당은 그의 이름을 따 <카를 소콜 호프>라 명명되었고, 비너노이슈타트의 오스트리아 육군사관학교 건너편 공원도 소콜 소령의 이름을 얻었으며, 공원 내에 건립된 그의 추모비는 하인츠 피셔 현직 연방대통령(2004년 7월 8일 이후 현재까지)이 참가한 가운데 2009년 9월 29일 제막되었다. 알프레트 후트와 루돌프 라쉬케의 이름을 딴 거리명도 그들이 처형된 플로리즈도르프에 존재한다.

1938년 나치가 주도한 합병 찬성 서명운동에 동참했던 추기경과 주교단도 나치 정권과의 공존에 대한 기대는 버려야 했다. 1938년 10월 7일 빈 대주교 테오도르 인니처 추기경은 슈테판 교회의 묵주기도 행사에 참가한 7천여 명의 신자들로부터 유일한 '영도자'는 예수 그리스도 한 분뿐이라는 강론의 응답을 유도했다. 기도가 끝난 후, 추기경의 강론을 지지하는 집회가 대주교 관저 앞에서 개최되었고, 집회에 참가한 청년들이 무차별 체포되는 사건이 발생했다. 히틀러 청년단이 추기경 관저를 난장판으로 만들었지만, 경찰은 손을 놓고 구경만 했다. 그 며칠 후 제국위원 요제프 뷔르켈의 주도로 호프부르크(왕궁)의 영웅광장에서 열린 관제집회에서 인니처 추기경을 실명으로 비난하는 현수막이 내걸렸다. 인니처 추기경은 '비독일인 기독교도 지원처'란 기구를 대주교 관저 내에 설치하여, 가톨릭으로 개종한 유대인과 비가톨릭 기독교인의 국외이주를 지원했다. 지원처 직원 23명 중 12명은 이른바 <뉘른베르크 법>이 규정 유대인이었는데, 그들 중 9명은 체포되어 살해되었다.

빈 대주교구와 추기경의 저항이 합법적인 방식을 택했다면, 나치에 의해 체포된 700명 이상의 사제들 중에는 나치의 배신자로, 나치의 방위력을 손상시킨 죄목으로 처형된 이들이 있었다. 가톨릭계의 행동주의자 중 이름이 가장 널리 알려진 사람은 평신도 프란츠 예거슈테터(1907-1943),

마리아 레스티투타 카프카(1894-1943) 수녀, 야콥 가프(1897-1943) 신부, 오토 노이루러(1982-1940) 신부, 카를 람페르트(1894-1944) 신부, 로만 카를 숄츠(1912-1944) 신부 등이었다. 전후 이들 순교자들은 모두 복자 품위에 올려졌다. 예거 슈테터는 병역거부 죄로 1943년 8월 9일 브란덴부르크 형무소에서 처형되었고, 빈 근교의 뫼들링 시립병원에서 환자를 돌본 카프카 수녀는 병실에 걸린 십자가의 제거를 거부한 죄와 유대인이라는 이유로 1943년 3월 30일 빈에서 처형되었다. 티롤 출신의 가프 신부는 반역죄로 1943년 8월 13일 베를린 외곽의 플뢰첸제 형무소에서 처형되었다. 노이로러(1982-1940) 신부는 교구 내의 한 여신도에게 교회를 탈퇴한, 이혼경력이 있는 나치와의 결혼을 말렸다는 이유로 다하우 수용소를 거쳐 부헨발트(바이마르 인근) 강제노동수용소로 이감된 후, 그곳에서 살해되었다. 람페르트 신부는 노이로러 신부의 죽음과 밀접한 관련이 있었다. 그는 노이노러 신부가 1939년 다하우 수용소로 추방되었을 때, 그의 석방을 위해 노력했으며, 노이로러의 장례식에서 그의 죽음의 유형을 암시한 죄로 - 나치는 수용소의 존재와 위치에 관한 정보를 일급비밀로 취급했다 - 다하우를 거쳐 베를린 인근 작센하우젠 수용소에 수감되었다가, 할레 형무소에서 처형되었다.

20대 청년 시절의 로만 카를 숄츠 신부는 독일제국의 주데텐란트(체코의 독일국경지역) 합병을 지지하여 국가사회주의노동자당에 입당한 나치 지지자였다. 그러나 1936년 뉘른베르크에서 개최된 국가사회주의노동자당 전당대회에 참가하여 나치의 실체를 확인한 숄츠는 1938년 기독교사회당 출신의 법률가 야콥 카스텔리츠(1897-1944), 빅토르 라이만(1915-1996) 등과 함께 오스트리아의 첫 저항단체를 결성했다. 단체의 명칭은 '독일자유운동'이라 했다가, 1939년 2차 대전이 터진 후 <오스트리아 자유운동>으로 개칭되었다. 오스트리아 자유운동의 정치적 목표는 국가사회주의의 실태를 오스트리아 국민들에게 알려서 나치 정권을 무너뜨리고, 오스트리아를 독일제국에서 분리시켜, 마인 강 이남의 바이에른을 포함하는 독립국가 오스트리아를 건설하는 것이었다. 조직원이 한 때 300명에 육박했던 오스트리아 자유운동은 다른 저항단체 및 서방연합국 측과 제휴하면서 비폭력 저항운동을 전개했다. 오스트리아 자유운동은 1940년 7월 비밀경찰 정보원 역할을 한 빈 궁정극장 배우 오토 하르트만(1904-1994)이란 자의 내부자 고발에 의해 와해되었다. 1940년 7월 22일과 23일 양일간 약 200명의 <오스트리아 자유운동>의 조직원들이 독일비밀경찰에 의해 체포되어 대다수가 유죄판결을 받았는데, 그 중 로만 숄츠 신부와 야콥 카스텔리츠와 카를 레더러(1909-1944, 법률가)를 포함해 12명은 반역죄가 적용되어 1944년 빈에서 처형되었다. 빅토르 라이만 역시 체포되었으나, 1945년 종전과 함께 자유의 몸이 되어, 1996년 사망할 때까지 저널리스트, 작가, 정치가(1949-1956: 국회의원)로 왕성한 저술활동을 했다. 예를 들어 그는 1974년 오스트리아의 최대 일간지 크로넨차이퉁에 <오스트리아 유태인>이라는 제목의 유태인배척주의 연구결과를 시리즈(30회)로 기고했다.

4) 나치 오스트리아의 전범 사례

1938년 이후 오스트리아는 독일제국의 일부가 되어 독일제국의 정책을 수행해야 했고, 오스트리아 군대는 독일국방군의 일원으로 2차 대전에 참전해야 했다. 동유럽과 발칸 반도에 배치된 고위급 나치 친위대 장교들은 오스트리아 출신이 많았다. 유대인 대량학살에 가담한 오스트리아인의 수도 적지 않았다. 1945년 전쟁이 끝난 후 군정 당국의 주도로 실시된 '탈나치화'(나치 협력자 색출 및 재교육)를 위한 분류작업에서 국가사회주의노동자당 당원, 나치 친위대, 기타 국가적 범죄 조직의 일원이었던 것으로 드러난 오스트리아 사람들의 총수는 537,632명으로 집계되었다. 그중 전범 급은 41,906명에 달했다. 그러나 이 숫자는 정확하지도 않았고, 해석상의 문제도 많았다. 나치에 협력한 전력을 가진 사람들 중에는

1945년 자살로 생을 마감했거나, 살해되었거나, 종적을 감춘 적극적 협력자들도 있었을 것이고, 반대로 협력의 정도가 사소한 경우도 상당수가 탈나치화 대상에 포함될 수 있었기 때문이었다. 1938년 합병 이후의 엄중한 현실 앞에서 국가사회주의노동자당에 입당하지 않으면 본인과 가족에게 불이익이 돌아올 경우를 두고 선택의 여지가 있었던 사람은 많지 않았을 것이다. 그럼에도 불구하고 능동적으로 나치 정권에 협력한 오스트리아 사람들의 수는 적지 않았다.

나치 독일이 오스트리아 출신 나치 친위대 및 비밀경찰 간부들을 유독 동유럽의 집단학살수용소에 집중적으로 배치한 것은 역사적으로 수 세기 동안 오스트리아가 이 지역을 지배하는 동안 축적된 지역정보를 그들을 통해 이용하려 했기 때문일 것이다. 체코슬로바키아는 1526년부터 1918년까지, 아우슈비츠(폴란드의 오슈비엥침) 집단학살수용소가 소재한 지역(갈리치아)은 1772년부터 1차 대전이 끝날 때까지 오스트리아의 지배를 받았다. 1942년 7월부터 가동된 바르샤바 북동쪽 트레블링카 집단학살수용소의 초대 소장 이름프리트 에버를(1910-1948)은 브레겐츠 출신의 오스트리아 의사였다. 그는 트레블링카 수용소 소장으로 오기 전 1940년부터 1941년까지 1년 동안 장애인들을 집단학살한 베른부르크 수용소의 소장이었다. 베른부르크 수용소는 피르나(작센-안할트 주)의 슐로스 존넨슈타인이나, 오스트리아의 슐로스 하르트하임(오버외스터라이히)처럼 병원으로 위장한 장애인 집단학살수용소였다. 에버를은 1942년 8월 말 트레블링카 수용소에서 발생한 학살 장치 폭발사건으로 부임 한 달 만에 교체되었는데, 사고조사 책임자였던 오딜로 글로보츠니크(1904-1945)와 에버를의 후임 소장에 임명된 프란츠 슈탕을(1908-1971) 역시 오스트리아 출신이었다. 글로보츠니크는 아돌프 아이히만(1906-1962)과 - 아이히만은 1914년부터 1933년까지 오스트리아(오버외스터라이히)에서 청소년기를 보낸 졸링엔 출신의 독일인이었다 - 함께 적어도 2백만 명 이상의 폴란드 유대인을 사지로 몰아넣은 장본인이었다. 트레블링카 집단학살수용소의 첫 수감자들은 1942년 7월 22일 나치에 의해 강제 철거된 바로 다음날 이곳으로 강제 이송된 바르샤바 게토 유태인들이었다. 에버를은 종전 후 슈바벤의 소도시 블라우보이렌에 정착하여 의사 개업까지 하다가 정체가 드러나, 1947년 체포되어 재판에 회부되었지만, 다음 해 2월 16일 울름 교도소에서 스스로 목숨을 끊었다. 1945년 영국군에 체포된 글로보츠니크 역시 자살로 생을 마감했다.

가동된 지 한 달 만에 발생한 학살 장치의 가스폭발사고로 인해 소장 직에서 해임된 에버를의 뒤를 이어 트레블링카 집단학살수용소장에 임명된 오버외스터라이히 출신의 프란츠 슈탕을은 400,000명의 유대인을 학살한 혐의로 1950년 종신형을 선고받았지만, 1951년 상파울로로 도주했다. 1967년 브라질 경찰에 체포된 스탕을은 1970년 뒤셀도르프에서 다시 한 번 종신형을 선고받았다. 1942년 5월 원래 소비부르 집단학살수용소 소장에 임명되었지만, 인근 트레블링카 수용소에서 안전사고가 발생하자, 트레블링카 소장으로 전출된 슈탕을을 대신해 소비부르 수용소의 소장에 임명된 자도 오버외스터라이히 출신의 오스트리아인 프란츠 라이히라이트너(1906-1944)였다. 1943년까지 소비부르 수용소장으로 근무한 후 북이탈리아 전선으로 전출된 그는 1944년 1월 3일 피우메(크로아티아의 리예카) 인근에서 발생한 유격전에서 사망했다. 라이히라이트너의 후임 소비부르 집단학살수용소장은 다시 프란츠 슈탕을이었다. 이 두 사람은 1940년에도 오버외스트라이히의 슐로스 하르트하임 장애인 집단학살수용소에서 함께 근무한 적이 있었다. 슐로스 하르트하임은 1940년부터 1944년까지 약 3만 명의 장애인을 학살한 병원을 가장한 집단학살수용소이었다.

테레지엔슈타트(체코의 테레진) 강제수용소도 오스트리아 출신 나치 친위대 장교들에 의해 운영되었다. 체코슬로바키아에 건립된 수용소 중 가장 먼저 완공된 테레지엔슈타트 수용소는 '강제' 수용소라는 사실을 숨기기 위한 나치의 대외 선전용 알리바이 수용소로 이용된 곳이었다. 테레지엔슈타트 강제수용소가 '테레지엔슈타트 게토'라고도 불린 이유가 거기에 있었다. 1941년부터 1943년까지 근무한 초대 소장은 툴른 출신의 오스트리아인 나치 친위대 장교 지크프리트 자이들(1911-1947)이었다. 테레지엔슈타트 수용소를 떠난 후, 자이들은 1943년 7월 6일 주로 연합국 및 중립국 출신 유대인을 수용한 베르겐-벨젠 강제수용소(첼레 북서쪽) 비밀경찰 대장에 임명되었다. 종전 후 그는 가명으로 빈에 잠입했지만, 체포되어 1946년 빈 특별재판소(1945년-1955년까지 운용된 나치 전범 재판소)에서 사형을 선고받은 후, 1947년 2월 4일 처형되었다.

지크프리트 자이들의 후임으로 1943년 7월 5일 테레지엔슈타트 강제수용소장에 임명된 안톤 부르거(1911-1991) 역시 니더외스터라이히 출신의 오스트리아인이었다. 그는 아우슈비츠 집단학살수용소로 이송될 유대인들의 명부를 직접 만들었을 뿐 아니라, 전쟁 말기에는 테레지엔슈타트 수용소 내에서 수감자들을 직접 처형한 잔인한 성품의 소유자였다. 1945년 미군이 운용한 잘츠부르크 인근 포로수용소에 수용되었다가, 1947년에야 비로소 전력이 드러난 부르거는 그 사이에 리토메리체(제코)에서 열린 궐석재판에서 이미 사형선고를 받은 몸이었다. 형 집행 직전인 1947년 6월 그는 포로수용소를 탈출, 1951년 3월에 다시 체포될 때까지 그의 고향 니더외스터라이히의 노인키르헨에서 숨어살았다. 그러나 그는 1951년 4월 9일 다시 탈출에 성공하여 1991년 에센에서 사망할 때까지 빌헬름 바우어라는 흔한 이름을 사용하면서 독일의 여러 지역을 옮겨다니면서 신분을 감추고 살았다. 안톤 부르거는 사망 2년 후 지몬 비젠탈(1908-2005)에 의해 정체가 드러났다. 부헨발트 수용소를 위시해 독일의 여러 강제수용소를 전전한 끝에 1945년 5월 오스트리아의 마우트하우젠 수용소에서 미군에 의해 구출된 지몬 비젠탈은 빈에 홀로코스트 연구소(지몬 비젠탈 아카이브)를 설립하고, 나치 전범 색출에 일생을 바친 구 오스트리아 제국 령 갈리치아의 소도시(우크라이나의 부차치)에서 출생한 오스트리아 유대인이었다. 1967년 프란츠 스탕을이 브라질에서 체포된 것도 비젠탈의 집요한 추적의 결과였다.

테레지엔슈타트 강제수용소의 마지막 소장은 빈 인근 클로스터노이부르크 출신의 카를 람(1907-1947)이었다. 그가 소장으로 근무한 1944년 2월 8일부터 1945년 5월 5일까지는 2차 대전이 막바지로 치달은 시기이기도 했지만, 가장 많은 수감자들이 이 기간에 테레지엔슈타트에서 아우슈비츠 집단학살수용소로 이감되어, 그 곳에서 희생되었다. 종전 후 오스트리아에서 체포되어 체코슬로바키아로 신병이 인도된 람은 1947년 4월 30일 리토메리체에서 처형되었다.

저격용 소총으로 500명 이상의 유대인을 조준 살해했기 때문에, '플라초프의 학살자'라는 별명을 얻은 빈 출신의 아몬 괴트(1908-1946)는 크라쿠프 인근의 플라초프 강제노동수용소 소장이었다. 벨제크, 소비부르 및 트레블링카 집단학살수용소 소장을 차례로 역임한 괴트는 1943년 3월 13일과 14일 양일간 크라쿠프의 유태인 게토 철거작전을 지휘한 직후 플라초프 강제수용 소장에 임명되었다. 그는 '제국재산'인 수감자들의 개인 재산을 횡령한 혐의로 친위대 부하들에 의해 고발되어 1944년 9월 13일 체포되었다. 그러나 종전으로 인해 그의 재판은 열릴 수 없었다. 1945년 뮌헨 남쪽의 국경마을 튈츠에서 체포된 괴트는 다하우로 - 다하우 강제수용소는 미군에 의해 해방된 후, 미군의 포로수용소로 사용되었다 - 이송되어 그곳에서 평범한 군인 행세를 하다가 신원이 드러나 폴란드로 신병이 인도되었다. 그는 1946년 9월 5일 교수형을 선고받고, 일주일 후인 9월 13일 크라쿠프에서 처형되었다. 스티븐 스필버그 감독의 1993년 작 영화 <쉰들러 리스트>는 아몬 괴트의 만행을 고발한 영화이기도 했다.

나치 독일의 강제수용소 소장을 지낸 또 한 명의 오스트리아인은 린츠 태생의 헤르베르트 안도르퍼(1911-2007/208)였다. 베오그라드 지구 보안경찰 및 나치 친위대 직속 정보대장이었던 안도르퍼는 1941년 10월부터 1942년까지 1월까지 세르비아의 샤바츠 강제수용소 소장을 거친 후,

1943년까지 베오그라드 인근의 사이미스테 집단학살수용소 소장을 역임
했다. 그는 시설이 더 좋은 수용소로 이전한다고 속여 7,000여 명의 유
대인 수감자들을 독가스 학살 장치가 장착된 트럭에 실어 살해한 죄로
종전 후 기소되었다. 그러나 그는 탈출에 성공하여, 1946년 베네주엘라
로 잠입한 후 한스 마이어라는 가명으로 베네주엘라 시민권을 획득했다.
'한스 마이어'는 오스트리아로 귀국한 후, 호텔 직원으로 일하다가 신원
이 밝혀져 1969년 기소되었지만, 도르트문트 법원은 안도르퍼에게 30개
월의 징역형을 선고했을 따름이었다.

상기 언급한 9인의 집단학살수용소 또는 강제노동수용소 소장 이외에
도 홀로코스트(대학살)의 계획과 실행에 참여했거나, 또 다른 반인륜적 범
죄에 가담한 오스트리아 출신의 고위직 나치 간부들이 있었다. 보안경찰
(Sipo)과 친위대 직속 정보부(SD)의 통합기구인 제국보안본부(RSHA) 책임자로
서 종전을 맞은 에른스트 칼텐브룬너(1903-1946)는 오버외스터라이 출신의
오스트리아인이었다. 권력의 서열로 따지면 칼텐브룬너는 나치 친위대
및 게슈타포(비밀경찰) 총책 하인리히 힘러(1900-1945) 다음의 '제3 제국'의 제3
인자의 자리를 차지한, 오스트리아 출신으로서는 나치 독일의 최고위직
에 있었던 인물이다. 그는 1930년 23세의 나이에 국가사회주의노동자당
에 입당한 후 친위대에 편입되었으며, 오스트리아가 독일에 합병된 1938
년 나치 친위대 오스트리아 총책임자에 임명되었다. 히틀러가 임명한 체
코슬로바키아 총독 라인하르트 하이드리히가 영국에서 훈련받은 체코
유격대에 의해 피살된 후, 칼텐브룬너는 하이드리히의 후임으로 1943년
1월 30일 제국보안본부 총책에 임명되었다. 칼텐브룬너는 알트아우세(슈타
이어마르크 주) 인근의 알프스 요새에서 최후까지 저항하다가, 1945년 5월 11
일 미군에 의해 체포되어 뉘른베르크 전범재판소에서 사형을 언도받고,
1946년 10월 16일 새벽에 처형되었다.

1892년 구 오스트리아 제국 령 메렌(체코 남부)에서 태어난 아르투어 자
이스-인크바르트는 1938년 3월 11일 오스트리아 파시즘 정부의 마지막

수상 쿠르트 폰 슈쉬니크가 나치 독일의 압력으로 사임한 후, 오스트리아 수상에 임명되어 3일 13일 독일-오스트리아 합병문서에 서명한 후 수상직에서 물러난 히틀러의 주구이었다. 1938년부터 1939년까지 1년 간 '오스트마르크' 총독을 역임한 후, 1940년 5월 29일 네덜란드 총독으로 자리를 옮긴 자이스-인크바르트는 뉘른베르크 전범재판에서 100,000명 이상의 네덜란드 유대인을 집단학살수용소로 보낸 반인권적 범죄, 독일군의 점령에 항거해 봉기한 1941 2월의 네덜란드 국민총파업 유혈진압, 저항세력 살해 등의 죄가 모두 인정되어 1946년 10월 16일 칼텐브룬너와 함께 뉘른베르크에서 처형되었다.

나치 친위대 상급집단지도자(친위대 중장)로서 1938년 이후 1945년까지 '오버도나우' 관구장(오버외스터라이히 주지사) 직을 7년간이나 역임한 오버외스터라이히(슈타이르) 출신의 아우구스트 아이그루버(1907-1947)는 종전 한 달 전인 1945년 4월 역내 마우트하우젠 수용소의 오버외스터라이히 출신 수감자 전원의 처형을 명령한 죄로 1947년 5월 28일 란츠베르크(바이에른 전범형무소)에서 처형되었다. 그는 또 관내(오버외스터라이히의 알코벤)의 슐로스 하르트하임 병원을 장애인 집단학살수용소로 인가한 장본인이었다. 병원으로 위장한 슐로스 하르트하임 학살수용소의 소장 역시 린츠 출신의 오스트리아인 의사 루돌프 로나우어(1907-1945)였다. 아이그루버는 뉘른베르크 전범재판에서는 공범증인 심문만 받았으나, 마우트하우젠 수용소의 학살사건만을 별건으로 다룬 미군군사재판에서 유죄판결을 받았다.

빈 대학과 프라이부르크 대학에서 의학, 동물학 및 미술을 공부한 후 1931년 이후 <카이저 빌헬름 연구소>(막스 플랑크 협회의 전신) 산하 <인류학, 유전학 및 우생학 연구소>(1927년 개소)의 연구원으로 활동한 빈 태생의 볼프강 아벨(1905-1997)은 혼혈인의 강제불임시술에 동원되었다. 이들 혼혈인들은 베르사유 평화조약(1919)이 규정한 독일의 1차 대전 배상금 지불 이행을 촉구하기 위해 프랑스와 벨기에 군대가 1923년 루르 지방을 점령했을 때, 프랑스군 소속 유색인과 - 프랑스 점령군의 일부는 프랑스의 아프리카 식민지 출신이었다 - 독일여성 사이에 태어난 자녀들이었다. 1943년부터 1945년까지 아벨은 프리드리히 빌헬름 대학(베를린 훔볼트 대학의 원래 명칭)의 인종생물학 교수를 역임하면서, 독일국방군 최고사령부의 위임을 받아 소련군 포로 7,000명에 대한 인종학적 연구를 지휘했다. 전쟁 말기 나치는 동유럽의 '슬라브족 문제'를 해결하기 위해 북유럽 러시아 인들을 일단 게르만화한 후 나머지 러시아인들은 모두 시베리아로 몰아 낸다는 계획을 세웠었는데, 그 실무책임자 중의 한 사람이 아벨이었다. 그는 1945년부터 1947년까지 2년간 복역한 후 오버외스터라이히에서 1997년까지 초상화가로 살았다.

케른텐 출신의 프리드리히 라이너(1903-1947)는 히틀러의 총애를 받은 오스트리아인이었다. 그는 1938년 5월 히틀러에 의해 잘츠부르크 관구(관구 즉 가우는 연방주의 나치 시대의 명칭)와 케른텐 관구의 관구장 겸 독일제국의회 의원에 임명되었다. 1939년 폴란드 침공으로 2차 대전이 시작되었을 때, 히틀러는 잘츠부르크 관구장 겸 케른텐 관구장이며 제국의회 의원인 프리드리히 라이너를 독일제국 제18 군관구(베어크라이스) 담당 제국국방위원에 임명했다. 제국국방위원은 관할 군관구의 전쟁물자 조달 책임자였다. 1939년 당시의 독일제국은 전국이 18개 군관구로 분류되었는데, 그 중 오스트리아는 2개 군관구(독일제국 제17군관구 및 제18군관구)로 나뉘었다. 빈 관구, 니더도나우 관구, 오버도나우 관구 등 3개 관구는 합쳐서 독일제국 제17 군관구(오스트리아의 동반부)에 통합되었고, 제18 군관구(오스트리아의 서반부)는 잘츠부르크 관구, 케른텐 관구 및 티롤-포어아를베르크 관구를 포함했다. 그리고 라이너는 1942년 - 중장에 해당하는 - 친위대 상급집단지도자에 임명되었다. 참고로 SS(친위대)의 장성급 최고위직은 최상급집단지도자(대장), 상급집단지도자(중장), 집단지도자(소장), 여단지도자(준장) 등의 순이었다. 친위대를 총지휘하는 직책은 친위대 전국지도자였고, 하인리히 힘러가 1945년 까지 이 직책을 수행했다. 라이너는 1947년 7월 19일 류블랴나(슬로베니아) 법정에서 사형선고를 받아, 당일 처형되었다.

1941년 4월 6일과 7일 양일간 세르비아의 수도 베오그라드 공습을 지휘한, 드로베타투르누세베린(현재 루마니아 메혜딘치 주의 주도이며 1918년까지 오스트리아 제국령) 출신의 알렉산더 뢰르(1885-1947) 공군대장은 오스트리아 제국군과 오스트리아 연방군을 거쳐 1938년 오스트리아가 나치 독일에 합병된 후 자동적으로 독일국방군에 소속되었다. 1939년 3월 대장 승진과 동시에 독일제국 제4 항공단의 지휘권을 인수한 뢰르는 폴란드 및 발칸 반도 지역항공사령관에 임명되었다. 유고슬라비아 정부에 의해 '무방비' 도시로 선언되었음에도 불구하고 사전 경고 없이 1941년 4월 6일과 7일 폭격을 당한 베오그라드는 도시의 절반이 파괴되었다. 종전 후 뢰르는 유고슬라비아 군사법정에서 사형선고를 받고, 감형 청원을 포기한 채 처형되었다. 1921년 위수 교회로 지정된 빈 제7구 소재 슈티프츠키르헤(교단 소속이 없는 수도회 교회)는 유엔 평화유지군에 파견되어 순직한 오스트리아 장병들을 추모하기 위해 그들의 흉상이 부조된 현판을 교회 입구 벽에 설치했는데, 알렉산더 뢰르의 그것도 그곳에 걸렸다. 전범을 찬양하는 행위라는 비난을 받았지만, 빈 교구는 그의 추모현판을 철거하지 않았다.

세기전환기의 오스트리아 문학과 예술

19세기말에서 20세기 초에 이르는 흔히 세기말문학 혹은 세기전환기문학이라고 불리는 시기는 여러 문학사조들이 혼재한 시기였다. 자연주의, 상징주의와 인상주의, 표현주의와 초현실주의 같은 문학의 방향들이 이 시기에 대두된 중요한 문학사조들이었지만, 문단의 수적인 우위를 점한 작가들은 여전히 낭만주의와 고전주의의 전통을 이어 받은 아류 작가들이었고, 독자 대중 역시 그들의 문학에 열광하고, 관객들도 무대를 독점한 낭만주의와 고전주의 희곡 작품 공연에 갈채를 보냈다. 그러나 산업혁명의 유입으로 노동자 계층이 대도시를 중심으로 형성되기 시작하면서 이들이 문학의 새로운 수요자로 등장하였다. 이러한 시대의 흐름에 민감하게 대처했던 일련의 작가들이 혁명적인 테마들을 가지고 추구했던 문학운동이 독일의 자연주의 문학이었다. 반면에 세기전환기 빈의 문학은 베를린이나 뮌헨의 그것과는 전혀 다른 특징을 보이면서 전개되었다. 독일의 새로운 문학이 자연주의 문학이었다면, 빈의 그것은 자연주의의 역류로 이해해야 할 '모데르네(모더니즘)' 문학이었다. 독일의 청년작가들이 대도시의 사회적 문제점들을 주제화하고 실증주의적 서술기법을 양식수단으로 삼았다면, 빈의 젊은 작가들은 세기말적 특징들을 주제로 한 탐미주의적 작품을 가지고 베를린과 뮌헨의 자연주의 작가들과 경쟁했다.

모데르네의 개념이 1900년을 전후한 시기의 문예사조로서 자리 매김한 것은 1890년 헤르만 바르(1863-1934)의 비평모음집 〈모데르네 비판〉이 출간되면서부터였다. 1886년 북독일의 킬 대학 독문학 교수이며 비평가 오이겐 볼프(1863-1929)가 먼저 모데르네의 개념을 사용했지만, 볼프가 말한 모데르네의 개념은 '시적' 사실주의 문학이 아닌 새로운 문학, 즉 자연주의 문학을 의미했다. 독일의 새로운 문학이 1889년 게르하르트 하우프트만(1862-1946)의 단편소설 〈철로지기 틸〉의 출판과 희곡 〈해뜨기 전〉의 공연으로 시작된 자연주의 문학이었다면, 오스트리아의 그것은 1890년 바르에 의해 결성된 작가그룹 〈젊은 빈〉과 세기말의 죽음과 사랑과 성을 주제화한 그들의 모데르네 문학과 더불어 시작되었다. 흥미로운 사실은 하우프트만의 〈해뜨기 전〉이 공연된 후 2년 만에 헤르만 바르의 두 번째 비평모음집이 〈자연주의의 극복〉이라는 제목으로 출간되었다는 사실이다. 젊은 빈으로 대표되는 오스트리아 문학(모데르네 문학)의 특징은 베를린이나 뮌헨의 문단으로 대표되는 독일 문학(자연주의 문학)과는 달리 자연주의라는 '문학 혁명'의 영향을 받지 않은 사실에 있었다. 빈의 모데르네 작가들은 그들의 예술 창조의 출발점을 자연주의의 극복에서 찾으려고 했기 때문이었다.

1890년을 전후한 시기 이후 등장한 모데르네라는 개념은 세기 전환기 예술의 특징과 관련해서 매우 자주 사용되는 개념이다. 번역상의 어려움 때문에 ― 고대에 대한 상대 개념으로 현대주의, 현대정신 따위로 번역하면 단순한 시대개념이 되어버리기 때문에 ― 흔히들 모더니즘이라는 애매한 영어식 표현을 빌려 쓰는 모데르네의 개념은 1880/1890년대 이후 등장한 새로운 문학 방향을 총칭하는 집합개념이라고 해야 할 것이다. 모데르네의 시작을 알리는 문학운동이 독일에서는 자연주의였다는 사실에 반대 의견을 내세울 사람은 많지 않을 것이다. 자연주의의 극복으로서 등장한 인상주의와 표현주의 등의 문예사조를 자연스럽게 수용한 빈 모데르네 예술은 자연주의를 극복한 새로운 예술이었다고 정의할 수 있을 것이다. 빈의 모데르네 문학의 특징은, 이 문학이 특정한 작가그룹에 의해 시작되었고, 그들은 특정한 장소(문학카페)를 문학토론의 장으로 이용했다는 점에 있었다. 그들이 바로 그린슈타이들 카페에서 결성된 〈젊은 빈〉이었고, 그들에 의해 '문학 교황'이라 불린, 그들의 토론을 주도한 작가가 〈자연주의의 극복〉을 쓴 헤르만 바르(1863-1934)였다.

1500년 이전의 고대문학과 구분하여 16세기 이후의 독일 문학을 우리가 광의의 현대문학으로 수용하고자 할 때, 독일의 '현대문학'을 보카치오와 셰익스피어와 라신과 세르반테스의 수준으로 승화시켜 독일의 현대문학을 세계문학의 반열에 오르게 한 작가가 괴테였다는 사실에 이론을 제기하는 사람은 없을 것이다. 괴테라는 세계적 문호를 탄생시키기까지 - 괴테는 셰익스피어보다 185년 늦게 태어났다 - 독일의 현대 문학은 200년을 기다린 셈이었다. 그런데 〈젊은 빈〉과 세기전환기에 활약한 청년작가들의 면면을 살펴보면, 독일문학을 대표할 수 있는 세계적 작가들이 한두 명으로 그치는 것이 아님을 알 수 있다. 아르투어 슈니츨러와 후고 폰 호프만스탈, 슈테판 츠바이크 등은 〈젊은 빈〉 소속 작가들이며, 헤르만 브로흐, 로베르트 무질, 프란츠 베르펠, 요제프 로트 등은 〈젊은 빈〉과 빈번히 교류했던 작가들이었다. 〈젊은 빈〉보다는 10여년 어린 세대로서 동시대 오스트리아 문학을 대표한 작가들 중 프란츠 카프카는 소설을 주로 썼고, 게오르크 트라클과 라이너 마리아 릴케는 오스트리아가 탄생시킨 세계 시인이었다. 그리고 또 슈니츨러보다는 한 세대 가량 뒤늦게 작품을 쓰기 시작한 외덴 폰 호르바트와 만네스 슈페르버, 그리고 1920년생인 파울 첼란도 독일문학을 대표하는 오스트리아 작가들이다. 아르투어 슈니츨러(1862-1931)와 헤르만 바르는 게르하르트 하우프트만과 같은 연령대이지만 그들의 작품 어디에도 자연주의의 영향을 받은 흔적은 없다. 이 두 작가를 위시하여 거명한 모든 작가들은 이미 자연주의 극복을 표방한 문학사조들에 속하는 사람들이다. 이들은 모두 상징주의와 인상주의와 초기 표현주의를 대표하는 모데르네 작가들이었다.

상기 언급된 작가들은 모두 세기전환기의 독일문학을 대표하는 오스트리아 작가라는 사실 외에도 또 하나의 중요한 공통점을 지니고 있다. 프라하 출신의 라이너 마리아 릴케(1875-1926)와 잘츠부르크에서 활동한 잘츠부르크 토박이 시인 게오르크 트라클(1887-1914: 사망한 장소는 갈리치아, 즉 폴란드의 크라쿠프)을 제외하면, 그들 모두 유대인의 혈통을 이어받은 유대계 오스트리아 작가라는 사실에 있다. 여기서 우리는 두 가지의 물음과 만나게 된다. 첫째는 세기전환기라는 특정한 시기에 오스트리아 문학이 이렇게도 많은 수의 세계적 문인들을 한꺼번에 배출할 수 있었던 원인은 대관절 어디에서 찾아야 할 것인가라는 물음이다. 두 번째의 의문은 이 시기에 이미 고개를 들기 시작한 조직적인 유태인배척주의에도 불구하고 유대인 작가들이 공개적인 장소에서 활발하게 문학토론을 벌일 수 있었던 사실은 어떻게 설명되어야 하는가이다.

첫 번째 의문에 대한 답을 구하기란 어려울 뿐 아니라, 무모한 시도인지도 모른다. 그것은 마치 왜 하필이면 특정의 시기에(18세기 말에서 19세기), 그리고 특정의 장소(빈)에 세계 음악을 주도한 위대한 작곡가들이 모일 수 있었던가에 대한 답을 얻어내려는 시도와도 같을 수 있기 때문이다. 이미 18세기 말 부터 하이든, 모차르트, 베토벤, 슈베르트 등이 빈에서 활약했고, 이들의 음악적 전통을 이어 받은 안톤 브루크너, 요한네스 브람스, 후고 볼프는 19세기의 세계음악을 주도한 빈의 작곡가들이다. 두 번째 의문에 대한 해답은 계몽군주 요제프 2세(재위: 1765-1790)의 통치철학에서 그 연원을 찾을 수가 있을 것이다. 1781/1782년에 반포된, 당시로서는 획기적이라 할 〈관용칙령〉은 유대인에게도 종교선택의 자유를 인정하였다. 적어도 1차 대전이 끝날 때까지 오스트리아 유대인들은 비교적 차별대우를 받지 않았다. 특히 프란츠 요제프 1세(재위: 1848-1916) 황제는 개인적으로 유대인에게 가장 우호적인 군주였다. 인텔리 유대인들이 빈을 가리켜 제2의 예루살렘이라고 불렀던 것도 이러한 역사적 사실에서 그 이유를 찾을 수 있다.

17/18세기 프랑스 지식인들의 사교적 모임의 구심점이었던 '살롱'은 독일어권에도 있었다. 베를린의 라헬 파른하겐 폰 엔제(1771-1833)는 상충되는 문학적 과도기에 〈예술시대〉로 대변되는 괴테시대와 〈청년독일〉을 지지하는 작가 세대 간의 반목과 대립을 중재하려고 시도한 유대계 여류작가였다. 그의 자택(라헬 파른하겐 살롱)에는

프리드리히 슐레겔을 위시한 베를린 낭만주의자들과 청년 독일파의 맏형격인 하인리히 하이네 등이 출입하였다. 비슷한 시기 〈비더마이어〉 문화를 대표하는 빈의 예술가들과 작가들은 여류작가 카롤리네 피흘러(1769–1843)의 자택에서 모임을 갖곤 했는데, 후세는 이들의 모임을 〈비더마이어 살롱〉이라고 불렀다. 19세기 말에 이르러서는 후원자 중심의 모임 대신에 시민의 출입과 왕래가 자유로운 장소에서 문인들이 자연스럽게 모이는 현상이 나타났다. 1890년대 초 베를린에 체류할 때 요한 아우구스트 스트린드베리(1849–1912)가 개척했다고 하는 주점 〈검정 새끼돼지〉에는 스칸디나비아, 독일 및 폴란드 출신 작가들이 모여 문학토론을 벌였으며, 1920년대 이후 베를린의 〈로만 카페〉는 베르톨트 브레히트, 엘제 라스커-쉴러, 고트프리트 벤, 카를 추크마이어, 막스 라인하르트, 그리고 발터 벤야민 등 당시 베를린에서 활동하던 소위 아방가르드 작가들과 화가, 조각가, 연극인들의 교류장소였다.

빈의 문학카페의 전통은 베를린의 그것보다 훨씬 오랜 역사를 가졌다. 50년 전통의 〈그린슈타이들〉(1847–1897)을 비롯하여 〈무제움〉, 〈첸트랄〉, 〈헤렌호프〉 등의 문학카페는 〈젊은 빈〉을 위시한 청년작가 그룹과 예술인들의 토론장이었다. 1897년 카페 그린슈타이들이 입점해 있던 건물이 개보수를 위해 헐렸을 때, 카를 크라우스가 '추도사'에서 언급한 '결딴난 문학'이라는 문구는 그 후 그린슈타이들의 전설을 따라다니는 유행어가 되었다. 그린슈타이들의 역할은 무제움과 첸트랄과 헤렌호프 카페가 이어갔다. 젊은 빈의 일원인 페터 알텐베르크(1859–1919)의 주소가 – 지금도 매년 발행되는 – 〈퀴르쉬너 독일문학연감〉에 빈 제1구 첸트랄 카페로 등재된 사실은 작가들과 문학카페 간의 관계를 말해 주는 좋은 예이다. 알프레트 폴가르(1873–1955)는 〈첸트랄 카페의 이론〉이라는 제목의 수필에서 "첸트랄에만 오면 아무 생각이 나지 않고, 다른 어디를 가면 더욱 생각이 나지 않는 창조자들이 있다"라고 표현함으로써 단순한 교류와 토론의 장을 넘어 문학의 생산지로서의 문학카페의 역할을 강조했다. 1918년에 문을 연 헤렌호프는 나치 시대에 자행된 유대인 재산 몰수('아리아화')로 인해 유대인 주인의 소유권이 박탈되었다가, 1945년 이후 정상화되었지만, 부침을 거듭한 끝에 2006년 영구히 사라져 버렸다. 그러나 헤렌호프의 역사는 빈에서 출생하고 사망한, 빈 토박이 작가 프리드리히 토르베르크(1908-1979)가 사망하기 4년 전에 남긴 자전적 소설 형식의 일화모음집 〈욜레쉬 숙모 혹은 일화로 본 서양의 몰락〉(1975)에서 영원한 생명을 얻고 있다. 첸트랄 카페는 2차 대전 후 폐쇄되었다가, 1975년 빈 1구 헤렌가세 14번지의 네오르네상스 양식 건물 1층에 옛 모습과 흡사하게 복원되었다. 첸트랄과의 왕년의 관계를 증명해 보이기라도 하려는 듯이, 첸트랄 카페의 문을 열면 오스트리아 인상주의 문학을 대표하는 시인 페터 알텐베르크의 전신상이 입구에서 방문객을 맞이한다. 그린슈타이들 카페도 1990년 같은 장소(아돌프 로스의 실용양식이 철저히 구현된 호프부르크 후문의 '로스 하우스' 옆 건물)에 복원되었다.

빈의 문학카페 단골손님은 페터 알텐베르크, 레오폴트 폰 안드리안, 펠릭스 되르만, 파울 골트만, 라울 아우에른하이머, 헤르만 바르, 리하르트 베어-호프만, 후고 폰 호프만스탈, 카를 크라우스, 펠릭스 잘텐, 아르투어 슈니츨러, 슈테판 츠바이크(이상 '젊은 빈'), 로베르트 무질, 헤르만 브로흐, 요제프 로트, 프란츠 베르펠, 게오르크 트라클, 에곤 프리델, 알프레트 폴가르, 안톤 쿠, 에른스트 폴라크, 레오 페루츠, 에곤 에르빈 키쉬, 프리드리히 토르베르크 등의 문인들이 주류를 이루었지만, 의사 알프레트 아들러(1870-1937, 프로이트의 제자이며 개인심리학의 이론체계를 완성한 심리학자)와 철학자 루돌프 슈타이너(1961-1925, 인지학의 창시자), 구스타브 클림트, 에곤 쉴레, 오스카 코코쉬카 등의 화가, 건축가 오토 바그너와 아돌프 로스, 그리고 아르놀트 쇤베르크, 후고 볼프, 알반 베르크, 프란츠 레하르, 프리츠 크라이슬러 등의 작곡가도 그곳에서 문인들과 교류하면서 예술적 영감을 공유했다. 상기 문인들의 공통점은 게오르크 트라클을 제외하면 그들이 모두 유대인의 혈통을 이어받은 점이었다.

세기전환기의 오스트리아 문학에 유대인들의 기여가 없었다면, 오늘날의 오스트리아 문화지도에는 여기저기 큰 공백이 생겼을 것이다. 문학과 더불어 다른 예술역역에서도 유대인의 역할이 있었다. 1897년부터 1907년까지 빈 국립오페라 극장장이었던 구스타브 말러(1860-1911)와 오페라 〈옷이 날개다〉의 작곡가 알렉산더 폰 쳄린스키(1871-1942), 12음계법을 작곡에 도입하여 음악의 혁명을 시도한 아르놀트 쇤베르크(1874-1951) 역시 – 쳄린스키는 모계 쪽이 유대인 – 유대인이었다. 1897년 오스트리아 화가 연맹을 탈퇴하여 분리파(제체시온: 유겐트슈틸의 오스트리아 버전)로 독립한 구스타브 클림트(1862-1918)와 그의 제자 에곤 쉴레(1890-1918) 및 오스카 코코쉬카(1886-1980)는 세기전환기의 빈의 모데르네 예술을 대표하는 화가들이었다. 실용양식을 도입하여 현대건축에 새로운 장을 개척한 오토 바그너(1841-1918)와 아돌프 로스(1870-1933)는 빈을 대표하는 모데르네 건축가들이었다. 아돌프 로스는 역사주의의 극복이라는 시대정신은 공유하면서도 분리파 화가들의 표현양식(과도한 장식)은 거부한 건축가이었다. 분리파의 창립멤버였던 콜로만 모저(1868-1918)와 요제프 호프만(1870-1956)에 의해 설립된 〈빈 공방〉(1903-1932: 제체시온과 더불어 세기전환기 빈의 대표적 조형예술가 그룹)과 거리를 유지한 것도 "장식은 범죄"(아돌프 로스: 장식과 범죄. 빈 1908)라는 아돌프 로스의 철학 때문이었다.

일체의 가상의 공간을 허용하지 않으려는 자연주의의 편협한 무대 해석이 여전히 연극계를 지배하던 시절, 반원형 지평과 회전무대 등의 무대장치기법을 처음으로 도입함으로써 자연주의 무대의 한계를 극복한 배우 출신의 연출가 막스 라인하르트(1873-1943)도 오스트리아 유대인이었다. 라인하르트는 베를린 자연주의 연극의 대부 오토 브람(1856-1912)의 초청으로 1894년부터 베를린의 〈독일극장〉에 전속되었다가, 1905년 이 극장의 경영권을 직접 인수하여 호프만스탈, 프랑크 베데킨트, 헨리크 입센 등 동시대 극작가들의 작품 공연에 크게 기여했다. 베를린의 극장들이 여전히 고전주의와 낭만주의로 대표되는 이상주의 시대의 작가들을 선호하던 당시의 관행과 비교하면 라인하르트의 작가 선정은 가히 도전적 혹은 전위적 시도였다고 할 수 있었다. 1920년에 창립되어 지금까지 – 1924년 과 1944년 두 차례만 제외하고 – 매년 여름 오스트리아 잘츠부르크에서 개최되는 잘츠부르크 축제의 아이디어는 작가 후고 폰 호프만스탈과 연출가 막스 라인하르트에게서 나온 것이었다. 축제의 원년에는 후고 폰 호프만스탈(1874-1929)의 희곡 〈예더만〉만 공연되었는데, 그 후 잘츠부르크 하계축제는 예외 없이 〈예더만〉과 더불어 개막되고 있다.

〈모데르네〉를 지향한 이들 예술가 그룹들은 음악, 연극, 미술, 건축, 문학 등 상이한 예술영역 및 문화영역을 대표하면서도 상호배타적이거나 방어적인 경향을 보이지 않았다는 점이 세기전환기 시대의 빈의 문화가 보여주는 하나의 특징이었다. 이러한 개별 문화영역들 간의 상호작용은 예컨대 정신분석학과 문학에서 각각 최고의 위치에 있었던 지크문트 프로이트와 아르투어 슈니츨러를 비교하면 분명하게 드러나는 것처럼 보인다. 프로이트가 일련의 정신분석 이론서들을 가지고 의사의 직업 활동을 인문학적 차원으로까지 승화시켰다면, 이 시대의 문학을 대표하는 슈니츨러는 정신분석적 시도를 드라마의 대화기법뿐 아니라, 소설의 서술기법에도 도입한 작가였다. 슈니츨러의 새로운 서술기법은 – 〈내적 독백〉(인너러 모노로크)은 – 슈니츨러 이후의 독일소설은 물론이고, 20세기 소설 일반에 지대한 영향을 끼쳤다. 아일랜드 출신 소설가 제임스 조이스(1882-1941)가 1922년 〈율리시즈〉에 내적 독백의 기법을 처음으로 수용한 이후 이 서술기법은 영미소설에서는 〈의식의 흐름〉이라고도 불렸다. 내적 독백이란 사건의 진행에 따라 이미 구현된 현실에, 얼핏 보면 사건의 진행을 방해하는 것처럼 아직 구현되지 않은 현실, 즉 의식 속에서만 머물고 있는 현실을 현재형으로 동시에 등장시키면서, 이미 구현된 현실(과거형)과 구현되지 않은 현실(현재형) 사이를 자유자재로 넘나드는 1인칭 서술기법이다. 〈시적 사실주의〉(독일 사실주의) 소설가들이 사건의 진행을 순차적으로 서술했다면, 토마스만(마의 산, 1924)과 프란츠 카프카(성, 1926)와 헤르만 브로흐(몽유병자들, 1930/1932) 등은 순차적 서술방법이 아닌, 병렬적 서술을 시도함으로써 과거와 현재와 미래를 동일한 서술 차원에 혼재하게 하였다. 이로써 작가는 무한한 가능성과 자유를 가지게 되었으며, 19세기 식의 전통적 서술기법에 익숙한 독자들은 새로운 독서태도를 요구당하기에 이르렀다. 이제 슈니츨러는 여기에다가 내적 독백이라는 새로운 서술기법을 동원함으로써 아직 언어적 표현으로까지 숙성되지 않은, 생성단계의 의식의 내용까지도 들여다 볼 수 있는 기회를 독자들에게 제공한 것이었다. 내적 독백을 통하여 의식의 내용까지 언어로 표현하는 이 과격한 시도는 〈꿈의 해석〉을 통하여 성격과 정서적 장애를 치료하려고 했던 프로이트의 노력을 연상시킨다.

그리고 암시와 최면 따위의 주제를 다룬 것 역시 슈니츨러가 의사 출신의 작가로서 자신의 직업상의 경험을 작품에 반영한 것이라고도 할 수 있겠지만, 그의 7개의 단막극 시리즈 〈아나톨〉의 첫 번째 단막극 〈운명에게 던지는 질문〉이 빈의 월간 문학지 〈현대문학〉(발행인: 에두아르트 카프카)에 발표된 것이 1890년 5월이고, 프로이트의 〈꿈의 해석〉이 출간된 해도 역시 1890년이었던 점을 감안한다면, 시기적으로도 두 사람 간의 교류를 짐작할 수 있을 것이다. 1885년부터 1888년까지 3년간 빈 국립의과대학 부속병원(알게마이네스 크랑켄하우스)에서 슈니츨러가 후두학 전공의로 재직했을 당시 그가 모신 과장이 바로 프로이트가 의과대학을 다녔을 때 배웠던 스승 테오도르 마이네르트(1833-1892) 정신과 교수였으며, 슈니츨러의 의학논문 〈최면과 암시를 통한 기능성 실성증(失聲症) 치료〉가 1889년에 발표된 사실도 문학(슈니츨러)과 정신분석학(프로이트)을 묶어준 끈 중의 하나였을 수 있을 것이다. 슈니츨러에게서 관찰될 수 있는 문학과 정신분석학의 접목은 문화영역 간 교류가 자유로웠던 - 유럽의 다른 대도시들과는 다른 - 빈의 독특한 시대분위기에 기인한 것이기도 했다. 문학카페가 작가들의 활동에 끼쳤던 영향은 슈니츨러의 문학에서 드러나는 음악성에서도 찾을 수 있다. 그린슈타이들 카페에서의 작곡가들과의 교류가 슈니츨러의 연극에 영향을 끼친 사례는 여러 작품에서 발견된다. 단막극 형식의 오페레타 〈용감한 카시안〉은 작곡에 대한 전문지식이 없이는 집필이 불가능한 작품이다.

문화영역 간, 예술가 간 상호교류를 가능케 한 교점으로서의 역할을 문학카페가 일정 정도 수행한 것은 분명했다. 문학 토론장으로서의 문학카페는 서로 다른 예술의 영역들을 중개하는 교량의 역할을 한 장소였다. 유태인배척주의자들은 〈젊은 빈〉을 비롯한 세기전환기의 오스트리아 문학을 대표하는 청년작가들을 가리켜 '카페작가'라 폄하하고, '카페문학'이라는 용어를 사용하면서까지 이들의 문학작품을 과소평가하려고 시도했다. 그럼에도 불구하고 세기전환기 이전까지 오스트리아의 문학에 이렇게 많은 세계문학이 존재한 적이 없었다. 그리고 이 시기의 오스트리아 문학을 세계 문학으로 끌어 올리는데 주도적인 역할을 한 사람들은 몇 사람의 예외를 제외하면 모두 유대계 오스트리아 작가들이었다. 그들 세기전환기 모데르네 작가들은 독일문학사에서 오스트리아 문학의 정체성을 최초로 확립한 작가들이었다.

3
1945년 그리고 새로운 출발

1) 제2공화국의 4대국 점령시기(1945-1955)

2차 대전의 전선은 오스트리아 전역에 형성되었기 때문에, 이 전쟁은 과거 어느 전쟁보다도 민간인들에게 큰 피해를 남긴 전쟁이었다. 수도 빈 한 곳만 해도 대전 막바지에 이르러 50회 이상의 공습으로 인해 8,000명 이상의 시민이 목숨을 잃었고, 중상자는 13,000명, 경상자도 27,000명에 달했다. 파괴된 건물은 전체 건물의 약 40%에 달하는 46,000여 채였으며, 그 중 6,000채 이상은 완파되었다. 비너노이슈타트 같은 빈 인근 도시들은 빈보다 더 심하게 파괴되었다. 그라츠, 클라겐푸르트, 필라흐, 인스브루크, 린츠 등의 도시들도 막심한 피해를 입었다. 1945년 3월에 이미 서방 연합군은 라인 강까지 진격했고, 소련군은 헝가리의 볼로톤(서헝가리의 호수) 호수와 도나우 강 사이로 진입했다. 히틀러의 '천년 제국'의 종말은 확정적이었다. 빈의 초토화를 막으려한 소콜 소령의 <라데츠키 작전>은 실패로 돌아갔고, 소령과 함께 작전에 참가한 3명의 장교가 공개 처형당했다. 4월 초 소련군은 빈에 도달했고, 빈을 방어하기 위한 독일군의 반격이 치열했다. 약 일주일간의 격전 끝에 1945년 4월 13일 전투는 끝이 났다. 19,000명의 독일제국 군인들과 18,000명의 소련군 병사들이 빈 전선에서 전사했다. 빈은 소련군에 의해 점령되었지만, 나머지 오스트리아 연방주에서는 전투가 계속되었다. 포르아를베르크와 티롤의 산악지역 전투가 먼저 끝난 후, 잘츠부르크와 오버외스터라이히에서도 포성이 멈추었다. 나치 독일이 가장 끈질기게 저항한 지역은 케른텐과 슈타이어마르크 연방주였다. 2차 대전이 공식적으로 끝난 날은 1945년 5월 8일이었다. 4월 30일 히틀러가 자살을 감행한 후, 독일제국 해군사령관 카를 되니츠(1891-1980) 제독이 히틀러의 자리를 승계했지만,

1945년 5월 8일 항복문서에 서명해야 했다. 서방연합군이 오스트리아의 서부 연방주에 진주했을 때는 독일이 무조건 항복을 선언하기 직전이었다.

1945년 4월 1일 제2공화국 수립을 위한 중요한 결정들이 내려졌다. 소련군이 니더외스터라이히의 글로그니츠(빈 남쪽 75km)에 다다랐을 때, 대전 중 그곳에 체류하고 있던 제1공화국 초대 수상을 역임한 카를 렌너가 대오를 지어 진격중인 소련군 전위부대의 행렬을 막아섰다. 신원이 확인된 렌너는 인근 호흐볼커스도르프의 소련군 임시사령부로 인도되어, 그곳에서 스탈린과의 독대가 이루어졌다. 전쟁이 아직 끝나지 않은 시점에 스탈린은 카를 렌너에게 오스트리아의 신정부 구성을 위임했다. 오스트리아의 독립에 가장 적극적이었던 국가는 실제로 소련이었다. 소련은 <모스크바 선언>(1943) 이전에 이미 오스트리아를 독일제국에서 분리시킬 계획을 가지고 있었다. 그것은 오스트리아를 중립국으로 독립시키면 스위스와 오스트리아가 이탈리아 주둔 미군과 독일 주둔 미군의 연결을 차단하는 방호벽 역할을 할 것이라는, 냉전시대의 미소 관계를 이미 예상이라도 한 것 같은 소련의 전략이었다. 렌너와 스탈린의 접촉은 오스트리아가 소련에 협력한다는 서방연합국의 의심을 사기에 충분했다.

전쟁 중 나치 정권과 싸운 저항단체들은 종전 후 정치적 결속을 이루는데 성공하지 못한 반면, 제1공화국 시대의 정당들은 신속히 재건되었다. 전쟁이 끝나기도 전인 1945년 4월 14일 사민당이 - 제1공화국의 사회민주주의노동자당(SDAP)에서 '노동자'란 단어가 빠지고, 오스트리아의 국명이 추가된 오스트리아 사회민주주의당(SPÖ)이 - 제일 먼저 재건되었다. 독일민족주의 진영의 정당(대독일국민당)이 전후에 재건될 수 없었던 것은 종전 후 반파시즘적 합의가 오스트리아의 사회적 분위기를 지배했고, 독일민족주의는 국가사회주의와 한통속으로 간주되었기 때문이었다. 4월 17일 오스트리아 국민당(ÖVP: 기사당/조국전선 및 농촌연맹의 후신)이 창립되고, 공산당이 옛 이름 그대로 재건된 후, 3당 대표 4인(사민당의 카를 렌너와 아돌프 셰르프,

국민당의 레오폴트 피글, 공산당의 요한 코플레니히)에 의해 오스트리아의 독립이 선포되었다. 4인의 정당대표들에 의해 독립선언문이 선포되고 만 열흘이 지난 후인 1845년 4월 27일 오스트리아 제2공화국 임시정부가 출범했다. 제1공화국의 초대 수상이었던 사민당의 카를 렌너가 수상직을, 나머지 세 사람의 정당대표들은 - 사민당의돌프 셰르프(1890-1965), 국민당의 레오폴트 피글(1902-1965)과 공산당의 요한 코플레니히(1891-1968) - 각각 무임소장관 겸 임시정부의 부수상직을 맡았다. 이날 빈 필하모니 오케스트라는 요한 슈트라우스 1세의 <라데츠키 행진곡>을 연주하여 오스트리아의 독립을 자축했다. 제2공화국 임시정부에서 내무부장관과 교육부장관 직을 맡은 오스트리아 공산당은 사민당이나 국민당만큼 큰 역할을 했다. 1945년 4월 27일 카를 렌너 수상의 내각이 구성되면서 출범한 제2공화국 임시정부는 - 1945년 11월 25일 실시된 총선의 결과에 따라 구성된 - 국민당 정부에게 12월 20일 정권이 이양될 때까지 약 8개월 동안 유지되었다. 철저한 거국 내각이었던 렌너의 임시정부는 복수차관 제도를 도입하여 3개 정당 출신의 장관 밑에는 다른 2개 정당 출신 차관 각 1명씩 2명의 차관이, 무소속 장관인 경우 3개 정당 출신 차관 각 1명씩 3명의 차관이 장관을 보좌했다. 카를 렌너 수상은 1945년 12월 20일 연방대통령이 선출될 때까지 국가원수의 권한을 행사했다. 부수상 겸 무임소장관 요한 코플레니히, 내무부장관 프란츠 호너(1893-1964), 교육부장관 에른스트 피셔(1899-1972)를 위시해 장차관에 임명된 오스트리아 공산당원들은 대부분 망명지 모스크바에서 귀국한 인사들이었다.

독립선언(1945년 4월 17일)과 제2공화국의 출범(1945년 4월 27일)에도 불구하고 오스트리아는 1945년부터 1955까지 10년 간 4개 연합국의 군정을 피할 수 없었다. 동부전선을 평정한 소련군이 서방 3개 연합국 군대보다 먼저 오스트리아에 진주해 빈을 포함한 오스트리아의 동부지역을 점령했다. 소련군이 장악한 지역은 수도 빈을 위시해 니더외스터라이히와 부르겐란트, 그리고 슈타이어마르크 연방주로서 오스트리아의 전체 9개 연방주

중 4개 연방주에 달했다. 4개국 점령구역이 최종적으로 확정된 것은 1945년 7월 미국 대통령(해리 S. 트루먼, 1884-1972)과 소련 수상(이오시프 스탈린, 1879-1953), 그리고 영국 수상(클레멘트 에틀리, 1883-1967) 사이에 개최된 <포츠담 회담>(7월 17일-8월 2일)에서였다. <포츠담 협정>(1945년 8월 2일)에 따라 소련은 슈타이어마르크 연방주를 포기하고, 영국군이 그 지역에 진주하게 되었다. 린츠와 도나우 강 이북의 오버외스터라이히 연방주의 뮐피어텔은 미국군이 철수하고, 소련군이 진주하도록 조정되었다. 매 10일마다 개최되며, 의장직은 4국이 교대로 수행하는 연합국 협의체와 집행위원회의 설치가 선포되고, 오스트리아의 수도 빈은 4개 점령구역으로 분할되었다. 오스트리아는 그리하여 4개의 점령지역으로 분할되었다. 북티롤과 포르아를베르크 연방주는 프랑스군 점령지역(사령부: 브레겐츠), 동티롤과 케른텐 연방주와 슈타이어마르크 연방주는 영국군 점령지역(사령부: 클라겐푸르트), 잘츠부르크 연방주와 도나우 강 남쪽의 오버외스터라이히 연방주는 미국군 점령지역(사령부: 잘츠부르크), 도나우 강 북쪽의 오버외스터라이히 연방주와 니더외스터라이히 연방주, 그리고 부르겐란트 연방주는 소련군 점령지역(사령부: 바덴)으로 결정되었다. 수도 빈의 경우 제1구는 4대국 합동사령부 산하에 두어 공동 관리되었으나, 나머지 22개 구는 4개 점령구역으로 분할되었다. 점령 첫 해인 1945년 말의 점령군 주둔 현황에 의하면 소련군 200,000명, 영국군 65,000명, 미국군 47,000명, 프랑스군 40,000명이 오스트리아에 주둔했고, 주둔 비용은 그렇지 않아도 경제적으로 위축된 피점령국 오스트리아에 부과되었다. 점령군의 철수년도인 1955년 현재 오스트리아에 주둔한 점령군 총수는 소련군 40,000명과 3개 서방연합국 군대 20,000명이었다. 카를 렌너 수상이 자주 언급하곤 했던 "너무 작은 배를 탄 4마리 코끼리"라는 비유가 당시의 상황을 사실적으로 설명해주었다.

전후 오스트리아의 국내 사정은 극도로 열악했다. 전국의 도시가 전쟁으로 피해를 입었는데, 수도 빈은 물론, 빈 주변 도시들도 예외가 아

니었다. 나치 공군 항공기 제작소가 있던 비너노이슈타트는 영국 공군의
융단폭격으로 도시 전체가 황폐화되었고, 수도 빈도 거의 폐허의 도시로
변해 있었다. 연합군의 공습을 피해갔던 지역도 소련군이 진주할 때 벌
어진 시가전에서 거의 완벽하게 파괴되어 버렸다. 1944년 6월 괴벨스의
총력전 선언 이후 폐쇄된 빈 국립 오페라는 1945년 3월 12일 미공군기
의 오폭으로 완전히 소실되어 버렸다. 1944년 6월 30일 공연된 마지막
오페라 작품은 의미심장하게도 새 시대의 도래를 앞둔 신들과 세계의
멸망이라는, 북구의 신화를 소재로 한 리하르트 바그너의 <신들의 황
혼>이었다. 빈 대학 맞은편의 부르크테아터(궁정극장)는 4월 12일의 시가전
때 유탄포의 공격을 받아 불타버렸다. 빈 시민 뿐 아니라, 오스트리아
국민 모두의 마지막 정신적 안식처인 성 슈테판 교회가 화염에 휩싸인
날도 4월 12일이었다. 1433년에 완성된 137미터 높이의 남쪽 탑은 심하
게 파손되긴 했지만, 기적처럼 그 윤곽을 유지하고 있었다. 훼손되지 않
은 공공건물은 거의 없었다. 옛 모습은 잃은 빈은 도시 전체가 아비규환
의 지옥 같았다.

교통수단도 모두 파괴되어 버렸다. 서서히 복구되어 몇 대의 전차들
이 운행되기 시작했지만, 예고도 없는 정전사태로 목적지에 과연 도착할
수 있을 것인지, 언제 도착할 수 있는지 가늠할 수가 없는 혼란이 도시
의 분위기를 지배했다. 1945년 봄 거의 전 유럽에 조명시설이 가동되기
시작했지만, 유독 빈의 밤은 어두웠다. 그러나 가장 고통스러운 것은 식
량사정의 악화였다. 일일 공급 식량의 총열량은 1인당 500칼로리에 불과
했다. 5월에 소련으로부터 맥분 8,000톤, 곡물 7,000톤, 대두 1,000톤, 완
두 1,000톤, 육류 200톤, 설탕 200톤 등의 식량을 기증받아 상황이 다소
개선되긴 했지만, 전체 시민의 식량사정을 감안하면 소련의 원조는 미미
했고, 그 효과는 단기적이었다. 식량배급제도가 도입되었고, 일일 칼로리
총량은 1946년 말에 1,550 칼로리, 1948년에 2,100 칼로리로 확대되었다.
중노동자와 수유중인 여성에게는 추가 식량이 공급되었다. 암시장이 번

창하였다. 밀가루를 구하기 위해 다이아몬드를, 육류를 구입하기 위해 금붙이를 내다 팔아야 했다. 철도의 41퍼센트와 차량 철도 기지창의 66퍼센트가 전쟁 통에 파괴되고, 도나우 강 운항 선박 50퍼센트 이상이 격침되었다. 정상적인 상거래가 규모 있게 이루어지는 곳은 어디에도 없었다. 지폐를 인수하기를 꺼렸기 때문이었다. 독일 마르크화와 점령국들이 발행한 군표가 함께 사용되었다. 외환을 가진 사람은 부자가 될 수 있었다.

평야지대 주민들의 식량사정은 상대적으로 덜 심각했지만, 그곳에서는 교통수단의 결여가 더 큰 문제였다. 도시의 거리와 광장은 온통 폐허 더미로 뒤덮여 있었다. 빈으로 향하는 국도와 지방도로는 2차 대전과의 악연으로 고난의 길을 걷는 사람들의 행렬로 넘쳐났다. 그들은 강제이주 자들이었거나 전선으로부터 귀향하는 병사들, 또는 외국 노동자들이거나 강제수용소에서 해방된 사람들이었다. 총 1,600,000명에 달하는 피난민, 동유럽에서 추방된 독일인, 이주민들, 강제노동 목적으로 나치 독일제국으로 끌려왔던 외국인이 - 이들 노동자 대부분은 독일어를 구사하지 못했다 - 오스트리아에 체류했다. 독일군의 일원으로서 2차 대전에 참전한 오스트리아인 247,000명이 전사하거나, 영구 실종되었고, 약 500,000명은 서방연합국 포로수용소에 수감되어 있었다. 이들은 1945년 가을에 대부분 석방되어 귀환했다. 그러나 소련군의 포로가 된 오스트리아 군인은 오스트리아 공산당이 중재한 후에야 비로소 1947년과 1949년 사이에 풀려날 수 있었다. 소련에 억류된 포로 중에는 <오스트리아 국가조약>이 체결된 1955년 이후에 석방된 사람들도 있었다.

그러나 이 모든 시련에도 불구하고 희망의 분위기가 오스트리아를 감싸 안고 있었던 것만은 부인할 수 없는 사실이었다. 전쟁이 끝났기 때문이었다. 비록 영양실조에 걸려 있었지만, 오스트리아 사람들은 이제 국가재건에 기꺼이 발 벗고 나섰다. 서부전선의 알프스 지대에서는 전투가 여전히 치열하게 전개되던 1945년 4월 27일, 오스트리아 국영 라디오 방송은 전후의 첫 방송으로 빈 필하모니 오케스트라의 전후 첫 콘서트 실황을 중계했다. 그날은 오스트리아 제2 공화국 임시정부가 출범한 날이었다. 독일군이 이탈리아 전선(1945년 4월 29일)과 서부 오스트리아 전선(1945년 5월 4일)에서 잇달아 항복한 후, 공연이 가능한 오스트리아의 극장들은 재개관 일정을 일제히 발표했다. 크게 훼손된 빈 대학교에서도 강의가 시작되었다. 지방에서도 분위기는 비슷했다. 도처에서 열린 연주회와 예술행사가 귀향병사들을 맞아주었다. 6월 중순에 이미 그라츠에서는 오페라와 샤우슈필하우스가 개장을 했고, 8월에는 인스브루크 대학이 강의를 시작했다. 잘츠부르크에서는 미군의 후원 하에 전후 첫 하계음악제가 개최되었다. 물론 오늘날에 비하면 행사일정에 포함된 프로그램의 내용은 극히 빈약했지만, 볼프강 아마데우스 모차르트의 오페라 <후궁으로부터의 유괴>와 후고 폰 호프만스탈의 연극 <바보와 죽음>이 - <예더만> 대신 - 1945년 잘츠부르크 하계음악제에서 공연되었다. 빈이 탈환되기 한 달 전인 1945 3월 12일 연합군의 오폭으로 파괴된 빈 국립오페라는 1939년 이래 폐쇄된 <테아터 안 데어 빈>('빈 강변극장, 빈 강의 시내 구간은 복개천임)의 무대를 빌려 1945년 10월 6일 베토벤의 <피델리오>로 감격적인 전후 첫 공연을 가졌다. 피델리오는 19세기 초 나폴레옹 1세가 빈을 점령했을 때, 바로 이 극장에서 1805년 11월 20일 초연된 작품이었는데, 1945년부터 1955년까지 이 지역은 소련 점령구역이었다. 요제프 크립스(1902-1974)를 지휘자로 <테아터 안 데어 빈>은 1955년 복구될 때까지 10년 동안 빈 국립오페라의 피난극장 역할을 했다. 카를 뵘(1894-1981)은 나치에 협조한 전력 때문에 4대국 점령기간 동안 활동의 제한을 받았다. 뵘이 국립오페라 지휘자로 복귀한 것은 1955년 11월 5일 오스트리아 국가조약 체결 축하 및 국립오페라 복구 기념 공연을 했을 때이었고, 뵘이 지휘한 오페라는 이번에도 베토벤의 피델리오이었다. 참고로 테아터 안 데어 빈이 1939년부터 1945년까지 폐쇄된 이유는 유대인 혈통의 배우, 연출가 겸 극장장 아르투어 헬머(1880-1961)가 영국으로 망명한 후 극장이

나치에 의해 '아리아화' 되었기 때문이었다.

4대국 점령통치 첫 해인 1945년의 오스트리아 제2공화국 임시정부가 해결해야 할 가장 중요한 정치적 현안은 렌너 수상의 임시정부가 모든 점령국들로부터 승인을 구하는 일이었다. 스탈린의 지원을 받아 임시정부를 구성한 렌너 정부가 나머지 3개 서방점령국의 승인을 얻기까지는 6개월의 시간이 소요되었다. 미군 관할의 잘츠부르크 연방정부가 1945년 5월 24일 카를 렌너 정부를 인정하는 각서 전달 결정을 내리자, 잘츠부르크 연방주정부는 미국점령군 사령관의 경고를 받았다. 렌너 수상이 오스트리아의 9개 연방주 모두로부터 임시정부에 대한 승인을 얻어낸 것은 점령 4국의 인가를 받아 소집된 연방주정부대표자 회의(9월 24-26일)에서였다. 그로부터 또 한 달이 지난 1945년 10월 19일에야 비로소 4개 연합국으로부터 일괄승인을 받음으로써 임시정부는 국가적 통합을 완성시킬 수 있었다. 오스트리아 임시정부(1945년 4월 27일-12월 20일)의 목표는 1920년에 제정된 연방헌법과 1929년의 수정연방헌법에 기초한 오스트리아 연방공화국의 재건이었다.

1945년 11월 25일 종전 후 첫 총선거가 실시되었다. 많은 유권자들이 아직도 전쟁포로의 신분으로 다른 나라, 특히 소련에 억류되어 있었고, 나치 협력자로 등록된 자들에게는 선거권이 부여되지 않았다. 1930년 총선 이후 15년 만에 처음으로 실시된 오스트리아 제2공화국의 첫 총선은 이처럼 어려운 여건 하에서도 순조롭게 실시되어 놀라운 결과를 가져왔다. 합병 이전의 지지 정당에 대한 유권자들의 충성도가 15년 전과 똑같이 증명되었기 때문이었다. 제1공화국의 마지막 선거였던 1930년 총선에서 가장 많은 의석을 차지했던 정당은 재적의석 165석 중 72석을 차지한 사회민주주의노동자당이었다. 그러나 66석을 얻은 기독교사회당이 농촌연맹(9석) 및 하이마트 블록(8석)과 보수연정을 구성하여 연방헌법을 파기하고 <5월 헌법>을 제정한 후, 당명을 조국전선으로 바꾸고, 다른 정당들을 모두 해산시켰었다. 1934년부터 1938년 합병될 때까지 파시즘 정부를 주도한 정당으로 악명을 떨쳤음에도 불구하고, 1945년 11월 총선에서 기독교사회당/조국전선과 농촌연맹의 전통을 계승한 오스트리아 국민당(ÖVP/오스트리아 국민당)이 165석 중 85석을 획득하여 절대 과반 정당이 되었다. 그러나 국민당은 국민당 단독정부를 구성하는 대신, 76석을 획득한 제2당 사민당(SPÖ/오스트리아 사회민주주의당)과 공동정부를 수립하여 1945년부터 1970년까지 - 마지막 4년(1966-1970)은 국민당 단독정부였다 - 제2공화국의 정치를 주도하게 되었다. 반면에 165석 중 4석을 획득하는데 그친 공산당(KPÖ/오스트리아 공산당)은 임시정부(거국내각)에서의 역할을 모두 반납해야 했다.

국민당이 절대 과반 의석을 점유함으로써 제2공화국 임시정부 시절의 부수상이며 오스트리아 국민당 대표인 레오폴트 피글(1902-1965, 수상: 1945-1953)이 렌너의 수상 직을 승계했고, 의회는 1945년 12월 20일 전원일치로 임시정부의 수상 카를 렌너(사민당)를 연방대통령으로 선출했다. 카를 렌너는 6년 임기를 채우지 못한 채, 1950년 12월 31일 사망했다. 1929년 직선제가 연방헌법에 도입된 후 선출된 오스트리아 공화국 사상 첫 직선 대통령은 1951년 6월 21일 카를 렌너 대통령의 후임 대통령으로 취임한 테오도르 쾨르너(1951-1957, 재임: 1951-1957)였다. 국민당의 과반수 의석 확보에도 불구하고 사민당과 공동정부를 구성한 피글 수상의 제1기 내각은 국민당과 사민당 출신 장관 각 6명 외에도 공산당 출신 장관 한 명을 포함했는데, 이는 임시정부의 거국내각을 연착륙시키기 위해 레오폴트 피글 수상이 공산당에 대해 정치적 배려를 한 결과였다. 이러한 배려 덕분에 임시정부의 법무차관이었던 카를 알트만(1904-1960) 한 사람만이 공산당 출신으로서는 유일하게 피글 1기 내각의 에너지 장관에 기용되었다. 그러나 그 자리도 1947년(11월 20일) 사민당에 내어준 후, 공산당은 현재에 이르기까지 단 한 차례도 정부에 참여할 기회를 얻지 못했다. 2차 대전 중 나치 정권에 대한 저항으로 명성을 떨친 오스트리아 공산당이 실망스러운 선거결과를 보인 것은, 유권자들이 부녀자 강간과 약탈을 일삼았던 소련 점령군과 오스트리아 공산당을 한 통속으로 간주했기 때문이었다.

레오폴트 피글은 독일과 오스트리아의 합병을 결사반대했던 정치인으로서 2차 대전 중 다하우와 마우트하우젠 강제수용소를 거치면서 나치 정권의 감시를 받은 정치인이었다. 종전과 더불어 자유의 몸이 된 그는 1945년 오스트리아 국민당을 창당하여 1951년까지 국민당 당대표를 지냈으며, 1945년부터 1953년까지 연방수상, 1953년부터 1959년까지 외무장관, 1959년부터 1962년까지 나치오날라트(하원) 의장, 1962년 이후 니더외스터라이히 연방주지사를 각각 역임했다. 1959년 그의 뒤를 이어 외무장관이 된 사민당의 브루노 크라이스키(1900-1990)는 후일 국민당 통치 25년의 역사를 종식시킨 정치가였다. 1955년 외무장관 자격으로 <오스트리아 국가조약>에 오스트리아를 대표해 서명함으로써 10년 점령시대에 종지부를 찍은 주역이었고, 오스트리아가 영구중립국으로 새로운 출발을 하는데 결정적인 기여를 한 정치가가 외무장관 시절의 레오폴트 피글이었다. 니더외스터라이히의 농민의 아들로 태어난 자그마한 체구의 피글은 다른 사람에게 강요하는 자세를 보인 적이 없는, 누구에게도 접근을 허락하는 친화력을 지닌 겸손한 정치인이었다. 1945년 이후 피글 만큼 오스트리아 국민의 광범한 지지를 받은 정치가는 없었다. 그는 다른 사람이라면 실패했을 어려운 상황을 극복하여 오늘날의 오스트리아를 존립하게 만든, 작지만 큰 정치가였다. 전후 총선을 통한 오스트리아의 첫 연방수상이 레오폴트 피글이었다는 사실은 오스트리아와 오스트리아 국민의 행운이었다.

전후 오스트리아 정부가 맞닥뜨린 여러 가지 난제들은 대부분 경제문제였다. 재정적자와 주택부족의 극복, 국토재건, 유럽부흥계획(마셜 플랜) 기금의 과도한 사용 등이 전후 시대에 회자한 정치권의 화두였다. 오스트리아가 마셜 플랜에 집착한 이유는 소련의 눈치를 보면서도 친서방국가의 길을 택했기 때문이었다. 1945년 12월 실링화가 부활하여, 150실링까지는 독일 마르크화와 동등한 비율로 교환되었고, 150실링을 초과하는 액수는 은행에 예치되어야 했다. 1946년 소련은 그들의 점령지역 안에 있는 구 독일제국 재산의 몰수를 선언했다. 가격으로 환산할 때 오스트리아 산업시설의 절반에 가까운 재산이 일방적인 선언을 통해 고스란히 소련의 소유로 넘어가 버린 것이었다. 본국으로 수송이 가능한 공장시설 따위는 국가조약이 체결된 1955년 이전에 이미 소련으로 반출되었다. 통화관리를 통해 경제를 안정시키고, 마셜 플랜에 동참하기 위해 오스트리아 정부는 1947년 실링화의 가치를 평가절하 하는 통화개혁을 단행하지 않을 수 없었다. 1948년 마셜 플랜을 통한 미국의 경제원조가 없었더라면, 소련에 의한 오스트리아의 국부 유출로 어쩌면 오스트리아의 경제는 파산을 면치 못했을지도 모른다. 마셜 플랜을 통해 약 10억 달러가 경제복구 비용으로 오스트리아에 긴급 수혈되었다. 오스트리아의 산업근대화는 전적으로 유럽부흥계획의 지원 덕분이었다고 해도 과언이 아니었다.

2차 대전의 공동책임에 대한 모스크바 선언(1943)의 지적은 의도적으로 외면한 채, 국가사회주의에 의해 희생된 첫 번째 국가가 오스트리아였다는 자구만을 지나치게 적극적으로 수용하는 분위기가 전후 거의 반세기 동안 오스트리아를 지배했다. 이 같은 모스크바 선언의 자의적인 수용은 오스트리아의 전쟁책임 문제를 희석시키는 수단이 되었고, 시간이 지날수록 오스트리아의 희생론이 신념화되는 경향을 보였다. 전후의 탈나치화 작업이 실패한 것도 전쟁책임론 회피와 무관하지 않았다. 2차 대전의 주요 전범들을 심판한 뉘른베르크 전범재판소와는 별도로 오스트리아는 특별재판소(폴크스게리히트, 1945-1955)를 한시적으로 설립해 오스트리아 출신의 전범들을 단죄했다. 등록의무가 부과된 과거의 나치 협력자들은 협력의 경중에 따라 전범, 부역자, 단순부역자 등 세 집단으로 분류되었다. 전범급의 나치 협력자들에 대한 재판은 빈의 특별재판소에서 진행되었지만, 부역자는 벌금형을 선고 받거나, 직업 선택의 제한을 받는데 그쳤다. 나치 독일에 협력한 관리들과 교사들은 해고되었지만, 곧 복직된 사람들이 많았다. 단순부역자는 1948년 4월 21일 공표된 나치 관련자 사면령과 더불어 사회에 재통합되어, 1949년 총선에도 참여할 수 있었다. 사면 복권된 나치 전력자들이 보수정당인 국민당에 투표할 가능성을 우려한 사민당은 국민당을 견제할 제4당의 창당을 지원했다. 1938년 당시의 합병 지지 세력들을 규합하기 위해 국민당이 오버외스터라이히 연방주의 휴양도시 그문덴에서 나치 협력자 대표들과 회동한 사실이 알려지자, 사민당은 1945년의 총선 패배에 이어 또 다시 제1당의 위상을 국민당에 빼앗기지 않기 위해 보수진영의 분열을 유도했다. 사민당의 공작으로 태어난 정치조직이 <무소속 연합>이었고, 무소속 연합의 후속 정당이 바로 오늘날까지 존속하고 있는 유럽 최대의 극우 정당인 오스트리아 자유당(FPÖ)이다. 무소속 연합은 창당하자마자 후보를 내어, 1949년 총선(통산 제6대 선거)에서 11.7퍼센트(16석)의 지지를 획득하여 단숨에 공산당을 제치고 국민당(77석)과 사민당(67석)의 뒤를 이어 원내 제3당으로 부상했다. 극우 정당의 출현을 사회민주주의 정당이 도운 것은 역사의 아이러니라 하지 않을 수 없다. 국민당을 견제하기 위해 무소속 연합을 지지했지만, 사민당은 1945년 총선 때보다 1949년 총선에서 오히려 더 많은 의석을 잃어야 했다.

1949년 6대 총선에서 무소속 연합이 점유한 16석의 의석은 사민당이 9석을 잃고, 국민당이 8석의 의석을 잃은 결과였다. 국민당과 사민당이 잃은 17석 중 나머지 의석 하나는 공산당 몫으로 돌아가, 공산당은 1945년 총선 때 보다 1석이 늘어난 5석을 차지했다. 사민당은 국민당의 의석수 증가를 저지하는 데는 일단 성공했지만, 선거 결과는 명백한 우경화였다. 오스트리아의 정책을 좌지우지한 국민당과 사회당 간의 대연정은 제1공화국의 사회민주주의노동자당과 기독교사회당 간의 연정(1918-1920)과는 달랐다. 제2공화국의 국민당과 사민당 공동정부는 탈이데올로기 연정이었다. 사민당(사회민주주의당)은 더 이상 과거의 순수 마르크스주의 사회민주주의노동당이 아니었다. 사민당은 서서히 정권 수임 정당으로 발돋움하기 시작했고, 국민당도 민주주의를 인정하고, 제1공화국 시절의 기독교사회당과는 달리 유태인배척주의 노선의 포기를 명시적으로 선언한 정당이었다.

오스트리아 공산당은 동부 오스트리아와 빈에 주둔하고 있는 소련 점령군의 존재에도 불구하고 정당으로서의 중요성을 잃어가고 있었다. 1950년 빈의 소련 점령구역 내에서 발생한 좌익 노조의 파업으로 민주주의 체제가 위기를 맞았을 때, 공산당은 그 기회를 이용해 오스트리아의 정치시스템(국민당-사민당 공동정부)을 혼란에 빠트리려고 시도했다. 역사가들 사이에 이론이 없는 것은 아니나, 정권을 탈취하기 위한 의도가 있었던 것만은 명백했다. 파업의 명분을 정당화하기 위해 노조가 내세운 이유는 1949년 통화개혁 이후의 물가상승이었지만, 오스트리아 노조연맹(ÖGB)과 정부를 장악하는 것이 파업을 배후에서 조종한 오스트리아 공산당의 은밀한 목표였다. 국민당-사민당 연립정부는 1950년 10월의 총파업을 공산당의 쿠데타 시도로 간주했지만, 소련 점령구역 내에서 발생한 파업에 경찰의 개입이 불가능했기 때문에 전전긍긍했다. 1950년 한국전쟁에 개입한 소련은 오스트리아가 또 하나의 새로운 불안의 진원지가 되는 것을 염려했기 때문에, 빈 주둔 소련 점령군도 오스트리아 공산당의 지원을 유보해야 했다. 이 때 등장한 사민당 소속 건설노조 위원장 프란츠 올라(1910-2009)와 그가 동원한 행동대원들의 역할이 국민당과 사민당의 공동정부를 정치적 위기에서 구출했다. 제1공화국 시절부터 노동운동의 좌우익을 모두 대변하려고 했던 사민당의 노조정책이 다시 한 번 빛을 발한 것이었다.

1950년의 10월 위기를 극복한 국민당-사민당 공동정부는 1966년까지 존속하면서 오스트리아의 정치를 선도했다. 사회민주주의노동자당과 기독교사회당 간의 알력과 긴장관계 때문에 국내정치가 파란만장할 수밖에 없었던 제1공화국 시대의 연정과는 반대로, 제2공화국의 국민당-사민당 연립정부는 4대국 군정에 대처하기 위한 정치적 수단으로 작용한 측면이 강했기 때문에, 점령기간 동안의 양당의 협력정치는 사회적 평화를 가져오는데 크게 기여했다. 그러나 21년(1945-1966) 동안이나 지속된 연정으로 민주주의가 약화되는 부정적인 부수 현상도 동반되었다. 1945년 12일 20일부터 1970년 3월 3일까지 제1당의 위치를 점한 국민당 주도 정부 24년 중 마지막 수상 요제프 클라우스(1910-2001)의 제2기 정부(1966-1970)는 사민당과의 대연정이 아닌, 국민당의 단독정부였다. 눈에 띄게 드러난 대연정의 부작용은 의회주의가 크게 훼손되고, 정치권이 관료주의로 흐른 점이었다. 대연정은 비례배분 시스템을 정착시키는 결과를 가져와 통치 차원에서부터 하급 행정직뿐 아니라, 은행을 위시해 공영 및 반(半)공영 기업의 영역으로까지 '나눠먹기'식 제도가 확산되어, 국민당과 사민당 간 일자리 나누기가 정치일정의 메뉴가 되다시피 했다.

국내정치의 안정을 배경으로 하여 성장에 저해 요인이 될 수도 있었을 모든 사회적 갈등들이 무시됨으로써 제2공화국의 경제는 꾸준히 발전했다. 노동자와 사용자와 정부 간 협력관계 구축의 필요성이 제2공화국 수립 직후부터 대두되었지만, 1950년 10월 위기(10월 총파업)가 크게 작용하여 1951년 정부 내에 우선 경제조정위원회가 설립되었다. 이익단체들이 직접 참여하는 위원회가 설립된 것은 군정이 끝난 후의 일이었다. 1955년 5월 15일 <오스트리아 국가조약>이 체결되고, 점령군이 모두 철수한 후 물가와 임금이 크게 상승하자, 당시 오스트리아 노조연맹 총재 겸 국회부의장 요한 뵘(1886-1959)의 주도로 1957년 사정위원회가 먼저 설치되었다. 요한 뵘이 1959년 사망하고, 프란츠 올라가 뵘에 이어 오스트리아 노조연맹 총재에 선출된 후, 연방수상을 비롯한 해당부처 장관들과 이익단체 대표자들 간에 전문소위원회가 구성되어, 타협안이 도출되었고, 노조와 정부 간에도 협정이 체결되었다. 율리우스 라프(1891-1964, 수상: 1953-1961) 수상과 노조연맹 총재 프란츠 올라의 성을 딴 1961년의 '라프-올라 협정'은 노조와 정부 간의 협력을 제도화하기 위해 정부와 노조연맹이 체결한 일종의 비밀 노정협정이었다.

노사정 협력은 정당과 이익대표기관 간의 긴밀한 협조관계를 토대로 이루어졌다. 사민당과 노조 간 연대와 국민당과 경제단체(연방경제회의소 및 농업회의소) 간 연대가 상호작용을 한 것이었다. 여러 정책들이 실현될 수 있었던 것은 양대 거대정당(국민당과 사민당)의 연정과 해당 이익대표기관이 모두 동일한 목표를 추구했기 때문이었다. 노사정 협력시스템이 국내의 정치적, 사회적 안정, 그리고 경제적 관심사를 위해서는 중요했지만, 그로 인해 실재하는 사회적 대립관계가 묻혀 버리는 결과를 초래했다. 사민당 내부에서조차 계급대립을 거부함으로써 노동운동의 정당인 오스트리아 사민당은 이제 더 이상 마르크스주의의 본원지가 아니었다. 경제분야의 성과는 국민들을 만족시켰다. 실업률은 1960년대 중반 2.9퍼센트에 머물렀고, 연경제성장률은 4.4퍼센트에 달했다. 경제성장과 고용의 확대, 국민총생산에서 차지하는 노동자 지분의 증가, 그리고 낮은 인플레이션 비율은 오늘날의 관점에서 보면 1960년대를 황금시대로 보이게 할지도 모른다. 이 시기의 가장 중요한 화두와 담론은 발전과 성장에 대한 믿음이었다. 수력발전소와 케이블카의 건설, 대규모 관광을 위한 스키리프트 건설 등은 - 후일 환경보호론자들의 저항을 야기하기도 했지만 - 국민들의 지지를 받았다. 경제성장은 기술의 발전과도 연계되어 있었다. 에너지공급과 제철산업과 관광, 이들 3개 분야가 전후의 오스트리아 경제를 발전시킨 동력이었다. 실제로 도나우 강 전체가 수력발전소 구간으로 바뀌었고, 린츠와 도나비츠의 제철공장은 LD 처리기술을 개발하여 생산성을 높였다.

1918년 1차 대전 패전과 더불어 대제국에서 미니공화국으로 추락한 오스트리아 국민들에게 1938년의 강제합병은 과거(합스부르크 제국)의 신화에 대한 집착으로부터 벗어나, 민족적 유대감과 정체성에 대한 자의식을 되찾는 계기를 제공했지만, 오스트리아 국민은 그 대가를 치러야 했다. 그러나 2차 대전 종전과 더불어 국가의 정체성을 회복한 그들은 10년 고난(점령통치)의 시대도 국민적 동질성과 공동의 국가에 대한 국민적 동의를 강화시키는 기회로 삼을 수 있었다.

2) 국가조약(1955)과 오스트리아의 독립

1955년 서방연합국(미국, 영국, 프랑스) 및 소련과 오스트리아 간에 체결된 <오스트리아 국가조약>과 더불어 오스트리아의 주권과 독립은 회복되었지만, 오스트리아는 국가조약의 체결을 방해한 여러 가지 문제점들을 먼저 극복해야 했다. 케른텐 연방주 내 슬라브족 집단거주 지역에 대한 유고슬라비아의 영유권 주장은 1949년 유고 연방공화국 대통령 요시프 브로즈 티토(1892-1980)와 스탈린의 불화로 유고슬라비아가 소련의 지원을 잃음으로 해서 해결될 수 있었다. 오스트리아의 소련 점령지역 내 구 나치 독일제국의 재산권 귀속 문제를 해결한 데는 보수당인 국민당의 전향적 입장이 주효했다. 문제가 된 것은 1938년 합병 이전의 오스트리아 내 독일인 소유재산, 합병 이후 오스트리아에 반입된 독일인의 재산과 그들의 자본으로 건설된 산업시설, 그리고 합병 이후 독일인들이 매입한 오스트리아 내의 재산 등이었다. 소련 점령지역 내에 분포한 오스트리아의 석유산업과 도나우 기선회사도 구 독일제국 재산에 포함되었다. 국가조약을 체결하기 위한 협상은 지지부진했다. 군정 종식과 독립 쟁취라는 국가적 숙원을 해결하기 위해 국민당은 발 벗고 나서서 소련의 입장을 수용했다. 공산주의와 같은 편으로 내몰릴 것을 염려한 사민당이 오히려 협상 초기 반 소련 정책을 견지해야 했다. 정당정책의 방향을 정권교체가 아닌, 국가조약 체결에 초점을 맞추어 국민당과의 협력정치를 지향한 당시 사민당의 정치가는 레오폴트 피글 외무장관을 보좌한 외무차관 브루노 크라이스키였다.

오스트리아 정부는 1945년 이후 지속적으로 점령기간의 단축을 위해 노력했지만, 형식논리상 독일문제(독일의 탈나치화와 민주주의의 실현)가 선결될 때까지 기다려야 했다. 소련외교의 당면과제는 한국전쟁(1950-1953)의 해결이었기 때문에, 오스트리아의 정치권이 노력한 오스트리아 문제의 조기 해결은 원천적으로 불가능했다. 미국, 영국, 프랑스 등 서방연합국들과는 다른 견해를 가진 소련 측으로부터 긍정적인 첫 신호음이 들려온 것은 스탈린이 사망한 1953년 3월 5일 이후의 일이었다. 그리고 소련이 처음으로 오스트리아 국가조약을 승인할 용의를 비친 것은 한국전쟁이 종료된 다음 해인 1954년 1월 베를린에서 개최된 점령 4국 외무장관 회의에 참석한 비아체슬라프 미하일로비치 몰로토프(1890-1986) 소련 외무장관의 입을 통해서였다. 1955년 3월 소련 정부는 국가조약 체결을 위한 최종협상(4월 12-15일)에 참가할 오스트리아 대표단을 모스크바에 초대했다. 율리우스 라프(1891-1964, 수상: 1953-1961) 수상, 아돌프 셰르프 부수상, 레오폴트 피글 외무장관, 브르노 크라이스키 외무차관 등 4인이 오스트리아 대표였다. 수상과 외무장관은 국민당 소속이었고, 부수상과 외무차관은 사민당 소속이었다. 국가조약 체결을 위해 오스트리아는 소련의 요구를 수용하지 않을 수 없었고, 미국과 영국과 프랑스는 오스트리아의 결정을 지지해야 했다. 모스크바 협상에서 오스트리아는 나토에 가입하는 대신, 스위스가 유지하고 있는 형식의 중립을 영구히 실시할 의무를 지니게 되었고, 그 대가로 소련을 비롯한 연합국 측은 영토의 보전과 불가침성을 오스트리아 측에 약속했다. 제2차 대전에 대한 오스트리아의 공동책임 문구가 국가조약의 전문(前文)에서 삭제된 것은 협상이 끝나기 하루 전인 4월 14일이었다. 그리고 한 달 후인 1955년 5월 15일 빈의 벨베데레 궁에서 국가조약이 조인되었다. 미국의 존 포스터 덜레스(1888-1959), 영국의 헤럴드 맥밀런(1894-1986), 프랑스의 앙투앙 피네(1891-1994), 소련의 몰로토프, 그리고 오스트리아의 레오폴트 피글 등 5개국 외무장관들이 연합국과 오스트리아 측을 각각 대표하여 <오스트리아 국가조약>에 서명했다.

오스트리아 국가조약은 전문과 9개 조문으로 구성되었다. 오스트리아는 자유 독립국가로 복원되고, 향후 독일과의 합병은 정치적으로나, 경제적으로나 금지되며, 국경은 1938년 합병 이전의 그것으로 환원된다는 것이 국가조약의 핵심내용이었다. 케른텐 연방주에 거주하는 슬로베니아 소수민족과 크로아티아 소수민족의 권리를 보장한 국가조약 제7조의 규정은 2011년에 가서야 비로소 충족되었다. 1935년 오스트리아 파시즘 정부에 의해 효력이 정지된 1919년의 <합스부르크 법>이 복원되어 국가조약의 내용에 명문화되었다. 합스부르크 법은 구황실 구성원들의 특권 폐지를 규정한 법으로서 일종의 왕정청산 법률이었다. 군사부문과 관련해서도 일련의 제한규정이 국가조약에 명시되었는데, 특히 핵무기와 미사일 보유의 금지가 그것이었다. 점령국 군대의 철수 문제도 조약에 담겨졌다. 오스트리아는 소련이 소유권을 주장한 소련 점령지역 내 구독일제국 재산가액을 현금(6년 분할변제 조건의 1억 5,000만 달러)으로 변제해야 하고, 오스트리아가 소련 점령지역 내의 유전을 인수하는 대가로 향후 10년 동안 소련 측이 요구한 일정량의 석유를 소련에 공급해야 했다.

오스트리아가 감수해야 했던 막대한 재정적 부담에도 불구하고 국가조약의 체결은 오스트리아 국민들에게는 오래 동안 경험하지 못한 국가적 경사였다. 1955년 7월 7일 오스트리아 국가조약은 의회에서 비준되었고, 10월 26일 의회는 연방헌법의 영토조항을 수정 가결하여, 오스트리아의 영구중립을 선언했다. 국가조약의 비준과 더불어 향후 오스트리아는 일체의 군사동맹에 가입할 수 없고, 외국의 군사기지를 자국의 오스트리아 영토 내에 허락해서는 안 되며, 모든 수단을 동원하여 중립을 수호할 의무를 지니게 되었다. 소련이 오스트리아의 영구중립을 관철시킨 것은 서방국가들이 오스트리아를 북대서양 조약 기구에 가입시키려고 했기 때문이었다. 중립의 이념은 세대를 거치면서 - 1995년 1월 1일자로 오스트리아가 유럽연합(EU)에 가입한 이후 중립의 문제가 다시 토론의 대상이 되고 있지만 - 오스트리아인들의 정체성의 근거가 되는 중요한 이데올로기로 발전했다.

중립의 이념은 스위스의 모델을 따랐지만, 오스트리아는 스위스와는 달리 '적극적' 중립정책을 시행했다. 국가조약이 체결된 직후인 1955년 12월 14일 오스트리아는 국제연합에 가입했고, 1956년 스트라스부르(슈트라스부르크)에 본부를 둔 유럽회의(유럽 47개국 정부 간 협력기구)에 가입했으며, 1957년에는 유럽 인권협약에도 서명했다. 1960년 오스트리아는 유엔 평화유지군을 콩고에 파견했으며, 사이프러스와 골란 고원에도 유엔의 요청으로 평화유지군을 파병했다. 오스트리아는 1948년 발족된 - 1961년 경제협력개발기구(OECD)로 개편된 - 유럽경제협력기구(OEEC)의 공동 창립국가였다. 수도 빈에는 여러 국제기구가 유치되었다. 1957년 설립된 국제원자력기구(IAEA)는 빈에 본부를 두고 있고, 1965년 이후 석유수출국기구(OPEC)가 빈에 주재하고 있다. 유엔 산업개발기구(UNIDO)는 1966년 빈에 유치되었으며, 냉전시대의 동서를 이어준 가교 역할을 맡은 국제응용시스템연구소(IIASA)는 락센부르크에 소재하고 있다. 1973년부터 1979년 사이에 유엔시티(UNO-City)가 빈에 건설됨으로써 오스트리아의 수도는 세 번째 유엔시티로서 뉴욕 및 제네바와 어깨를 나란히 하게 되었다. 유엔 난민고등판무관(UNHCR) 사무소와 국제이주기구(IOM)의 지소도 빈에 있다. 세계의 이목을 집중시킨 중요한 국제회의도 오스트리아의 수도 빈에서 개최되었다. 그중 가장 중요한 회담은 1961년 미국의 존 F. 케네디(1917-1963) 대통령과 소련 수상 니키타 세르게예비치 흐루시초프(1894-1971) 간에 있었던 미소정상회담과 1975년 안드레이 안드레예비치 그로미코(1909-1989)와 헨리 키신저(1923-)가 가졌던 미소외무장관 회담이었다. 전략무기제한회담도 1972년부터 1979년까지 빈의 호프부르크에서 개최되었다. 첫 번째 전략무기제한협정(SALT I)은 1972년 리처드 닉슨(1913-1994) 미국 대통령과 레오니드 일리치 브레주네프(1906-1982) 수상에 의해 모스크바에서 체결되었지만, 두 번째 전략무기제한협정(SALT II)은 지미 카터(1924-) 미국 대통령과 브레주네프 소련 수상에 의해 1979년 빈에서 조인되었다.

외교적으로 오스트리아는 대부분의 유럽 국가들과 우호관계를 유지했다. 다만 유고슬라비아와의 선린관계는 1918년 오스트리아 영토에 귀속된 슬로베니아인 집단거주 지역의 지명 표기 문제(오스트리아 국가조약 제7조의 이행)로, 이탈리아와의 우호관계는 남티롤 영유권 문제로 인해 손상된 시기가 있었다.

1363년 이후 오스트리아 영토였던 남티롤은 1918년 1차 대전 패전으로 이탈리아 영토에 편입되어 버렸다. 1차 대전 직후 이탈리아 정부가 실시한 첫 인구조사에서 이탈리아어를 모국어로 사용하는 남티롤 거주 이탈리아인은 고작 20,000명인데 반해, 223,000명은 - 극소수의 라딘어 사용 주민들을 제외하면 - 독일어를 모국어로 사용하는 오스트리아인들이었다. 라딘어는 스위스 동북부와 이탈리아 북부지방에 거주하는 소수민족인 레토로만 사람들이 사용하는 사람들의 공용어인 레토로만어의 한 방언이다. 이탈리아인들이 남티롤의 소수민족에 속함에도 불구하고 1922년 베니토 무솔리니가 집권하면서 무차별적인 이탈리아화 정책이 강행되었다. 관청과 학교에서 독일어 사용이 법으로 금지되었고, 지역명칭과 가족의 성은 모두 이탈리아식으로 변경할 것을 강요받았다. 이탈리아식 지방행정이 실시되었고, 이탈리아인의 남티롤 이주가 장려되었다. 555년 동안(1363-1918) 오스트리아 영토였던 티롤의 남부지역(남티롤)은 1차 대전 휴전협정이 체결된 1918년 11월 3일 이탈리아 군대에 의해 점령되었고, 1년 후 1919년 가을 오스트리아와 연합국 간에 체결된 생제르맹 평화조약에 의해 이탈리아에 양도되어야 했다. 1922년 이탈리아에 파시즘 정권이 들어선 후, 무솔리니의 지원이 절실했던 오스트리아 정부(엥엘베르트 돌푸스 및 쿠르트 폰 슈쉬니크 정부)는 이탈리아와의 협력관계 유지 때문에 남티롤 문제를 논의할 기회조차 가지지 못했다. 1938년 오스트리아가 독일에 합병된 후, 남티롤의 영유권을 주장한 히틀러는 무솔리니와의 관계가 회복되자, 1939년 10월 21일 남티롤 주민의 독일 이주에 관한 조약을 이탈리아와 체결하는 것으로 남티롤 영유권 주장을 철회했다. 약 86퍼센트의 남티롤 거주민들이 이탈리아 정부의 압력과 나치 독일의 선전의 결과로 독일이민을 결행했다. 남티롤에서 오스트리아의 티롤과 독일의 바이에른으로 이주한 약 70,000명 중 25,000명은 1943년 무솔리니가 실각한 후, 남티롤로 역이주했다. 합병 이전에는 무솔리니와의 협력이란 이유에서 오스트리아의 파시즘 정부가, 합병 이후에는 무솔리니의 국가사회주의에 대한 지지 대가로 나치 독일이, 남티롤 영유권 주장을 포기한 것이 1945년 이후의 오스트리아 정부의 남티롤 반환요구에 결정적인 걸림돌로 작용했다.

1945년 남티롤 국민당(SVP, 1945년 설립된 이탈리아 정당)이 실시한 주민투표에서 명백한 다수가 남티롤의 오스트리아 편입에 찬성했다. 그러나 서방 전승국들은 남티롤 주민들의 다수의견을 인정하지 않았을 뿐 아니라, 오스트리아 정부가 요구한 주민투표도 허용하지 않았다. 4국 점령 하의 오스트리아는 완전한 독립국가가 아니었기 때문에, 사안의 중대성에 상응하는 강도로 자국의 영토요구를 관철시킬 수 있는 입장에 있지 않았다. 1945년 런던에서 개최된 연합국 외무장관 회의에서도 남티롤 문제와 관련하여서는 이탈리아(전승국)를 희생시키면서까지 오스트리아(패전국)의 국경의 변화를 가져와서는 안 된다는 미국의 강한 주장이 관철되었다. 선거를 앞둔 해리 S. 투르먼(1884-1972, 재임: 1945-1953) 정부가 미국 내 이탈리아계 유권자들의 표를 의식했기 때문이었다.

윈스턴 처칠은 1946년 7월 5일 영국 하원에서 행한 연설에서 남티롤이 이탈리아 영토에 귀속된 결정은 1919년 9월 10일에 체결된 <생제르맹 평화조약>의 오점이었다고 강조하면서 다음과 같이 토로했다. "본인은 유럽을 통틀어 대서양헌장과 유엔헌장을 오스트리아의 티롤 문제에 적용시키는 것보다 더 적절한 경우가 있을 수 있을지 모르겠다. 어찌하여 애국지사 안드레아스 호퍼의 고향인, 아름답기 그지없는 이 지역 주민들이 자신들의 운명을 결정함에 있어 한 마디도 거들 수 없게 했단 말인가? 강대국 감시 하의 공정하고 자유로운 주민투표가 어찌하여 그들에게 허용되지 않았는가? 트리에스테와 베네치아-줄리아의 경우에는 민족의 소속을 규준으로 삼고, 티롤의 경우에는 그렇지 못한 것은 비논리적이지 않는가?" 처칠의 지적대로 오스트리아는 한편으로는 민족자결의 원칙에 의거해서 트리에스테와 베네치아를 이탈리아에게 양도했고, 또 한편으로는 민족자결의 원칙에 반해서 남티롤을 이탈리아에게 할양해야 했던 것이다. 주지하듯이, 폭력으로 강탈한 주권과 영토는 반환해야 한다는 조항이 핵심내용인 1941년의 <대서양헌장>은 후일 <유엔헌장>의 모태가 되었다. 1946년 10월 8일 <파리 평화회담>(1946년 7월 29일-10월 15일) 석상에서 영국 외무장관 어네스트 베빈(1881-1951)도 남티롤 문제에 대해 유감을 천명했다. "2십만 명이나 되는 독일어 사용 주민들을 이탈리아에 맡겨둔 것에 대해서 우리들 자신들도 다행스럽게 생각한 적이 한 번도 없었다. 남티롤의 독일어 사용 주민들에게 소수민족으로서의 권리를 보장해주기 위한 모든 노력을 이탈리아 정부가 해주기를 우리들은 소망한다."

남티롤에 대한 영유권을 포기한 오스트리아 정부는 남티롤 거주 독일인들(독일어 사용 오스트리아인들)의 자치권을 요구하는 쪽으로 남티롤 정책을 변경했다. 오스트리아의 노력은 1946년 9월 5일 파리에서 오스트리아의 카를 그루버 외무장관(1909-1995)과 이탈리아의 알치데 데 가스페리(1881-1954) 외무장관 간에 체결된 <그루버-데가스페리 협약>에서 결실을 거두었다. 1911년부터 1918년까지 구 오스트리아 제국의회 의원 겸 티롤 의회 의원(1914-1918)이었던 가스페리는 동향(남티롤) 출신의 이탈리아계 의원들과 제휴하여 오스트리아 제국령 북이탈리아(남티롤)의 독립을 위해 투쟁한 경력을 가진 이탈리아 민족주의자였다. 그루버-데가스페리 협약은 1947년 2월 10일 조인된 <파리 평화조약>(1946년 파리 평화회담의 결과)의 부칙에 편입되었다. 그럼에도 불구하고 협약의 이행과 관련한 논란이 끊이지 않았다. 그루버-데가스페리 협약에 의해 남티롤은 독립적인 자치지역이 되어야 했지만, 이탈리아 정부 측 율사들은 자치의 이행을 방해하는 논거들을 제시했다. 남티롤을 제외한, 예컨대 사르데냐와 시칠리아는 파리 평화조약의 적용을 받았으나, 유독 남티롤의 자치는 실현되지 않았다. 오스트리아는 1960년과 1961년 연이어 이 문제(그루버-데가스페리 협약의 불이행)를 유엔에 제소했다. 그러나 유엔 총회는 그루버-데가스페리 협약의 이행을 양국 정부에 위임하는 결의를 만장일치로 통과시켰을 뿐이다. 수년을 끈 어려운 협상을 진행하여, 양국 외무장관은 남티롤 문제의 해결을 위해 노력하고, 그에 상응하는 공동성명을 내기도 했지만, 구체적인 결론은 없었다. 유엔총회 결의 후 10년이 지난 1972년 남티롤 거주 비이탈리아인의 특수 지위에 관한 제반 법률을 1974년까지 입법 완료키로 '시간표'가 짜여진 후, 이탈리아 정부가 이 지역의 자치권을 승인한 것은 1982년이었다. 공법상의 영역과 경제 및 문화 영역에 해당하는 규정들이 최종적으로 입법되어, 남티롤 거주 독일계 주민들의 동등한 권리가 보장된 것은 그로부터 또 10년이 지난 1992년이었다.

자국 내의 소수민족 문제에 대해 적극성을 보이지 않은 것은 오스트리아 정부도 예외가 아니었다. 오스트리아 국내 거주 크로아티아계 및 슬로베니아계 소수민족(슬라브족)의 보호를 규정한 오스트리아 국가조약의 해당 조항(제7조)은 1970년대에 이미 실행에 옮겨지도록 규정되어 있었다. 그러나 그 때까지도 오스트리아 정부가 관심을 보이지 않자, 1972년 지역명칭 및 도로표지판 표기 문제를 둘러싸고 분쟁이 발생했다. 케른텐 거주 슬라브계 소수민족이 800개의 표지판을 독일어 및 슬로베니아어로 이중표기해 줄 것을 요구하고 나선 것이었다. 사민당 정부는 그들의 요구를 수용해, 205개 지역에 한해서 독일어와 슬로베니아어를 병기한 이중 언어 지역표지판 설치를 약속했지만, 이 약속은 지켜지지 않았다. 1975년 실시된 인구조사의 결과를 토대로 하여 소수민족법과 지역표지판에 관한 법률이 별도로 제정된 후, 이 법률에 의거하여 91개 지역에 국한해 이중언어 표지판 채택이 상징적으로 허용되었고, 오스트리아의 사민당 정부(크라이스키 정부)는 이를 이 지역 소수민족의 권리의 실현이라고 과장했다. 비슷한 갈등이 부르겐란트 연방주에서도 발생했다. 케른텐 연방주와 부르겐란트 연방주 거주 슬로베니아 및 크로아티아계 소수민족의 요구가 일정 정도 관철된 것은 국가조약이 체결된 지 56년 만인 2011년의 일이었다.

1955년 5월 15일 조인된 오스트리아 국가조약은 그 해 6월 9일 오스트리아 의회에서 비준된 후, 7월 27일 발효되었다. 점령 4국의 철수는 국가조약 발효 90일째인 10월 25일 소련군의 최종철수와 더불어 완료되었다. 점령군이 철수하고, 하루 후인 1955년 10월 26일 오스트리아는 영구중립에 관한 수정연방헌법을 공포함과 동시에 군사동맹 불가입과 자국 영토 내 외국군사기지 불허용을 대내외적으로 선언했다. 10월 26일은 1955년 이후 오스트리아의 최대 국경일(제2공화국 건국기념일)이 되었다. 1989년 체코슬로바키아의 공산정권이 <벨벳 혁명>(사메토바 레볼루체)에 의해 붕괴되기 이전까지, 평화적인 방법으로 점령국가로부터 해방된 유럽의 유일한 국가가 오스트리아였으며, 1945년 이후 소련이 자국 점령지역에서 군대를 철수시킨 첫 번째 국가가 오스트리아였다. 냉전시대의 영구중립국 오스트리아는 독일과의 정치적, 경제적 동맹을 금지한 국가조약의 중립 및 합병금지 조항으로 인해 1957년 독일이 창립국가로 참여한 유럽경제공동체(EU의 전신인 EWG/EEC) 가입이 불가능했다. 그 때문에 오스트리아는 노르웨이, 스웨덴, 덴마크, 영국, 포르투갈, 스위스 등과 함께 1959년 에프타/유럽자유무역연합(EFTA)를 설립했다. 오스트리아가 EU(유럽연합)의 일원이 된 것은 1995년 1월 1일이었다.

국가조약과 더불어 완전한 독립국이 된 오스트리아는 동구공산권과 서방세계를 연결하는 냉전시대의 교량의 역할을 자임했다. 서방국가의 정치시스템을 따른 중립국 오스트리아는 나토 회원국은 아니면서도, 친나토 국가였으며, <바르샤바 조약기구>(소련, 폴란드, 동독, 헝가리, 루마니아, 불가리아, 알바니아, 체코슬로바키아의 동구권 8개국이 나토에 대항하기 위해 1955년 체결한 군사동맹체)와 가장 원만한 관계를 유지한 서방국가의 일원이었다. 영구중립을 선언한 오스트리아가 첫 국제정치적 시험대에 오른 것은 국가조약을 체결한 지 1년 만인 1956년 10월 23일 헝가리 수도 부다페스트에서 민중봉기가 발생하여, 헝가리 주둔 소련군의 철수를 요구했을 때였다. 소련군의 침공 위협을 무릅쓰고 헝가리 난민들에게 국경을 개방한 중립국 오스트리아의 태도는 단호했다. 200,000명에 육박하는 헝가리인들이 오스트리아를 경유하여 서방 세계로 피난했고, 그 중 상당수는 오스트리아를 최종 목적지로 선택했다. 유사한 사건이 1968년 8월 체코슬로바키아에서도 발생했다. 체코 공산당 당서기 알렉산더 두브체크(1921-1992)의 자유화 조치와 더불어 시작된 <프라하의 봄>이 다른 동유럽 공산국가들로 확산되는 것을 방지하기 위해 바르샤바 조약기구 5개국 군대가 체코슬로바키아에 진주했을 때였다. 당시 오스트리아는 정치적 난민들만 받아들인 것이 아니라, 소련 군대의 헝가리 침공 가능성에 대해서도 명백한 반대 입장을 표명했다. 프라하 주재 오스트리아 대사관이 - 당시의 프라하 주재 오스트리아 대사는 1974년부터 1986년까지 연방대통령을 역임한 대통령 루돌프 키르히슐레거(1815-2000)였다 - 발행한 입국비자의 도움을 얻어 160,000명 이상의 체코슬로바키아 국민이 오스트리아를 경유하여 서방세계로 피난했고, 그 중 12,000명은 오스트리아에 잔류했다. 후일 폴란드에서도 이런 저런 분쟁이 발생했을 때, 오스트리아는 일관된 입장을 보였으며, 사건이 발생할 때마다 난민의 입국을 허용했다.

3) 국민당에서 사민당으로의 권력이동과 크라이스키 시대 (1970-1983)

창당 6개월 후 실시된 1949년 총선(통산 제6대 총선)에서 원내 진출에 성공한 <무소속 연합>이 1953년 7대 총선에서도 - 6대 총선 때보다 2석이 빠지긴 했지만 - 14석의 의석을 확보하여 원내 제3당의 지위를 유지했다. 1956년 8대 총선에서는 무소속 연합에서 <오스트리아 자유

당>(FPÖ)으로 당명을 변경한 후에도 자유당은 극우정당으로서의 정체성을 유지했다. 자유당과 관련된 부분만 제외하면, 1945년부터 1962년(10대 총선)까지 제2공화국 출범 후 6번 치른 총선의 결과는 특이사항을 보이지 않았다. 1945년 12월 20일부터 국민당 주도로 시작된 국민당과 사민당 간의 대연정은 1966년 4월까지 지속되었다. 1945년부터 1953년까지 집권한 레오폴트 피글 수상 정부와 1953년부터 1961년까지 집권한 율리우스 라프 수상 정부 시대를 거쳐 1961년부터 1964년까지 집권한 알폰스 고르바흐(1898-1972) 수상의 뒤를 이어 1964년부터 1970년까지 집권한 국민당 수상은 요제프 클라우스(1910-2001)였다. 1945년 이후 1966년 총선까지 7번 치른 총선 중에서 유권자들의 표심의 변동이 눈에 띄게 나타난 것은 1966년 제11대 총선이었다. 사민당이 74석을, 자유당이 6석을 획득한 반면, 85석을 획득한 국민당이 사민당과 자유당의 의석수를 합친 것보다 많은 의석을 점하게 된 것이었다. 그 결과 요제프 클라우스 수상은 집권 1년 만에 사민당과의 연정을 중단하고, 국민당 단독정부를 출범시켰지만, 4년 후 제12대 총선에서 국민의 심판을 받았다. 1962년 10대 총선 때까지 단 한 차례도 국민당이 제1당의 위상을 사민당에 빼앗긴 적은 없었지만, 절대과반 의석을 차지한 것은 1945년 5대 총선(85석)을 제외하면 1966년 11대 총선이 유일했다. 1966년 선거에서 사민당의 득표율이 저조한 원인 중의 하나는 총선거 1년 전에 사민당을 탈당한 프란츠 올라가 신당(민주진보당)을 창당한, 이른바 '올라 사건' 때문이었다. 오스트리아 노조연맹 총재, 국회 제2 의장 및 내무장관 경력의 프란츠 올라는 1964년 노조기금 유용 사건으로 사민당에서 출당되었다. 그 직후 그는 민주진보당(DEP)을 창당하여 1966년 3월 총선에서 신당의 간판후보로 나섰지만, 사민당으로 갈 표만 분산시키고 원내 진출에는 성공하지 못했다. 3퍼센트의 득표율에 그침으로써 의회 진출을 위한 최소 득표율(4 퍼센트 이상 득표)의 요건을 충족시키지 못했기 때문에, 민주진보당은 1969년 빈 연방주의회 선거에서 3명을 빈 시의회 겸 연방주의회에 진출시킨 후 유명무실해졌다.

1945년 12월 이후 지속된 국민당과 사민당의 대연정은 - 공산당에게 에너지 장관을 맡긴 레오폴트 피글 수상의 1기 정부(1945-1949)의 전반기는 이론적으로는 3당 연정이었다. - 1966년 국민당의 총선 압승으로 21년 만에 끝나고, 국민당 단독정부가 처음으로 구성되었다. 요제프 클라우스 수상의 국민당이 사민당과의 연정을 포기하고, 단독정부를 구성한 것은 1961년 이후 국민당과 사민당과의 관계가 악화되었기 때문이었다. 이유는 합스부르크 왕가 처리 문제였다.

오스트리아 제국 최후의 황제 카를 1세의 장남 오토 대공으로 대표되는 합스부르크(합스부르크-로트링엔) 왕가는 1961년 5월까지도 오스트리아의 합법적 국가수반은 오토 대공이라는 주장을 견지했지만, 오스트리아 공화국의 존립과 안전을 보장하기 위해 1919년 제헌국민의회에 의해 입법된 <합스부르크 법>은 여전히 유효한 상태에 있었다. 따라서 오토 대공 및 그의 모후(카를 1세의 아내 치타)와 그의 형제자매에게는 오스트리아 입국이 허용되지 않았다. 그런데 1961년 5월 말 돌발 상황이 발생했다. 오토 대공이 그간 주장해온 황족으로서의 권리를 포기한다고 선언함으로써 - 다시 말해 그간 거부해온 합스부르크 법을 인정함으로써 - 오스트리아 정부가 그의 입국을 저지할 법적 근거를 상실하게 된 것이었다. 국민당(우파)과 사민당(좌파)의 양대 진영으로 나뉜 국내 정치권의 반응은 정반대이었다. 오토 대공의 오스트리아 재입국 문제에 대해 국민당은 원칙적인 찬성 입장을 표명한 반면, 사민당은 합스부르크가에 대한 국민들의 불안과 적대감이 되살아나 소요 사태가 야기될 수 있음을 강조했다. 1961년 5월 31일 오토 대공이 발표한 성명서는 합스부르크-로트링엔가의 상속인 자격과 거기에서 연유하는 권리 일체를 포기하고, 오스트리아 공화국의 충실한 시민으로 복귀한다는, 즉 합스부르크 법을 준수하겠다는 내용이었다. 이 문제와 관련하여 연정의 동반자인 국민당과 사민당 간의 합의 도출은 불가능했기 때문에, 오토 대공의 입국 문제는 오래 동안 해결되

지 못했다. 그러나 합스부르크 대공의 성명에 대한 오스트리아 정부의
무응답은 중대한 결과를 초래했다. 정부가 결정을 지연시킨데 대해, 다
시 말해 정부의 직무유기에 대해 이의를 제기할 수 있는 기회가 오토
대공에게 제공된 것이었다. 오스트리아 행정법원은 1963년 5월 선고공판
에서 합스부르크 대공에게 유리한 판결을 내렸다. 행정법원의 판결은 국
민당-사민당 공동정부를 위기에 빠트렸다. 격렬하게 반발한 사민당은 사
법부의 쿠데타이자, 약속된 정치적 판결이라고 사법부를 비난했다. 합스
부르크 대공의 황족으로서의 권리포기 선언은 법적 효력을 얻어, 그간
오스트리아 정부에 의해 취해진 오토 대공의 오스트리아 재입국의 모든
장애 요건이 철회되었다. 그러나 오토 대공에게 여권이 발급된 것은 클
라우스 수상의 제1기 내각, 즉 국민당-사민당 공동정부 기간이 끝나고,
클라우스의 제2기 국민당 단독 내각이 들어선 후 2개월이 지난 1966년
6월 1일의 일이었고, 합스부르크 대공의 첫 오스트리아 입국은 1966년
10월 31일 성사되었다. 사민당의 반발은 여전했고, 오스트리아 노조는
11월 2일 25만 명이 참여한 항의파업을 일으켰다. 사민당이 입장을 변
경한 것은 사민당이 집권하고 12년이 지난 1982년의 일이었다. 브루노
크라이스키 수상의 정치적 결단을 통해 합스부르크 대공의 모후에게도
오스트리아 입국이 허용되었다. 카를 1세 황제의 미망인 치타는 장남(오토
대공)의 1961년도 성명 발표 후에도 황족으로서의 권리 포기를 완강히 거
부해 왔었다.

합스부르크 대공 문제로 촉발된 공방은 양대 거대 정당 간에 발생한
수많은 쟁점 중의 하나에 불과했다. 대연정의 동반정당 간 견해 차이가
점점 첨예화 되어가자, 국민당은 1966년 요제프 클라우스의 제2기 내각
(1966-1970)을 국민당 단독정부로 대체했다. 21년 동안 유지된 국민당과의
공동정부가 붕괴되자, 사민당은 오스트리아 제2공화국이 또 다시 제1공
화국 시대의 기독교사회당과 조국전선의 전철을 밟는다는 우려를 표명
했다. 그러나 민주주의에 역행하는 사건은 발생하지 않았다. 국민당은

민주주의의 수칙을 준수할 준비가 되어 있는 정당이었기 때문이었다.

요제프 클라우스 수상의 제2기 내각(국민당 단독정부, 1966-1970) 출범 시 발표된 정부의 중점사업 성명서는 내용에 있어 제1기 정부(국민당-사민당 공동정부, 1964-1965)의 그것과 큰 차이가 없었다. 오스트리아의 유럽경제공동체 가입, 남티롤 문제, 경제성장, 근로소득세 및 일반소득세의 누진율 완화, 연금보험의 재정상태 및 사회정책사업에 대한 연방정부의 연례보고, 주택경제개혁, 에너지공급확보, 국영산업의 재편, 연방철도개혁, 농림학교제도의 조정 능이 새로 출범한 국민당 단독정부(클라우스 수상의 2기 내각)의 성명에 담긴 표제어들이었다. 이중 여러 사업은 장기수행 사업이었고, 1990년대에 들어설 때까지도 미해결 사업으로 남은 것도 있었다. 국민당 단독정부에 의해 착수된 여러 가지 정책 중 후일의 발전을 위한 초석이 된 분야들도 많았다. 대학의 개혁을 예로 들면 1966년에 입법된 일반대학교육법과 1967년의 연구진흥법이 그것이었다. 그러나 개혁을 위한 추진력이 결여되어 있었기 때문에, 국민당 단독정부의 성과는 국민들의 평가를 받지 못했다. 클라우스의 제2기 내각의 임기가 끝날 무렵 치러진 총선에서 집권당인 국민당이 유권자의 심판을 받은 이유는 여러 가지였지만, 그 가장 중요한 원인은 개혁의 화두를 사민당에게 빼앗겼기 때문이었다. 1970년 제12대 총선에서 국민당은 4년 만에 절대과반 의석을 사민당에 양보함으로써 후자에게 단독정부 구성의 기회를 넘겨주었다.

국민당이 정부를 단독으로 운영한 시기(1966-1970)의 정국은 보수집권당에게 결코 유리하게 전개되지 않았다. 국민당 단독정부(1966-1970) 출범 만 1년 전에 발생한 타라스 보로다이케비츠(1902-1984) 교수 사건이 보수진영과 진보진영 간의 정치적 긴장을 적나라하게 노출시켰기 때문이었다. 나치 당원 전력에도 불구하고 빈 상과 대학(현재의 빈 국립경제대학교) 교수직을 그대로 유지한 보로다이케비츠 교수의 나치 찬양 및 유대인배척 발언이 하인츠 피셔(1938-: 2004년 이후 오스트리아 연방대통령) 사민당 국회의원을 통해 언론에 기사화된 후, 보로다이케비츠를 비난하는 세력(저항운동 출신 단체 및 노조)과 그를 옹호하는 세력(자유당 산하 대학생조직)이 충돌하여 에른스트 키르히베거 (1898-1965)라는 반 나치 저항운동 출신의 공산주의자 한 명이 중상을 입은 지 이틀 만에 숨지는 사건이 - 좌우 진영 간의 충돌로 인해 야기된 제2 공화국 최초의 사망사건이 - 발생한 것이었다. 나치 독일군이 빈에 진주한 1938년 3월 12일 호프부르크의 영웅광장에서 개최된 히틀러 환영군중집회 이후 최대의 군중(25,000명)이 1965년 4월 9일 같은 장소에 집결해 키르히베거의 장례식을 거행하면서 극우세력을 규탄했다. 키르히베거의 장례식에 참가한 좌파 세력의 침묵시위는 2차 대전 종전 이후 오스트리아에서 발생한 최대의 반파시즘 시위였다. 대전이 끝나고 20년의 세월이 지났음에도 불구하고, 국가사회주의의 과거의 만행에 대한 오스트리아의 공동책임 문제에 대해 정치권은 물론이고, 국민들도 여전히 입을 굳게 다물고 있을 때, 발생한 시위였다.

'보로다이케비츠 사건'이 일단락되고 3년이 지난 1968년 사회적 분위기를 일신시킨 세대 간 충돌이 전전세대와 전후세대 사이에 발생했다. 기성세대의 정치와 권위의식에 저항한 1968년의 유럽 학생운동은 눈에 띄게 좌파적 방향성을 보였다. 오스트리아의 학생운동은 이웃 나라(독일과 프랑스)와 비교할 때 그 정도가 미미하긴 했어도, 사회적 분위기는 몇 가지를 바꾸어 놓았다. 사민당(1967년 이후 당대표는 브루노 크라이스키)은 68학생운동에 반대했지만, 사회개혁에 대한 요구는 1968년 이전부터 이미 사민당 산하 청년조직(VSStÖ/오스트리아 사회주의 대학생연맹)으로부터 꾸준히 제기되고 있었기 때문에, 1968년의 학생운동은 12대 총선(1970)에 대비하여 대규모 개혁프로그램을 내놓은 사민당에게 결과적으로 유리한 환경을 만들어 주었다. 브루노 크라이스키 사민당대표는 '오스트리아의 현대화'라는 화두를 개혁프로그램의 제목으로 내걸고 새로운 중산층을 위해 사민당을 개방했다. 개방의 대가는 사민당의 탈이념화의 촉진이었다. 사민당은 좌파정당에서 중도 수권정당으로서의 당의 면모를 일신하는데 성공할 수 있었다. 1945년 이후 집권한 보수 진영(국민당)을 밀어내고, 사민당 시대를 앞당긴 시대적 배경은 1967년 당권을 장악한 강력한 야당 지도자 크라이스키 의원의 개혁노선과 맞물린 1968년의 학생운동이었다고 해도 과언은 아닐 것이다.

1950년대와 1960년대는 - 1934년의 2월 폭동(사회민주주의노동자당/공화국방어동맹과 기독교사회당/향토방위대 간의 충돌)을 반면교사로 삼은 - 국민당과 사민당 간의 권력분점이, 다시 말해 모든 분야에 적용된 비례배분제 원칙이 존중된 시기였다. 1966년 오스트리아 제2공화국 역사상 처음으로 국민당 단독정부가 탄생했지만, 4년 후 집권한 정당은 사민당이었다. 1945년부터 25년 동안 원내 제1당의 위상을 굳건히 지킨 국민당이 1970년 총선에서 제1당의 자리를 사민당에게 빼앗긴 것은 방송의 공영화를 선거공약으로 내걸어 1966년 선거에서 이긴 국민당이 공영화된 방송을 적절히 이용하지 못한데 그 원인이 있었다. 당시 오스트리아의 일간지들은 - 정당의 기관지 역할을 한 국민당의 <폴크스블라트>(국민일보), 사민당의 <노동자신문> 및 공산당의 <폴크스슈팀메>(인민의 목소리)를 제외하면 - 대부분 중립 성향을 견지한 매체들이었다. 그러나 인쇄매체와는 달리, 방송매체는 국민당과 사민당 소속 정치인들의 전유물이었다. 1963년 국민당의 알폰스 고르바흐 수상과 사민당의 브루노 피터만(1903-1983) 부수상이 체결한 비밀협약에 따라 방송종사자 역시 비례배분제 원칙에 입각하여 양당이 추천한 동수의 인사로 임명되었다. 예를 들어 라디오 방송국은 제1당(국민당)이 추천한 인사로, 텔레비전 방송국은 제2당(사민당) 측 추천 인사로 방송국장이 임명됨으로써 양대 거대 정당에 의한 방송 장악은 거센 사회적 반발을 야기했다.

방송의 공영화 요구는 <쿠리어>지의 - 1954년 창간된 일간지 쿠리어는 1900년에 창간된 <크로넨차이퉁>에 이어 발행부수가 두 번째로 많은 일간지이다 - 책임편집인 후고 포르티쉬(1927-)가 주도한 국민청원에 의해 추진되었다. 양당(국민당과 사민당) 유착에 의한 방송 장악의 폐해를 척결하기 위해 거의 모든 언론매체가 국민청원운동에 동참했다. 공영방송법

제정에 유일하게 반대한 일간지는 공교롭게도 다른 일간지가 아닌 사민당 기관지인 노동자신문이었다. 200,000명 이상의 찬성으로 발안될 수 있는 국민청원에 800,000명 이상이 서명하여 발의된 방송공영화법 초안이 국회에 상정되었지만, 해당 상임위에 계류된 채 진전이 없었다. 1966년 3월 총선에서 국민당은 사민당이 반대하는 방송의 공영화를 공약으로 채택했고, 유권자들은 국민당을 지지했다. 국민당 단독정부에 의해 1966년 7월 8일 통과된 방송개혁법은 1967년 1월 1일 발효되었다. 그러나 공영화된 방송의 수혜자는 공영화를 반대한 사민당이었다. 제12대 총선(1970)에서 '오스트리아의 현대화'라는 슬로건을 내세워 정책 대결을 시도한 브루노 크라이스키(사민당 간판후보)에게 요제프 클라우스 현직 수상(국민당 간판후보)이 패한 가장 큰 원인은 두 가지였다. 그 하나는 국민당의 클라우스가 '오스트리아의 현대화'를 기치로 내세운 사민당의 크라이스키와 정책 대결을 벌이는 대신 후자의 유대인 혈통을 암시하는 인신공격성 문구를 선거구호로 사용한 점이었다. 클라우스가 자신의 혈통을 상대후보의 그것과 차별화하기 위해 내세운 '진짜 오스트리아 사람'이라는 선거구호는 민심의 역풍을 만나 곧 철회되었지만, 선거에 큰 영향을 끼쳤다. 국민당의 또 하나의 중요한 패인은 공영방송법을 제정한 정치인이라는 역사적 평가에도 불구하고 클라우스 수상은 '신매체', 즉 텔레비전 시대에 적응하지 못한 점이었다. 정치의 영향력으로부터 독립하여 집권당(국민당)의 눈치를 더 이상 살필 필요가 없어진 '공영화'된 오스트리아 방송(ORF)은 대중친화적 달변가 크라이스키에게 텔레비전 출연 기회를 집중적으로 제공했다. 크라이스키는 지나치게 직선적이고, 이성적인데다, 눌변인 클라우스 수상과의 차별화를 통해 유권자들의 표심에 다가갈 수 있었다. 텔레비전은 클라우스의 출연을 꺼렸고, 클라우스는 신매체의 중요성을 간과했다. 그 사이에 오스트리아 국민들의 관심은 지난 총선에서도 사민당의 간판후보로 나섰던 크라이스키와 사민당의 미래지향적 정책(오스트리아의 현대화)에 집중되었다. 정책대결에서뿐만 아니라, 선거캠페인에서도 클라우스는 크라이스키에게 적수가 되지 못했다.

1970년 3월 1일 실시된 제12대 총선거에서 81석을 얻어 78석에 머문 국민당을 누르고 원내 수석정당이 된 사민당은 원내과반수(83석 이상) 의석을 확보하기 위해 6석을 얻은 자유당과 소연정을 구성했다. 좌파정당(사민당)과 극우정당(자유당) 간의 비정삭적인 동거였지만, 사민당과 자유당의 연립정부는 실제로는 부수상 이하 장관 전원이 사민당에서 기용된 사민당 단독정부였다. 크라이스키 수상이 군소정당에 유리한 - 실제로는 자유당을 위한 - 선거법(국회의원 정수 확대)의 연내 개정을 보증하고, 개정된 선거법에 의한 조기재총선 실시를 약속하는 조건으로 자유당과 명목상의 공동정부를 수립했기 때문이었다. 12대 총선을 치른 지 1년 7개월 만인 1971년 10월 10일 실시된 13대 조기재총선은 기존 국회의원 의석 정수 165석을 183석으로 확대한 개정선거법에 의거하여 실시된 첫 번째 총선이었다. 소규모 정당들에게 더 많은 기회를 제공한다는 명분을 내세운, 연정의 파트너당인 자유당에 대한 양보로 해석될 수 있는 선거법 개정이었지만, 13대 총선은 자유당과의 연정을 극복하기 위해 크라이스키 수상이 발휘한 고도의 정치력이 선거결과에 그대로 반영된 선거이었다. 1970년 총선에서 의석을 확보한 기존 3당(사민당 81석, 국민당 78석, 자유당 6석) 이외에 원내에 진출한 제4의 군소정당은 전무했고, 늘어난 의석 18석 중 자유당은 4석, 국민당은 2석을 더 확보한 데 반해, 12석을 더 얻은 사민당이 자유당을 배려한 선거법 개정의 최대 수혜정당이 되었다. 사민당은 93석을 얻어 압도적인 다수당이 되었고, 이러한 의석 비율은 - 국민당과의 의석 차이는 이후 치러진 몇 차례 선거에서 더욱 늘어났다 - 제15대 총선(1979)까지 계속해서 유지되었다. 1970년부터 1983년까지 집권한 오스트리아 사회민주주의 단독정부 13년은 - 집권 초기 단계에서는 - 지속적인 호경기와 압도적 다수 국민들의 개혁 동참 의지로 유지되었고, 크라이스키는 오스트리아의 현대화와 열린 정치가의 상징이 되었다. 사민당의 개혁은 여러 분야에서 성공을 거두었지만, 답보 상태를 면치 못했거나, 장기적인 안목에서 생산적이지 못한 타협으로 끝난 것들도 있었다.

사민당 정부의 개혁의 추진력은 법무장관 크리스티안 브로다(1916-1987)에게서 나왔다. 국민당 수상 정부 시절에도 1960년부터 1966년까지 법무장관을 역임한 브로다는 크라이스키 내각이 수명을 다한 1983년까지 크라이스키 수상과 정치적 운명을 공유한 장관이었다. 그는 징벌 대신 교화라는 원칙하에 형법을 개혁했고, 여성친화적인 새로운 가족법 및 이혼법을 만들었다. 임신 3개월까지 낙태를 허용한 기한부해결안, 남녀동등권, 모자보건법 등이 그 입법사례였다. 동성애 처벌금지와 같은 성윤리와 관련된 분야에서도 개혁적인 입법을 성사시켰다. 포르노그래피는 자유화시키지 않았지만, 묵인하는 쪽을 택했다. 사민당은 그동안 관철시키려고 했던 민생분야의 숙원들을 해결함으로써 국민들의 지지에 화답하려고 했다. 임대료조정법과 임대차계약 시의 권리금 요구 금지 등이 그 예였다. 국민당과의 격렬한 논쟁을 야기한 분야도 있었다. 특히 학제개혁과 교육법안의 통과는 재적의석의 삼분의 이 이상의 찬성을 요구했기 때문에, 국민당과의 타협이 불가피했다. 상급학교 진학의 균등한 기회를 제공하기 위해 인문계중등학교(김나지움)와 실업계중등학교(하우프트슐레 및 레알슐레)의 기능을 통합한 종합중등학교(게잠트슐레)와 전일수업제초등학교(간츠타크스슐레)의 설립계획은 국민당의 지지를 이끌어내지 못해, 관철되지 못했다. 크라이스키 정부는 국민대변인제도(옴부즈맨제도)를 도입해 민주주의의 발전에 기여했는가 하면, 최소휴가일수 확대, 연방군복무기간 단축 및 병역대체근무제도 같은 대중의 인기에 영합하는 입법을 통해 국민들의 인정과 포용을 이끌어내려고 했다. 결혼과 신생아 출산 시에도 보조금이 지급되고, 연금도 확대되었다. 주간노동시간수도 단계적으로 단축되어 1970년에 주 43시간, 1975년에 주 40시간으로 조정되었다. 대학등록금이 철폐되고, 환경보건부가 신설된 것도 크라이스키 시대의 일이었다. 사민당 단독정부의 초기에는 언급했듯이 경기호황으로 많은 외국노동자들이 일거리를 찾아 오스트리아로 이주해왔다. 사회통합의 문제가 논의의 대상이 된 것은 이 시기의 일이었다. 크라이스키 정부는 이주노동자들에 대한 부정적인 시선을 국민계몽을 통해 극복하려고 노력했다.

1970년대 중반 '오일 쇼크' 이후 경제위기가 불어 닥쳤을 때, 크라이스키 정부는 파시즘적 분위기의 재현을 우려해 무엇보다도 실업률을 감소시키는데 주력했다. 1970년대의 오스트리아는 연속해서 긍정적인 경제성장을 보인 유일한 OECD(경제협력개발기구) 국가였다. 1976년 달러 환율이 폭락한 후, 독일 마르크화와 실링화의 연동제로 통화정책이 변경되었다. 정부는 재정의 적자지출을 통해서 1970년대의 유류파동을 극복해나갔다. 실업자의 수는 낮게 유지되고, 사회적 안전은 위협받지 않았지만, 국가 부채는 눈덩이처럼 불어서 오늘날까지도 오스트리아 공화국의 문제점(2011년 기준 미화 4,192억 달러로서 34개 OECD 국가 중 부채 순위 22위)으로 남아있다. 연방재정 부채는 1960년부터 1994년까지 국내총생산의 13.7 퍼센트에서 54.7 퍼센트로 4배(2011년 현재 71.6 퍼센트)나 늘어났다. 에너지 위기 때에는 오스트리아 방언으로 스티커를 의미하는 '피컬' 제도, 즉 승용차를 운행하지 않는 날짜를 명기한 스티커를 부착하는 제도가 도입되었다. 위반자에게는 당시 30,000실링(5,000마르크)이라는 고액의 벌금이 부과되었다. 이 제도를 도입한 크라이스키 정부의 요제프 슈타리바허 통상장관(1970-1983)은 국민들에 의해 '피컬 페피'라 - 페피는 요제프의 애칭 - 불렸다. 그밖에도 에너지 절약을 위해 국도와 고속도로의 차량운행속도를 제한하고, 에너지절약 방학 등의 조치가 도입되었다.

크라이스키 수상의 대외정책은 오스트리아의 입지를 다른 선진공업국가들의 그것보다 편하게 만들었다. 유대인 혈통을 물려받았지만, 명백한 반시온주의 정책을 고수한 크라이스키는 팔레스타인의 참여 없는 중동 문제의 해결은 없다는 사실을 가장 먼저 인식한 소수의 정치가 중 한 사람이었다. 그는 팔레스타인의 지도자 야시르 아라파트(1929-2004)와 긴밀한 관계를 유지함으로써 산유국을 포함한 아랍 국가들의 호의를 샀다. 1975년 발생한 빈의 오페크(OPEC/석유수출국기구) 사무소 인질테러 사건, 3명의 사망자와 30여 명의 부상자를 낸 1985년 빈 슈베하트 국제공항 테러 사건 등이 발생하긴 했지만, 국제테러도 발생 빈도와 심각성에 있어 유럽의 여타 국가들에서 발생한 유사 사건에 비해 강도와 회수가 높은 편은 아니었다.

1945년 이후 크라이스키 시대(1970-1983)에 이르기까지 재임한 - 1974년부터 1986년까지 재임한 루돌프 키르히슐레거 무소속 대통령만 제외하면 - 카를 렌너(1945-1950), 테오도르 쾨르너(1951-1957), 아돌프 셰르프(1957-1965), 프란츠 요나스(1965-1974) 등 4명의 제2공화국 연방대통령은 모두 사민당 출신 대통령이었다. 렌너와 쾨르너 대통령은 재임 기간 중 사망한 단임 대통령이었고, 재선에 성공한 셰르프 대통령과 요나스 대통령도 임기를 각각 수개월씩 남기고 세상을 떠났다. 1920년에 제정된 오스트리아 연방헌법이 규정한 연방대통령 임기 4년은 1929년의 수정헌법에서 임기가 6년으로 변경되었고, 의회를 통한 간선제 대통령 선거는 국민이 직접 선출하는 직선제로 바뀌었다. 오스트리아 공화국 최초의 6년 임기 대통령은 제1공화국의 마지막 대통령 빌헬름 미클라스였다. 그러나 직선제 규정이 실행된 해는 1951년이었고, 오스트리아 공화국 역사상 첫 직선 대통령은 제2공화국의 두 번째 대통령 테로도르 쾨르너였다. 의회에서 선출된 제2공화국의 첫 대통령(카를 렌너)의 임기는 1945년 12월 20일에 시작되었고, 1945년 4월 27일부터 1945년 12월 20일까지 오스트리아를 대표한 임시정부의 국가수반은 임시정부 수상 카를 렌너가 대행했다. 1974년에 당선된 루돌프 키르히슐레거 대통령은 - 그는 재선에 성공하여 12년 임기를 모두 채운 첫 번째 대통령이었다 - 사민당이 내세운 후보였지만, 사민당 당원은 아니었다. 키르히슐레거가 1980년 대선에서 재선되었을 당시 국민당은 후보를 내지 않았다. 그러나 극우파 정치인 노르베르트 부르거(1929-1992)가 키르히슐레거의 대항마로 나서서 놀랍게도 140,000표나 득표했다. 부르거에 의해 1967년 창당된 나치 정당 민족민주당(NDP)은 1988년 <금지법>(1945년 제정되어, 1947년 고시된 국가사회주의 활동 재개 금지법)에 의해 강제 해체되었다.

크라이스키 수상의 집권기 중에 일련의 새로운 정당들이 출현했다. 시민단체와 녹색당 후보들이 여러 지역에서 출마하여 처음에는 지방선거 차원에서 기존 정당들의 표를 잠식하면서 승리를 거두었다. 1950년대와 1960년대의 오스트리아는 전쟁으로 많은 것을 잃은 국가를 재건하기 위해 성장 일변도의 정책을 추구하는데 큰 문제가 없었다. 그러나 환경의식에 변화가 생기기 시작한 1970년대부터는 도로를 건설할 때마다, 발전소를 건설할 때마다, 그리하여 자연이 훼손될 때마다, 환경보호론자들이 개입하였다. 생태학 이론으로 무장한 환경보호 단체들은 오스트리아의 현대화라는 슬로건을 앞세워 집권한 사민당의 기술의존적 개발정책에 제동을 걸었다. 환경론자들에 의해 1982년 이념적 지향성이 서로 다른 <연합녹색당>(녹색보수)과 <대안세력>(좌파녹색)이라는 두 개의 녹색당이 정당으로 창당되었다. 이들 정당은 환경보호를 정치적인 테마로 만듦으로써 다른 기존 정당들에게까지 환경이라는 의제를 강요하기에 이르렀다. 1983년 총선에서는 연합녹색(VGÖ)도, 대안세력(ALÖ)도 4퍼센트 득표라는 마의 벽(원내 진출을 위한 최소득표율)을 넘는데 실패했지만, 1986년 선거(17대 총선)에서 프레다 마이스너-블라우(1927-)를 간판후보로 내세운 제3의 녹색당인 <녹색대안세력>이 오스트리아 역사상 처음으로, 그것도 한꺼번에 8명의 후보를 원내에 진출시키는데 성공했다. 녹색당 의원들은 나치 전력의 논란을 극복하고 당선된 국민당 출신의 연방대통령 쿠르트 발트하임(1918-2007, 재임: 1986-1992)에 대한 항의의 표시로 17대 국회 개원 첫 날 하원 연단에 나치의 깃발을 꽂는 퍼포먼스를 보여주면서 그들의 의정활동을 시작했다.

환경운동을 정치적 결사체로 발전시킨 동력은 크라이스키 수상 정부가 야심차게 완공한 오스트리아의 첫 번째 원자력 발전소의 가동을 둘러싸고 벌어진 정부와 환경운동 단체 간의 극한적 대립에서 비롯되었다. 수도 빈에서 불과 30km 밖에 떨어져 있지 않은 니더외스터라이히 연방주의 츠벤텐도르프 핵발전소는 크라이스키 수상이 집권하면서부터 천문학적인 재정을 쏟아 부어 건설되었다. 1970년대에 일기 시작한 범세계적 반핵운동으로 인해 1978년도로 예정된 오스트리아 최초의 핵발전소의 가동은 집권사민당의 핵심정책(오스트리아의 현대화)에 대한 국민적 지지에도 불구하고 간단한 문제가 아니었다. 반대여론은 지진 발생 가능성 등의 안전 문제와 발전소의 입지 조건 뿐 아니라, 핵에너지 이용과 그 위험 등의 원칙적인 문제들을 제기했다. 환경운동 단체와 정부 간의 충돌은 물론이고, 정당 간, 심지어는 가족구성원 간에도 찬반 의견이 갈렸다. 요한 뵘과 프란츠 올라에 이어 오스트리아 노조연맹 총재(1963-1987), 최다선 하원의원(1953-1986), 최장수 하원의장(1971-1986)의 경력을 가진 사민당의 제2인자 안톤 벤야(1912-2001)를 비롯한 집권사민당 정치가들과 국민당 산하 경제단체장들은 핵발전소 가동에 적극적으로 찬성했다. 사회학자 페터 크라이스키(1944-2010)는 - 부친이 핵발전소를 건설한 현직 수상임에도 불구하고 - 기고문을 통해서 뿐 아니라, 시민단체와 연대하여 츠벤텐도르프 핵발전소 가동 반대여론을 주도한 대표적인 반핵 운동가였다. 반면에 노조연맹 총재 벤야는 노조뿐 아니라, 일반국민들에 의해서도 핵이라는 단어(아톰)와 그의 성(벤야)을 합성하여 패러디화한 '아톰야'라는 별명으로 불린 대표적인 원자력발전소 가동 찬성론자였다. 정치적 상황판단이 빠르기로 유명한 크라이스키 수상은 반대여론을 잠재우기 위해 츠벤텐도르프 핵발전소 가동 문제를 - 1979년 5월 6일에 치를 15대 총선 이전에 - 국민투표에 부치겠다고 약속했다. 동시에 그는 핵발전소 가동이 국민투표에서 부결되면 수상직을 버리겠다고 배수진을 쳤다. 1978년 11월 5일 실시된 국민투표에서 투표에 참여한 오스트리아 유권자의 50.47 퍼센트가 이미 완공된 핵발전소의 가동에 반대표를 던졌다. 국민투표일은 11월 날씨답지 않은 따뜻하고 화창한 일요일이었기 때문에, 국민투표 승리를 확신한 크라이스키 수상과 사민당 정부 지지자들은 투표에 참여하는 대신 가족단위로 대거 빈을 빠져나가 버렸기 때문이었다. 크라이스키가 투표

결과를 자신의 진퇴문제와 결부시켰기 때문에, 국민투표 결과는 정치권의 치열한 논쟁을 야기했다. 크라이스키가 수상에서 물러난 것은 그러나 네 번째 수상임기를 끝낸 1983년 5월이었다. 과반수를 간신히 넘긴 국민투표의 결과를 두고 크라이스키 수상이 물러난 후에도 끝나지 않았던 찬반논쟁은 1986년 4월 26일 당시 소련 우크라이나의 체르노빌 핵발전소 폭발참사가 발생했을 때, 드디어 종식되었다. 이제 사민당 정부는 완공된 원자력 발전소 시설의 해체 작업에 또 다시 막대한 재정을 지출하지 않으면 안 되었다. 국민투표가 실시된 후 6개월 만에 치러진 총선에서 크라이스키의 사민당은 국민당에 압승을 - 그것도 그가 사민당 당대표로 재임한 기간 동안 치러진 5차례의 선거 중에서 최대의 승리를 - 거두었다. 국민투표에서 패하면 사임하겠다고 공언했던 크라이스키 수상은 총선에서 대승을 거두었다. 국민투표에서 승리하고 총선에서 패한 요제프 타우스(1933-) 국민당대표는 선거결과가 발표된 후 당대표직에서 사임했다. 타우스 대표 밑에서 원내총무를 지낸 알로이스 모크(1934-) 의원이 새로운 국민당대표에 선출되었다.

1977년부터 불황의 조짐이 여기저기서 나타나기 시작했다. 범세계적인 현상이긴 했어도, 오스트리아에서는 특히 중공업과 섬유산업 분야에서 극심한 경기하강 현상이 나타났다. 건설부문의 퇴조는 노동시장의 문제로 이어졌다. 이 와중에 발생한 일련의 스캔들로 인해 사민당의 이미지가 큰 타격을 입었다. 그 중에서 가장 큰 사건은 1980년의 '알게마이네스 크랑켄하우스'(AKH/빈 국립의대부속병원) 건축과 관련된 비리사건과 재무장관과 관련된 사건이었다. 크라이스키 수상의 잠재적인 후계자로까지 간주되던 한네스 안드로쉬(1938-) 재무장관(1970-1981) 겸 부수상(1976-1981)과 관련된 스캔들은 겸직은 안 된다는 교훈을 단적으로 보여준 사건으로써, 사민당의 내부균열로까지 이어졌다. 크라이스키 수상의 집권 원년인 1970년 32세의 나이에 재무장관에 발탁된 안드로쉬는 장관 재직 10여 년 동안 본인 소유의 세무법인과 국영기업 간의 거래를 묵인한 사실이 드러났을 뿐 아니라, 그 과정에서 포착된 비리가 사임의 원인이 되었다. 안 드로쉬는 1981년 사임 후, 바로 국립은행(크레디트안슈탈트) 총재에 임명되었으 나, 재무장관 재임 시 발생한 세무법인의 탈세의 혐의가 뒤늦게 유죄판 결을 받아 1988년 국립은행장 직에서도 중도하차해야 했다. 안드로쉬 대 신 부수상에 임명된 교육장관 프레트 지노바츠(1929-2008)가 크라이스키 수 상의 후계자가 되었다.

크라이스키 제4기 정부(1979-1983)의 막판에 터진 일련의 스캔들과 이에 따른 비판여론으로 사면초가에 빠진 사민당 앞에는 제16대 총선(1983)이 기다리고 있었다. 크라이스키는 선거에 임하기 전에 이미, 만약 사민당 이 과반수 의석(183석 중 92석 이상)을 획득하지 못하면 스스로 정계에서 은 퇴하겠다고 선언했다. 그것은 유권자들에 대한 일종의 협박이었다. 크라 이스키가 우려했던 일은 결국 일어나고 말았다. 1983년 선거에서 사민당 은 기존 의석에서 5석을 잃음으로써 90석이 되었고, 국민당은 4석을 더 얻어 81석을, 그리고 대약진한 자유당이 12석을 얻었다. 사민당이 제1당 의 위상은 유지했지만, 과반수 의석을 확보하지 못한 크라이스키는 이번 에는 약속을 지키지 않을 수 없었다. 그러나 그는 그의 후임 수상에게 어려운 유산을 남겼다. 크라이스키는 수상에서 물러난 후 4개월 만에 의 원직도 반납함으로써 약속대로 국내정치를 완전히 떠났다. 1990년 7월 29일 심부전으로 사망한 브루노 크라이스키(1911-1990)의 국장은 8월 7일 빈 국립묘지에서 거행되었다. 조사를 낭독한 사람은 고인의 친구이자, 정치적 동반자였던 빌리 브란트(1913-1992, 수상: 1969-1974) 전 독일연방공화국 수상이었다. 브란트는 1976년부터 1992년까지 사회주의 인터내셔널(SI) 의 장이었고, 크라이스키는 1976년부터 1989년까지 SI의 부의장으로서 브란 트와 함께 사회민주주의 이념을 확산시키기 위해 노력했다.

4) 자유당의 도전과 사민당-국민당 공동정부 시대(1987-2000, 2007-)

  1983년 16대 총선에서 과반수 의석 확보에 실패한 사민당은 크라이스키의 1기 내각(1970-1971) 때처럼 다시 극우정당 자유당과 연립정부를 구성해야 했다. 차이점이 있었다면, 크라이스키 시대의 연정파트너였던 자유당은 선거법개정을 통한 조기재총선 실시의 약속을 받은 대가로 사민당에게 의회과반수의석만 만들어주고, 자당(자유당) 몫의 장관직 지분을 요구하지 않았던 반면에, 1983년 5월에 출범한 프레트 지노바츠 수상의 사민당-자유당 연정(1983-1986)에서는 부수상 직책 외에 2석의 장관직(법무부와 국방부)이 자유당에 할당되었다. 크라이스키 시대 13년 동안 교육부장관을 역임한 지노바츠는 크라이스키의 '황태자' 안드로쉬 부수상이 - 언론은 크라이스키의 젊은 후계자를 그렇게 통칭했었다. - 1981년 갑자기 퇴진한 후, 크라이스키의 후계자가 되었기 때문에, 준비가 부족한 수상이었다. 지노바츠는 4년 임기 내내 전임 수상 크라이스키 시대의 유산과 씨름해야 했다. 아직도 끝나지 않은 '알게마이네스 크랑켄하우스 스캔들'과 국영기업체의 과다부채가 지노바츠 정부의 발목을 잡았다. 1985년 지노바츠 정권에서 새롭게 터져 나온 '글리콜 포도주' 스캔들은 - 1985년의 가짜 포도주 사건 이후 재발을 방지하기 위해 고급포도주에는 연도별 일련번호 생산 시스템이 의무화되었다 - 그렇지 않아도 경제적 위기에 봉착한 오스트리아의 이미지와 수출에 큰 타격을 입혔다. 국가부채 증가는 경제성장과 완전고용에 중점을 둔 석유파동 시대의 크라이스키의 경제정책에서 비롯된 부작용이었다.

  설상가상으로 1985년 초 이탈리아의 볼로냐 군사법정에서 1951년에 종신형을 선고받고 복역 중이었다가, 사면된 구 오스트리아 제국령 프라이발다우(체코의 예세니크) 태생의 나치 전범 발터 레더(1915-1991)의 귀국을 사민당-자유당 연립정부의 자유당 출신 현직 국방장관(프리트헬름 프리젠슐라거, 1943-)이 공식적으로 환영한 사건이 발생하여 지노바츠 정부를 정치적으로도 궁지에 몰아넣었다. 이탈리아 주둔 전차부대장이었던 레더는 1944년 가을 볼로냐 인근 마르차보토에서 발생한 주민학살사건(마르차보토 학살)의 주범으로서 13세 이하 아동 200여 명이 포함된 총 770명 이상의 민간인들을 살해한 나치 무장친위대 소령이었다. 그의 부대는 이탈리아 주둔 독일군 중 가장 악명 높은 부대였다. 국방부 장관의 발터 레더 환영사건은 오스트리아의 과거와 전쟁책임론이 전후 처음으로 공개적인 토론의 주제로 발전할 수 있는 계기를 제공했다. <발트하임 사건>이 터지기 직전의 일이었다.

쿠르트 발트하임(1918-2007, 재임: 1986-1992)이 연방대통령 선거에서 승리한 직후 사임한 지노바츠 수상은 1986년 6월 16일 같은 당(사민당)의 프란츠 프라니츠키(수상: 1886-1997)에게 수상직과 사민당-자유당 연립정부를 인계해야 했다. 프라니츠키 수상이 정권을 인수한 지 3개월도 채 지나지 않은 시점에 사민당에게는 실로 충격적인 사건이 발생했다. 그것은 1986년 9월 13일 오스트리아의 대표적 극우 정치인 외르크 하이더(1950-2008)가 지노바츠 정부의 현직 부수상이었으며 오스트리아 자유당을 이끌고 있는 노르베르트 슈테거(1944-) 의원을 밀어내고 자유당의 대표에 선출된 사건이었다. 프라니츠키 수상은 즉각적으로 의회의 해산을 선언했다. 그것은 자유당과의 연정 포기를 의미했다. 조기재총선의 형식으로 1986년 11월 23일 실시된 제17대 나치오날라트(하원) 선거에서 사민당(80석)은 3석 차이로 국민당(77석)을 제치고 제1당은 될 수 있었지만, 1986년의 총선결과는 한마디로 16대 총선에서 확보한 의석(90석)에서 10석을 더 잃은 사민당의 참패였다. '하이더 효과'를 등에 업은 자유당은 1983년 선거 때보다 6석이 더 많은 18석을 획득하여 1955년 <무소속 연합>을 자유당으로 당명을 변경한 후 최대의 승리를 구가했다. 녹색당도 헌정사상 처음으로, 그것도 단숨에 8명의 의원을 원내에 진출시켰다. 사민당과 국민당이 잃은 14석이 그대로 녹색당과 자유당의 몫이 되어버린 것이었다. 사민당이 절대과반수(92석) 요건을 충족시키려면 국민당과 대연정을 추진하는 방법 이

외에는 선택의 여지가 없었다. 프라니츠키 수상의 제2기 내각(1987-1990)은 외무와 국방 등 총 7개의 장관직을 국민당이 차지한, 사민당과 국민당 간의 대연정이었다.

크라이스키 다음으로 장기 집권에 성공한 프라니츠키 수상(1986-1997)이 국내정치에서 이룬 업적이 극우정당(자유당)과의 공동정부를 포기한 것이었다면, 국제정치에서 그가 남긴 업적은 오스트리아의 유럽 연합(EU) 가입 목표를 달성한 것이었다. 수상 재임기간(1986-1997) 중 프라니츠키의 외교적 당면과제는 동구공산권 붕괴 이후의 동유럽 국가들과의 관계를 강화하고, 오스트리아를 유럽연합에 가입시키는 것이었다. 연정의 파트너당인 국민당의 협조와 국민의 동의가 절대적으로 필요한 과제였다. 프라니츠키 수상은 국민당 출신의 외무장관 겸 부수상 알로이스 모크(1934-, 외무: 1987-1995, 부수상: 1987-1990)의 전폭적인 협력을 얻어 국민과 소통한 결과, 1994년 6월 12일 유럽연합 가입을 의제로 실시된 단 한 번의 국민투표에서 66.64 퍼센트라는 압도적 지지를 이끌어낼 수 있었다. 1995년 1월 1일부로 오스트리아는 유럽 연합의 회원국이 되었다. 오스트리아가 경제적으로도 EU에 통합된 것은 그로부터 4년 후인 1999년이었다. 유럽 연합의 공동통화인 유로(오이로)화가 1999년 1월 1일부로 예금통화로 먼저 도입되었고, 지불수단으로 실링화와 교체된 것은 2002년 1월 1일부터이었다.

알로이스 모크와 에르하르트 부제크(1941-)의 뒤를 이어 국민당 당대표가 된 볼프강 쉬셀(1945-)이 프라니츠키의 4기 내각(1994-1996)의 부수상 겸 외무장관에 기용되었다. 그러나 몇 달 지나지 않아 사민당과 국민당은 1996년도 예산편성 문제를 놓고 발생한 이견을 극복하지 못해, 조기재총선이 불가피하게 되었다. 제20대 총선(1995년 12월 17일)은 19대 총선(1994년 10월 9일)을 치른 지 14개월 밖에 지나지 않은 시점에 치른 선거였으며, 오스트리아가 유럽 연합에 가입한 후 치른 첫 번째 총선거였다. 프라니츠키 수상의 마지막 5기 정부(1996-1997)는 쉬셀 부수상 이하 국민당 출신 장관 전원을 유임시켰다. 1994년 총선(19대)에서 무려 42석을 획득했던 자유당은 1995년 선거에서도 41석을 얻어 국민당을 11석 차이로 따라붙은 제3 당이 되었지만, 이 선거에서 71석과 52석을 각각 확보한 사민당과 국민 당은 헌법 개정 의결정족수에 해당하는 삼분의 이 이상의 의석은 유지 할 수 있었다. 1986년 선거에서 확보한 80석의 의석으로 출발한 프라니 츠키 내각은 - 1990년 총선에서는 80석의 의석을 유지했지만 - 4년 후 1 년 간격으로 연달아 치러진 19대 총선(1994)과 20대 총선(1995)에서 65석과 71석이라는 초라한 성적을 낸 후, 프라니츠키는 1997년 수상직과 사민당 대표직에서 물러났다.

프라니츠키 수상을 계승한 빅토르 클리마(1947-) 수상은 프라니츠키 내 각의 재정장관 출신이었다. 그러나 클리마 수상은 집권 3년 만에 정부의 주도권을 국민당과 자유당에게 양도해야 했다. 클리마 수상 정부 3년차 에 실시된 1999년 10월 3일의 총선에서 사민당이 의석을 크게 잃었기 때문이었다. 역대 총선에서 획득한 최소 의석인 65석을 얻은 사민당이 원내 1당의 자리는 유지했으나, 그것은 지난 총선 때보다 6석을 더 잃 은 결과이었다. 그에 반해 자유당은 20대 총선(1995) 때보다 무려 11석이 늘어난 52석을 획득함으로써 동수의 의석을 확보한 국민당(52석)을 득표율 에서 근소한 차이로 누르고 오스트리아의 제2정당으로 부상하는 일대 이변을 일으켰다. 녹색당도 1995년 총선 때보다 5석을 더 얻어 14석을 차지했다. 사민당은 하이더가 당대표직에 오른 1986년 이후 자유당과의 제휴를 거부해왔기 때문에, 국민당이 사민당과의 유일한 연정 파트너였 다. 사민당과 녹색당의 의석을 합쳐도 과반수의석 미달(183석 중 79석)이었기 때문에, 녹색당과의 연정은 원천적으로 불가능했다. 과반수의석 도달을 위한 정당 간 조합의 경우의 수 중 남은 것은 이제 사민당과 자유당의 제휴를 제외하면 국민당과 자유당 간의 연정뿐이었다. 사민당은 1987년 이후 꾸려온 국민당과의 연립정부를 연장시키려 했지만, 국민당의 무리 한 요구로 협상은 결렬되었다. 1970년 4월 이후 2000년 2월까지 30년 동안 이어진 사민당이 주도한 오스트리아 정부는 클리마 수상을 마지막으로 그 주도권을 국민당과 자유당에 넘겨주어야 했다.

오스트리아 헌정 사상 최초로 출현한 국민당과 자유당 간의 연립정부는 원내 제3당(국민당)이 수상을, 제2당(자유당)이 부수상을 낸, 다시 말해 양대 보수 정당이, 정확히 표현하면 중도보수정당과 극우정당이 내각을 독점한 전대미문의 구조였다. 국민당과 자유당의 보수대연합은 토마스 클레스틸(1932-2004, 재임: 1992-2004) 연방대통령도 반대한 연정이었다. 수상에 선임된 국민당의 볼프강 쉬셀(1945-) 의원은 1970년 이후 최초의 국민당 출신 수상이었으며, 오스트리아 공화국 역사상 최초의 원내 제3당 출신 수상이었다. 유럽 최대의 극우정당으로서 오스트리아 제2공화국의 원내 제2당으로 부상한 자유당과 손잡은 국민당의 자유당과의 연립정부(2000-2007)는 오스트리아 국내 뿐 아니라, 유럽 연합 전체 회원국들의 우려와 항의를 야기했다. 이스라엘은 <발트하임 사건>(쿠르트 발트하임 오스트리아 연방대통령의 나치 전력을 둘러싼 논쟁) 이후 또 다시 빈 주재 자국 대사를 본국으로 소환하는 강력한 외교적 조치를 취했다. 오스트리아를 제외한 나머지 14개 유럽 연합 회원국 및 체코와 슬로바키아(체코슬로바키아는 1993년 두 개의 국가로 분리된 후, 2004년 각각 유럽 연합에 가입했음) 정부는 오스트리아의 국민당-자유당 공동정부와의 외교관계를 잠정적으로 제한한다고 선언했다.

볼프강 쉬셀 수상(국민당대표)의 내각에는 참여하지 않고, 배후에서 자당 출신 장관들을 지휘한 자유당 당대표 외르크 하이더 의원은 1950년에 출생한 전후세대로서 히틀러 정권과는 직접적인 연계가 없었지만, 그의 양친은 골수 나치였다. 1934년 7월 쿠데타(돌푸스 수상 암살사건)에도 직접 참가했고, 독일제국군 하급 장교로서 2차 대전에 참전하여 여러 차례 부상을 당한 적이 있는 외르크 하이더의 부친(로베르트 하이더)은 종전 후 체포되어 미군 포로수용소(잘츠부르크 인근 글라젠바흐 수용소)에 감금되었으나, 단순부역자로 분류되어 곧 방면되었다. 외르크 하이더의 모친(도로테아 하이더)은 히틀러 청년단 산하 독일소녀연맹의 간부 출신이었다. 하이더가 영세를 받았을 때, 그의 대부이었던 헤르만 포파(1882-1959) 역시 철저한 국가사회주자였다. 포파는 독일민족주의 정당인 대독일국민당의 마지막 당수로서 1930년부터 1934년까지 오스트리아 제1공화국 하원의원, 1938년부터 1945년까지 오스트리아를 대표한 독일제국의회 의원을 지낸 인물이었다. 추정컨대 하이더를 전후세대의 극우 정치인으로 만든 직접적 원인은 이와 같은 그의 가족적 배경과 성장환경이었다. 하이더는 특히 1986년 자유당 당대표에 선출된 이후 나치 시대의 고용정책을 찬양하고, 외국인 적대감정과 유대인배척 발언을 공개적으로 쏟아낸 인물이었다. 그런 그가 2000년 1월 자유당-국민당 연립정부 조각에 깊숙이 간여한 것이었다. 유럽 연합 14개국이 오스트리아 제재조치에 돌입했을 때, 외교적 압력에 굴복한 것이 아니라고 항변하면서 그는 그 해 2월 - 자유당과 국민당 공동정부가 출범한 직후 - 돌연 자유당 당대표 직에서 사임했다. 당대표를 사임한 후에도 하이더는 막후에서 자유당의 정책을 좌지우지했다.

오스트리아에 대한 14개 유럽 연합 회원국의 대 오스트리아 제재조치가 예상보다 장기화되었을 때, 입장이 난처해진 유럽 연합 본부는 사태수습에 나서지 않을 수 없었다. 빈에서도 극우 정당과의 연정을 반대하는 시위가 매주 목요일 개최되었다. 유럽 연합 집행부는 유럽 인권재판소 소장의 권고를 수용하는 형식을 빌려 3인의 인권전문가를 선정한후, 극우정당이 공동정부에 참여한 이후의 오스트리아 국내 인권 변동 상황 조사를 이들 전문가 팀에게 의뢰했다. 보고서의 결과에 따라 오스트리아에 내려진 재재조치를 재논의 하기 위해서였다. 핀란드의 전직 대통령 마르티 아티사리(1937-), 하이델베르크 대학 국제법 교수 요헨 아브라함 프로바인(1934-), 그리고 스페인 출신의 전 유럽 연합 집행위원회 사무총장 마르셀리노 오레하(1935-) 등 3인으로 구성된 조사팀은 극우정당(자유당)의 연정 참여에도 불구하고 유럽의 가치는 존중될 것이며, 오스트리아 거주 소수민족, 난민 및 이주입국자들의 인권도 유럽의 여타 국가들에서처럼 제한받지 않을 것이라는 보고서("현자의 보고서")를 채택했고, 유럽 연합은 회원국들의 회원국에 대한 제재의 장기화는 비생산적이라는 결론을 내렸다. 오스트리아는 7개월 만에 외교적 고립에서 벗어날 수 있었다.

국민당-자유당 공동정부 3년차인 2002년 9월 7일 크니텔펠트(슈타이어마르크 연방주)에서 개최된 자유당 대의원대회에서 내분이 발생했다. 그것은 하이더를 추종하는 당내 과격파와 공동정부의 내각에 기용된 자유당 출신 일부 장관 사이에 빚어진 갈등이었다. 하이더의 신뢰를 받아 하이더의 당대표직을 승계했고, 하이더의 추천으로 공동정부의 부수상에 기용된 주잔네 리스-파서(1961-)와 공동정부 재무장관 카를 하인츠 그라서(1969-)가 동시에 사표를 제출해 자유당 당직과 장관직에서 사임했다. 그리고 이들에 가세하여 자유당 원내 총무 페터 베스텐탈러(1967-)도 당직을 반납했다. 하이더가 주문한 세제개혁안 처리를 자유당 출신의 공동정부 부수상과 재무장관, 그리고 자유당 원내총무가 사민당과의 합의 하에 지연시킨 것이 자유당의 내분과 그에 따른 3인의 사임의 이유였다. 리스-파서는 부수상직과 당직(당대표) 사퇴는 물론이고, 정계에서 은퇴해버렸고, 그래서 재무장관은 자유당을 탈당해 버렸다. 연정의 부수상과 재무장관이 사임함으로써 국민당은 21대 총선(1999)의 패배를 만회할 수 있는 조기재총선의 기회를 잡게 되었다.

2002년 11월에 치러진 22대 총선에서 국민당은 42.3퍼센트(79석)를 득표함으로써 1999년(26.9 퍼센트와 52석)의 악몽을 씻고, 1966년 이후 처음으로 원내 제1당으로 올라서게 되었다. 반면에 1999년 선거에서 국민당과 똑같이 26.9 퍼센트의 득표율에 52석을 차지하여 미세한 득표율 차이로 국민당을 추월하여 원내 제2당으로 도약했던 - 국민당의 연정파트너 - 자유당은 10퍼센트의 득표율에 18석을 얻는데 그쳤다. 그러나 자유당은 녹색당(9.5 퍼센트와 17석)을 제치고 원내 3당의 자리는 유지했다. 자유당이 2002년 총선에서 패한 이유는 복합적이었다. 오스트리아 정부(국민당-자유당 연정)에 대한 유럽 연합의 제재조치와 2000년 2월 이후 지속되고 있는 국민당-자유당 공동정부 타도 시위가 보수진영의 유권자들로 하여금 그들의 지지정당을 극우정당(자유당)에서 온건보수정당(국민당)으로 바꾸도록 유도한 것이었다. 36.5퍼센트(69석)를 득표한 사민당은 1999년 총선 때보다 4석의 의석을 늘렸지만, 제2당에 만족해야 했다. 국민당과 자유당의 연정은 지속되었지만, 자유당은 선거패배로 인해 장관직 배분 과정에서 국민당에 크게 양보해야 했다. 조기총선의 빌미를 국민당에 제공한 당사자 중의 한 사람인 하인츠 그라서 재무장관은 자유당을 탈당한 후 무소속으로서 장관직에 유임되었다.

오스트리아 자유당의 내분은 2002년 이후 격화되어 결국 분당으로 이어졌다. 2005년 4월 하이더는 대부분의 자유당 소속 국회의원과 자유당 출신 장관 전원을 - 재무장관 그라서는 무소속으로 내각에 잔류했다 - 데리고 자유당을 동반 탈당하여, <오스트리아의 미래를 위한 동맹>(BZÖ, 이하 미래 동맹)이라는 신당을 창당했다. 국민당-자유당 연정은 이제 국민당-미래동맹 연정으로 그 명칭이 변경되었다. 결과적으로 <미래 동맹>은 선거 없이 연정에 참여한 최초의 정당이 된 것이었다. 그것은 오스트리아 공화국 역사상 공전의 기이한 현상이었다.

2006년 10월 1일 실시된 제23대 총선은 원내 의석을 보유한 5당(국민당, 사민당, 미래 동맹, 자유당, 녹색당)의 합의하에 제22대 국회의원 임기를 50일 이상 남겨놓은 시점에 치러진 선거였다. 2006년 총선의 특징은 총의석 183석 중 68석을 차지한 사민당이 66석의 국민당을 근소한 차이로 누르고 2002년 총선에서 국민당에게 패한 이후 4년 만에 다시 제1당의 위상을 회복하게 되었다는 점과 미래 동맹이 2005년 창당된 후 처음으로 선거를 통해 자력으로 원내 재진입에 성공했다는 사실이었다. 2002년 당직을 사퇴한 전 자유당 원내 총무 베스텐탈러가 4년 만에 미래 동맹의 간판 후보로 나선 2006년 총선거에서 7석을 확보한 것이었다. 녹색당과 자유당은 각각 21석씩을 점유했지만, 득표율에서 미세한 차이로 앞선 녹색당이 사민당과 국민당에 이어 제3당이 되었다. 흥미로운 사실은 하이더가 자유당 의원 대부분을 데리고 탈당하여 미래 동맹을 창당했지만, 미래 동맹은 의석수에 있어 자유당에 크게 뒤졌다는 사실이다. 미래 동맹은

4.1퍼센트의 지지를 얻어 간신히 의회 진출을 위한 제한조건(4퍼센트 득표)을 충족시켰다. 자유당과 미래 동맹은 내부적으로는 상호경쟁관계에 있었지만, 외부에서 관찰할 때 두 당은 모두 극우정당이었다.

단독정부를 구성할 수 있는 과반수 의석(92석)을 확보하지 못한 사민당은 3당 연립내각(사민당·녹색당·미래 동맹, 또는 사민당·자유당·녹색당)을 구성하지 않는 한, 국민당과 대연정을 꾸리는 방법 이외에는 다른 선택의 여지가 없었다. 미래 동맹과 자유당은 한 뿌리의 극우정당이기 때문이었다. 우여곡절 끝에 사민당과 국민당의 대연정이 출범한 것은 2007년 1월이었지만, 사민당은 그 대가를 치러야 했다. 사민당은 3개 핵심장관(외무, 내무, 재무) 자리를 모두 국민당에 양보해야 했다. 참고로, 제2공화국 역사상 3당 연정은 2차 대전 후의 첫 내각인, 1945년의 임시정부의 거국내각(카를 렌너 수상의 사민당·국민당·공산당 거국정부)이 유일했다. 임시정부를 계승한 레오폴트 피글 수상의 1기 내각(1945-1949)에도 공산당 출신 장관(에너지 장관 카를 알트만, 1904-1960)이 1명 포함되어 있었지만, 2년 만에 사민당 장관(알프레트 믹쉬, 1901-1975)으로 교체됨으로써, 피글 수상 정부는 3당 연정이 아닌 국민당·사민당 대연정이었다. 2007년 1월에 출범한 사민당 대표 알프레트 구젠바우어(1960-)와 국민당 대표 빌헬름 몰터러(1955-)를 각각 수상과 부수상으로 하는 사민당·국민당 공동정부(2007년 1월 11일-2008년 12월 2일)는 국민당과 자유당/미래동맹 간의 연정을 무너뜨리고, 7년 만에 부활한 사민당 주도의 대연정이었다. 그러나 사민당·국민당 연립정부는 상호 불신으로 인해 23개월 정도밖에 존치되지 못했다.

2006년 23대 총선의 또 하나의 특징이라면, 총선 1년 전의 분당에도 불구하고 자유당이 2002년 22대 총선 때보다 3석의 의석을 더 늘렸다는 사실이었다. 2005년 하이더와 함께 자유당을 동반 탈당한 의원들을 중심으로 창당된 미래 동맹은 2006년 총선에 임하면서 자유당과의 관계를 강조하기 위해 자유당원이라는 명칭을 선거홍보물에 사용했다. 이에 반발한 자유당은 미래 동맹의 자유당 상징색(청색) 및 자유당원 명칭사용 금지 가처분신청을 빈 지방법원에 제출했다. 미래 동맹의 행위를 일종의 상표권 침해로 판단한 법원은 미래 동맹의 입후보자명단에 사용된 자유 당원이란 명칭을 선거벽보를 비롯한 각종 미래 동맹 선거홍보물에서 제거할 것을 명령했다. 그러나 미래 동맹의 케른텐 연방주 지구당만은 - 케른텐 연방주지사는 외르크 하이더였고, 케른텐 연방주는 자유당의 발상지였다 - 법적으로 중앙당에 종속되지 않은 독자적인 등록단체라는 이유를 들어 법원의 결정에 불복했다. 결과적으로 미래 동맹은 - 케른텐을 제외한 - 8개 연방주에서는 1.7퍼센트 내지 3.3퍼센트의 득표에 그쳐 원내 진입 최소 득표율인 4퍼센트의 벽을 넘지 못했다. 그럼에도 불구하고 2006년 총선에서 미래 동맹이 원내진출에 성공할 수 있었던 이유는 하이더가 연방주지사인 케른텐 연방주에서만 무려 25.9퍼센트의 지지를 얻었기 때문이었다. 케른텐 연방주의 득표율을 합치면, 미래 동맹의 전국평균 득표율은 4.1퍼센트였다.

선거공약을 보면 두 극우정당(미래 동맹과 자유당)은 중첩되는 부분이 많았고, 특히 '외국인문제'에서는 양당의 공약이 일치했다. 미래 동맹의 선거 강령의 핵심은 외국인 적대정책(오스트리아의 외국인 수 30퍼센트 감축, 외국인학생의 학급당 숫자 제한 따위)과 터키의 유럽 연합 가입 반대였다. 미래 동맹 당대표 베스텐탈러는 공약 실천을 위해 - 국민당-미래 동맹 연정이 지속될 경우를 가정하여 - 차기 공동정부의 내무장관직을 요구했다. 그러나 지난 두 차례의 내각에서도 - 볼프강 쉬셀 수상의 1기 내각(2000-2003: 국민당-자유당 연정)과 2기 내각(2003-2007: 국민당-미래 동맹 연정) - 자유당과 미래 동맹의 내무장관직 요구는 국민당에 의해 수용되지 않았었다. 총선 6일 전인 2006년 9월 25일 법무장관 카린 가스팅어(1964, 미래 동맹 원내 부총무 겸 슈타이어마르크 연방주 미래 동맹 간판후보)가 돌연히 미래 동맹으로부터 탈당을 선언했다. 향후 수년 내에 외국인 300,000명을 추방시키겠다는 당대표(베스텐탈러)의 외국인 적대정책을 지지할 수 없다는 것이 그녀가 밝힌 탈당의 이유였다. 일간지 쿠리어와의 회견에서 탈당을 선언한 가스팅어는 - 새로운 유권자 계층을 우군으로 확보하기 위해서 자유당과 협력하여 '외국인 문제'를 도구화해야 한다는 내용의 인터뷰를 한 - 교통/혁신/테크놀로지 차관이며 미래동맹 잘츠부르크 지구당 대표이기도 한 - 에두아르트 마이노니(1958-)의 언론인터뷰 내용도 강하게 비판했다. 선거 직전의 분위기로는 미래 동맹의 원내진출(4퍼센트 득표)은 지극히 회의적이었다. 2006년 총선에서 자유당의 간판후보는 하인츠-크리스티안 슈트라헤(1969-) 당대표였다.

자유당의 공약은 미래 동맹의 그것과 대동소이했다. 터키의 유럽 연합 가입 저지 및 유럽 연합 헌법제정 반대, 오스트리아의 유럽 연합 분담금 인상 반대 등과 같은 유럽 연합과 관련된 공약과 외국인 적대정책(국적법 강화, 입국이민 중단, 망명 허용 반대)이 자유당 선거강령의 핵심내용이었다. 2000년대 초 사민당과 녹색당에 의해 비유럽 연합 시민에게도 선거권을 허용하는 법안이 의회에 상정되었는데, 자유당이 이 법안의 위헌성을 헌법재판소에 제기하여 승소한 후, 자유당의 외국인 적대정책은 더욱 강화되었다. 2005년 빈 연방주의회(빈 시의회) 선거에서도 외국인 적대적 선거전을 펼친 자유당은 14.83퍼센트의 지지를 획득하여 사민당(49.09퍼센트)과 국민당(18.77퍼센트)에 이어 제3당이 되었다. 그러나 2005년도 빈 연방주의회 의원선거는 1987년 이후 자유당이 가장 많은 의석을 잃은 선거였다. 2005년 선거에서 획득한 13석은 2001년 선거 때보다 8석을 잃은 수치였다. 참고로 빈 시의회의 전체의석 수는 100석이다. 빈과 같은 대도시에서는 - 적어도 2005년까지는 - 외국인 적대정책이 표심에 큰 영향을 끼치지 않았음을 방증한 선거결과였다. 그러나 국회의원 선거는 경우가 달랐다. 2006년 총선에서 미래 동맹은 예상을 깨고 7명의 의원을 당선시켰고, 자유당은 2002년 총선 때보다 3석이 늘어난 21석을 획득했다.

알프레트 구젠바우어 수상 정부(2007-2008: 사민당-국민당 대연정)가 2년이 채 안되어 붕괴된 것은 사민당에 대한 국민당의 불신 때문이었다. 구젠바우어 정부는 출발할 때부터 순탄치 않았다. 국민당과의 연정협상이 56일 만에 타결되어, 총선(2006년 10월 1일)이 끝나고, 3개월이 지난 후(2007년 1월 11일)에야 비로소 내각이 완성되었다. 연정협상이 진통을 겪고, 정부 출범 후에도 사민당과 국민당 간의 갈등이 심화된 이유는 연립정부 구성 협상기간 중에 사민당이 직전 정부(볼프강 쉬셀 수상의 국민당-자유당/미래 동맹 공동정부 2003-2007)의 내무장관(총 4명이며 모두 국민당 출신 장관)의 과오를 조사하기 위해 의회 내의 특별위원회 설치를 국민당을 제외한 나머지 원내 3당(녹색당, 자유당 및 미래 동맹)과 합의한 데 있었다. 쉬셀 정부에 의해 제정된 망명법과 외국인법을 진보진영(사민당과 녹색당)과 극우진영(자유당과 미래 동맹)이 각기 상반된 이유에서 반대했기 때문이었다. 이미 나온 말이지만, 미래 동맹은 그들의 총선 공약(외국인 적대정책)을 실천에 옮기기 위해 - 연정에 다시 참여할 경우 - 내무장관직을 공개적으로 요구했으며, 지난 4년간 국민당과의 연정에 참여한 자유당과 미래 동맹이 요구한 내무장관(총 4명)직은 예외 없이 국민당이 차지했었다.

2008년 조기재총선은 개정된 선거법에 의해 치러졌다. 유럽 연합 가입국 중 오스트리아가 처음으로 국회의원선거 투표자격 연령을 만 18세에서 만 16세로 - 법률적 성년의 연령은 변경되지 않은 채 - 조정했고, 부재자 투표제도를 전면적으로 도입했으며, 국회의원 임기를 4년에서 5년으로 연장한 것이 개정된 선거법(연방헌법 26조)의 주요 내용이었다. 참고로 연방대통령선거 피선거권의 제한연령(만 35세)만 제외하고, 유럽 연합 의회 및 국회의원 피선거권을 포함한 모든 선거에서의 피선거권의 제한연령은 법률적 성년 연령(만 18세)과 일치한다. 2008년 9월 28일 실시된 제24대 나치오날라트(국회의원) 선거에서 사민당은 기존 68석에서 57석으로 의석을 크게 잃었지만, 제1당의 위상은 유지했다. 66석에서 51석으로 의석수가 줄어든 국민당은 사민당보다 더 크게 패했다. 지난 선거에서 제3당으로 부상했던 녹색당(21석에서 1석 감소)은 사민당과 국민당에 비해 선전한 반면, 21석에서 34석으로 의석을 늘린 자유당과 7석에서 21석으로 - 무려 3배나 - 의석이 늘어난 미래 동맹이 대약진 함으로써 자유당 계열의 두 극우정당이 오스트리아 의회사상 가장 많은 의석(55석)을 보유하게 되었다. 2008년 선거는 사민당이 1945년 이후 가장 크게 패한 선거였다. 츠벤텐도르프 핵발전소 가동 찬반 국민투표에서 패한 후 치른 1979년 총선(183석 중 95석 확보)에서도 사민당은 대승을 거두었었다.

2013년 현재 오스트리아 내각을 운영하고 있는 베르너 파이만(1960-) 수상 정부는 2008년 12월 2일 출범한 사민당-국민당 대연정이다. 부수상 요제프 프륄(국민당)이 2011년 4월 건강상의 이유로 퇴진한 후 부분 개각이 이루어져, 부수상이 겸임한 재무장관직을 비롯해 국민당 몫의 내무부 및 과학부 장관이 교체되었고, 새 부수상은 외무장관 미하엘 슈핀델베르거(1959-: 국민당 원내총무)가 겸임하고 있다. 국회의원(1971-2004), 과학부장관(1983-1986), 국회의장(1990-2004)을 역임한 그라츠 출신의 하인츠 피셔 연방대통령(1938-)은 2004년 6년 임기의 대통령에 당선된 후, 2010년 재선에 성공하여 현재에 이르고 있다. 피셔 대통령은 오스트리아의 국가원수로서는 처음으로 2007년 한국을 방문하여 당시 노무현 대통령과 정상회담을 가진 바 있다. 그는 1970년대 사민당 원내총무 시절 오스트리아-북한 친선협회 부회장직을 맡은 적이 있었다.

2008년 총선의 특징은 한마디로 요약하면 두 극우정당(자유당과 미래 동맹)의 승리였다. 총 183석의 의석 중 자유당과 미래 동맹이 차지한 의석은 개헌 저지선에 6석 모지라는 55석이었다. 오스트리아 사회의 우경화 추세는 우려할 만한 수준으로 이어지고 있다. 오스트리아 자유당은 1986년 17대 총선 이후 2002년 22대 총선에 이르기까지 여섯 번 치러진 총선에서 1986년 18석, 1990년 33석, 1994년 42석, 1995년 41석, 1999년 52석, 2002년 18석을 각각 차지했고, 2005년 분당 이후 치러진 23대 총선(2006)과 24대 총선(2008)에서 양당(자유당과 미래 동맹)이 획득한 합계 의석은 전체의석 183석 중 각각 28석과 55석이었다. 1999년의 21대 총선결과는 유럽연합의 대오스트리아 제재조치와 목요시위를 유발한 직접적인 동기가되었다. 창당 1년 후 치른 2006년 총선에서는 케른텐 연방주를 제외하면 나머지 8개 연방주에서 4퍼센트 이상의 득표율을 보인 연방주가 한 주도 없었던 미래 동맹이 2008년 선거에서는 놀라운 결과를 만들어 냈다. 최소 득표율을 보인 빈 연방주가 4.7퍼센트였고, 케른텐을 제외한 - 케른텐 연방주에서 미래 동맹은 무려 39.4%를 획득했다 - 최대 득표율을 나타낸 슈타이마르크 연방주의 그것은 13.2퍼센트에 달했다. 2006년 선거에서 얻은 의석(7석)의 3배나 되는 의석(21석)을 미래 동맹이 얻은 근본적인 원인은 한 가지 뿐이었다. 2008년 총선에서는 하이더가 직접 미래 동맹의 수석후보로 나섰기 때문이었다.

자유당의 상승 추세는 2010년 실시된 빈 시의회 겸 연방주의회 의원 선거에서도 여실히 나타났다. 2005년 선거에서 13석에 머물렀던, 그리하여 1987년 이후 최대의 패배를 경험한 자유당이 2010년 선거에서는 14석이 늘어난 27석을 획득함으로써 전회기보다 무려 2배가 넘는 의석을 확보했다. 염려스러운 사실은 2010년 선거에서 온건보수 진영인 국민당 뿐 아니라, 진보진영에 속하는 사민당과 녹색당이 동반 퇴조의 기미를 보인 사실이다. 빈 시민의 전통적 지지 정당인 사민당은 2005년 시의원 선거 때보다 6석이 줄어든 49석을 차지했고, 국민당은 18석에서 13석으로, 녹색당은 14석에서 11석으로 각각 5석과 3석을 더 잃었다. 이 숫자는 자유당이 기존 의석(2005년의 13석)에 추가하여 확보한 14석과 완전히 일치하는 의석수였다.

2008년 총선에서 미래 동맹 수석후보로 나서서 당선된 직후 사망한 하이더는 1979년부터 1999년까지 6선 의원을 지냈으며, 케른텐 연방주지사를 2차례 - 1989년 1991년까지, 그리고 1999년부터 2008년까지 도합 11년 동안 - 역임했다. 2005년 4월 초 창당 당시의 당대표 하이더가 - 2006년 6월 23일부터 2008년 8월 30일까지의 당대표는 페터 베스텐탈러였다 - 미래동맹의 당대표에 복귀한 것은 제24대 총선을 한 달도 채 앞두지 않은 2008년 8월 30일의 일이었다. 2008년 9월 28일 실시된 오스트리아 총선을 미래 동맹을 포함한 극우진영의 승리로 이끈 주역은 미래 동맹의 수석후보 하이더였다. 그는 제24대 총선 직후인 2008년 10월

11일 불의의 교통사고로 목숨을 잃었다. 24대 국회의원이며 케른텐 연방 주지사(1989-1991, 1999-2008)이며 미래 동맹 당대표인 하이더가 사망한 후, 수차례 당대표가 바뀐 끝에 - 하이더 사망 직후 첫 임시 당대표에 지명된 미래 동맹 사무총장 슈테판 페츠너는 1981년에 출생한 20대의 청년이었다 - 요제프 부허(1965-: 2002년 자유당 의원으로 의회진출, 2005년 하이더를 따라 미래동맹으로 당적변경, 2008년 이후 자유당 원내총무)가 2009년 이후 미래 동맹을 이끌고 있다. 14년 동안 대표직을 역임하면서 오스트리아 자유당을 유럽 최대의 극우 정당으로 만드는데 결정적인 역할을 한 하이더가 2000년 자유당 대표직에서 물러난 후 지금까지 6명이 당대표가 교체되었다. 현재의 자유당 대표는 2008년 총선과 2010년 빈 연방주의원 선거를 총지휘하여 기존 의석을 60%(21석에서 34석) 및 200%(13석에서 27석) 이상 각각 확대시킨 극우정치인 하인츠 크리스티안 슈트라헤(1969-)이다. 포스트 하이더 시대의 오스트리아의 양대 극우 정당(자유당과 미래동맹)이 차기 총선(2013년 9월 29일)에서도 24대(2008)총선 결과의 여세를 이어갈 것인지 민주주의의 발전을 염원하는 오스트리아 국민들과 더불어 세계가 주목하고 있다.

❏ 4
오스트리아의 과거극복

1) 탈나치화 작업

1970년 4월 21일 출범한 브루노 크라이스키 수상의 제1기 내각(사민당·자유당 연정)은 국가사회주의노동자당원 출신 장관 4명을 포함하고 있었다. 농림부장관에 기용된 케른텐 연방주 출신의 한스 욀링어는 나치 친위대

(SS) 소속 전력이 드러난 지 5주 만에 오스카 바이스(1911-1978)로 경질되었지만, 바이스 역시 국가사회주의노동자당원 출신이었다. 건설부장관 요제프 모저(1919-2003)와 교통부장관 에르빈 프뤼바우어(1926-2010)도 과거 국가사회주의노동자당원이었고, 내무부장관 오토 뢰쉬(1917-1995)는 나치 돌격대 (SA) 출신이었다. 당시 국외 여론은 크라이스키 내각이 나치 전력을 가진 장관을 기용한 데 대해 매우 민감한 반응을 보였지만, 크라이스키 수상은 흔들리지 않았다. 오토 뢰쉬는 1970년부터 1977년까지 내무장관, 이어서 1983년까지 국방장관으로서 크라이스키 정권이 끝날 때까지 13년간 내각에 머물렀다. 건설부장관 요제프 모저는 1979년까지 자리를 지켰고, 농림부장관 오스카 바이스는 1976년 귄터 하이덴(1926-2004)으로 경질되었는데, 이 사람 역시 2차 대전 종전 직전(1944)에 국가사회주의노동자당에 입당한 전력을 가진 정치인이었다. 1970년 지몬 비젠탈이 내각에 기용된 4인의 장관의 과거 나치 전력을 들춰냈을 때, 크라이스키 수상은 친위대 전력을 사전 인지하지 못한 농림부 장관만 경질한다고 발표하였다. 이는 비젠탈로 하여금 크라이스키의 주변 정치인들의 과거 조사를 더욱 강화하게 만든 동기가 되었다.

원내 제1당이면서도 과반의석을 확보하지 못한 사민당을 도와 크라이스키 정부의 출범을 가능케 한 자유당 당대표 프리드리히 페터(1921-2005)는 크라이스키 수상의 정치적 은인이었다. 지몬 비젠탈의 추적에 의해 프리드리히 페터의 과거 나치 전력이 세간에 드러난 것은 크라이스키 정부가 출범하고, 5년이 지난 1975년이었다. 1958년부터 1978년까지 20년 동안 오스트리아 자유당을 진두지휘한 프리드리히 페터는 크라이스키 수상의 연내 선거법 개정과 개정된 선거법에 의거한 조기재총선 실시 약속을 믿고 - 자유당 의원의 입각을 일절 요구하지 않은 채 - 과반수의석에 미달한 사민당과의 연정을 수락하여 사민당을 원내 과반정당으로 만들어준 정치인이었다. 1970년 프리드리히 페터가 사민당이 아닌 원내 제2당인 국민당(78석)과 제휴했더라면, 사민당은 원내 제1당이면서도 정국을 주도하는 정당이 되지 못했을 것이었다. 유대인 학살을 주도한 동부전선 후방의 나치 무장친위대 보병여단 소속 특공대 중령이었다는 프리드리히 페터의 과거가 1975년 비젠탈의 추적에 의해 언론에 보도되었을 때, 크라이스키 수상과 사민당 정부는 정치적 위기에 빠지게 되었다. 그러나 크라이스키는 프리드리히 페터를 적극적으로 보호했다. 1975년 10월 10일 수상이 직접 텔레비전에 출연해 프리드리히 페터의 과거 나치 전력을 부인한 것에 그치지 않고, 오히려 지몬 비젠탈이 게슈타포(비밀경찰)의 협력자였다고 역공을 펼쳤다. 그러나 크라이스키가 입수한 비젠탈의 과거이력에 관한 첩보는 당시 공산국가였던 폴란드의 정보기관에 의해 변조된 문건에 근거한 것이었다. 비젠탈에 의해 명예훼손죄로 고소당한 크라이스키는 오랜 법정다툼 끝에 결국 270,000실링의 벌금형을 선고받았다. <크라이스키-페터-비젠탈 사건>은 크라이스키를 일생동안 따라다닌, 크라이스키에게는 일종의 정치적 원죄와도 같은 사건이었다. 독일 사민당 당대표 빌리 브란트(1913-1992)가 독일연방공화국 수상의 신분으로 폴란드의 바르샤바 게토 유대인 희생자 기념비 앞에서 과거 나치 독일이 폴란드 유대인에게 저지른 반인권적 만행에 대해 사죄하면서 무릎을 꿇은 것이 1970년 12월 7일의 일이었고, 오스트리아 사민당 당대표 크라이스키 수상이 프리드리히 페터의 지원을 받아 그의 1기 내각을 출범시킨 것은 같은 해 4월 21일의 일이었다.

과거극복의 차원에서 빌리 브란트와 브르노 크라이스키는 매우 대조적인 행보를 보인 정치인이었다. 1938년 독일군 진주 직후 국외망명을 조건으로 예비검속에서 석방된 크라이스키는 자신도 나치 정권의 피해자였지만, 나치 전력자까지도 포용하는 국민통합정책을 시도한 정치인이었다. 오스트리아의 현대화를 공약으로 내세워 집권에 성공한 크라이스키는 약속을 지킨 정치인이었다. 공약실천에 온 국력을 경주하기 위해서는 국민통합 정책이 선행되어야 했던 것은 분명했다. 크라이스키 내각의 내무장관과 국방장관을 번갈아 지낸 나치 전력의 오토 뢰쉬는 크라이스키와 정치적 운명을 공유했고, 나치 전범 추적자 지몬 비젠탈은 크라이스키의 일생의 적이었다. 크라이스키가 1990년 사망했을 때, 고인이 예의 벌금형을 죽음으로 대신했다는 비젠탈의 독설은 고인을 따라다니는 낙인이 되어버렸다. 전범 급 나치 협력자들까지 포용한 크라이스키의 국민대통합 정책은 그의 수상재임 13년 동안 내내 비판의 대상이었다.

전후 정당 간의 이해관계 때문에 탈나치화 작업이 정상적으로 진행되지 못한 것이 오스트리아의 과거극복을 더디게 한 근본적인 이유였다. 오스트리아 국민들도 아직은 - 적어도 크라이스키 시대가 끝날 때까지는 - 진정한 과거청산의 의지가 결여된 듯 했다. 그것은 총선에서 드러난 유권자들의 표심에서 그대로 반영되었다. 1970년 총선에서 48.4 퍼센트의 지지(165석 중 81석)로 자유당의 도움(6석)을 받아 집권에 성공한 사민당은 크라이스키 수상의 1기 정부 내각명단 발표 후 기사화된 비젠탈의 폭로에도 불구하고, 다음 해 실시된 13대 조기재총선(1971)에서 50.04퍼센트의 지지를 얻어 183석 중 93석을 차지함으로써 절대과반 정당으로 도약할 수 있었다. 이후 치러진 두 차례의 총선(1975년과 1979년)에서도 크라이스키의 사민당은 절대과반 정당의 지위를 당당히 유지했다. 1975년 총선에서도 93석을 차지했지만, 츠벤텐도르프 핵발전소 가동 여부를 묻는 찬반 국민투표에서 패배한 후 실시된 1979년 총선에서는 무려 95석을 획득하였다. 오스트리아 공화국 국회의원 선거사상 50퍼센트 이상의 지지를 받아 집권한 오스트리아의 정당은 크라이스키 수상의 사민당이 유일했으며, 절대과반 의석 확보의 위업을 세 차례나 연이어 달성한 사민당 당대표는 크라이스키 수상 한 사람뿐이었다.

1945년 제2공화국 임시정부에 의해 제정된 <금지법>에 의거해 국가사회주의노동자당과 그 연계조직의 활동이 법률에 의해 금지된 후, 1938년과 1945년 사이 국가사회주노동자당과 그 산하조직, 나치 친위대 또는 나치 돌격대에 가입한 전력이 있는 자들에게는 탈나치화의 대상자로서의 신고 의무가 부과되어, 정치적 재교육 대상자로 등록되었다. 탈나치화 대상자들은 군정에 의해 전범, 부역자, 단순부역자 등 3등급으로 분류되었다. 독일의 경우에는 '부화뇌동' 및 '무혐의' 등급이 추가된 5등급으로 분류되었다. 1등급에 해당한 전범의 재판은 - 뉘른베르크 군사재판에서 유죄판결을 받은 소수의 전범을 제외하면 - 뉘른베르크 연합국 군사재판소가 아닌, 오스트리아 특별재판소로 이첩되었다. 전범 재판을 위해 한시적으로 설립된 빈 특별재판소(폴크스게리히트)에서 사형선고를 받은 경우는 43명이었고, 그 중 30명에게만 실제로 형이 집행되었다. 오스트리아 특별재판소가 심리한 총 137,000여 건의 전범 재판 중, 유죄판결이 내려진 것은 2,300여 건에 불과했다. 히틀러가 나치 정권에 대한 반역죄를 처단하기 위해 1934년 베를린에 처음으로 설립한 특별재판소(폴크스게리히트호프)의 명칭을 나치 전범을 처리하기 위해 설립한 오스트리아의 특별재판소가 차용한 애초의 의도는 - 히틀러가 나치 독일에 대한 반역죄를 다스렸듯이 - 나치 전범을 엄중히 다루겠다는 오스트리아 임시정부의 의지의 표현이었다. 참고로 히틀러의 특별재판소에서 유죄판결을 받은 반체제 인사의 수는 약 18,000명에 달했고, 그 중에서 5,000여 명이 처형되었다.

　1등급(전범)과는 달리 2등급(부역자) 및 3등급(단순부역자)으로 분류된 탈나치화 대상자는 연합국 점령지구 수용소에 구금되었다. 미국군은 잘츠부르크 연방주의 글라젠바흐에, 영국군은 케른텐 연방주의 볼프스베르크에 각각 수용소를 운영했다. 프랑스는 군사재판소를 운영하지 않았고, 점령지역 내 구 독일제국재산 확보에 여념이 없었던 소련은 나치 협력자들의 재판을 오스트리아 법원에 일임했다. 부역자 및 단순부역자로 분류된 2등급 및 3등급 탈나치화 대상자들은 전후의 재건사업에도 동원되었다. 단순부역자들에게는 주로 벌금형이 부과되거나 선거권 박탈, 특정 분야의 취업금지, 또는 석방조치가 내려졌다. 특별재판소는 물론, 연합국 군사재판소에서 재판을 받은 나치 협력자들 중에는 국가재건에 필수적인 전문 인력이 상당수 포함되어 있었기 때문에, 오스트리아 정부는 나치 협력자의 등급분류 단계에서부터 지나치게 엄격한 법적 기준이 적용되지 않도록 개입했었다. 이것이 과거청산을 더디게 만든 근본적인 요인으로 작용했다. 과거의 나치당원들은 1945년 11월 25일 실시된 종전 후 첫 총선(5대 총선)에서는 선거권 및 피선권이 박탈되었지만, 6대 총선(1949)에서 선거권을 다시 획득함으로써 사실상 전원 복권되었다.

심지어 1949년 총선을 앞둔 시기에는 과거 나치 협력자들의 표를 빨아드린 저수조 역할을 한 <무소속 연합>이라는 이름의 정당도 생겨났다. 나치 정권의 전쟁범죄에 연루된 자들도 국민당과 사민당에 입당하면 탈나치화 과정에서 단순부역자로 분류되었다. 당시 레오폴트 피글 수상 정부(1949-1953)는 국민당과 사민당 간의 공동정부였기 때문에, 정부를 구성한 양대 거대정당이 앞장서서 공개적으로 나치 협력자들에게 표를 구걸한 형국이었다. 국민당과 사민당 이외의 정당들도 새로이 등장한 유권자 계층에게 구애작전을 벌이기는 마찬가지였다. 과거의 나치 협력자들을 가장 많이 당원으로 확보한 정당은 무소속연합이었다. 1949년 3월 말 양대 거대 정당(국민당과 사민당)의 틈바구니에서 제3진영을 지향하는 정당으로 창당된 무소속 연합은 1949년 총선에서 11.7퍼센트를 득표하여 단숨에 16명을 의회에 진출시킨 후, 1955년 11월 9일에 창당된 오스트리아 자유당에 흡수되었다. 결과적으로 무소속 연합은 유럽 최대 극우정당(자유당)을 탄생시킨 원조 정당의 오명을 쓰게 되었다. 오스트리아의 탈나치화 작업은 1949년 총선을 앞두고 사실상 중단된 것이나 마찬가지였다.

1950년대에 들어서서 동서 냉전이 격화되면서부터 나치 전력자의 처벌에 대한 서방 점령국들의 관심도 급격히 식어버리기 시작했다. 소련 공산주의에 효과적으로 대처하기 위해 과거의 나치 협력자들만큼 안성맞춤의 우군세력이 없었던 것이었다. 오스트리아 국민도 1949년 이후 탈나치화 프로그램에 피로감을 느낀 것인지, 아니면 2차 대전의 공동책임에서 자유롭지 못하다는 공범의식에서인지는 몰라도, 처벌이 아닌, 화해를 모색하기 시작했다. 그 결과 나치 전력 소유자들 중 특히 경제계에서 지도적인 위치를 회복하는데 성공한 사례가 증가했다. 그 뿐 아니라, 내각에 기용된 장관들도 있었고, 나치 시대를 상기시키는 극우정당도 생겨났다. 1955년 창당된 자유당의 당대표 안톤 라인탈러(1895-1958)는 무장친위대 여단지도자(나치 친위대 소장) 출신이었음에도 불구하고 2년 형을 마친 후 '탈나치화' 된 정치인으로의 변신에 성공한 대표적 사례이었다. 1955년 오스트리아 국가조약 체결과 더불어 전범처리를 위해 설립된 특별재판소 제도가 10년 만에 폐지되고, 특별재판소가 심리하던 모든 사건은 일반배심재판소로 그 관할이 변경되었다.

2) 과거와의 '조우' - 발트하임 사건

제1공화국 시대(1918-1938)의 국가관이 오스트리아를 독일민족 국가의 구성요소로 이해하려는 경향(오스트리아인은 독일인)에 의해 영향을 받았다면, 2차 대전 종전 후의 국가정체성(오스트리아인은 오스트리아인)은 오스트리아를 나치 독일에 의해 희생된 최초의 국가로 규정한 1943년 모스크바 선언 이후 형성되기 시작하여 독일과 오스트리아 간의 국경이 합병 이전의 기준으로 환원된 1945년 이후 완성되었다고 볼 수 있을 것이다. 2차 대전이 끝난 후 반세기에 가까운 세월이 지나도록 나치 독일의 전쟁범죄에 연루된 오스트리아의 과거에 대해서는 국가적 차원에서는 물론이고, 개별 정치가들을 통해서조차 반성과 속죄의 목소리가 들리지 않았던 것은 오스트리아와 오스트리아 국민들이 입은 피해의 측면만을 부각시키고 싶은 분위기가 전후시대를 지배했기 때문이었을 것이다. 7년의 국권상실 기간이 2차 대전 공동책임론에 대한 면죄부가 될 수 없듯이, 4대국 점령 십년(1945-1955)을 통해서 오스트리아의 속죄가 이루어진 것도 아니었다. 이와 같은 역사의식의 맹점에 대한 비판적 토론에 불을 붙여, 1955년 이후 유명무실해진 오스트리아의 전쟁책임론을 여론의 전면에 등장시킨 사건이 1980년대 후반에 발생했다.

1986년에 불거진 <발트하임 사건>은 그간 공개적 혹은 비공개적으로 외면해 온 오스트리아의 전쟁책임론과 관련한 논쟁을 더 이상 피할 수 없게 만들었다. 발트하임 사건을 공개적인 토론의 장으로 끌어 낸 사람은 사민당 대표인 프레트 지노바츠 현직 수상이었다. 지노바츠 수상은 1986년 연방대통령 선거에서 국민당 후보로 나선 유엔 사무총장 출신의 쿠르트 발트하임(1918-2007)을 견제하고, 그에 비해 정치적 비중이 한 단계 아래인 사민당 후보 쿠르트 슈타이러(1920-2007, 1981-1985: 보건환경부 장관)를 대통령에 당선시키기 위한 네거티브 전략의 차원에서 발트하임의 과거 나치 전력에 대한 의혹을 제기했다. 쿠르트 슈타이러는 1981년 크라이스키 4기 내각에 장관으로 기용된 후, 지노바츠 정부에서도 1985년까지 보건환경부 장관을 지낸 의사 출신 정치인이었다.

발트하임 대통령 후보에 관한 의혹은 1980년 알게마이네스 크랑켄하우스(빈 국립의대부속병원) 건축 비리 스캔들을 특종으로 보도한 바 있는 알프레트 보름(1945-2007) 기자에 의해 빈에서 발행되는 시사주간지 <프로필>(1970년 창간, 현재는 월간)에 대서특필되어, 발트하임의 과거를 둘러싼 논쟁을 촉발시켰다. 제9대 대선 홍보용으로 사용하기 위해 1985년 초 발간된 발트하임의 회고록이 1942년부터 1945년까지의 그의 군복무 경력을 부분적으로 누락시키거나, 변조한 사실이 <프로필>지의 기사와 맞물려 발트하임 사건은 순식간에 오스트리아 최대의 정치 스캔들로 비화되었다. 선거전 내내 지노바츠 수상은 발트하임을 무차별적으로 공격했다. 지노바츠 수상의 추천으로 출마한 슈타이러 후보는 1차 투표에서 43.7퍼센트를 득표하여, 49.6퍼센트를 얻은 발트하임을 근소한 차이로 따라붙었으나, 결선투표에서 패했다. 제기된 의혹에도 불구하고 53.9퍼센트의 지지를 얻어 발트하임이 제2공화국 제6대(통산 제9대) 대통령에 당선된 하루 뒤인 1986년 6월 9일, 지노바츠 수상은 재무장관 프란츠 프라니츠키

(1937-1997)를 후임 수상으로 추천한 후, 자신과 함께 발트하임 공격의 선봉에 나섰던 외무장관 레오폴트 그라츠(1929-2006)와 동반 사퇴했다. 1988년 5월 11일 개최된 사민당 임시전당대회에서 지노바츠는 당대표직과 의원직에서도 사임하고, 정계를 완전히 떠나버렸다. 야인으로 물러난 지노바츠는 1987년 발트하임에 대한 자신의 의혹제기설을 부인하고, 보름 기자를 무고죄로 고소했다. 그러나 발트하임의 과거에 관한 정보를 지노바츠 수상에게 전달한 제보자(사민당 당원)의 증언을 통해 보름 기자는 무죄선고를 받았고, 지노바츠와 지노바츠를 위해 위증을 한 정치인들은 1992년 최종심에서 고액의 벌금형을 선고받았다.

1986년 대통령후보 시절에 시작되어, 대통령의 6년 임기가 끝난 1992년까지 계속된 발트하임 오스트리아 대통령의 나치 전력 논란은 발트하임 개인의 과거 뿐 아니라, 오스트리아의 과거청산과 관련된 논쟁에도 불을 지폈다. 발트하임의 나치 친위대 장교 전력과 나치 독일 군대에서의 그의 역할에 대해, 그리고 특히 발트하임 본인의 변명에 대해 세계가 분노했다. 이스라엘은 빈 주재 자국대사 미하엘 엘리주르(1921-2003, 빈 대사: 1984-1986)를 즉각 본국으로 소환하고, 1992년까지 대리대사 체제를 유지했다. 뉴욕의 <세계유대인회의>(WJC)는 언론을 동원하여 발트하임배척 여론을 주도했고, 미국정부는 발트하임을 기피인물(페르소나 논 그라타) 리스트에 올렸다. 유대인 단체와 미국정부의 개입에 대한 반작용으로 오스트리아에서는 과거 유대인배척주의에 사용된 상투어들이 유세전에 등장하기도 했다. 대부분의 오스트리아 유권자들은 의무를 다했을 뿐이었다는 발트하임의 변명을 믿으려 했고, 발트하임은 여당(사민당) 후보를 누르고 선거에서 승리했다. 그는 6년 임기 말까지 국제외교 무대에서 고립되었고, 그 영향으로 국내정치에서도 대통령으로서 이룬 것이 없었기 때문에, 재선 도전을 포기해야 했다. 재임 중 사망한 대통령을 제외하면, 발트하임은 단임으로 끝난 유일한 오스트리아 연방대통령이었다.

발트하임이 대통령에 취임하고 3년이 지난 시점에 오스트리아는 유럽

연합 가입을 신청했다. 1972년부터 1981년까지 유엔 사무총장으로서 세계무대에서 쌓은 외교력을 발휘했어야할 오스트리아의 국가수반 발트하임은 국제외교의 기피 인물로 낙인찍혀버렸기 때문에, 그는 이제 오스트리아의 외교의 가장 큰 걸림돌이 되어 버렸다. 발트하임은 사임 압력에도 불구하고 대통령직을 고수했다. 사민당과 공동정부를 구성한 국민당 내부에서도 우려의 목소리가 들렸다. 중동과 아프리카의 일부 이슬람 국가(이란, 시리아, 리비아)와 터키, 그리고 일부 동구공산권 국가를 제외하면, 서유럽에서 발트하임 대통령을 국빈으로 초청한 나라는 교황청이 유일했다. 1987년 7월 요한 바오로 2세(재위: 1978-2005)의 초청으로 발트하임 대통령이 교황청을 방문했을 때, 바티칸 주재 외교사절들은 외교적 관례를 깨고 임석을 거부했다. 당시는 동서냉전 시대였음에도 불구하고 소련도 발트하임의 대통령 취임식에 빈 주재 자국대사를 참석시키지 않았었다. 미국이 대통령 후보 시기의 발트하임을 입국금지 명단에 올렸을 때, 시온주의들(세계유대인회의)의 비우호적 행위를 미국정부가 두둔한다고 비판했던 소련도 발트하임을 초청하지 않은 국가였다.

  세계여론의 압박으로 오스트리아 정부는 발트하임 사건에 대한 객관적인 조사를 국제진상조사위원회(역사학자위원회)에 의뢰했고, 1988년 2월에 발표된 진상조사위원회의 보고서는 동부전선에서 자행된 유대인 학살에 발트하임이 직접 참여한 것은 아니지만, 도덕적 책임으로부터는 자유로울 수가 없을 것이라는 내용이었다. 그 해 3월 독일-오스트리아 합병 50주년(1988년 3월 12일) 행사를 앞두고 오스트리아의 정치권에서는 발트하임이 연방대통령의 자격으로 담화문을 발표해야 할 것인지, 해야 한다면 어디서, 어떤 형식으로 연설을 할 것인지에 대해 격론이 있었다. 발트하임의 연설이 예정된 연방회의(상하원합동회의)는 상당수 의원들의 불참선언으로 취소되었다. 당시 국민당의 빈 연방주 당대표이며 프라니츠키 수상 내각(1986-1997)의 과기부 장관 에르하르트 부제크(1941-)는 국제여론이 주시하고 있는 50주년 행사를 취소할 것을 요구했다. 그러나 발트하임은 기념일

전날 저녁에 행한 텔레비전 연설에서 자기 자신의 과거와 관련되어 제기된 각종 의혹과 사임요구에 대해서는 함구한 채, 나치 시대 오스트리아인들이 저지른 개별적인 범죄에 대한 포괄적인 사과로 기념사를 대신했다. 그러나 국가로서의 오스트리아는 히틀러의 첫 희생양이었으며, 오랫동안 '제3제국'의 정치적, 경제적 압력에 저항하는 과정에서 외부(서방국가)의 도움을 받지 못했다는 것이 발트하임의 연설의 요지였다. 발트하임의 연설은 오스트리아 독립선언문(1945)과 오스트리아 국가조약(1955)에까지 명기된 오스트리아의 '희생 신화'를 반복한 것에 불과했다. 건국기념일(10월 26일)을 앞둔 1988년 10월 3일 이스라엘의 영자 일간지 <예루살렘 포스트>지의 - 1932년 <팔레스타인 포스트>로 창간되어 1950년 제호가 변경되었다 - 발행인인 빈 태생의 오스트리아 유대인 아리 라트(1926-)는 호프부르크의 연방대통령 집무실을 예방한 자리에서 독일-오스트리아 합병 50주년 기념사에서 놓친 나치 범죄에 대한 오스트리아의 공동책임을 건국기념일 행사에서 천명해 줄 것을 요청했지만, 수용되지 않았다.

세계여론의 발트하임 기피로 말미암아 발이 묶여 버린 연방대통령의 대표성은 연방수상이 대행해야 했다. 프라니츠키 수상은 발트하임을 입국금지자 명단에 올린 미국과 빈 주재 자국대사를 철수시킨 이스라엘과의 외교관계를 정상화하는데 오랜 세월이 걸렸다. 이스라엘과의 관계가 복원된 것은 프라니츠키 수상이 의회에서 2차 대전에 대한 오스트리아의 책임을 공식적으로 인정하고 1년이 지난 1992년이었지만, 발트하임의 미국 입국금지는 영구히 해제되지 않았다. 이스라엘이 대리대사 체제를 끝내고, 오스트리아에 대사를 다시 파견한 것은 발트하임의 6년 연방대통령 임기가 끝나고도 1년이 더 지난 1993년이었다.

발트하임 사건은 나치 범죄에 대한 오스트리아의 공동책임론을 처음으로 공개토론의 장으로 끌어낸 계기로 발전하였다. 전후 나치 협력자에 대한 조사와 처벌이 - 탈나치화 작업이 - 철저히 이뤄지지 않았던데 대한 반성의 움직임이 발트하임 사건이 대두된 이후 광범위한 계층의 국민들 사이에서 나타나기 시작했다. 전쟁범죄는 모두 현재의 독일연방공화국에게 전가하고, 1938년 나치 독일에 합병된 오스트리아는 국가사회주의에 희생된 첫 번째 국가였을 뿐이었다는, 오스트리아와 오스트리아 국민이 1945년 이후 전가의 보도처럼 사용한 이른바 오스트리아의 '희생' 카드는 이제 효력을 잃게 되었다. 빈 대주교 프란츠 쾨니히(1905-2004) 추기경이 1986년 국가사회주의에 대한 가톨릭교회의 공동책임을 인정한 후, 1991년 알로이스 모크(1934-)의 후임으로 국민당 당대표 겸 부수상에 오른 에르하르트 부제크는 그 해 7월 초 프라니츠키 수상에 앞서 오스트리아의 전쟁책임론을 언급했었다. 독일현대문학에서 정치시의 대표자로 꼽히는 빈 태생의 유대계 시인 에리히 프리트(1921-1988)는 쿠르트 발트하임이 대통령에 당선된 지 1년 후 <떨쳐버려서도, 길들여져서도 안 된다>는 제목의 글에서 과거에 대해 침묵하고, 과거를 밀봉해버림으로써 전후세대에게 전쟁세대에 대한 이해를 요구하려 한다면, 그것은 오스트리아 문화의 계승에 도움이 되는 것이 아니라, 오스트리아가 저지른 야만의 연속성에 기여할 뿐이라고 경고하면서 발트하임 사건을 과거극복을 위한 교훈으로 삼을 것을 주문했다.

1988년 독일-오스트리아 합병 50주년 및 빈 궁정극장(부르크테아터) 개관 100주년 기념공연으로 예고된 토마스 베른하르트(1931-1989)의 드라마 <영웅광장>의 초연을 앞두고 등장한 공연 저지 운동은 바야흐로 형성되기 시작한 2차 대전 공동책임에 대한 비판적 담론을 무색케 만들었다. <영웅광장>은 2차 대전 후 빈으로 귀환한 어느 유대인 홀로코스트 생존자 가족이 합병 50년 후인 지금도 여전히 박해받고 있다는 내용의 작품이었다. 작가 베른하르트는 오스트리아인들의 마음속에 여전히 살아있는 나치 시대의 과거를 무대 위에 재현시킴으로써 과거극복을 위한 진정성 있는 반성을 촉구하려 한 것이었다. 초연 예정일(1988년 11월 4일)을 약 4주일 정도 앞둔 시점에 오스트리아의 최대일간지 크로넨차이퉁을 위시해 몇몇 매체가 <영웅광장>의 공연을 무산시키려 시도했을 때, 자유당과 미래 동맹 같은 극우정당은 정당 차원에서 공식적으로 공연금지 캠페인에 동참했다. 심지어 사민당 쪽에서도 빈 시장 헬무트 칠크(1927-2008, 시장: 1984-1994)와 브루노 크라이스키 전 수상, 그리고 국민당 당대표이며 현직 부수상인 알로이스 모크 같은 거물급 정치인들까지 나서서 공연 취소를 요구했다. 그들의 목소리는 나치 시대에 대한 오스트리아의 공동책임론이 이제 막 공감대를 넓혀가고 있는 상황에 찬물을 끼얹었다. 그것은 오스트리아의 국가이미지를 국제적으로 실추시키는 행위였다. 그러나 사민당 현직 당대표 프라니츠키 수상과 같은 당 출신의 교육부장관 힐데 하블리체크(1942-) 등의 응원에 힘입어 극우파를 비롯한 일부 정치인들이 시도한 <영웅광장> 공연저지 운동은 결실을 보지 못했다. 오스트리아 작가협회도 영웅광장의 원작자 베른하르트와 브레멘 출신의 독일인 연출자 클라우스 파이만(1937-)을 응원했다. 초연이 무사히 끝난 후, 발트하임 대통령은 민감한 반응을 보였다. 오스트리아 국민을 모독한 작품이라는 자의적인 코멘트를 가함으로써 현직 대통령이 직접 스캔들에 휘말린 결과가 초래되었다. 그의 반응은 그 해 3월 11일 텔레비전 방송을 통해 행한 일부 오스트리아인들의 과거책임에 대한 사죄발언과도 배치되는 행위였다. 작가(베른하르트)와 연출자(파이만)는 심지어 살해위협까지 당했고, 공연 당일에는 불발로 끝나긴 했어도 궁정극장에 대한 방화테러도 시도되었다. 전후 40여 년이 지났는데도 여전한 유태인배척주의를 고발한 내용의 작품 공연에 현직 대통령이 직접 개입한 것을 비판한 연출자는 공연장에서 발생한 테러 그 자체가 살아있는 유태인배척주의의 증거라고 논평했다.

나치 독일의 전쟁범죄에 대한 오스트리아의 공동책임론을 둘러싼 논쟁에 종지부를 찍은 사람은 프라니츠키 수상이었다. 프라니츠키는 1991년 7월 8일자 의회연설을 통해 오스트리아의 전쟁책임론을 직접 언급함으로써, 전후 반세기 가까운 세월이 지나도록 모든 책임을 히틀러 시대의 독일에만 전가해 온 정치권의 관행에 제동을 걸었다. 그는 오스트리아 수상으로서는 처음으로 2차 대전과 그 결과에 대한 오스트리아인들의 공동책임을 시인했다. 연방수상이 직접적으로 전쟁책임에 관해 발언한 후, 홀로코스트 희생자와 생존자, 그리고 그 가족들의 예우와 보상에 관한 논의가 시작되었다. 오스트리아의 공동책임론은 이제 더 이상 찬반토론의 대상이 아니었다. 나치 시대를 찬양하거나 나치 조직과 유사한 단체를 조직하는 행위는 이제 그동안 시행이 느슨했던 1945년의 <금지법>의 엄격한 적용을 받아야 했다.

1986년은 발트하임 사건 외에도 36세의 극우정치인 외르크 하이더가 인스브루크에서 개최된 전당대회에서 자유당의 당권을 장악한 해였다. 1979년 최연소 의원(29세)으로서 의회에 진출한 하이더는 전후세대이면서도 나치 시대를 공개적으로 찬양하고 유태인배척 발언과 외국인 혐오감정을 거침없이 쏟아냄으로써 오스트리아 국내는 물론 세계여론이 주시해 온 극우정치인이었다. 연방대통령 선거에서 원래 사민당 후보(쿠르트 슈타이러)를 지지했던 하이더는 발트하임의 나치 친위대 전력을 둘러싼 논쟁이 시작된 후 돌연 입장을 바꾸어, 사민당과 미국으로부터 집중공격을 받고 있는 국민당 후보 발트하임을 공개적으로 지지하고 나섰다. 사민당과 공동정부(1983-1986)를 구성한 자유당 당대표가 연정의 파트너 정당인 사민당의 반대편에 서버린 것이었다. 프라니츠키 수상은 즉각 자유당과의 연정 중단을 선언하고, 의회 해산을 선언했다. 지노바츠 수상이 사임한 1986년 6월 16일 지노바츠 정부(사민당-자유당 연립정부)를 그대로 인수한 프라니츠키 수상의 1기 내각이 출범한 지 5개월 만의 일이었다. 하이더 당대표의 자유당은 1986년 11월 23일에 실시된 17대 총선에서 1983년 총선 때 득표한 5.0퍼센트보다 무려 두 배에 가까운 득표(9.7 퍼센트)로 12석이었던 의석을 18석으로 늘린 다음, 1990년 총선에서는 33석의 의석을 점유하는 기염을 토했다. 1986년의 조기재총선에서 나타난 '하이더 효과'는 외국, 특히 미국과 미국 유대인의 오스트리아 대통령선거 개입에 대한 반작용으로 결집한 발트하임 지지 세력이 대선에 이어 총선에서도 -

발트하임을 옹호한 - 하이더의 자유당을 선택한 결과였다. 제기된 모든 의혹에 대해 방어적 변명과 반격으로 일관한 발트하임이 오스트리아 국민의 압도적 지지를 받아 1986년 6월 15일 대통령에 당선될 수 있었던 이유는 국외 언론의 개입, 특히 뉴욕에 본부를 둔 세계유대인회의와 뉴욕 타임스의 집요한 발트하임 공격에 반발한 오스트리아 유권자들의 애국심이 발동했기 때문이었다고 볼 수 있을 것이다. 그러나 발트하임 지지 세력이 하이더 지지로 이어진 것은 아직도 광범위한 계층의 오스트리아 국민이 자유당의 극우적 이데올로기를 용인 혹은 공유하고 있다는 오해를 불러일으키기에 충분했다.

프라니츠키 수상이 발트하임 사건이 터지고 5년이 지난 1991년 7월 8일을 택해 오스트리아인들의 나치 범죄에 대한 공동책임을 공식적으로 인정하고 향후의 대책수립을 시사한데는 여러 가지 정치적 고려가 작용했다. 우선 1986년 이후 대리대사 체제를 운용하고 있는 이스라엘의 오스트리아에 대한 외교적 보복을 하루 빨리 종식시키고, 오스트리아를 외교적 고립에서 구출해 내야할 필요가 있었다. 두 번째 이유는 18대 총선(1990)에서 자유당이 대승(18석에서 33석으로 의석확대)을 거두고 나서 1년도 채 되지 않은 1991년 6월 13일 자유당 대표 하이더가 케른텐 연방주 의회에서 주지사 신분으로 히틀러 시대의 고용안정을 찬양한 사건이 발생했기 때문이었다. 발트하임 사건으로 발생한 정치적, 외교적 부담을 해결하지 못한 프라니츠키 수상은 차제에 오스트리아의 전쟁책임론을 인정함으로써 나치 시대와의 단절을 분명히 선언하고, 하이더와 자유당의 이념적 지향성에 제동을 걸어야 할 필요가 있었다. 하이더는 사민당이 주도한 불신임투표를 통해 1989년 이후 맡고 있던 케른텐 연방주지사직을 2년 만에 잃었다. 이스라엘은 오스트리아 수상의 전쟁책임 발언을 평가하고 수용했지만, 1886년에 소환한 자국 대사를 복귀시킨 것은 발트하임의 대통령의 임기가 만료되고도 1년이 더 경과한 1993년이었다. 같은 해 프라니츠키는 이스라엘을 방문하여 오스트리아의 홀로코스트에 대한 공동책임을 다시 한 번 언급함으로써 이스라엘 정부의 조치에 대해 화답했다.

3) 극복으로 가는 길, 그리고 끝나지 않은 도전

2차 대전과 나치 정권이 저지른 전쟁범죄에 대한 오스트리아의 공동책임 문제를 아직까지도 인정하지 않거나 의도적으로 잊어버리려하는 사람들이 남아 있을지도 모른다. 전후 대부분의 오스트리아 국민에게 전쟁의 희생자는 전몰장병들이었다. 강제수용소에서 학살당한 오스트리아 유대인들과 저항운동에 참여했거나, 병역을 거부한 죄로 나치 정권에 의해 처형된 오스트리아인들도 전사자들과 똑같은 전쟁의 희생자들이었으며, 그들의 희생에 오스트리아인들도 일정 정도 책임이 있다는 사실을 인식하기까지는 오랜 시간이 걸렸다. 국가사회주의에 대한 오스트리아인들의 기억은 전쟁에서 겪은 군인들의 고통이거나, 민간인들이 당한 고난의 세월에 오래도록 국한되어 있었다. 독일과 오스트리아의 합병을 열렬히 환영했던 사람들 중에 그들 자신이나, 그들의 부모 형제도 끼어 있었다는 사실을 인정하기까지, 그리고 유대인의 희생을 통해 이익을 챙긴 부끄러운 과거가 있었다는 사실을 인정하기까지 오스트리아인들은 긴 시간이 필요했다. 2차 대전에 대한 공동책임을 피하기 위해 오스트리아 국민들과 정치인들이 오랫동안 매달려온, 그들의 면피성 주장의 근거는 1943년의 모스크바 선언이었다. 전후 반세기 동안 오스트리아인들이 전쟁의 책임을 회피하기 위한 수단으로 이용하기 위해 신주처럼 모셔온 - 오스트리아는 가해국이 아닌, 피해국이었다는 - 희생의 '신화'는 나치 독일에 대한 오스트리아의 저항을 촉구하기 위해 모스크바 삼상회의에 의해 '만들어진 신화'이었다.

1945년 4월 27일 자 오스트리아 정당(사민당, 국민당 및 공산당) 대표 명의의 제2공화국 독립선언문과 1955년의 오스트리아 국가조약 전문(前文)에 명기되어 있는 오스트리아의 희생 신화는 프라니츠키 수상이 1991년 오스트리아의 전쟁책임을 공식적으로 인정한 후, 용도폐기 되었다. 프라니츠키 수상의 공동책임 인정은 뒤늦게나마 오스트리아 사람들의 과거인식에 변화를 유도하여 나치 시대의 오스트리아의 역할에 대한 비판적 성찰이라는 의제를 사회적 토론의 주제로 만들었다. 1997년 11월 의회는 국가사회주의의 희생자들을 추모하기 위해 폭력과 인종주의에 반대하는 기념일 제정을 결의하고, 그 날짜를 마우트하우젠 수용소가 미군에 의해 해방된 5월 5일로 결정했다. 추모일 제정은 1991년 이후 변화된 오스트리아 국민의 역사의식의 표현이었다.

사민당과 국민당의 연정(1987-2000)이 붕괴된 후, 국민당 출신 수상(볼프강 쉬쎌)과 장관 5명, 그리고 외르크 하이더가 추천한 자유당 출신 부수상 및 국민당과 동수의 장관으로 구성된, 오스트리아 공화국 역사상 초유의 보수정당끼리의 공동정부(국민당-자유당)가 2000년 2월 4일 출범했을 때, 이스라엘은 국민당이 극우정당(자유당)을 연정 파트너로 삼은 조치에 반발해 빈 주재 자국대사를 다시 본국으로 소환했고, 유럽연합 14개국은 오스트리아와의 외교관계를 축소하는 제재조치를 취했다. 국민당-자유당 연립정부 관계자들과 보수연정 지지자들은 14개국 정부를 비난했고, 야당 측(사민당과 녹색당)에서는 유럽 연합 국가들의 조치에 대해 찬반의견이 엇갈렸다. 정국은 경색되었고, 대규모 반정부시위가 발생했다. 2000년 2월 1일 국민당 중앙당사 점거로 시작된 반정부 시위는 2월 19일까지 연일 계속되었다. 국민당-자유당 연정 반대시위가 절정에 이른 것은 경찰 추산 150,000명, 주최 측 주장 300,000명이 참가한 2월 19일(토요일)의 시위였다. 인종주의와 유대인배척주의와 외국인혐오정서를 부추긴 자유당과 연정을 꾸린 국민당에 대한 공격으로 출발한 시위군중은 연정 취소 뿐 아니라, 사회복지비 감축 반대, 낙태와 동성애 문제에 대한 국민당의 보수적 입장 철회 등의 영역으로까지 그들의 요구를 확대시켰다. 시위군중은 그들의 주장을 관철시키기 위해 향후 매주 목요일을 항의집회 개최일로 결정했다. 2000년 2월 24일부터 시작된 '목요시위'는 2003년 중반까지 매주 개최되었지만, 그 후 동력이 떨어지자, 국민당과 자유당의 연정(2005년 이후 국민당·미래 동맹 연정) 출범일(2월 4일)과 목요시위 5주년 기념일 등으로 시위 회수가 제한되었다. 약 400명이 참가한 6주년 기념집회(2006년 2월 9일)를 마지막으로 목요시위는 종료되었다. 목요시위 참가자 중에는 헤르메스 페트베르크(1952-), 마를레네 슈트레루비츠(1950-), 2004년도 노벨문학상을 수상한 엘프리데 옐리네크(1946-) 등의 문인들이 포함되어 있었다. 해가 거듭될수록 참가자 수는 줄었지만, 목요시위는 1990년대 후반 이후 광범위한 국민계층 사이에서 오스트리아의 과거에 대한 인식의 변화가 실제로 일어났음을 증명한 단적인 사례였다.

목요시위가 국내에서 전개된 국민당-자유당 공동정부에 대한 거부운동이었다면, 유럽 연합 14개국의 오스트리아 제재조치는 국제적인 압박이었다. 국민당-자유당 연립정부의 극우경화 가능성을 우려한 14개국 유럽연합 정부는 - 2000년 기준의 유럽 연합 가입국 수는 오스트리아 포함 15개국이었다 - 오스트리아와의 정부 간 협력과 자국 주재 오스트리아 대사와의 접촉을 최소한의 수준으로 제한하고, 유럽 연합 산하 조직에 오스트리아 국적인의 채용을 배제할 것을 공동 결의했다. 오스트리아 정부는 이를 내정간섭으로 간주했다. 유럽연합의 제재가 풀려, 오스트리아가 거의 7개월에 걸친 외교적 고립을 극복한 것은 오스트리아 문제 조사위원회의 보고서가 채택된 그 해 9월이었다. '현자의 보고서'라 불린 오스트리아 문제 조사위원회 보고서의 요지는 첫째, 극우민족주의 노선을 걷는 자유당의 활동이 방치되는 오스트리아의 법률체계상의 결함에도 불구하고 망명신청자와 이주민의 법적 지위는 다른 유럽연합국가들과 별반 다르지 않다, 둘째, 오스트리아 정부는 인종주의, 차별주의, 유대인배척주의 및 외국인혐오 정서의 극복을 위해 노력하고 있다, 셋째, 유사한 사건의 재발을 막기 위해 향후 유럽 연합 조약 제7조의 엄격한 운용을 현실화하고, 유럽 연합 집행위원회 내 인권사무소 설치를 조건으로 오스트리아에 대한 '비생산적인' 제재조치의 해제를 권고한다, 등 세 가지 항목이었다. 첫째 항목에서 지적된 법률체계상의 결함이란 1945년 제정된 나치 조직 및 나치 활동 <금지법> 운용 실태를 지적한 것이었고, 유럽 연합 조약 제7조는 인권침해국의 유럽 연합 회원국 자격 정지를 규정한 조항이었다.

국민당-자유당 공동정부에 대한 국내외적 우려와 압력은 프라니츠키 수상의 전쟁책임 인정 이후의 후속조치를 가속화시키는데 크게 기여했다. 그러나 유의미한 변화는 프라니츠키가 수상직에서 물러난 해부터 이미 시작되었다. 1997년 11월 오스트리아 국회는 국가사회주의에 의해 희생된 사람들을 추모하고, 폭력과 인종주의를 극복하기 위해 국가추모일 제정을 결의하고, 그 날짜를 마우트하우젠 수용소가 미군에 의해 해방된 5월 5일로 결정했다. 5월 5일(국가추모일)은 노동절(5월 1일)과 건국기념일(10월 26일)에 이어 의회의 결의에 의해 지정된 세 번째 국가기념일이다. 국가추모일 행사는 1998년 이후 매년 거행되고 있으며, 공휴일은 아니다. 국가추모일 지정은 과거사 논쟁에서 오스트리아가 주장했던 종래의 희생 테제가 공범 테제로 돌아선, 1990년대 이후의 변화된 오스트리아 국민의 역사의식의 발로였다. 1997년의 오스트리아 국가추모일 제정은 1996년 1월 3일 독일정부가 아우슈비츠-비르케나우 집단학살수용소가 소련군에 의해 해방된 1월 27일을 홀로코스트 기념일로 선정한 지 1년 만의 일이었다. 오스트리아의 국가추모일 제정은 유럽 연합이 1997년을 '인종주의 및 외국인적대정책 배격의 해'로 선포한 동기로도 작용했다.

전쟁이 끝난 후 반세기 이상 감추어졌던 홀로코스트에 대한 오스트리아인들의 집단기억과 국가사회주의 범죄의 재론은 어떤 종류의 폭력도 용납되어서는 안 된다는 인권의 보편적인 가치에 대한 재확인이었다. 오스트리아 최대의 강제노동수용소 마우트하우젠과 독일 최대의 집단학살수용소 아우슈비츠는 이제 나치 정권에 의해 희생된 수백만 명의 유대인을 기억하는 추모박물관의 성격을 띠게 되었다. 유대인 재산 반환 및 배상 실태를 조사하기 위한 정부 차원의 위원회가 1998년 재구성되고, 탈취재산 및 강제노역에 대한 배상법이 같은 해 제정되었다. 헌법재판소장과 국립기록원장을 포함해 160명의 전문가로 구성된 <역사학자위원회>라는 이름의 과거사진상규명위원회가 1998년 8월 1일 발족되어, 나치 시대의 유대인 재산 탈취 현황, 다시 말해 '아리아화'의 진상과 그 이후의 배상조처에 대한 방대한 규모(총 49권)의 백서가 2003년 1월 발간되었다.

특히 자유당 쪽에서 시시때때로 터져 나온 나치 찬양 발언 및 행동이 1990년대와는 달리 법적 제재대상이 된 데는 '현자의 보고서'가 한 몫을 했다. 자유당 출신 상원의원 지크프리트 캄플(1936-)과 욘 구데누스(1940-)의 나치 찬양 발언에 대한 정치권의 엄중한 대응이 그 예였다. 2005년 4월 14일 - 2000년에 출범한 국민당-자유당 연정은 2005년 이후 국민당-미래 동맹 연정으로 변경되었다 - 지크프리트 캄플(2005년 미래 동맹으로 당적 변경)은 나치 독일 군대를 이탈하여 탈영자로 기록된 반체제인사들의 명예회복을 의제로 하여 개최된 상원의 토론에서 당시의 탈영자들을 '전우의 살인자'라 지칭했고, 군정에 의해 실시된 1945년 이후의 탈나치화 작업을 잔인한 '나치 박해'라 표현했다. 캄플 의원의 제재안이 국회 본회의에 상정되었고, 국민당도 캄플 의원 제재안에 동참하여, 그의 상원의장직 수행을 막는 법률이 제정되었다. 직선제 하원(나치오날라트)과는 달리 9개 연방주의회에 의해 파견되는 의원으로 구성된 상원(분데스라트)의 의장직은 매 6개월마다 각 연방주의회의 제1당 출신의 상원의원이 번갈아 가면서 맡는 것이 관례였다. 캄플은 자유당이 - 1955년 창당된 자유당과 2005년 창당된 미래 동맹은 한 뿌리 정당이었다 - 제1당인 케른텐 연방주의회 출신으로서 하이더(케른텐 연방주지사)의 최측근 정치인이었다. 그는 하이더가 자유당을 탈당하여 2005년 미래 동맹을 창당했을 때, 후자를 따라 당적을 옮긴 인물이었다. 케른텐 연방주 출신의 자유당 상원의원 욘 구데누스는 나치 정권의 희생자에 대한 배상금을 '상납금'이라 망언을 한 전력에다가, 홀로코스트의 실체를 부인했기 때문에, 1995년 하원 의원직에서 사임한 경력을 가진 인물이었다. 상원의원이 된 후에도 구데누스는 유사한 발언을 여러 차례 반복한 결과 정치권 및 여론의 압력에 굴복해 2005년 사임해야 했다. 2006년 4월 26일 그는 1945년에 제정된 나치 활동 재개 <금지법>에 의거 1년의 자유형을 선고받았다.

나치 시대의 오스트리아 역사를 전후의 세대가 잊지 않도록 나치 시대와 관련이 있는 특정 지역 혹은 시설에서 현역복무를 대신할 수 있는 '추모근무제'라는 이름의 대체복무제도가 - 프라니츠키 수상의 전쟁공동책임 발언 직후 - 과거극복의 일환으로 법제화되었다. 1992년 9월 1일 첫 번째 대체복무자가 아우슈비츠 박물관 근무를 시작한 이래, 매년 30여 명의 대체복무 지원자들이 오스트리아의 마우트하우젠 추모박물관(1938-1945: 마우트하우젠 수용소)을 비롯해 유럽, 이스라엘, 미국, 남아메리카 등지에 산재한 홀로코스트 추모지 및 그 관련기관에 파견 근무하고 있다. 나치 시대의 범죄를 기억하고, 기록하고, 연구하기 위해 설립된 기관과 시설은 오스트리아에도 마우트하우젠을 비롯해 10여 곳이 넘는다. 나치 정권에 의해 재산을 빼앗겼거나, 착취당한 사람들에 대한 상징적인 배상은 의회 직속 속죄기금으로 설립된 국립펀드가 담당하고 있다. 2008년 국회 제1의장에 재선된 사민당의 바르바라 프람머(1954-) 의원은 합병 70주년을 맞이하여 70년 전의 사건들을 재평가하는 내용의 기념사(독일군 오스트리아 진주 70주년 기념사, 2008년 3월 12일자 나치오날라트 속기록)에서 1988년(합병 50주년)의 발트하임 연방대통령과 1991년의 프라니츠키 연방수상의 공동책임론을 한 단계 뛰어넘는 역사적인 발언을 하였다. 프람머 의장(오스트리아 최초의 여성국회의장)의 고발은 진행 중인 오스트리아의 과거극복 노력을 위해 새로운 이정표를 제시하려는 것이 분명해 보였다.

"1938년 3월 12일은 다양한 사진, 감정 및 의문들과 결부되어 있다. 그 무엇보다 우선 오스트리아 국민 모두가 길거리에 나왔던 것 같은 느낌이 드는 [⋯] 환호하는 모습의 사진들이 있다. 그것은 작가 카를 추크마이어(1896-1977, 스위스 극작가)가 말했듯이 '모든 인간의 존엄성의 장례식' 과도 같은, 자존심을 상하게 하는 사진들이다. 공개적인 구경거리가 된 남녀유대인들의 굴욕적인 광경과 [이들에게 가해진] 폭행은 독일군이 국경을 넘기 전에 이미 시작되었다. [⋯] 오스트리아, 특히 빈에서의 [유대인] 박해는 나치 독일에서 지금까지 알려진 것을 능가했다. 공개적인 기죽이기는 더 노골적이었고, 재산탈취는 더 조직적이었고, 강제추방은 더 신속했다. [⋯] 1945년 후 많은 사람들은 [⋯] 자기 자신을 경제적, 사회적, 개인적 위협의 희생자로 생각했다. [⋯] 역사의 허구를 창조한 것이었다. 반복해서 오스트리아는 오직 희생된 국가로만 연출되었다. 그렇게 해서 국가사회주의 범죄 관련 시비 예방과 책임회피는 용이해졌다. [⋯] 오스트리아로 귀환한 소수의 강제수용소 생존자들은 환대를 받았지만, 탈취된 재산 반환은 거부당했다. 사람들은 자기도 '다른 나라 독재정치'의 희생양이라고 생각했다. [살아] 돌아온 사람들이 이런 [오스트리아인의] 자화상을 교란시켰다."

현재의 오스트리아 정부(사민당-국민당 공동정부)는 역대 어느 정부보다 극우정당들의 거센 도전에 노출되어 있다. 국내에서는 목요시위를, 국제적으로는 유럽 연합의 제재와 외교적 고립을 야기한 2000년의 국민당-자유당 공동정부 때보다도 3석이 더 많은 의석(55석)을 지난 총선(2008년 24대 나치 오날라트 선거)에서 자유당과 미래 동맹이 합작해 내었기 때문이다. 2012년 6월 30일 발표된 갤럽 여론조사 결과는 더욱 충격적이다. 만약 다음 주 일요일 25대 총선이 - 2007년 7월 1일 개정된 국회법에 따라 최초의 5년제 임기가 끝나는 2013년 9월 29일로 예정된 총선이 - 실시된다면, 어느 정당을 택할 것인가라는 질문에 대해 사민당을 택한 응답자가 29퍼센트, 국민당이 23퍼센트인데 반해, 자유당을 택한 응답자의 수는 국민당을 택한 수치보다 높은 24퍼센트였다. 여기에다가 미래 동맹을 지지한 3퍼센트를 합치면 두 극우정당의 지지는 사민당 지지 수치에 육박한다.

적어도 2013년 총선에서도 양대 극우정당의 의석 확대 추세는 이어질 전망이다.

2009년 초 오스트리아와 슬로베니아의 정상(하인츠 피서 대통령과 다닐로 뤼르크 대통령)이 양국 국경지대의 카라방켄(슬로베니아의 카라반케) 산맥(오스트리아의 케른텐주와 슬로베니아의 고레니스카주 사이의 동알프스지대)에 위치한 2차 대전 당시의 로이블(슬로베니아의 류벨리) 강제노동수용소 희생자 추모식에 함께 참석했다. 1943년 마우트하우젠 수용소의 지소로 지어진 로이블 수용소에 수감된 약 1,800명의 유대인들은 슬로베니아의 고레니스카주와 오스트리아의 케른텐주를 연결하는 터널공사에 동원되어, 40여 명이 희생되었다. 이런 연고로 해서 추념식에 특별히 초청된 케른텐 연방주지사 게르하르트 되르플러(1955-)는 그러나 양국의 정상들이 참석한 행사에 불참했다. 케른텐 연방주 제1부지사였을 때, 되르플러는 - 외르크 하이더 연방주지사가 2008년 10월 11일 교통사고로 사망한 후 - 미래 동맹의 당대표직을 승계한 후, 2009년 케른텐 연방주의회 의원선거에서 45.5퍼센트의 압도적 지지를 얻어 미래 동맹을 케른텐 연방주의회의 제1당으로 만듦과 동시에, 하이더의 후임 주지사에 선출된 '포스트 하이더' 시대의 '하이더' 이다. 1990년대 후반부터 과거극복을 위한 노력이 국가적 차원에서 진행되었고, 국민들의 과거사 인식이 크게 변화되었음에도 불구하고, 2008년의 총선결과와 2012년의 정당선호도 여론조사결과는 극우정당을 위한 정치적 공간이 여전히 축소되지 않았음을 여실히 보여주고 있다. 민주주의 국가의 다양한 이념적 스펙트럼으로 설명할 수만은 없는 유럽 최대의 오스트리아 극우정당의 존재는 불행한 과거의 잔재를 아직도 완전히 극복하지 못한 오스트리아 현대사의 불편한 진실로 남아 있다.

지도로 보는 오스트리아의 역사

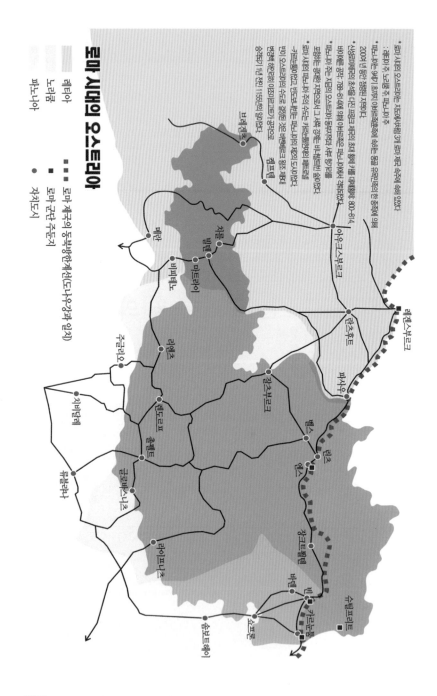

로마 시대의 오스트리아

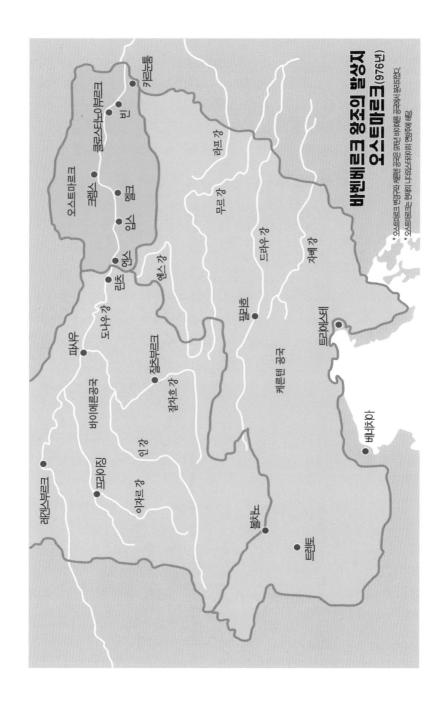

바벤베르크 왕조의 발상지
오스트마르크(976년)

오스트마르크 변경구역. 카롤링 공국의 바이에른 공국에서 분리되었다.
오스트마르크도 훗날의 나라(오스트리아)의 영역에 해당

가른눔
빈
클로스타노이부르크
크렘스
멜크
오스트마르크
엔스
린츠
파사우
도나우 강
바이에른공국
레겐스부르크
프라이징
이자르 강
인 강
엔스 강
잘차흐부르크
잘자흐 강
라프 강
무르 강
드라우 강
잘레 강
팔라흐
케른텐 공국
트리에스테
베네치아
볼차노
트렌토

지도로 보는 오스트리아의 역사 399

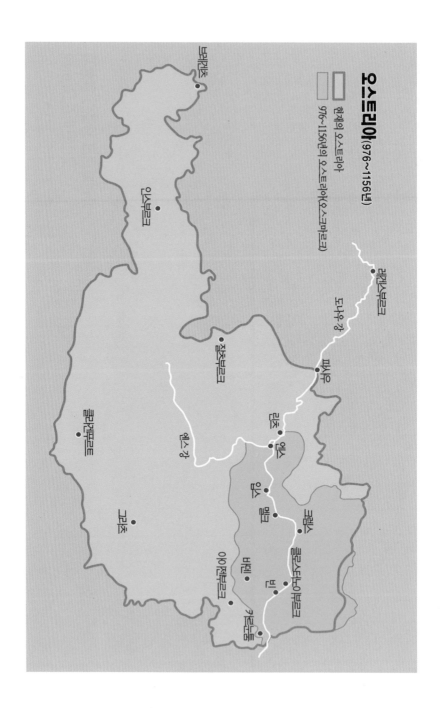

오스트리아(976~1156년)

☐ 현재의 오스트리아

☐ 976~1156년의 오스트리아(오스마르크)

보라렌츠

인스부르크

잘츠부르크

클라겐푸르트

도나우 강

레겐스부르크

파사우

엔스

린츠

엔스 강

멜크

크렘스

그라츠

클로스터노이부르크

빈

아이젠부르크

바덴

카렌부르크

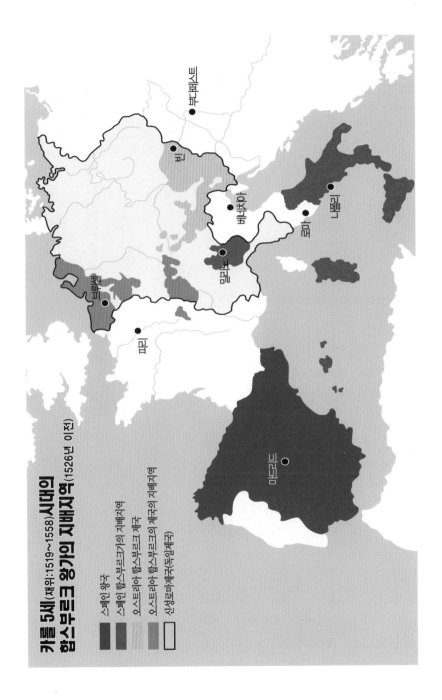

카를 5세(재위:1519~1558)시대의
합스부르크 왕가의 지배지역(1526년 이전)

■ 스페인 왕국
■ 스페인 합스부르크가의 지배지역
░ 오스트리아 합스부르크 제국
▒ 오스트리아 합스부르크 제국의 지배지역
□ 신성로마제국(독일)제국

부다페스트

빈

보헤미아

폴란드

뮌헨

크라쿠프

브뤼셀

파리

마드리드

오스트리아 제국(1804~1867)
오스트리아-헝가리 이중제국(1867~1918)

독일어 이외의 공용어

헝가리어, 폴란드어, 체코어, 크로아티아어,
슬로바키아어, 세르비아어, 슬로베니아어,
루마니아어, 우크라이나어, 이탈리아어

* 보스니아-헤르체고비나는 주두·주민국 이중제국의 공동통치령이었으나 1908년 오스트리아 제국에 공식적으로 병합되는
합스부르크가 주도·몰다비와 바차키와도 병합하는
1859년과 1866년에 각각 이탈리아에 반환되었으나 (전·이탈리아
* 자병도크로아트·달마티아는 주민국이 이탈리아에서 얻었으나
베네치아·주두·카를스부르크·달마티아의 항구들을이탈
1867 이전까지 독일 프로진트의 영향

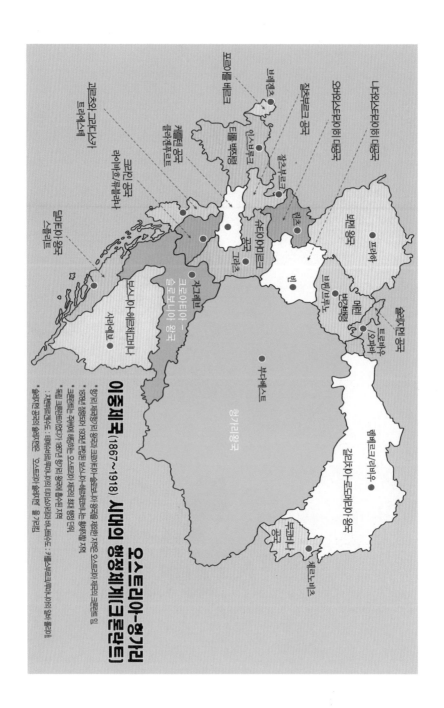

오스트리아-헝가리

이중제국(1867~1918) **시대의 행정체제(크론란트)**

* 헝가리 세력팽창기 오스트리아 크론란트(오스트리아-슬로베니아 영역을 제외한 지역) 오스트리아 제국의 크론란트 임
* 1870년 전후보다 1903년 판이보르스(슬로바키아-헤르체고비나는 합병됨 지역
* 크론란트는 주변에 속하는 오스트리아 제국 영향 줄어든 단위
* 독립 크론란트였으나 1860년 헝가리 동쪽에 흡수된 지역

: 지방마다 독수도 : 대별써브/루마니아 티미쇼아라에 비너노스트 : 카를스부르크/게르시아에 아우바 율리아

* 슬라브어 로마어 합병체도 : '오스트리아 슬라브지도' 등 가리킴

1918년 독일오스트리아 공화국이
연합국 측에 영유권을 주장한 영토의 범위
(오스트리아 제국의 독일어사용지역)

⊡ 현재의 오스트리아 국경

비엘스코
(폴란드)

치에신
(폴란드)

오파바
(체코)

올로모우츠
(체코)

브르노
(체코)

브라티슬라바
(슬로바키아)

쇼프론
(헝가리)

모라프스카트레보바
(체코)

즈노이모
(체코)

빈

아이젠슈타트

마리보르
(슬로베니아)

이글라바
(체코)

리베레츠
(체코)

부데요비체
(체코)

니더외스터라이히

그라츠

믈라다볼레슬라프
(체코)

플젠
(체코)

린츠

잘츠부르크

슈타이어마르크

오버외스터라이히

티롤비스
(남티롤/이탈리아)

체프
(체코)

케른텐

잘츠부르크

리엔츠

티롤

볼차노
(남티롤/이탈리아)

티롤

인스부르크

브레겐츠

포르

아롤메초

파두츠
(리히텐슈타인)

지도로 보는 오스트리아의 역사 405

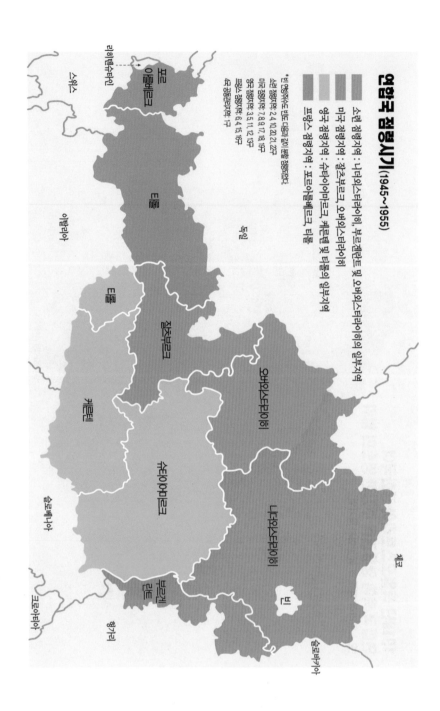

연합국 점령시기(1945~1955)

소련 점령지역 : 니더외스터라이히, 부르겐란트 및 오버외스터라이히의 일부지역

미국 점령지역 : 잘츠부르크, 오버외스터라이히

영국 점령지역 : 슈타이어마르크, 캐른텐 및 티롤의 일부지역

프랑스 점령지역 : 포어아를베르크, 티롤

* 빈 역외지역 또도 넷으로 2이 분할 점령되었다.
소련 점령지역 : 2, 4, 10, 20, 21, 22구
미국 점령지역 : 7, 8, 9, 17, 18, 19구
영국 점령지역 : 3, 5, 11, 12, 13구
프랑스 점령지역 : 6, 4, 15, 16구
4국 공동점령지역 : 1구

리히텐슈타인

스위스

포어
아를베르크

이탈리아

티롤

독일

티롤

잘츠부르크

캐른텐

오버외스터라이히

슈타이어마르크

니더외스터라이히

체코

빈

부르겐
란트

슬로베니아

헝가리

크로아티아

슬로바키아

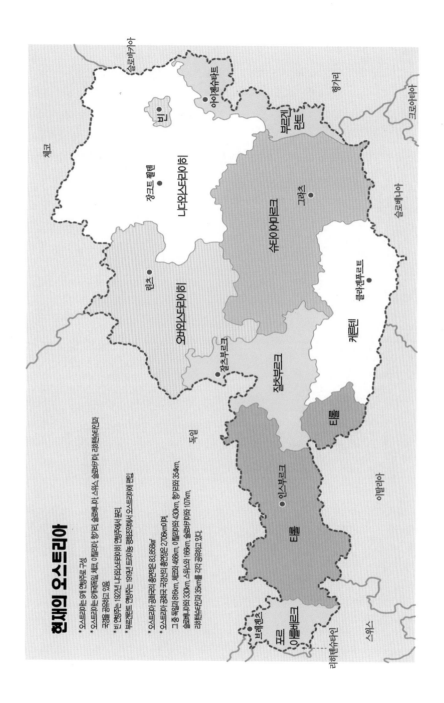

오스트리아와 독일의 역대 군주 연표

오스트리아의 역대 군주(바벤베르크 왕조, 합스부르크 왕조)

오스트리아의 역대 수상(제1공화국, 제2공화국)

오스트리아의 역대 대통령(제1공화국, 제2공화국)

역대 빈 시장(제1공화국, 국권상실기, 제2공화국)

왕정시대 독일의 역대 군주

오스트리아의 역대 군주

1. 바벤베르크 왕조

바벤베르크 왕조는 976년 이후 오스트마르크(바이에른 공국의 '동쪽 변경구')를 지배했고, 1192년 이후 슈타이어마르크 공국을, 그리고 13세기 초 크라인(케른텐 공국의 남쪽 변경구)을 각각 오스트리아 영토에 편입했다. 오스트마르크가 바이에른 공국에서 영구 분리되어 바이에른과 국격이 동등한 주권 공국으로 독립한 해는 1156년이었다.

1-1. 바벤베르크가의 변경백작: 976-1156

레오폴트(루이트폴트) 1세(†994, 재위: 976-994): 976년 오토 2세(955-983, 재위: 973-983) 신성로마제국 황제는 반역행위를 한 그의 사촌형 '싸움쟁이' 하인리히 2세(951-995, 재위: 955-976, 985-995) 바이에른 공작을 폐위시킨 후, 황제에게 충성한 바벤베르크가의 루이트폴트(레오폴트) 1세에게 바이에른 공국의 <동단 변경지역>(오스트마르크)을 봉토로 수여하고, 후자를 오스트마르크(마르키아 오리엔탈리스)의 변경백작에 임명했다. 976년 오스트리아의 역사는 그렇게 시작되었고, 레오폴트 1세는 바벤베르크 왕조 출신의 첫 오스트마르크 변경백이 되었다. 바이에른 령 케른텐도 같은 해 바이에른에서 분리되어 공국으로 독립했다. 이로써 바이에른 공국은 전체 영지의 약 절반 정도를 상실했다.

하인리히 1세(†1018, 재위: 994-1018): 레오폴트 1세의 4남 4녀 중 장남.

오스타리히(외스터라이히의 옛 이름)의 변경백. 고유명사로서의 오스타리히(동쪽 나라)라는 명칭은 996년 처음으로 등장했다.

아달베르트(†1055, 재위: 1018-1055): 레오폴트 1세의 4남 4녀 중 4남. 오스트리아(오스타리히) 변경백. 오스트리아의 동쪽 경계를 마르히(모라바) 강과 라이타 강까지 확대. 오스트마르크의 첫 수도는 도나우 강변의 고도 멜크(현재의 니더외스터라이히 연방주)이었다.

에른스트(†1075, 재위: 1055-1075): 아달베르트의 차남. 오스트리아 변경백. 서임권 분쟁(성직 임명권을 둘러싼 교황과 황제 간의 분쟁: 1075-1122)이 발생한 1075년 6월 9일 홈부르크(니더작센의 바트 하르츠부르크 인근에 위치한 운슈트루트 강변의 수도원) 전투에서 하인리히 4세(재위: 1056-1106) 신성로마제국 황제의 시종으로 참전하여 전사했다.

레오폴트 2세(1050-1095, 재위: 1075-1095): 에른스트의 장남. 오스트리아 변경백. 부친과는 반대로 서임권 분쟁 시 교황(그레고리우스 7세)을 지지했다가, 황제(하인리히 4세)의 보복을 받아 마일베르크 전투(1082년 5월 12일)에서 뵈멘 공작 브라티슬라프 2세에게 항복한 후, 교황 지지를 철회하고 다시 황제 편으로 돌아섰다.

레오폴트 3세(1073-1136, 재위: 1095-1136): 레오폴트 2세의 아들. 오스트리아 변경백. 멜크에서 클로스터노이부르크(빈 북쪽 외곽도시)로 수도를 옮겼다. 재혼에서 신성로마제국 황제 하인리히 4세의 딸이며 호엔슈타우펜가의 슈바벤 공작 프리드리히 1세(†1105)의 미망인이기도 한 아그네스(1072-1143)와의 결혼을 통해 레오폴트 3세는 하인리히 5세(재위: 1106-1125) 황제와 처남매부지간이 되었고, 동시에 아그네스와 그녀의 전 남편(프리드리히 1세) 사이에 출생한 프리드리히 2세(1090-1147) 슈바벤 공작과 후자(프리드리히 2세)의 동생이며 후일의 신성로마제국 황제인 콘라트 3세(재위: 1138-1152)의 계부가 됨으로써 신성로마제국 내에서 막강한 권력을 유지했다. 반교황파 하인리히 4세와 친교황파인 그의 아들 하인리히 5세(아그네스의 동생) 사이에 발생한 전쟁, 즉 부자간 전쟁(레오폴트 3세의 입장에서 볼 때는 장인과 처남 간 전쟁)에서 레오폴트 3세는 후자를 지원한 현실주의자이었다.

레오폴트 4세(1108-1141, 오스트리아 변경백: 1136-1141, 바이에른 공작: 1139-1141): 레오폴트 3세의 3남. 콘라트 3세(재위: 1138-1152. 레오폴트 4세의 이복형) 황제는 1139년 자신에 대한 충성맹세를 거부한 벨페가의 바이에른 공작 '오만공' 하인리히 10세(콘라트 3세의 전임 황제 로타르 3세의 사위)를 파문하고, 그에게서 압류한 바이에른 공국을 황제의 이복동생인 바벤베르크가의 레오폴트 4세에게 봉토로 수여했다. 이로써 바벤베르크가는 바이에른 공작을 겸하게 되었다. 바벤베르크가와 벨페가 간의 반목이 시작되었다.

하인리히 2세 야조미르고트(1107-1177, 오스트리아 변경백: 1141-1156, 오스트리아 공작: 1156-1177, 바이에른 공작: 1141-1156, 팔츠 궁중백: 1140-1141): 레오폴트 3세와 아그네스(하인리히 4세 황제의 딸)의 2남. 레오폴트 4세의 실형. 하인리히 5세 황제는 그의 외삼촌. 1142년에 결혼한 하인리히 야조미르고트의 첫 아내는 쵑플링엔부르크가(작센 왕가)의 신성로마제국 황제 로타르 3세(1075-1137, 재위: 1125-1137)의 외딸 게르트루트(1115-1143. 그녀의 첫 남편은 벨페가의 하인리히 10세 바이에른 공작)이었다. 1148년 재혼한 하인리히 2세의 아내는 비잔틴 제국(동로마 제국) 황제 마누엘 1세 콤네노스(1118-1180, 재위: 1143-1180)의 질녀 테오도라 콤네나(†1183/1184). 부친 레오폴트 3세의 결혼과 아들 하인리히 2세의 두 번에 걸친 결혼에서 그들이 택한 배우자의 가문을 보면, 당시 중부 유럽에서 바벤베르크가가 차지했던 위상이 입증된다. 하인리히 2세가 팔츠 궁중백을 1년간 역임한 것은 그의 이복형인 신성로마제국 황제(콘라트 3세)의 덕분이었다. 콘라트 3세 황제를 승계한 '붉은 수염' 황제 프리드리히 1세(하인리히 2세의 이복형인 콘라트 3세의 조카)는 선대(프리드리히 2세 슈바벤 공작, 콘라트 3세의 형)에 형성된 벨페가와의 반목을 종식시키고, 오만공 하인리히 10세 바이에른 공작에게서 압류되어 바벤베르크가의 레오폴트 4세(하인리히 2세의 동생)에게 그 통치권이 이양된 바이에른 공국을 17년 만에 다시 벨페가에 - '사자공' 하인리히 12세(오만공 하인리히 10세의 아들)에게 - 되돌려주었다. 바벤베르크가가 1156년 바이에른을 벨페가에 반환한데 대한 보상으로 프리드리히 1세 황제는 숙질 관계인 하인리히 2세의 나라 오스트리아를 변경백국에서 공작국으로 국격을 한 단계 승격시켜 주었다. 1145년 하인리히 2세는 클로스터노이부르크에서 빈으로 수도를 옮겼고, 그의 재위기(1147년)에 슈테판 교회의 일 단계 건축목표가 완성되었다. 1156년 프리드리히 1세 황제의 칙서(프리빌레기움 미누스: 소특권)를 통해 976년 이후 변경백국이었던 오스트리아는 바이에른에서 영구히 분리되어, 바이에른과 국격이 동등한 주권공국으로 발전한다. 멜크에서 클로스터노이부르크로, 클로스터노이부르크에서 다시 빈으로 수도가 바뀐 과정에서도 바벤베르크 왕조의 발전사가 설명될 수 있을 것이다.

1-2. 바벤베르크가의 공작: 1156-1246

976년 바이에른 공국의 '동쪽 변경구'(오스트마르크)로 출발한 오스타리히(외스터라이히, 오스트리아)는 1156년 9월 17일 '붉은 수염' 황제 프리드리히 1세의 칙서(프레빌레기움 미누스/소특권)를 통해 변경백작국에서 공작국으로 국격이 변경됨과 동시에 신성로마제국 의회에 의석을 가지는 제국제후국이 되었다.

하인리히 2세 야조미르고트(변경백: 1141-1156, 공작: 1156-1177).

레오폴트 5세(1157-1194, 오스트리아 공작: 1177-1194, 슈타이어마르크 공작: 1192-1194): 하인리히 2세 야조미르고트와 테오도라 켐네나(비잔틴 제국 황제의 질녀)의 아들. 1177년 헝가리 국왕 게조 2세(1130-1162, 재위: 1141-1162)의 딸 일로나(1158-1199)와 결혼. 슈타이어마르크 공국을 지배한 트라운가우가의 마지막 공작 오타카르 4세(1163-1192)와 레오폴트 5세 간에 체결된 상호상속조약(게오르겐베르크 수결증서, 1186년 8월 17일)에 의거, 오토카르 4세가 사망한 1192년 5월 8일 이후 슈타이어마르크 공국은 트라운가우가에서 바벤베르크가로 그 소유권이 이전되었다. 그것은 976년 이후 오스트리아의 첫 번째 영토 확대이었고, 레오폴트 5세는 슈타이어마르크의 초대 공작을 겸하게 되었다. 프리드리히 1세 신성로마제국 황제를 지원하여 3차 십자군전쟁(1189-1192)에 독일군 사령관으로 참전한 레오폴트 5세 공작은 프랑스(필립 2세) 및 영국(리처드 1세) 군대와 함께 1191년 7월 12일 아콘(아크레, 이스라엘 북부 갈릴리 강 하구의 항구도시)성을 함락시키고, 도시를 점령하는 전과를 세웠다. 그 과정에서 전공을 두고 발생한 리처드 1세(사자심왕, 재위: 1189-1199)와 레오폴트 5세 간의 분쟁이 발단이 되어, 리처드 1세는 귀국 길에 레오폴트 5세 공작에 의해 빈에서 체포되어, 도나우 강변의 고성 뒤른슈타인 요새에 감금되는 역사적 사건이 있었다.

프리드리히 1세(†1198, 오스트리아 공작: 1195-1198): 레오폴트 5세 공작의 장남. 슈타이어마르크 공국은 레오폴트 5세의 차남 레오폴트 6세에게 상속됨. 아버지(프리드리히 1세 신성로마제국 황제)의 3차 십자군원정 실패(예루살렘 왕국 탈환실패)를 만회하기 위해 아들 하인리히 6세(재위: 1190-1197) 황제에 의해 기획된 - 프리드리히 1세 오스트리아 공작이 참전한 - 독일군 단독의 십자군원정은 계획대로 실행되지 않았다. 팔레스티나로 가기 위해 메시나(이탈리아 반도의 땅 끝 항구)에 도착한 하인리히 6세가 그곳에서 사망했기 때문이었다. 황제에 앞서 팔레스티나로 출발한 프리드리히 1세 오스트리아 공작은 귀국 도중 1198년 4월 16일 사망했다. 결혼도 하지 못한 20대 초반의 프리드리히 1세 공작은 니더외스터라이히의 하일리겐크로이츠 수도원에 잠들어 있다. 멜크 수도원 다음으로 오랜 역사를 가진 하일리겐크로이츠 수도원은 1133년 레오폴트 3세 변경백에 의해 건립되었다. 그곳에는 프리드리히 1세 말고도 여러 명의 바벤베르크가 군주들이 영면하고 있다(레오폴트 4세 변경백, 레오폴트 5세 공작, 바벤베르크가의 마지막 공작 프리드리히 2세).

레오폴트 6세(1176-1230, 오스트리아 공작: 1198-1230, 슈타이어마르크 공작: 1194-1230): 레오폴트 5세 공작의 차남. 프리드리히 1세 공작의 동생. 1194년 슈타이어마르크 공국을 상속받음. 오스트리아 공국은 형(프리드리히 1세)이 사망한 1198년 상속받음. 비잔틴 제국 공주 - 알렉시오스 1세 콤네노스(1048-1118) 황제의 딸 - 테오도라(†1246)와 결혼, 두 명의 아들(하인리히와 프리드리히 2세)을 남겼음.

프리드리히 2세(1211-1246, 오스트리아 및 슈타이어마르크 공작: 1230-1246): 레오폴트 6세와 비잔틴 제국 공주 테오도라 사이에서 출생한 두 아들 중 차남. 프리드리히 2세의 형 하인리히(1208-1228)는 - 1225년 튀링엔 방백(헤르만 1세, †1217)의 딸 아그네스(1205-1247전)와 결혼하여 - 딸 게르트루트(1226-1288)를 생산하고 요수했다. 1246년 6월 15일 헝가리 국왕 벨로 4세와 대결한 <라이타 강 전투>에서 전사함으로써 바벤베르크가의 남계가 단절되었고, 바벤베르크 왕조는 건국

270년 만에 멸망했다. 공작 즉위 직후부터 주변국(헝가리, 뵈멘 및 바이에른)과 끊임없이 갈등관계를 야기했다하여 그에게는 '호전공'이라는 별호가 사후에 부쳐졌다. 1246년 이후 오스트리아는 뵈멘 왕국에 의해 점령되었다.

공위기: 1246-1282

'호전공' 프리드리히 2세 오스트리아 공작이 후사를 두지 못한 채 1246년 전사한 후, 그의 여형 마르가레테(1204/1205-1266)와 그의 질녀 게르트루트(1226-1288, 프리드리히 2세가 즉위하기 전 사망한, 그의 형 하인리히의 독녀) 사이에 상속 분쟁이 발생했다. 프리드리히 2세가 세상을 떠나고 무주공산이 된 오스트리아를 차지하기 위해 이웃 나라 뵈멘 왕국의 벤첼 1세(바츨라프 1세, 재위: 1230-1253) 국왕은 자신의 장남 블라디슬라프(†1247)와 프리드리히 2세의 질녀 게르트루트를 결혼시켰으나, 블라디슬라프는 1년 후 사망했다. 바벤베르크가의 상속분쟁은 1252년 마르가레테가 벤첼 1세의 차남이며 블라디슬라프의 동생인 오토카르 2세(뵈멘 국왕: 1253-1278)와 결혼함으로써 결국 마르가레테의 승리로 끝났고, 바벤베르크가의 오스트리아 영토는 프르셰미슬 왕조의 뵈멘에 통합되었다. 오토카르 2세가 부친(벤첼 1세)보다도 나이가 많은 마르가레테를 첫 아내로 택한 것은 오로지 바벤베르크 왕조의 유산을 노린 영토욕의 소산이었다. 뵈멘의 영토 확장에 불안해진 헝가리 국왕 벨로 4세(1206-1270, 재위: 1235-1270)는 바이에른 공작 오토(1206-1253, 재위: 1231-1253)의 지원을 얻어 1253년 오스트리아를 침공했다. 가톨릭 국가들 간의 분쟁을 조기에 매듭짓기 위해 개입한 인노첸시오 4세 교황(재

위: 1243-1254)의 중재로 <오펜(부다) 평화조약>이 체결되었고, 오스트리아는 뵈멘과 헝가리 간에 재분할되어, 슈타이어마르크 공국은 대부분 헝가리에 양도되었다. 1273년 독일제국 국왕에 선출된 합스부르크가의 루돌프 1세(재위: 1273-1291)는 1276년 가을 바벤베르크 왕조의 옛 수도 빈을 점령한 후, 오토카르 2세를 뵈멘으로 몰아냈다. 2년 후 오토카르 2세는 빈을 되찾기 위해 오스트리아를 다시 침공했지만, 1278년 8월 26일 <뒤른크루트 전투>(니더외스터라이히의 마르히펠트)에서 루돌프 1세의 신성로마제국(독일제국) 군대에 의해 죽임을 당했다. 가문의 발상지가 원래 스위스의 아르가우이었던 합스부르크가는 이미 이때부터 옛 바벤베르크가의 영토를 초석으로 삼아 합스부르크 제국을 건설하려는 의도를 가지고 있었다. 바벤베르크가의 영토가 독일제국에 환수된 후, 루돌프 1세는 선제후 회의의 동의를 얻어 오스트리아, 슈타이어마르크, 크라인 및 벤드 변경지방(슬로베니아)을 두 아들(알브레히트 1세와 루돌프 2세)에게 공동봉토로 수여하고, 1282년 12월 17일 아우크스부르크 제국의 회의 결의로 이들을 제국제후(공작)로 승격시켰다. 합스부르크가의 백작 신분이었던 알브레히트 1세가 오스트리아와 슈타이어마르크의 공작에 임명됨으로써 합스부르크 왕조가 1282년 현재의 오스트리아 땅에서 공식적으로 출범한 것이었다. 오스트리아 땅에서의 합스부르크가의 통치기반은 공고히 다져졌지만, 생전에 장자 알브레히트 1세 공작에게 독일제국 국왕의 자리를 물려주려고 한 아버지(루돌프 1세)의 시도는 실패로 돌아갔다. 루돌프 1세의 후임 국왕은 합스부르크가가 아닌 나사우가 출신의 아돌프(재위: 1292-1298)이었다. 알브레히트 1세는 루돌프 1세가 1291년 사망하고, 7년이 지난 후인 1298년 신성로마제국 국왕에 선출되었다. 합스부르크가의 사실상의 오스트리아 지배 역사는 루돌프 1세가 빈을 점령한 1276년 혹은 오토카르 2세를 제거한 1278년부터 1918년까지이지만, 법적인 그것은 알브레히트 2세가 오스트리아 땅을 제국봉토로

수여받은 1282년부터 1918년까지이다. 교황으로부터 직접 제관을 수여받지 못한 루돌프 1세와 그의 장남 알브레히트 1세, 그리고 나사우가의 아돌프는 황제의 권한을 행사한 독일-로마 왕이었다. 신성로마제국 군주 중에는 로마에서 교황이 집전하는 황제대관식을 치르지 못한 군주들이 여러 명 있었다.

2. 합스부르크 왕조

2-1. 합스부르크가의 공작: 1282-1453

1246년 바벤베르크 왕조(976-1246)가 멸망하고 32년이 지난 1278년 서남 독일의 백작가문(합스부르크) 출신의 독일제국 국왕 루돌프 1세에 의해 바벤베르크 왕조의 구 통치령(오스트리아)이 회복된 후, 그의 장자 알브레히트 1세가 1282년 오스트리아의 공작에 즉위함으로써 합스부르크가는 바벤베르크가의 전통을 이어받았다. 1246년부터 1276년까지 30년 동안 오스트리아는 뵈멘 왕국의 지배를 받았다. 1276년 빈을 점령한 루돌프 1세 독일국왕은 1278년 오토카르 2세 뵈멘 국왕을 제거한 후, 1282년 오스트리아 공국과 슈타이어마르크 공국을 자신의 아들에게 봉토로 수여했다. 1246년 이후 1282년까지의 36년은 오스트리아 역사의 공위기(바벤베르크 왕조와 합스부르크 왕조 사이의 공백기)에 해당한다. 1282년 루돌프 1세의 장자 알브레히트 1세가 오스트리아 공국과 슈타이어마르크 공국의 공작에 즉위함으로써 합스부르크가는 - <전부(全部)오스트리아>(포르데르외스터라이히)로 명명된 서남 독일의 원래 영지는 합스부르크가의 역외 영토로 유지한 채 - 현재의 오스트리아 땅에서 1246

년 이후 단절된 바벤베르크가의 전통을 계승할 수 있게 되었다.

알브레히트 1세(1255-1308): 루돌프 1세 국왕의 장남. 독일제국 국왕 (1298-1308). 오스트리아 및 슈타이어마르크 공작(1282-1308). 여기서 의 오스트리아는 대략 현재의 오버외스터라이히(엔스 강 위의 외스 터라이히) 및 니더외스터라이히(엔스 강 아래의 외스터라이히)를 합 친 지역개념이다.

루돌프 2세(1271-1290): 루돌프 1세 국왕의 차남. 알브레히트 1세의 동생. 오스트리아(오버외스터라이히 및 니더외스터라이히) 공작 및 슈타이 어마르크 공작(1282-1283). 전부(全部)오스트리아(슈바벤, 알자스 및 아르가우) 공작(1283-1290). 루돌프 2세는 부친 루돌프 1세로부터 현 재의 오스트리아 땅을 형 알브레히트 1세와 공동으로 상속받았으나, 1년 후 상속권을 포기하고 전부오스트리아(포르데르외스터라이히) 공 작으로 물러났다.

미남공 프리드리히 3세(1289-1330): 알브레히트 1세의 차남. 오스트리아(오 버외스터라이히 및 니더외스터라이히) 공작 및 슈타이어마르크 공작 (1308-1330). 바이에른(비텔스바흐가) 출신 신성로마제국 황제 루트비 히 4세(재위: 1314-1347)의 대립국왕(1314-1330).

레오폴트 1세(1290-1326): 오스트리아(오버외스터라이히 및 니더외스터라 이히) 및 슈타이어마르크 공작(1308-1326). 알브레히트 1세의 3남인 레오폴트 1세는 오스트리아 땅을 형 미남공 프리드리히 3세와 공동 으로 상속받았다. 루트비히 4세의 대립국왕인 형(미남공 프리드리히 3세)을 신성로마제국 황제로 만들기 위해 일생 동안 헛되이 투쟁했 다.

알브레히트 2세(1298-1358): 알브레히트 1세의 4남. 오스트리아(오버외스 터라이히 및 니더외스터라이히) 및 슈타이어마르크 공작, 그리고 케른텐 공작(1330-1358). 세 명의 아들(루돌프 4세, 알브레히트 3세, 레오폴트 3세)을 남겼음.

오토 4세(1301-1339): 오스트리아(오버외스터라이히 및 니더외스터라이히), 슈타이어마르크 및 케른텐 공작(1330-1339). 알브레히트 1세의 막내 아들.

루돌프 4세(1339-1365): 알브레히트 2세의 장남. 오스트리아(오버외스터라이히 및 니더외스터라이히), 슈타이어마르크 및 케른텐 공작(1358-1365). 티롤 백작(1363-1365). 1359년 이후 변조된 황제(카를 4세, 재위: 1347-1378)의 칙령(프리빌레기움 마이우스)으로 대공(에르츠헤르초크)의 칭호를 사용했다. 오스트리아가 공국(헤르초크툼)에서 대공국(에르츠헤르초크)으로 격상되어, 오스트리아의 군주들이 에르츠헤르초크(대공)라 공식적으로 명명된 것은 1453년 이후이었다.

2-2. 합스부르크 왕조의 세습지 분할시대: 1379-1463

독일제국 국왕 알브레히트 1세(재위: 1298-1308)의 아들 알브레히트 2세(1298-1358) 공작은 세 명의 아들에게 - 루돌프 4세(1339-1365)와 알브레히트 3세(1348-1395)와 레오폴트 3세(1351-1386)에게 - 합스부르크가의 세습지 전체를 공동으로 통치하도록 유언했지만, 1365년 장남(루돌프 4세)이 요절한 후, 알브레히트 3세와 레오폴트 3세 간의 불화로 인해 두 형제는 부친(알브레히트 2세)으로부터 공동으로 상속받은 세습지를 분할하기에 이르렀다(노이베르크 분할계약, 1379년). 형 알브레히트 3세는 오스트리아(오버외스터라이히 및 니더외스터라이히) 공국에 대한 통치권과 상속권을 획득하고, 동생 레오폴트 3세는 나머지 세습지(슈타이어마르크 공국, 케른텐 공국, 크라인 공국, 백작령 티롤, 포르데르외스터라이히)를 획득했다. 1379년 <노이베르크 분할계약> 체결과 더불어 알브레히트 파와 레오폴트 파로 양분된 합스부르크 왕가의 가권분할시대는 알브레히트 파의 마지막 공작 라디슬라우스가 1457년 후사 없이 사망하고, 레오폴트 파의 차손 알브레히트 6세 공작이 1463년 사망한 후, 레오폴트 파의 장손 프리드리히 5세 대공(신성로마제국 황제로서는 프리드리히 3세, 알브레히트 6세의 형)에 의해 84년 만에 종식되었다.

2-2-1. 알브레히트 파: 1379-1457

알브레히트 3세(1348-1395): 알브레히트 2세의 2남. 루돌프 4세의 동생. 세습지 분할시대의 알브레히트 파의 시조. 레오폴트 3세(레오폴트 파의 시조)의 형. 오스트리아(오버외스터라이히 및 니더외스터라이히) 및 케른텐 공작(1365-1395). 티롤 백작(1386-1395)

알브레히트 4세(1377-1404): 알브레히트 3세의 외아들. 오스트리아(오버외스터라이히 및 니더외스터라이히) 공작(1395-1404).

알브레히트 5세(1397-1439): 알브레히트 4세의 외아들. 오스트리아(오버외스터라이히 및 니더외스터라이히) 공작(1404-1439). 신성로마제국 국왕으로서는 알브레히트 2세(제위: 1438-1439). 뵈멘 국왕(1438-1439). 헝가리 및 크로아티아 국왕(1437-1439). 7세의 나이에 공작에 즉위한 알브레히트 5세는 1404년부터 1406년까지 레오폴트 파의 빌헬름, 빌헬름이 사망한 1406년부터 1411년까지 빌헬름의 동생 레오폴트 4세, 후자가 사망한 1411년부터 성년이 될 때까지는 그의 동생 에른스트 공작의 후견을 연달아 받았다. 빌헬름과 레오폴트 4세와 에른스트 공작 형제들은 모두 알브레히트 5세의 종숙들이었다.

라디슬라우스(1440-1457): 알브레히트 5세의 유복자. 오스트리아(오버외스
터라이히 및 니더외스터라이히) 공작(1440-1452). 오스트리아(오버외스
터라이히 및 니더외스터라이히) 대공(1453-1457). 뵈멘 국왕(1440-1457).
헝가리 및 크로아티아 국왕(1444-1457). 레오폴트 파의 재종숙 프리드
리히 3세 신성로마제국 황제가 라디슬라우스의 후견인이었다. 라디슬
라우스는 유복자로 출생했다 하여 라디슬라우스 포스투무스라 불렸
음. 1457년 라디슬라우스가 미혼으로 사망한 후 알브레히트 파는 가
계가 단절되었고, 알브레히트 파의 세습지(오버외스터라이히 및 니더
외스터라이히)는 레오폴트 파의 프리드리히 3세 황제에게 귀속되었
다.

2-2-2. 레오폴트 파: 1379-1463

4대에 걸친 알브레히트 파의 공작 4명 중 알브레히트 3세, 4세 및 5
세는 각각 아들이 한 명씩 뿐이었고, 알브레히트 5세의 유복자로 출생한
라디슬라우스 포스투무스(알브레히트 3세의 증손자)는 결혼을 앞두고 사
망함으로써 알브레히트 파는 레오폴트 파보다 6년 앞선 1457년에 3대만
에 가계가 소멸되어 버렸다. 반면에 레오폴트 파의 시조 레오폴트 3세는
아들 4명(빌헬름, 레오폴트 4세, 에른스트, 프리드리히 4세)과 손자 3명
을 두었다. 4명의 아들 중에서 장남(빌헬름)과 차남(레오폴트 4세)은 후
사가 없었고, 3남 에른스트와 4남 프리드리히 4세는 각각 두 명(프리드
리히 5세와 알브레히트 6세)과 한 명(지크문트)의 아들이 있었다. 에른스
트 공작이 사망한 후 레오폴트 파의 재산은 레오폴트 파의 장손(에른스

트의 장남 프리드리히 5세)에게 상속되고, 레오폴트 3세의 막내아들 프리드리히 4세(에른스트의 동생)와 그의 외아들 지크문트는 티롤(백작령)에 대한 통치권만을 보유하게 되었다. 상속 문제로 후일 레오폴트 파의 장손(에른스트의 장남 프리드리히 5세)과 차손(에른스트의 차남 알브레히트 6세) 간에 분쟁이 발생했고, 막내손자(프리드리히 4세의 외아들 지크문트)는 상속받은 재산(티롤)을 사촌형(프리드리히 5세, 독일제국 황제로서는 프리드리히 3세)의 아들(막시밀리안 1세 황제)에게 양도해야 했다. 알브레히트 파의 마지막 후손 라디슬라우스가 1457년 사망한 후 알브레히트 파의 재산(오버외스터라이히 및 니더외스터라이히)이 레오폴트 파의 장손인 프리드리히 5세 공작(프리드리히 3세 황제)에게 귀속되었을 때, 프리드리히 5세의 동생 알브레히트 6세 공작은 라디슬라우스의 통치지역(오버외스터라이히 및 니더외스터라이히 대공국)을 두고 형님인 프리드리히 5세와 반목하게 되었다. 실제로 알브레히트 6세는 오버외스터라이히(1458)와 니더외스터라이히(1462)를 무력으로 점령했다. 그러나 1463년 알브레히트 6세가 사망한 후, 그가 점령한 오버외스터라이히 대공국과 니더외스터라이히 대공국은 다시 그의 형 프리드리히 3세 황제에게 귀속되었다. 이로써 합스부르크가의 세습지 분할시대에는 종지부가 찍혀졌고, 전체 오스트리아 영토(오버외스터라이히 대공국, 니더외스터라이히 대공국, 슈타이어마르크 공국, 케른텐 공국, 크라인 공국, 괴르츠, 포데르외스터라이히 포함)는 프리드리히 3세 황제(프리드리히 5세 대공)에 의해 재통합되었다.

레오폴트 3세(1351-1386): 합스부르크 왕조 세습지 분할시대의 레오폴트 파의 시조 알브레히트 2세의 막내아들. 알브레히트 3세(알브레히트 파의 시조)의 동생. 오스트리아(오버외스터라이히 및 니더외스터라이히) 공작(1365-1379), 슈타이어마르크, 케른텐, 크라인, 괴르츠 및 전부오스트리아(포르데르외스터라이히) 공작(1379-1386). 티롤 백작(1379-1386). 4명의 아들을 두었음(빌헬름, 레오폴트 4세, '철인' 에른스트, 프리드리히 4세).

빌헬름(1370-1406): 레오폴트 3세의 장자. 슈타이어마르크, 케른텐 및 크라인 공작(1386-1406). 빌헬름은 1395년 그의 사촌동생 알브레히트 4세(1377-1404)가 18세의 나이에 오스트리아(오버외스터라이히 및 니더외스터라이히) 공작에 즉위했을 때, 합스부르크가의 최연장자로서의 권리를 주장하여 <노이베르크 분할계약>(1379)을 무력화시키려 했다(홀렌베르크 계약 참조). 결과적으로 빌헬름은 알브레히트 파의 세습지에 대한 공동통치권을 획득했을 뿐 아니라, 사촌동생 알브레히트 4세가 1404년 사망한 후 즉위한 7세의 미성년 종질 알브레히트 5세를 대신해 오스트리아(오버외스터라이히 및 니더외스터라이히) 공국을 대리 통치했다.

레오폴트 4세(1371-1411): 레오폴트 3세의 차남(빌헬름의 동생). 슈타이어마르크, 케른텐 및 크라인 공작(1406-1411). 티롤 백작(1396-1406). 1406년부터 1411년까지 종질(5촌 조카) 알브레히트 5세(독일제국 국왕으로서는 알브레히트 2세, 재위: 1438-1439)의 후견인 겸 섭정으로써 오스트리아(오버외스터라이히 및 니더외스터라이히) 공국을 대리 통치했다.

에른스트(1377-1424): '철인' 에른스트는 레오폴트 3세의 3남(빌헬름과 레오폴트 4세의 동생). 심부오스트리아(슈타이어마르크 공국, 케른텐 공국 및 크라인 공국) 공작(1411-1424). 프리드리히 3세 신성로마제국 황제의 부친. 레오폴트 4세가 사망한 1411년부터 그의 종질인 알브레히트 5세(후일 알브레히트 2세 독일제국 국왕)의 후견인 신분으로 - 후자가 성년이 될 때까지 - 오스트리아(오버외스터라이히 및 니더외스터라이히) 공국을 대리 통치했다.

프리드리히 4세(1382-1439): 레오폴트 3세의 4남(에른스트의 동생). 티롤 백작(1406-1439). 포르데르외스터라이히(전부오스트리아) 공작. 프리드리히 4세는 '빈주머니 공작'이라는 별호를 얻었는데, 그 이유는 '철인' 에른스트 공작이 심부오스트리아의 통치권을 동생인 프리드리히 4세 공작이 아닌, 자신의 아들 프리드리히 5세(후일의 프리드리히 3세 황제이며 프리드리히 4세의 장조카)에게 상속했고, 그는 티롤 백작령 하나만 물려받았기 때문이었다. 프리드리히 4세는 합스부르크가의 티롤 파의 시조라 불린다. 그의 사후 티롤은 그의 아들 지크문트 (1427-1496)에게 상속되었다. 프리드리히 4세 공작과 그의 아들 지크문트 공작은 심부오스트리아(슈타이어마르크 공국, 케른텐 공국 및 크라인 공국)의 통치권을 행사한 적이 없기 때문에, 레오폴트 파 내의 방계로 분류된다.

프리드리히 5세(1415-1493): 에른스트 공작의 장남. 레오폴트 파의 장손. 신성로마제국 황제(1440-1493)로서는 프리드리히 3세. 오스트리아(오버외스터라이히 및 니더외스터라이히) 대공(1463-1493). 심부오스트리아 공작(1424-1493). 1457년 알브레히트 파의 마지막 공작이며 그의 재종질 라디슬라우스가 사망한 후, 알브레히트 파의 세습지(오버외스터라이히 및 니더외스터라이히)는 레오폴트 파의 장손인 프리드리히 5세에게 귀속되었다. 그러나 1년도 채 지나지 않은 1458년 후자의 친동생인 전부오스트리아(포르데르외스터라이히) 공작 알브레히트 6세가 오버외스터라이히 대공국을 무력으로 점령하고, 1462년에는 니더외스터라이히 대공국마저 점령해버렸다. 프리드리히 5세가 오버외스터라이히 및 니더외스터라이히 대공국의 대공(에르츠헤르초크)에 정식으로 즉위한 것은 그의 동생 알브레히트 6세가 사망한 1463년이었다. 1463년은 1379년 이후 분할된 합스부르크가가 법적으로 재통합된 해이었다.

지크문트(1427-1496): '빈 주머니 공작' 프리드리히 4세(레오폴트 파의 막내)의 아들. 티롤 백작(1439-1490). 지크문트는 티롤 의회의 압력에 의해 티롤의 통치권을 조카 막시밀리안(사촌 형 프리드리히 3세 황제의 장남)에게 양도해야 했다. 역사에 기록된 지크문트의 가장 큰 업적은 1477년 메란(남티롤의 메라노: 1420년까지 티롤의 수도)에 있던 화폐주조소를 인스부르크 인근의 할 시로 이전한 것이었다. 1486년 할에서 주조된 골덴화(은화)는 16세기 이후 18세기까지 유럽에서 통용된 탈러화의 모범이 되었다. 부친 '빈 주머니 공작'과는 반대로 그는 '주화가 풍부한 공작'으로 불렸다. 할 시로 화폐주조소가 이전된 후 티롤의 경제가 번영한 것이 그 이유이었다. 그러나 지크문트는 실제로는 아버지보다도 더 빈 주머니가 되었다. 왜냐하면 사망하기 6년 전에 이미 티롤과 전부오스트리아에 대한 통치권을 조카인 막시밀리안(후일의 막시밀리안 1세 황제)에게 양도해야 했기 때문이었다.

알브레히트 6세(1418-1463): 에른스트 공작의 차남(프리드리히 3세 황제의 동생). 레오폴트 파의 차손. 포르데르외스터라이히(전부오스트리아) 공작(1446-1463). 오버외스터라이히 대공(1458-1463). 니더외스터라이히 대공(1462-1463). 알브레히트 6세가 1418년 출생했을 당시의 오스트리아는 3분되어 통치되고 있었다. 알브레히트 6세의 6촌 형인 알브레히트 5세(1397-1439. 독일제국 국왕으로서는 알브레히트 2세. 알브레히트 파의 2대손)는 오스트리아(오버외스터라이히 및 니더외스터라이히) 공국을, 부친 에른스트(1377-1424)는 심부오스트리아(슈타이어마르크 공국, 케른텐 공국, 크라인 공국)를, 숙부 프리드리히 4세(1382-1439)는 티롤과 전부오스트리아를 통치했다. 에른스트 공작이 1424년 사망한 후 합스부르크가의 최연장자인 그의 동생 프리드리히 4세(빈 주머니 공작)는 1436년까지 고인의 미성년 아들 프리드리히 5세와 알브레히트

6세의 후견인 역할을 했다. 프리드리히 4세가 사망한 1439년부터는 -
3년 전까지 프리드리히 4세의 후견을 받았던 - 프리드리히 5세(알브
레히트 6세의 형)가 사촌동생인 지크문트(프리드리히 4세의 아들)의
후견인이 되어, 지크문트가 상속받은 경제적으로 부유한 티롤과 포
르데르외스터라이히(전부오스트리아)를 대리 통치했다. 1446년 프리
드리히 4세 부자에게 충성한 티롤 의회의 개입으로 지크문트는 19세
의 나이에 후견에서 풀려나 티롤의 군주에 임명되었지만, 전부오스
트리아는 4촌형(프리드리히 5세)으로부터 돌려받지 못했다. 1446년
프리드리히 5세 공작(프리드리히 3세 황제)은 전부오스트리아를 원주
인인 지크문트에게 돌려주지 않고, 영지를 가지지 못한 친동생 알브
레히트 6세에게 양도했다. 이로써 알브레히트 6세 공작은 28세의 나
이에 처음으로 봉토를 소유하게 되었다. 그럴 것이 프리드리히 5세
와 알브레히트 6세 형제는 부친(에른스트 공작)으로부터 심부오스트
리아의 통치권을 공동으로 상속받았지만, 성년이 되어서도 프리드리
히 5세는 동생에게 공동통치권을 허용하지 않았다. 이것이 두 사람
간 발생한 형제불화의 원인이 되었다. 전부오스트리아를 획득한 11
년 후인 1457년 알브레히트 6세는 그곳에 프라이부르크 대학을 창립
하고, 자신의 이름을 따 알베르티나(알베르트 대학)라 명명했다. 현재
의 대학명칭은 바덴 대공 루트비히 1세(1763-1830, 대공: 1818-1830)
의 이름을 더해 알베르티나-루도비치아나, 즉 알베르트-루트비히 대
학이라 불린다. 같은 해 알브레히트 파의 마지막 후손 라디슬라우스
(알브레히트 2세 독일제국 국왕의 유복자)가 사망했을 때, 알브레히
트 6세는 전자의 영토를 차지하기 위해 군사를 일으켰다. 1458년 오
버외스터라이히, 1462년에는 빈을 포함한 니더외스터라이히가 무력으
로 점령되었다. 이 과정에서 프리드리히 3세 황제(프리드리히 5세 합
스부르크 대공)와 알브레히트 6세 형제간에는 전쟁을 방불케 한 분

쟁이 발생했다. 1463년 후자가 사망함으로써 형제간의 반목은 종지부를 찍었다. 루돌프 4세가 사망한 후 98년, 노이베르크 분할계약이 체결된 후 84년 만에 알브레히트 파와 레오폴트 파로 양분된 합스부르크가의 가권분할시대는 막을 내리고, 합스부르크가는 1인 군주통치체제를 확립했다.

2-3. 합스부르크가의 대공 : 1453-1918

1453년 프리드리히 3세 독일제국 황제가 공국(헤르초크툼) 오스트리아를 대공국(에르츠헤르초크툼)으로 승인하는 칙령을 공포한 후, 오스트리아(니더외스터라이히와 오버외스터라이히)의 공작(헤르초크)은 대공(에르츠헤르초크)의 칭호를 정식으로 사용하게 되었다. 최초의 합법적 에르츠헤르초크(대공)는 1457년 사망한 알브레히트 파의 마지막 후예 라디슬라우스와 레오폴트 파의 프리드리히 5세(프리드리히 3세 황제)이었다. 참고로 루돌프 4세(알브레히트 2세 공작의 장남. 알브레히트 파의 시조 알브레히트 3세와 레오폴트 파의 시조 레오폴트 3세의 장형)에 의해 변조된 문서(프리빌레게움 마이우스, 1358/1359)에 의해 에르츠헤르초크(대공) 칭호를 초법적으로 사용한 첫 합스부르크가 공작은 - 루돌프 4세를 제외하고 - 레오폴트 파의 '철인' 에른스트(프리드리히 3세 황제의 부친) 공작이었다. 그러니까 루돌프 4세가 미리 사용한 에르츠헤르초크(대공) 칭호는 1365년 루돌프 4세가 사망하고, 88년이 지난 1453년 그의 손자(레오폴트 파의 프리드리히 3세 황제)와 증손자(알브레히트 파의 3대손 라디슬라우스) 대에 가서야 비로소 추인된 칭호였다. 1438년 이후 1806년까지 신성로마제국 황제는 - 1742년부터 1745년까지의 3년을 제외하면 - 모두 합스부르크 왕가의 공작 및 대공 중에서 선출되었다. 1440년 독일제국 황제에 선출된 프리드리히 3세의 당시 합스부르크가 내의 신분은 공작(공작으로서는 프리드리히 5세)이었으며, 그가 대공의 칭호를 가지게 된 것은 1453년 이후이었다. 오스트리아의 대공은 1806년까지 신성로마제국 황제를 겸임했고, 1804년부터 1918년까지는 오스트리아 제국의 황제였다.

프리드리히 3세(1415-1493): 철인 에른스트 공작의 장남. 심부오스트리아 공작(1424-1493). 오스트리아(오버외스터라이히 및 니더외스터라이히) 공작(1439-1452). 신성로마제국 황제(1440-1493). 오스트리아(오버외스터라이히 및 니더외스터라이히) 대공(1453-1493). 이하 오스트리아(오버외스터라이히 및 니더외스터라이히) 대공은 오스트리아 대공으로 표기함.

막시밀리안 1세(1459-1519): 프리드리히 3세 황제의 장남. 오스트리아 대공(1493-1519). 티롤 백작(1490-1519). 신성로마제국 황제(1493-1519).

카를 5세(1500-1558): 카스티야 국왕 필립 1세(1478-1506, 재위: 1504-1506)의 장남. 막시밀리안 1세 황제의 손자. 오스트리아 대공(1519-1521). 신성로마제국 황제(1519-1558). 스페인 국왕(카를로스 1세: 1516-1556). 사르데냐 국왕(1516-1554), 룩셈부르크 공작(1516-1555). 밀라노 공작(1535-1554).

페르디난트 1세(1503-1564): 카스티야 국왕 필립 1세(1478-1506, 재위: 1504-1506)의 차남. 카를 5세 황제의 동생. 오스트리아 대공(1521-1564). 뵈멘, 헝가리, 크로아티아 및 슬라보니아 국왕(1526-1564). 신성로마제국 황제(1558-1564).

막시밀리안 2세(1527-1576): 페르디난트 1세 황제의 장남. 신성로마제국 황제(1564-1576). 오스트리아 대공(1564-1576). 뵈멘 국왕(1564-1575).

헝가리, 크로아티아 및 슬라보니아 국왕(1563-1576).

루돌프 2세(1552-1612): 막시밀리안 2세 황제의 아들. 신성로마제국 황제 (1576-1612). 오스트리아 대공(1576-1608). 뵈멘 국왕(1575-1611). 헝가 리, 크로아티아 및 슬라보니아 국왕(1576-1608).

마티아스(1557-1619): 막시밀리안 2세 황제의 아들. 루돌프 2세 황제의 동 생. 오스트리아 대공(1608-1619). 뵈멘 국왕(1611-1617). 헝가리, 크로 아티아 및 슬라보니아 국왕(1608-1618). 신성로마제국 황제(1612-1619). <합스부르크가 형제불화>의 주역.

페르디난트 2세(1578-1637): 심부오스트리아 대공 카를 2세(1540-1590, 페 르디난트 1세 황제의 아들)의 아들. 페르디난트 1세 황제의 손자. 루 돌프 2세 황제 및 마티아스 황제와는 종형제 간임. 심부오스트리아 공작(1590-1637). 뵈멘 국왕(1617-1637). 헝가리 국왕(1618-1625). 크로 아티아 및 슬라보니아 국왕(1618-1637). 오스트리아 대공(1619-1637). 신성로마제국 황제(1619-1637).

페르디난트 3세(1608-1657): 페르디난트 2세 황제의 아들. 헝가리 국왕 (1626-1657). 신성로마제국 황제(1637-1657). 오스트리아 대공(1637-1657). 뵈멘, 크로아티아 및 슬라보니아 국왕(1637-1657).

레오폴트 1세(1640-1705): 페르디난트 3세 황제의 아들. 오스트리아 대공 (1657-1705). 뵈멘, 헝가리, 크로아티아 및 슬라보니아 국왕(1657-1705). 신 성로마제국 황제(1658-1705).

요제프 1세(1678-1711): 레오폴트 1세 황제의 아들. 오스트리아 대공(1705-1711). 신성로마제국 황제(1705-1711). 뵈멘 및 헝가리 국왕(1705-1711).

카를 6세(1685-1740): 레오폴트 1세 황제의 아들. 요제프 1세 황제의 동생. 오스트리아 대공(1711-1740). 신성로마제국 황제(1711-1740). 뵈멘, 헝가 리, 크로아티아 및 슬라보니아 국왕(1711-1740). 밀라노 공작(1706-1740). 나폴리 국왕(1713-1735). 사르데냐 국왕(1713-1720). 룩셈부르크 공작

(1714-1740). 시칠리아 국왕(1720-1735). 파르마 공작(1735-1740).

마리아 테레지아(1717-1780): 카를 6세 황제의 장녀. 오스트리아 대공(1740-1780). 뵈멘, 헝가리, 크로아티아 및 슬라보니아 국왕(1740-1780). 밀라노 공작(1740-1780). 파르마 공작(1740-1748). 룩셈부르크 공작(1740-1765). 카를 6세 황제의 후임 신성로마제국 황제는 합스부르크 왕가가 아닌 비텔스바흐 왕가의 카를 7세(제위: 1742-1745. 바이에른 공작으로서는 카를 알브레히트)이었다. 로트링엔(로렌)가 출신의 마리아 테레지아의 부군 프란츠 1세 슈테판(1708-1765)은 1745년부터 1765년까지 신성로마제국 황제를 역임했다. 카를 6세가 사망한 1740년부터 1742년까지의 2년은 독일제국(신성로마제국)의 정치적 공백기이었다. 1736년 마리아 테레지아가 프란츠 1세 슈테판 로트링엔 공작과 결혼 한 후, 합스부르크가는 합스부르크-로트링엔가로 왕가의 명칭이 바뀌었다. 카를 6세를 계승하여 마리아 테레지아가 합스부르크 제국을 상속받았을 때, 상속의 적법성을 두고 발생한 전쟁(오스트리아 계승전쟁)은 1740년부터 1748년까지 계속되었다.

요제프 2세(1741-1790): 합스부르크 왕가의 마리아 테레지아와 로트링엔가의 프란츠 1세 슈테판 사이의 장남. 오스트리아 대공(1765-1790). 신성로마제국 황제(1765-1790). 뵈멘, 헝가리, 크로아티아 및 슬라보니아 국왕(1780-1790), 밀라노 및 만토바 공작(1780-1790). 룩셈부르크 공작(1765-1790). 요제프 2세는 첫 번째 합스부르크-로트링엔 왕가 출신의 황제임.

레오폴트 2세(1747-1792): 합스부르크 왕가의 마리아 테레지아와 로트링엔가의 프란츠 1세 슈테판 사이의 3남. 토스카나 대공(1765-1790). 오스트리아 대공(1790-1792). 신성로마제국 황제(1790-1792). 뵈멘, 헝가리, 크로아티아, 슬라보니아 및 달마티아 국왕(1790-1792). 갈리치아-로도메리아 국왕(1790-1792). 밀라노 및 룩셈부르크 공작(1790-1792).

심부오스트리아 공작(1790-1792).

프란츠 2세/프란츠 1세(1768-1835): 레오폴트 2세 황제의 장남. 오스트리아 대공(1792-1835). 신성로마제국의 마지막 황제(1792-1806). 오스트리아 제국 초대 황제(1804-1835). 뵈멘, 헝가리, 크로아티아 및 슬라보니아 국왕(1792-1835). 롬바르디아 및 베네치아 국왕(1815-1835). 달마티아 국왕(1792-1805, 1814-1835). 밀라노 공작(1792-1797). 룩셈부르크 공작(1792-1795). 일리리아 국왕(1814-1835). 슈타이어마르크 공작(1792-1835). 케른텐 및 크라인 공작(1792-1809). 잘츠부르크 공작(1805-1809, 1816-1835). 독일연방 의장(1815-1835). 1792년부터 1815년까지 나폴레옹과 전쟁을 치른 황제임.

페르디난트 1세(1793-1875): 프란츠 1세 오스트리아 제국 초대 황제의 장남. 오스트리아 대공(1835-1848). 헝가리 국왕(1830-1848). 오스트리아 제국 황제(1835-1848). 뵈멘 국왕(1835-1848). 크로아티아, 슬라보니아 및 달마티아 국왕(1835-1848). 독일연방 의장(1835-1848). 1848년 12월 2일 조카 프란츠 요제프 1세에게 선위함.

프란츠 요제프 1세(1830-1916): 페르디난트 1세 황제의 동생 프란츠 카를(1802-1878, 프란츠 2세 신성로마제국 황제의 3남) 대공의 장남. 페르디난트 1세 황제의 조카. 오스트리아 대공 겸 오스트리아 제국 황제(1848-1916). 뵈멘, 헝가리, 크로아티아, 슬라보니아 및 달마티아 국왕(1848-1916). 독일연방 의장(1849-1866). 1848년 백부 페르디난트 1세 황제로부터 선위 받음. 오스트리아 제국 최후의 황제 카를 1세의 종조부.

카를 1세(1887-1922): 프란츠 요제프 1세의 종손(카를 1세의 조부 카를 루트비히 대공의 형이 프란츠 요제프 1세 황제). 오스트리아 대공 겸 오스트리아 제국 황제(1916-1918). 뵈멘, 헝가리, 크로아티아, 슬라보니아 및 달마티아 국왕(1916-1918). 합스부르크(-로트링엔) 왕조의 마지막 황제. 망명지 포르투갈에서 사망.

오스트리아 공화국의 역대 수상

1. 제1공화국: 1918-1938

1. **카를 렌너**(1870-1950, 재임: 1918년 10월 30일-1920년 7월 7일). 사회민
   주주의노동자당. ·
2. **미하엘 마이르**(1864-1922, 재임: 1920년 7월 7일-1921년 6월 21일). 기
   독교사회당.
3. **요한 쇼버**(1874-1932, 재임: 1921년 6월 21일-1922년 1월 26일). 무소속.
4. **발터 브라이스키**(1871-1944, 재임: 1922년 1월 26일-1922년 1월 27일).
   기독교사회당.
5. **요한 쇼버**(1874-1932, 재임: 1922년 1월 27일-1922년 5월 31일). 무소속.
6. **이그나츠 자이펠**(1876-1932, 재임: 1922년 5월 31일-1924년 11월 20일).
   기독교사회당.
7. **루돌프 라메크**(1881-1941, 재임: 1924년 11월 20일-1926년 10월 20일).
   기독교사회당.
8. **이그나츠 자이펠**(1876-1932, 재임: 1926년 10월 20일-1929년 5월 4일).
   기독교사회당.
9. **에른스트 폰 슈트레루비츠**(1974-1952, 재임: 1929년 5월 4일-1929년 9월
   26일). 기독교사회당.
10. **요한 쇼버**(1874-1932, 재임: 1929년 9월 26일-1930년 9월 30일). 무소속.
11. **카를 보그윙**(1873-1949, 재임: 1930년 9월 30일-1930년 12월 4일). 기
    독교사회당.

12. **오토 엔더**(1875-1960, 재임: 1930년 12월 4일-1931년 6월 20일). 기독교사회당.

13. **카를 부레쉬**(1878-1936, 재임: 1931년 6월 20일-1932년 5월 20일). 기독교사회당.

14. **엥엘베르트 돌푸스**(1892-1934, 재임: 1932년 5월 20일-1934년 7월 25일). 기독교사회당. 조국전선.

15. **쿠르트 폰 슈쉬니크**(1897-1977, 재임: 1934년 7월 29일-1938년 3월 11일). 조국전선.

16. **아르투어 자이스-인크바르트**(1892-1946, 재임: 1938년 3월 11일-1938년 3월 13일). 국가사회주의노동자당.

2. 제2공화국: 1945년 이후

17. **카를 렌너**(1870-1950, 재임: 1945년 4월 27일-1945년 12월 20일). 사민당(사회민주당).

18. **레오폴트 피글**(1902-1965, 재임: 1945-1953). 국민당.

19. **율리우스 라프**(1891-1964, 재임: 1953-1961). 국민당.

20. **알폰스 고르바흐**(1898-1961, 재임: 1961-1964). 국민당.

21. **요제프 클라우스**(1910-2001, 재임: 1964-1970). 국민당.

22. **브루노 크라이스키**(1911-1990, 재임:1970-1983). 사민당.

23. **프레트 지노바츠**(1929-2008, 재임: 1983-1986). 사민당.

24. **프란츠 프라니츠키**(1937- , 재임: 1986-1997). 사민당.

25. **빅토르 클리마**(1947- , 재임: 1997-2000). 사민당.

26. **볼프강 쉬셀**(1945- , 재임: 2000-2007). 국민당.

27. **알프레트 구젠바우어**(1960- , 재임: 2007-2008). 사민당.

28. **베르너 파이만**(1960- , 재임: 2008-). 사민당.

오스트리아의 역대 대통령

1. 제1공화국: 1918-1938

1. **카를 자이츠**(1869-1950, 재임: 1919-1920). 사회민주주의노동자당.
2. **미하엘 하이니쉬**(1858-1940, 재임: 1920-1928). 무소속.
3. **빌헬름 미클라스**(1872-1956, 재임: 1928-1938). 기독교사회당. 조국전선.

2. 제2공화국: 1945년 이후

4. **카를 렌너**(1870-1950, 재임: 1945-1950). 사민당(사회민주당).
5. **테오도르 쾨르너**(1873-1957, 재임: 1951-1957). 사민당.
6. **아돌프 셰르프**(1890-1965, 재임: 1957-1965). 사민당.
7. **프란츠 요나스**(1899-1974, 재임: 1965-1974). 사민당.
8. **루돌프 키르히슐레거**(1915-2000, 재임: 1974-1986). 무소속
9. **쿠르트 발트하임**(1918-2007, 재임: 1986-1992). 국민당.
10. **토마스 클레스틸**(1932-2004, 재임: 1992-2004). 국민당.
11. **하인츠 피셔**(1938- , 재임: 2004-). 사민당.

역대 빈 시장

1. 제1공화국: 1918-1938

1. **리하르트 바이스키르히너**(1861-1926, 재임: 1913-1919). 1918년 11월 12일부터 1919년 5월 4일까지 과도기 시장. 기독교사회당.
2. **야콥 로이만**(1853-1925, 재임: 1919-1923). 사회민주주의노동자당.
3. **카를 자이츠**(1869-1950, 재임: 1923-1934). 사회민주주의노동자당
4. **리하르트 슈미츠**(1885-1954, 재임: 1934-1938). 조국전선(임명제 시장).

2. 국권상실기: 1938-1945

5. **헤르만 노이바허**(1893-1960, 재임: 1938-1940). 국가사회주의노동자당.
6. **필립 빌헬름 융**(1884-1965, 재임: 1940-1943). 국가사회주의노동자당.
7. **한스 블라쉬케**(1896-1971, 재임: 1943-1945) 국가사회주의노동자당.

(이상 임명제 시장)

3. 제2공화국: 1945년 이후

8. **루돌프 프리크륄**(1896-1965, 재임: 1945년 4월 13-16일). 무소속(임시시장).
9. **테오도르 쾨르너**(1873-1957, 재임: 1945-1951). 사민당(사회민주당).
10. **프란츠 요나스**(1899-1974, 재임: 1951-1965). 사민당.
11. **브루노 마레크**(1900-1991, 재임: 1965-1970). 사민당.
12. **펠릭스 슬라비크**(1912-1980, 재임: 1970-1973). 사민당.
13. **레오폴트 그라츠**(1929-2006, 재임: 1973-1984). 사민당.

14. **헬무트 칠크**(1927-2008, 재임: 1984-1994). 사민당.
15. **미하엘 호이플**(1949- , 재임: 1994-). 사민당.

왕정시대 독일의 역대 군주: 1157-1918

브란덴부르크 변경백, 브란덴부르크 변경백 겸 선제후, 프로이센 국왕, 독일제국 황제

프로이센 왕국(프로이센 왕국 성립사 참조)의 발상지 브란덴부르크 변경백국(마르크 브란덴부르크)은 아스카니어가(1157-1320: 1대-9대 변경백), 비텔스바흐가(1323-1373: 10대 변경백-12대 변경백 겸 선제후), 룩셈부르크가(1373-1415: 13대-16대 변경백 겸 선제후) 및 호엔촐레른가(1415-1918: 17대 변경백 겸 선제후-36대 독일제국 황제)에 의해 각각 지배되었다.

1. **알브레히트 1세**(재위: 1157-1170) 아스카니어가의 브란덴부르크 제1대 변경백.
2. **오토 1세**(재위: 1170-1184) 아스카니어가의 브란덴부르크 변경백. 알브레히트 1세의 아들.
3. **오토 2세**(재위: 1184-1205) 아스카니어가의 브란덴부르크 변경백. 오토 1세의 장남.
4. **알브레히트 2세**(재위: 1205-1220) 아스카니어가의 브란덴부르크 변경백. 오토 1세의 3남.
5. **요한 1세**(재위: 1220-1266) 아스카니어가의 브란덴부르크 변경백. 알브

레히트 2세의 장남. 동생 오토 3세와 공동통치.

6. **오토 3세**(재위: 1220-1267) 아스카니어가의 브란덴부르크 변경백. 알브
레히트 2세의 차남. 형 요한 1세와 공동통치.

7. **오토 4세**(재위: 1267-1308) 아스카니어가의 브란덴부르크 변경백. 요한
1세의 아들.

8. **발데마르**(재위: 1308-1319) 아스카니어가의 브란덴부르크 변경백. 오토
4세의 동생 콘라트 1세의 아들. 요한 1세의 손자.

9. **하인리히 2세**(재위: 1319-1320) 아스카니어가의 브란덴부르크 변경백.
요한 1세의 손자. 하인리히 2세의 죽음과 더불어 이스카니어가의 가
계가 단절되자, 브란덴부르크는 비텔스바흐가(바이에른 공작가문) 출
신의 신성로마제국 황제 루트비히 4세에 의해 환수된 후, 3년이 지
난 1323년 황제의 장남 루트비히 5세 바이에른 공작에게 봉토로 수
여된다. 루트비히 5세는 브란덴부르크 변경백으로서는 루트비히 1세.

10. **루트비히 1세**(재위: 1323-1351) 비텔스바흐가의 제1대 브란덴부르크
변경백. 독일제국 황제 루트비히 4세의 장남. 바이에른 공작으로서는
루트비히 5세.

11. **루트비히 2세**(재위: 1351-1365) 비텔스바흐가의 브란덴부르크 변경백.
1356년 이후 선제후. 루트비히 4세 황제의 아들. 바이에른 공작으로
서는 루트비히 6세. 카를 4세 황제가 1356년 1월 10일 뉘른베르크 제
국의회에서 공포한 신성로마제국 헌법 <금인칙서>에 의해 브란덴부
르크 변경백은 선제후 자격을 획득함. 1356년 이후 브란덴부르크 변
경백국은 선제후국이며, 루트비히 2세는 초대 브란덴부르크 선제후.

12. **오토 5세**(재위: 1365-1373) 비텔스바흐가의 마지막 브란덴부르크 변경
백 겸 선제후. 루트비히 4세 황제의 아들. 루트비히 4세의 후임 황제
카를 4세의 사위. 오토 5세의 부인 카타리나는 오스트리아 공작 루
돌프 4세의 미망인. 오토 5세의 죽음과 더불어 비텔스바흐가의 가계

소멸.

13. **벤첼**(재위: 1373-1378) 룩셈부르크가의 제1대 브란덴부르크 변경백 겸 선제후. 카를 4세 황제의 아들. 신성로마제국 황제(1378-1400).

14. **지기스문트**(재위: 1378-1388) 룩셈부르크가의 브란덴부르크 변경백 겸 선제후. 카를 4세 황제의 아들. 벤첼의 이복동생. 신성로마제국 황제 (1410-1437).

15. **요프스트**(재위: 1388-1411) 룩셈부르크가의 브란덴부르크 변경백 겸 선제후. 지기스문트의 사촌형.

16. **지기스문트**(재위: 1411-1415) 룩셈부르크가의 브란덴부르크 변경백 겸 선제후. 종형 요프스트가 사망하자 재차 브란덴부르크 변경백 겸 선제후에 즉위. 아들이 없었던 지기스문트는 1415년 호엔촐레른가의 뉘른베르크 태수 프리드리히 6세에게 브란덴부르크를 봉토로 수여함. 프리드리히 6세는 브란덴부르크 변경백 겸 선제후로서는 프리드리히 1세.

17. **프리드리히 1세**(재위: 1415-1440) 호엔촐레른가의 제1대 브란덴부르크 변경백 겸 선제후. 로마-독일 국왕 선거 시 지기스문트를 지지한데 대한 대가로 브란덴부르크를 획득. 뉘른베르크 태수로서는 프리드리히 6세.

18. **프리드리히 2세**(재위: 1440-1471) 호엔촐레른가의 브란덴부르크 변경백 겸 선제후. 프리드리히 1세의 차남.

19. **알브레히트 3세 아힐레스**(재위: 1471-1486) 호엔촐레른가의 브란덴부르크 변경백 겸 선제후. 프리드리히 1세의 3남.

20. **요한 치체로**(재위: 1486-1499) 호엔촐레른가의 브란덴부르크 변경백 겸 선제후. 베를린을 수도로 정함. 알브레히트 3세 아힐레스의 아들.

21. **요아힘 1세**(재위: 1499-1535) 호엔촐레른가의 브란덴부르크 변경백 겸 선제후. 요한 치체로의 아들.

22. **요아힘 2세**(재위: 1535-1571) 호엔촐레른가의 브란덴부르크 변경백 겸 선제후. 요아힘 1세의 아들.

23. **요한 게오르크**(재위: 1571-1598) 호엔촐레른가의 브란덴부르크 변경백 겸 선제후. 요아힘 2세의 아들.

24. **요아힘 프리드리히**(재위: 1598-1608) 호엔촐레른가의 브란덴부르크 변경백 겸 선제후. 요한 게오르크의 아들.

25. **요한 지기스문트**(재위: 1608-1620) 호엔촐레른가의 브란덴부르크 변경백 겸 선제후. 요아힘 프리드리히의 아들.

26. **게오르크 빌헬름**(재위: 1620-1640) 호엔촐레른가의 브란덴부르크 변경백 겸 선제후. 요한 지기스문트의 아들.

27. **프리드리히 빌헬름**(재위: 1640-1688) 호엔촐레른가의 브란덴부르크 변경백 겸 선제후. 게오르크 빌헬름의 아들. 대선제후라 불림.

28. **프리드리히 3세**(재위: 1688-1713) 호엔촐레른가의 브란덴부르크 변경백 겸 선제후. 1701년 이후 동프로이센(수도: 쾨니히스베르크)의 국왕: 프리드리히 1세. 프리드리히 빌헬름 대선제후의 아들.

29. **프리드리히 빌헬름 1세**(재위: 1713-1740) 호엔촐레른가의 브란덴부르크 변경백 겸 선제후. 동프로이센 국왕. 프리드리히 1세 동프로이센 초대 국왕의 아들.

30. **프리드리히 2세**(재위: 1740-1786) 호엔촐레른가의 브란덴부르크 변경백 겸 선제후. 동프로이센 국왕. 1772년 이후 프로이센 국왕. 1740년 오스트리아의 슐레지엔 점령. 프리드리히 빌헬름 1세의 아들.

31. **프리드리히 빌헬름 2세**(재위: 1786-1797) 호엔촐레른가의 브란덴부르크 변경백 겸 선제후. 프로이센 국왕. 프리드리히 2세의 조카.

32. **프리드리히 빌헬름 3세**(재위: 1797-1840) 1806년까지 호엔촐레른가의 브란덴부르크 변경백 및 선제후. 프로이센 국왕. 프리드리히 빌헬름 2세의 아들.

33. **프리드리히 빌헬름 4세**(재위: 1840-1861) 프로이센 국왕. 프리드리히 빌헬름 3세의 아들.

34. **빌헬름 1세**(재위: 1861-1888) 프로이센 국왕(1861-1888). 북독일연방 의장 (1867-1871). 독일제국 황제(1871-1888). 프리드리히 빌헬름 4세의 동생.
35. **프리드리히 3세**(재위: 1888년 3월 9일-6월 15일) 프로이센 국왕 겸 독 일제국 황제. 빌헬름 1세의 아들. 빅토리아 영국 여왕의 사위.
36. **빌헬름 2세**(재위: 1888-1918) 프로이센 국왕 겸 독일제국 황제. 1918년 11월 28일 퇴위. 왕정시대 독일의 마지막 군주. 프리드리히 3세의 장남.

1918-1933: 바이마르 공화국.
1933-1945: 나치 독일제국. '제3 제국', '대독일제국' 또는 '천년 제국' 이란 명칭은 나치 시대의 용어임.
1945-1952: 4대국(미국, 소련, 영국, 프랑스) 점령시기.
1949-1990: 분단시기. 독일연방공화국(서독)과 독일민주공화국(동독)으 로 국토분단.
1990년 10월 3일 이후: 독일연방공화국(BRD). 독일민주공화국(DDR)은 독일연방공화국에 의해 흡수 통일됨.

참고문헌

참고문헌

Bamberger, Richard u. Maria, Ernst Bruckmüller u. Karl Gutkas (Hg.): Österreich-Lexikon in zwei Bänden. Österreichischer Bundesverlag. Wien 1995.

Brauneder, Wilhelm u. Lothar Höbelt (Hg.): Sacrum Imperium. Das Reich und Österreich 996-1806. Amalthea. Wien 1996.

Bruckmüller, Ernst: Nation Österreich. Kulturelles Bewußtsein und gesellschaftlich-politische Prozesse. Böhlau. Wien 1996.

Bruckmüller, Ernst: Sozialgeschichte Österreichs. 2. Aufl. Verlag für Geschichte und Politik. Wien 2001.

Clausewitz, Carl von: Der russische Feldzug von 1812. Magnus. Essen 1984.

Clausewitz, Marie von (Hg.): Der Feldzug von 1812 in Russland, der Feldzug von 1813 bis zum Waffenstillstand und der Feldzug von 1814 in Frankreich. Hinterlassenes Werk des Generals Carl von Clausewitz. Bd. 7. Ferdinand Dümmler. Berlin 1835.

Craig, Gordon A. : Königgrätz. Dtv. München 1987.

Czeike, Felix: Historisches Lexikon Wien. 5 Bde. [mit einem Ergänzungsband]. Kremayr u. Scheriau. Wien 1992 ff.

Drabek, Annau u. Nikolaus Vielmetti (Hg.): Das österreichische Judentum. Voraussetzungen und Geschichte. Jugend u. Volk. Wien [u. a.] 1974.

Deutsche Gesellschaftsgeschichte. 5 Bände. Beck. München 1987ff. Hier: Bd. 1: Vom Feudalismus des Alten Reiches bis zur Defensiven Modernisierung der Reformära 1700-1815.

Dickmann, Fritz: Der Westfälische Frieden. 7. Aufl. Aschendorff. Münster 1998.

Ehlers, Joachim: Die Entstehung des deutschen Reiches. 3. Aufl. Oldenbourg. München 2010[= Enzyklopädie deutscher Geschichte. Bd. 31].

Eichrodt, Ludwig: Gedichte in allerlei Humoren. Stuttgart 1853.

Elbin, Günther (Hg): Literat und Feldmarschall. Briefe und Erinnerungen des Fürsten Charles Joseph de Ligne. Stuttgart 1979.

Faußner, Hans Constantin: Zur Frühzeit der Babenberger in Bayern und Herkunft der Wittelsbacher. Thorbecke. Stuttgart 1998.

Fiedler, Siegfried: Grundriß der Militärß- und Kriegsgeschichte. 2. Bd. [Kategorie: Badische Geschichte]. Schild. München 1976.

Fried, Erich: Nicht verdrängen nicht gewöhnen. Texte zum Thema Österreich. Hrsg. von M. Lewin. s.l. 1987.

Görlich, Ernst Joseph: Geschichte Österreichs. Mit 16 Dokumentar-Kunstdruckbildern. Tyrolia. Innsbruck 1970.

Görlich, Ernst Joseph: Die österreichische Nation und der Widerstand. Europaverlag. Wien 1967.

Gutkas, Karl: Geschichte des Landes Niederösterreich. Verlag Niederösterreichisches Pressehaus. St. Pölten 1973.

Karl Gutkas: Kaiser Joseph II. Eine Biographie. Zsolnay. Wien u. Darmstadt 1989.

Gutkas, Karl: Prinz Eugen und das barocke Österreich. Verlag Residenz. Salzburg u. Wien 1985.

Haider, Markus Erwin: Im Streit um die österreichische Nation. Nationale Leitwörter in Österreich 1866–1938. Böhlau. Wien 1998.

Hanisch, Ernst: Der lange Schatten des Staates. Österreichische Gesellschaftsgeschichte im 20. Jahrhundert 1890-1990. Ueberreuter. Wien 1994[= Geschichte Österreichs von Herwig Wolfram (Hg.). Bd. 9].

Häusler, Wolfgang: Das galizische Judentum in der Habsburgermonarchie im Lichte der zeitgenössischen Publizistik und Reiseliteratur von 1772–1848. Oldenbourg. München 1979.

Häusler, Wolfgang: Judaica. Kult und Kultur des europäischen Judentums. Jugend und Volk. Wien u. München 1979.

Häusler, Wolfgang u. Ernst Bruckmüller: 1848. Revolution in Österreich. Österreichischer Bundesverlag. Wien 1999.

Heer, Friedrich: Der Kampf um die österreichische Identität. Böhlau. Wien [u. a.] 1981.

Herbers, Klaus u. Helmut Neuhaus: Das Heilige Römische Reich. Schauplätze einer tausendjährigen Geschichte (843-1806). Böhlau. Köln u. Weimar 2005.

Herzig, Arno: Schlesien. Das Land und seine Geschichte in Bildern, Texten und Dokumenten. Ellert u. Richte. Hamburg 2008.

Holzhausen, Paul: Die Deutschen in Russland 1812. Leben und Leiden auf der Moskauer Heerfahrt. Morawe u. Scheffelt. Berlin 1912.

Kaindl, Friedrich Raimund: Österreich, Preußen, Deutschland. Deutsche Geschichte in großdeutscher Beleuchtung. Braumüller. Wien u. Leipzig 1926.

Kaindl, Friedrich Raimund: Geschichte und Kulturleben Deutschösterreichs. Braumüller. Wien 1929.

Kann, Robert A.: Das Nationalitätenproblem der Habsburgermonarchie. Geschichte und Ideengehalt der nationalen Bestrebungen vom Vormärz bis zur Auflösung des Reiches im Jahre 1918. 2 Bde. 2. Aufl. Böhlau. Graz u. Wien 1964.

Kann, Robert A.: Geschichte des Habsburgerreiches 1526 bis 1918. 3. Aufl. Böhlau. Wien 1993.

Katalog der Niederösterreichischen Landesausstellung Österreich zur Zeit Kaiser Josephs II. Mitregent Kaiserin Maria Theresias, Kaiser und Landesfürst. Stift Melk. 29. März bis 2. November 1980.

Kleindel, Walter (Hg.): Die Chronik Österreichs. 4. Aufl. Bertelsmann Lexikon Institut. Gütersloh 1999.

Kleßmann, Eckart: Napoleons Rußlandfeldzüge in Augenzeugenberichten. Rauch. Düsseldorf 1964.

Konrad, Helmut u. Wolfgang Maderthaner (Hg.): Das Werden der Ersten Republik ... der Rest ist Österreich. 2 Bde. Gerold. Wien 2008.

Kleßmann, Eckart (Hg.): Napoleons Rußlandfeldzüge in Augenzeugenberichten. Dtv. München 1972.

Lechner, Karl: Die Babenberger. Markgrafen und Herzoge von Österreich 976 -1246. 6. Aufl. Böhlau. Wien [u. a.] 1996.

Leuschner, Peter: Nur Wenige kamen zurück. 30,000 Bayern mit Napoleon in Russland. W. Ludwig. Pfaffenhofen bei Ilm 1980.

Lexikon der deutschen Geschichte. Ereignisse, Institutionen, Personen. Von den Anfängen bis zur Kapitulation 1945. Hrsg. v. Gerhard Taddey. 3. überarbeitete Aufl. Wissenschaftliche Buchgesellschaft. Stuttagrt 1998.

Magris, Claudio: Der habsburgische Mythos in der modernen österreichischen Literatur. Übersetzung von Madeleine von Pásztory. Müller. Salzburg 1966.

Magris, Claudio: Weit von wo. Verlorene Welt des Ostjudentums. Übersetzung von Jutta Prasse. Europaverlag. Wien 1974.

Meyers Großes Konversationslexikon. Ein Nachschlagswerk des allgemeinen Wissens. 20 Bde. Sechste gänzlich neubearbeitete und vermehrte Aufl. Bibliographisches Institut. Leipzig u. Wien 1906.

Niederstätter, Alois: Das Jahrhundert der Mitte. An der Wende vom Mittelalter zur Neuzeit. Österreichische Geschichte 1400-1522. Ueberreuter. Wien 1996[= Geschichte Österreichs von Herwig Wolfram (Hg.), Bd. 5].

Österreichisches Biographisches Lexikon 1815-1950. 12 Bde. Hrsg. v. der Österreichischen Akademie der Wissenschaften. Wien 1957ff.

Österreichische Historikerkommission: Schlussbericht der Historikerkommission der Republik Österreich. 43 Bde. Oldenbourg. Wien 2003.

Österreichisch-ungarische Monarchie in Wort und Bild. 24-bändige landeskundliche Enzyklopädie über alle Kronländer der Monarchie. Hofdruckerei. Wien 1885-1902.

Pleyel, Peter: Das römische Österreich. Pichler. Wien 2002.

Pohl, Walter u. Brigitte Vacha: Die Welt der Babenberger. Styria. Wien 1995.

Popovici, Aurel Constantin: Die Vereinigten Staaten von Groß-Österreich. Politische Studien zur Lösung der nationalen Fragen und staatsrechtlichen Krisen in Österreich-Ungarn. Leipzig 1906.

Rickett, Richard: Österreich. Sein Weg durch die Geschichte. Prachner. Wien 1969.

Rumpler. Helmut: Eine Chance für Mitteleuropa. Bürgerliche Emanzipation und Staatsverfall in der Habsburgermonarchie 1804-1914. Ueberreuter. Wien 1997[= Geschichte Österreichs von Herwig Wolfram (Hg.). Bd. 8].

Sandgruber, Roman: Ökonomie und Politik. Österreichische Wirtschaftsgeschichte vom Mittelalter bis zur Gegenwart. Ueberreuter. Wien 1995[= Geschichte Österreichs von Herwig Wolfram (Hg.). Bd. 10].

Scheuch, Manfred: Österreich im 20. Jahrhundert. Von der Monarchie zur Zweiten Republik. Brandstätter. Wien u. München 2000.

Scheuch, Manfred: Österreich. Provinz, Weltreich, Republik. Ein historischer Atlas. Verlag Das Beste. Wien 1994.

Schindler, Christine (Red.): Schwerpunkt: Bewaffneter Widerstand. Widerstand im Militär. Dokumentationsarchiv des Österreichischen Widerstandes. Jahrbuch 2009. Literaturverlag. Wien [u .a.] 2009.

Schubert, Kurt: Die Geschichte des österreichischen Judentums. Böhlau. Wien 2008.

Schurz, Carl: Lebenserinnerungen. 3 Bde. Georg Reimer. Berlin 1906–1912.

Solderer, Gottfried (Hg.): Das 20. Jahrhundert in Südtirol. 5 Bde. Edition Raetia. Bozen 1999–2003.

Steininger, Rolf : Autonomie oder Selbstbestimmung? Die Südtirolfrage 1945/1946 und das Gruber-De Gasperi-Abkommen. Studienverlag. Innsbruck[u. a.] 2008. (Innsbrucker Forschungen zur Zeitgeschichte 2).

Tálos, Emmerich u. Wolfgang Neugebauer (Hg.): Austrofaschismus. Literaturverlag.

Wien 2005.

Tarle, Jewgeni Wiktorowitsch: Napoleon. Deutscher Verlag der Wissenschaften. Berlin 1968.

1848: Pfingstaufstand in Prag. In: Der Standard. [Erscheinungsort: Wien]. 5. 10. 2001[Online-Ausgabe].

Theuer, Franz: Brennendes Land. Kuruzenkrieg. Ein historischer Bericht. Ein Böhlau-Sonderband. Böhlau. Wien [u. a.] 1984.

Ullmann, Hans-Peter: Überlegungen zur Entstehung des öffentlichen, verfassungsmäßigen Kredits in den Rheinbundstaaten Bayern. Württemberg u. Baden. In: Geschichte und Gesellschaft (6) [Erscheinungsort: Göttingen]. 1980, S. 500-522.

Vacha, Brigitte (Hg.): Die Habsburger. Eine europäische Familiengeschichte. Styria. Wien 1992,

Vocelka, Karl: Geschichte Österreichs. Kultur, Gesellscahft, Politik. Styria. Graz [u. a.] 2002.

Vocelka, Karl : Glanz und Untergang der höfischen Welt. Repräsentation, Reform und Reaktion im habsburgischen Vielvölkerstaat 1699 bis 1815. Ueberreuter. Wien 2001[= Geschichte Österreichs von Herwig Wolfram (Hg.). Bd. 7].

Wagner, Fritz: Europa im Zeitalter des Absolutismus und der Aufklärung (1648-1789). Union Verlag. Stuttgart 1968[= Handbuch der europäischen Geschichte. Hrsg. von Theodor Schieder. Band 4, S. 690-752].

Wandruszka, Adam : Schicksalsjahr 1866. Styria. Graz 1966.

Wehler, Hans Ulrich: Deutsche Gesellschaftsgeschichte. 5 Bde. Beck. München 1987-2008.

Wersich, Rüdiger (Hg.): Carl Schurz. Revolutionär und Staatsmann. Sein Leben in Selbstzeugnissen, Bildern und Dokumenten. Heinz Moos. München 1979.

Weinzierl, Erika u. Kurt Skalnik: Österreich. Die Zweite Republik. Styria,

Graz 1972.

Winkelbauer, Thomas: Ständefreiheit und Fürstenmacht. Länder und Untertanen des Hauses Habsburg im konfessionellen Zeitalter 1522-1699. 2 Bde. Ueberreuter. Wien 2003 [= Geschichte Österreichs von Herwig Wolfram (Hg.). Bd. 6].

Wurzbach, Constantin von: Biographisches Lexikon des Kaiserthums Oesterreich. 60 Bände. Zamarski. Wien 1856-1891.

Zöllner, Erich: Geschichte Österreichs. Von den Anfängen bis zur Gegenwart. 8. Aufl. Verlag für Geschichte und Politik. Wien 1990.

임종대: 아르투어 슈니츨러. 독일문학사에서의 세기말 오스트리아 문학의 위치. 실린 곳: 카프카 연구. 제6집. 서울 1998.

임종대: 오스트리아, 유럽의 심장부. 실린 책: 독일 이야기 1. 독일어권 유럽의 역사와 문화. 거름사. 서울 2000.

임종대: 합스부르크가의 독일제국 지배와 독독 대결. 1차 슐레지엔 전쟁에서 비인 회의까지. 실린 곳: 독일어권 문화연구. 제13집. 서울대학교 인문대학교 독일어권문화연구소. 2004.

인명 ● 지명 색인

인명 색인

ㄱ

가게른, 막시밀리안 폰(1810-1889) 독일 정치가 24

가게른, 하인리히 폰(1799-1880) 독일 정치가 31 34

가리발디, 주세페(1807-1882) 이탈리아 독립투사 58 84 107

가보르(가브리엘) 베틀렌(1580-1629) 지벤뷔르겐 제후 122 125

가브리엘(가보르) 바토리(1608-1613) 지벤뷔르겐 제후 122 125

가스팅어, 카린(1964-) 오스트리아 정치가 369

가스페리, 알치데 데(1881-1954) 이탈리아 정치가 341 342

가이, 류데비트(1809-1872) 크로아티아 언어학자 161

가프, 야콥(1897-1943) 오스트리아 저항투사 300

게를라흐, 에른스트 루트비히 폰(1795-1877) 프로이센 정치가 34

게오르크(조지) 3세(1738-1820) 하노버 및 영국 국왕 86 216

게오르크 5세(1819-1878) 하노버 국왕 85 86 102 110 216

게오르크 빌헬름(1595-1640) 브란덴부르크 선제후 124

게오르크 셀레프체니(재위: 1667-1686) 헝가리 대주교 132

게오르크 1세 라코치(1593-1648) 지벤뷔르겐 제후 122 125-127 132 135 137

게오르크 2세 라코치(1621-1660) 지벤뷔르겐 제후 127 135 138

고르바흐, 알폰스(1898-1972) 오스트리아 정치가 (수상: 1961-1964) 279 280 345

고르차코프, 알렉산드르 미하일로비치(1798-1883) 러시아 정치가 79

고보네, 주세페(1825-1872) 이탈리아 장군 77 78 86

골루호프스키, 아게노르(1812-1875) 오스트리아 정치가 62 164

골루호프스키, 아게노르(1849-1921) 오스트리아 정치가 164

골츠, 로베르트 폰 데어(1817-1869) 프로이센 정치가 96

골트만, 파울(1865-1935) 오스트리아 작가 315

괴링, 헤르만(1893-1946) 나치 독일 정치인 248 269-271 289

괴벤, 아우구스트 카를 폰(1816-1880) 프로이센 정치가 87

괴벨스, 요제프(1897-1945) 나치 독일 정치인 284 285 324

괴테, 요한 볼프강 폰(1749-1832) 독일 작가 312 313

괴트, 아몬(1908-1946) 오스트리아 나치 전범 305

구데누스, 욘(1940-) 오스트리아 정치가 393 394

구젠바우어, 알프레트(1960-) 오스트리아 정치가 (수상: 2007-2008) 368 370

그라츠, 레오폴트(1929-2006) 오스트리아 정치가 (빈 시장: 1973-1984) 382

그레고리우스 7세(재위: 1073-1085) 교황 205

그루버, 카를(1909-1995) 오스트리아 정치가 296 341

그륀바움, 프리츠(1880-1941) 오스트리아 배우 281

그린스판, 헤르셸(1921-1938) 폴란드 유대인 284

글로보츠니크, 오딜로(1904-1945) 오스트리아 나치 전범 302 303

ㄴ

나도지, 페렌츠 2세(1555-1604) 헝가리 귀족 130

나도지, 프란츠 3세(1622-1671) 헝가리 귀족 130 131

나폴레옹 1세(재위: 1804-1814/1815) 프랑스 황

제 44 218 326

나폴레옹 3세(루이 나폴레옹 보나파르트)(재위: 1848-1870) 프랑스 황제(나폴레옹 1세의 조카) 43 44 47 48 50 52-56 58 59 77 79 95 98-100 103 105 107-109 112-115 167 169 171

나폴레옹 조제프 샤를 폴 보나파르트(1822-1891) 제롬 보나파르트(나폴레옹 1세의 동생)의 아들 53

노이라트, 콘스탄틴 폰(1873-1956) 나치 독일 외무장관(1932-1938) 267

닐, 에두아르트 반 데어(1812-1868) 오스트리아 건축가 28

니콜라이 1세(재위: 1825-1855) 러시아 차르 33 36 43 49

니콜라이 2세(재위: 1894-1917) 러시아 차르 202 216

다비트, 안톤(1849-1924) 오스트리아 정치가 231

단네베르크, 로베르트(1885-1942) 오스트리아 정치가 280

달만, 프리드리히 크리스토프(1785-1860) 독일 정치가 34

덜레스, 존 포스터(1888-1959) 미국 CIA 초대 국장 336

데겐펠트-숀부르크, 아우구스트 폰(1798-1876) 오스트리아 장군 101

데아크, 페렌츠(1803-1876) 헝가리 정치가 144 147

델브뤼크, 루돌프 폰(1817-1903) 독일 정치가 40

도이치, 율리우스(1884-1968) 오스트리아 정치가 256 279

도조, 게오르크(1470경-1514) 헝가리 농민반란 지휘자 131 132

돌푸스, 엥엘베르트(1892-1934) 오스트리아 정치가(수상: 1932-1934) 201 238 239 246-255 257 259-261 268 274 277 278 293 294 339 364

되르만, 펠릭스(1870-1928) 오스트리아 작가 315

뒤낭, 앙리(1828-1910) 스위스 사업가, 국제적십자 창립자 54

딩호퍼, 프란츠(1873-1956) 오스트리아 정치가 213 214 226

라데츠키, 요제프 벤첼(1766-1858) 오스트리아 장군 23 168 298

라도비츠, 요제프 마리아 폰(1797-1853) 프로이센 정치가 33-35 38

라마쉬, 하인리히(1853-1920) 오스트리아 제국 마지막 총리 177 213

라메크, 루돌프(1881-1941) 오스트리아 정치가(수상: 1924-1926) 251

라쉬케, 루돌프(1923-1945) 오스트리아 저항투사 298 299

라스커-쉴러, 엘제(1869-1945) 독일 시인 314

라이너, 프리드리히(1903-1947) 오스트리아 나치 전범 308

라이만, 빅토르(1915-1996) 오스트리아 언론인 300 301

라이헨스페르거, 아우구스트(1808-1895) 독일 정치가 34

라이헨스페르거, 페터(1810-1892) 독일 정치가 34

라이히라이트너, 프란츠(1906-1944) 오스트리아 나치 전범 303

라이히터, 케테(1895-1942) 오스트리아 사회주의자 280

라인하르트, 막스(1873-1943) 오스트리아 연출가 314 316 317

라자르 흐레벨야노비치(1329경-1389) 세르비아 군주 189

라코치, 프란츠 2세(1676-1735) 헝가리 독립투사 118 119 137-142

라트, 에른스트 폼(1909-1938) 독일 외교관 284 285

라프, 율리우스(1891-1964) 오스트리아 정치가(수상: 1953-1961) 333 345

라호우젠, 에르빈(1897-1955) 나치 독일 오스트리아 정보장교 297 298

람, 카를(1907-1947) 독일 나치 전범 305

람페르트, 카를(1894-1944) 오스트리아 신부 300

레닌, 블라디미르 일리치(1870-1924) 러시아 혁명
가 205

레더, 발터(1915-1991) 오스트리아 나치 전범 360
361

레더러, 카를(1909-1944) 오스트리아 저항투사 301

레오 13세(재위: 1878-1903) 교황 254

레오폴디, 헤르만(1888-1959) 오스트리아 작곡가
282

레오폴트 3세(재위: 1095-1136) 오스트마르크 변
경백 292

레오폴트 카를 폰 콜로니치(재위: 1695-1707) 그
란(에스테르곰) 대주교 133

레하르, 프란츠(1870-1948) 오스트리아 작곡가 281

렌너, 카를(1879-1950) 오스트리아 제1 및 제2
공화국 초대 수상 213-215 221 222 226
228-231 238 251 275 321-323 327 328
355 368

렌스펠트, 고트프리트 폰(1664-1701) 오스트리아
장교 312 313

로나우어, 루돌프(1907-1945) 오스트리아 나치 전
범 307

로스, 아돌프(1870-1933) 오스트리아 건축가 315
316

로트, 요제프(1894-1939) 오스트리아 작가 312
315

뢰나-베다, 프리츠(1883-1942) 오스트리아 작가
281 282

뢰들, 아르투어(1898-1945) 독일 나치 전범 282

뢰르, 알렉산더(1885-1947) 오스트리아 장군 309

뢰쉬, 오토(1917-1995) 오스트리아 정치가 375
376

루돌프 1세(재위: 1273-1291) 신성로마제국 황제
5 119 216

루돌프 2세(재위: 1576-1612) 신성로마제국 황제
120 121

루에거, 카를(1884-1910) 오스트리아 정치가(빈
시장: 1897-1910) 177 178

루이 나폴레옹 보나파르트→ 나폴레옹 3세 43

루터, 마르틴(1483-1546) 독일 신교 신학자 121

루트비히 3세(1806-1877) 헤센 대공 101 112

리베니, 야노슈(†1853) 헝가리 재단사 도제 29

리벤트로프, 요아힘 폰(1893-1946) 나치 독일 정
치인(외무장관: 1938-1945) 267

리프크네히트, 카를(1871-1919) 독일 정치가 243

릴케, 라이너 마리아(1875-1926) 오스트리아 시인

312

마르모라, 알폰소 라(1804-1878) 이탈리아 장군,
정치가 54 83 84

마리아 클레멘티네(1777-1801) 레오폴트 2세 황제
의 딸 57

마리아 테레지아(1717-1780) 오스트리아 대공, 헝
가리 및 뵈멘 국왕 29 87 215

마사리크, 토마슈 가리구에(1850-1937) 체코슬로
바키아 대통령(1918-1935) 161 196 208

마이네르트, 테오도르(1833-1892) 빈 의대 교수 318

마이노니, 에두아르트(1958-) 오스트리아 정치가
370

마이르, 미하엘(1864-1922) 오스트리아 정치가(수
상: 1920-1921) 215 222 228 230 231

마이스너-블라우, 프레다(1927-) 오스트리아 정
치가 356

막시밀리안 2세(1811-1864) 바이에른 국왕 35

막시밀리안 폰 바덴(1867-1929) 바덴 대공국 계
승자 207 208

만, 토마스(1875-1955) 독일 작가 318

만스펠트, 에른스트 폰(1580-1626) 30년 전쟁 독
일 용병대장 124

만토이펠, 에트빈 폰(1809-1885) 프로이센 장군
86-88 93

말러, 구스타프(1860-1911) 오스트리아 작곡가
316

맥밀런, 헤럴드(1894-1986) 영국 정치가 336

메테르니히, 리하르트 클레멘스 폰(1829-1895) 오
스트리아 외교관 38 48 50 78 113 116 205
276

메테르니히, 클레멘스 벤첼 로타르 폰(1773-1859)
오스트리아 정치가 38 48 50 78 116 205
270

멘스도르프-푸이, 알렉산더 폰(1813-1871) 오스트
리아 정치가 77

모르간, 파울(1886-1938) 오스트리아 배우 281

모저, 요제프(1919-2003) 오스트리아 정치가 375

모저, 콜로만(1868-1918) 오스트리아 화가 292 316

모크, 알로이스(1934-) 오스트리아 정치가 358

362 385 386

몰덴, 에른스트(1886-1953) 오스트리아 언론인 295

몰덴, 오토(1918-2002) 오스트리아 저항투사 295

몰덴, 프리츠(1924-2014) 오스트리아 저항투사 295
296

몰로토프, 비아체슬라프 미하일로비치(1890-1986)
소련 정치가 336

몰터러, 빌헬름(1955-) 오스트리아 정치가 368

몰트케, 헬무트 폰(1800-1891) 프로이센 장군 71
89-92 97 102

무라드 1세(재위: 1359-1389) 오스만 제국 술탄
189

무질, 로베르트(1880-1942) 오스트리아 작가 148
312 315

무프, 볼프강(1880-1947) 나치 독일 장군 270

뮈니히라이터, 카를(1891-1934) 공화국방어동맹
지도원 256

미클라스, 빌헬름(1872-1956) 오스트리아 정치가
(대통령: 1928-1938) 247 252 260 267
270-272 355

미하엘 1세 아파피(재위: 1661-1690) 지벤뷔르겐
제후 136

미하엘 2세 아파피(재위: 1690-1699) 지벤뷔르겐
제후 136

ㅂ

바그너, 오토(1841-1918) 오스트리아 건축가 292
315 316

바데니, 카지미르 펠릭스(1846-1909) 오스트리아
정치가 164

바르, 헤르만(1863-1934) 오스트리아 작가 310
311 315

바샤만, 프리드리히 다니엘(1811-1855) 독일 기업
가, 정치가 34

바우어, 오토(1881-1938) 오스트리아 정치가 226
229 230 236 237 256 273 279

바이셀, 게오르크(1899-1934) 공화국방어동맹 지
도원 256

바이스, 오스카(1911-1978) 오스트리아 정치가 375

바인헤버, 요제프(1892-1945) 오스트리아 시인 275

발라쉬, 콜로만(1889-1934) 오스트리아 정치가 256
257

발트하임, 쿠르트(1918-2007) 오스트리아 정치가(대
통령: 1986-1992) 356 361 364 380-388

베네데크, 루트비히 폰(1804-1881) 오스트리아 장
군 87 90 91

베네데티, 뱅상(1817-1900) 프랑스 외교관 96
99-101

베네슈, 에드바르트(1884-1948) 체코슬로바키아 대
통령(1935-1938) 196 208

베데킨트, 프랑크(1864-1918) 독일 작가 316

베르나르디스, 로베르트(1908-1944) 오스트리아
저항투사 298

베르크, 알반(1885-1935) 오스트리아 작곡가 315

베르펠, 프란츠(1890-1945) 오스트리아 작가 280
292 312

베르히톨트, 레오폴트(1912-1917) 오스트리아 정치
가 211

베른하르트, 토마스(1931-1989) 오스트리아 작가
272 385 386

베빈, 어네스트(1881-1951) 영국 정치가 341

베셀레니, 프란츠(페렌츠)(1605-1667) 헝가리 귀족
반란모의 주동자 129-131

베스텐탈러, 페터(1967-) 오스트리아 정치가 366
367 369 373

베어-호프만, 리하르트(1866-1945) 오스트리아 작
가 315

베커, 한스 지도니우스(1895-1948) 오스트리아 저
항투사 295

베케를레, 산도르(1848-1921) 헝가리 정치가 209

베토벤, 루트비히 판(1770-1827) 독일 작곡가 313
326

벤, 고트프리트(1886-1956) 독일 시인 314

벤야, 안톤(1912-2001) 오스트리아 정치가 357

벤야민, 발터(1892-1940) 독일 철학자 314

벨크레디, 리하르트(1823-1902) 오스트리아 정치
가 65 66

보그윙, 카를(1873-1949) 오스트리아 정치가 243
244 246

보로다이케비츠, 타라스(1902-1984) 빈 상대 교수
348 349

보름, 알프레트(1945-2007) 오스트리아 언론인
381 382

보이스트, 프리드리히 페르디난트 폰(1809-1886)
오스트리아 정치가 28

볼프, 오이겐(1863-1929) 독일 독문학자 310

볼프, 후고(1860-1903) 오스트리아 작곡가 313 315
뵈메, 프란츠(1885-1947) 오스트리아 나치 전범 267
뵘, 요한(1886-1959) 오스트리아 정치가 333
뵘, 카를(1894-1981) 오스트리아 지휘자 275 326
부레쉬, 카를(1878-1936) 오스트리아 정치가(수상: 1931-1932) 246-249
부르거, 노르베르트(1929-1992) 오스트리아 정치가 355
부르거, 안톤(1911-1991) 오스트리아 나치 전범 304 355
부제크, 에르하르트(1941-) 오스트리아 정치가 362 383 385
부허, 요제프(1965-) 오스트리아 정치가 374
뷔르켈, 요제프(1895-1944) 나치 독일 정치인 277 299
브라이트너, 후고(1873-1946) 오스트리아 정치가 279 280
브란트, 빌리(1913-1992) 독일 정치가(수상: 1969-1974) 359 376
브람스, 요한네스(1833-1897) 독일 작곡가 313
브레히트, 베르톨트(1898-1956) 독일 작가 314
브렌너-펠자흐, 아돌프 폰(1814-1883) 오스트리아 외교관 97
브로다, 크리스티안(1916-1987) 오스트리아 정치가 353
브로흐, 헤르만(1886-1951) 오스트리아 작가 312 315 318
브루실로프, 알렉세이(1853-1926) 러시아 장군 194 195
브루크너, 안톤(1824-1896) 오스트리아 작곡가 313
블로메, 구스타프 폰(1829-1906) 오스트리아 외교관 74
비더만, 카를(1890-1945) 오스트리아 저항투사 298
비스마르크, 오토 폰(1815-1898) 프로이센 정치가 34 38-40 42 44 45 47 49 71-77 79 92 95-98 100 101 103-105 107 109 112-114 170 171 173 174 181
피우스(비오) 11세(재위: 1922-1939) 교황 254
비젠탈, 지몬(1908-2005) 오스트리아 유대인, 나치 전범 추적자 304 375-377
비토리오 엠마누엘레(빅토르 엠마누엘) 2세 (1820-1878) 이탈리아 국왕 51 54 56 58 77

빅토리아(1819-1901) 영국 여왕 216
빌렘(빌헬름) 3세(1817-1890) 네덜란드 국왕, 룩셈부르크 대공 100
빌린스키, 레온(1912-1915) 오스트리아 정치가 211
빌헬름 1세(1797-1888) 프로이센 국왕, 독일제국 황제 35-37 72 79 89 92 96 97 103 109 171-173
빙클러, 프란츠(1890-1945) 오스트리아 정치가 247

산타아나, 안토니오 로페스 데(1794-1876) 멕시코 정치가 167 168
샤이데만, 필립(1865-1939) 독일 정치가 208 236 273
셰르프, 아돌프(1890-1965) 오스트리아 정치가(대통령: 1957-1965) 296 321 322 336 355
소콜, 카를(1915-2004) 오스트리아 저항투사 296 298 299 320
쇤베르크, 아르놀트(1874-1951) 오스트리아 작곡가 292 315 316
쇼버, 요한(1874-1932) 오스트리아 정치가(수상: 1921-1922, 1929-1930) 240 242-244 246
숄츠, 로만 카를(1912-1944년) 오스트리아 신부 300 301
쉬셀, 볼프강(1945-) 오스트리아 정치가(수상: 2000-2007) 362 364 369 371 390
쉴레, 에곤(1890-1918) 오스트리아 화가 315 316
쉴레이만 1세(재위: 1520-1566) 오스만 제국 술탄 117
슈니츨러, 아르투어(1862-1931) 오스트리아 작가 280 283 312 315 317-319
슈르츠, 카를(1829-1906) 독일 혁명가 74
슈메를링, 안톤 폰(1805-1893) 오스트리아 정치가 63 65-67
슈미츠, 리하르트(1885-1954) 오스트리아 정치가 238 279
슈미트, 구이도(1901-1957) 오스트리아 외교관 216
슈미트, 프리드리히 폰(1825-1891) 오스트리아 건축가 28
슈바르첸베르크, 펠릭스 추(1800-1852) 오스트리아 정치가(총리: 1848-1852) 27 32 36 39

40 43 66

슈베르트, 프란츠(1797-1828) 오스트리아 작곡가 313

슈쉬니크, 쿠르트 폰(1897-1977) 오스트리아 정치가(수상: 1934-1938) 259-261 263-265 266 270 272 276 279 284 307 339

슈타르헴베르크, 에른스트 뤼디거 폰(1638-1701) 오스트리아 장군 253

슈타르헴베르크, 에른스트 뤼디거(1899-1956) 오스트리아 정치가 241-244 253 260

슈타우펜베르크, 클라우스 셍크 폰(1907-1944) 독일 저항투사 298

슈타이너, 루돌프(1961-1925) 오스트리아 철학자 315

슈타이들레, 리하르트(1881-1940) 오스트리아 정치가 241 243

슈타이러, 쿠르트(1920-2007) 오스트리아 정치가 381

슈탈, 프리드리히 율리우스(1802-1861) 독일 정치가 283 293 315

슈탕을, 프란츠(1908-1971) 오스트리아 나치 전범 302 303

슈테거, 노르베르트(1944-) 오스트리아 정치가 361

슈테판(이슈트반) 보치코이(1557-1606) 지벤뷔르겐 제후 118-122 127 132 137

슈톨츠, 로베르트(1880-1975) 오스트리아 작곡가 283

슈튀르크, 카를(1859-1916) 오스트리아 정치가(총리: 1911-1916) 211

슈트라우센부르크, 아르츠 폰(1857-1935) 오스트리아 장군 199

슈트라프너, 제프(1875-1952) 오스트리아 정치가 251 252

슈트라헤, 하인츠-크리스티안(1969-) 오스트리아 정치가 370 374

슈트레루비츠, 마를레네(1950-) 오스트리아 정치가 391

슈트레루비츠, 에른스트(1874-1952) 오스트리아 정치가 242 246

슈페르버, 만네스(1905-1984) 오스트리아 작가 312

슈판델레거, 미하엘(1959-) 오스트리아 정치가 372

슐라브렌도르프, 파비안 폰(1907-1980) 독일 저항투사 297

슐레겔, 프리드리히(1772-1829) 독일 작가 314

슐리펜, 알프레트 폰(1833-1913) 프로이센 장군 191

스트루트, 에드워드 리슬(1874-1948) 영국 장교 216

스트린드베리, 아우구스트(1849-1912) 스웨덴 작가 314

식스투스 페르난도(1886-1934) 파르마 공국 왕자 (카를 1세 오스트리아 황제의 처남) 202

아구스틴 데 이투르비데(1783-1824) 멕시코 황제 168

아돌프 1세(1817-1905) 룩셈부르크 대공 102

아들러, 빅토르(1852-1918) 오스트리아 정치가 211 237 257

아들러, 알프레트(1870-1937) 오스트리아 심리학자 282 315

아들러, 프리드리히(1879-1960) 오스트리아 정치가 211

아라파트, 야시르(1929-2004) 팔레스타인 지도자 354

아렌쉴트, 알렉산더 폰(1806-1881) 프로이센 장군 85

아른트, 에른스트 모리츠(1769-1860) 독일 작가 295

아벨, 볼프강(1905-1997) 오스트리아 인류학자 307 308

아우스터리츠, 프리드리히(1862-1931) 오스트리아 정치가 34 35

아우에른하이머, 라울(1876-1948) 오스트리아 작가 315

아우펜베르크 폰 코마로프, 모리츠(1852-1928) 오스트리아 정치가 177

아이그루버, 아우구스트(1907-1947) 나치 오스트리아 정치인 307

아이히만, 아돌프(1906-1962) 독일 나치 전범 302

아티사리, 마르티(1937-) 핀란드 정치가 365

아흐메드 1세(1590-1617) 오스만 제국 술탄 119 120

안도르퍼, 헤르베르트(1911-2007/208) 오스트리아 나치 전범 305 306

안드로쉬, 한네스(1938-) 오스트리아 정치가 358-360

안드리안, 레오폴트 폰(1875-1951) 오스트리아 작가 315

알렉산드르 2세(재위: 1855-1881) 러시아 차르 79 101 112

알벤스레벤, 구스타프 폰(1803-1881) 프로이센 장군 79

알브레히트(1817-1895) 오스트리아 대공(레오폴트 2세 황제의 손자) 87 106

알텐베르크, 페터(1859-1919) 오스트리아 시인 314 315

알트만, 카를(1904-1960) 오스트리아 정치가 328 368

압뒬메시드 1세(재위: 1839-1861) 오스만 제국 술탄 46

안들, 에른스트(1925-2000) 오스트리아 시인 272

안차, 알프레트(1884-1963) 오스트리아 장군 267

에른스트 아우구스트(1845-1923) 하노버 왕국 계승자 85 86

에버를, 이름프리트(1910-1948) 오스트리아 나치 전범 302 303

에벤호흐, 알프레트(1855-1912) 오스트리아 정치가 177

에스터하지, 모리츠(1881-1960) 헝가리 정치가 199 209

엔더, 오토(1875-1960) 오스트리아 정치가(수상: 1930-1931) 244 246 270

엘리자베트 이말리에 오이게니(1837-1898) 오스트리아 황제 프란츠 요제프 1세의 비 169 172

엘리주르, 미하엘(1921-2003) 이스라엘 외교관 382

엠머리히(임레) 퇴쾰리(1657-1705) 지벤뷔르겐 제후 130-131 133 138

예가슈테터, 프란츠(1907-1943) 오스트리아 저항 투사 299

옐라치치, 요제프(1801-1859) 크로아티아 태수, 오스트리아 장군 23 197

옐리네크, 엘프리데(1946-) 오스트리아 작가 391

오레하, 마르셀리노(1935-) 스페인 정치가 365

오토 폰 합스부르크(1912-2011) 오스트리아 황제 카를 1세의 장남 198 200 217 228 346 347

오트마르 폰 라우셰(1797-1875) 빈 대주교 26

오펜하이머, 막스(1885-1954) 오스트리아 화가 293

온드라시, 율리우스(1823-1890) 헝가리 정치가 144

올라, 프란츠(1910-2009) 오스트리아 정치가 280 332 333 345 357

요나스, 프란츠(1965-1974) 오스트리아 정치가 355

요제프 2세(재위: 1765-1790) 신성로마제국 황제 163 291 313

요제프 아우구스트(1872-1962) 오스트리아 대공 147

요한 바오로 2세(재위: 1978-2005) 교황 383

요한 카스파르 폰 암프링엔(1619-1684) 독일기사단 총단장 133

이브라힘(재위: 1640-1648) 오스만 제국 술탄 126

이즈볼스키, 알렉산드르 페트로비치(1856-1919) 러시아 정치가 183

입센, 헨리크(1828-1906) 노르웨이 극작가 316

ㅈ

자이들, 지크프리트(1911-1947) 오스트리아 나치 전범 304

자이스-인크바르트, 아르투어(1892-1946) 나치 오스트리아 수상 264 267 269-272 276 277

자이츠, 카를(1869-1950) 오스트리아 정치가(빈 시장: 1923-1934) 213 226 228 238 240 256 279 280

자이펠, 이그나츠(1876-1932) 오스트리아 정치가 (수상: 1922-1924, 1926-1929) 227 228 234 240 242 246

잘텐, 펠릭스(1869-1945) 오스트리아 작가 315

젬퍼, 고트프리트(1803-1879) 독일 건축가 29

조이퍼, 유라(1912-1939) 오스트리아 작가 281

조지 5세(1865-1936) 영국 국왕 216

조피 호테크(1868-1914) 프란츠 페르디난트 오스트리아 황태자의 비 180

줄로이, 프란츠 요제프 폰(1798-1868) 오스트리아 장군 54

즈린스키, 니콜라우스(1620-1664) 크로아티아 시인 130

즈린스키, 니콜라 수비츠(1508-1566) 크로아티아 장교 197

즈린스키, 엘레나(일로나)(1643-1703) 프란츠 2세 라코치의 모친 136 137
즈린스키, 페테(페타르)(1621-1671) 크로아티아 정치가 130
지기스문트 라코치(1544-1608) 지벤뷔르겐 제후 122
지노바츠, 프레트(1929-2008) 오스트리아 정치가 (수상: 1983-1986) 359-361 381 382 387
쟈르트 폰 쟈르츠부르크, 야우구스트(1813-1868) 오스트리아 건축가 28

처칠, 윈스턴(1874-1965) 영국 정치가 230 340 341
체르닌, 오토카르(1872-1932) 오스트리아-헝가리 외무장관(1916-1918) 199 203 204
첼란, 파울(1920-1970) 오스트리아 시인 312
쳄린스키, 알렉산더 폰(1871-1942) 오스트리아 작곡가 316
추크마이어, 카를(1896-1977) 스위스 작가 314
츠바이크, 슈테판(1881-1942) 오스트리아 작가 280 292 293 312 315
치르쉬키, 하인리히 폰(1858-1916) 독일 외교관 189
치퍼, 헤르베르트(1904-1997) 오스트리아 작곡가 281 282
칠크, 헬무트(1927-2008) 오스트리아 정치가(빈 시장: 1984-1994) 386

카나리스, 빌헬름(1887-1945) 나치 독일 제독 297
카로이, 알렉산더(산도르)(1668-1743) 헝가리 반란군 사령관 141
카로이, 올로요슈(1825-1889) 헝가리 외교관 97
카를 1세(1839-1914) 루마니아 국왕 181
카를 1세(1887-1922) 오스트리아 황제(1916-1918) 181 193 197-205 207-210 212-218 228

229 269 273 346 347
카를 대제(재위: 768-814) 카롤링 왕조 시조(동프랑크 국왕) 277
카를 루트비히(1833-1896) 오스트리아 대공(프란츠 요제프 1세 황제의 동생) 176 198
카를 요제프(1649-1664) 레오폴트 1세 황제의 동생 133
카부르, 카밀로 벤소 콘테 디(1810-1861) 이탈리아 독립투사 48 51-53 57 58
카스텔리츠, 야콥(1897-1944) 오스트리아 저항투사 300
카울리, 헨리(1804-1884) 영국 외교관 53
카프리비, 레오 폰(1831-1899) 독일 정치가 105 170
카프카, 마리아 레스티투타(1894-1943) 오스트리아 저항투사 300
카프카, 에두아르트(1864-1893) 오스트리아 작가 318
카프카, 프란츠(1883-1924) 오스트리아 작가 312 318
칼텐브루너, 에른스트(1903-1946) 오스트리아 나치 전범 306 307
캄프하우젠, 오토 폰(1812-1896) 프로이센 정치가 34
캄플, 지크프리트(1936-) 오스트리아 정치가 393
코드레, 하인리히(1899-1977) 오스트리아 저항투사 298
코로세츠, 안톤(1872-1940) 슬로베니아 정치가 177
코른호이젤, 요제프(1782-1860) 오스트리아 건축가 286
코슈트, 로요슈(1802-1894) 헝가리 독립투사 142
코코슈카, 오스카(1886-1980) 오스트리아 화가 293 315 316
코플레니히, 요한(1891-1968) 오스트리아 정치가 322
콜로브라트-리프슈타인스키, 프란츠 안톤 폰 (1778-1861) 오스트리아 정치가 66
쾨프륄뤼 파질 아흐메드(1635-1676) 오스만 제국 대재상 129
쿠, 안톤(1890-1941) 오스트리아 작가 315
쿤, 벨로(1886-1939) 헝가리 정치가 217
크라우스, 카를(1874-1936) 오스트리아 작가 315
크라이스키, 브루노(1911-1990) 오스트리아 정치가(수상: 1970-1983) 329 335 336 342 344 347 349 351-359 360 362 374-377 381

386

크라이스키, 페터(1944-2010) 오스트리아 사회과
학자(브루노 크라이스키의 아들) 357
크라이슬러, 프리츠(1875-1962) 오스트리아 작곡
가 315
크로바틴, 알렉산더 폰(1849-1933) 오스트리아 장
군 211
크리스토피, 요제프(1857-1928) 헝가리 정치가
178
크리스티안 아우구스트(1798-1869) 슐레스비히-
홀슈타인-존더부르크-아우구스텐부르크 공
작 80
클라우스, 요제프(1910-2001) 오스트리아 정치가
(수상: 1964-1970) 333 345-348 351
클라이스트-레초, 한스 후고 폰(1814-1892) 프로
이센 정치가 34
클람-마르티니츠, 하인리히(1863-1932) 오스트리
아 정치가 199
클레망소, 조르주(1841-1929) 프랑스 정치가 203
클레스틸, 토마스(1932-2004) 오스트리아 정치가
(대통령: 1992-2004) 364
클로틸다 마리아(1843-1911) 비토리오 엠마누엘레
2세 이탈리아 국왕의 딸 53
클리마, 빅토르(1947-) 오스트리아 정치가(수상:
1997-2000) 363
클림트, 구스타프(1862-1918) 오스트리아 화가
315 316
키르히베거, 에른스트(1898-1965) 오스트리아 공
산당원 349
키쉬, 에곤 에르빈(1885-1948) 오스트리아 작가
280 315
킹켈, 고트프리트(1815-1882) 독일 신교 신학자
139

타우스, 요제프(1933-) 오스트리아 정치가 358
테게트호프, 빌헬름 폰(1827-1871) 오스트리아 제
독 106 168
테오도르 인니처(1875-1955) 빈 대주교, 추기경
275 299
토르베르크, 프리드리히(1908-1979) 오스트리아
작가 283 293 315
토마스 보코츠(재위: 1498-1521) 그란(에스테르
곰) 대주교 131
퇴뢸리, 슈테판(†1670) 엠머리히 퇴콜리의 부친
130 133
투르먼, 해리 S.(1884-1972) 미국 대통령(1945-1953)
340
투른, 하인리히 마티아스 폰(1567-1640) 뵈멘 봉
기 주동자 122
트라클, 게오르크(1887-1914) 오스트리아 시인
312 315
트레스코, 헤니히 폰(1901-1944) 독일 저항투사
297
트로이, 엠마누엘(1915-1976) 오스트리아 저항투
사 295 296
티소, 이슈트반(1861-1918) 헝가리 정치가 190
티토, 요시프 브로즈(1892-1980) 유고 대통령
(1945-1980) 335

ㅍ

파른하겐 폰 엔제, 라헬(1771-1833) 독일 작가
313
파이, 에밀(1886-1938) 오스트리아 정치가 241
248 252 255 256
파이만, 베르너(1960-) 오스트리아 정치가(수상:
2008-) 372
파펜, 프란츠 폰(1879-1969) 바이마르 공화국, 나
치 독일 정치인 263-266
파프스트, 발데마르(1880-1970) 독일 장교 242
팔라츠키, 프란티셰크(1798-1876) 체코 역사가
159
팔켄슈타인, 에두아르트 포겔 폰(1797-1885) 프로
이센 장군 85 88
팔피, 요한(1663-1750) 오스트리아 장군 141
페루츠, 레오(1882-1957) 오스트리아 작가 315
페르디난트 1세(재위: 1835-1848) 오스트리아 황
제 23 24 27 144 157 166 170 181
페르디난트 막시밀리안(1832-1867) 오스트리아 대
공, 멕시코 황제로서는 막시밀리안 1세(프란
츠 요제프 1세 황제의 동생) 29 167-169
198
페르디난트 스타니슬라우스 파블라코프스키(1877-1956)

제카우 제후주교 290

페르스텔, 하인리히 폰(1828–1883) 오스트리아 건축가 29

페츠너, 슈테판(1981–) 오스트리아 정치가 374

페터 파즈마니(재위: 1616–1637) 그란(에스테르곰) 대주교 121

페터, 프리드리히(1921–2005) 오스트리아 정치가 375 376

페퇴피, 산도르(1823–1849) 헝가리 시인 132

페트베르크, 헤르메스(1952–) 오스트리아 배우, 작가 391

포르가치, 지기스문트(1565–1621) 헝가리 팔라틴(궁중백) 122

포르티쉬, 후고(1927–) 오스트리아 언론인 350

포토츠키, 알프레트(1817–1889) 오스트리아 정치가 158 159

포파, 헤르만(1882–1959) 나치 오스트리아 정치인 364 365

포퍼, 카를(1902–1994) 오스트리아 철학자 292

포포비치, 아우렐 콘스탄틴(1863–1917) 오스트리아 정치가 178

폴가르, 알프레트(1873–1955) 오스트리아 작가 314 315

푸엥카레, 레몽(1860–1934) 프랑스 정치가(대통령: 1913–1920) 203

푼더, 프리드리히(1872–1959) 오스트리아 언론인 177

프라니츠키, 프란츠(1937–) 오스트리아 정치가(수상: 1986–1997) 361–363 381 389 390 392 394

프란제키, 에두아르트 폰(1807–1890) 프로이센 장군 91

프란츠 1세(재위: 1804–1835) 오스트리아 황제 216

프란츠 1세 라코치(1645–1676) 지벤뷔르겐 왕자 130 137 138

프란츠 요제프 1세(재위: 1848–1916) 오스트리아 황제 23–27 29 35 52 55 57 59 60 62 63 66 67 72 85 90 106 113–115 141 144 146 153 157 159 166–170 172 176 178 181 184 189 197 198 210 216 217 313

프란츠 페르디난트(1863–1914) 오스트리아 대공 157 166 176–181 188–190 193 198–200 211

프란츠(프란티셰크) 포르가치(재위: 1607–1616) 그란(에스테르곰) 대주교 120 121

프람머, 바르바라(1954–) 오스트리아 정치가 394

프랑코판, 프란츠 크리스토프(프란 크르스토)(1643–1671) 헝가리 귀족 반란모의 주동자 129 130

프랑클, 빅토르(1905–1997) 오스트리아 심리학자 382

프레라도비츠, 파울라 폰(1887–1951) 오스트리아 국가 작시자 295

프로바인, 요헨 아브라함(1934–) 독일 법학자 365

프로이트, 지크문트(1856–1939) 오스트리아 심리학자 280 282 315 317 318

프룈, 요제프(1968–) 오스트리아 정치가 372

프뤼바우어, 에르빈(1926–2010) 오스트리아 정치가 375

프라텔, 에곤(1878–1938) 오스트리아 작가 282 315

프리드리히 8세(1829–1880) 슐레스비히-홀슈타인 공작 80

프리드리히 빌헬름 1세(1802–1875) 헤센 선제후 36 37

프리드리히 빌헬름 4세(재위: 1840–1861) 프로이센 국왕 33 35 36 173

프리드리히 빌헬름(1831–1888) 빌헬름 1세의 독자, 프로이센 국왕 겸 독일제국 황제로서는 프리드리히 3세 89 91 97

프리머, 발터(1881–1968) 슈타이어마르크 향토방위운동가 241 246

프린치프, 가브릴로(1894–1918) 오스트리아 황태자 시해범 188

플라네타, 오토(1889–1934) 오스트리아 수상 시해범 261

피글, 레오폴트(1902–1965) 오스트리아 정치가(수상: 1945–1953) 279 280 322 328 329 335 336 345 346 348 379

피네, 앙투앙(1891–1994) 프랑스 정치가 336

피셔, 하인츠(1938–) 오스트리아 정치가(대통령: 2004–) 299 348 372 396

피우수트스키, 요제프(1867–1935) 폴란드 장군, 정치가 196

피흘러, 카롤리네(1769–1843) 오스트리아 작가 314

필러스도르프, 프란츠 폰(1786–1862) 오스트리아 정치가 24

핑크, 요도크(1853–1929) 오스트리아 정치가 213

하르트만, 오토(1904-1994) 오스트리아 배우 301
히블리체크, 힐데(1942-) 오스트리아 정치가 386
하우저, 요한 네포무크(1866-1927) 오스트리아 정
치가 226
하이, 에두아르도(1877-1941) 멕시코 외무장관
(1935-1940) 275
하이나우, 율리우스 폰(1786-1853) 오스트리아 장
군 23 27
하이네, 하인리히(1797-1856) 독일 작가 314
하이니쉬, 미하엘(1858-1940) 오스트리아 정치가
(대통령: 1920-1928) 226 275
하이더, 외르크(1950-2008) 오스트리아 정치가
361 363-369 373 374 387-390 393 396
하이덴, 귄터(1926-2004) 오스트리아 정치가 375
하이드리히, 라인하르트(1904-1942) 나치 독일 정
치인 288 306
하이든, 프란츠 요제프(1732-1809) 오스트리아 작
곡가 313
하이스터, 지크베르트(1646-1718) 오스트리아 장
군 141
하제나우어, 카를 폰(1833-1894) 오스트리아 건축
가 29
한젠, 테오필 폰(1813-1891) 오스트리아 건축가
28
헤니크슈타인, 알프레트 폰(1810-1882) 오스트리
아 장군 90
호르바트, 외덴 폰(1901-1938) 오스트리아 작가
312
호르스테나우, 에드문트 글라이제 폰(1882-1946)
오스트리아 나치 전범 264 267
호르티, 미클로슈(1868-1957) 헝가리 섭정 217
252
호엔로에-쉴링스퓌르스트, 클로트비히 추
(1819-1901) 독일 정치가 105
호프만, 요제프(1870-1956) 오스트리아 건축가
316
호프만스탈, 후고 폰(1874-1929) 오스트리아 작가
315 317 326
호허, 요한 파울(1616-1683) 오스트리아 법관 131
회첸도르프, 프란츠 콘라트 폰(1852-1925) 오스트
리아 장군 177-179 184 193 195 199 210

후아레스, 베니토(1806-1872) 멕시코 정치가 168
후트, 알프레트(1918-1945) 오스트리아 저항투사
298 299
훌루메츠키, 요한 폰(1834-1924) 오스트리아 정치
가 177
히틀러, 아돌프(1889-1945) 나치 독일 수상
(1933-1945) 29 235 237 241 244 248-251
254 255 283 284 288 291 297-299
306-308 320 339 349 364 378 384 386
388
힌덴부르크, 파울 폰(1847-1934) 바이마르 공화국
대통령 249 255
힘러, 하인리히(1900-1945) 나치 독일 정치인
278 306 308

지명 색인

가리츠 95
가에타 58
갈리치아 145 148 155 163-165 193 195-197
    207 209 302 304 312
게르스펠트 110
게르스하임 95
고리치아 64 106-108 148 162 192 194
고이토 84
고타 31
괴르츠(고리치아) 162 194
그라디스카 6 107 148
그라츠 177 285 320 326 372
그란(에스테르곰) 117 120 121 131-133
그로스바르다인(오라데아) 127 136
그로스엔처스도르프 255
그문덴 85 331

나호트 89
네오그라드 127
노비파자르 175
노이브룬 95
노이트라(니트라) 123 124 129
노이호이젤(노베잠키) 124 127 128 134
뉘른베르크 272 283 297 300 306 307 330
    378
뉴욕 235 245 293 338 382 388
니더외스터라이히 63 64 65 91 140 145 189
    210 215 223 224 229 231 232 246 277
    278 279 285 304 321 322 323 329 356
니코메디아(이즈미트) 137
니콜스부르크(미쿨로프) 92 93 96 97 99 123

다름슈타트 41 101
다하우 278 279 280 281 285 295 297 300
    305 329
단치히(그다인스크) 75
데름바흐 88
도나비츠 334
도브루자 186
도쿄 262
드레스덴 37 89

라벤스브뤼크 280
라우엔부르크 74-76 79 102
라이바흐 162
라이프치히 125
라티보르(라치부시) 123 124
락켄바흐 290
란다우 98
란츠베르크 307
랑엔잘차 83 85 110
런던 27 100 203 267 269 292 340
레냐고 54 56 83 84 107 108
레벤츠(레비체) 129
레오벤 256
렘베르크(리비우) 163
로도메리아 64 65 145 148 155 164 165
로마 58 59 252 262 263 265 269 276
로스엔젤리스 293
로트링엔 52
롬바르디아 24 52 54-59 64 65 83 107 163
    169
루돌슈타트 82 111
뤼베크 82 111
룩셈부르크 114

류블랴나 162 308
리엔츠 225 226
리우데자네이루 292
리토메리체 304 305
리페 82 111
리히텐슈타인 82
린츠 126 255 256 271 279 285 289 291 305
    307 320 323 334
림부르크 82

마르차보토 361
마르히펠트 91 215
마리보르 223 225
마리엔베르크 95
마우트하우젠 390 392 394 396
마이닝엔 81 111
마이다네크 288
마인츠 94 128
마젠타 54 59
마케도니아 186 202
만토바 54 55 56 83 84 107 108
메델호펜 95
메렌 24 64 96 120 123 126 128 140 145 148
    156 179 223 225 229 236 306
멕클렌부르크 82 111
모거스도르프 129
모데나 56 57 58
모스크바 296 322 336 338
모하치 117
몰도바 46 47 49 51
무카체베 133 138
뮌스터 110 125
뮌헨 74 97 241 272 281 283 305 310 311
뮌헨그레츠(므니호보 흐라디스테) 89
민덴 87 88
밀라노 24 57 58

바나트 118 144 145 149 157 177
바덴 208
바르샤바 165 302 376
바티칸 59 291 383
반스카스티아브니차 141
반스카비스트리차 123
발데크 82 111
발터스도르프 89
백러시아(벨라루스) 205
베네치아 48 52 56–58 64 65 76–78 84 86
    90 95–97 102 106–109 113 163 182 184
    203 341
베로나 54 56 83 84 107 108
베른 295
베르히테스가덴 266
바이마르 300
바이에른 33 36 37 39 41 73 81 83 95 98
    110–112 200 207 237 250 266 278 279
    282 300 307
발데크 82 111
베르겐-벨젠 280 302
베르사유 172
베른부르크 280 302
베를린 77 96 97 99 100 104 242 251 262 263
    265 267 269 270 271 278 280 285 288
    298 300 310 311 313 314 316 336 378
베스트팔렌 88 110
베오그라드 137 151 187 188 194 236 305 306
    309
베체카 84
벨제크 288 305
보스니아 175 179 180 182–184 187 188
보이보디나 149
보첸(볼차노) 108
볼로냐 58 360 361
뵈멘 39 65 71 83 87–93 102 105 113 115 148
    155–158 161 179 180 183 199 207 223 225
    229 235
부다페스트 24 28 137 146 149 150 151 156
    207 236 344
부르겐란트 117 129 140 145 148 224 227 229

232 239 278 290 322 323 342 343
부코비나 64 145 148 182 195
부쿠레슈티 195 236
부헨발트 280-282 285 300 304
뷔르츠부르크 95
뷔르템베르크 33 38 39 41 73 81 88 94 111
브라운슈바이크 111
브라이텐펠트 125
브레겐츠 35 302 323
브레멘 82 111 386
브레스트-리토프스크 205
브론첼 37
브루크 256
브륀(브르노) 91 156 256 257
블루메나우 91 98
비너노이슈타트 131 137 139 241 299 320 324
비상부르 101
빈 23 24 26 28 30 42 45 48 50 56 62-66
    74 75 91 92 95 97 101 102 105-110 115
    119-131 134 135 136 138-140 142 145 146
    148-152 156 157 160 164 169 172 175 177
    189 198 199 201 203 209 210 213 215 216
    224 231-233 238-242 245 246 252-259
    263 265 267-272 275-301 304-326 332
    338 341 345 348 349 354-359 364-370
    373 380 381-385 390 395
빌라프란카 54-57
빌라호라 122 123

세체니 140
소비부르 288 303 305
소트마르(사투마레) 120 141
솔페리노 54 59 84 90 107
쉬메그 140
슈바벤 303
슈바르츠부르크 82 111
슈바인셰델 89
슈베린 82 111
슈타이르 256 307
슈타이어마르크 64 140 145 162 223 225 226
    232 241 246 256 260 279 294 306 320
    322 323 366 369
슈투트가르트 31
슈트렐리츠 82 111
슈피겔그룬트 291
슐레스비히 37 72 74 75 76 80 96 102
슐레지엔 87-89 104 123 124 128 148 156 223
    241
슐루케나우(슐루크노프) 89
스몰렌스크 297
스칼리츠(스칼리차) 89
스파 205
슬라보니아 65 146 149
슬랑카멘 137
슬로베니아 146 148 161 162 177 178 179 209
    223 225 226 308 337 343 396
시게트바르 197
시비텔라 델 트론토 58

사라예보 162 169 177 179 180 188 189 198
상트페테르부르크 79
사르데냐(사르디니아) 341
산스테파노 174
샤로슈포토크 126
샤바츠 305
샤움부르크 81 82 111
샤텐도르프 239
세르비아 136 137 144 149 151 161 162 174 175
    179 180 183-194 202 207 209 211 305
    309

아드리아노펠(에디르네) 135 186
아디스아바바 262
아샤펜부르크 95
아우크스부르크 109
아우슈비츠 280-282 288 302 304 305 392
    394
아이제나흐 82 111
아이젠부르크 129
아이젠슈타트 224
안할트 82 111 280

알자스 171 176 202 204 209
알코벤 289 291 307
암젤펠트 189
에르푸르트 30–35 37 39 41 71 73
예루살렘 313 384
오버도나우 278 307
오버외스터라이히 64 65 86 126 177 223 232
   277 302 303 307 308 320 323 331
오스트마르크 276 277 278 279 286 292 307
오펜(부다) 117 118 135 145
오펠른(오폴레) 123 124
올덴부르크 80 82 111
올뮈츠(올로모우츠) 23 24 37 91
왈라키아 46 47 49 51
왈롱(왈로니아) 77
외덴부르크(쇼프론) 134 224
우치 290
우크라이나 133 139 140 148 158 165 195 196
   304 358
울름 303
워싱턴 208 298
위팅엔 93 98
이스트리아 64 148 162 192
인스부르크 108 268 285 296 298

자그레브 151 156 209
자이덴베르크(자비두프) 88
작센 33 38 41 73 81 88 89 102 111
작센하우젠 285 300
잘츠부르크 64 74 223 232 246 285 290 304
   308 312 317 320 323 326 327 364 370
   378
제카우 290
조르(즈디아르) 89
존더하우젠 82 111
지벤뷔르겐 64 65 118–127 130–138 140 144
   145 149 157 193 195

체르네스트(자르네스티) 135 136 138
첸타(센타) 137
취리히 56 57 58 107 283
츠나임 223
츠벤텐도르프 357 372 377
치스라이타니엔 64 65 144 145 148 150 155
   156 222
치타우 88 89

카노사 205
카르파티아 139 144 194 196
카를로비츠 45 118 136 137 140
카를스바트 223
카샤우(코시체) 122 135 141
카셀 35 36 41 110
칸톤 224
칼렌베르크 135 253
케른텐 369 372 373 374 378 388 393 396
코르몬스 84 106 107
코부르크 111 82
코블렌츠 110
콘스탄티노플(이스탄불) 121 137 174 193
쾨니긴호프 89
쾨니히그레츠(흐라데츠크랄로베) 89 90 91 93
   94 97 106 109 114 115 173
쿠프슈타인 108
크라인 145 148 162
크라카우(크라쿠프) 165
크로아티아 23 65 129 130 137 146 148–151
   156 161 177 178 179 197 209 224 337
크렘지어(크로메리지슈) 24 61 66
클라겐푸르트 223 224 285 320 323
클로스터노이부르크 291 305
키싱엔 95
키오자 107

피에몬테 298
피우메 64 149 303
피츠버그 208

타우버비쇼프스하임 88 95
테레지엔슈타트(테레진) 282 286 303 304 305
토스카나 57 59
튀르나우(트르나바) 120 121 124
튀링엔 31
트라우테나우(트루트노프) 89
트란스라이타니엔 65 144 145 149 150 152 156
트란실바니아 64 118
트레브링카 288
트렌친 141
트로파우(오파바) 87 156
트리아농 217 224 229 230
트리에스테 340 341
티롤 64 107 108 143 158 163 182 192 194 198
    202 204 210 214 222 223 232 241 246
    268 269 278 296 300 308 320 339 340
    341

하나우 37
하노버 216
하이델베르크 365
할레 300
함멜부르크 95
함부르크 29 82 86 87 111
헤르체고비나 157 175 180 182 183 184 187
    188
헤움노 288 290
헬름슈타트 95 98
호엔촐레른 71 92 124 181
홀슈타인 37 72 74–76 80 81 86–88 93 102
    110
홈부르크 110 112
훈트하임 95

파르마 55–58 202
파리 57 78 85 95 101 113 166 172 191 194
    216 269 273 279 283 284 341
파사로비츠 118 145
팔라노크 138
팔레스타인 354 384
팔츠 123
페스키에라 델 가르다 54–56 83 107 108
포르아를베르크 64 223 224 232 244 278 320
    323
퓌르몬트 82 111
프라이부르크 35 307
프라하 24 89 91 156 157 160 161 180 207
    208 236 283 312 344
프랑크푸르트 24 30 32 42 72 97 102 109 110
프레스부르크(브라티슬라바) 91 92 117–120 122–127
    132 135 140–142

오스트리아의 역사와 문화 3

초판 1쇄 발행일 2014년 4월 15일

지은이 _ 임종대
펴낸이 _ 배정민
펴낸곳 _ 유로서적

편집/디자인 _ 공감인(IN)

등록 _ 2002년 8월 24일 제10-2439호
주소 _ 서울시 금천구 가산동 327-32번지 대륭테크노타운 12차 416호
Tel _ 02-2029-6661, Fax _ 02-2029-6663
E-mail _ bookeuro@bookeuro.com

ISBN 978-89-91324-61-9 (set)
ISBN 978-89-91324-60-2 (3권)
ⓒ 유로서적

정가 25,000 원

이 도서의 국립중앙도서관 출판시도서목록(CIP)은 서지정보유통지원시스템 홈페이
지(http://seoji.nl.go.kr)와 국가자료공동목록시스템(http://www.nl.go.kr/kolisnet)
에서 이용하실 수 있습니다. (CIP제어번호 : CIP2014009548)